Europäisches Patentübereinkommen

European Patent Convention

Convention sur le brevet européen

13. Auflage I Juli 2007
13th edition I July 2007
13ᵉ édition I juillet 2007

Herausgeber	Europäisches Patentamt
Published by	European Patent Office
Publication	Office européen des brevets

ISBN 3-89605-090-7

Übereinkommen
über die Erteilung europäischer Patente
(Europäisches Patentübereinkommen)

Text des Übereinkommens, der Ausführungsordnung, des Protokolls über die Auslegung des Artikels 69 EPÜ, des Zentralisierungsprotokolls, des Anerkennungsprotokolls, des Protokolls über Vorrechte und Immunitäten, des Personalstandsprotokolls und der Gebührenordnung

Convention
on the Grant of European Patents
(European Patent Convention)

Text of the Convention, the Implementing Regulations, the Protocol on the Interpretation of Article 69 EPC, the Protocol on Centralisation, the Protocol on Recognition, the Protocol on Privileges and Immunities, the Protocol on Staff Complement and the Rules relating to Fees

Convention
sur la délivrance de brevets européens
(Convention sur le brevet européen)

Textes de la convention, du règlement d'exécution, du protocole interprétatif de l'article 69 CBE, du protocole sur la centralisation, du protocole sur la reconnaissance, du protocole sur les privilèges et immunités, du protocole sur les effectifs et du règlement relatif aux taxes

Vorwort

Die vorliegende 13. Auflage der Textausgabe des Europäischen Patentübereinkommens (EPÜ) enthält die ab Inkrafttreten der Akte zur Revision des EPÜ vom 29. November 2000 geltenden Texte des Übereinkommens, der Ausführungsordnung, der Protokolle zum Übereinkommen und der Gebührenordnung.[1] Der Abdruck eines Auszugs aus der Revisionsakte sowie der Übergangsvorschriften vervollständigen die Textausgabe.

Eine Konkordanzliste, in der die bis zum Inkrafttreten der revidierten Fassung des EPÜ geltenden Bestimmungen den Vorschriften des neuen Rechts gegenübergestellt werden, ist im Anhang wiedergegeben. Das Verzeichnis der G-Entscheidungen wurde beibehalten, das Sachregister im Hinblick auf die neuen Texte überarbeitet.

Zitierweise

Mit dem Inkrafttreten der schlagwortartig "EPÜ 2000" genannten revidierten Fassung des Übereinkommens tritt die vor diesem Zeitpunkt geltende Fassung des Übereinkommens (das "EPÜ 1973") außer Kraft. Die revidierte Fassung des EPÜ wird daher in Zukunft ohne das Attribut "2000" zitiert werden.

Aus Gründen der Klarstellung muss jedoch gelegentlich zwischen EPÜ 1973 und EPÜ 2000 unterschieden werden. Dabei bezieht sich "EPÜ 1973" auf

- das Übereinkommen über die Erteilung europäischer Patente vom 5. Oktober 1973 in der Fassung der Akte zur Revision von Artikel 63 EPÜ vom 17. Dezember 1991 und der Beschlüsse des Verwaltungsrats der Europäischen Patentorganisation vom 21. Dezember 1978, vom 13. Dezember 1994, vom 20. Oktober 1995, vom 5. Dezember 1996, vom 10. Dezember 1998 und vom 27. Oktober 2005

bzw.

- die Ausführungsordnung in der vom Verwaltungsrat zuletzt am 9. Dezember 2004 geänderten Fassung.

Preface

This 13th edition of the European Patent Convention (EPC) contains the texts of the Convention, its Implementing Regulations and protocols and the Rules relating to Fees which will apply once the EPC Revision Act of 29 November 2000 enters into force[1], together with an extract from the Revision Act and the transitional provisions.

A concordance list showing the new provisions and their counterparts in the text valid prior to the revised EPC's entry into force is set out in Annex II. The index of G decisions is retained as Annex I, and the keyword index has been updated in accordance with the new texts.

Citation practice

When the revised Convention – or "EPC 2000" – enters into force, the text valid until that time ("EPC 1973") will cease to apply. The attribute "2000" will therefore be omitted whenever the revised EPC is cited.

Sometimes, however, it will be necessary to distinguish between the two texts. In such cases, "EPC 1973" will mean

- the Convention on the Grant of European Patents of 5 October 1973 as amended by the act revising Article 63 EPC of 17 December 1991 and by decisions of the Administrative Council of the European Patent Organisation of 21 December 1978, 13 December 1994, 20 October 1995, 5 December 1996, 10 December 1998 and 27 October 2005

and/or

- its Implementing Regulations as last amended by the Administrative Council on 9 December 2004.

---

[1] Bei Drucklegung stand das Datum des Inkrafttretens noch nicht endgültig fest. Spätester Zeitpunkt für das Inkrafttreten ist jedoch der 13. Dezember 2007.

[1] When this book went to press, the date of entry into force was not yet certain, but it will be 13 December 2007 at the latest.

Introduction

La treizième édition de la Convention sur le brevet européen (CBE) comprend les textes de la convention, du règlement d'exécution, des protocoles à la convention et du règlement relatif aux taxes, tels qu'applicables à compter de l'entrée en vigueur de l'acte portant révision de la CBE en date du 29 novembre 2000.[1] Elle présente en outre un extrait de l'acte de révision ainsi que les dispositions transitoires.

Une liste de correspondance, qui met en parallèle les dispositions applicables jusqu'à l'entrée en vigueur du texte révisé de la CBE et les nouvelles dispositions, figure en annexe. La liste des décisions de la Grande Chambre de recours a été conservée, tandis que l'index a été remanié au vu des nouveaux textes.

Mode de citation

A l'entrée en vigueur du texte révisé de la convention appelé "CBE 2000", le texte de la convention valable jusqu'à cette date (la "CBE 1973") cesse d'être en vigueur. Le texte révisé de la CBE sera donc cité à l'avenir sans l'attribut "2000".

A des fins de clarification, une distinction doit toutefois être opérée occasionnellement entre la CBE 1973 et la CBE 2000. La "CBE 1973" renvoie alors

- à la Convention sur la délivrance de brevets européens du 5 octobre 1973 telle que modifiée par l'acte portant révision de l'article 63 de la CBE du 17 décembre 1991 et par les décisions du Conseil d'administration de l'Organisation européenne des brevets en date du 21 décembre 1978, du 13 décembre 1994, du 20 octobre 1995, du 5 décembre 1996, du 10 décembre 1998 et du 27 octobre 2005

et

- au règlement d'exécution tel que modifié en dernier lieu par le Conseil d'administration en date du 9 décembre 2004.

---

[1] La date d'entrée en vigueur n'était pas encore connue à la mise sous presse. L'entrée en vigueur interviendra toutefois le 13 décembre 2007 au plus tard.

Die 2006 erschienene 12. Auflage der Textausgabe des Europäischen Patentübereinkommens gibt diese Fassungen des Übereinkommens und der Ausführungsordnung wieder. Aus dem Zusammenhang, z. B. bei den älteren in Anhang I aufgelisteten Entscheidungen der Großen Beschwerdekammer, kann sich ergeben, dass auf frühere Fassungen des Übereinkommens oder der Ausführungsordnung verwiesen wird.

Neufassung des EPÜ

Nach Artikel 3 (1) der Revisionsakte war der Verwaltungsrat ermächtigt, auf Vorschlag des Präsidenten des Europäischen Patentamts den Text des EPÜ neu zu editieren. Von dieser Ermächtigung wurde Gebrauch gemacht und mit dem Ziel sprachlicher Harmonisierung der deutschen, englischen und französischen Fassung eine Neufassung des EPÜ, des Zentralisierungsprotokolls, des Protokolls zur Auslegung des Artikels 69 EPÜ und des Personalstandsprotokolls erstellt, die der Verwaltungsrat gemäß Artikel 3 (2) der Revisionsakte mit Beschluss vom 28. Juni 2001 angenommen hat.[2] Mit dieser Beschlussfassung wurde die Neufassung Bestandteil der Revisionsakte.

Übergangsvorschriften

Nach den Übergangsvorschriften zum EPÜ 2000 sind die meisten der revidierten Vorschriften auf bereits erteilte Patente und anhängige Patentanmeldungen anwendbar; jedoch gibt es Ausnahmen. Um den zeitlichen Anwendungsbereich einer revidierten Vorschrift feststellen zu können, sind daher Auszüge aus der Revisionsakte und der auf Artikel 7 der Revisionsakte gestützte Beschluss des Verwaltungsrats vom 28. Juni 2001 zu den Übergangsvorschriften wiedergegeben.

Querverweise

Neben den Texten des Übereinkommens und der Ausführungsordnung erscheinen Verweisungen auf einschlägige Artikel und Regeln. In den einzelnen Vorschriften selbst bereits zitierte Artikel und Regeln werden jedoch nicht nochmals angeführt. Es wird ausdrücklich darauf hingewiesen, dass diese Verweisungen nicht Bestandteil der offiziellen Texte des Übereinkommens sind, sondern, ohne Anspruch auf Vollständigkeit zu erheben, die praktische Handhabung der Textausgabe erleichtern sollen.

Juni 2007   Europäisches Patentamt

These are the versions published in the 2006 (12th) edition of the European Patent Convention. In certain contexts, for example when the older Enlarged Board of Appeal decisions listed in Annex I are cited there may be references to earlier texts of the Convention and the Implementing Regulations.

New text of the EPC

Article 3(1) of the Revision Act authorised the Administrative Council to publish a new EPC text on a proposal from the President of the European Patent Office. Accordingly, the Office drew up a new text of the EPC and its protocols on centralisation, on the interpretation of Article 69 EPC and on the staff complement, so as to align the wording of the English, French and German versions. The Council adopted this new text in its decision of 28 June 2001[2], whereupon it became an integral part of the Revision Act (Article 3(2) of the Revision Act).

Transitional provisions

Under transitional provisions of EPC 2000, most of the revised provisions apply to patents already granted and applications still pending. However, there are exceptions. To help readers ascertain when a revised provision becomes applicable, extracts from the Revision Act have been included, together with the Council's decision of 28 June 2001 setting out the transitional arrangements under the act's Article 7.

Cross-references

Throughout the text of the Convention and its Implementing Regulations, references to relevant articles and rules (excluding those already quoted in the provision concerned) are given on the right-hand side. These do not claim to be exhaustive, however, and are not part of the official text but simply intended to facilitate its use.

June 2007   European Patent Office

---

[2] Siehe ABl. EPA 2001, Sonderausgabe Nr. 4, S. 55.

[2] See OJ EPO 2001, Special edition No. 4, p. 55.

La douzième édition de la Convention sur le brevet européen parue en 2006 reproduit ces versions de la convention et du règlement d'exécution. Il peut arriver, par exemple dans le cas d'anciennes décisions de la Grande Chambre de recours citées à l'Annexe I, qu'il soit fait référence à des versions antérieures de la Convention ou du règlement d'exécution.

Nouveau texte de la CBE

Conformément à l'article 3(1) de l'acte de révision, le Conseil d'administration était autorisé à établir, sur proposition du Président de l'Office européen des brevets, une nouvelle version de la CBE. Dans sa décision du 28 juin 2001[2], le Conseil d'administration a adopté, conformément à l'article 3(2) de l'acte de révision, le nouveau texte de la CBE, du protocole sur la centralisation, du protocole interprétatif de l'article 69 CBE et du protocole sur les effectifs qui a été élaboré dans le but d'harmoniser les versions allemande, anglaise et française sur le plan rédactionnel. Par cette adoption, le nouveau texte est devenu partie intégrante de l'acte de révision.

Dispositions transitoires

Conformément aux dispositions transitoires de la CBE 2000, la plupart des dispositions révisées sont applicables aux brevets déjà délivrés et aux demandes de brevet en instance; il existe toutefois des exceptions. Afin de pouvoir déterminer le champ d'application temporel des dispositions révisées, des extraits de l'acte de révision sont reproduits, de même que la décision du Conseil d'administration du 28 juin 2001 relative aux dispositions transitoires, qui se fonde sur l'article 7 de l'acte de révision.

Renvois

La présente édition de la Convention sur le brevet européen et de son règlement d'exécution comporte en marge, à droite du texte des dispositions de la Convention et du règlement d'exécution, des renvois aux articles et aux règles pertinents. Toutefois, les articles et règles cités dans le texte de ces dispositions ne sont pas repris en marge. Il convient de souligner que ces renvois ne font pas partie intégrante des textes officiels de la convention, mais que, sans toutefois prétendre à l'exhaustivité, ils sont destinés à en faciliter la consultation.

Juin 2007   Office européen des brevets

---

[2] JO OEB 2001, Edition spéciale n° 4, p. 55.

Inhaltsverzeichnis		Contents	
Übereinkommen über die Erteilung europäischer Patente (Europäisches Patentübereinkommen)	11	Convention on the Grant of European Patents (European Patent Convention)	11
Ausführungsordnung zum Übereinkommen über die Erteilung europäischer Patente	209	Implementing Regulations to the Convention on the Grant of European Patents	209
Protokoll über die Auslegung des Artikels 69 EPÜ	431	Protocol on the Interpretation of Article 69 EPC	431
Protokoll über die Zentralisierung des europäischen Patentsystems und seiner Einführung (Zentralisierungsprotokoll)	435	Protocol on the Centralisation of the European Patent System and on its Introduction (Protocol on Centralisation)	435
Protokoll über die gerichtliche Zuständigkeit und die Anerkennung von Entscheidungen über den Anspruch auf Erteilung eines europäischen Patents (Anerkennungsprotokoll)	451	Protocol on Jurisdiction and the Recognition of Decisions in respect of the Right to the Grant of a European Patent (Protocol on Recognition)	451
Protokoll über die Vorrechte und Immunitäten der Europäischen Patentorganisation (Protokoll über Vorrechte und Immunitäten)	461	Protocol on Privileges and Immunities of the European Patent Organisation (Protocol on Privileges and Immunities)	461
Protokoll über den Personalbestand des Europäischen Patentamts in Den Haag (Personalstandsprotokoll)	483	Protocol on the Staff Complement of the European Patent Office at The Hague (Protocol on Staff Complement)	483
Akte zur Revision des Übereinkommens über die Erteilung europäischer Patente (Europäisches Patentübereinkommen) vom 5. Oktober 1973, zuletzt revidiert am 17. Dezember 1991 vom 29. November 2000 (Auszug)	487	Act revising the Convention on the Grant of European Patents (European Patent Convention) of 5 October 1973, last revised on 17 December 1991 of 29 November 2000 (extract)	487
Beschluss des Verwaltungsrats vom 28. Juni 2001 über die Übergangsbestimmungen nach Artikel 7 der Akte zur Revision des Europäischen Patentübereinkommens vom 29. November 2000	497	Decision of the Administrative Council of 28 June 2001 on the transitional provisions under Article 7 of the Act revising the European Patent Convention of 29 November 2000	497
Gebührenordnung	503	Rules relating to Fees	503
Anhang I Verzeichnis der im Amtsblatt des EPA veröffentlichten Entscheidungen und Stellungnahmen der Großen Beschwerdekammer	529	Annex I Index of decisions and opinions of the Enlarged Board of Appeal published in the Official Journal of the EPO	541
Anhang II Konkordanzliste Abkürzungen	565 571	Annex II Cross-reference index Abbreviations	565 572
Alphabetisches Sachregister	577	Alphabetical keyword index	593

Sommaire

Convention sur la délivrance de brevets européens (Convention sur le brevet européen)	11
Règlement d'exécution de la Convention sur la délivrance de brevet européens	209
Protocole interprétatif de l'article 69 CBE	431
Protocole sur la centralisation et l'introduction du système européen des brevets (Protocole sur la centralisation)	435
Protocole sur la compétence judiciaire et la reconnaissance de décisions portant sur le droit à l'obtention du brevet européen (Protocole sur la reconnaissance)	451
Protocole sur les privilèges et immunités de l'Organisation européenne des brevets (Protocole sur les privilèges et immunités)	461
Protocole sur les effectifs de l'Office européen des brevets à La Haye (Protocole sur les effectifs)	483
Acte portant révision de la Convention sur la délivrance de brevets européens (Convention sur le brevet européen) du 5 octobre 1973, révisé en dernier lieu le 17 décembre 1991 du 29 novembre 2000 (extrait)	487
Décision du Conseil d'administration du 28 juin 2001 relative aux dispositions transitoires au titre de l'article 7 de l'acte de révision de la Convention sur le brevet européen du 29 novembre 2000	497
Règlement relatif aux taxes	503
Annexe I Liste des décisions et avis de la Grande Chambre de recours publiés au Journal officiel de l'OEB	553
Annexe II Liste de correspondance	565
Abréviations	573
Index alphabétique	609

Übereinkommen
über die Erteilung europäischer Patente
(Europäisches Patentübereinkommen)

vom 5. Oktober 1973

in der Fassung der Akte zur Revision von Artikel 63 EPÜ vom 17. Dezember 1991
und der Akte zur Revision des EPÜ vom 29. November 2000[1]

Convention
on the Grant of European Patents
(European Patent Convention)

of 5 October 1973

as revised by the Act revising Article 63 EPC of 17 December 1991
and the Act revising the EPC of 29 November 2000[1]

Convention
sur la délivrance de brevets européens
(Convention sur le brevet européen)

du 5 octobre 1973

telle que révisée par l'acte portant révision de l'article 63 de la CBE du 17 décembre 1991
et l'acte portant révision de la CBE du 29 novembre 2000[1]

---

[1] Die Neufassung des Übereinkommens, angenommen vom Verwaltungsrat der Europäischen Patentorganisation durch Beschluss vom 28. Juni 2001 (siehe ABl. EPA 2001, Sonderausgabe Nr. 4, S. 55), wurde nach Artikel 3 (2) Satz 2 der Revisionsakte vom 29. November 2000 Bestandteil dieser Revisionsakte.

[1] The new text of the Convention adopted by the Administrative Council of the European Patent Organisation by decision of 28 June 2001 (see OJ EPO 2001, Special edition No. 4, p. 55) has become an integral part of the Revision Act of 29 November 2000 under Article 3(2), second sentence, of that Act.

[1] Le nouveau texte de la convention, adopté par la décision du Conseil d'administration de l'Organisation européenne des brevets en date du 28 juin 2001 (voir JO OEB 2001, Edition spéciale n° 4, p. 55), est devenu partie intégrante de l'Acte du 29 novembre 2000 portant révision de la convention, en vertu de l'article 3(2), deuxième phrase, de cet Acte.

Gliederung

PRÄAMBEL

**ERSTER TEIL
ALLGEMEINE UND INSTITUTIONELLE VORSCHRIFTEN**

**Kapitel I
Allgemeine Vorschriften**

Art. 1	Europäisches Recht für die Erteilung von Patenten
Art. 2	Europäisches Patent
Art. 3	Territoriale Wirkung
Art. 4	Europäische Patentorganisation
Art. 4a	Konferenz der Minister der Vertragsstaaten

**Kapitel II
Die Europäische Patentorganisation**

Art. 5	Rechtsstellung
Art. 6	Sitz
Art. 7	Dienststellen des Europäischen Patentamts
Art. 8	Vorrechte und Immunitäten
Art. 9	Haftung

**Kapitel III
Das Europäische Patentamt**

Art. 10	Leitung
Art. 11	Ernennung hoher Bediensteter
Art. 12	Amtspflichten
Art. 13	Streitsachen zwischen der Organisation und den Bediensteten des Europäischen Patentamts
Art. 14	Sprachen des Europäischen Patentamts, europäischer Patentanmeldungen und anderer Schriftstücke
Art. 15	Organe im Verfahren
Art. 16	Eingangsstelle
Art. 17	Recherchenabteilungen
Art. 18	Prüfungsabteilungen
Art. 19	Einspruchsabteilungen
Art. 20	Rechtsabteilung
Art. 21	Beschwerdekammern
Art. 22	Große Beschwerdekammer
Art. 23	Unabhängigkeit der Mitglieder der Kammern
Art. 24	Ausschließung und Ablehnung
Art. 25	Technische Gutachten

Table of contents

PREAMBLE

**PART I
GENERAL AND INSTITUTIONAL PROVISIONS**

**Chapter I
General provisions**

Art. 1	European law for the grant of patents
Art. 2	European patent
Art. 3	Territorial effect
Art. 4	European Patent Organisation
Art. 4a	Conference of ministers of the Contracting States

**Chapter II
The European Patent Organisation**

Art. 5	Legal status
Art. 6	Headquarters
Art. 7	Sub-offices of the European Patent Office
Art. 8	Privileges and immunities
Art. 9	Liability

**Chapter III
The European Patent Office**

Art. 10	Management
Art. 11	Appointment of senior employees
Art. 12	Duties of office
Art. 13	Disputes between the Organisation and the employees of the European Patent Office
Art. 14	Languages of the European Patent Office, European patent applications and other documents
Art. 15	Departments entrusted with the procedure
Art. 16	Receiving Section
Art. 17	Search Divisions
Art. 18	Examining Divisions
Art. 19	Opposition Divisions
Art. 20	Legal Division
Art. 21	Boards of Appeal
Art. 22	Enlarged Board of Appeal
Art. 23	Independence of the members of the Boards
Art. 24	Exclusion and objection
Art. 25	Technical opinion

Table des matières

PRÉAMBLE

**PREMIÈRE PARTIE
DISPOSITIONS GÉNÉRALES ET INSTITUTIONNELLES**

**Chapitre I
Dispositions générales**

Art. premier	Droit européen en matière de délivrance de brevets
Art. 2	Brevet européen
Art. 3	Portée territoriale
Art. 4	Organisation européenne des brevets
Art. 4bis	Conférence des ministres des Etats contractants

**Chapitre II
L'Organisation européenne des brevets**

Art. 5	Statut juridique
Art. 6	Siège
Art. 7	Agences de l'Office européen des brevets
Art. 8	Privilèges et immunités
Art. 9	Responsabilité

**Chapitre III
L'Office européen des brevets**

Art. 10	Direction
Art. 11	Nomination du personnel supérieur
Art. 12	Devoirs de la fonction
Art. 13	Litiges entre l'Organisation et les agents de l'Office européen des brevets
Art. 14	Langues de l'Office européen des brevets, des demandes de brevet européen et d'autres pièces
Art. 15	Instances chargées des procédures
Art. 16	Section de dépôt
Art. 17	Divisions de la recherche
Art. 18	Divisions d'examen
Art. 19	Divisions d'opposition
Art. 20	Division juridique
Art. 21	Chambres de recours
Art. 22	Grande Chambre de recours
Art. 23	Indépendance des membres des chambres
Art. 24	Abstention et récusation
Art. 25	Avis technique

Kapitel IV			**Chapter IV**	
Der Verwaltungsrat			**The Administrative Council**	
Art. 26	Zusammensetzung		Art. 26	Membership
Art. 27	Vorsitz		Art. 27	Chairmanship
Art. 28	Präsidium		Art. 28	Board
Art. 29	Tagungen		Art. 29	Meetings
Art. 30	Teilnahme von Beobachtern		Art. 30	Attendance of observers
Art. 31	Sprachen des Verwaltungsrats		Art. 31	Languages of the Administrative Council
Art. 32	Personal, Räumlichkeiten und Ausstattung		Art. 32	Staff, premises and equipment
Art. 33	Befugnisse des Verwaltungsrats in bestimmten Fällen		Art. 33	Competence of the Administrative Council in certain cases
Art. 34	Stimmrecht		Art. 34	Voting rights
Art. 35	Abstimmungen		Art. 35	Voting rules
Art. 36	Stimmenwägung		Art. 36	Weighting of votes
Kapitel V			**Chapter V**	
Finanzvorschriften			**Financial provisions**	
Art. 37	Finanzierung des Haushalts		Art. 37	Budgetary funding
Art. 38	Eigene Mittel der Organisation		Art. 38	The Organisation's own resources
Art. 39	Zahlungen der Vertragsstaaten aufgrund der für die Aufrechterhaltung der europäischen Patente erhobenen Gebühren		Art. 39	Payments by the Contracting States in respect of renewal fees for European patents
Art. 40	Bemessung der Gebühren und Anteile – besondere Finanzbeiträge		Art. 40	Level of fees and payments – Special financial contributions
Art. 41	Vorschüsse		Art. 41	Advances
Art. 42	Haushaltsplan		Art. 42	Budget
Art. 43	Bewilligung der Ausgaben		Art. 43	Authorisation for expenditure
Art. 44	Mittel für unvorhergesehene Ausgaben		Art. 44	Appropriations for unforeseeable expenditure
Art. 45	Haushaltsjahr		Art. 45	Accounting period
Art. 46	Entwurf und Feststellung des Haushaltsplans		Art. 46	Preparation and adoption of the budget
Art. 47	Vorläufige Haushaltsführung		Art. 47	Provisional budget
Art. 48	Ausführung des Haushaltsplans		Art. 48	Budget implementation
Art. 49	Rechnungsprüfung		Art. 49	Auditing of accounts
Art. 50	Finanzordnung		Art. 50	Financial Regulations
Art. 51	Gebühren		Art. 51	Fees

ZWEITER TEIL
MATERIELLES PATENTRECHT

PART II
SUBSTANTIVE PATENT LAW

Kapitel I			**Chapter I**	
Patentierbarkeit			**Patentability**	
Art. 52	Patentierbare Erfindungen		Art. 52	Patentable inventions
Art. 53	Ausnahmen von der Patentierbarkeit		Art. 53	Exceptions to patentability
Art. 54	Neuheit		Art. 54	Novelty
Art. 55	Unschädliche Offenbarungen		Art. 55	Non-prejudicial disclosures
Art. 56	Erfinderische Tätigkeit		Art. 56	Inventive step
Art. 57	Gewerbliche Anwendbarkeit		Art. 57	Industrial application

Chapitre IV
Le Conseil d'administration

Art. 26	Composition
Art. 27	Présidence
Art. 28	Bureau
Art. 29	Sessions
Art. 30	Participation d'observateurs
Art. 31	Langues du Conseil d'administration
Art. 32	Personnel, locaux et matériel
Art. 33	Compétence du Conseil d'administration dans certains cas
Art. 34	Droit de vote
Art. 35	Votes
Art. 36	Pondération des voix

Chapitre V
Dispositions financières

Art. 37	Financement du budget
Art. 38	Ressources propres de l'Organisation
Art. 39	Versements des Etats contractants au titre des taxes de maintien en vigueur des brevets européens
Art. 40	Niveau des taxes et des versements – Contributions financières exceptionnelles
Art. 41	Avances
Art. 42	Budget
Art. 43	Autorisations de dépenses
Art. 44	Crédits pour dépenses imprévisibles
Art. 45	Exercice budgétaire
Art. 46	Préparation et adoption du budget
Art. 47	Budget provisoire
Art. 48	Exécution du budget
Art. 49	Vérification des comptes
Art. 50	Règlement financier
Art. 51	Taxes

DEUXIÈME PARTIE
DROIT DES BREVETS

Chapitre I
Brevetabilité

Art. 52	Inventions brevetables
Art. 53	Exceptions à la brevetabilité
Art. 54	Nouveauté
Art. 55	Divulgations non opposables
Art. 56	Activité inventive
Art. 57	Application industrielle

Kapitel II	Chapter II
Zur Einreichung und Erlangung des europäischen Patents berechtigte Personen – Erfindernennung	Persons entitled to apply for and obtain a European patent – Mention of the inventor

Art. 58	Recht zur Anmeldung europäischer Patente		Art. 58	Entitlement to file a European patent application
Art. 59	Mehrere Anmelder		Art. 59	Multiple applicants
Art. 60	Recht auf das europäische Patent		Art. 60	Right to a European patent
Art. 61	Anmeldung europäischer Patente durch Nichtberechtigte		Art. 61	European patent applications filed by non-entitled persons
Art. 62	Recht auf Erfindernennung		Art. 62	Right of the inventor to be mentioned

Kapitel III	Chapter III
Wirkungen des europäischen Patents und der europäischen Patentanmeldung	Effects of the European patent and the European patent application

Art. 63	Laufzeit des europäischen Patents		Art. 63	Term of the European patent
Art. 64	Rechte aus dem europäischen Patent		Art. 64	Rights conferred by a European patent
Art. 65	Übersetzung des europäischen Patents		Art. 65	Translation of the European patent
Art. 66	Wirkung der europäischen Patentanmeldung als nationale Anmeldung		Art. 66	Equivalence of European filing with national filing
Art. 67	Rechte aus der europäischen Patentanmeldung nach Veröffentlichung		Art. 67	Rights conferred by a European patent application after publication
Art. 68	Wirkung des Widerrufs oder der Beschränkung des europäischen Patents		Art. 68	Effect of revocation or limitation of the European patent
Art. 69	Schutzbereich		Art. 69	Extent of protection
Art. 70	Verbindliche Fassung einer europäischen Patentanmeldung oder eines europäischen Patents		Art. 70	Authentic text of a European patent application or European patent

Kapitel IV	Chapter IV
Die europäische Patentanmeldung als Gegenstand des Vermögens	The European patent application as an object of property

Art. 71	Übertragung und Bestellung von Rechten		Art. 71	Transfer and constitution of rights
Art. 72	Rechtsgeschäftliche Übertragung		Art. 72	Assignment
Art. 73	Vertragliche Lizenzen		Art. 73	Contractual licensing
Art. 74	Anwendbares Recht		Art. 74	Law applicable

DRITTER TEIL	PART III
DIE EUROPÄISCHE PATENTANMELDUNG	THE EUROPEAN PATENT APPLICATION

Kapitel I	Chapter I
Einreichung und Erfordernisse der europäischen Patentanmeldung	Filing and requirements of the European patent application

Art. 75	Einreichung der europäischen Patentanmeldung		Art. 75	Filing of a European patent application
Art. 76	Europäische Teilanmeldung		Art. 76	European divisional applications
Art. 77	Weiterleitung europäischer Patentanmeldungen		Art. 77	Forwarding of European patent applications
Art. 78	Erfordernisse der europäischen Patentanmeldung		Art. 78	Requirements of a European patent application
Art. 79	Benennung der Vertragsstaaten		Art. 79	Designation of Contracting States

Chapitre II
Personnes habilitées à demander et à obtenir un brevet européen – Désignation de l'inventeur

Art. 58	Habilitation à déposer une demande de brevet européen
Art. 59	Pluralité de demandeurs
Art. 60	Droit au brevet européen
Art. 61	Demande de brevet européen déposée par une personne non habilitée
Art. 62	Droit de l'inventeur d'être désigné

Chapitre III
Effets du brevet européen et de la demande de brevet européen

Art. 63	Durée du brevet européen
Art. 64	Droits conférés par le brevet européen
Art. 65	Traduction du brevet européen
Art. 66	Valeur de dépôt national du dépôt européen
Art. 67	Droits conférés par la demande de brevet européen après sa publication
Art. 68	Effets de la révocation ou de la limitation du brevet européen
Art. 69	Etendue de la protection
Art. 70	Texte de la demande de brevet européen ou du brevet européen faisant foi

Chapitre IV
De la demande de brevet européen comme objet de propriété

Art. 71	Transfert et constitution de droits
Art. 72	Cession
Art. 73	Licence contractuelle
Art. 74	Droit applicable

TROISIÈME PARTIE
LA DEMANDE DE BREVET EUROPÉEN

Chapitre I
Dépôt de la demande de brevet européen et exigences auxquelles elle doit satisfaire

Art. 75	Dépôt de la demande de brevet européen
Art. 76	Demandes divisionnaires européennes
Art. 77	Transmission des demandes de brevet européen
Art. 78	Exigences auxquelles doit satisfaire la demande de brevet européen
Art. 79	Désignation des Etats contractants

Art. 80	Anmeldetag	Art. 80	Date of filing
Art. 81	Erfindernennung	Art. 81	Designation of the inventor
Art. 82	Einheitlichkeit der Erfindung	Art. 82	Unity of invention
Art. 83	Offenbarung der Erfindung	Art. 83	Disclosure of the invention
Art. 84	Patentansprüche	Art. 84	Claims
Art. 85	Zusammenfassung	Art. 85	Abstract
Art. 86	Jahresgebühren für die europäische Patentanmeldung	Art. 86	Renewal fees for the European patent application

Kapitel II
Priorität

Chapter II
Priority

Art. 87	Prioritätsrecht	Art. 87	Priority right
Art. 88	Inanspruchnahme der Priorität	Art. 88	Claiming priority
Art. 89	Wirkung des Prioritätsrechts	Art. 89	Effect of priority right

VIERTER TEIL
ERTEILUNGSVERFAHREN

PART IV
PROCEDURE UP TO GRANT

Art. 90	Eingangs- und Formalprüfung	Art. 90	Examination on filing and examination as to formal requirements
Art. 91	(gestrichen)	Art. 91	(deleted)
Art. 92	Erstellung des europäischen Recherchenberichts	Art. 92	Drawing up of the European search report
Art. 93	Veröffentlichung der europäischen Patentanmeldung	Art. 93	Publication of the European patent application
Art. 94	Prüfung der europäischen Patentanmeldung	Art. 94	Examination of the European patent application
Art. 95	(gestrichen)	Art. 95	(deleted)
Art. 96	(gestrichen)	Art. 96	(deleted)
Art. 97	Erteilung oder Zurückweisung	Art. 97	Grant or refusal
Art. 98	Veröffentlichung der europäischen Patentschrift	Art. 98	Publication of the specification of the European patent

FÜNFTER TEIL
EINSPRUCHS- UND BESCHRÄNKUNGS-VERFAHREN

PART V
OPPOSITION AND LIMITATION PROCEDURE

Art. 99	Einspruch	Art. 99	Opposition
Art. 100	Einspruchsgründe	Art. 100	Grounds for opposition
Art. 101	Prüfung des Einspruchs - Widerruf oder Aufrechterhaltung des europäischen Patents	Art. 101	Examination of the opposition - Revocation or maintenance of the European patent
Art. 102	(gestrichen)	Art. 102	(deleted)
Art. 103	Veröffentlichung einer neuen europäischen Patentschrift	Art. 103	Publication of a new specification of the European patent
Art. 104	Kosten	Art. 104	Costs
Art. 105	Beitritt des vermeintlichen Patentverletzers	Art. 105	Intervention of the assumed infringer
Art. 105a	Antrag auf Beschränkung oder Widerruf	Art. 105a	Request for limitation or revocation
Art. 105b	Beschränkung oder Widerruf des europäischen Patents	Art. 105b	Limitation or revocation of the European patent
Art. 105c	Veröffentlichung der geänderten europäischen Patentschrift	Art. 105c	Publication of the amended specification of the European patent

Art. 80	Date de dépôt
Art. 81	Désignation de l'inventeur
Art. 82	Unité d'invention
Art. 83	Exposé de l'invention
Art. 84	Revendications
Art. 85	Abrégé
Art. 86	Taxes annuelles pour la demande de brevet européen

Chapitre II
Priorité

Art. 87	Droit de priorité
Art. 88	Revendication de priorité
Art. 89	Effet du droit de priorité

QUATRIÈME PARTIE
PROCÉDURE JUSQU'À LA DÉLIVRANCE

Art. 90	Examen lors du dépôt et quant aux exigences de forme
Art. 91	(supprimé)
Art. 92	Etablissement du rapport de recherche européenne
Art. 93	Publication de la demande de brevet européen
Art. 94	Examen de la demande de brevet européen
Art. 95	(supprimé)
Art. 96	(supprimé)
Art. 97	Délivrance ou rejet
Art. 98	Publication du fascicule du brevet européen

CINQUIÈME PARTIE
PROCÉDURE D'OPPOSITION ET DE LIMITATION

Art. 99	Opposition
Art. 100	Motifs d'opposition
Art. 101	Examen de l'opposition - Révocation ou maintien du brevet européen
Art. 102	(supprimé)
Art. 103	Publication d'un nouveau fascicule du brevet européen
Art. 104	Frais
Art. 105	Intervention du contrefacteur présumé
Art. 105bis	Requête en limitation ou en révocation
Art. 105ter	Limitation ou révocation du brevet européen
Art. 105quater	Publication du fascicule de brevet européen modifié

SECHSTER TEIL			**PART VI**	
BESCHWERDEVERFAHREN			**APPEALS PROCEDURE**	
Art. 106	Beschwerdefähige Entscheidungen		Art. 106	Decisions subject to appeal
Art. 107	Beschwerdeberechtigte und Verfahrensbeteiligte		Art. 107	Persons entitled to appeal and to be parties to appeal proceedings
Art. 108	Frist und Form		Art. 108	Time limit and form
Art. 109	Abhilfe		Art. 109	Interlocutory revision
Art. 110	Prüfung der Beschwerde		Art. 110	Examination of appeals
Art. 111	Entscheidung über die Beschwerde		Art. 111	Decision in respect of appeals
Art. 112	Entscheidung oder Stellungnahme der Großen Beschwerdekammer		Art. 112	Decision or opinion of the Enlarged Board of Appeal
Art. 112a	Antrag auf Überprüfung durch die Große Beschwerdekammer		Art. 112a	Petition for review by the Enlarged Board of Appeal

SIEBENTER TEIL			**PART VII**	
GEMEINSAME VORSCHRIFTEN			**COMMON PROVISIONS**	
Kapitel I			**Chapter I**	
Allgemeine Vorschriften für das Verfahren			**Common provisions governing procedure**	
Art. 113	Rechtliches Gehör und Grundlage der Entscheidungen		Art. 113	Right to be heard and basis of decisions
Art. 114	Ermittlung von Amts wegen		Art. 114	Examination by the European Patent Office of its own motion
Art. 115	Einwendungen Dritter		Art. 115	Observations by third parties
Art. 116	Mündliche Verhandlung		Art. 116	Oral proceedings
Art. 117	Beweismittel und Beweisaufnahme		Art. 117	Means and taking of evidence
Art. 118	Einheit der europäischen Patentanmeldung oder des europäischen Patents		Art. 118	Unity of the European patent application or European patent
Art. 119	Zustellung		Art. 119	Notification
Art. 120	Fristen		Art. 120	Time limits
Art. 121	Weiterbehandlung der europäischen Patentanmeldung		Art. 121	Further processing of the European patent application
Art. 122	Wiedereinsetzung in den vorigen Stand		Art. 122	Re-establishment of rights
Art. 123	Änderungen		Art. 123	Amendments
Art. 124	Auskünfte über den Stand der Technik		Art. 124	Information on prior art
Art. 125	Heranziehung allgemeiner Grundsätze		Art. 125	Reference to general principles
Art. 126	(gestrichen)		Art. 126	(deleted)

Kapitel II			**Chapter II**	
Unterrichtung der Öffentlichkeit und Behörden			**Information to the public or to official authorities**	
Art. 127	Europäisches Patentregister		Art. 127	European Patent Register
Art. 128	Akteneinsicht		Art. 128	Inspection of files
Art. 129	Regelmäßige Veröffentlichungen		Art. 129	Periodical publications
Art. 130	Gegenseitige Unterrichtung		Art. 130	Exchange of information
Art. 131	Amts- und Rechtshilfe		Art. 131	Administrative and legal co-operation
Art. 132	Austausch von Veröffentlichungen		Art. 132	Exchange of publications

SIXIÈME PARTIE
PROCÉDURE DE RECOURS

Art. 106	Décisions susceptibles de recours
Art. 107	Personnes admises à former le recours et à être parties à la procédure
Art. 108	Délai et forme
Art. 109	Révision préjudicielle
Art. 110	Examen du recours
Art. 111	Décision sur le recours
Art. 112	Décision ou avis de la Grande Chambre de recours
Art. 112bis	Requête en révision par la Grande Chambre de recours

SEPTIÈME PARTIE
DISPOSITIONS COMMUNES

Chapitre I
Dispositions générales de procédure

Art. 113	Droit d'être entendu et fondement des décisions
Art. 114	Examen d'office
Art. 115	Observations des tiers
Art. 116	Procédure orale
Art. 117	Moyens de preuve et instruction
Art. 118	Unicité de la demande de brevet européen ou du brevet européen
Art. 119	Signification
Art. 120	Délais
Art. 121	Poursuite de la procédure de la demande de brevet européen
Art. 122	Restitutio in integrum
Art. 123	Modifications
Art. 124	Informations sur l'état de la technique
Art. 125	Référence aux principes généraux
Art. 126	(supprimé)

Chapitre II
Information du public et des autorités officielles

Art. 127	Registre européen des brevets
Art. 128	Inspection publique
Art. 129	Publications périodiques
Art. 130	Echange d'informations
Art. 131	Coopération administrative et judiciaire
Art. 132	Echange de publications

Kapitel III		Chapter III	
Vertretung		Representation	
Art. 133	Allgemeine Grundsätze der Vertretung	Art. 133	General principles of representation
Art. 134	Vertretung vor dem Europäischen Patentamt	Art. 134	Representation before the European Patent Office
Art. 134a	Institut der beim Europäischen Patentamt zugelassenen Vertreter	Art. 134a	Institute of Professional Representatives before the European Patent Office

ACHTER TEIL
AUSWIRKUNGEN AUF DAS NATIONALE RECHT

PART VIII
IMPACT ON NATIONAL LAW

Kapitel I		Chapter I	
Umwandlung in eine nationale Patentanmeldung		Conversion into a national patent application	
Art. 135	Umwandlungsantrag	Art. 135	Request for conversion
Art. 136	(gestrichen)	Art. 136	(deleted)
Art. 137	Formvorschriften für die Umwandlung	Art. 137	Formal requirements for conversion

Kapitel II		Chapter II	
Nichtigkeit und ältere Rechte		Revocation and prior rights	
Art. 138	Nichtigkeit europäischer Patente	Art. 138	Revocation of European patents
Art. 139	Ältere Rechte und Rechte mit gleichem Anmelde- oder Prioritätstag	Art. 139	Prior rights and rights arising on the same date

Kapitel III		Chapter III	
Sonstige Auswirkungen		Miscellaneous effects	
Art. 140	Nationale Gebrauchsmuster und Gebrauchszertifikate	Art. 140	National utility models and utility certificates
Art. 141	Jahresgebühren für das europäische Patent	Art. 141	Renewal fees for European patents

NEUNTER TEIL
BESONDERE ÜBEREINKOMMEN

PART IX
SPECIAL AGREEMENTS

Art. 142	Einheitliche Patente	Art. 142	Unitary patents
Art. 143	Besondere Organe des Europäischen Patentamts	Art. 143	Special departments of the European Patent Office
Art. 144	Vertretung vor den besonderen Organen	Art. 144	Representation before special departments
Art. 145	Engerer Ausschuss des Verwaltungsrats	Art. 145	Select committee of the Administrative Council
Art. 146	Deckung der Kosten für die Durchführung besonderer Aufgaben	Art. 146	Cover for expenditure for carrying out special tasks
Art. 147	Zahlungen aufgrund der für die Aufrechterhaltung des einheitlichen Patents erhobenen Gebühren	Art. 147	Payments in respect of renewal fees for unitary patents
Art. 148	Die europäische Patentanmeldung als Gegenstand des Vermögens	Art. 148	The European patent application as an object of property
Art. 149	Gemeinsame Benennung	Art. 149	Joint designation
Art. 149a	Andere Übereinkommen zwischen den Vertragsstaaten	Art. 149a	Other agreements between the Contracting States

Chapitre III
Représentation

Art. 133	Principes généraux relatifs à la représentation
Art. 134	Représentation devant l'Office européen des brevets
Art. 134bis	Institut des mandataires agréés près l'Office européen des brevets

HUITIÈME PARTIE
INCIDENCES SUR LE DROIT NATIONAL

Chapitre I
Transformation en demande de brevet national

Art. 135	Requête en transformation
Art. 136	(supprimé)
Art. 137	Conditions de forme de la transformation

Chapitre II
Nullité et droits antérieurs

Art. 138	Nullité des brevets européens
Art. 139	Droits antérieurs et droits ayant pris naissance à la même date

Chapitre III
Autres incidences sur le droit national

Art. 140	Modèles d'utilité et certificats d'utilité nationaux
Art. 141	Taxes annuelles pour le brevet européen

NEUVIÈME PARTIE
ACCORDS PARTICULIERS

Art. 142	Brevet unitaire
Art. 143	Instances spéciales de l'Office européen des brevets
Art. 144	Représentation devant les instances spéciales
Art. 145	Comité restreint du Conseil d'administration
Art. 146	Couverture des dépenses pour les tâches spéciales
Art. 147	Versements au titre des taxes de maintien en vigueur du brevet unitaire
Art. 148	De la demande de brevet européen comme objet de propriété
Art. 149	Désignation conjointe
Art. 149bis	Autres accords entre les Etats contractants

ZEHNTER TEIL
INTERNATIONALE ANMELDUNGEN NACH DEM VERTRAG ÜBER DIE INTERNATIONALE ZUSAMMENARBEIT AUF DEM GEBIET DES PATENTWESENS – EURO-PCT-ANMELDUNGEN

Art. 150	Anwendung des Vertrags über die internationale Zusammenarbeit auf dem Gebiet des Patentwesens
Art. 151	Das Europäische Patentamt als Anmeldeamt
Art. 152	Das Europäische Patentamt als Internationale Recherchenbehörde oder als mit der internationalen vorläufigen Prüfung beauftragte Behörde
Art. 153	Das Europäische Patentamt als Bestimmungsamt oder ausgewähltes Amt
Art. 154	(gestrichen)
Art. 155	(gestrichen)
Art. 156	(gestrichen)
Art. 157	(gestrichen)
Art. 158	(gestrichen)

ELFTER TEIL
ÜBERGANGSBESTIMMUNGEN
(gestrichen)

ZWÖLFTER TEIL
SCHLUSSBESTIMMUNGEN

Art. 164	Ausführungsordnung und Protokolle
Art. 165	Unterzeichnung - Ratifikation
Art. 166	Beitritt
Art. 167	(gestrichen)
Art. 168	Räumlicher Anwendungsbereich
Art. 169	Inkrafttreten
Art. 170	Aufnahmebeitrag
Art. 171	Geltungsdauer des Übereinkommens
Art. 172	Revision
Art. 173	Streitigkeiten zwischen Vertragsstaaten
Art. 174	Kündigung
Art. 175	Aufrechterhaltung wohlerworbener Rechte
Art. 176	Finanzielle Rechte und Pflichten eines ausgeschiedenen Vertragsstaats
Art. 177	Sprachen des Übereinkommens
Art. 178	Übermittlungen und Notifikationen

PART X
INTERNATIONAL APPLICATIONS UNDER THE PATENT COOPERATION TREATY – EURO-PCT APPLICATIONS

Art. 150	Application of the Patent Cooperation Treaty
Art. 151	The European Patent Office as a receiving Office
Art. 152	The European Patent Office as an International Searching Authority or International Preliminary Examining Authority
Art. 153	The European Patent Office as designated Office or elected Office
Art. 154	(deleted)
Art. 155	(deleted)
Art. 156	(deleted)
Art. 157	(deleted)
Art. 158	(deleted)

PART XI
TRANSITIONAL PROVISIONS
(deleted)

PART XII
FINAL PROVISIONS

Art. 164	Implementing Regulations and Protocols
Art. 165	Signature - Ratification
Art. 166	Accession
Art. 167	(deleted)
Art. 168	Territorial field of application
Art. 169	Entry into force
Art. 170	Initial contribution
Art. 171	Duration of the Convention
Art. 172	Revision
Art. 173	Disputes between Contracting States
Art. 174	Denunciation
Art. 175	Preservation of acquired rights
Art. 176	Financial rights and obligations of former Contracting States
Art. 177	Languages of the Convention
Art. 178	Transmission and notifications

DIXIÈME PARTIE
DEMANDES INTERNATIONALES AU SENS DU TRAITÉ DE COOPÉRATION EN MATIÈRE DE BREVETS – DEMANDES EURO-PCT

Art. 150	Application du Traité de Coopération en matière de brevets
Art. 151	L'Office européen des brevets, office récepteur
Art. 152	L'Office européen des brevets, administration chargée de la recherche internationale ou administration chargée de l'examen préliminaire international
Art. 153	L'Office européen des brevets, office désigné ou office élu
Art. 154	(supprimé)
Art. 155	(supprimé)
Art. 156	(supprimé)
Art. 157	(supprimé)
Art. 158	(supprimé)

ONZIÈME PARTIE
DISPOSITIONS TRANSITOIRES
(supprimé)

DOUZIÈME PARTIE
DISPOSITIONS FINALES

Art. 164	Règlement d'exécution et protocoles
Art. 165	Signature - Ratification
Art. 166	Adhésion
Art. 167	(supprimé)
Art. 168	Champ d'application territorial
Art. 169	Entrée en vigueur
Art. 170	Cotisation initiale
Art. 171	Durée de la convention
Art. 172	Révision
Art. 173	Différends entre Etats contractants
Art. 174	Dénonciation
Art. 175	Réserve des droits acquis
Art. 176	Droits et obligations en matière financière d'un Etat contractant ayant cessé d'être partie à la convention
Art. 177	Langues de la convention
Art. 178	Transmissions et notifications

PRÄAMBEL

Die Vertragsstaaten –

in dem Bestreben, die Zusammenarbeit zwischen den europäischen Staaten auf dem Gebiet des Schutzes der Erfindungen zu verstärken,

in dem Bestreben, einen solchen Schutz in diesen Staaten durch ein einheitliches Patenterteilungsverfahren und durch die Schaffung bestimmter einheitlicher Vorschriften für die nach diesem Verfahren erteilten Patente zu erreichen,

in dem Bestreben, zu diesen Zwecken ein Übereinkommen zu schließen, durch das eine Europäische Patentorganisation geschaffen wird und das ein Sonderabkommen im Sinn des Artikels 19 der am 20. März 1883 in Paris unterzeichneten und zuletzt am 14. Juli 1967 revidierten Verbandsübereinkunft zum Schutz des gewerblichen Eigentums und einen regionalen Patentvertrag im Sinn des Artikels 45 Absatz 1 des Vertrags über die internationale Zusammenarbeit auf dem Gebiet des Patentwesens vom 19. Juni 1970 darstellt –

sind wie folgt übereingekommen:

PREAMBLE

The Contracting States,

DESIRING to strengthen co-operation between the States of Europe in respect of the protection of inventions,

DESIRING that such protection may be obtained in those States by a single procedure for the grant of patents and by the establishment of certain standard rules governing patents so granted,

DESIRING, for this purpose, to conclude a Convention which establishes a European Patent Organisation and which constitutes a special agreement within the meaning of Article 19 of the Convention for the Protection of Industrial Property, signed in Paris on 20 March 1883 and last revised on 14 July 1967, and a regional patent treaty within the meaning of Article 45, paragraph 1, of the Patent Cooperation Treaty of 19 June 1970,

HAVE AGREED on the following provisions:

PRÉAMBULE

Les Etats contractants,

Désireux de renforcer la coopération entre les Etats européens dans le domaine de la protection des inventions,

Désireux qu'une telle protection puisse être obtenue dans ces Etats par une procédure unique de délivrance de brevets et par l'établissement de certaines règles uniformes régissant les brevets ainsi délivrés,

Désireux, à ces fins, de conclure une convention qui institue une Organisation européenne des brevets et constitue un arrangement particulier au sens de l'article 19 de la Convention pour la protection de la propriété industrielle signée à Paris le 20 mars 1883 et révisée en dernier lieu le 14 juillet 1967 et un traité de brevet régional au sens de l'article 45, paragraphe 1, du Traité de Coopération en matière de brevets du 19 juin 1970,

sont convenus des dispositions suivantes :

ERSTER TEIL
ALLGEMEINE UND INSTITUTIONELLE VORSCHRIFTEN

Kapitel I
Allgemeine Vorschriften

Artikel 1
Europäisches Recht für die Erteilung von Patenten

Durch dieses Übereinkommen wird ein den Vertragsstaaten[2] gemeinsames Recht für die Erteilung von Erfindungspatenten geschaffen.

Artikel 2
Europäisches Patent

(1) Die nach diesem Übereinkommen erteilten Patente werden als europäische Patente bezeichnet.

(2) Das europäische Patent hat in jedem Vertragsstaat, für den es erteilt worden ist, dieselbe Wirkung und unterliegt denselben Vorschriften wie ein in diesem Staat erteiltes nationales Patent, soweit dieses Übereinkommen nichts anderes bestimmt.

Artikel 3
Territoriale Wirkung

Die Erteilung eines europäischen Patents kann für einen oder mehrere Vertragsstaaten beantragt werden.

Artikel 4[3]
Europäische Patentorganisation

(1) Durch dieses Übereinkommen wird eine Europäische Patentorganisation gegründet, nachstehend Organisation genannt. Sie ist mit verwaltungsmäßiger und finanzieller Selbstständigkeit ausgestattet.

(2) Die Organe der Organisation sind:

a) das Europäische Patentamt;

b) der Verwaltungsrat.

---

[2] Die derzeit 32 Vertragsstaaten sind: AT, BE, BG, CH, CY, CZ, DE, DK, EE, ES, FI, FR, GB, GR, HU, IE, IS, IT, LI, LT, LU, LV, MC, MT, NL, PL, PT, RO, SE, SI, SK, TR.
[3] Siehe hierzu Entscheidungen der Großen Beschwerdekammer G 5/88, G 7/88, G 8/88, G 1/04 (Anhang I).

PART I
GENERAL AND INSTITUTIONAL PROVISIONS

Chapter I
General provisions

Article 1
European law for the grant of patents

A system of law, common to the Contracting States[2], for the grant of patents for invention is established by this Convention.

Article 2
European patent

(1) Patents granted under this Convention shall be called European patents.

(2) The European patent shall, in each of the Contracting States for which it is granted, have the effect of and be subject to the same conditions as a national patent granted by that State, unless this Convention provides otherwise.

Article 3
Territorial effect

The grant of a European patent may be requested for one or more of the Contracting States.

Article 4[3]
European Patent Organisation

(1) A European Patent Organisation, hereinafter referred to as the Organisation, is established by this Convention. It shall have administrative and financial autonomy.

(2) The organs of the Organisation shall be:

(a) the European Patent Office;

(b) the Administrative Council.

---

[2] Currently the 32 Contracting States are: AT, BE, BG, CH, CY, CZ, DE, DK, EE, ES, FI, FR, GB, GR, HU, IE, IS, IT, LI, LT, LU, LV, MC, MT, NL, PL, PT, RO, SE, SI, SK, TR.
[3] See decisions of the Enlarged Board of Appeal G 5/88, G 7/88, G 8/88, G 1/04 (Annex I).

PREMIÈRE PARTIE
DISPOSITIONS GÉNÉRALES ET INSTITUTIONNELLES

Chapitre I
Dispositions générales

Article premier
Droit européen en matière de délivrance de brevets

Il est institué par la présente convention un droit commun aux Etats contractants[2] en matière de délivrance de brevets d'invention.

Article 2
Brevet européen

Art. 63-65, 68, 69, 70, 99-105c/quater, 142
R. 75, 85, 89, 90-96

(1) Les brevets délivrés en vertu de la présente convention sont dénommés brevets européens.

(2) Dans chacun des Etats contractants pour lesquels il est délivré, le brevet européen a les mêmes effets et est soumis au même régime qu'un brevet national délivré dans cet Etat, sauf si la présente convention en dispose autrement.

Article 3
Portée territoriale

Art. 79, 149
R. 39

La délivrance d'un brevet européen peut être demandée pour un ou plusieurs des Etats contractants.

Article 4[3]
Organisation européenne des brevets

Art. 4a/bis, 10-36
R. 9-13

(1) Il est institué par la présente convention une Organisation européenne des brevets, ci-après dénommée l'Organisation. Elle est dotée de l'autonomie administrative et financière.

(2) Les organes de l'Organisation sont :

a) l'Office européen des brevets ;

b) le Conseil d'administration.

---

[2] Les Etats contractants, actuellement au nombre de 32, sont : AT, BE, BG, CH, CY, CZ, DE, DK, EE, ES, FI, FR, GB, GR, HU, IE, IS, IT, LI, LT, LU, LV, MC, MT, NL, PL, PT, RO, SE, SI, SK, TR.
[3] Cf. les décisions de la Grande Chambre de recours G 5/88, G 7/88, G 8/88, G 1/04 (Annexe I).

(3) The task of the Organisation shall be to grant European patents. This shall be carried out by the European Patent Office supervised by the Administrative Council.

Article 4a[4]
Conference of ministers of the Contracting States

A conference of ministers of the Contracting States responsible for patent matters shall meet at least every five years to discuss issues pertaining to the Organisation and to the European patent system.

Chapter II
The European Patent Organisation

Article 5[5]
Legal status

(1) The Organisation shall have legal personality.

(2) In each of the Contracting States, the Organisation shall enjoy the most extensive legal capacity accorded to legal persons under the national law of that State; it may in particular acquire or dispose of movable and immovable property and may be a party to legal proceedings.

(3) The President of the European Patent Office shall represent the Organisation.

Article 6[6]
Headquarters

(1) The Organisation shall have its headquarters in Munich.

(2) The European Patent Office shall be located in Munich. It shall have a branch at The Hague.

---

[4] Inserted by the Act revising the European Patent Convention of 29.11.2000.
[5] See decisions of the Enlarged Board of Appeal G 5/88, G 7/88, G 8/88 (Annex I).
[6] See decisions of the Enlarged Board of Appeal G 5/88, G 7/88, G 8/88 (Annex I).

(3) L'Organisation a pour tâche de délivrer des brevets européens. Cette tâche est exécutée par l'Office européen des brevets sous le contrôle du Conseil d'administration.

Article 4bis[4]
Conférence des ministres des Etats contractants

Art. 4

Une conférence des ministres des Etats contractants compétents en matière de brevets se réunit au moins tous les cinq ans pour examiner les questions relatives à l'Organisation et au système du brevet européen.

Chapitre II
L'Organisation européenne des brevets

Article 5[5]
Statut juridique

(1) L'Organisation a la personnalité juridique.

(2) Dans chacun des Etats contractants, l'Organisation possède la capacité juridique la plus large reconnue aux personnes morales par la législation nationale ; elle peut notamment acquérir ou aliéner des biens immobiliers et mobiliers et ester en justice.

(3) Le Président de l'Office européen des brevets représente l'Organisation.

Article 6[6]
Siège

(1) L'Organisation a son siège à Munich.

(2) L'Office européen des brevets est situé à Munich. Il a un département à La Haye.

---

[4] Inséré par l'acte portant révision de la Convention sur le brevet européen en date du 29.11.2000.
[5] Cf. les décisions de la Grande Chambre de recours G 5/88, G 7/88, G 8/88 (Annexe I).
[6] Cf. les décisions de la Grande Chambre de recours G 5/88, G 7/88, G 8/88 (Annexe I).

Artikel 7[7]
Dienststellen des Europäischen Patentamts

In den Vertragsstaaten und bei zwischenstaatlichen Organisationen auf dem Gebiet des gewerblichen Rechtsschutzes können, soweit erforderlich und vorbehaltlich der Zustimmung des betreffenden Vertragsstaats oder der betreffenden Organisation, durch Beschluss des Verwaltungsrats Dienststellen des Europäischen Patentamts zu Informations- oder Verbindungszwecken geschaffen werden.

Artikel 8
Vorrechte und Immunitäten

Die Organisation, die Mitglieder des Verwaltungsrats, die Bediensteten des Europäischen Patentamts und die sonstigen Personen, die in dem diesem Übereinkommen beigefügten Protokoll über Vorrechte und Immunitäten bezeichnet sind und an der Arbeit der Organisation teilnehmen, genießen in jedem Vertragsstaat die zur Durchführung ihrer Aufgaben erforderlichen Vorrechte und Immunitäten nach Maßgabe dieses Protokolls.

Artikel 9
Haftung

(1) Die vertragliche Haftung der Organisation bestimmt sich nach dem Recht, das auf den betreffenden Vertrag anzuwenden ist.

(2) Die außervertragliche Haftung der Organisation für Schäden, die durch sie oder die Bediensteten des Europäischen Patentamts in Ausübung ihrer Amtstätigkeit verursacht worden sind, bestimmt sich nach dem in der Bundesrepublik Deutschland geltenden Recht. Ist der Schaden durch die Zweigstelle in Den Haag oder eine Dienststelle oder durch Bedienstete, die einer dieser Stellen angehören, verursacht worden, so ist das Recht des Vertragsstaats anzuwenden, in dem sich die betreffende Stelle befindet.

(3) Die persönliche Haftung der Bediensteten des Europäischen Patentamts gegenüber der Organisation bestimmt sich nach ihrem Statut oder den für sie geltenden Beschäftigungsbedingungen.

Article 7[7]
Sub-offices of the European Patent Office

By decision of the Administrative Council, sub-offices of the European Patent Office may be created, if need be, for the purpose of information and liaison, in the Contracting States and with intergovernmental organisations in the field of industrial property, subject to the approval of the Contracting State or organisation concerned.

Article 8
Privileges and immunities

The Protocol on Privileges and Immunities annexed to this Convention shall define the conditions under which the Organisation, the members of the Administrative Council, the employees of the European Patent Office, and such other persons specified in that Protocol as take part in the work of the Organisation, shall enjoy, in each Contracting State, the privileges and immunities necessary for the performance of their duties.

Article 9
Liability

(1) The contractual liability of the Organisation shall be governed by the law applicable to the contract in question.

(2) The non-contractual liability of the Organisation in respect of any damage caused by it or by the employees of the European Patent Office in the performance of their duties shall be governed by the law of the Federal Republic of Germany. Where the damage is caused by the branch at The Hague or a sub-office or employees attached thereto, the law of the Contracting State in which such branch or sub-office is located shall apply.

(3) The personal liability of the employees of the European Patent Office towards the Organisation shall be governed by their Service Regulations or conditions of employment.

---

[7] Siehe hierzu Entscheidungen der Großen Beschwerdekammer G 5/88, G 7/88, G 8/88 (Anhang I).

[7] See decisions of the Enlarged Board of Appeal G 5/88, G 7/88, G 8/88 (Annex I).

Verweisungen/References/Références

Article 7[7]
Agences de l'Office européen des brevets

Art. 35

Par décision du Conseil d'administration, des agences de l'Office européen des brevets peuvent être créées, en tant que de besoin, dans un but d'information ou de liaison, dans les Etats contractants ou auprès d'organisations intergouvernementales compétentes en matière de propriété industrielle, sous réserve du consentement de l'Etat contractant concerné ou de l'organisation concernée.

Article 8
Privilèges et immunités

Le protocole sur les privilèges et immunités annexé à la présente convention définit les conditions dans lesquelles l'Organisation, les membres du Conseil d'administration, les agents de l'Office européen des brevets ainsi que toutes autres personnes mentionnées dans ce protocole et participant aux activités de l'Organisation jouissent, dans chaque Etat contractant, des privilèges et immunités nécessaires à l'accomplissement de leur mission.

Article 9
Responsabilité

(1) La responsabilité contractuelle de l'Organisation est régie par la loi applicable au contrat en cause.

(2) La responsabilité non contractuelle de l'Organisation en ce qui concerne les dommages causés par elle ou par les agents de l'Office européen des brevets dans l'exercice de leurs fonctions est régie par la loi en vigueur en République fédérale d'Allemagne. Si les dommages ont été causés par le département de La Haye ou par une agence, ou par des agents relevant du département ou de cette agence, la loi applicable est celle de l'Etat contractant dans lequel le département ou l'agence est situé.

(3) La responsabilité personnelle des agents de l'Office européen des brevets envers l'Organisation est régie par leur statut ou le régime qui leur est applicable.

---

[7] Cf. les décisions de la Grande Chambre de recours G 5/88, G 7/88, G 8/88 (Annexe I).

(4) Für die Regelung von Streitigkeiten nach den Absätzen 1 und 2 sind folgende Gerichte zuständig:

a) bei Streitigkeiten nach Absatz 1 die Gerichte der Bundesrepublik Deutschland, sofern in dem von den Parteien geschlossenen Vertrag nicht ein Gericht eines anderen Staats bestimmt worden ist;

b) bei Streitigkeiten nach Absatz 2 die Gerichte der Bundesrepublik Deutschland oder des Staats, in dem sich die Zweigstelle oder die Dienststelle befindet.

Kapitel III
Das Europäische Patentamt

Artikel 10[8]
Leitung

(1) Die Leitung des Europäischen Patentamts obliegt dem Präsidenten, der dem Verwaltungsrat gegenüber für die Tätigkeit des Amts verantwortlich ist.

(2) Zu diesem Zweck hat der Präsident insbesondere folgende Aufgaben und Befugnisse:

a) er trifft alle für die Tätigkeit des Europäischen Patentamts zweckmäßigen Maßnahmen, einschließlich des Erlasses interner Verwaltungsvorschriften und der Unterrichtung der Öffentlichkeit;

b) er bestimmt, soweit dieses Übereinkommen nichts anderes bestimmt, welche Handlungen beim Europäischen Patentamt in München und welche Handlungen bei dessen Zweigstelle in Den Haag vorzunehmen sind;

c) er kann dem Verwaltungsrat Vorschläge für eine Änderung dieses Übereinkommens, für allgemeine Durchführungsbestimmungen und für Beschlüsse vorlegen, die zur Zuständigkeit des Verwaltungsrats gehören;

d) er bereitet den Haushaltsplan und etwaige Berichtigungs- und Nachtragshaushaltspläne vor und führt sie aus;

e) er legt dem Verwaltungsrat jedes Jahr einen Tätigkeitsbericht vor;

(4) The courts with jurisdiction to settle disputes under paragraphs 1 and 2 shall be:

(a) for disputes under paragraph 1, the courts of the Federal Republic of Germany, unless the contract concluded between the parties designates a court of another State;

(b) for disputes under paragraph 2, the courts of the Federal Republic of Germany, or of the State in which the branch or sub-office is located.

Chapter III
The European Patent Office

Article 10[8]
Management

(1) The European Patent Office shall be managed by the President, who shall be responsible for its activities to the Administrative Council.

(2) To this end, the President shall have in particular the following functions and powers:

(a) he shall take all necessary steps to ensure the functioning of the European Patent Office, including the adoption of internal administrative instructions and information to the public;

(b) unless this Convention provides otherwise, he shall prescribe which acts are to be performed at the European Patent Office in Munich and its branch at The Hague respectively;

(c) he may submit to the Administrative Council any proposal for amending this Convention, for general regulations, or for decisions which come within the competence of the Administrative Council;

(d) he shall prepare and implement the budget and any amending or supplementary budget;

(e) he shall submit a management report to the Administrative Council each year;

---

[8] Siehe hierzu Entscheidungen/Stellungnahmen der Großen Beschwerdekammer G 5/88, G 7/88, G 8/88, G 1/02 (Anhang I).

[8] See decisions/opinions of the Enlarged Board of Appeal G 5/88, G 7/88, G 8/88, G 1/02 (Annex I).

(4) Les juridictions compétentes pour régler les litiges visés aux paragraphes 1 et 2 sont :

a) en ce qui concerne les litiges visés au paragraphe 1, les juridictions de la République fédérale d'Allemagne, à défaut de la désignation d'une juridiction d'un autre Etat dans le contrat conclu entre les parties ;

b) en ce qui concerne les litiges visés au paragraphe 2, les juridictions de la République fédérale d'Allemagne ou de l'Etat dans lequel le département ou l'agence est situé.

**Chapitre III
L'Office européen des brevets**

**Article 10[8]
Direction**

R. 9, 11

(1) La direction de l'Office européen des brevets est assurée par le Président, qui est responsable de l'activité de l'Office devant le Conseil d'administration.

(2) A cette fin, le Président a notamment les fonctions et compétences suivantes :

a) il prend toutes mesures utiles, y compris l'adoption d'instructions administratives internes et l'information du public, en vue d'assurer le fonctionnement de l'Office européen des brevets ;

b) il détermine, sauf si la présente convention en dispose autrement, les actes qui doivent être accomplis respectivement auprès de l'Office européen des brevets à Munich ou de son département à la Haye ;

c) il peut soumettre au Conseil d'administration toute proposition de modification de la présente convention, de réglementation générale ou de décision qui relève de la compétence du Conseil d'administration ;

d) il prépare et exécute le budget ainsi que tout budget modificatif ou additionnel ;

e) il soumet annuellement un rapport d'activité au Conseil d'administration ;

---

[8] Cf. les décisions/avis de la Grande Chambre de recours G 5/88, G 7/88, G 8/88, G 1/02 (Annexe I).

f) er übt das Weisungsrecht und die Aufsicht über das Personal aus;

g) vorbehaltlich des Artikels 11 ernennt er die Bediensteten und entscheidet über ihre Beförderung;

h) er übt die Disziplinargewalt über die nicht in Artikel 11 genannten Bediensteten aus und kann dem Verwaltungsrat Disziplinarmaßnahmen gegenüber den in Artikel 11 Absätze 2 und 3 genannten Bediensteten vorschlagen;

i) er kann seine Aufgaben und Befugnisse übertragen.

(3)[9] Der Präsident wird von mehreren Vizepräsidenten unterstützt. Ist der Präsident abwesend oder verhindert, so wird er nach dem vom Verwaltungsrat festgelegten Verfahren von einem der Vizepräsidenten vertreten.

Artikel 11[10]
Ernennung hoher Bediensteter

(1) Der Präsident des Europäischen Patentamts wird vom Verwaltungsrat ernannt.

(2) Die Vizepräsidenten werden nach Anhörung des Präsidenten des Europäischen Patentamts vom Verwaltungsrat ernannt.

(3) Die Mitglieder der Beschwerdekammern und der Großen Beschwerdekammer einschließlich der Vorsitzenden werden auf Vorschlag des Präsidenten des Europäischen Patentamts vom Verwaltungsrat ernannt. Sie können vom Verwaltungsrat nach Anhörung des Präsidenten des Europäischen Patentamts wieder ernannt werden.

(4) Der Verwaltungsrat übt die Disziplinargewalt über die in den Absätzen 1 bis 3 genannten Bediensteten aus.

(f) he shall exercise supervisory authority over the staff;

(g) subject to Article 11, he shall appoint the employees and decide on their promotion;

(h) he shall exercise disciplinary authority over the employees other than those referred to in Article 11, and may propose disciplinary action to the Administrative Council with regard to employees referred to in Article 11, paragraphs 2 and 3;

(i) he may delegate his functions and powers.

(3)[9] The President shall be assisted by a number of Vice-Presidents. If the President is absent or indisposed, one of the Vice-Presidents shall take his place in accordance with the procedure laid down by the Administrative Council.

Article 11[10]
Appointment of senior employees

(1) The President of the European Patent Office shall be appointed by the Administrative Council.

(2) The Vice-Presidents shall be appointed by the Administrative Council after the President of the European Patent Office has been consulted.

(3) The members, including the Chairmen, of the Boards of Appeal and of the Enlarged Board of Appeal shall be appointed by the Administrative Council on a proposal from the President of the European Patent Office. They may be re-appointed by the Administrative Council after the President of the European Patent Office has been consulted.

(4) The Administrative Council shall exercise disciplinary authority over the employees referred to in paragraphs 1 to 3.

---

[9] Siehe hierzu den Beschluss des Verwaltungsrats vom 06.07.1978 betreffend die Vertretung des Präsidenten des EPA (ABl. EPA 1978, 326).
[10] Geändert durch die Akte zur Revision des Europäischen Patentübereinkommens vom 29.11.2000.

[9] See the decision of the Administrative Council of 06.07.1978 on substitution for the President of the EPO (OJ EPO 1978, 326).
[10] Amended by the Act revising the European Patent Convention of 29.11.2000.

f) il exerce l'autorité hiérarchique sur le personnel ;

g) sous réserve de l'article 11, il nomme les agents et statue sur leur avancement ;

h) il exerce le pouvoir disciplinaire sur les agents autres que ceux visés à l'article 11 et peut proposer au Conseil d'administration des sanctions disciplinaires à l'encontre des agents visés à l'article 11, paragraphes 2 et 3 ;

i) il peut déléguer ses fonctions et compétences.

(3)[9] Le Président est assisté de plusieurs Vice-Présidents. En cas d'absence ou d'empêchement du Président, un des Vice-Présidents exerce ses fonctions conformément à la procédure fixée par le Conseil d'administration.

Article 11[10]
Nomination du personnel supérieur   *Art. 21, 22, 35*

(1) Le Président de l'Office européen des brevets est nommé par le Conseil d'administration.

(2) Les Vice-Présidents sont nommés par le Conseil d'administration, le Président de l'Office européen des brevets entendu.

(3) Les membres des chambres de recours et de la Grande Chambre de recours, y compris leurs présidents, sont nommés par le Conseil d'administration sur proposition du Président de l'Office européen des brevets. Ils peuvent être reconduits dans leurs fonctions par le Conseil d'administration, le Président de l'Office européen des brevets entendu.

(4) Le Conseil d'administration exerce le pouvoir disciplinaire sur les agents visés aux paragraphes 1 à 3.

---

[9] Cf. la décision du Conseil d'administration du 06.07.1978 concernant la suppléance du Président de l'OEB (JO OEB 1978, 326).

[10] Modifié par l'acte portant révision de la Convention sur le brevet européen en date du 29.11.2000.

(5) The Administrative Council, after consulting the President of the European Patent Office, may also appoint as members of the Enlarged Board of Appeal legally qualified members of the national courts or quasi-judicial authorities of the Contracting States, who may continue their judicial activities at the national level. They shall be appointed for a term of three years and may be re-appointed.

Article 12
Duties of office

Employees of the European Patent Office shall be bound, even after the termination of their employment, neither to disclose nor to make use of information which by its nature is a professional secret.

Article 13
Disputes between the Organisation and the employees of the European Patent Office

(1) Employees and former employees of the European Patent Office or their successors in title may apply to the Administrative Tribunal of the International Labour Organization in the case of disputes with the European Patent Organisation, in accordance with the Statute of the Tribunal and within the limits and subject to the conditions laid down in the Service Regulations for permanent employees or the Pension Scheme Regulations or arising from the conditions of employment of other employees.

(2) An appeal shall only be admissible if the person concerned has exhausted such other means of appeal as are available to him under the Service Regulations, the Pension Scheme Regulations or the conditions of employment.

Article 14[11, 12]
Languages of the European Patent Office, European patent applications and other documents

(1) The official languages of the European Patent Office shall be English, French and German.

---

[11] Amended by the Act revising the European Patent Convention of 29.11.2000.

[12] See decisions of the Enlarged Board of Appeal G 6/91, G 2/95 (Annex I).

(5) Le Conseil d'administration peut, le Président de l'Office européen des brevets entendu, également nommer en qualité de membres de la Grande Chambre de recours des membres juristes des juridictions nationales ou des autorités quasi judiciaires des Etats contractants, qui peuvent continuer à exercer leurs fonctions judiciaires au niveau national. Ils sont nommés pour une période de trois ans et peuvent être reconduits dans leurs fonctions.

Article 12
Devoirs de la fonction

Les agents de l'Office européen des brevets sont tenus, même après la cessation de leurs fonctions, de ne pas divulguer ni utiliser les informations qui, par leur nature, sont couvertes par le secret professionnel.

Article 13
Litiges entre l'Organisation et les agents de l'Office européen des brevets

(1) Les agents ou les anciens agents de l'Office européen des brevets, ou leurs ayants droit, peuvent recourir au Tribunal administratif de l'Organisation internationale du Travail pour les litiges qui les opposent à l'Organisation européenne des brevets, conformément au statut dudit Tribunal et dans les limites et conditions déterminées par le statut des fonctionnaires, par le règlement de pensions ou résultant du régime applicable aux autres agents.

(2) Un recours n'est recevable que si l'intéressé a épuisé tous les moyens de recours qui lui sont ouverts par le statut des fonctionnaires, par le règlement de pensions ou par le régime applicable aux autres agents.

Article 14[11, 12]
Langues de l'Office européen des brevets, des demandes de brevet européen et d'autres pièces

Art. 70, 80, 90, 93, 97, 98, 103, 127, 129
R. 3-7, 36, 40, 49, 61, 68, 112

(1) Les langues officielles de l'Office européen des brevets sont l'allemand, l'anglais et le français.

---

[11] Modifié par l'acte portant révision de la Convention sur le brevet européen en date du 29.11.2000.

[12] Cf. les décisions de la Grande Chambre de recours G 6/91, G 2/95 (Annexe I).

(2) Eine europäische Patentanmeldung ist in einer Amtssprache einzureichen oder, wenn sie in einer anderen Sprache eingereicht wird, nach Maßgabe der Ausführungsordnung in eine Amtssprache zu übersetzen. Diese Übersetzung kann während des gesamten Verfahrens vor dem Europäischen Patentamt mit der Anmeldung in der ursprünglich eingereichten Fassung in Übereinstimmung gebracht werden. Wird eine vorgeschriebene Übersetzung nicht rechtzeitig eingereicht, so gilt die Anmeldung als zurückgenommen.

(3) Die Amtssprache des Europäischen Patentamts, in der die europäische Patentanmeldung eingereicht oder in die sie übersetzt worden ist, ist in allen Verfahren vor dem Europäischen Patentamt als Verfahrenssprache zu verwenden, soweit die Ausführungsordnung nichts anderes bestimmt.

(4) Natürliche oder juristische Personen mit Wohnsitz oder Sitz in einem Vertragsstaat, in dem eine andere Sprache als Deutsch, Englisch oder Französisch Amtssprache ist, und die Angehörigen dieses Staats mit Wohnsitz im Ausland können auch fristgebundene Schriftstücke in einer Amtssprache dieses Vertragsstaats einreichen. Sie müssen jedoch nach Maßgabe der Ausführungsordnung eine Übersetzung in einer Amtssprache des Europäischen Patentamts einreichen. Wird ein Schriftstück, das nicht zu den Unterlagen der europäischen Patentanmeldung gehört, nicht in der vorgeschriebenen Sprache eingereicht oder wird eine vorgeschriebene Übersetzung nicht rechtzeitig eingereicht, so gilt das Schriftstück als nicht eingereicht.

(5) Europäische Patentanmeldungen werden in der Verfahrenssprache veröffentlicht.

(6) Europäische Patentschriften werden in der Verfahrenssprache veröffentlicht und enthalten eine Übersetzung der Patentansprüche in den beiden anderen Amtssprachen des Europäischen Patentamts.

(7) In den drei Amtssprachen des Europäischen Patentamts werden veröffentlicht:

a) das Europäische Patentblatt;

b) das Amtsblatt des Europäischen Patentamts.

(8) Die Eintragungen in das Europäische Patentregister werden in den drei Amtssprachen des Europäischen Patentamts vorgenommen. In Zweifelsfällen ist die Eintragung in der Verfahrenssprache maßgebend.

(2) A European patent application shall be filed in one of the official languages or, if filed in any other language, translated into one of the official languages in accordance with the Implementing Regulations. Throughout the proceedings before the European Patent Office, such translation may be brought into conformity with the application as filed. If a required translation is not filed in due time, the application shall be deemed to be withdrawn.

(3) The official language of the European Patent Office in which the European patent application is filed or into which it is translated shall be used as the language of the proceedings in all proceedings before the European Patent Office, unless the Implementing Regulations provide otherwise.

(4) Natural or legal persons having their residence or principal place of business within a Contracting State having a language other than English, French or German as an official language, and nationals of that State who are resident abroad, may file documents which have to be filed within a time limit in an official language of that State. They shall, however, file a translation in an official language of the European Patent Office in accordance with the Implementing Regulations. If any document, other than those documents making up the European patent application, is not filed in the prescribed language, or if any required translation is not filed in due time, the document shall be deemed not to have been filed.

(5) European patent applications shall be published in the language of the proceedings.

(6) Specifications of European patents shall be published in the language of the proceedings and shall include a translation of the claims in the other two official languages of the European Patent Office.

(7) The following shall be published in the three official languages of the European Patent Office:

(a) the European Patent Bulletin;

(b) the Official Journal of the European Patent Office.

(8) Entries in the European Patent Register shall be made in the three official languages of the European Patent Office. In cases of doubt, the entry in the language of the proceedings shall be authentic.

(2) Toute demande de brevet européen doit être déposée dans une des langues officielles ou, si elle est déposée dans une autre langue, traduite dans une des langues officielles, conformément au règlement d'exécution. Durant toute la procédure devant l'Office européen des brevets, cette traduction peut être rendue conforme au texte de la demande telle qu'elle a été déposée. Si la traduction requise n'a pas été produite dans les délais, la demande est réputée retirée.

(3) La langue officielle de l'Office européen des brevets dans laquelle la demande de brevet européen a été déposée ou traduite doit être utilisée comme langue de la procédure, sauf si le règlement d'exécution en dispose autrement, dans toutes les procédures devant l'Office européen des brevets.

(4) Les personnes physiques ou morales ayant leur domicile ou leur siège dans un Etat contractant ayant une langue autre que l'allemand, l'anglais ou le français comme langue officielle, et les nationaux de cet Etat ayant leur domicile à l'étranger peuvent produire, dans une langue officielle de cet Etat, des pièces devant être produites dans un délai déterminé. Toutefois, ils sont tenus de produire une traduction dans une langue officielle de l'Office européen des brevets conformément au règlement d'exécution. Si une pièce autre que les pièces composant de la demande de brevet européen n'est pas produite dans la langue prescrite ou si une traduction requise n'est pas produite dans les délais, la pièce est réputée n'avoir pas été produite.

(5) Les demandes de brevet européen sont publiées dans la langue de la procédure.

(6) Les fascicules de brevet européen sont publiés dans la langue de la procédure et comportent une traduction des revendications dans les deux autres langues officielles de l'Office européen des brevets.

(7) Sont publiés dans les trois langues officielles de l'Office européen des brevets :

a) le Bulletin européen des brevets ;

b) le Journal officiel de l'Office européen des brevets.

(8) Les inscriptions au Registre européen des brevets sont effectuées dans les trois langues officielles de l'Office européen des brevets. En cas de doute, l'inscription dans la langue de la procédure fait foi.

Article 15[13]
Departments entrusted with the procedure

To carry out the procedures laid down in this Convention, the following shall be set up within the European Patent Office:

(a) a Receiving Section;

(b) Search Divisions;

(c) Examining Divisions;

(d) Opposition Divisions;

(e) a Legal Division;

(f) Boards of Appeal;

(g) an Enlarged Board of Appeal.

Article 16[14]
Receiving Section

The Receiving Section shall be responsible for the examination on filing and the examination as to formal requirements of European patent applications.

Article 17[15]
Search Divisions

The Search Divisions shall be responsible for drawing up European search reports.

Article 18[16]
Examining Divisions

(1) The Examining Divisions shall be responsible for the examination of European patent applications.

---

[13] See opinion of the Enlarged Board of Appeal G 1/02 (Annex I).
[14] Amended by the Act revising the European Patent Convention of 29.11.2000.
[15] Amended by the Act revising the European Patent Convention of 29.11.2000.
[16] Amended by the Act revising the European Patent Convention of 29.11.2000.

Verweisungen/References/Références

Article 15[13]
Instances chargées des procédures

Art. 16-22, 143
R. 8-13

Pour la mise en oeuvre des procédures prévues par la présente convention, il est institué à l'Office européen des brevets :

a) une section de dépôt ;

b) des divisions de la recherche ;

c) des divisions d'examen ;

d) des divisions d'opposition ;

e) une division juridique ;

f) des chambres de recours ;

g) une Grande Chambre de recours.

Article 16[14]
Section de dépôt

Art. 15
R. 10, 11

La section de dépôt est compétente pour examiner les demandes de brevet européen lors du dépôt et quant aux exigences de forme.

Article 17[15]
Divisions de la recherche

Art. 15, 92
R. 11, 61-65

Les divisions de la recherche sont compétentes pour établir les rapports de recherche européenne.

Article 18[16]
Divisions d'examen

Art. 15, 33, 94, 97
R. 10, 11, 70, 159

(1) Les divisions d'examen sont compétentes pour examiner les demandes de brevet européen.

---

[13] Cf. l'avis de la Grande Chambre de recours G 1/02 (Annexe I).

[14] Modifié par l'acte portant révision de la Convention sur le brevet européen en date du 29.11.2000.

[15] Modifié par l'acte portant révision de la Convention sur le brevet européen en date du 29.11.2000.

[16] Modifié par l'acte portant révision de la Convention sur le brevet européen en date du 29.11.2000.

(2)[17] Eine Prüfungsabteilung setzt sich aus drei technisch vorgebildeten Prüfern zusammen. Bis zum Erlass der Entscheidung über die europäische Patentanmeldung wird jedoch in der Regel ein Mitglied der Prüfungsabteilung mit der Bearbeitung der Anmeldung beauftragt. Die mündliche Verhandlung findet vor der Prüfungsabteilung selbst statt. Hält es die Prüfungsabteilung nach Art der Entscheidung für erforderlich, so wird sie durch einen rechtskundigen Prüfer ergänzt. Bei Stimmengleichheit gibt die Stimme des Vorsitzenden der Prüfungsabteilung den Ausschlag.

Artikel 19[18]
Einspruchsabteilungen

(1) Die Einspruchsabteilungen sind für die Prüfung von Einsprüchen gegen europäische Patente zuständig.

(2) Eine Einspruchsabteilung setzt sich aus drei technisch vorgebildeten Prüfern zusammen, von denen mindestens zwei nicht in dem Verfahren zur Erteilung des europäischen Patents mitgewirkt haben dürfen, gegen das sich der Einspruch richtet. Ein Prüfer, der in dem Verfahren zur Erteilung des europäischen Patents mitgewirkt hat, kann nicht den Vorsitz führen. Bis zum Erlass der Entscheidung über den Einspruch kann die Einspruchsabteilung eines ihrer Mitglieder mit der Bearbeitung des Einspruchs beauftragen. Die mündliche Verhandlung findet vor der Einspruchsabteilung selbst statt. Hält es die Einspruchsabteilung nach Art der Entscheidung für erforderlich, so wird sie durch einen rechtskundigen Prüfer ergänzt, der in dem Verfahren zur Erteilung des Patents nicht mitgewirkt haben darf. Bei Stimmengleichheit gibt die Stimme des Vorsitzenden der Einspruchsabteilung den Ausschlag.

(2)[17] An Examining Division shall consist of three technically qualified examiners. However, before a decision is taken on a European patent application, its examination shall, as a general rule, be entrusted to one member of the Examining Division. Oral proceedings shall be before the Examining Division itself. If the Examining Division considers that the nature of the decision so requires, it shall be enlarged by the addition of a legally qualified examiner. In the event of parity of votes, the vote of the Chairman of the Examining Division shall be decisive.

Article 19[18]
Opposition Divisions

(1) The Opposition Divisions shall be responsible for the examination of oppositions against any European patent.

(2) An Opposition Division shall consist of three technically qualified examiners, at least two of whom shall not have taken part in the proceedings for grant of the patent to which the opposition relates. An examiner who has taken part in the proceedings for the grant of the European patent may not be the Chairman. Before a decision is taken on the opposition, the Opposition Division may entrust the examination of the opposition to one of its members. Oral proceedings shall be before the Opposition Division itself. If the Opposition Division considers that the nature of the decision so requires, it shall be enlarged by the addition of a legally qualified examiner who shall not have taken part in the proceedings for grant of the patent. In the event of parity of votes, the vote of the Chairman of the Opposition Division shall be decisive.

---

[17] Siehe hierzu Stellungnahme der Großen Beschwerdekammer G 1/02 (Anhang I).
[18] Siehe hierzu Entscheidung/Stellungnahme der Großen Beschwerdekammer G 5/91, G 1/02 (Anhang I).

[17] See opinion of the Enlarged Board of Appeal G 1/02 (Annex I).
[18] See decision/opinion of the Enlarged Board of Appeal G 5/91, G 1/02 (Annex I).

(2)[17] Une division d'examen se compose de trois examinateurs techniciens. Toutefois, l'instruction de la demande de brevet européen est, en règle générale, confiée à l'un des membres de la division d'examen. La procédure orale se déroule devant la division d'examen elle-même. Si elle estime que la nature de la décision l'exige, la division d'examen est complétée par un examinateur juriste. En cas de partage égal des voix, la voix du président de la division d'examen est prépondérante.

Article 19[18]
Divisions d'opposition

Art. 99
R. 11, 75-89

(1) Les divisions d'opposition sont compétentes pour examiner les oppositions aux brevets européens.

(2) Une division d'opposition se compose de trois examinateurs techniciens, dont deux au moins ne doivent pas avoir participé à la procédure de délivrance du brevet qui est l'objet de l'opposition. Un examinateur qui a participé à la procédure de délivrance du brevet européen ne peut exercer la présidence. La division d'opposition peut confier à l'un de ses membres l'instruction de l'opposition. La procédure orale se déroule devant la division d'opposition elle-même. Si elle estime que la nature de la décision l'exige, la division d'opposition est complétée par un examinateur juriste qui ne doit pas avoir participé à la procédure de délivrance du brevet. En cas de partage égal des voix, la voix du président de la division d'opposition est prépondérante.

---

[17] Cf. l'avis de la Grande Chambre de recours G 1/02 (Annexe I).

[18] Cf. la décision/l'avis de la Grande Chambre de recours G 5/91, G 1/02 (Annexe I).

Article 20[19]
Legal Division

(1) The Legal Division shall be responsible for decisions in respect of entries in the Register of European Patents and in respect of registration on, and deletion from, the list of professional representatives.

(2) Decisions of the Legal Division shall be taken by one legally qualified member.

Article 21[20, 21]
Boards of Appeal

(1) The Boards of Appeal shall be responsible for the examination of appeals from decisions of the Receiving Section, the Examining Divisions and Opposition Divisions, and the Legal Division.

(2) For appeals from decisions of the Receiving Section or the Legal Division, a Board of Appeal shall consist of three legally qualified members.

(3) For appeals from a decision of an Examining Division, a Board of Appeal shall consist of:

(a) two technically qualified members and one legally qualified member, when the decision concerns the refusal of a European patent application or the grant, limitation or revocation of a European patent, and was taken by an Examining Division consisting of less than four members;

(b) three technically and two legally qualified members, when the decision was taken by an Examining Division consisting of four members, or when the Board of Appeal considers that the nature of the appeal so requires;

(c) three legally qualified members in all other cases.

---

[19] See decision of the President of the EPO, Special edition No. 3, OJ EPO 2007, G.1.

[20] Amended by the Act revising the European Patent Convention of 29.11.2000.

[21] See decisions/opinions of the Enlarged Board of Appeal G 2/90, G 8/95, G 1/02, G 3/03 (Annex I).

Article 20[19]
Division juridique

(1) La division juridique est compétente pour toute décision relative, d'une part, aux mentions à porter sur le Registre européen des brevets, d'autre part, à l'inscription sur la liste des mandataires agréés et à leur radiation de celle-ci.

(2) Les décisions de la division juridique sont rendues par un membre juriste.

Article 21[20, 21]
Chambres de recours

(1) Les chambres de recours sont compétentes pour examiner les recours formés contre les décisions de la section de dépôt, des divisions d'examen, des divisions d'opposition et de la division juridique.

(2) Dans le cas d'un recours formé contre une décision de la section de dépôt ou de la division juridique, la chambre de recours se compose de trois membres juristes.

(3) Dans le cas d'un recours formé contre une décision d'une division d'examen, la chambre de recours se compose de :

a) deux membres techniciens et un membre juriste lorsque la décision est relative au rejet d'une demande de brevet européen ou à la délivrance, la limitation ou la révocation d'un brevet européen et qu'elle a été rendue par une division d'examen composée de moins de quatre membres ;

b) trois membres techniciens et deux membres juristes lorsque la décision a été rendue par une division d'examen composée de quatre membres ou si la chambre de recours estime que la nature du recours l'exige ;

c) trois membres juristes dans tous les autres cas.

Verweisungen/References/Références

Art. 15, 127, 134, 134a/bis
R. 11

Art. 11, 15, 106
R. 12, 97, 98

---

[19] Cf. la décision du Président de l'OEB, Edition spéciale n° 3, JO OEB 2007, G.1.
[20] Modifié par l'acte portant révision de la Convention sur le brevet européen en date du 29.11.2000.
[21] Cf. les décisions/avis de la Grande Chambre de recours G 2/90, G 8/95, G 1/02, G 3/03 (Annexe I).

(4) Bei Beschwerden gegen die Entscheidung einer Einspruchsabteilung setzt sich eine Beschwerdekammer zusammen aus:

a) zwei technisch vorgebildeten Mitgliedern und einem rechtskundigen Mitglied, wenn die Entscheidung von einer aus drei Mitgliedern bestehenden Einspruchsabteilung gefasst worden ist;

b) drei technisch vorgebildeten und zwei rechtskundigen Mitgliedern, wenn die Entscheidung von einer aus vier Mitgliedern bestehenden Einspruchsabteilung gefasst worden ist oder die Beschwerdekammer der Meinung ist, dass es die Art der Beschwerde erfordert.

Artikel 22[22]
Große Beschwerdekammer

(1) Die Große Beschwerdekammer ist zuständig für:

a) Entscheidungen über Rechtsfragen, die ihr von den Beschwerdekammern nach Artikel 112 vorgelegt werden;

b) die Abgabe von Stellungnahmen zu Rechtsfragen, die ihr vom Präsidenten des Europäischen Patentamts nach Artikel 112 vorgelegt werden;

c) Entscheidungen über Anträge auf Überprüfung von Beschwerdekammerentscheidungen nach Artikel 112a.

(2) In Verfahren nach Absatz 1 a) und b) setzt sich die Große Beschwerdekammer aus fünf rechtskundigen und zwei technisch vorgebildeten Mitgliedern zusammen. In Verfahren nach Absatz 1c) setzt sich die Große Beschwerdekammer nach Maßgabe der Ausführungsordnung aus drei oder fünf Mitgliedern zusammen. In allen Verfahren führt ein rechtskundiges Mitglied den Vorsitz.

(4) For appeals from a decision of an Opposition Division, a Board of Appeal shall consist of:

(a) two technically qualified members and one legally qualified member, when the decision was taken by an Opposition Division consisting of three members;

(b) three technically and two legally qualified members, when the decision was taken by an Opposition Division consisting of four members, or when the Board of Appeal considers that the nature of the appeal so requires.

Article 22[22]
Enlarged Board of Appeal

(1) The Enlarged Board of Appeal shall be responsible for:

(a) deciding on points of law referred to it by Boards of Appeal under Article 112;

(b) giving opinions on points of law referred to it by the President of the European Patent Office under Article 112;

(c) deciding on petitions for review of decisions of the Boards of Appeal under Article 112a.

(2) In proceedings under paragraph 1(a) and (b), the Enlarged Board of Appeal shall consist of five legally and two technically qualified members. In proceedings under paragraph 1(c), the Enlarged Board of Appeal shall consist of three or five members as laid down in the Implementing Regulations. In all proceedings, a legally qualified member shall be the Chairman.

---

[22] Geändert durch die Akte zur Revision des Europäischen Patentübereinkommens vom 29.11.2000.

[22] Amended by the Act revising the European Patent Convention of 29.11.2000.

(4) Dans le cas d'un recours formé contre une décision d'une division d'opposition, la chambre de recours se compose de :

a) deux membres techniciens et un membre juriste lorsque la décision a été rendue par une division d'opposition composée de trois membres ;

b) trois membres techniciens et deux membres juristes lorsque la décision a été rendue par une division d'opposition composée de quatre membres ou si la chambre de recours estime que la nature du recours l'exige.

Article 22[22]
Grande Chambre de recours

Art. 11, 15, 112, 112a/bis
R. 13

(1) La Grande Chambre de recours est compétente pour :

a) statuer sur les questions de droit qui lui sont soumises par les chambres de recours en vertu de l'article 112 ;

b) donner des avis sur les questions de droit qui lui sont soumises par le Président de l'Office européen des brevets en vertu de l'article 112 ;

c) statuer sur les requêtes en révision des décisions des chambres de recours en vertu de l'article 112bis.

(2) Dans les procédures prévues au paragraphe 1 a) et b), la Grande Chambre de recours se compose de cinq membres juristes et de deux membres techniciens. Dans les procédures prévues au paragraphe 1 c), la Grande Chambre de recours se compose de trois ou cinq membres, conformément au règlement d'exécution. Dans toutes les procédures, la présidence est assurée par un membre juriste.

---

[22] Modifié par l'acte portant révision de la Convention sur le brevet européen en date du 29.11.2000.

Article 23[23]
Independence of the members of the Boards

(1) The members of the Enlarged Board of Appeal and of the Boards of Appeal shall be appointed for a term of five years and may not be removed from office during this term, except if there are serious grounds for such removal and if the Administrative Council, on a proposal from the Enlarged Board of Appeal, takes a decision to this effect. Notwithstanding sentence 1, the term of office of members of the Boards shall end if they resign or are retired in accordance with the Service Regulations for permanent employees of the European Patent Office.

(2) The members of the Boards may not be members of the Receiving Section, Examining Divisions, Opposition Divisions or Legal Division.

(3) In their decisions the members of the Boards shall not be bound by any instructions and shall comply only with the provisions of this Convention.

(4)[24] The Rules of Procedure of the Boards of Appeal and the Enlarged Board of Appeal shall be adopted in accordance with the Implementing Regulations. They shall be subject to the approval of the Administrative Council.

Article 24[25]
Exclusion and objection

(1) Members of the Boards of Appeal or of the Enlarged Board of Appeal may not take part in a case in which they have any personal interest, or if they have previously been involved as representatives of one of the parties, or if they participated in the decision under appeal.

---

[23] Amended by the Act revising the European Patent Convention of 29.11.2000.
[24] See the Rules of Procedure of the Enlarged Board of Appeal (OJ EPO 2007, 303 ff).
See decision of the Enlarged Board of Appeal G 6/95 (Annex I).
[25] See decisions of the Enlarged Board of Appeal G 5/91, G 1/05 (Annex I).

Article 23[23]
Indépendance des membres des chambres

R. 12, 13

(1) Les membres de la Grande Chambre de recours et des chambres de recours sont nommés pour une période de cinq ans et ne peuvent être relevés de leurs fonctions pendant cette période, sauf pour motifs graves et si le Conseil d'administration, sur proposition de la Grande Chambre de recours, prend une décision à cet effet. Nonobstant les dispositions de la première phrase, le mandat des membres des chambres de recours prend fin en cas de démission ou de mise à la retraite conformément au statut des fonctionnaires de l'Office européen des brevets.

(2) Les membres des chambres ne peuvent être membres de la section de dépôt, des divisions d'examen, des divisions d'opposition ou de la division juridique.

(3) Dans leurs décisions, les membres des chambres ne sont liés par aucune instruction et ne doivent se conformer qu'aux seules dispositions de la présente convention.

(4)[24] Les règlements de procédure des chambres de recours et de la Grande Chambre de recours sont arrêtés conformément au règlement d'exécution. Ils sont soumis à l'approbation du Conseil d'administration.

Article 24[25]
Abstention et récusation

R. 144

(1) Les membres d'une chambre de recours et de la Grande Chambre de recours ne peuvent participer au règlement d'une affaire s'ils y possèdent un intérêt personnel, s'ils y sont antérieurement intervenus en qualité de représentants de l'une des parties ou s'ils ont pris part à la décision qui fait l'objet du recours.

---

[23] Modifié par l'acte portant révision de la Convention sur le brevet européen en date du 29.11.2000.
[24] Cf. le règlement de procédure de la Grande Chambre de recours (JO OEB 2007, 303 s.)
Cf. la décision de la Grande Chambre de recours G 6/95 (Annexe I).

[25] Cf. les décisions de la Grande Chambre de recours G 5/91, G 1/05 (Annexe I).

(2) If, for one of the reasons mentioned in paragraph 1, or for any other reason, a member of a Board of Appeal or of the Enlarged Board of Appeal considers that he should not take part in any appeal, he shall inform the Board accordingly.

(3) Members of a Board of Appeal or of the Enlarged Board of Appeal may be objected to by any party for one of the reasons mentioned in paragraph 1, or if suspected of partiality. An objection shall not be admissible if, while being aware of a reason for objection, the party has taken a procedural step. An objection may not be based upon the nationality of members.

(4) The Boards of Appeal and the Enlarged Board of Appeal shall decide as to the action to be taken in the cases specified in paragraphs 2 and 3, without the participation of the member concerned. For the purposes of taking this decision the member objected to shall be replaced by his alternate.

Article 25
Technical opinion

At the request of the competent national court hearing an infringement or revocation action, the European Patent Office shall be obliged, on payment of an appropriate fee[26], to give a technical opinion concerning the European patent which is the subject of the action. The Examining Division shall be responsible for issuing such opinions.

Chapter IV
The Administrative Council

Article 26
Membership

(1) The Administrative Council shall be composed of the Representatives and the alternate Representatives of the Contracting States. Each Contracting State shall be entitled to appoint one Representative and one alternate Representative to the Administrative Council.

(2) The members of the Administrative Council may, in accordance with the Rules of Procedure of the Administrative Council, be assisted by advisers or experts.

---

[26] See Article 2, item 20, of the Rules relating to Fees.

(2) Si, pour l'une des raisons mentionnées au paragraphe 1 ou pour tout autre motif, un membre d'une chambre de recours ou de la Grande Chambre de recours estime ne pas pouvoir participer au règlement d'une affaire, il en avertit la chambre.

(3) Les membres d'une chambre de recours et de la Grande Chambre de recours peuvent être récusés par toute partie pour l'une des raisons mentionnées au paragraphe 1 ou s'ils peuvent être soupçonnés de partialité. La récusation n'est pas recevable lorsque la partie en cause a accompli des actes de procédure bien qu'elle ait déjà eu connaissance du motif de récusation. La récusation ne peut être fondée sur la nationalité des membres.

(4) Les chambres de recours et la Grande Chambre de recours statuent, dans les cas visés aux paragraphes 2 et 3, sans la participation du membre concerné. Pour prendre cette décision, le membre récusé est remplacé par son suppléant.

Article 25
Avis technique

A la requête de la juridiction nationale compétente saisie de l'action en contrefaçon ou en nullité, l'Office européen des brevets est tenu de fournir, contre paiement d'une redevance appropriée[26], un avis technique sur le brevet européen en cause. Les divisions d'examen sont compétentes pour la délivrance de ces avis.

Chapitre IV
Le Conseil d'administration

Article 26
Composition

(1) Le Conseil d'administration se compose des représentants des Etats contractants et de leurs suppléants. Chaque Etat contractant a le droit de désigner un représentant au Conseil d'administration et un suppléant.

(2) Les membres du Conseil d'administration peuvent se faire assister de conseillers ou d'experts, conformément au règlement intérieur du Conseil d'administration.

---

[26] Cf. article 2, point 20 du règlement relatif aux taxes.

Artikel 27
Vorsitz

(1) Der Verwaltungsrat wählt aus den Vertretern der Vertragsstaaten und deren Stellvertretern einen Präsidenten und einen Vizepräsidenten. Der Vizepräsident vertritt den Präsidenten von Amts wegen, wenn dieser verhindert ist.

(2) Die Amtszeit des Präsidenten und des Vizepräsidenten beträgt drei Jahre. Wiederwahl ist zulässig.

Artikel 28[27]
Präsidium

(1) Beträgt die Zahl der Vertragsstaaten mindestens acht, so kann der Verwaltungsrat ein aus fünf seiner Mitglieder bestehendes Präsidium bilden.

(2) Der Präsident und der Vizepräsident des Verwaltungsrats sind von Amts wegen Mitglieder des Präsidiums; die drei übrigen Mitglieder werden vom Verwaltungsrat gewählt.

(3) Die Amtszeit der vom Verwaltungsrat gewählten Präsidiumsmitglieder beträgt drei Jahre. Wiederwahl ist nicht zulässig.

(4) Das Präsidium nimmt die Aufgaben wahr, die ihm der Verwaltungsrat nach Maßgabe der Geschäftsordnung zuweist.

Artikel 29
Tagungen

(1) Der Verwaltungsrat wird von seinem Präsidenten einberufen.

(2) Der Präsident des Europäischen Patentamts nimmt an den Beratungen des Verwaltungsrats teil.

(3) Der Verwaltungsrat hält jährlich eine ordentliche Tagung ab; außerdem tritt er auf Veranlassung seines Präsidenten oder auf Antrag eines Drittels der Vertragsstaaten zusammen.

Article 27
Chairmanship

(1) The Administrative Council shall elect a Chairman and a Deputy Chairman from among the Representatives and alternate Representatives of the Contracting States. The Deputy Chairman shall ex officio replace the Chairman if he is prevented from carrying out his duties.

(2) The terms of office of the Chairman and the Deputy Chairman shall be three years. They may be re-elected.

Article 28[27]
Board

(1) When there are at least eight Contracting States, the Administrative Council may set up a Board composed of five of its members.

(2) The Chairman and the Deputy Chairman of the Administrative Council shall be members of the Board ex officio; the other three members shall be elected by the Administrative Council.

(3) The term of office of the members elected by the Administrative Council shall be three years. They may not be re-elected.

(4) The Board shall perform the duties assigned to it by the Administrative Council in accordance with the Rules of Procedure.

Article 29
Meetings

(1) Meetings of the Administrative Council shall be convened by its Chairman.

(2) The President of the European Patent Office shall take part in the deliberations of the Administrative Council.

(3) The Administrative Council shall hold an ordinary meeting once each year. In addition, it shall meet on the initiative of its Chairman or at the request of one-third of the Contracting States.

---

[27] Siehe hierzu Beschlüsse des Verwaltungsrats vom 05.06.2003 zur Einsetzung eines Präsidiums des Verwaltungsrats (ABl. EPA 2003, 333) und vom 30.10.2003 betreffend die Einsetzung des Präsidiums des Verwaltungsrats (ABl. EPA 2003, 579).

[27] See decisions of the Administrative Council of 05.06.2003 setting up a Board of the Administrative Council (OJ EPO 2003, 333) and of 30.10.2003 concerning the operation of the Board of the Administrative Council (OJ EPO 2003, 579).

Article 27
Présidence

(1) Le Conseil d'administration élit parmi les représentants des Etats contractants et leurs suppléants un Président et un Vice-Président. Le Vice-Président remplace de droit le Président en cas d'empêchement.

(2) La durée du mandat du Président et du Vice-Président est de trois ans. Ce mandat est renouvelable.

Article 28[27]
Bureau

(1) Le Conseil d'administration peut instituer un Bureau composé de cinq de ses membres, dès lors que le nombre des Etats contractants est de huit au minimum.

(2) Le Président et le Vice-Président du Conseil d'administration sont de droit membres du Bureau ; les trois autres membres sont élus par le Conseil d'administration.

(3) La durée du mandat des membres élus par le Conseil d'administration est de trois ans. Ce mandat n'est pas renouvelable.

(4) Le Bureau exécute les tâches que le Conseil d'administration lui confie conformément au règlement intérieur.

Article 29
Sessions

(1) Le Conseil d'administration se réunit sur convocation de son Président.

(2) Le Président de l'Office européen des brevets prend part aux délibérations du Conseil d'administration.

(3) Le Conseil d'administration tient une session ordinaire une fois par an ; en outre, il se réunit à l'initiative de son Président ou à la demande du tiers des Etats contractants.

---

[27] Cf. les décisions du Conseil d'administration du 05.06.2003 instituant un Bureau du Conseil d'administration (JO OEB 2003, 333) et du 30.10.2003 relative à la mise en œuvre du Bureau du Conseil d'administration (JO OEB 2003, 579).

(4) The deliberations of the Administrative Council shall be based on an agenda, and shall be held in accordance with its Rules of Procedure.

(5) The provisional agenda shall contain any question whose inclusion is requested by any Contracting State in accordance with the Rules of Procedure.

Article 30
Attendance of observers

(1) The World Intellectual Property Organization shall be represented at the meetings of the Administrative Council, in accordance with an agreement between the Organisation and the World Intellectual Property Organization.

(2) Other intergovernmental organisations entrusted with carrying out international procedures in the field of patents, with which the Organisation has concluded an agreement, shall be represented at the meetings of the Administrative Council, in accordance with such agreement.

(3) Any other intergovernmental and international non-governmental organisations carrying out an activity of interest to the Organisation may be invited by the Administrative Council to be represented at its meetings during any discussion of matters of mutual interest.

Article 31
Languages of the Administrative Council

(1) The languages used in the deliberations of the Administrative Council shall be English, French and German.

(2) Documents submitted to the Administrative Council, and the minutes of its deliberations, shall be drawn up in the three languages specified in paragraph 1.

Article 32
Staff, premises and equipment

The European Patent Office shall place at the disposal of the Administrative Council, and of any committee established by it, such staff, premises and equipment as may be necessary for the performance of their duties.

(4) Le Conseil d'administration délibère sur la base d'un ordre du jour déterminé, conformément à son règlement intérieur.

(5) Toute question dont l'inscription à l'ordre du jour est demandée par un Etat contractant conformément au règlement intérieur est inscrite à l'ordre du jour provisoire.

Article 30
Participation d'observateurs

(1) L'Organisation Mondiale de la Propriété Intellectuelle est représentée aux sessions du Conseil d'administration, conformément à un accord entre l'Organisation et l'Organisation Mondiale de la Propriété Intellectuelle.

(2) D'autres organisations intergouvernementales chargées de la mise en œuvre de procédures internationales dans le domaine des brevets, avec lesquelles l'Organisation a conclu un accord, sont représentées aux sessions du Conseil d'administration, conformément à cet accord.

(3) Toute autre organisation intergouvernementale ou internationale non gouvernementale exerçant une activité intéressant l'Organisation peut être invitée par le Conseil d'administration à se faire représenter à ses sessions lors de toute discussion de questions d'intérêt commun.

Article 31
Langues du Conseil d'administration

(1) Les langues utilisées dans les délibérations du Conseil d'administration sont l'allemand, l'anglais et le français.

(2) Les documents soumis au Conseil d'administration et les procès-verbaux de ses délibérations sont établis dans les trois langues visées au paragraphe 1.

Article 32
Personnel, locaux et matériel

L'Office européen des brevets met à la disposition du Conseil d'administration et des comités que celui-ci a institués le personnel, les locaux et les moyens matériels nécessaires à l'accomplissement de leur mission.

Article 33[28, 29]
Competence of the Administrative Council in certain cases

(1) The Administrative Council shall be competent to amend:

(a) the time limits laid down in this Convention;

(b) Parts II to VIII and Part X of this Convention, to bring them into line with an international treaty relating to patents or European Community legislation relating to patents;

(c) the Implementing Regulations.

(2) The Administrative Council shall be competent, in conformity with this Convention, to adopt or amend:

(a) the Financial Regulations;

(b) the Service Regulations for permanent employees and the conditions of employment of other employees of the European Patent Office, the salary scales of the said permanent and other employees, and also the nature of any supplementary benefits and the rules for granting them;

(c) the Pension Scheme Regulations and any appropriate increases in existing pensions to correspond to increases in salaries;

(d) the Rules relating to Fees;

(e) its Rules of Procedure.

(3) Notwithstanding Article 18, paragraph 2, the Administrative Council shall be competent to decide, in the light of experience, that in certain categories of cases Examining Divisions shall consist of one technically qualified examiner only. Such decision may be rescinded.

---

[28] Amended by the Act revising the European Patent Convention of 29.11.2000.

[29] See decisions/opinions of the Enlarged Board of Appeal G 5/88, G 7/88, G 8/88, G 6/95, G 1/02 (Annex I):

Article 33[28, 29]
Compétence du Conseil d'administration dans certains cas

Art. 35
R. 9, 12, 122

(1) Le Conseil d'administration a compétence pour modifier :

a) la durée des délais fixés par la présente convention ;

b) les dispositions de la deuxième à la huitième partie ainsi que de la dixième partie de la présente convention pour assurer leur conformité avec un traité international en matière de brevets ou la législation de la Communauté européenne en matière de brevets ;

c) le règlement d'exécution.

(2) Le Conseil d'administration a compétence, conformément à la présente convention, pour arrêter et modifier :

a) le règlement financier ;

b) le statut des fonctionnaires et le régime applicable aux autres agents de l'Office européen des brevets, le barème de leurs rémunérations ainsi que la nature et les règles d'octroi des avantages accessoires ;

c) le règlement de pensions et toute augmentation des pensions existantes correspondant aux relèvements des traitements ;

d) le règlement relatif aux taxes ;

e) son règlement intérieur.

(3) Nonobstant l'article 18, paragraphe 2, le Conseil d'administration a compétence pour décider, si l'expérience le justifie, que, dans certaines catégories de cas, les divisions d'examen se composent d'un seul examinateur technicien. Cette décision peut être rapportée.

---

[28] Modifié par l'acte portant révision de la Convention sur le brevet européen en date du 29.11.2000.
[29] Cf. les décisions/avis de la Grande Chambre de recours G 5/88, G 7/88, G 8/88, G 6/95, G 1/02 (Annexe I).

(4) Der Verwaltungsrat ist befugt, den Präsidenten des Europäischen Patentamts zu ermächtigen, Verhandlungen über Abkommen mit Staaten oder zwischenstaatlichen Organisationen sowie mit Dokumentationszentren, die aufgrund von Vereinbarungen mit solchen Organisationen errichtet worden sind, zu führen und diese Abkommen mit Genehmigung des Verwaltungsrats für die Europäische Patentorganisation zu schließen.

(5) Ein Beschluss des Verwaltungsrats nach Absatz 1 b) kann nicht gefasst werden:

- in Bezug auf einen internationalen Vertrag vor dessen Inkrafttreten;

- in Bezug auf Rechtsvorschriften der Europäischen Gemeinschaft vor deren Inkrafttreten oder, wenn diese eine Frist für ihre Umsetzung vorsehen, vor Ablauf dieser Frist.

**Artikel 34
Stimmrecht**

(1) Stimmberechtigt im Verwaltungsrat sind nur die Vertragsstaaten.

(2) Jeder Vertragsstaat verfügt über eine Stimme, soweit nicht Artikel 36 anzuwenden ist.

Artikel 35[30]
Abstimmungen

(1) Der Verwaltungsrat fasst seine Beschlüsse vorbehaltlich der Absätze 2 und 3 mit der einfachen Mehrheit der vertretenen Vertragsstaaten, die eine Stimme abgeben.

(2) Dreiviertelmehrheit der vertretenen Vertragsstaaten, die eine Stimme abgeben, ist für die Beschlüsse erforderlich, zu denen der Verwaltungsrat nach Artikel 7, Artikel 11 Absatz 1, Artikel 33 Absatz 1 a) und c) und Absätze 2 bis 4, Artikel 39 Absatz 1, Artikel 40 Absätze 2 und 4, Artikel 46, Artikel 134a, Artikel 149a Absatz 2, Artikel 152, Artikel 153 Absatz 7, Artikel 166 und Artikel 172 befugt ist.

(4) The Administrative Council shall be competent to authorise the President of the European Patent Office to negotiate and, subject to its approval, to conclude agreements on behalf of the European Patent Organisation with States, with intergovernmental organisations and with documentation centres set up on the basis of agreements with such organisations.

(5) The Administrative Council may not take a decision under paragraph 1(b):

- concerning an international treaty, before its entry into force;

- concerning European Community legislation, before its entry into force or, where that legislation lays down a period for its implementation, before the expiry of that period.

**Article 34
Voting rights**

(1) The right to vote in the Administrative Council shall be restricted to the Contracting States.

(2) Each Contracting State shall have one vote, except where Article 36 applies.

Article 35[30]
Voting rules

(1) The Administrative Council shall take its decisions, other than those referred to in paragraphs 2 and 3, by a simple majority of the Contracting States represented and voting.

(2) A majority of three-quarters of the votes of the Contracting States represented and voting shall be required for the decisions which the Administrative Council is empowered to take under Article 7, Article 11, paragraph 1, Article 33, paragraphs 1(a) and (c), and 2 to 4, Article 39, paragraph 1, Article 40, paragraphs 2 and 4, Article 46, Article 134a, Article 149a, paragraph 2, Article 152, Article 153, paragraph 7, Article 166 and Article 172.

---

[30] Geändert durch die Akte zur Revision des Europäischen Patentübereinkommens vom 29.11.2000.

[30] Amended by the Act revising the European Patent Convention of 29.11.2000.

(4) Le Conseil d'administration a compétence pour autoriser le Président de l'Office européen des brevets à négocier et, sous réserve de son approbation, à conclure, au nom de l'Organisation européenne des brevets, des accords avec des Etats ou des organisations intergouvernementales ainsi qu'avec des centres de documentation créés en vertu d'accords conclus avec ces organisations.

(5) Le Conseil d'administration ne peut prendre de décision en vertu du paragraphe 1 b) :

- en ce qui concerne un traité international, avant son entrée en vigueur ;

- en ce qui concerne un acte législatif de la Communauté européenne, avant son entrée en vigueur ou, lorsqu'il prévoit un délai pour sa transposition, avant l'expiration de ce délai.

Article 34
Droit de vote

(1) Les Etats contractants ont seuls droit de vote au Conseil d'administration.

(2) Sous réserve de l'application de l'article 36, chaque Etat contractant dispose d'une voix.

Article 35[30]
Votes

(1) Sous réserve des dispositions des paragraphes 2 et 3, le Conseil d'administration prend ses décisions à la majorité simple des Etats contractants représentés et votants.

(2) Requièrent la majorité des trois quarts des Etats contractants représentés et votants les décisions relevant de la compétence du Conseil d'administration en vertu de l'article 7, de l'article 11, paragraphe 1, de l'article 33, paragraphes 1 a) et c) et 2 à 4, de l'article 39, paragraphe 1, de l'article 40, paragraphes 2 et 4, de l'article 46, de l'article 134bis, de l'article 149bis, paragraphe 2, de l'article 152, de l'article 153, paragraphe 7, de l'article 166 et de l'article 172.

---

[30] Modifié par l'acte portant révision de la Convention sur le brevet européen en date du 29.11.2000.

(3) Einstimmigkeit der Vertragsstaaten, die eine Stimme abgeben, ist für die Beschlüsse erforderlich, zu denen der Verwaltungsrat nach Artikel 33 Absatz 1 b) befugt ist. Der Verwaltungsrat fasst einen solchen Beschluss nur dann, wenn alle Vertragsstaaten vertreten sind. Ein nach Artikel 33 Absatz 1 b) gefasster Beschluss wird nicht wirksam, wenn innerhalb von zwölf Monaten nach dem Datum des Beschlusses einer der Vertragsstaaten erklärt, dass dieser Beschluss nicht verbindlich sein soll.

(4) Stimmenthaltung gilt nicht als Stimmabgabe.

Artikel 36
Stimmenwägung

(1) Jeder Vertragsstaat kann für die Annahme und Änderung der Gebührenordnung sowie, falls dadurch die finanzielle Belastung der Vertragsstaaten vergrößert wird, für die Feststellung des Haushaltsplans und eines Berichtigungs- oder Nachtragshaushaltsplans der Organisation nach einer ersten Abstimmung, in der jeder Vertragsstaat über eine Stimme verfügt, unabhängig vom Ausgang der Abstimmung verlangen, dass unverzüglich eine zweite Abstimmung vorgenommen wird, in der die Stimmen nach Absatz 2 gewogen werden. Diese zweite Abstimmung ist für den Beschluss maßgebend.

(2) Die Zahl der Stimmen, über die jeder Vertragsstaat in der neuen Abstimmung verfügt, errechnet sich wie folgt:

a) Die sich für jeden Vertragsstaat ergebende Prozentzahl des in Artikel 40 Absätze 3 und 4 vorgesehenen Aufbringungsschlüssels für die besonderen Finanzbeiträge wird mit der Zahl der Vertragsstaaten multipliziert und durch fünf dividiert.

b) Die so errechnete Stimmenzahl wird auf eine ganze Zahl aufgerundet.

c) Dieser Stimmenzahl werden fünf weitere Stimmen hinzugezählt.

d) Die Zahl der Stimmen eines Vertragsstaats beträgt jedoch höchstens 30.

(3) Unanimity of the Contracting States voting shall be required for the decisions which the Administrative Council is empowered to take under Article 33, paragraph 1(b). The Administrative Council shall take such decisions only if all the Contracting States are represented. A decision taken on the basis of Article 33, paragraph 1(b), shall not take effect if a Contracting State declares, within twelve months of the date of the decision, that it does not wish to be bound by that decision.

(4) Abstentions shall not be considered as votes.

Article 36
Weighting of votes

(1) In respect of the adoption or amendment of the Rules relating to Fees and, if the financial contribution to be made by the Contracting States would thereby be increased, the adoption of the budget of the Organisation and of any amending or supplementary budget, any Contracting State may require, following a first ballot in which each Contracting State shall have one vote, and whatever the result of this ballot, that a second ballot be taken immediately, in which votes shall be given to the States in accordance with paragraph 2. The decision shall be determined by the result of this second ballot.

(2) The number of votes that each Contracting State shall have in the second ballot shall be calculated as follows:

(a) the percentage obtained for each Contracting State in respect of the scale for the special financial contributions, pursuant to Article 40, paragraphs 3 and 4, shall be multiplied by the number of Contracting States and divided by five;

(b) the number of votes thus given shall be rounded upwards to the next whole number;

(c) five additional votes shall be added to this number;

(d) nevertheless, no Contracting State shall have more than 30 votes.

(3) Requièrent l'unanimité des Etats contractants votants les décisions relevant de la compétence du Conseil d'administration en vertu de l'article 33, paragraphe 1 b). Le Conseil d'administration ne prend ces décisions que si tous les Etats contractants sont représentés. Une décision prise en vertu de l'article 33, paragraphe 1 b), ne prend pas effet si un Etat contractant déclare, dans un délai de douze mois à compter de la date de la décision, qu'il désire ne pas être lié par cette décision.

(4) L'abstention n'est pas considérée comme un vote.

Article 36
Pondération des voix

(1) Pour l'adoption et la modification du règlement relatif aux taxes ainsi que, si la charge financière des Etats contractants s'en trouve accrue, pour l'adoption du budget de l'Organisation et des budgets modificatifs ou additionnels, tout Etat contractant peut exiger, après un premier scrutin dans lequel chaque Etat contractant dispose d'une voix et quel que soit le résultat de ce scrutin, qu'il soit procédé immédiatement à un second scrutin dans lequel les voix sont pondérées conformément aux dispositions du paragraphe 2. La décision résulte de ce second scrutin.

(2) Le nombre de voix dont chaque Etat contractant dispose dans le nouveau scrutin se calcule comme suit :

a) le nombre correspondant au pourcentage qui résulte pour chaque Etat contractant de la clé de répartition des contributions financières exceptionnelles prévue à l'article 40, paragraphes 3 et 4, est multiplié par le nombre d'Etats contractants et divisé par cinq ;

b) le nombre de voix ainsi calculé est arrondi au nombre entier supérieur ;

c) à ce nombre de voix s'ajoutent cinq voix supplémentaires ;

d) toutefois, aucun Etat contractant ne peut disposer de plus de trente voix.

Chapter V
Financial provisions

Article 37[31]
Budgetary funding

The budget of the Organisation shall be financed:

(a) by the Organisation's own resources;

(b) by payments made by the Contracting States in respect of renewal fees for European patents levied in these States;

(c) where necessary, by special financial contributions made by the Contracting States;

(d) where appropriate, by the revenue provided for in Article 146;

(e) where appropriate, and for tangible assets only, by third-party borrowings secured on land or buildings;

(f) where appropriate, by third-party funding for specific projects.

Article 38[32]
The Organisation's own resources

The Organisation's own resources shall comprise:

(a) all income from fees and other sources and also the reserves of the Organisation;

(b) the resources of the Pension Reserve Fund, which shall be treated as a special class of asset of the Organisation, designed to support the Organisation's pension scheme by providing the appropriate reserves.

---

[31] Amended by the Act revising the European Patent Convention of 29.11.2000.

[32] Amended by the Act revising the European Patent Convention of 29.11.2000.

Chapitre V
Dispositions financières

Article 37[31]
Financement du budget

Art. 47, 50

Le budget de l'Organisation est financé :

a) par les ressources propres de l'Organisation ;

b) par les versements des Etats contractants au titre des taxes de maintien en vigueur des brevets européens perçues dans ces Etats ;

c) si nécessaire, par des contributions financières exceptionnelles des Etats contractants ;

d) le cas échéant, par les recettes prévues à l'article 146 ;

e) le cas échéant et exclusivement pour les immobilisations corporelles, par des emprunts contractés auprès de tiers et garantis par des terrains ou des bâtiments ;

f) le cas échéant, par des fonds provenant de tiers pour des projets spécifiques.

Article 38[32]
Ressources propres de l'Organisation

Art. 40

Les ressources propres de l'Organisation comprennent :

a) toutes les recettes provenant des taxes et d'autres sources ainsi que des réserves de l'Organisation ;

b) les ressources du Fonds de réserve pour pensions, qui doit être considéré comme un patrimoine spécial de l'Organisation servant à assister son régime de pensions par la constitution de réserves appropriées.

---

[31] Modifié par l'acte portant révision de la Convention sur le brevet européen en date du 29.11.2000.
[32] Modifié par l'acte portant révision de la Convention sur le brevet européen en date du 29.11.2000.

Artikel 39
Zahlungen der Vertragsstaaten aufgrund der für die Aufrechterhaltung der europäischen Patente erhobenen Gebühren

(1)[33] Jeder Vertragsstaat zahlt an die Organisation für jedes in diesem Staat aufrechterhaltene europäische Patent einen Betrag in Höhe eines vom Verwaltungsrat festzusetzenden Anteils an der Jahresgebühr, der 75 % nicht übersteigen darf und für alle Vertragsstaaten gleich ist. Liegt der Betrag unter einem vom Verwaltungsrat festgesetzten einheitlichen Mindestbetrag, so hat der betreffende Vertragsstaat der Organisation diesen Mindestbetrag zu zahlen.

(2) Jeder Vertragsstaat teilt der Organisation alle Angaben mit, die der Verwaltungsrat für die Feststellung der Höhe dieser Zahlungen für notwendig erachtet.

(3) Die Fälligkeit dieser Zahlungen wird vom Verwaltungsrat festgelegt.

(4) Wird eine Zahlung nicht fristgerecht in voller Höhe geleistet, so hat der Vertragsstaat den ausstehenden Betrag vom Fälligkeitstag an zu verzinsen.

Artikel 40
Bemessung der Gebühren und Anteile – besondere Finanzbeiträge

(1) Die Höhe der Gebühren nach Artikel 38 und der Anteil nach Artikel 39 sind so zu bemessen, dass die Einnahmen hieraus den Ausgleich des Haushalts der Organisation gewährleisten.

(2) Ist die Organisation jedoch nicht in der Lage, den Haushaltsplan nach Maßgabe des Absatzes 1 auszugleichen, so zahlen die Vertragsstaaten der Organisation besondere Finanzbeiträge, deren Höhe der Verwaltungsrat für das betreffende Haushaltsjahr festsetzt.

Article 39
Payments by the Contracting States in respect of renewal fees for European patents

(1)[33] Each Contracting State shall pay to the Organisation in respect of each renewal fee received for a European patent in that State an amount equal to a proportion of that fee, to be fixed by the Administrative Council; the proportion shall not exceed 75% and shall be the same for all Contracting States. However, if the said proportion corresponds to an amount which is less than a uniform minimum amount fixed by the Administrative Council, the Contracting State shall pay that minimum to the Organisation.

(2) Each Contracting State shall communicate to the Organisation such information as the Administrative Council considers to be necessary to determine the amount of these payments.

(3) The due dates for these payments shall be determined by the Administrative Council.

(4) If a payment is not remitted fully by the due date, the Contracting State shall pay interest from the due date on the amount remaining unpaid.

Article 40
Level of fees and payments – Special financial contributions

(1) The amounts of the fees referred to in Article 38 and the proportion referred to in Article 39 shall be fixed at such a level as to ensure that the revenue in respect thereof is sufficient for the budget of the Organisation to be balanced.

(2) However, if the Organisation is unable to balance its budget under the conditions laid down in paragraph 1, the Contracting States shall remit to the Organisation special financial contributions, the amount of which shall be determined by the Administrative Council for the accounting period in question.

---

[33] Siehe hierzu den Beschluss des Verwaltungsrats vom 08.06.1984 über den an die EPO zu zahlenden Anteil der Jahresgebühren für europäische Patente (ABl. EPA 1984, 296).

[33] See decision of the Administrative Council of 08.06.1984 on the proportion of renewal fees for European patents to be remitted to the EPO (OJ EPO 1984, 296).

Article 39
Versements des Etats contractants au titre des taxes de maintien en vigueur des brevets européens

Art. 35, 40, 41, 47, 50, 141, 146, 147, 176

(1)[33] Chaque Etat contractant verse à l'Organisation, au titre de chaque taxe perçue pour le maintien en vigueur d'un brevet européen dans cet Etat, une somme dont le montant correspond à un pourcentage de cette taxe, à fixer par le Conseil d'administration, qui ne peut excéder 75 % et est uniforme pour tous les Etats contractants. Si ledit pourcentage correspond à un montant inférieur au minimum uniforme fixé par le Conseil d'administration, l'Etat contractant verse ce minimum à l'Organisation.

(2) Chaque Etat contractant communique à l'Organisation tous les éléments jugés nécessaires par le Conseil d'administration pour déterminer le montant de ces versements.

(3) La date à laquelle ces versements doivent être effectués est fixée par le Conseil d'administration.

(4) Si un versement n'est pas intégralement effectué à la date fixée, l'Etat contractant est redevable, à compter de cette date, d'un intérêt sur le montant impayé.

Article 40
Niveau des taxes et des versements – Contributions financières exceptionnelles

Art. 35, 36, 47, 50, 146, 170, 176

(1) Le montant des taxes et le pourcentage, visés respectivement aux articles 38 et 39, doivent être déterminés de manière que les recettes correspondantes permettent d'assurer l'équilibre du budget de l'Organisation.

(2) Toutefois, lorsque l'Organisation se trouve dans l'impossibilité de réaliser l'équilibre du budget dans les conditions prévues au paragraphe 1, les Etats contractants versent à l'Organisation des contributions financières exceptionnelles, dont le montant est fixé par le Conseil d'administration pour l'exercice budgétaire considéré.

---

[33] Cf. la décision du Conseil d'administration du 08.06.1984 relative au pourcentage à reverser à l'OEB au titre des taxes de maintien en vigueur des brevets européens (JO OEB 1984, 296).

(3) Die besonderen Finanzbeiträge werden für jeden Vertragsstaat auf der Grundlage der Anzahl der Patentanmeldungen des vorletzten Jahrs vor dem Inkrafttreten dieses Übereinkommens nach folgendem Aufbringungsschlüssel festgelegt:

a) zur Hälfte im Verhältnis der Zahl der in dem jeweiligen Vertragsstaat eingereichten Patentanmeldungen;

b) zur Hälfte im Verhältnis der zweithöchsten Zahl von Patentanmeldungen, die von natürlichen oder juristischen Personen mit Wohnsitz oder Sitz in dem jeweiligen Vertragsstaat in den anderen Vertragsstaaten eingereicht worden sind.

Die Beträge, die von den Staaten zu tragen sind, in denen mehr als 25 000 Patentanmeldungen eingereicht worden sind, werden jedoch zusammengefasst und erneut im Verhältnis der Gesamtzahl der in diesen Staaten eingereichten Patentanmeldungen aufgeteilt.

(4) Kann für einen Vertragsstaat ein Beteiligungssatz nicht nach Absatz 3 ermittelt werden, so legt ihn der Verwaltungsrat im Einvernehmen mit diesem Staat fest.

(5) Artikel 39 Absätze 3 und 4 ist auf die besonderen Finanzbeiträge entsprechend anzuwenden.

(6) Die besonderen Finanzbeiträge werden mit Zinsen zu einem Satz zurückgezahlt, der für alle Vertragsstaaten einheitlich ist. Die Rückzahlungen erfolgen, soweit zu diesem Zweck Mittel im Haushaltsplan bereitgestellt werden können; der bereitgestellte Betrag wird nach dem in den Absätzen 3 und 4 vorgesehenen Aufbringungsschlüssel auf die Vertragsstaaten verteilt.

(7) Die in einem bestimmten Haushaltsjahr gezahlten besonderen Finanzbeiträge müssen in vollem Umfang zurückgezahlt sein, bevor in einem späteren Haushaltsjahr gezahlte besondere Finanzbeiträge ganz oder teilweise zurückgezahlt werden.

(3) These special financial contributions shall be determined in respect of any Contracting State on the basis of the number of patent applications filed in the last year but one prior to that of entry into force of this Convention, and calculated in the following manner:

(a) one half in proportion to the number of patent applications filed in that Contracting State;

(b) one half in proportion to the second highest number of patent applications filed in the other Contracting States by natural or legal persons having their residence or principal place of business in that Contracting State.

However, the amounts to be contributed by States in which the number of patent applications filed exceeds 25 000 shall then be taken as a whole and a new scale drawn up in proportion to the total number of patent applications filed in these States.

(4) Where the scale position of any Contracting State cannot be established in accordance with paragraph 3, the Administrative Council shall, with the consent of that State, decide its scale position.

(5) Article 39, paragraphs 3 and 4, shall apply mutatis mutandis to the special financial contributions.

(6) The special financial contributions shall be repaid with interest at a rate which shall be the same for all Contracting States. Repayments shall be made in so far as it is possible to provide for this purpose in the budget; the amount thus provided shall be distributed among the Contracting States in accordance with the scale referred to in paragraphs 3 and 4.

(7) The special financial contributions remitted in any accounting period shall be repaid in full before any such contributions or parts thereof remitted in any subsequent accounting period are repaid.

(3) Les contributions financières exceptionnelles sont déterminées pour chacun des Etats contractants sur la base du nombre des demandes de brevet déposées au cours de l'avant-dernière année précédant celle de l'entrée en vigueur de la présente convention et selon la clé de répartition ci-après :

a) pour moitié, proportionnellement au nombre des demandes de brevet déposées dans l'Etat contractant concerné ;

b) pour moitié, proportionnellement au nombre des demandes de brevet déposées par les personnes physiques et morales ayant leur domicile ou leur siège sur le territoire de cet Etat dans celui des autres Etats contractants placé en seconde position, dans l'ordre décroissant des dépôts effectués par lesdites personnes dans les autres Etats contractants.

Toutefois, les sommes mises à la charge des Etats dans lesquels le nombre des demandes de brevet déposées est supérieur à 25 000 sont reprises globalement et réparties à nouveau proportionnellement au nombre total des demandes de brevet déposées dans ces mêmes Etats.

(4) Lorsque le montant de la contribution d'un Etat contractant ne peut être déterminé dans les conditions prévues au paragraphe 3, le Conseil d'administration fixe ce montant en accord avec l'Etat concerné.

(5) L'article 39, paragraphes 3 et 4, est applicable aux contributions financières exceptionnelles.

(6) Les contributions financières exceptionnelles sont remboursées avec un intérêt dont le taux est uniforme pour tous les Etats contractants. Les remboursements interviennent dans la mesure où il est possible de prévoir des crédits à cet effet dans le budget et le montant ainsi prévu sera réparti entre les Etats contractants en fonction de la clé de répartition visée aux paragraphes 3 et 4.

(7) Les contributions financières exceptionnelles versées au cours d'un exercice déterminé sont intégralement remboursées avant qu'il ne soit procédé au remboursement total ou partiel de toute contribution exceptionnelle versée au cours d'un exercice ultérieur.

Artikel 41
Vorschüsse

(1) Die Vertragsstaaten gewähren der Organisation auf Antrag des Präsidenten des Europäischen Patentamts Vorschüsse auf ihre Zahlungen und Beiträge in der vom Verwaltungsrat festgesetzten Höhe. Diese Vorschüsse werden auf die Vertragsstaaten im Verhältnis der Beträge, die von diesen Staaten für das betreffende Haushaltsjahr zu zahlen sind, aufgeteilt.

(2) Artikel 39 Absätze 3 und 4 ist auf die Vorschüsse entsprechend anzuwenden.

Artikel 42[34]
Haushaltsplan

(1) Der Haushaltsplan der Organisation ist auszugleichen. Er wird nach Maßgabe der in der Finanzordnung festgelegten allgemein anerkannten Rechnungslegungsgrundsätze aufgestellt. Falls erforderlich, können Berichtigungs- und Nachtragshaushaltspläne festgestellt werden.

(2) Der Haushaltsplan wird in der Rechnungseinheit aufgestellt, die in der Finanzordnung bestimmt wird.

Artikel 43
Bewilligung der Ausgaben

(1) Die in den Haushaltsplan eingesetzten Ausgaben werden für ein Haushaltsjahr bewilligt, soweit die Finanzordnung nichts anderes bestimmt.

(2) Nach Maßgabe der Finanzordnung dürfen Mittel, die bis zum Ende eines Haushaltsjahrs nicht verbraucht worden sind, lediglich auf das nächste Haushaltsjahr übertragen werden; eine Übertragung von Mitteln, die für Personalausgaben vorgesehen sind, ist nicht zulässig.

(3) Die vorgesehenen Mittel werden nach Kapiteln gegliedert, in denen die Ausgaben nach Art oder Bestimmung zusammengefasst sind; soweit erforderlich, werden die Kapitel nach der Finanzordnung unterteilt.

Article 41
Advances

(1) At the request of the President of the European Patent Office, the Contracting States shall grant advances to the Organisation, on account of their payments and contributions, within the limit of the amount fixed by the Administrative Council. The amount of such advances shall be determined in proportion to the amounts due from the Contracting States for the accounting period in question.

(2) Article 39, paragraphs 3 and 4, shall apply mutatis mutandis to the advances.

Article 42[34]
Budget

(1) The budget of the Organisation shall be balanced. It shall be drawn up in accordance with the generally accepted accounting principles laid down in the Financial Regulations. If necessary, there may be amending or supplementary budgets.

(2) The budget shall be drawn up in the unit of account fixed in the Financial Regulations.

Article 43
Authorisation for expenditure

(1) The expenditure entered in the budget shall be authorised for the duration of one accounting period, unless the Financial Regulations provide otherwise.

(2) In accordance with the Financial Regulations, any appropriations, other than those relating to staff costs, which are unexpended at the end of the accounting period may be carried forward, but not beyond the end of the following accounting period.

(3) Appropriations shall be set out under different headings according to type and purpose of the expenditure and subdivided, as far as necessary, in accordance with the Financial Regulations.

---

[34] Geändert durch die Akte zur Revision des Europäischen Patentübereinkommens vom 29.11.2000.

[34] Amended by the Act revising the European Patent Convention of 29.11.2000.

Article 41
Avances

Art. 50, 146

(1) Sur demande du Président de l'Office européen des brevets, les Etats contractants consentent à l'Organisation des avances de trésorerie, à valoir sur leurs versements et contributions, dans la limite du montant fixé par le Conseil d'administration. Ces avances sont réparties au prorata des sommes dues par les Etats contractants pour l'exercice considéré.

(2) L'article 39, paragraphes 3 et 4, est applicable aux avances.

Article 42[34]
Budget

(1) Le budget de l'Organisation doit être équilibré. Il est établi selon les principes comptables généralement admis, tels que définis au règlement financier. En tant que de besoin, des budgets modificatifs ou additionnels peuvent être établis.

(2) Le budget est établi dans l'unité de compte fixée par le règlement financier.

Article 43
Autorisations de dépenses

(1) Les dépenses inscrites au budget sont autorisées pour la durée de l'exercice budgétaire, sauf si le règlement financier en dispose autrement.

(2) Conformément au règlement financier, les crédits qui ne sont pas utilisés à la fin de l'exercice budgétaire, à l'exception de ceux relatifs aux dépenses de personnel, peuvent faire l'objet d'un report qui sera limité au seul exercice suivant.

(3) Les crédits sont spécialisés par chapitres groupant les dépenses selon leur nature ou leur destination et subdivisés, en tant que de besoin, conformément au règlement financier.

---

[34] Modifié par l'acte portant révision de la Convention sur le brevet européen en date du 29.11.2000.

Artikel 44
Mittel für unvorhergesehene Ausgaben

(1) Im Haushaltsplan der Organisation können Mittel für unvorhergesehene Ausgaben veranschlagt werden.

(2) Die Verwendung dieser Mittel durch die Organisation setzt die vorherige Zustimmung des Verwaltungsrats voraus.

Artikel 45
Haushaltsjahr

Das Haushaltsjahr beginnt am 1. Januar und endet am 31. Dezember.

Artikel 46
Entwurf und Feststellung des Haushaltsplans

(1) Der Präsident des Europäischen Patentamts legt dem Verwaltungsrat den Entwurf des Haushaltsplans bis zu dem in der Finanzordnung vorgeschriebenen Zeitpunkt vor.

(2) Der Haushaltsplan sowie Berichtigungs- und Nachtragshaushaltspläne werden vom Verwaltungsrat festgestellt.

Artikel 47
Vorläufige Haushaltsführung

(1) Ist zu Beginn eines Haushaltsjahrs der Haushaltsplan vom Verwaltungsrat noch nicht festgestellt, so können nach der Finanzordnung für jedes Kapitel oder jede sonstige Untergliederung monatliche Ausgaben bis zur Höhe eines Zwölftels der im Haushaltsplan für das vorausgegangene Haushaltsjahr bereitgestellten Mittel vorgenommen werden; der Präsident des Europäischen Patentamts darf jedoch höchstens über ein Zwölftel der Mittel verfügen, die in dem Entwurf des Haushaltsplans vorgesehen sind.

(2) Der Verwaltungsrat kann unter Beachtung der sonstigen Vorschriften des Absatzes 1 Ausgaben genehmigen, die über dieses Zwölftel hinausgehen.

Article 44
Appropriations for unforeseeable expenditure

(1) The budget of the Organisation may contain appropriations for unforeseeable expenditure.

(2) The employment of these appropriations by the Organisation shall be subject to the prior approval of the Administrative Council.

Article 45
Accounting period

The accounting period shall commence on 1 January and end on 31 December.

Article 46
Preparation and adoption of the budget

(1) The President of the European Patent Office shall submit the draft budget to the Administrative Council no later than the date prescribed in the Financial Regulations.

(2) The budget and any amending or supplementary budget shall be adopted by the Administrative Council.

Article 47
Provisional budget

(1) If, at the beginning of the accounting period, the budget has not been adopted by the Administrative Council, expenditures may be effected on a monthly basis per heading or other division of the budget, in accordance with the Financial Regulations, up to one-twelfth of the budget appropriations for the preceding accounting period, provided that the appropriations thus made available to the President of the European Patent Office shall not exceed one-twelfth of those provided for in the draft budget.

(2) The Administrative Council may, subject to the observance of the other provisions laid down in paragraph 1, authorise expenditure in excess of one-twelfth of the appropriations.

Article 44
Crédits pour dépenses imprévisibles

(1) Des crédits pour dépenses imprévisibles peuvent être inscrits au budget de l'Organisation.

(2) L'utilisation de ces crédits par l'Organisation est subordonnée à l'autorisation préalable du Conseil d'administration.

Article 45
Exercice budgétaire

L'exercice budgétaire commence le 1er janvier et s'achève le 31 décembre.

Article 46
Préparation et adoption du budget   *Art. 35*

(1) Le Président de l'Office européen des brevets soumet le projet de budget au Conseil d'administration au plus tard à la date fixée par le règlement financier.

(2) Le budget ainsi que tout budget modificatif ou additionnel sont arrêtés par le Conseil d'administration.

Article 47
Budget provisoire   *Art. 146*

(1) Si, au début d'un exercice budgétaire, le budget n'a pas encore été arrêté par le Conseil d'administration, les dépenses pourront être effectuées mensuellement par chapitre ou par une autre division, conformément au règlement financier, dans la limite du douzième des crédits ouverts au budget de l'exercice précédent, sans que cette mesure puisse avoir pour effet de mettre à la disposition du Président de l'Office européen des brevets des crédits supérieurs au douzième de ceux prévus dans le projet de budget.

(2) Le Conseil d'administration peut, sous réserve que les autres conditions prévues au paragraphe premier soient respectées, autoriser les dépenses excédant le douzième.

(3) Die in Artikel 37 b) genannten Zahlungen werden einstweilen weiter nach Maßgabe der Bedingungen geleistet, die nach Artikel 39 für das vorausgegangene Haushaltsjahr festgelegt worden sind.

(4) Jeden Monat zahlen die Vertragsstaaten einstweilen nach dem in Artikel 40 Absätze 3 und 4 festgelegten Aufbringungsschlüssel besondere Finanzbeiträge, sofern dies notwendig ist, um die Durchführung der Absätze 1 und 2 zu gewährleisten. Artikel 39 Absatz 4 ist auf diese Beiträge entsprechend anzuwenden.

Artikel 48
Ausführung des Haushaltsplans

(1) Im Rahmen der zugewiesenen Mittel führt der Präsident des Europäischen Patentamts den Haushaltsplan sowie Berichtigungs- und Nachtragshaushaltspläne in eigener Verantwortung aus.

(2) Der Präsident des Europäischen Patentamts kann im Rahmen des Haushaltsplans nach Maßgabe der Finanzordnung Mittel von Kapitel zu Kapitel oder von Untergliederung zu Untergliederung übertragen.

Artikel 49
Rechnungsprüfung

(1) Die Rechnung über alle Einnahmen und Ausgaben des Haushaltsplans sowie eine Übersicht über das Vermögen und die Schulden der Organisation werden von Rechnungsprüfern geprüft, die volle Gewähr für ihre Unabhängigkeit bieten müssen und vom Verwaltungsrat für einen Zeitraum von fünf Jahren bestellt werden; die Bestellung kann verlängert oder erneuert werden.

(2) Die Prüfung erfolgt anhand der Rechnungsunterlagen und erforderlichenfalls an Ort und Stelle. Durch die Prüfung wird die Rechtmäßigkeit und Ordnungsmäßigkeit der Einnahmen und Ausgaben sowie die Wirtschaftlichkeit der Haushaltsführung festgestellt. Nach Abschluss eines jeden Haushaltsjahrs erstellen die Rechnungsprüfer einen Bericht, der einen unterzeichneten Bestätigungsvermerk enthält.

(3) The payments referred to in Article 37(b) shall continue to be made, on a provisional basis, under the conditions determined under Article 39 for the year preceding that to which the draft budget relates.

(4) The Contracting States shall pay each month, on a provisional basis and in accordance with the scale referred to in Article 40, paragraphs 3 and 4, any special financial contributions necessary to ensure implementation of paragraphs 1 and 2. Article 39, paragraph 4, shall apply mutatis mutandis to these contributions.

Article 48
Budget implementation

(1) The President of the European Patent Office shall implement the budget and any amending or supplementary budget on his own responsibility and within the limits of the allocated appropriations.

(2) Within the budget, the President of the European Patent Office may, in accordance with the Financial Regulations, transfer funds between the various headings or sub-headings.

Article 49
Auditing of accounts

(1) The income and expenditure account and a balance sheet of the Organisation shall be examined by auditors whose independence is beyond doubt, appointed by the Administrative Council for a period of five years, which shall be renewable or extensible.

(2) The audit shall be based on vouchers and shall take place, if necessary, in situ. The audit shall ascertain whether all income has been received and all expenditure effected in a lawful and proper manner and whether the financial management is sound. The auditors shall draw up a report containing a signed audit opinion after the end of each accounting period.

(3) A titre provisionnel, les versements visés à l'article 37 b) continueront à être effectués dans les conditions prévues à l'article 39 pour l'exercice précédant celui auquel se rapporte le projet de budget.

(4) Les Etats contractants versent chaque mois, à titre provisionnel et conformément à la clé de répartition visée à l'article 40, paragraphes 3 et 4, toutes contributions financières exceptionnelles nécessaires en vue d'assurer l'application des paragraphes 1 et 2. L'article 39, paragraphe 4, est applicable à ces contributions.

Article 48
Exécution du budget

(1) Le Président de l'Office européen des brevets exécute le budget ainsi que les budgets modificatifs ou additionnels, sous sa propre responsabilité et dans la limite des crédits alloués.

(2) A l'intérieur du budget, le Président de l'Office européen des brevets peut procéder, dans les limites et conditions fixées par le règlement financier, à des virements de crédits, soit de chapitre à chapitre, soit de subdivision à subdivision.

Article 49
Vérification des comptes

(1) Les comptes de la totalité des recettes et dépenses du budget, ainsi que le bilan de l'Organisation, sont examinés par des commissaires aux comptes offrant toutes les garanties d'indépendance, nommés par le Conseil d'administration pour une période de cinq ans qui peut être prolongée ou renouvelée.

(2) La vérification a lieu sur pièces et au besoin sur place. La vérification a pour objet de constater la légalité et la régularité des recettes et dépenses et de s'assurer de la bonne gestion financière. Les commissaires établissent après la clôture de chaque exercice un rapport qui contient une certification des comptes signée.

(3) The President of the European Patent Office shall annually submit to the Administrative Council the accounts of the preceding accounting period in respect of the budget and the balance sheet showing the assets and liabilities of the Organisation together with the report of the auditors.

(4) The Administrative Council shall approve the annual accounts together with the report of the auditors and shall discharge the President of the European Patent Office in respect of the implementation of the budget.

Article 50[35]
Financial Regulations

The Financial Regulations shall lay down in particular:

(a) the arrangements relating to the establishment and implementation of the budget and for the rendering and auditing of accounts;

(b) the method and procedure whereby the payments and contributions provided for in Article 37 and the advances provided for in Article 41 are to be made available to the Organisation by the Contracting States;

(c) the rules concerning the responsibilities of authorising and accounting officers and the arrangements for their supervision;

(d) the rates of interest provided for in Articles 39, 40 and 47;

(e) the method of calculating the contributions payable by virtue of Article 146;

(f) the composition of and duties to be assigned to a Budget and Finance Committee which should be set up by the Administrative Council;

(g) the generally accepted accounting principles on which the budget and the annual financial statements shall be based.

---

[35] Amended by the Act revising the European Patent Convention of 29.11.2000.

(3) Le Président de l'Office européen des brevets soumet chaque année au Conseil d'administration les comptes de l'exercice écoulé afférents aux opérations du budget, ainsi que le bilan de l'actif et du passif de l'Organisation, accompagnés du rapport des commissaires aux comptes.

(4) Le Conseil d'administration approuve le bilan annuel ainsi que le rapport des commissaires aux comptes et donne décharge au Président de l'Office européen des brevets pour l'exécution du budget.

Article 50[35]
Règlement financier

Art. 33

Le règlement financier détermine notamment :

a) les modalités relatives à l'établissement et à l'exécution du budget ainsi qu'à la reddition et à la vérification des comptes ;

b) les modalités et la procédure selon lesquelles les versements et contributions prévus à l'article 37, ainsi que les avances prévues à l'article 41, doivent être mis à la disposition de l'Organisation par les Etats contractants ;

c) les règles et l'organisation du contrôle et la responsabilité des ordonnateurs et comptables ;

d) les taux d'intérêts prévus aux articles 39, 40 et 47 ;

e) les modalités de calcul des contributions à verser au titre de l'article 146 ;

f) la composition et les tâches d'une commission du budget et des finances qui devrait être instituée par le Conseil d'administration ;

g) les principes comptables généralement admis sur lesquels se fondent le budget et les états financiers annuels.

---

[35] Modifié par l'acte portant révision de la Convention sur le brevet européen en date du 29.11.2000.

Artikel 51[36]
Gebühren

(1) Das Europäische Patentamt kann Gebühren für die nach diesem Übereinkommen durchgeführten amtlichen Aufgaben und Verfahren erheben.

(2) Fristen für die Entrichtung von Gebühren, die nicht bereits im Übereinkommen bestimmt sind, werden in der Ausführungsordnung festgelegt.

(3) Sieht die Ausführungsordnung vor, dass eine Gebühr zu entrichten ist, so werden dort auch die Rechtsfolgen ihrer nicht rechtzeitigen Entrichtung festgelegt.

(4) Die Gebührenordnung bestimmt insbesondere die Höhe der Gebühren und die Art und Weise, wie sie zu entrichten sind.

Article 51[36]
Fees

(1) The European Patent Office may levy fees for any official task or procedure carried out under this Convention.

(2) Time limits for the payment of fees other than those fixed by this Convention shall be laid down in the Implementing Regulations.

(3) Where the Implementing Regulations provide that a fee shall be paid, they shall also lay down the legal consequences of failure to pay such fee in due time.

(4) The Rules relating to Fees shall determine in particular the amounts of the fees and the ways in which they are to be paid.

---

[36] Geändert durch die Akte zur Revision des Europäischen Patentübereinkommens vom 29.11.2000.

[36] Amended by the Act revising the European Patent Convention of 29.11.2000.

Article 51[36]
Taxes

(1) L'Office européen des brevets peut percevoir des taxes pour toute tâche ou procédure officielle exécutée en vertu de la présente convention.

(2) Les délais de paiement des taxes autres que ceux fixés par la présente convention sont prévus dans le règlement d'exécution.

(3) Lorsque le règlement d'exécution prescrit le paiement d'une taxe, il prévoit également les conséquences juridiques du défaut de paiement dans les délais.

(4) Le règlement relatif aux taxes fixe notamment le montant des taxes et leur mode de perception.

---

[36] Modifié par l'acte portant révision de la Convention sur le brevet européen en date du 29.11.2000.

PART II
SUBSTANTIVE PATENT LAW

Chapter I
Patentability

Article 52[37, 38]
Patentable inventions

(1) European patents shall be granted for any inventions, in all fields of technology, provided that they are new, involve an inventive step and are susceptible of industrial application.

(2) The following in particular shall not be regarded as inventions within the meaning of paragraph 1:

(a) discoveries, scientific theories and mathematical methods;

(b) aesthetic creations;

(c) schemes, rules and methods for performing mental acts, playing games or doing business, and programs for computers;

(d) presentations of information.

(3) Paragraph 2 shall exclude the patentability of the subject-matter or activities referred to therein only to the extent to which a European patent application or European patent relates to such subject-matter or activities as such.

Article 53[39, 40]
Exceptions to patentability

European patents shall not be granted in respect of:

(a) inventions the commercial exploitation of which would be contrary to "ordre public" or morality; such exploitation shall not be deemed to be so contrary merely because it is prohibited by law or regulation in some or all of the Contracting States;

---

[37] Amended by the Act revising the European Patent Convention of 29.11.2000.
[38] See decisions of the Enlarged Board of Appeal G 1/98, G 1/03, G 2/03 (Annex I).
[39] Amended by the Act revising the European Patent Convention of 29.11.2000.
[40] See decisions of the Enlarged Board of Appeal G 3/95, G 1/98, G 1/03, G 2/03, G 1/04 (Annex I).

Verweisungen/References/Références

DEUXIÈME PARTIE
DROIT DES BREVETS

Chapitre I
Brevetabilité

Article 52[37, 38]
Inventions brevetables

Art. 54, 56, 57, 100, 138
R. 26, 27, 29

(1) Les brevets européens sont délivrés pour toute invention dans tous les domaines technologiques, à condition qu'elle soit nouvelle, qu'elle implique une activité inventive et qu'elle soit susceptible d'application industrielle.

(2) Ne sont pas considérés comme des inventions au sens du paragraphe 1 notamment :

a) les découvertes, les théories scientifiques et les méthodes mathématiques ;

b) les créations esthétiques ;

c) les plans, principes et méthodes dans l'exercice d'activités intellectuelles, en matière de jeu ou dans le domaine des activités économiques, ainsi que les programmes d'ordinateur ;

d) les présentations d'informations.

(3) Le paragraphe 2 n'exclut la brevetabilité des éléments qu'il énumère que dans la mesure où la demande de brevet européen ou le brevet européen concerne l'un de ces éléments, considéré en tant que tel.

Article 53[39, 40]
Exceptions à la brevetabilité

Art. 54, 100, 138
R. 28, 29

Les brevets européens ne sont pas délivrés pour :

a) les inventions dont l'exploitation commerciale serait contraire à l'ordre public ou aux bonnes moeurs, une telle contradiction ne pouvant être déduite du seul fait que l'exploitation est interdite, dans tous les Etats contractants ou dans plusieurs d'entre eux, par une disposition légale ou réglementaire ;

---

[37] Modifié par l'acte portant révision de la Convention sur le brevet européen en date du 29.11.2000.
[38] Cf. les décisions de la Grande Chambre de recours G 1/98, G 1/03, G 2/03 (Annexe I).
[39] Modifié par l'acte portant révision de la Convention sur le brevet européen en date du 29.11.2000.
[40] Cf. les décisions de la Grande Chambre de recours G 3/95, G 1/98, G 1/03, G 2/03, G 1/04 (Annexe I).

(b) plant or animal varieties or essentially biological processes for the production of plants or animals; this provision shall not apply to microbiological processes or the products thereof;

(c) methods for treatment of the human or animal body by surgery or therapy and diagnostic methods practised on the human or animal body; this provision shall not apply to products, in particular substances or compositions, for use in any of these methods.

Article 54[41, 42]
Novelty

(1) An invention shall be considered to be new if it does not form part of the state of the art.

(2) The state of the art shall be held to comprise everything made available to the public by means of a written or oral description, by use, or in any other way, before the date of filing of the European patent application.

(3) Additionally, the content of European patent applications as filed, the dates of filing of which are prior to the date referred to in paragraph 2 and which were published on or after that date, shall be considered as comprised in the state of the art.

(4) Paragraphs 2 and 3 shall not exclude the patentability of any substance or composition, comprised in the state of the art, for use in a method referred to in Article 53(c), provided that its use for any such method is not comprised in the state of the art.

(5) Paragraphs 2 and 3 shall also not exclude the patentability of any substance or composition referred to in paragraph 4 for any specific use in a method referred to in Article 53(c), provided that such use is not comprised in the state of the art.

---

[41] Amended by the Act revising the European Patent Convention of 29.11.2000.

[42] See decisions/opinions of the Enlarged Board of Appeal G 2/88, G 6/88, G 1/92, G 3/93, G 1/98, G 2/98, G 3/98, G 2/99, G 1/03, G 2/03 (Annex I).

b) les variétés végétales ou les races animales ainsi que les procédés essentiellement biologiques d'obtention de végétaux ou d'animaux, cette disposition ne s'appliquant pas aux procédés microbiologiques et aux produits obtenus par ces procédés ;

c) les méthodes de traitement chirurgical ou thérapeutique du corps humain ou animal et les méthodes de diagnostic appliquées au corps humain ou animal, cette disposition ne s'appliquant pas aux produits, notamment aux substances ou compositions, pour la mise en oeuvre d'une de ces méthodes.

Article 54[41, 42]
Nouveauté

Art. 53, 55, 56, 80, 85, 89, 100, 138, 153
R. 40, 42, 61, 138, 165

(1) Une invention est considérée comme nouvelle si elle n'est pas comprise dans l'état de la technique.

(2) L'état de la technique est constitué par tout ce qui a été rendu accessible au public avant la date de dépôt de la demande de brevet européen par une description écrite ou orale, un usage ou tout autre moyen.

(3) Est également considéré comme compris dans l'état de la technique le contenu de demandes de brevet européen telles qu'elles ont été déposées, qui ont une date de dépôt antérieure à celle mentionnée au paragraphe 2 et qui n'ont été publiées qu'à cette date ou à une date postérieure.

(4) Les paragraphes 2 et 3 n'excluent pas la brevetabilité d'une substance ou composition comprise dans l'état de la technique pour la mise en oeuvre d'une méthode visée à l'article 53 c), à condition que son utilisation pour l'une quelconque de ces méthodes ne soit pas comprise dans l'état de la technique.

(5) Les paragraphes 2 et 3 n'excluent pas non plus la brevetabilité d'une substance ou composition visée au paragraphe 4 pour toute utilisation spécifique dans une méthode visée à l'article 53 c), à condition que cette utilisation ne soit pas comprise dans l'état de la technique.

---

[41] Modifié par l'acte portant révision de la Convention sur le brevet européen en date du 29.11.2000.
[42] Cf. les décisions/avis de la Grande Chambre de recours G 2/88, G 6/88, G 1/92, G 3/93 G 1/98, G 2/98, G 3/98, G 2/99, G 1/03, G 2/03 (Annexe I).

Artikel 55
Unschädliche Offenbarungen

(1) Für die Anwendung des Artikels 54 bleibt eine Offenbarung der Erfindung außer Betracht, wenn sie nicht früher als sechs Monate vor Einreichung der europäischen Patentanmeldung erfolgt ist und unmittelbar oder mittelbar zurückgeht:

a)[43] auf einen offensichtlichen Missbrauch zum Nachteil des Anmelders oder seines Rechtsvorgängers oder

b) auf die Tatsache, dass der Anmelder oder sein Rechtsvorgänger die Erfindung auf amtlichen oder amtlich anerkannten Ausstellungen im Sinn des am 22. November 1928 in Paris unterzeichneten und zuletzt am 30. November 1972 revidierten Übereinkommens über internationale Ausstellungen zur Schau gestellt hat.

(2) Im Fall des Absatzes 1 b) ist Absatz 1 nur anzuwenden, wenn der Anmelder bei Einreichung der europäischen Patentanmeldung angibt, dass die Erfindung tatsächlich zur Schau gestellt worden ist, und innerhalb der Frist und unter den Bedingungen, die in der Ausführungsordnung vorgeschrieben sind, eine entsprechende Bescheinigung einreicht.

Artikel 56[44]
Erfinderische Tätigkeit

Eine Erfindung gilt als auf einer erfinderischen Tätigkeit beruhend, wenn sie sich für den Fachmann nicht in naheliegender Weise aus dem Stand der Technik ergibt. Gehören zum Stand der Technik auch Unterlagen im Sinn des Artikels 54 Absatz 3, so werden diese bei der Beurteilung der erfinderischen Tätigkeit nicht in Betracht gezogen.

Artikel 57[45]
Gewerbliche Anwendbarkeit

Eine Erfindung gilt als gewerblich anwendbar, wenn ihr Gegenstand auf irgendeinem gewerblichen Gebiet einschließlich der Landwirtschaft hergestellt oder benutzt werden kann.

Article 55
Non-prejudicial disclosures

(1) For the application of Article 54, a disclosure of the invention shall not be taken into consideration if it occurred no earlier than six months preceding the filing of the European patent application and if it was due to, or in consequence of:

(a)[43] an evident abuse in relation to the applicant or his legal predecessor, or

(b) the fact that the applicant or his legal predecessor has displayed the invention at an official, or officially recognised, international exhibition falling within the terms of the Convention on international exhibitions signed at Paris on 22 November 1928 and last revised on 30 November 1972.

(2) In the case of paragraph 1(b), paragraph 1 shall apply only if the applicant states, when filing the European patent application, that the invention has been so displayed and files a supporting certificate within the time limit and under the conditions laid down in the Implementing Regulations.

Article 56[44]
Inventive step

An invention shall be considered as involving an inventive step if, having regard to the state of the art, it is not obvious to a person skilled in the art. If the state of the art also includes documents within the meaning of Article 54, paragraph 3, these documents shall not be considered in deciding whether there has been an inventive step.

Article 57[45]
Industrial application

An invention shall be considered as susceptible of industrial application if it can be made or used in any kind of industry, including agriculture.

---

[43] Siehe hierzu Entscheidungen der Großen Beschwerdekammer G 3/98, G 2/99 (Anhang I).
[44] Siehe hierzu Entscheidungen/Stellungnahmen der Großen Beschwerdekammer G 2/98, G 3/98, G 2/99, G 1/03, G 2/03 (Anhang I).
[45] Siehe hierzu Entscheidungen der Großen Beschwerdekammer G 1/03, G 2/03, G 1/04 (Anhang I).

[43] See decisions of the Enlarged Board of Appeal G 3/98, G 2/99 (Annex I).
[44] See decisions/opinions of the Enlarged Board of Appeal G 2/98, G 3/98, G 2/99, G 1/03, G 2/03 (Annex I).
[45] See decisions of the Enlarged Board of Appeal G 1/03, G 2/03, G 1/04 (Annex I).

Verweisungen/References/Références

Article 55
Divulgations non opposables

Art. 100, 138
R. 25, 159

(1) Pour l'application de l'article 54, une divulgation de l'invention n'est pas prise en considération si elle n'est pas intervenue plus tôt que six mois avant le dépôt de la demande de brevet européen et si elle résulte directement ou indirectement :

a)[43] d'un abus évident à l'égard du demandeur ou de son prédécesseur en droit ou

b) du fait que le demandeur ou son prédécesseur en droit a exposé l'invention dans des expositions officielles ou officiellement reconnues au sens de la Convention concernant les expositions internationales, signée à Paris le 22 novembre 1928 et révisée en dernier lieu le 30 novembre 1972.

(2) Dans le cas visé au paragraphe 1 b), ce dernier n'est applicable que si le demandeur déclare, lors du dépôt de la demande de brevet européen, que l'invention a été réellement exposée et produit une attestation à l'appui de sa déclaration dans le délai et dans les conditions prévus par le règlement d'exécution.

Article 56[44]
Activité inventive

Art. 52, 100, 138
R. 30, 42, 61

Une invention est considérée comme impliquant une activité inventive si, pour un homme du métier, elle ne découle pas d'une manière évidente de l'état de la technique. Si l'état de la technique comprend également des documents visés à l'article 54, paragraphe 3, ils ne sont pas pris en considération pour l'appréciation de l'activité inventive.

Article 57[45]
Application industrielle

Art. 52, 100, 138
R. 29, 30, 42

Une invention est considérée comme susceptible d'application industrielle si son objet peut être fabriqué ou utilisé dans tout genre d'industrie, y compris l'agriculture.

---

[43] Cf. les décisions de la Grande Chambre de recours G 3/98, G 2/99 (Annexe I).
[44] Cf. les décisions/avis de la Grande Chambre de recours G 2/98, G 3/98, G 2/99, G 1/03, G 2/03 (Annexe I).
[45] Cf. les décisions de la Grande Chambre de recours G 1/03, G 2/03, G 1/04 (Annexe I).

Kapitel II
Zur Einreichung und Erlangung des europäischen Patents berechtigte Personen - Erfindernennung

Artikel 58[46]
Recht zur Anmeldung europäischer Patente

Jede natürliche oder juristische Person und jede Gesellschaft, die nach dem für sie maßgebenden Recht einer juristischen Person gleichgestellt ist, kann die Erteilung eines europäischen Patents beantragen.

Artikel 59
Mehrere Anmelder

Die europäische Patentanmeldung kann auch von gemeinsamen Anmeldern oder von mehreren Anmeldern, die verschiedene Vertragsstaaten benennen, eingereicht werden.

Artikel 60[47, 48]
Recht auf das europäische Patent

(1) Das Recht auf das europäische Patent steht dem Erfinder oder seinem Rechtsnachfolger zu. Ist der Erfinder ein Arbeitnehmer, so bestimmt sich das Recht auf das europäische Patent nach dem Recht des Staats, in dem der Arbeitnehmer überwiegend beschäftigt ist; ist nicht festzustellen, in welchem Staat der Arbeitnehmer überwiegend beschäftigt ist, so ist das Recht des Staats anzuwenden, in dem der Arbeitgeber den Betrieb unterhält, dem der Arbeitnehmer angehört.

(2) Haben mehrere eine Erfindung unabhängig voneinander gemacht, so steht das Recht auf das europäische Patent demjenigen zu, dessen europäische Patentanmeldung den früheren Anmeldetag hat, sofern diese frühere Anmeldung veröffentlicht worden ist.

(3) Im Verfahren vor dem Europäischen Patentamt gilt der Anmelder als berechtigt, das Recht auf das europäische Patent geltend zu machen.

Chapter II
Persons entitled to apply for and obtain a European patent - Mention of the inventor

Article 58[46]
Entitlement to file a European patent application

A European patent application may be filed by any natural or legal person, or any body equivalent to a legal person by virtue of the law governing it.

Article 59
Multiple applicants

A European patent application may also be filed either by joint applicants or by two or more applicants designating different Contracting States.

Article 60[47, 48]
Right to a European patent

(1) The right to a European patent shall belong to the inventor or his successor in title. If the inventor is an employee, the right to a European patent shall be determined in accordance with the law of the State in which the employee is mainly employed; if the State in which the employee is mainly employed cannot be determined, the law to be applied shall be that of the State in which the employer has the place of business to which the employee is attached.

(2) If two or more persons have made an invention independently of each other, the right to a European patent therefor shall belong to the person whose European patent application has the earliest date of filing, provided that this first application has been published.

(3) In proceedings before the European Patent Office, the applicant shall be deemed to be entitled to exercise the right to a European patent.

---

[46] Siehe hierzu Entscheidungen der Großen Beschwerdekammer G 3/99, G 2/04 (Anhang I).
[47] Geändert durch die Akte zur Revision des Europäischen Patentübereinkommens vom 29.11.2000.
[48] Siehe hierzu Entscheidungen/Stellungnahmen der Großen Beschwerdekammer G 3/92, G 2/98, G 1/03, G 2/03 (Anhang I).

[46] See decisions of the Enlarged Board of Appeal G 3/99, G 2/04 (Annex I).
[47] Amended by the Act revising the European Patent Convention of 29.11.2000.
[48] See decisions/opinions of the Enlarged Board of Appeal G 3/92, G 2/98, G 1/03, G 2/03 (Annex I).

Chapitre II
Personnes habilitées à demander et à obtenir un brevet européen - Désignation de l'inventeur

Article 58[46]
Habilitation à déposer une demande de brevet européen

Toute personne physique ou morale et toute société assimilée à une personne morale en vertu du droit dont elle relève peut demander un brevet européen.

Article 59
Pluralité de demandeurs

Art. 118
R. 41, 72, 151

Une demande de brevet européen peut être également déposée soit par des codemandeurs, soit par plusieurs demandeurs qui désignent des Etats contractants différents.

Article 60[47, 48]
Droit au brevet européen

Art. 61, 80, 89, 138
R. 40

(1) Le droit au brevet européen appartient à l'inventeur ou à son ayant cause. Si l'inventeur est un employé, le droit au brevet européen est défini selon le droit de l'Etat dans lequel l'employé exerce son activité principale ; si l'Etat dans lequel s'exerce l'activité principale ne peut être déterminé, le droit applicable est celui de l'Etat dans lequel se trouve l'établissement de l'employeur auquel l'employé est attaché.

(2) Si plusieurs personnes ont réalisé l'invention indépendamment l'une de l'autre, le droit au brevet européen appartient à celle dont la demande de brevet européen a la date de dépôt la plus ancienne, sous réserve que cette première demande ait été publiée.

(3) Dans la procédure devant l'Office européen des brevets, le demandeur est réputé habilité à exercer le droit au brevet européen.

---

[46] Cf. les décisions de la Grande Chambre de recours G 3/99, G 2/04 (Annexe I).
[47] Modifié par l'acte portant révision de la Convention sur le brevet européen en date du 29.11.2000.
[48] Cf. les décisions/avis de la Grande Chambre de recours G 3/92, G 2/98, G 1/03, G 2/03 (Annexe I).

Artikel 61[49, 50]
Anmeldung europäischer Patente durch Nichtberechtigte

(1) Wird durch rechtskräftige Entscheidung der Anspruch auf Erteilung des europäischen Patents einer Person zugesprochen, die nicht der Anmelder ist, so kann diese Person nach Maßgabe der Ausführungsordnung

a) die europäische Patentanmeldung anstelle des Anmelders als eigene Anmeldung weiterverfolgen,

b) eine neue europäische Patentanmeldung für dieselbe Erfindung einreichen oder

c) beantragen, dass die europäische Patentanmeldung zurückgewiesen wird.

(2) Auf eine nach Absatz 1 b) eingereichte neue europäische Patentanmeldung ist Artikel 76 Absatz 1 entsprechend anzuwenden.

Artikel 62
Recht auf Erfindernennung

Der Erfinder hat gegenüber dem Anmelder oder Inhaber des europäischen Patents das Recht, vor dem Europäischen Patentamt als Erfinder genannt zu werden.

Kapitel III
Wirkungen des europäischen Patents und der europäischen Patentanmeldung

Artikel 63[51]
Laufzeit des europäischen Patents

(1) Die Laufzeit des europäischen Patents beträgt zwanzig Jahre, gerechnet vom Anmeldetag an.

(2) Absatz 1 lässt das Recht eines Vertragsstaats unberührt, unter den gleichen Bedingungen, die für nationale Patente gelten, die Laufzeit eines europäischen Patents zu verlängern oder entsprechenden Schutz zu gewähren, der sich an den Ablauf der Laufzeit des Patents unmittelbar anschließt,

Article 61[49, 50]
European patent applications filed by non-entitled persons

(1) If by a final decision it is adjudged that a person other than the applicant is entitled to the grant of the European patent, that person may, in accordance with the Implementing Regulations:

(a) prosecute the European patent application as his own application in place of the applicant;

(b) file a new European patent application in respect of the same invention; or

(c) request that the European patent application be refused.

(2) Article 76, paragraph 1, shall apply mutatis mutandis to a new European patent application filed under paragraph 1(b).

Article 62
Right of the inventor to be mentioned

The inventor shall have the right, vis-à-vis the applicant for or proprietor of a European patent, to be mentioned as such before the European Patent Office.

Chapter III
Effects of the European patent and the European patent application

Article 63[51]
Term of the European patent

(1) The term of the European patent shall be 20 years from the date of filing of the application.

(2) Nothing in the preceding paragraph shall limit the right of a Contracting State to extend the term of a European patent, or to grant corresponding protection which follows immediately on expiry of the term of the patent, under the same conditions as those applying to national patents:

---

[49] Geändert durch die Akte zur Revision des Europäischen Patentübereinkommens vom 29.11.2000.
[50] Siehe hierzu Entscheidung der Großen Beschwerdekammer G 3/92 (Anhang I).
[51] Geändert durch die Akte zur Revision von Artikel 63 EPÜ vom 17.12.1991, in Kraft getreten am 04.07.1997 (ABl. EPA 1992, 1 ff.).

[49] Amended by the Act revising the European Patent Convention of 29.11.2000.
[50] See decision of the Enlarged Board of Appeal G 3/92 (Annex I).
[51] Amended by act revising Article 63 EPC of 17.12.1991, which entered into force on 04.07.1997 (OJ EPO 1992, 1 ff).

Verweisungen/References/Références

Article 61[49, 50]
Demande de brevet européen déposée par une personne non habilitée

Art. 100, 128, 138
R. 6, 14-18, 45, 51, 60, 78, 136, 143, 147

(1) Si une décision passée en force de chose jugée a reconnu le droit à l'obtention du brevet européen à une personne autre que le demandeur, cette personne peut, conformément au règlement d'exécution :

a) poursuivre, au lieu et place du demandeur, la procédure relative à la demande de brevet européen, en prenant cette demande à son compte,

b) déposer une nouvelle demande de brevet européen pour la même invention, ou

c) demander le rejet de la demande de brevet européen.

(2) L'article 76, paragraphe 1, est applicable à toute nouvelle demande de brevet européen déposée en vertu du paragraphe 1 b).

Article 62
Droit de l'inventeur d'être désigné

Art. 81
R. 19-21, 60, 143

L'inventeur a le droit, à l'égard du titulaire de la demande de brevet européen ou du brevet européen, d'être désigné en tant que tel auprès de l'Office européen des brevets.

Chapitre III
Effets du brevet européen et de la demande de brevet européen

Article 63[51]
Durée du brevet européen

Art. 2

(1) La durée du brevet européen est de vingt années à compter de la date de dépôt de la demande.

(2) Le paragraphe 1 ne saurait limiter le droit d'un Etat contractant de prolonger la durée d'un brevet européen ou d'accorder une protection correspondante dès l'expiration de cette durée aux mêmes conditions que celles applicables aux brevets nationaux,

---

[49] Modifié par l'acte portant révision de la Convention sur le brevet européen en date du 29.11.2000.

[50] Cf. la décision de la Grande Chambre de recours G 3/92 (Annexe I).

[51] Modifié par l'acte portant révision de l'article 63 CBE en date du 17.12.1991, entrée en vigueur le 04.07.1997 (JO OEB 1992, 1 s.).

(a) in order to take account of a state of war or similar emergency conditions affecting that State;

(b) if the subject-matter of the European patent is a product or a process for manufacturing a product or a use of a product which has to undergo an administrative authorisation procedure required by law before it can be put on the market in that State.

(3) Paragraph 2 shall apply mutatis mutandis to European patents granted jointly for a group of Contracting States in accordance with Article 142.

(4) A Contracting State which makes provision for extension of the term or corresponding protection under paragraph 2(b) may, in accordance with an agreement concluded with the Organisation, entrust to the European Patent Office tasks associated with implementation of the relevant provisions.

Article 64[52]
Rights conferred by a European patent

(1) A European patent shall, subject to the provisions of paragraph 2, confer on its proprietor from the date on which the mention of its grant is published in the European Patent Bulletin, in each Contracting State in respect of which it is granted, the same rights as would be conferred by a national patent granted in that State.

(2) If the subject-matter of the European patent is a process, the protection conferred by the patent shall extend to the products directly obtained by such process.

(3) Any infringement of a European patent shall be dealt with by national law.

---

[52] See decisions of the Enlarged Board of Appeal G 2/88, G 1/98 (Annex).

a) pour tenir compte d'un état de guerre ou d'un état de crise comparable affectant ledit Etat ;

b) si l'objet du brevet européen est un produit ou un procédé de fabrication ou une utilisation d'un produit qui, avant sa mise sur le marché dans cet Etat, est soumis à une procédure administrative d'autorisation instituée par la loi.

(3) Les dispositions du paragraphe 2 s'appliquent aux brevets européens délivrés conjointement pour tout groupe d'Etats contractants visé à l'article 142.

(4) Tout Etat contractant qui prévoit une prolongation de la durée du brevet ou une protection correspondante conformément au paragraphe 2 b) peut, sur la base d'un accord conclu avec l'Organisation, transférer à l'Office européen des brevets des tâches afférentes à l'application de ces dispositions.

Article 64[52]
Droits conférés par le brevet européen *Art. 2, 67, 68, 97*

(1) Sous réserve du paragraphe 2, le brevet européen confère à son titulaire, à compter de la date à laquelle la mention de sa délivrance est publiée au Bulletin européen des brevets et dans chacun des Etats contractants pour lesquels il a été délivré, les mêmes droits que lui conférerait un brevet national délivré dans cet Etat.

(2) Si l'objet du brevet européen porte sur un procédé, les droits conférés par ce brevet s'étendent aux produits obtenus directement par ce procédé.

(3) Toute contrefaçon du brevet européen est appréciée conformément à la législation nationale.

---

[52] Cf. les décisions de la Grande Chambre de recours G 2/88, G 1/98 (Annexe I).

Artikel 65[53]
Übersetzung des europäischen Patents

(1) Jeder Vertragsstaat kann, wenn das vom Europäischen Patentamt erteilte, in geänderter Fassung aufrechterhaltene oder beschränkte europäische Patent nicht in einer seiner Amtssprachen abgefasst ist, vorschreiben, dass der Patentinhaber bei seiner Zentralbehörde für den gewerblichen Rechtsschutz eine Übersetzung des Patents in der erteilten, geänderten oder beschränkten Fassung nach seiner Wahl in einer seiner Amtssprachen oder, soweit dieser Staat die Verwendung einer bestimmten Amtssprache vorgeschrieben hat, in dieser Amtssprache einzureichen hat. Die Frist für die Einreichung der Übersetzung endet drei Monate, nachdem der Hinweis auf die Erteilung des europäischen Patents, seine Aufrechterhaltung in geänderter Fassung oder seine Beschränkung im Europäischen Patentblatt bekannt gemacht worden ist, sofern nicht der betreffende Staat eine längere Frist vorschreibt.

(2) Jeder Vertragsstaat, der eine Vorschrift nach Absatz 1 erlassen hat, kann vorschreiben, dass der Patentinhaber innerhalb einer von diesem Staat bestimmten Frist die Kosten für eine Veröffentlichung der Übersetzung ganz oder teilweise zu entrichten hat.

(3) Jeder Vertragsstaat kann vorschreiben, dass im Fall der Nichtbeachtung einer nach den Absätzen 1 und 2 erlassenen Vorschrift die Wirkungen des europäischen Patents in diesem Staat als von Anfang an nicht eingetreten gelten.

Artikel 66[54]
Wirkung der europäischen Patentanmeldung als nationale Anmeldung

Eine europäische Patentanmeldung, der ein Anmeldetag zuerkannt worden ist, hat in den benannten Vertragsstaaten die Wirkung einer vorschriftsmäßigen nationalen Anmeldung, gegebenenfalls mit der für die europäische Patentanmeldung in Anspruch genommenen Priorität.

Article 65[53]
Translation of the European patent

(1) Any Contracting State may, if the European patent as granted, amended or limited by the European Patent Office is not drawn up in one of its official languages, prescribe that the proprietor of the patent shall supply to its central industrial property office a translation of the patent as granted, amended or limited in one of its official languages at his option or, where that State has prescribed the use of one specific official language, in that language. The period for supplying the translation shall end three months after the date on which the mention of the grant, maintenance in amended form or limitation of the European patent is published in the European Patent Bulletin, unless the State concerned prescribes a longer period.

(2) Any Contracting State which has adopted provisions pursuant to paragraph 1 may prescribe that the proprietor of the patent must pay all or part of the costs of publication of such translation within a period laid down by that State.

(3) Any Contracting State may prescribe that in the event of failure to observe the provisions adopted in accordance with paragraphs 1 and 2, the European patent shall be deemed to be void ab initio in that State.

Article 66[54]
Equivalence of European filing with national filing

A European patent application which has been accorded a date of filing shall, in the designated Contracting States, be equivalent to a regular national filing, where appropriate with the priority claimed for the European patent application.

---

[53] Geändert durch die Akte zur Revision des Europäischen Patentübereinkommens vom 29.11.2000.
[54] Siehe hierzu Stellungnahme der Großen Beschwerdekammer G 4/98 (Anhang I).

[53] Amended by the Act revising the European Patent Convention of 29.11.2000.
[54] See opinion of the Enlarged Board of Appeal G 4/98 (Annex I).

Article 65[53]
Traduction du brevet européen

Art. 2, 70
R. 71, 82

(1) Tout Etat contractant peut prescrire, lorsque le brevet européen délivré, maintenu tel que modifié ou limité par l'Office européen des brevets n'est pas rédigé dans l'une de ses langues officielles, que le titulaire du brevet doit fournir à son service central de la propriété industrielle une traduction du brevet tel que délivré, modifié ou limité dans l'une de ses langues officielles, à son choix, ou, dans la mesure où cet Etat a imposé l'utilisation d'une langue officielle déterminée, dans cette dernière langue. La traduction doit être produite dans un délai de trois mois à compter de la date de publication au Bulletin européen des brevets de la mention de la délivrance du brevet européen ou de son maintien tel qu'il a été modifié, ou de sa limitation, à moins que l'Etat considéré n'accorde un délai plus long.

(2) Tout Etat contractant qui a adopté des dispositions en vertu du paragraphe 1 peut prescrire que le titulaire du brevet acquitte, dans un délai fixé par cet Etat, tout ou partie des frais de publication de la traduction.

(3) Tout Etat contractant peut prescrire que, si les dispositions adoptées en vertu des paragraphes 1 et 2 ne sont pas observées, le brevet européen est, dès l'origine, réputé sans effet dans cet Etat.

Article 66[54]
Valeur de dépôt national du dépôt européen

Art. 80, 87, 88, 135, 137, 140
R. 40, 155

La demande de brevet européen à laquelle une date de dépôt a été accordée a, dans les Etats contractants désignés, la valeur d'un dépôt national régulier, compte tenu, le cas échéant, du droit de priorité invoqué à l'appui de la demande de brevet européen.

---

[53] Modifié par l'acte portant révision de la Convention sur le brevet européen en date du 29.11.2000.
[54] Cf. l'avis de la Grande Chambre de recours G 4/98 (Annexe I).

Artikel 67[55, 56]
Rechte aus der europäischen Patentanmeldung nach Veröffentlichung

(1) Die europäische Patentanmeldung gewährt dem Anmelder vom Tag ihrer Veröffentlichung an in den benannten Vertragsstaaten einstweilen den Schutz nach Artikel 64.

(2) Jeder Vertragsstaat kann vorsehen, dass die europäische Patentanmeldung nicht den Schutz nach Artikel 64 gewährt. Der Schutz, der mit der Veröffentlichung der europäischen Patentanmeldung verbunden ist, darf jedoch nicht geringer sein als der Schutz, der sich aufgrund des Rechts des betreffenden Staats aus der zwingend vorgeschriebenen Veröffentlichung der ungeprüften nationalen Patentanmeldungen ergibt. Zumindest hat jeder Vertragsstaat vorzusehen, dass der Anmelder für die Zeit von der Veröffentlichung der europäischen Patentanmeldung an von demjenigen, der die Erfindung in diesem Vertragsstaat unter Voraussetzungen benutzt hat, die nach dem nationalen Recht im Fall der Verletzung eines nationalen Patents sein Verschulden begründen würden, eine den Umständen nach angemessene Entschädigung verlangen kann.

(3) Jeder Vertragsstaat kann für den Fall, dass keine seiner Amtssprachen Verfahrenssprache ist, vorsehen, dass der einstweilige Schutz nach den Absätzen 1 und 2 erst von dem Tag an eintritt, an dem eine Übersetzung der Patentansprüche nach Wahl des Anmelders in einer der Amtssprachen dieses Staats oder, soweit der betreffende Staat die Verwendung einer bestimmten Amtssprache vorgeschrieben hat, in dieser Amtssprache

a) der Öffentlichkeit unter den nach nationalem Recht vorgesehenen Voraussetzungen zugänglich gemacht worden ist oder

b) demjenigen übermittelt worden ist, der die Erfindung in diesem Vertragsstaat benutzt.

Article 67[55, 56]
Rights conferred by a European patent application after publication

(1) A European patent application shall, from the date of its publication, provisionally confer upon the applicant the protection provided for by Article 64, in the Contracting States designated in the application.

(2) Any Contracting State may prescribe that a European patent application shall not confer such protection as is conferred by Article 64. However, the protection attached to the publication of the European patent application may not be less than that which the laws of the State concerned attach to the compulsory publication of unexamined national patent applications. In any event, each State shall ensure at least that, from the date of publication of a European patent application, the applicant can claim compensation reasonable in the circumstances from any person who has used the invention in that State in circumstances where that person would be liable under national law for infringement of a national patent.

(3) Any Contracting State which does not have as an official language the language of the proceedings may prescribe that provisional protection in accordance with paragraphs 1 and 2 above shall not be effective until such time as a translation of the claims in one of its official languages at the option of the applicant or, where that State has prescribed the use of one specific official language, in that language:

(a) has been made available to the public in the manner prescribed by national law, or

(b) has been communicated to the person using the invention in the said State.

---

[55] Geändert durch die Akte zur Revision des Europäischen Patentübereinkommens vom 29.11.2000.
[56] Siehe hierzu Stellungnahme der Großen Beschwerdekammer G 4/98 (Anhang I).

[55] Amended by the Act revising the European Patent Convention of 29.11.2000.
[56] See opinion of the Enlarged Board of Appeal G 4/98 (Annex I).

Article 67[55, 56]
Droits conférés par la demande de brevet européen après sa publication

Art. 68, 70, 93, 153
R. 68

(1) A compter de sa publication, la demande de brevet européen assure provisoirement au demandeur, dans les Etats contractants désignés dans la demande, la protection prévue à l'article 64.

(2) Tout Etat contractant peut prévoir que la demande de brevet européen n'assure pas la protection prévue à l'article 64. Toutefois, la protection attachée à la publication de la demande de brevet européen ne peut être inférieure à celle que la législation de l'Etat considéré attache à la publication obligatoire des demandes de brevet national non examinées. En tout état de cause, chaque Etat contractant doit au moins prévoir qu'à partir de la publication de la demande de brevet européen, le demandeur peut exiger une indemnité raisonnable, fixée suivant les circonstances, de toute personne ayant exploité, dans cet Etat contractant, l'invention objet de la demande de brevet européen, dans des conditions qui, selon le droit national, mettraient en jeu sa responsabilité s'il s'agissait d'une contrefaçon d'un brevet national.

(3) Tout Etat contractant qui n'a pas comme langue officielle la langue de la procédure peut prévoir que la protection provisoire visée aux paragraphes 1 et 2 n'est assurée qu'à partir de la date à laquelle une traduction des revendications, soit dans l'une des langues officielles de cet Etat, au choix du demandeur, soit, dans la mesure où l'Etat en question a imposé l'utilisation d'une langue officielle déterminée, dans cette dernière langue :

a) a été rendue accessible au public dans les conditions prévues par sa législation nationale, ou

b) a été remise à la personne exploitant, dans cet Etat, l'invention objet de la demande de brevet européen.

---

[55] Modifié par l'acte portant révision de la Convention sur le brevet européen en date du 29.11.2000.

[56] Cf. l'avis de la Grande Chambre de recours G 4/98 (Annexe I).

(4) Die in den Absätzen 1 und 2 vorgesehenen Wirkungen der europäischen Patentanmeldung gelten als von Anfang an nicht eingetreten, wenn die europäische Patentanmeldung zurückgenommen worden ist, als zurückgenommen gilt oder rechtskräftig zurückgewiesen worden ist. Das Gleiche gilt für die Wirkungen der europäischen Patentanmeldung in einem Vertragsstaat, dessen Benennung zurückgenommen worden ist oder als zurückgenommen gilt.

Artikel 68[57]
Wirkung des Widerrufs oder der Beschränkung des europäischen Patents

Die in den Artikeln 64 und 67 vorgesehenen Wirkungen der europäischen Patentanmeldung und des darauf erteilten europäischen Patents gelten in dem Umfang, in dem das Patent im Einspruchs-, Beschränkungs- oder Nichtigkeitsverfahren widerrufen oder beschränkt worden ist, als von Anfang an nicht eingetreten.

Artikel 69[58, 59]
Schutzbereich

(1) Der Schutzbereich des europäischen Patents und der europäischen Patentanmeldung wird durch die Patentansprüche bestimmt. Die Beschreibung und die Zeichnungen sind jedoch zur Auslegung der Patentansprüche heranzuziehen.

(2) Für den Zeitraum bis zur Erteilung des europäischen Patents wird der Schutzbereich der europäischen Patentanmeldung durch die in der veröffentlichten Anmeldung enthaltenen Patentansprüche bestimmt. Jedoch bestimmt das europäische Patent in seiner erteilten oder im Einspruchs-, Beschränkungs- oder Nichtigkeitsverfahren geänderten Fassung rückwirkend den Schutzbereich der Anmeldung, soweit deren Schutzbereich nicht erweitert wird.

(4) The European patent application shall be deemed never to have had the effects set out in paragraphs 1 and 2 when it has been withdrawn, deemed to be withdrawn or finally refused. The same shall apply in respect of the effects of the European patent application in a Contracting State the designation of which is withdrawn or deemed to be withdrawn.

Article 68[57]
Effect of revocation or limitation of the European patent

The European patent application and the resulting European patent shall be deemed not to have had, from the outset, the effects specified in Articles 64 and 67, to the extent that the patent has been revoked or limited in opposition, limitation or revocation proceedings.

Article 69[58, 59]
Extent of protection

(1) The extent of the protection conferred by a European patent or a European patent application shall be determined by the claims. Nevertheless, the description and drawings shall be used to interpret the claims.

(2) For the period up to grant of the European patent, the extent of the protection conferred by the European patent application shall be determined by the claims contained in the application as published. However, the European patent as granted or as amended in opposition, limitation or revocation proceedings shall determine retroactively the protection conferred by the application, in so far as such protection is not thereby extended.

---

[57] Geändert durch die Akte zur Revision des Europäischen Patentübereinkommens vom 29.11.2000.
[58] Geändert durch die Akte zur Revision des Europäischen Patentübereinkommens vom 29.11.2000.
Das Protokoll über die Auslegung des Artikels 69 EPÜ (s. Seite 431) ist gemäß Artikel 164 Absatz 1 Bestandteil des Übereinkommens.

[59] Siehe hierzu Entscheidungen der Großen Beschwerdekammer G 2/88, G 6/88 (Anhang I).

[57] Amended by the Act revising the European Patent Convention of 29.11.2000.
[58] Amended by the Act revising the European Patent Convention of 29.11.2000.
The Protocol on the Interpretation of Article 69 EPC (see p. 431) is an integral part of the Convention pursuant to Article 164, paragraph 1).

[59] See decisions of the Enlarged Board of Appeal G 2/88, G 6/88 (Annex I).

(4) Les effets de la demande de brevet européen prévus aux paragraphes 1 et 2 sont réputés nuls et non avenus lorsque la demande de brevet européen a été retirée, ou est réputée retirée, ou a été rejetée en vertu d'une décision passée en force de chose jugée. Il en est de même des effets de la demande de brevet européen dans un Etat contractant dont la désignation a été retirée ou est réputée retirée.

Article 68[57]
Effets de la révocation ou de la limitation du brevet européen

Art. 2, 101, 105b/ter

La demande de brevet européen ainsi que le brevet européen auquel elle a donné lieu sont réputés n'avoir pas eu dès l'origine les effets prévus aux articles 64 et 67, dans toute la mesure où le brevet a été révoqué ou limité au cours d'une procédure d'opposition, de limitation ou de nullité.

Article 69[58, 59]
Etendue de la protection

Art. 2, 164

(1) L'étendue de la protection conférée par le brevet européen ou par la demande de brevet européen est déterminée par les revendications. Toutefois, la description et les dessins servent à interpréter les revendications.

(2) Pour la période allant jusqu'à la délivrance du brevet européen, l'étendue de la protection conférée par la demande de brevet européen est déterminée par les revendications contenues dans la demande telle que publiée. Toutefois, le brevet européen tel que délivré ou tel que modifié au cours de la procédure d'opposition, de limitation ou de nullité détermine rétroactivement la protection conférée par la demande, pour autant que cette protection ne soit pas étendue.

---

[57] Modifié par l'acte portant révision de la Convention sur le brevet européen en date du 29.11.2000.
[58] Modifié par l'acte portant révision de la Convention sur le brevet européen en date du 29.11.2000. Voir ci-après, p. 431, le protocole interprétatif de l'article 69 CBE, qui conformément à l'article 164, paragraphe 1, fait partie intégrante de la présente convention.
[59] Cf. les décisions de la Grande Chambre de recours G 2/88, G 6/88 (Annexe I).

Article 70[60]
Authentic text of a European patent application or European patent

(1) The text of a European patent application or a European patent in the language of the proceedings shall be the authentic text in any proceedings before the European Patent Office and in any Contracting State.

(2) If, however, the European patent application has been filed in a language which is not an official language of the European Patent Office, that text shall be the application as filed within the meaning of this Convention.

(3) Any Contracting State may provide that a translation into one of its official languages, as prescribed by it according to this Convention, shall in that State be regarded as authentic, except for revocation proceedings, in the event of the European patent application or European patent in the language of the translation conferring protection which is narrower than that conferred by it in the language of the proceedings.

(4) Any Contracting State which adopts a provision under paragraph 3:

(a) shall allow the applicant for or proprietor of the patent to file a corrected translation of the European patent application or European patent. Such corrected translation shall not have any legal effect until any conditions established by the Contracting State under Article 65, paragraph 2, or Article 67, paragraph 3, have been complied with;

(b) may prescribe that any person who, in that State, in good faith has used or has made effective and serious preparations for using an invention the use of which would not constitute infringement of the application or patent in the original translation, may, after the corrected translation takes effect, continue such use in the course of his business or for the needs thereof without payment.

---

[60] Amended by the Act revising the European Patent Convention of 29.11.2000.

Article 70[60]
Texte de la demande de brevet européen ou du brevet européen faisant foi

Art. 2
R. 7

(1) Le texte de la demande de brevet européen ou du brevet européen rédigé dans la langue de la procédure est le texte qui fait foi dans toutes les procédures devant l'Office européen des brevets et dans tous les Etats contractants.

(2) Toutefois, si la demande de brevet européen a été déposée dans une langue qui n'est pas une langue officielle de l'Office européen des brevets, ce texte constitue la demande telle qu'elle a été déposée, au sens de la présente convention.

(3) Tout Etat contractant peut prévoir qu'une traduction dans une de ses langues officielles, prescrite par cet Etat en vertu de la présente convention, est considérée dans cet Etat comme étant le texte qui fait foi, hormis les cas d'actions en nullité, si la demande de brevet européen ou le brevet européen dans la langue de la traduction confère une protection moins étendue que celle conférée par ladite demande ou par ledit brevet dans la langue de la procédure.

(4) Tout Etat contractant qui arrête une disposition en application du paragraphe 3,

a) doit permettre au demandeur ou au titulaire du brevet de produire une traduction révisée de la demande de brevet européen ou du brevet européen. Cette traduction révisée n'a pas d'effet juridique aussi longtemps que les conditions fixées par l'Etat contractant en application de l'article 65, paragraphe 2, ou de l'article 67, paragraphe 3, n'ont pas été remplies ;

b) peut prévoir que quiconque, dans cet Etat, a, de bonne foi, commencé à exploiter une invention ou a fait des préparatifs effectifs et sérieux à cette fin, sans que cette exploitation constitue une contrefaçon de la demande ou du brevet dans le texte de la traduction initiale, peut, après que la traduction révisée a pris effet, poursuivre à titre gratuit son exploitation dans son entreprise ou pour les besoins de celle-ci.

---

[60] Modifié par l'acte portant révision de la Convention sur le brevet européen en date du 29.11.2000.

Kapitel IV
Die europäische Patentanmeldung als Gegenstand des Vermögens

Artikel 71
Übertragung und Bestellung von Rechten

Die europäische Patentanmeldung kann für einen oder mehrere der benannten Vertragsstaaten übertragen werden oder Gegenstand von Rechten sein.

Artikel 72
Rechtsgeschäftliche Übertragung

Die rechtsgeschäftliche Übertragung der europäischen Patentanmeldung muss schriftlich erfolgen und bedarf der Unterschrift der Vertragsparteien.

Artikel 73
Vertragliche Lizenzen

Eine europäische Patentanmeldung kann ganz oder teilweise Gegenstand von Lizenzen für alle oder einen Teil der Hoheitsgebiete der benannten Vertragsstaaten sein.

Artikel 74
Anwendbares Recht

Soweit dieses Übereinkommen nichts anderes bestimmt, unterliegt die europäische Patentanmeldung als Gegenstand des Vermögens in jedem benannten Vertragsstaat und mit Wirkung für diesen Staat dem Recht, das in diesem Staat für nationale Patentanmeldungen gilt.

Chapter IV
The European patent application as an object of property

Article 71
Transfer and constitution of rights

A European patent application may be transferred or give rise to rights for one or more of the designated Contracting States.

Article 72
Assignment

An assignment of a European patent application shall be made in writing and shall require the signature of the parties to the contract.

Article 73
Contractual licensing

A European patent application may be licensed in whole or in part for the whole or part of the territories of the designated Contracting States.

Article 74
Law applicable

Unless this Convention provides otherwise, the European patent application as an object of property shall, in each designated Contracting State and with effect for such State, be subject to the law applicable in that State to national patent applications.

Chapitre IV
De la demande de brevet européen comme objet de propriété

Article 71
Transfert et constitution de droits

R. 22, 23, 85

La demande de brevet européen peut être transférée ou donner lieu à la constitution de droits pour un ou plusieurs des Etats contractants désignés.

Article 72
Cession

R. 22, 85

La cession de la demande de brevet européen doit être faite par écrit et requiert la signature des parties au contrat.

Article 73
Licence contractuelle

R. 23, 24

Une demande de brevet européen peut faire, en sa totalité ou en partie, l'objet de licences pour tout ou partie des territoires des Etats contractants désignés.

Article 74
Droit applicable

Art. 148

Sauf si la présente convention en dispose autrement, la demande de brevet européen comme objet de propriété est soumise, dans chaque Etat contractant désigné et avec effet dans cet Etat, à la législation applicable dans ledit Etat aux demandes de brevet national.

PART III
THE EUROPEAN PATENT APPLICATION

Chapter I
Filing and requirements of the European patent application

Article 75[61]
Filing of a European patent application

(1) A European patent application may be filed:

(a)[62] with the European Patent Office, or

(b) if the law of a Contracting State so permits, and subject to Article 76, paragraph 1, with the central industrial property office or other competent authority of that State. Any application filed in this way shall have the same effect as if it had been filed on the same date with the European Patent Office.

(2) Paragraph 1 shall not preclude the application of legislative or regulatory provisions which, in any Contracting State:

(a) govern inventions which, owing to the nature of their subject-matter, may not be communicated abroad without the prior authorisation of the competent authorities of that State, or

(b) prescribe that any application is to be filed initially with a national authority, or make direct filing with another authority subject to prior authorisation.

---

[61] Amended by the Act revising the European Patent Convention of 29.11.2000.

[62] See decision of the President of the EPO, Special edition No. 3, OJ EPO 2007, A.1.

Verweisungen/References/Références

TROISIÈME PARTIE
LA DEMANDE DE BREVET EUROPÉEN

Chapitre I
Dépôt de la demande de brevet européen et exigences auxquelles elle doit satisfaire

Article 75[61]
Dépôt de la demande de brevet européen

Art. 76, 120, 130, 153
R. 35, 41, 133, 134, 147

(1) La demande de brevet européen peut être déposée :

a)[62] soit auprès de l'Office européen des brevets ;

b) soit, si la législation d'un Etat contractant le permet, et sous réserve de l'article 76, paragraphe 1, auprès du service central de la propriété industrielle ou des autres autorités compétentes de cet Etat. Toute demande ainsi déposée a les mêmes effets que si elle avait été déposée à la même date à l'Office européen des brevets.

(2) Le paragraphe 1 ne peut faire obstacle à l'application des dispositions législatives ou réglementaires qui, dans un Etat contractant :

a) régissent les inventions qui ne peuvent, en raison de leur objet, être communiquées à l'étranger sans autorisation préalable des autorités compétentes de cet Etat, ou

b) prescrivent que toute demande de brevet doit être initialement déposée auprès d'une autorité nationale, ou soumettent à une autorisation préalable le dépôt direct auprès d'une autre autorité.

---

[61] Modifié par l'acte portant révision de la Convention sur le brevet européen en date du 29.11.2000.
[62] Cf. la décision du Président de l'OEB, Edition spéciale n° 3, JO OEB 2007, A.1.

Artikel 76[63, 64]
Europäische Teilanmeldung

(1) Eine europäische Teilanmeldung ist nach Maßgabe der Ausführungsordnung unmittelbar beim Europäischen Patentamt einzureichen. Sie kann nur für einen Gegenstand eingereicht werden, der nicht über den Inhalt der früheren Anmeldung in der ursprünglich eingereichten Fassung hinausgeht; soweit diesem Erfordernis entsprochen wird, gilt die Teilanmeldung als an dem Anmeldetag der früheren Anmeldung eingereicht und genießt deren Prioritätsrecht.

(2) In der europäischen Teilanmeldung gelten alle Vertragsstaaten als benannt, die bei Einreichung der Teilanmeldung auch in der früheren Anmeldung benannt sind.

Artikel 77[65]
Weiterleitung europäischer Patentanmeldungen

(1) Die Zentralbehörde für den gewerblichen Rechtsschutz eines Vertragsstaats leitet die bei ihr oder einer anderen zuständigen Behörde dieses Staats eingereichten europäischen Patentanmeldungen nach Maßgabe der Ausführungsordnung an das Europäische Patentamt weiter.

(2) Eine europäische Patentanmeldung, deren Gegenstand unter Geheimschutz gestellt worden ist, wird nicht an das Europäische Patentamt weitergeleitet.

(3) Eine europäische Patentanmeldung, die nicht rechtzeitig an das Europäische Patentamt weitergeleitet wird, gilt als zurückgenommen.

Artikel 78[66]
Erfordernisse der europäischen Patentanmeldung

(1) Die europäische Patentanmeldung muss

a) einen Antrag auf Erteilung eines europäischen Patents;

Article 76[63, 64]
European divisional applications

(1) A European divisional application shall be filed directly with the European Patent Office in accordance with the Implementing Regulations. It may be filed only in respect of subject-matter which does not extend beyond the content of the earlier application as filed; in so far as this requirement is complied with, the divisional application shall be deemed to have been filed on the date of filing of the earlier application and shall enjoy any right of priority.

(2) All the Contracting States designated in the earlier application at the time of filing of a European divisional application shall be deemed to be designated in the divisional application.

Article 77[65]
Forwarding of European patent applications

(1) The central industrial property office of a Contracting State shall forward to the European Patent Office any European patent application filed with it or any other competent authority in that State, in accordance with the Implementing Regulations.

(2) A European patent application the subject of which has been made secret shall not be forwarded to the European Patent Office.

(3) A European patent application not forwarded to the European Patent Office in due time shall be deemed to be withdrawn.

Article 78[66]
Requirements of a European patent application

(1) A European patent application shall contain:

(a) a request for the grant of a European patent;

---

[63] Geändert durch die Akte zur Revision des Europäischen Patentübereinkommens vom 29.11.2000.
[64] Siehe hierzu die Stellungnahme/Entscheidung der Großen Beschwerdekammer G 4/98, G 1/05 (Anhang I).
[65] Geändert durch die Akte zur Revision des Europäischen Patentübereinkommens vom 29.11.2000.
[66] Geändert durch die Akte zur Revision des Europäischen Patentübereinkommens vom 29.11.2000.

[63] Amended by the Act revising the European Patent Convention of 29.11.2000.
[64] See opinion/decision of the Enlarged Board of Appeal G 4/98, G 1/05 (Annex I).
[65] Amended by the Act revising the European Patent Convention of 29.11.2000.
[66] Amended by the Act revising the European Patent Convention of 29.11.2000.

Article 76[63, 64]
Demandes divisionnaires européennes

Art. 61, 75, 100, 128, 138
R. 4, 6, 16, 36, 41, 45, 51, 60, 143, 147

(1) Toute demande divisionnaire de brevet européen doit être déposée directement auprès de l'Office européen des brevets conformément au règlement d'exécution. Elle ne peut être déposée que pour des éléments qui ne s'étendent pas au-delà du contenu de la demande antérieure telle qu'elle a été déposée ; dans la mesure où il est satisfait à cette exigence, la demande divisionnaire est réputée déposée à la date de dépôt de la demande antérieure et bénéficie du droit de priorité.

(2) Tous les Etats contractants désignés dans la demande antérieure lors du dépôt d'une demande divisionnaire de brevet européen sont réputés désignés dans la demande divisionnaire.

Article 77[65]
Transmission des demandes de brevet européen

Art. 135, 137
R. 35, 37, 45, 112, 134, 155

(1) Le service central de la propriété industrielle de l'Etat contractant transmet à l'Office européen des brevets les demandes de brevet européen déposées auprès dudit service ou auprès de toute autre autorité compétente de cet Etat, conformément au règlement d'exécution.

(2) Toute demande de brevet européen dont l'objet a été mis au secret n'est pas transmise à l'Office européen des brevets.

(3) Toute demande de brevet européen qui n'est pas transmise à l'Office européen des brevets dans les délais est réputée retirée.

Article 78[66]
Exigences auxquelles doit satisfaire la demande de brevet européen

Art. 79, 80, 83-85, 90, 121
R. 6, 17, 31-33, 36, 38-50, 135, 139

(1) La demande de brevet européen doit contenir :

a) une requête en délivrance d'un brevet européen ;

---

[63] Modifié par l'acte portant révision de la Convention sur le brevet européen en date du 29.11.2000.

[64] Cf. l'avis/la décision de la Grande Chambre de recours G 4/98, G 1/05 (Annexe I).

[65] Modifié par l'acte portant révision de la Convention sur le brevet européen en date du 29.11.2000.

[66] Modifié par l'acte portant révision de la Convention sur le brevet européen en date du 29.11.2000.

(b) a description of the invention;

(c) one or more claims;

(d) any drawings referred to in the description or the claims;

(e) an abstract,

and satisfy the requirements laid down in the Implementing Regulations.

(2) A European patent application shall be subject to the payment of the filing fee and the search fee. If the filing fee or the search fee is not paid in due time, the application shall be deemed to be withdrawn.

Article 79[67]
Designation of Contracting States

(1) All the Contracting States party to this Convention at the time of filing of the European patent application shall be deemed to be designated in the request for grant of a European patent.

(2)[68] The designation of a Contracting State may be subject to the payment of a designation fee.

(3) The designation of a Contracting State may be withdrawn at any time up to the grant of the European patent.

Article 80[69, 70]
Date of filing

The date of filing of a European patent application shall be the date on which the requirements laid down in the Implementing Regulations are fulfilled.

---

[67] Amended by the Act revising the European Patent Convention of 29.11.2000.
[68] See opinion of the Enlarged Board of Appeal G 4/98 (Annex I).
[69] Amended by the Act revising the European Patent Convention of 29.11.2000.
[70] See decision/opinion of the Enlarged Board of Appeal G 2/95, G 4/98 (Annex I).

b) une description de l'invention ;

c) une ou plusieurs revendications ;

d) les dessins auxquels se réfèrent la description ou les revendications ;

e) un abrégé,

et satisfaire aux exigences prévues par le règlement d'exécution.

(2) La demande de brevet européen donne lieu au paiement de la taxe de dépôt et de la taxe de recherche. Si la taxe de dépôt ou la taxe de recherche n'a pas été acquittée dans les délais, la demande est réputée retirée.

Article 79[67]
Désignation des Etats contractants

Art. 3, 66, 80, 121, 149
R. 15-17, 36, 39, 40, 41, 70, 71, 72, 112, 135, 139, 143, 159, 160

(1) Tous les Etats contractants parties à la présente convention lors du dépôt de la demande de brevet européen sont réputés désignés dans la requête en délivrance du brevet européen.

(2)[68] La désignation d'un Etat contractant peut donner lieu au paiement d'une taxe de désignation.

(3) La désignation d'un Etat contractant peut être retirée à tout moment jusqu'à la délivrance du brevet européen.

Article 80[69, 70]
Date de dépôt

Art. 54, 60, 66, 78, 79, 83, 84, 90, 92
R. 19, 30, 38, 39, 40-42, 49, 55, 56, 60, 143

La date de dépôt d'une demande de brevet européen est celle à laquelle il est satisfait aux exigences prévues par le règlement d'exécution.

---

[67] Modifié par l'acte portant révision de la Convention sur le brevet européen en date du 29.11.2000.
[68] Cf. l'avis de la Grande Chambre de recours G 4/98 (Annexe I).
[69] Modifié par l'acte portant révision de la Convention sur le brevet européen en date du 29.11.2000.
[70] Cf. la décision/l'avis de la Grande Chambre de recours G 2/95, G 4/98 (Annexe I).

Artikel 81
Erfindernennung

In der europäischen Patentanmeldung ist der Erfinder zu nennen. Ist der Anmelder nicht oder nicht allein der Erfinder, so hat die Erfindernennung eine Erklärung darüber zu enthalten, wie der Anmelder das Recht auf das europäische Patent erlangt hat.

Artikel 82[71]
Einheitlichkeit der Erfindung

Die europäische Patentanmeldung darf nur eine einzige Erfindung enthalten oder eine Gruppe von Erfindungen, die untereinander in der Weise verbunden sind, dass sie eine einzige allgemeine erfinderische Idee verwirklichen.

Artikel 83[72]
Offenbarung der Erfindung

Die Erfindung ist in der europäischen Patentanmeldung so deutlich und vollständig zu offenbaren, dass ein Fachmann sie ausführen kann.

Artikel 84[73]
Patentansprüche

Die Patentansprüche müssen den Gegenstand angeben, für den Schutz begehrt wird. Sie müssen deutlich und knapp gefasst sein und von der Beschreibung gestützt werden.

Artikel 85
Zusammenfassung

Die Zusammenfassung dient ausschließlich der technischen Information; sie kann nicht für andere Zwecke, insbesondere nicht für die Bestimmung des Umfangs des begehrten Schutzes und für die Anwendung des Artikels 54 Absatz 3, herangezogen werden.

Article 81
Designation of the inventor

The European patent application shall designate the inventor. If the applicant is not the inventor or is not the sole inventor, the designation shall contain a statement indicating the origin of the right to the European patent.

Article 82[71]
Unity of invention

The European patent application shall relate to one invention only or to a group of inventions so linked as to form a single general inventive concept.

Article 83[72]
Disclosure of the invention

The European patent application shall disclose the invention in a manner sufficiently clear and complete for it to be carried out by a person skilled in the art.

Article 84[73]
Claims

The claims shall define the matter for which protection is sought. They shall be clear and concise and be supported by the description.

Article 85
Abstract

The abstract shall serve the purpose of technical information only; it may not be taken into account for any other purpose, in particular for interpreting the scope of the protection sought or applying Article 54, paragraph 3.

---

[71] Siehe hierzu Entscheidung/Stellungnahme der Großen Beschwerdekammer G 1/91, G 2/92 (Anhang I).

[72] Siehe hierzu Entscheidung/Stellungnahme der Großen Beschwerdekammer G 2/93, G 2/98 (Anhang I).

[73] Siehe hierzu Entscheidung/Stellungnahmen der Großen Beschwerdekammer G 2/98, G 1/03, G 2/03, G 1/04 (Anhang I).

[71] See decision/opinion of the Enlarged Board of Appeal G 1/91, G 2/92 (Annex I).

[72] See decision/opinion of the Enlarged Board of Appeal G 2/93, G 2/98 (Annex I).

[73] See decisions/opinions of the Enlarged Board of Appeal G 2/98, G 1/03, G 2/03, G 1/04 (Annex I).

Verweisungen/References/Références

Article 81
Désignation de l'inventeur

La demande de brevet européen doit comprendre la désignation de l'inventeur. Si le demandeur n'est pas l'inventeur ou l'unique inventeur, cette désignation doit comporter une déclaration indiquant l'origine de l'acquisition du droit au brevet européen.

Art. 62, 90
R. 19-21, 41, 60, 143, 144, 163

Article 82[71]
Unité d'invention

R. 43, 44, 64, 164

La demande de brevet européen ne peut concerner qu'une seule invention ou une pluralité d'inventions liées entre elles de telle sorte qu'elles ne forment qu'un seul concept inventif général.

Article 83[72]
Exposé de l'invention

Art. 78, 80, 100, 138
R. 31-34, 40, 42

L'invention doit être exposée dans la demande de brevet européen de façon suffisamment claire et complète pour qu'un homme du métier puisse l'exécuter.

Article 84[73]
Revendications

Art. 78, 80
R. 40, 43, 45, 49, 57, 162

Les revendications définissent l'objet de la protection demandée. Elles doivent être claires et concises et se fonder sur la description.

Article 85
Abrégé

Art. 78
R. 47, 49, 66, 68

L'abrégé sert exclusivement à des fins d'information technique ; il ne peut être pris en considération pour aucune autre fin, notamment pour l'appréciation de l'étendue de la protection demandée et pour l'application de l'article 54, paragraphe 3.

---

[71] Cf. la décision/l'avis de la Grande Chambre de recours G 1/91, G 2/92 (Annexe I).

[72] Cf. la décision/l'avis de la Grande Chambre de recours G 2/93, G 2/98 (Annexe I).

[73] Cf. les décisions/avis de la Grande Chambre de recours G 2/98, G 1/03, G 2/03, G 1/04 (Annexe I).

Article 86[74]
Renewal fees for the European patent application

(1) Renewal fees for the European patent application shall be paid to the European Patent Office in accordance with the Implementing Regulations. These fees shall be due in respect of the third year and each subsequent year, calculated from the date of filing of the application. If a renewal fee is not paid in due time, the application shall be deemed to be withdrawn.

(2) The obligation to pay renewal fees shall terminate with the payment of the renewal fee due in respect of the year in which the mention of the grant of the European patent is published in the European Patent Bulletin.

Chapter II
Priority

Article 87[75, 76]
Priority right

(1) Any person who has duly filed, in or for

(a) any State party to the Paris Convention for the Protection of Industrial Property or

(b) any Member of the World Trade Organization,

an application for a patent, a utility model or a utility certificate, or his successor in title, shall enjoy, for the purpose of filing a European patent application in respect of the same invention, a right of priority during a period of twelve months from the date of filing of the first application.

(2) Every filing that is equivalent to a regular national filing under the national law of the State where it was made or under bilateral or multilateral agreements, including this Convention, shall be recognised as giving rise to a right of priority.

---

[74] Amended by the Act revising the European Patent Convention of 29.11.2000.

[75] Amended by the Act revising the European Patent Convention of 29.11.2000.

[76] See decisions/opinions of the Enlarged Board of Appeal G 3/93, G 2/95, G 2/98, G 1/03, G 2/03 (Annex I).

Article 86[74]
Taxes annuelles pour la demande de brevet européen

Art. 122, 141
R. 14, 51, 71, 112, 135, 136, 142, 159

(1) Des taxes annuelles doivent, conformément au règlement d'exécution, être payées à l'Office européen des brevets pour toute demande de brevet européen. Ces taxes sont dues pour la troisième année, à compter de la date de dépôt de la demande, et pour chacune des années suivantes. Si une taxe annuelle n'a pas été acquittée dans les délais, la demande est réputée retirée.

(2) Aucune taxe annuelle n'est exigible après le paiement de celle qui doit être acquittée au titre de l'année au cours de laquelle la mention de la délivrance du brevet européen est publiée au Bulletin européen des brevets.

Chapitre II
Priorité

Article 87[75, 76]
Droit de priorité

Art. 66, 122
R. 52, 57-59, 136

(1) Celui qui a régulièrement déposé, dans ou pour

a) un Etat partie à la Convention de Paris pour la protection de la propriété industrielle ou

b) un membre de l'Organisation mondiale du commerce,

une demande de brevet d'invention, de modèle d'utilité ou de certificat d'utilité, ou son ayant cause, jouit, pour effectuer le dépôt d'une demande de brevet européen pour la même invention, d'un droit de priorité pendant un délai de douze mois à compter de la date de dépôt de la première demande.

(2) Est reconnu comme donnant naissance au droit de priorité tout dépôt ayant la valeur d'un dépôt national régulier en vertu de la législation nationale de l'Etat dans lequel il a été effectué ou d'accords bilatéraux ou multilatéraux, y compris la présente convention.

---

[74] Modifié par l'acte portant révision de la Convention sur le brevet européen en date du 29.11.2000.
[75] Modifié par l'acte portant révision de la Convention sur le brevet européen en date du 29.11.2000.
[76] Cf. les décisions/avis de la Grande Chambre de recours G 3/93, G 2/95, G 2/98, G 1/03, G 2/03 (Annexe I).

(3) Unter vorschriftsmäßiger nationaler Anmeldung ist jede Anmeldung zu verstehen, die zur Festlegung des Tags ausreicht, an dem die Anmeldung eingereicht worden ist, wobei das spätere Schicksal der Anmeldung ohne Bedeutung ist.

(4) Als die erste Anmeldung, von deren Einreichung an die Prioritätsfrist läuft, wird auch eine jüngere Anmeldung angesehen, die denselben Gegenstand betrifft wie eine erste ältere in demselben oder für denselben Staat eingereichte Anmeldung, sofern diese ältere Anmeldung bis zur Einreichung der jüngeren Anmeldung zurückgenommen, fallen gelassen oder zurückgewiesen worden ist, und zwar bevor sie öffentlich ausgelegt worden ist und ohne dass Rechte bestehen geblieben sind; ebenso wenig darf diese ältere Anmeldung schon Grundlage für die Inanspruchnahme des Prioritätsrechts gewesen sein. Die ältere Anmeldung kann in diesem Fall nicht mehr als Grundlage für die Inanspruchnahme des Prioritätsrechts dienen.

(5) Ist die erste Anmeldung bei einer nicht der Pariser Verbandsübereinkunft zum Schutz des gewerblichen Eigentums oder dem Übereinkommen zur Errichtung der Welthandelsorganisation unterliegenden Behörde für den gewerblichen Rechtsschutz eingereicht worden, so sind die Absätze 1 bis 4 anzuwenden, wenn diese Behörde nach einer Bekanntmachung des Präsidenten des Europäischen Patentamts anerkennt, dass eine erste Anmeldung beim Europäischen Patentamt ein Prioritätsrecht unter Voraussetzungen und mit Wirkungen begründet, die denen der Pariser Verbandsübereinkunft vergleichbar sind.

Artikel 88[77, 78]
Inanspruchnahme der Priorität

(1) Der Anmelder, der die Priorität einer früheren Anmeldung in Anspruch nehmen will, hat eine Prioritätserklärung und weitere erforderliche Unterlagen nach Maßgabe der Ausführungsordnung einzureichen.

(3) A regular national filing shall mean any filing that is sufficient to establish the date on which the application was filed, whatever the outcome of the application may be.

(4) A subsequent application in respect of the same subject-matter as a previous first application and filed in or for the same State shall be considered as the first application for the purposes of determining priority, provided that, at the date of filing the subsequent application, the previous application has been withdrawn, abandoned or refused, without being open to public inspection and without leaving any rights outstanding, and has not served as a basis for claiming a right of priority. The previous application may not thereafter serve as a basis for claiming a right of priority.

(5) If the first filing has been made with an industrial property authority which is not subject to the Paris Convention for the Protection of Industrial Property or the Agreement Establishing the World Trade Organization, paragraphs 1 to 4 shall apply if that authority, according to a communication issued by the President of the European Patent Office, recognises that a first filing made with the European Patent Office gives rise to a right of priority under conditions and with effects equivalent to those laid down in the Paris Convention.

Article 88[77, 78]
Claiming priority

(1) An applicant desiring to take advantage of the priority of a previous application shall file a declaration of priority and any other document required, in accordance with the Implementing Regulations.

---

[77] Geändert durch die Akte zur Revision des Europäischen Patentübereinkommens vom 29.11.2000.
[78] Siehe hierzu Entscheidung/Stellungnahme der Großen Beschwerdekammer G 3/93, G 2/98 (Anhang I).

[77] Amended by the Act revising the European Patent Convention of 29.11.2000.
[78] See decision/opinion of the Enlarged Board of Appeal G 3/93, G 2/98 (Annex I).

(3) Par dépôt national régulier, on doit entendre tout dépôt qui suffit à établir la date à laquelle la demande a été déposée, quel que soit le sort ultérieur de cette demande.

(4) Est considérée comme première demande, dont la date de dépôt est le point de départ du délai de priorité, une demande ultérieure ayant le même objet qu'une première demande antérieure, déposée dans ou pour le même Etat, à la condition que cette demande antérieure, à la date de dépôt de la demande ultérieure, ait été retirée, abandonnée ou refusée, sans avoir été soumise à l'inspection publique et sans laisser subsister de droits, et qu'elle n'ait pas encore servi de base pour la revendication du droit de priorité. La demande antérieure ne peut plus alors servir de base pour la revendication du droit de priorité.

(5) Si le premier dépôt a été effectué auprès d'un service de la propriété industrielle qui n'est pas lié par la Convention de Paris pour la protection de la propriété industrielle ou par l'Accord instituant l'Organisation mondiale du commerce, les paragraphes 1 à 4 s'appliquent si, suivant une communication émanant du Président de l'Office européen des brevets, ce service reconnaît qu'un premier dépôt effectué auprès de l'Office européen des brevets donne naissance à un droit de priorité soumis à des conditions et ayant des effets équivalents à ceux prévus par la Convention de Paris.

Article 88[77, 78]
Revendication de priorité

Art. 66, 79, 90, 93
R. 5, 6, 41, 52, 53, 57-60, 68, 139, 163

(1) Le demandeur qui veut se prévaloir de la priorité d'un dépôt antérieur est tenu de produire une déclaration de priorité et tout autre document exigé, conformément au règlement d'exécution.

---

[77] Modifié par l'acte portant révision de la Convention sur le brevet européen en date du 29.11.2000.
[78] Cf. la décision/l'avis de la Grande Chambre de recours G 3/93, G 2/98 (Annexe I).

(2) Multiple priorities may be claimed in respect of a European patent application, notwithstanding the fact that they originated in different countries. Where appropriate, multiple priorities may be claimed for any one claim. Where multiple priorities are claimed, time limits which run from the date of priority shall run from the earliest date of priority.

(3) If one or more priorities are claimed in respect of a European patent application, the right of priority shall cover only those elements of the European patent application which are included in the application or applications whose priority is claimed.

(4) If certain elements of the invention for which priority is claimed do not appear among the claims formulated in the previous application, priority may nonetheless be granted, provided that the documents of the previous application as a whole specifically disclose such elements.

Article 89[79]
Effect of priority right

The right of priority shall have the effect that the date of priority shall count as the date of filing of the European patent application for the purposes of Article 54, paragraphs 2 and 3, and Article 60, paragraph 2.

---

[79] See decisions/opinions of the Enlarged Board of Appeal G 3/93, G 2/98, G 3/98, G 2/99 (Annex I).

(2) Des priorités multiples peuvent être revendiquées pour une demande de brevet européen même si elles proviennent d'Etats différents. Le cas échéant, des priorités multiples peuvent être revendiquées pour une même revendication. Si des priorités multiples sont revendiquées, les délais qui ont pour point de départ la date de priorité sont calculés à compter de la date de la priorité la plus ancienne.

(3) Lorsqu'une ou plusieurs priorités sont revendiquées pour la demande de brevet européen, le droit de priorité ne couvre que les éléments de la demande de brevet européen qui sont contenus dans la demande ou dans les demandes dont la priorité est revendiquée.

(4) Si certains éléments de l'invention pour lesquels la priorité est revendiquée ne figurent pas parmi les revendications formulées dans la demande antérieure, il suffit, pour que la priorité puisse être accordée, que l'ensemble des pièces de la demande antérieure révèle d'une façon précise lesdits éléments.

Article 89[79]
Effet du droit de priorité

Par l'effet du droit de priorité, la date de priorité est considérée comme celle du dépôt de la demande de brevet européen pour l'application de l'article 54, paragraphes 2 et 3, et de l'article 60, paragraphe 2.

---

[79] Cf. les décisions/avis de la Grande Chambre de recours G 3/93, G 2/98, G 3/98, G 2/99 (Annexe I).

PART IV
PROCEDURE UP TO GRANT

Article 90[80, 81]
Examination on filing and examination as to formal requirements

(1) The European Patent Office shall examine, in accordance with the Implementing Regulations, whether the application satisfies the requirements for the accordance of a date of filing.

(2) If a date of filing cannot be accorded following the examination under paragraph 1, the application shall not be dealt with as a European patent application.

(3) If the European patent application has been accorded a date of filing, the European Patent Office shall examine, in accordance with the Implementing Regulations, whether the requirements in Articles 14, 78 and 81, and, where applicable, Article 88, paragraph 1, and Article 133, paragraph 2, as well as any other requirement laid down in the Implementing Regulations, have been satisfied.

(4) Where the European Patent Office in carrying out the examination under paragraphs 1 or 3 notes that there are deficiencies which may be corrected, it shall give the applicant an opportunity to correct them.

(5) If any deficiency noted in the examination under paragraph 3 is not corrected, the European patent application shall be refused unless a different legal consequence is provided for by this Convention. Where the deficiency concerns the right of priority, this right shall be lost for the application.

Article 91[82]
(deleted)

---

[80] Amended by the Act revising the European Patent Convention of 29.11.2000.

[81] See opinions of the Enlarged Board of Appeal G 4/98, G 1/02 (Annex I).

[82] Deleted by the Act revising the European Patent Convention of 29.11.2000.

QUATRIÈME PARTIE
PROCÉDURE JUSQU'À LA DÉLIVRANCE

Article 90[80, 81]
Examen lors du dépôt et quant aux exigences de forme

(1) L'Office européen des brevets examine conformément au règlement d'exécution si la demande satisfait aux exigences pour que lui soit accordée une date de dépôt.

(2) Si une date de dépôt ne peut être accordée après l'examen effectué au titre du paragraphe 1, la demande n'est pas traitée en tant que demande de brevet européen.

(3) Si une date de dépôt a été accordée à la demande de brevet européen, l'Office européen des brevets examine conformément au règlement d'exécution s'il est satisfait aux exigences des articles 14, 78, 81 et, le cas échéant, de l'article 88, paragraphe 1, et de l'article 133, paragraphe 2, ainsi qu'à toute autre exigence prévue par le règlement d'exécution.

(4) Lorsque l'Office européen des brevets constate, lors de l'examen effectué au titre des paragraphes 1 ou 3, l'existence d'irrégularités auxquelles il peut être remédié, il donne au demandeur la possibilité de remédier à ces irrégularités.

(5) Lorsqu'il n'est pas remédié à une irrégularité constatée lors de l'examen effectué au titre du paragraphe 3, la demande de brevet européen est rejetée, à moins que la présente convention ne prévoie une conséquence juridique différente. Lorsque l'irrégularité concerne le droit de priorité, elle entraîne la perte de ce droit pour la demande.

Article 91[82]
(supprimé)

Art. 16, 78, 80, 88, 92
R. 6, 10, 38, 40, 45, 53, 55-60, 111-113, 137, 139, 140, 142, 152, 153

---

[80] Modifié par l'acte portant révision de la Convention sur le brevet européen en date du 29.11.2000.
[81] Cf. les avis de la Grande Chambre de recours G 4/98, G 1/02 (Annexe I).
[82] Supprimé par l'acte portant révision de la Convention sur le brevet européen en date du 29.11.2000.

Artikel 92[83]
Erstellung des europäischen Recherchenberichts

Das Europäische Patentamt erstellt und veröffentlicht nach Maßgabe der Ausführungsordnung einen europäischen Recherchenbericht zu der europäischen Patentanmeldung auf der Grundlage der Patentansprüche unter angemessener Berücksichtigung der Beschreibung und der vorhandenen Zeichnungen.

Artikel 93[84, 85]
Veröffentlichung der europäischen Patentanmeldung

(1) Das Europäische Patentamt veröffentlicht die europäische Patentanmeldung so bald wie möglich

a) nach Ablauf von achtzehn Monaten nach dem Anmeldetag oder, wenn eine Priorität in Anspruch genommen worden ist, nach dem Prioritätstag oder

b) auf Antrag des Anmelders vor Ablauf dieser Frist.

(2) Die europäische Patentanmeldung wird gleichzeitig mit der europäischen Patentschrift veröffentlicht, wenn die Entscheidung über die Erteilung des Patents vor Ablauf der in Absatz 1 a) genannten Frist wirksam wird.

Artikel 94[86]
Prüfung der europäischen Patentanmeldung

(1) Das Europäische Patentamt prüft nach Maßgabe der Ausführungsordnung auf Antrag, ob die europäische Patentanmeldung und die Erfindung, die sie zum Gegenstand hat, den Erfordernissen dieses Übereinkommens genügen. Der Antrag gilt erst als gestellt, wenn die Prüfungsgebühr entrichtet worden ist.

(2) Wird ein Prüfungsantrag nicht rechtzeitig gestellt, so gilt die Anmeldung als zurückgenommen.

Article 92[83]
Drawing up of the European search report

The European Patent Office shall, in accordance with the Implementing Regulations, draw up and publish a European search report in respect of the European patent application on the basis of the claims, with due regard to the description and any drawings.

Article 93[84, 85]
Publication of the European patent application

(1) The European Patent Office shall publish the European patent application as soon as possible

(a) after the expiry of a period of eighteen months from the date of filing or, if priority has been claimed, from the date of priority, or

(b) at the request of the applicant, before the expiry of that period.

(2) The European patent application shall be published at the same time as the specification of the European patent when the decision to grant the patent becomes effective before the expiry of the period referred to in paragraph 1(a).

Article 94[86]
Examination of the European patent application

(1) The European Patent Office shall, in accordance with the Implementing Regulations, examine on request whether the European patent application and the invention to which it relates meet the requirements of this Convention. The request shall not be deemed to be filed until the examination fee has been paid.

(2) If no request for examination has been made in due time, the application shall be deemed to be withdrawn.

---

[83] Geändert durch die Akte zur Revision des Europäischen Patentübereinkommens vom 29.11.2000.
[84] Geändert durch die Akte zur Revision des Europäischen Patentübereinkommens vom 29.11.2000.
[85] Siehe hierzu den Beschluss des Präsidenten des EPA, Sonderausgabe Nr. 3, ABl. EPA 2007, D.3.
Siehe hierzu Stellungnahme der Großen Beschwerdekammer G 2/98 (Anhang I).
[86] Geändert durch die Akte zur Revision des Europäischen Patentübereinkommens vom 29.11.2000.

[83] Amended by the Act revising the European Patent Convention of 29.11.2000.
[84] Amended by the Act revising the European Patent Convention of 29.11.2000.
[85] See decision of the President of the EPO, Special edition No. 3, OJ EPO 2007, D.3.
See opinion of the Enlarged Board of Appeal G 2/98 (Annex I).
[86] Amended by the Act revising the European Patent Convention of 29.11.2000.

Verweisungen/References/Références

Article 92[83]
Etablissement du rapport de recherche européenne

Art. 17, 80, 153
R. 30, 61-66, 70, 137

L'Office européen des brevets établit et publie, conformément au règlement d'exécution, un rapport de recherche européenne relatif à la demande de brevet européen sur la base des revendications, en tenant dûment compte de la description et des dessins existants.

Article 93[84, 85]
Publication de la demande de brevet européen

Art. 14, 16, 54, 67, 69, 88, 92, 98, 115, 127, 128, 153
R. 10, 14, 20, 47, 48, 52, 53, 66-69, 114, 143

(1) L'Office européen des brevets publie la demande de brevet européen dès que possible

a) après l'expiration d'un délai de dix-huit mois à compter de la date de dépôt ou, si une priorité a été revendiquée, à compter de la date de priorité ou

b) avant l'expiration de ce délai sur requête du demandeur.

(2) La demande de brevet européen est publiée à la même date que le fascicule du brevet européen lorsque la décision relative à la délivrance du brevet européen prend effet avant l'expiration du délai visé au paragraphe 1 a).

Article 94[86]
Examen de la demande de brevet européen

Art. 18, 121, 129, 150
R. 6, 10, 69, 70, 71, 112-114, 135-138, 142, 159

(1) Sur requête, l'Office européen des brevets examine conformément au règlement d'exécution si la demande de brevet européen et l'invention qui en fait l'objet satisfont aux exigences prévues par la présente convention. La requête n'est réputée présentée qu'après le paiement de la taxe d'examen.

(2) Lorsque la requête en examen n'est pas présentée dans les délais, la demande est réputée retirée.

---

[83] Modifié par l'acte portant révision de la Convention sur le brevet européen en date du 29.11.2000.

[84] Modifié par l'acte portant révision de la Convention sur le brevet européen en date du 29.11.2000.

[85] Cf. la décision du Président de l'OEB, Edition spéciale n° 3, JO OEB 2007, D.3.
Cf. l'avis de la Grande Chambre de recours G 2/98 (Annexe I).

[86] Modifié par l'acte portant révision de la Convention sur le brevet européen en date du 29.11.2000.

(3) If the examination reveals that the application or the invention to which it relates does not meet the requirements of this Convention, the Examining Division shall invite the applicant, as often as necessary, to file his observations and, subject to Article 123, paragraph 1, to amend the application.

(4) If the applicant fails to reply in due time to any communication from the Examining Division, the application shall be deemed to be withdrawn.

Article 95[87]
(deleted)

Article 96[88]
(deleted)

Article 97[89, 90]
Grant or refusal

(1) If the Examining Division is of the opinion that the European patent application and the invention to which it relates meet the requirements of this Convention, it shall decide to grant a European patent, provided that the conditions laid down in the Implementing Regulations are fulfilled.

(2) If the Examining Division is of the opinion that the European patent application or the invention to which it relates does not meet the requirements of this Convention, it shall refuse the application unless this Convention provides for a different legal consequence.

(3) The decision to grant a European patent shall take effect on the date on which the mention of the grant is published in the European Patent Bulletin.

---

[87] Deleted by the Act revising the European Patent Convention of 29.11.2000.
[88] Deleted by the Act revising the European Patent Convention of 29.11.2000.
[89] Amended by the Act revising the European Patent Convention of 29.11.2000.
[90] See decision of the Enlarged Board of Appeal G 10/93 (Annex I).

(3) S'il résulte de l'examen que la demande ou l'invention qui en fait l'objet ne satisfait pas aux exigences prévues par la présente convention, la division d'examen invite le demandeur, aussi souvent qu'il est nécessaire, à présenter ses observations et, sous réserve de l'article 123, paragraphe 1, à modifier la demande.

(4) Si le demandeur ne répond pas dans les délais à une notification de la division d'examen, la demande est réputée retirée.

Article 95[87]
(supprimé)

Article 96[88]
(supprimé)

Article 97[89, 90]
Délivrance ou rejet

Art. 14, 64, 65, 113, 129, 141
R. 71, 72, 111-114, 138, 140

(1) Si la division d'examen estime que la demande de brevet européen et l'invention qui en fait l'objet satisfont aux exigences prévues par la présente convention, elle décide de délivrer le brevet européen, pour autant que les conditions prévues par le règlement d'exécution soient remplies.

(2) Si la division d'examen estime que la demande de brevet européen ou l'invention qui en fait l'objet ne satisfait pas aux exigences prévues par la présente convention, elle rejette la demande, à moins que la présente convention ne prévoie une conséquence juridique différente.

(3) La décision relative à la délivrance du brevet européen prend effet à la date à laquelle la mention de la délivrance est publiée au Bulletin européen des brevets.

---

[87] Supprimé par l'acte portant révision de la Convention sur le brevet européen en date du 29.11.2000.
[88] Supprimé par l'acte portant révision de la Convention sur le brevet européen en date du 29.11.2000.
[89] Modifié par l'acte portant révision de la Convention sur le brevet européen en date du 29.11.2000.
[90] Cf. la décision de la Grande Chambre de recours G 10/93 (Annexe I).

Artikel 98[91]
Veröffentlichung der europäischen Patentschrift

Das Europäische Patentamt veröffentlicht die europäische Patentschrift so bald wie möglich nach Bekanntmachung des Hinweises auf die Erteilung des europäischen Patents im Europäischen Patentblatt.

Article 98[91]
Publication of the specification of the European patent

The European Patent Office shall publish the specification of the European patent as soon as possible after the mention of the grant of the European patent has been published in the European Patent Bulletin.

---

[91] Geändert durch die Akte zur Revision des Europäischen Patentübereinkommens vom 29.11.2000.
Siehe hierzu den Beschluss des Präsidenten des EPA, Sonderausgabe Nr. 3, ABl. EPA 2007, D.3.

[91] Amended by the Act revising the European Patent Convention of 29.11.2000.
See decision of the President of the EPO, Special edition No. 3, OJ EPO 2007, D.3.

Article 98[91]
Publication du fascicule du brevet européen

Art. 14, 93
R. 20, 21, 52, 53, 73, 74, 138

L'Office européen des brevets publie le fascicule du brevet européen dès que possible après la publication de la mention de la délivrance du brevet européen au Bulletin européen des brevets.

---

[91] Modifié par l'acte portant révision de la Convention sur le brevet européen en date du 29.11.2000.
Cf. la décision du Président de l'OEB, Edition spéciale n° 3, JO OEB 2007, D.3.

PART V
OPPOSITION AND LIMITATION PROCEDURE[92]

Article 99[93, 94]
Opposition

(1) Within nine months of the publication of the mention of the grant of the European patent in the European Patent Bulletin, any person may give notice to the European Patent Office of opposition to that patent, in accordance with the Implementing Regulations. Notice of opposition shall not be deemed to have been filed until the opposition fee has been paid.

(2) The opposition shall apply to the European patent in all the Contracting States in which that patent has effect.

(3) Opponents shall be parties to the opposition proceedings as well as the proprietor of the patent.

(4) Where a person provides evidence that in a Contracting State, following a final decision, he has been entered in the patent register of such State instead of the previous proprietor, such person shall, at his request, replace the previous proprietor in respect of such State. Notwithstanding Article 118, the previous proprietor and the person making the request shall not be regarded as joint proprietors unless both so request.

Article 100[95]
Grounds for opposition

Opposition may only be filed on the grounds that:

(a) the subject-matter of the European patent is not patentable under Articles 52 to 57;

---

[92] Title amended by the Act revising the European Patent Convention of 29.11.2000.

[93] Amended by the Act revising the European Patent Convention of 29.11.2000.

[94] See decisions/opinions of the Enlarged Board of Appeal G 4/88, G 5/88, G 7/88, G 8/88, G 10/91, G 9/93, G 1/95, G 7/95, G 3/97, G 4/97, G 3/99, G 1/02, G 2/04, G 3/04 (Annex I):

[95] See decisions/opinions of the Enlarged Board of Appeal G 3/89, G 10/91, G 11/91, G 1/95, G 2/95, G 7/95, G 1/99, G 3/04 (Annex I).

Verweisungen/References/Références

CINQUIEME PARTIE
PROCEDURE D'OPPOSITION ET DE LIMITATION[92]

Article 99[93, 94]
Opposition

Art. 105
R. 3, 6, 14, 73, 76-78, 84-86, 89, 112, 142, 143

(1) Dans un délai de neuf mois à compter de la publication de la mention de la délivrance du brevet européen au Bulletin européen des brevets, toute personne peut faire opposition à ce brevet auprès de l'Office européen des brevets, conformément au règlement d'exécution. L'opposition n'est réputée formée qu'après le paiement de la taxe d'opposition.

(2) L'opposition au brevet européen affecte ce brevet dans tous les Etats contractants dans lesquels il produit ses effets.

(3) Les opposants sont parties, avec le titulaire du brevet, à la procédure d'opposition.

(4) Si une personne apporte la preuve que, dans un Etat contractant, elle est inscrite au registre des brevets, en vertu d'une décision passée en force de chose jugée, au lieu et place du titulaire précédent, elle est, sur requête, substituée à ce dernier pour ledit Etat. Nonobstant l'article 118, le titulaire précédent du brevet et la personne qui fait ainsi valoir ses droits ne sont pas considérés comme copropriétaires, à moins qu'ils ne demandent tous deux à l'être.

Article 100[95]
Motifs d'opposition

Art. 76, 83, 101, 123
R. 76, 80

L'opposition ne peut être fondée que sur les motifs suivants :

a) l'objet du brevet européen n'est pas brevetable en vertu des articles 52 à 57 ;

---

[92] Titre modifié par l'acte portant révision de la Convention sur le brevet européen en date du 29.11.2000.

[93] Modifié par l'acte portant révision de la Convention sur le brevet européen en date du 29.11.2000.

[94] Cf. les décisions/avis de la Grande Chambre de recours G 4/88, G 5/88, G 7/88, G 8/88, G 10/91, G 9/93, G 1/95, G 7/95, G 3/97, G 4/97, G 3/99, G 1/02, G 2/04, G 3/04 (Annexe I).

[95] Cf. les décisions/avis de la Grande Chambre de recours G 3/89, G 10/91, G 11/91, G 1/95, G 2/95, G 7/95, G 1/99, G 3/04 (Annexe I).

b) das europäische Patent die Erfindung nicht so deutlich und vollständig offenbart, dass ein Fachmann sie ausführen kann;

c) der Gegenstand des europäischen Patents über den Inhalt der Anmeldung in der ursprünglich eingereichten Fassung oder, wenn das Patent auf einer Teilanmeldung oder einer nach Artikel 61 eingereichten neuen Anmeldung beruht, über den Inhalt der früheren Anmeldung in der ursprünglich eingereichten Fassung hinausgeht.

Artikel 101[96, 97]
Prüfung des Einspruchs – Widerruf oder Aufrechterhaltung des europäischen Patents

(1) Ist der Einspruch zulässig, so prüft die Einspruchsabteilung nach Maßgabe der Ausführungsordnung, ob wenigstens ein Einspruchsgrund nach Artikel 100 der Aufrechterhaltung des europäischen Patents entgegensteht. Bei dieser Prüfung fordert die Einspruchsabteilung die Beteiligten so oft wie erforderlich auf, eine Stellungnahme zu ihren Bescheiden oder zu den Schriftsätzen anderer Beteiligter einzureichen.

(2) Ist die Einspruchsabteilung der Auffassung, dass wenigstens ein Einspruchsgrund der Aufrechterhaltung des europäischen Patents entgegensteht, so widerruft sie das Patent. Andernfalls weist sie den Einspruch zurück.

(3) Ist die Einspruchsabteilung der Auffassung, dass unter Berücksichtigung der vom Patentinhaber im Einspruchsverfahren vorgenommenen Änderungen das europäische Patent und die Erfindung, die es zum Gegenstand hat,

a) den Erfordernissen dieses Übereinkommens genügen, so beschließt sie die Aufrechterhaltung des Patents in geänderter Fassung, sofern die in der Ausführungsordnung genannten Voraussetzungen erfüllt sind;

b) den Erfordernissen dieses Übereinkommens nicht genügen, so widerruft sie das Patent.

(b) the European patent does not disclose the invention in a manner sufficiently clear and complete for it to be carried out by a person skilled in the art;

(c) the subject-matter of the European patent extends beyond the content of the application as filed, or, if the patent was granted on a divisional application or on a new application filed under Article 61, beyond the content of the earlier application as filed.

Article 101[96, 97]
Examination of the opposition – Revocation or maintenance of the European patent

(1) If the opposition is admissible, the Opposition Division shall examine, in accordance with the Implementing Regulations, whether at least one ground for opposition under Article 100 prejudices the maintenance of the European patent. During this examination, the Opposition Division shall invite the parties, as often as necessary, to file observations on communications from another party or issued by itself.

(2) If the Opposition Division is of the opinion that at least one ground for opposition prejudices the maintenance of the European patent, it shall revoke the patent. Otherwise, it shall reject the opposition.

(3) If the Opposition Division is of the opinion that, taking into consideration the amendments made by the proprietor of the European patent during the opposition proceedings, the patent and the invention to which it relates

(a) meet the requirements of this Convention, it shall decide to maintain the patent as amended, provided that the conditions laid down in the Implementing Regulations are fulfilled;

(b) do not meet the requirements of this Convention, it shall revoke the patent.

---

[96] Geändert durch die Akte zur Revision des Europäischen Patentübereinkommens vom 29.11.2000.

[97] Siehe hierzu Entscheidungen/Stellungnahmen der Großen Beschwerdekammer G 1/88, G 1/90, G 1/91, G 9/91, G 9/92, G 4/93, G 1/99, G 1/02 (Anhang I).

[96] Amended by the Act revising the European Patent Convention of 29.11.2000.

[97] See decisions/opinions of the Enlarged Board of Appeal G 1/88, G 1/90, G 1/91, G 9/91, G 9/92, G 4/93, G 1/99, G 1/02 (Annex I).

b) le brevet européen n'expose pas l'invention de façon suffisamment claire et complète pour qu'un homme du métier puisse l'exécuter ;

c) l'objet du brevet européen s'étend au-delà du contenu de la demande telle qu'elle a été déposée ou, si le brevet a été délivré sur la base d'une demande divisionnaire ou d'une nouvelle demande déposée en vertu de l'article 61, au-delà du contenu de la demande antérieure telle qu'elle a été déposée.

Article 101[96, 97]
Examen de l'opposition – Révocation ou maintien du brevet européen

Art. 65, 68, 103
R. 18, 77-86, 111, 113, 138, 140, 143

(1) Si l'opposition est recevable, la division d'opposition examine conformément au règlement d'exécution si au moins un motif d'opposition visé à l'article 100 s'oppose au maintien du brevet européen. Au cours de cet examen, la division d'opposition invite les parties, aussi souvent qu'il est nécessaire, à présenter leurs observations sur les notifications qu'elle leur a adressées ou sur les communications qui émanent d'autres parties.

(2) Si la division d'opposition estime qu'au moins un motif d'opposition s'oppose au maintien du brevet européen, elle révoque le brevet. Dans le cas contraire, elle rejette l'opposition.

(3) Si la division d'opposition estime que, compte tenu des modifications apportées par le titulaire du brevet européen au cours de la procédure d'opposition, le brevet et l'invention qui en fait l'objet

a) satisfont aux exigences de la présente convention, elle décide de maintenir le brevet tel qu'il a été modifié, pour autant que les conditions prévues par le règlement d'exécution soient remplies ;

b) ne satisfont pas aux exigences de la présente convention, elle révoque le brevet.

---

[96] Modifié par l'acte portant révision de la Convention sur le brevet européen en date du 29.11.2000.
[97] Cf. les décisions/avis de la Grande Chambre de recours G 1/88, G 1/90, G 1/91, G 9/91, G 10/91, G 9/92, G 4/93, G 1/99, G 1/02 (Annexe I).

Artikel 102[98]
(gestrichen)

Artikel 103[99]
Veröffentlichung einer neuen europäischen Patentschrift

Ist das europäische Patent nach Artikel 101 Absatz 3 a) in geänderter Fassung aufrechterhalten worden, so veröffentlicht das Europäische Patentamt eine neue europäische Patentschrift so bald wie möglich nach Bekanntmachung des Hinweises auf die Entscheidung über den Einspruch im Europäischen Patentblatt.

Artikel 104[100, 101]
Kosten

(1) Im Einspruchsverfahren trägt jeder Beteiligte die ihm erwachsenen Kosten selbst, soweit nicht die Einspruchsabteilung, wenn dies der Billigkeit entspricht, nach Maßgabe der Ausführungsordnung eine andere Verteilung der Kosten anordnet.

(2) Das Verfahren zur Kostenfestsetzung regelt die Ausführungsordnung.

(3) Jede unanfechtbare Entscheidung des Europäischen Patentamts über die Festsetzung der Kosten wird in jedem Vertragsstaat in Bezug auf die Vollstreckung wie ein rechtskräftiges Urteil eines Zivilgerichts des Staats behandelt, in dem die Vollstreckung stattfindet. Eine Überprüfung dieser Entscheidung darf sich lediglich auf ihre Echtheit beziehen.

Article 102[98]
(deleted)

Article 103[99]
Publication of a new specification of the European patent

If the European patent is maintained as amended under Article 101, paragraph 3(a), the European Patent Office shall publish a new specification of the European patent as soon as possible after the mention of the opposition decision has been published in the European Patent Bulletin.

Article 104[100, 101]
Costs

(1) Each party to the opposition proceedings shall bear the costs it has incurred, unless the Opposition Division, for reasons of equity, orders, in accordance with the Implementing Regulations, a different apportionment of costs.

(2) The procedure for fixing costs shall be laid down in the Implementing Regulations.

(3) Any final decision of the European Patent Office fixing the amount of costs shall be dealt with, for the purpose of enforcement in the Contracting States, in the same way as a final decision given by a civil court of the State in which enforcement is to take place. Verification of such decision shall be limited to its authenticity.

---

[98] Gestrichen durch die Akte zur Revision des Europäischen Patentübereinkommens vom 29.11.2000.

[99] Geändert durch die Akte zur Revision des Europäischen Patentübereinkommens vom 29.11.2000.

[100] Geändert durch die Akte zur Revision des Europäischen Patentübereinkommens vom 29.11.2000.

[101] Siehe hierzu Entscheidung der Großen Beschwerdekammer G 3/99 (Anhang I).

[98] Deleted by the Act revising the European Patent Convention of 29.11.2000.

[99] Amended by the Act revising the European Patent Convention of 29.11.2000.

[100] Amended by the Act revising the European Patent Convention of 29.11.2000.

[101] See decision of the Enlarged Board of Appeal G 3/99 (Annex I).

Article 102[98]
(supprimé)

Article 103[99]
Publication d'un nouveau fascicule du brevet européen

Art. 14
R. 20, 21, 87

Si le brevet européen a été maintenu tel qu'il a été modifié en vertu de l'article 101, paragraphe 3 a), l'Office européen des brevets publie un nouveau fascicule du brevet européen dès que possible après la publication de la mention de la décision concernant l'opposition au Bulletin européen des brevets.

Article 104[100, 101]
Frais

Art. 106
R. 11, 88, 97, 111, 140

(1) Chacune des parties à la procédure d'opposition supporte les frais qu'elle a exposés, à moins que la division d'opposition n'arrête, conformément au règlement d'exécution, une répartition différente des frais dans la mesure où l'équité l'exige.

(2) Le règlement d'exécution détermine la procédure de fixation des frais.

(3) Toute décision finale de l'Office européen des brevets fixant le montant des frais est, aux fins de son exécution dans les Etats contractants, réputée être une décision passée en force de chose jugée rendue par une juridiction civile de l'Etat dans lequel cette exécution doit avoir lieu. Le contrôle d'une telle décision ne peut porter que sur son authenticité.

---

[98] Supprimé par l'acte portant révision de la Convention sur le brevet européen en date du 29.11.2000.
[99] Modifié par l'acte portant révision de la Convention sur le brevet européen en date du 29.11.2000.
[100] Modifié par l'acte portant révision de la Convention sur le brevet européen en date du 29.11.2000.
[101] Cf. la décision de la Grande Chambre de recours G 3/99 (Annexe I).

Artikel 105[102, 103]
Beitritt des vermeintlichen Patentverletzers

(1) Jeder Dritte kann nach Ablauf der Einspruchsfrist nach Maßgabe der Ausführungsordnung dem Einspruchsverfahren beitreten, wenn er nachweist, dass

a) gegen ihn Klage wegen Verletzung dieses Patents erhoben worden ist oder

b) er nach einer Aufforderung des Patentinhabers, eine angebliche Patentverletzung zu unterlassen, gegen diesen Klage auf Feststellung erhoben hat, dass er das Patent nicht verletze.

(2) Ein zulässiger Beitritt wird als Einspruch behandelt.

Artikel 105a[104]
Antrag auf Beschränkung oder Widerruf

(1) Auf Antrag des Patentinhabers kann das europäische Patent widerrufen oder durch Änderung der Patentansprüche beschränkt werden. Der Antrag ist beim Europäischen Patentamt nach Maßgabe der Ausführungsordnung zu stellen. Er gilt erst als gestellt, wenn die Beschränkungs- oder Widerrufsgebühr entrichtet worden ist.

(2) Der Antrag kann nicht gestellt werden, solange ein Einspruchsverfahren in Bezug auf das europäische Patent anhängig ist.

Artikel 105b[105]
Beschränkung oder Widerruf des europäischen Patents

(1) Das Europäische Patentamt prüft, ob die in der Ausführungsordnung festgelegten Erfordernisse für eine Beschränkung oder den Widerruf des europäischen Patents erfüllt sind.

Article 105[102, 103]
Intervention of the assumed infringer

(1) Any third party may, in accordance with the Implementing Regulations, intervene in opposition proceedings after the opposition period has expired, if the third party proves that

(a) proceedings for infringement of the same patent have been instituted against him, or

(b) following a request of the proprietor of the patent to cease alleged infringement, the third party has instituted proceedings for a ruling that he is not infringing the patent.

(2) An admissible intervention shall be treated as an opposition.

Article 105a[104]
Request for limitation or revocation

(1) At the request of the proprietor, the European patent may be revoked or be limited by an amendment of the claims. The request shall be filed with the European Patent Office in accordance with the Implementing Regulations. It shall not be deemed to have been filed until the limitation or revocation fee has been paid.

(2) The request may not be filed while opposition proceedings in respect of the European patent are pending.

Article 105b[105]
Limitation or revocation of the European patent

(1) The European Patent Office shall examine whether the requirements laid down in the Implementing Regulations for limiting or revoking the European patent have been met.

---

[102] Geändert durch die Akte zur Revision des Europäischen Patentübereinkommens vom 29.11.2000.
[103] Siehe hierzu Entscheidungen der Großen Beschwerdekammer G 4/91, G 1/94, G 2/04, G 3/04, G 1/05 (Anhang I).
[104] Eingefügt durch die Akte zur Revision des Europäischen Patentübereinkommens vom 29.11.2000.
[105] Eingefügt durch die Akte zur Revision des Europäischen Patentübereinkommens vom 29.11.2000.

[102] Amended by the Act revising the European Patent Convention of 29.11.2000.
[103] See decisions of the Enlarged Board of Appeal G 4/91, G 1/94, G 2/04, G 3/04, G 1/05 (Annex I).
[104] Inserted by the Act revising the European Patent Convention of 29.11.2000.
[105] Inserted by the Act revising the European Patent Convention of 29.11.2000.

Verweisungen/References/Références

Article 105[102, 103]
Intervention du contrefacteur présumé

Art. 99
R. 3, 76-86, 89, 112, 114

(1) Tout tiers peut, après l'expiration du délai d'opposition, intervenir dans la procédure d'opposition conformément au règlement d'exécution, à condition qu'il apporte la preuve

a) qu'une action en contrefaçon fondée sur ce brevet a été introduite à son encontre, ou

b) qu'après avoir été requis par le titulaire du brevet de cesser la contrefaçon alléguée de ce brevet, il a introduit à l'encontre dudit titulaire une action tendant à faire constater qu'il n'est pas contrefacteur.

(2) Une intervention recevable est assimilée à une opposition.

Article 105bis[104]
Requête en limitation ou en révocation

Art. 14, 64, 68, 98, 99, 123
R. 6, 90, 92, 93, 138, 143

(1) Sur requête du titulaire du brevet, le brevet européen peut être révoqué ou être limité par une modification des revendications. La requête doit être présentée auprès de l'Office européen des brevets conformément au règlement d'exécution. Elle n'est réputée présentée qu'après le paiement de la taxe de limitation ou de révocation.

(2) La requête ne peut être présentée tant qu'une procédure d'opposition relative au brevet européen est en instance.

Article 105ter[105]
Limitation ou révocation du brevet européen

Art. 14, 84, 123
R. 6, 91, 94, 95, 138, 111, 140

(1) L'Office européen des brevets examine s'il est satisfait aux exigences prévues par le règlement d'exécution pour une limitation ou la révocation du brevet européen.

---

[102] Modifié par l'acte portant révision de la Convention sur le brevet européen en date du 29.11.2000.
[103] Cf. les décisions de la Grande Chambre de recours G 4/91, G 1/94, G 2/04, G 3/04, G 1/05 (Annexe I).
[104] Inséré par l'acte portant révision de la Convention sur le brevet européen en date du 29.11.2000.
[105] Inséré par l'acte portant révision de la Convention sur le brevet européen en date du 29.11.2000.

(2) If the European Patent Office considers that the request for limitation or revocation of the European patent meets these requirements, it shall decide to limit or revoke the European patent in accordance with the Implementing Regulations. Otherwise, it shall reject the request.

(3) The decision to limit or revoke the European patent shall apply to the European patent in all the Contracting States in respect of which it has been granted. It shall take effect on the date on which the mention of the decision is published in the European Patent Bulletin.

Article 105c[106]
Publication of the amended specification of the European patent

If the European patent is limited under Article 105b, paragraph 2, the European Patent Office shall publish the amended specification of the European patent as soon as possible after the mention of the limitation has been published in the European Patent Bulletin.

---

[106] Inserted by the Act revising the European Patent Convention of 29.11.2000.

(2) Si l'Office européen des brevets estime que la requête en limitation ou en révocation du brevet européen satisfait à ces exigences, il décide, conformément au règlement d'exécution, de limiter ou de révoquer le brevet européen. Dans le cas contraire, il rejette la requête.

(3) La décision relative à la limitation ou à la révocation affecte le brevet européen avec effet dans tous les Etats contractants pour lesquels il a été délivré. Elle prend effet à la date à laquelle la mention de la décision est publiée au Bulletin européen des brevets.

Article 105quater[106]
Publication du fascicule de brevet européen modifié

Art. 14
R. 20, 21, 96, 138, 143

Lorsque le brevet européen a été limité en vertu de l'article 105ter, paragraphe 2, l'Office européen des brevets publie le fascicule de brevet européen modifié dès que possible après la publication de la mention de la limitation au Bulletin européen des brevets.

---

[106] Inséré par l'acte portant révision de la Convention sur le brevet européen en date du 29.11.2000.

PART VI
APPEALS PROCEDURE

Article 106[107, 108]
Decisions subject to appeal

(1) An appeal shall lie from decisions of the Receiving Section, Examining Divisions, Opposition Divisions and the Legal Division. It shall have suspensive effect.

(2) A decision which does not terminate proceedings as regards one of the parties can only be appealed together with the final decision, unless the decision allows a separate appeal.

(3) The right to file an appeal against decisions relating to the apportionment or fixing of costs in opposition proceedings may be restricted in the Implementing Regulations.

Article 107[109]
Persons entitled to appeal and to be parties to appeal proceedings

Any party to proceedings adversely affected by a decision may appeal. Any other parties to the proceedings shall be parties to the appeal proceedings as of right.

Article 108[110, 111]
Time limit and form

Notice of appeal shall be filed, in accordance with the Implementing Regulations, at the European Patent Office within two months of notification of the decision. Notice of appeal shall not be deemed to have been filed until the fee for appeal has been paid. Within four months of notification of the decision, a statement setting out the grounds of appeal shall be filed in accordance with the Implementing Regulations.

---

[107] Amended by the Act revising the European Patent Convention of 29.11.2000.

[108] See decisions/opinions of the Enlarged Board of Appeal G 1/90, G 1/99, G 1/02, G 3/03 (Annex I).

[109] See decisions of the Enlarged Board of Appeal G 1/88, G 2/91, G 4/91, G 9/92, G 1/99, G 3/99, G 3/03, G 2/04, G 3/04 (Annex I).

[110] Amended by the Act revising the European Patent Convention of 29.11.2000.

[111] See decisions of the Enlarged Board of Appeal G 1/86, G 2/97, G 1/99, G 3/03, G 2/04, G 3/04 (Annex I).

SIXIÈME PARTIE
PROCÉDURE DE RECOURS

Article 106[107, 108]
Décisions susceptibles de recours

Art. 104, 112a/bis
R. 88, 97, 98, 101, 111, 142

(1) Les décisions de la section de dépôt, des divisions d'examen, des divisions d'opposition et de la division juridique sont susceptibles de recours. Le recours a un effet suspensif.

(2) Une décision qui ne met pas fin à une procédure à l'égard d'une des parties ne peut faire l'objet d'un recours qu'avec la décision finale, à moins que ladite décision ne prévoie un recours indépendant.

(3) Le droit de former recours contre des décisions portant sur la répartition ou la fixation des frais de la procédure d'opposition peut être limité dans le règlement d'exécution.

Article 107[109]
Personnes admises à former le recours et à être parties à la procédure

R. 101, 111

Toute partie à la procédure aux prétentions de laquelle une décision n'a pas fait droit peut former un recours contre cette décision. Les autres parties à ladite procédure sont de droit parties à la procédure de recours.

Article 108[110, 111]
Délai et forme

R. 3, 6, 99, 101, 111

Le recours doit être formé, conformément au règlement d'exécution, auprès de l'Office européen des brevets dans un délai de deux mois à compter de la signification de la décision. Le recours n'est réputé formé qu'après le paiement de la taxe de recours. Un mémoire exposant les motifs du recours doit être déposé dans un délai de quatre mois à compter de la signification de la décision, conformément au règlement d'exécution.

---

[107] Modifié par l'acte portant révision de la Convention sur le brevet européen en date du 29.11.2000.

[108] Cf. les décisions/avis de la Grande Chambre de recours G 1/90, G 1/99, G 1/02, G 3/03 (Annexe I).

[109] Cf. les décisions de la Grande Chambre de recours G 1/88, G 2/91, G 4/91, G 9/92, G 1/99, G 3/99, G 3/03, G 2/04, G 3/04 (Annexe I).

[110] Modifié par l'acte portant révision de la Convention sur le brevet européen en date du 29.11.2000.

[111] Cf. les décisions de la Grande Chambre de recours G 1/86, G 2/97, G 1/99, G 3/03, G 2/04, G 3/04 (Annexe I).

Artikel 109[112]
Abhilfe

(1) Erachtet das Organ, dessen Entscheidung angefochten wird, die Beschwerde für zulässig und begründet, so hat es ihr abzuhelfen. Dies gilt nicht, wenn dem Beschwerdeführer ein anderer an dem Verfahren Beteiligter gegenübersteht.

(2) Wird der Beschwerde innerhalb von drei Monaten nach Eingang der Begründung nicht abgeholfen, so ist sie unverzüglich ohne sachliche Stellungnahme der Beschwerdekammer vorzulegen.

Artikel 110[113, 114]
Prüfung der Beschwerde

Ist die Beschwerde zulässig, so prüft die Beschwerdekammer, ob die Beschwerde begründet ist. Die Prüfung der Beschwerde ist nach Maßgabe der Ausführungsordnung durchzuführen.

Artikel 111[115]
Entscheidung über die Beschwerde

(1) Nach der Prüfung, ob die Beschwerde begründet ist, entscheidet die Beschwerdekammer über die Beschwerde. Die Beschwerdekammer wird entweder im Rahmen der Zuständigkeit des Organs tätig, das die angefochtene Entscheidung erlassen hat, oder verweist die Angelegenheit zur weiteren Entscheidung an dieses Organ zurück.

(2) Verweist die Beschwerdekammer die Angelegenheit zur weiteren Entscheidung an das Organ zurück, das die angefochtene Entscheidung erlassen hat, so ist dieses Organ durch die rechtliche Beurteilung der Beschwerdekammer, die der Entscheidung zugrunde gelegt ist, gebunden, soweit der Tatbestand derselbe ist. Ist die angefochtene Entscheidung von der Eingangsstelle erlassen worden, so ist die Prüfungsabteilung ebenfalls an die rechtliche Beurteilung der Beschwerdekammer gebunden.

Article 109[112]
Interlocutory revision

(1) If the department whose decision is contested considers the appeal to be admissible and well founded, it shall rectify its decision. This shall not apply where the appellant is opposed by another party to the proceedings.

(2) If the appeal is not allowed within three months of receipt of the statement of grounds, it shall be remitted to the Board of Appeal without delay, and without comment as to its merit.

Article 110[113, 114]
Examination of appeals

If the appeal is admissible, the Board of Appeal shall examine whether the appeal is allowable. The examination of the appeal shall be conducted in accordance with the Implementing Regulations.

Article 111[115]
Decision in respect of appeals

(1) Following the examination as to the allowability of the appeal, the Board of Appeal shall decide on the appeal. The Board of Appeal may either exercise any power within the competence of the department which was responsible for the decision appealed or remit the case to that department for further prosecution.

(2) If the Board of Appeal remits the case for further prosecution to the department whose decision was appealed, that department shall be bound by the ratio decidendi of the Board of Appeal, in so far as the facts are the same. If the decision under appeal was taken by the Receiving Section, the Examining Division shall also be bound by the ratio decidendi of the Board of Appeal.

---

[112] Siehe hierzu Entscheidung der Großen Beschwerdekammer G 3/03 (Anhang I).

[113] Geändert durch die Akte zur Revision des Europäischen Patentübereinkommens vom 29.11.2000.

[114] Siehe hierzu Entscheidungen/Stellungnahmen der Großen Beschwerdekammer G 9/91, G 10/91, G 10/93, G 3/99 (Anhang I).

[115] Siehe hierzu Entscheidungen der Großen Beschwerdekammer G 9/92, G 10/93, G 3/03 (Anhang I).

[112] See decision of the Enlarged Board of Appeal G 3/03 (Annex I).

[113] Amended by the Act revising the European Patent Convention of 29.11.2000.

[114] See decisions/opinions of the Enlarged Board of Appeal G 9/91, G 10/91, G 10/93, G 3/99 (Annex I).

[115] See decisions of the Enlarged Board of Appeal G 9/92, G 10/93, G 3/03 (Annex I).

Verweisungen/References/Références

Article 109[112]
Révision préjudicielle

R. 103

(1) Si l'instance dont la décision est attaquée considère le recours comme recevable et fondé, elle doit y faire droit. Cette disposition ne s'applique pas lorsque la procédure oppose le requérant à une autre partie.

(2) S'il n'est pas fait droit au recours dans un délai de trois mois après réception du mémoire exposant les motifs, le recours doit être immédiatement déféré à la chambre de recours, sans avis sur le fond.

Article 110[113, 114]
Examen du recours

R. 100-102, 111-113

Si le recours est recevable, la chambre de recours examine s'il peut y être fait droit. L'examen du recours se déroule conformément au règlement d'exécution.

Article 111[115]
Décision sur le recours

Art. 112a/bis
R. 100-103, 111, 140

(1) A la suite de l'examen au fond du recours, la chambre de recours statue sur le recours. Elle peut soit exercer les compétences de l'instance qui a rendu la décision attaquée, soit renvoyer l'affaire à ladite instance pour suite à donner.

(2) Si la chambre de recours renvoie l'affaire pour suite à donner à l'instance qui a rendu la décision attaquée, cette instance est liée par les motifs et le dispositif de la décision de la chambre de recours pour autant que les faits de la cause soient les mêmes. Si la décision attaquée a été rendue par la section de dépôt, la division d'examen est également liée par les motifs et le dispositif de la décision de la chambre de recours.

---

[112] Cf. la décision de la Grande Chambre de recours G 3/03 (Annexe I).
[113] Modifié par l'acte portant révision de la Convention sur le brevet européen en date du 29.11.2000.
[114] Cf. les décisions/avis de la Grande Chambre de recours G 9/91, G 10/91, G 10/93, G 3/99 (Annexe I).
[115] Cf. les décisions de la Grande Chambre de recours G 9/92, G 10/93, G 3/03 (Annexe I).

Artikel 112[116]
Entscheidung oder Stellungnahme der Großen Beschwerdekammer

(1) Zur Sicherung einer einheitlichen Rechtsanwendung oder wenn sich eine Rechtsfrage von grundsätzlicher Bedeutung stellt,

a) befasst die Beschwerdekammer, bei der ein Verfahren anhängig ist, von Amts wegen oder auf Antrag eines Beteiligten die Große Beschwerdekammer, wenn sie hierzu eine Entscheidung für erforderlich hält. Weist die Beschwerdekammer den Antrag zurück, so hat sie die Zurückweisung in der Endentscheidung zu begründen;

b) kann der Präsident des Europäischen Patentamts der Großen Beschwerdekammer eine Rechtsfrage vorlegen, wenn zwei Beschwerdekammern über diese Frage voneinander abweichende Entscheidungen getroffen haben.

(2) In den Fällen des Absatzes 1a) sind die am Beschwerdeverfahren Beteiligten am Verfahren vor der Großen Beschwerdekammer beteiligt.

(3) Die in Absatz 1a) vorgesehene Entscheidung der Großen Beschwerdekammer ist für die Entscheidung der Beschwerdekammer über die anhängige Beschwerde bindend.

Artikel 112a[117]
Antrag auf Überprüfung durch die Große Beschwerdekammer

(1) Jeder Beteiligte an einem Beschwerdeverfahren, der durch die Entscheidung einer Beschwerdekammer beschwert ist, kann einen Antrag auf Überprüfung der Entscheidung durch die Große Beschwerdekammer stellen.

(2) Der Antrag kann nur darauf gestützt werden, dass

a) ein Mitglied der Beschwerdekammer unter Verstoß gegen Artikel 24 Absatz 1 oder trotz einer Ausschlussentscheidung nach Artikel 24 Absatz 4 an der Entscheidung mitgewirkt hat;

Article 112[116]
Decision or opinion of the Enlarged Board of Appeal

(1) In order to ensure uniform application of the law, or if a point of law of fundamental importance arises:

(a) the Board of Appeal shall, during proceedings on a case and either of its own motion or following a request from a party to the appeal, refer any question to the Enlarged Board of Appeal if it considers that a decision is required for the above purposes. If the Board of Appeal rejects the request, it shall give the reasons in its final decision;

(b) the President of the European Patent Office may refer a point of law to the Enlarged Board of Appeal where two Boards of Appeal have given different decisions on that question.

(2) In the cases referred to in paragraph 1(a) the parties to the appeal proceedings shall be parties to the proceedings before the Enlarged Board of Appeal.

(3) The decision of the Enlarged Board of Appeal referred to in paragraph 1(a) shall be binding on the Board of Appeal in respect of the appeal in question.

Article 112a[117]
Petition for review by the Enlarged Board of Appeal

(1) Any party to appeal proceedings adversely affected by the decision of the Board of Appeal may file a petition for review of the decision by the Enlarged Board of Appeal.

(2) The petition may only be filed on the grounds that:

(a) a member of the Board of Appeal took part in the decision in breach of Article 24, paragraph 1, or despite being excluded pursuant to a decision under Article 24, paragraph 4;

---

[116] Siehe hierzu Entscheidungen/Stellungnahmen der Großen Beschwerdekammer G 1/86, G 2/88, G 4/88, G 5/88, G 6/88, G 7/88, G 8/88, G 1/90, G 1/92, G 3/95, G 6/95, G 2/97, G 2/98, G 3/98, G 4/98, G 1/99, G 2/99, G 3/99, G 1/02, G 1/03, G 2/03, G 3/03, G 1/04, G 2/04, G 3/04, G 1/05 (Anhang I).

[117] Eingefügt durch die Akte zur Revision des Europäischen Patentübereinkommens vom 29.11.2000.

[116] See decisions/opinions of the Enlarged Board of Appeal G 1/86, G 2/88, G 4/88, G 5/88, G 6/88, G 7/88, G 8/88, G 1/90, G 1/92, G 3/95, G 6/95, G 2/97, G 2/98, G 3/98, G 4/98, G 1/99, G 2/99, G 3/99, G 1/02, G 1/03, G 2/03, G 3/03, G 1/04, G 2/04, G 3/04, G 1/05 (Annex I).

[117] Inserted by the Act revising the European Patent Convention of 29.11.2000.

Verweisungen/References/Références

Article 112[116]
Décision ou avis de la Grande Chambre de recours

Art. 22
R. 111, 140

(1) Afin d'assurer une application uniforme du droit ou si une question de droit d'importance fondamentale se pose :

a) la chambre de recours, soit d'office, soit à la requête de l'une des parties, saisit en cours d'instance la Grande Chambre de recours lorsqu'elle estime qu'une décision est nécessaire à ces fins. Lorsque la chambre de recours rejette la requête, elle doit motiver son refus dans sa décision finale ;

b) le Président de l'Office européen des brevets peut soumettre une question de droit à la Grande Chambre de recours lorsque deux chambres de recours ont rendu des décisions divergentes sur cette question.

(2) Dans les cas visés au paragraphe 1 a), les parties à la procédure de recours sont parties à la procédure devant la Grande Chambre de recours.

(3) La décision de la Grande Chambre de recours visée au paragraphe 1 a) lie la chambre de recours pour le recours en instance.

Article 112bis[117]
Requête en révision par la Grande Chambre de recours

Art. 22, 106, 111
R. 104-111, 140

(1) Toute partie à une procédure de recours aux prétentions de laquelle la décision de la chambre de recours n'a pas fait droit peut présenter une requête en révision de la décision par la Grande Chambre de recours.

(2) La requête ne peut être fondée que sur les motifs suivants :

a) un membre de la chambre de recours a participé à la décision en violation de l'article 24, paragraphe 1, ou malgré son exclusion en vertu d'une décision prise conformément à l'article 24, paragraphe 4 ;

---

[116] Cf. les décisions/avis de la Grande Chambre de recours G 1/86, G 2/88, G 4/88, G 5/88, G 6/88, G 7/88, G 8/88, G 1/90, G 1/92, G 3/95, G 6/95, G 2/97, G 2/98, G 3/98, G 4/98, G 1/99, G 2/99, G 3/99, G 1/02, G 1/03, G 2/03, G 3/03, G 1/04, G 2/04, G 3/04, G 1/05 (Annexe I).

[117] Inséré par l'acte portant révision de la Convention sur le brevet européen en date du 29.11.2000.

b) der Beschwerdekammer eine Person angehörte, die nicht zum Beschwerdekammermitglied ernannt war;

c) ein schwerwiegender Verstoß gegen Artikel 113 vorliegt;

d) das Beschwerdeverfahren mit einem sonstigen, in der Ausführungsordnung genannten schwerwiegenden Verfahrensmangel behaftet war oder

e) eine nach Maßgabe der Ausführungsordnung festgestellte Straftat die Entscheidung beeinflusst haben könnte.

(3) Der Antrag auf Überprüfung hat keine aufschiebende Wirkung.

(4) Der Antrag ist nach Maßgabe der Ausführungsordnung einzureichen und zu begründen. Wird der Antrag auf Absatz 2 a) bis d) gestützt, so ist er innerhalb von zwei Monaten nach Zustellung der Beschwerdekammerentscheidung zu stellen. Wird er auf Absatz 2e) gestützt, so ist er innerhalb von zwei Monaten nach Feststellung der Straftat, spätestens aber fünf Jahre nach Zustellung der Beschwerdekammerentscheidung zu stellen. Der Überprüfungsantrag gilt erst als gestellt, wenn die vorgeschriebene Gebühr entrichtet worden ist.

(5) Die Große Beschwerdekammer prüft den Antrag nach Maßgabe der Ausführungsordnung. Ist der Antrag begründet, so hebt die Große Beschwerdekammer die Entscheidung auf und ordnet nach Maßgabe der Ausführungsordnung die Wiederaufnahme des Verfahrens vor den Beschwerdekammern an.

(6) Wer in einem benannten Vertragsstaat in gutem Glauben die Erfindung, die Gegenstand einer veröffentlichten europäischen Patentanmeldung oder eines europäischen Patents ist, in der Zeit zwischen dem Erlass der Beschwerdekammerentscheidung und der Bekanntmachung des Hinweises auf die Entscheidung der Großen Beschwerdekammer über den Überprüfungsantrag im Europäischen Patentblatt in Benutzung genommen oder wirkliche und ernsthafte Veranstaltungen zur Benutzung getroffen hat, darf die Benutzung in seinem Betrieb oder für die Bedürfnisse seines Betriebs unentgeltlich fortsetzen.

(b) the Board of Appeal included a person not appointed as a member of the Boards of Appeal;

(c) a fundamental violation of Article 113 occurred;

(d) any other fundamental procedural defect defined in the Implementing Regulations occurred in the appeal proceedings; or

(e) a criminal act established under the conditions laid down in the Implementing Regulations may have had an impact on the decision.

(3) The petition for review shall not have suspensive effect.

(4) The petition for review shall be filed in a reasoned statement, in accordance with the Implementing Regulations. If based on paragraph 2(a) to (d), the petition shall be filed within two months of notification of the decision of the Board of Appeal. If based on paragraph 2(e), the petition shall be filed within two months of the date on which the criminal act has been established and in any event no later than five years from notification of the decision of the Board of Appeal. The petition shall not be deemed to have been filed until after the prescribed fee has been paid.

(5) The Enlarged Board of Appeal shall examine the petition for review in accordance with the Implementing Regulations. If the petition is allowable, the Enlarged Board of Appeal shall set aside the decision and shall re-open proceedings before the Boards of Appeal in accordance with the Implementing Regulations.

(6) Any person who, in a designated Contracting State, has in good faith used or made effective and serious preparations for using an invention which is the subject of a published European patent application or a European patent in the period between the decision of the Board of Appeal and publication in the European Patent Bulletin of the mention of the decision of the Enlarged Board of Appeal on the petition, may without payment continue such use in the course of his business or for the needs thereof.

b) une personne n'ayant pas qualité de membre des chambres de recours a participé à la décision ;

c) la procédure de recours a été entachée d'une violation fondamentale de l'article 113 ;

d) la procédure de recours a été entachée d'un autre vice fondamental de procédure tel que défini dans le règlement d'exécution ; ou

e) une infraction pénale établie dans les conditions prévues au règlement d'exécution a pu avoir une incidence sur la décision.

(3) La requête en révision n'a pas d'effet suspensif.

(4) La requête doit être présentée et motivée conformément au règlement d'exécution. Si la requête est basée sur le paragraphe 2a) à d), elle doit être présentée dans un délai de deux mois à compter de la signification de la décision de la chambre de recours. Si la requête est basée sur le paragraphe 2e), elle doit être présentée dans un délai de deux mois après que l'infraction pénale a été établie et en tout état de cause pas plus de cinq ans après la signification de la décision de la chambre de recours. La requête en révision n'est réputée présentée qu'après le paiement de la taxe prescrite.

(5) La Grande Chambre de recours examine la requête en révision conformément au règlement d'exécution. Si la requête est fondée, la Grande Chambre de recours annule la décision et rouvre, conformément au règlement d'exécution, la procédure devant les chambres de recours.

(6) Quiconque, dans un Etat contractant désigné, a, de bonne foi, dans la période entre la décision de la chambre de recours et la publication au Bulletin européen des brevets de la mention de la décision de la Grande Chambre de recours sur la requête en révision, commencé à exploiter ou a fait des préparatifs effectifs et sérieux pour exploiter l'invention qui fait l'objet d'une demande de brevet européen publiée ou d'un brevet européen, peut, à titre gratuit, poursuivre cette exploitation dans son entreprise ou pour les besoins de celle-ci.

PART VII
COMMON PROVISIONS

Chapter I
Common provisions governing procedure

Article 113[118]
Right to be heard and basis of decisions

(1) The decisions of the European Patent Office may only be based on grounds or evidence on which the parties concerned have had an opportunity to present their comments.

(2) The European Patent Office shall examine, and decide upon, the European patent application or the European patent only in the text submitted to it, or agreed, by the applicant or the proprietor of the patent.

Article 114[119]
Examination by the European Patent Office of its own motion

(1) In proceedings before it, the European Patent Office shall examine the facts of its own motion; it shall not be restricted in this examination to the facts, evidence and arguments provided by the parties and the relief sought.

(2) The European Patent Office may disregard facts or evidence which are not submitted in due time by the parties concerned.

Article 115[120]
Observations by third parties

In proceedings before the European Patent Office, following the publication of the European patent application, any third party may, in accordance with the Implementing Regulations, present observations concerning the patentability of the invention to which the application or patent relates. That person shall not be a party to the proceedings.

---

[118] See decisions/opinions of the Enlarged Board of Appeal G 7/91, G 8/91, G 4/92, G 2/04 (Annex I).

[119] See decisions/opinions of the Enlarged Board of Appeal G 7/91, G 8/91, G 9/91, G 10/91, G 4/92, G 9/92, G 8/93, G 10/93, G 1/95, G 7/95, G 1/99 (Annex I).

[120] Amended by the Act revising the European Patent Convention of 29.11.2000.

SEPTIÈME PARTIE
DISPOSITIONS COMMUNES

Chapitre I
Dispositions générales de procédure

Article 113[118]
Droit d'être entendu et fondement des décisions

(1) Les décisions de l'Office européen des brevets ne peuvent être fondées que sur des motifs au sujet desquels les parties ont pu prendre position.

(2) L'Office européen des brevets n'examine et ne prend de décision sur la demande de brevet européen ou le brevet européen que dans le texte proposé ou accepté par le demandeur ou par le titulaire du brevet.

Article 114[119]
Examen d'office

R. 116

(1) Au cours de la procédure, l'Office européen des brevets procède à l'examen d'office des faits ; cet examen n'est limité ni aux moyens invoqués ni aux demandes présentées par les parties.

(2) L'Office européen des brevets peut ne pas tenir compte des faits que les parties n'ont pas invoqués ou des preuves qu'elles n'ont pas produites en temps utile.

Article 115[120]
Observations des tiers

Art. 93
R. 114

Dans toute procédure devant l'Office européen des brevets, tout tiers peut, conformément au règlement d'exécution, présenter après la publication de la demande de brevet européen des observations sur la brevetabilité de l'invention objet de la demande ou du brevet. Le tiers n'acquiert pas la qualité de partie à la procédure.

---

[118] Cf. les décisions/avis de la Grande Chambre de recours G 7/91, G 8/91, G 4/92, G 2/04 (Annexe I).

[119] Cf. les décisions/avis de la Grande Chambre de recours G 7/91, G 8/91, G 9/91, G 10/91, G 4/92, G 9/92, G 8/93, G 10/93, G 1/95, G 7/95, G 1/99 (Annexe I).

[120] Modifié par l'acte portant révision de la Convention sur le brevet européen en date du 29.11.2000.

Article 116[121]
Oral proceedings

(1) Oral proceedings shall take place either at the instance of the European Patent Office if it considers this to be expedient or at the request of any party to the proceedings. However, the European Patent Office may reject a request for further oral proceedings before the same department where the parties and the subject of the proceedings are the same.

(2) Nevertheless, oral proceedings shall take place before the Receiving Section at the request of the applicant only where the Receiving Section considers this to be expedient or where it intends to refuse the European patent application.

(3) Oral proceedings before the Receiving Section, the Examining Divisions and the Legal Division shall not be public.

(4) Oral proceedings, including delivery of the decision, shall be public, as regards the Boards of Appeal and the Enlarged Board of Appeal, after publication of the European patent application, and also before the Opposition Divisions, in so far as the department before which the proceedings are taking place does not decide otherwise in cases where admission of the public could have serious and unjustified disadvantages, in particular for a party to the proceedings.

Article 117[122, 123]
Means and taking of evidence

(1) In proceedings before the European Patent Office the means of giving or obtaining evidence shall include the following:

(a) hearing the parties;

(b) requests for information;

(c) production of documents;

(d) hearing witnesses;

---

[121] See decisions of the Enlarged Board of Appeal G 2/94, G 4/95 (Annex I).

[122] Amended by the Act revising the European Patent Convention of 29.11.2000.

[123] See decisions/opinions of the Enlarged Board of Appeal G 3/89, G 11/91, G 4/95 (Annex I).

Article 116[121]
Procédure orale

R. 4, 115, 116, 124

(1) Il est recouru à la procédure orale soit d'office lorsque l'Office européen des brevets le juge utile, soit sur requête d'une partie à la procédure. Toutefois, l'Office européen des brevets peut rejeter une requête tendant à recourir à nouveau à la procédure orale devant la même instance pour autant que les parties ainsi que les faits de la cause soient les mêmes.

(2) Toutefois, il n'est recouru, sur requête du demandeur, à la procédure orale devant la section de dépôt que lorsque celle-ci le juge utile ou lorsqu'elle envisage de rejeter la demande de brevet européen.

(3) La procédure orale devant la section de dépôt, les divisions d'examen et la division juridique n'est pas publique.

(4) La procédure orale, y compris le prononcé de la décision, est publique devant les chambres de recours et la Grande Chambre de recours après la publication de la demande de brevet européen ainsi que devant les divisions d'opposition, sauf décision contraire de l'instance saisie, au cas où la publicité pourrait présenter, notamment pour une partie à la procédure, des inconvénients graves et injustifiés.

Article 117[122, 123]
Moyens de preuve et instruction

R. 4, 117-124, 150

(1) Dans les procédures devant l'Office européen des brevets, les mesures d'instruction suivantes peuvent notamment être prises :

a) l'audition des parties ;

b) la demande de renseignements ;

c) la production de documents ;

d) l'audition de témoins ;

---

[121] Cf. les décisions de la Grande Chambre de recours G 2/94, G 4/95 (Annexe I).
[122] Modifié par l'acte portant révision de la Convention sur le brevet européen en date du 29.11.2000.
[123] Cf. les décisions/avis de la Grande Chambre de recours G 3/89, G 11/91, G 4/95 (Annexe I).

e) Begutachtung durch Sachverständige;

f) Einnahme des Augenscheins;

g) Abgabe einer schriftlichen Erklärung unter Eid.

(2) Das Verfahren zur Durchführung der Beweisaufnahme regelt die Ausführungsordnung.

Artikel 118
Einheit der europäischen Patentanmeldung oder des europäischen Patents

Verschiedene Anmelder oder Inhaber eines europäischen Patents für verschiedene benannte Vertragsstaaten gelten im Verfahren vor dem Europäischen Patentamt als gemeinsame Anmelder oder gemeinsame Patentinhaber. Die Einheit der Anmeldung oder des Patents im Verfahren vor dem Europäischen Patentamt wird nicht beeinträchtigt; insbesondere ist die Fassung der Anmeldung oder des Patents für alle benannten Vertragsstaaten einheitlich, sofern dieses Übereinkommen nichts anderes vorsieht.

Artikel 119[124]
Zustellung

Entscheidungen, Ladungen, Bescheide und Mitteilungen werden vom Europäischen Patentamt von Amts wegen nach Maßgabe der Ausführungsordnung zugestellt. Die Zustellungen können, soweit dies außergewöhnliche Umstände erfordern, durch Vermittlung der Zentralbehörden für den gewerblichen Rechtsschutz der Vertragsstaaten bewirkt werden.

Artikel 120[125]
Fristen

In der Ausführungsordnung werden bestimmt:

a) die Fristen, die in Verfahren vor dem Europäischen Patentamt einzuhalten und nicht bereits im Übereinkommen festgelegt sind;

(e) opinions by experts;

(f) inspection;

(g) sworn statements in writing.

(2) The procedure for taking such evidence shall be laid down in the Implementing Regulations.

Article 118
Unity of the European patent application or European patent

Where the applicants for or proprietors of a European patent are not the same in respect of different designated Contracting States, they shall be regarded as joint applicants or proprietors for the purposes of proceedings before the European Patent Office. The unity of the application or patent in these proceedings shall not be affected; in particular the text of the application or patent shall be uniform for all designated Contracting States, unless this Convention provides otherwise.

Article 119[124]
Notification

Decisions, summonses, notices and communications shall be notified by the European Patent Office of its own motion in accordance with the Implementing Regulations. Notification may, where exceptional circumstances so require, be effected through the intermediary of the central industrial property offices of the Contracting States.

Article 120[125]
Time limits

The Implementing Regulations shall specify:

(a) the time limits which are to be observed in proceedings before the European Patent Office and are not fixed by this Convention;

---

[124] Geändert durch die Akte zur Revision des Europäischen Patentübereinkommens vom 29.11.2000.

[125] Geändert durch die Akte zur Revision des Europäischen Patentübereinkommens vom 29.11.2000.

[124] Amended by the Act revising the European Patent Convention of 29.11.2000.

[125] Amended by the Act revising the European Patent Convention of 29.11.2000.

e) l'expertise ;

f) la descente sur les lieux ;

g) les déclarations écrites faites sous la foi du serment.

(2) Le règlement d'exécution détermine la procédure relative à l'instruction.

Article 118
Unicité de la demande de brevet européen ou du brevet européen

Art. 59, 99
R. 18, 78, 138

Lorsque les demandeurs ou les titulaires d'un brevet européen ne sont pas les mêmes pour différents Etats contractants désignés, ils sont considérés comme codemandeurs ou comme copropriétaires aux fins de la procédure devant l'Office européen des brevets. L'unicité de la demande ou du brevet au cours de cette procédure n'en est pas affectée ; en particulier, le texte de la demande ou du brevet doit être identique pour tous les Etats contractants désignés, sauf si la présente convention en dispose autrement.

Article 119[124]
Signification

R. 112, 125-130

Les décisions, citations, notifications et communications sont signifiées d'office par l'Office européen des brevets conformément au règlement d'exécution. Les significations peuvent être faites, lorsque des circonstances exceptionnelles l'exigent, par l'intermédiaire des services centraux de la propriété industrielle des Etats contractants.

Article 120[125]
Délais

R. 131-136, 160

Le règlement d'exécution détermine :

a) les délais qui doivent être observés dans les procédures devant l'Office européen des brevets et qui ne sont pas fixés par la présente convention ;

---

[124] Modifié par l'acte portant révision de la Convention sur le brevet européen en date du 29.11.2000.
[125] Modifié par l'acte portant révision de la Convention sur le brevet européen en date du 29.11.2000.

b) die Art der Berechnung der Fristen sowie die Voraussetzungen, unter denen Fristen verlängert werden können;

c) die Mindest- und die Höchstdauer der vom Europäischen Patentamt zu bestimmenden Fristen.

Artikel 121[126]
Weiterbehandlung der europäischen Patentanmeldung

(1) Hat der Anmelder eine gegenüber dem Europäischen Patentamt einzuhaltende Frist versäumt, so kann er die Weiterbehandlung der europäischen Patentanmeldung beantragen.

(2) Das Europäische Patentamt gibt dem Antrag statt, wenn die in der Ausführungsordnung festgelegten Erfordernisse erfüllt sind. Andernfalls weist es den Antrag zurück.

(3) Wird dem Antrag stattgegeben, so gelten die Rechtsfolgen der Fristversäumung als nicht eingetreten.

(4) Von der Weiterbehandlung ausgeschlossen sind die Fristen des Artikels 87 Absatz 1, des Artikels 108 und des Artikels 112a Absatz 4 sowie die Fristen für den Antrag auf Weiterbehandlung und Wiedereinsetzung in den vorigen Stand. Die Ausführungsordnung kann weitere Fristen von der Weiterbehandlung ausnehmen.

Artikel 122[127, 128]
Wiedereinsetzung in den vorigen Stand

(1) Der Anmelder oder Patentinhaber, der trotz Beachtung aller nach den gegebenen Umständen gebotenen Sorgfalt verhindert worden ist, gegenüber dem Europäischen Patentamt eine Frist einzuhalten, wird auf Antrag wieder in den vorigen Stand eingesetzt, wenn die Versäumung dieser Frist zur unmittelbaren Folge hat, dass die europäische Patentanmeldung oder ein Antrag zurückgewiesen wird, die Anmeldung als zurückgenommen gilt, das europäische Patent widerrufen wird oder der Verlust eines sonstigen Rechts oder eines Rechtsmittels eintritt.

(b) the manner of computation of time limits and the conditions under which time limits may be extended;

(c) the minima and maxima for time limits to be determined by the European Patent Office.

Article 121[126]
Further processing of the European patent application

(1) If an applicant fails to observe a time limit vis-à-vis the European Patent Office, he may request further processing of the European patent application.

(2) The European Patent Office shall grant the request, provided that the requirements laid down in the Implementing Regulations are met. Otherwise, it shall reject the request.

(3) If the request is granted, the legal consequences of the failure to observe the time limit shall be deemed not to have ensued.

(4) Further processing shall be ruled out in respect of the time limits in Article 87, paragraph 1, Article 108 and Article 112a, paragraph 4, as well as the time limits for requesting further processing or re-establishment of rights. The Implementing Regulations may rule out further processing for other time limits.

Article 122[127, 128]
Re-establishment of rights

(1) An applicant for or proprietor of a European patent who, in spite of all due care required by the circumstances having been taken, was unable to observe a time limit vis-à-vis the European Patent Office shall have his rights re-established upon request if the non-observance of this time limit has the direct consequence of causing the refusal of the European patent application or of a request, or the deeming of the application to have been withdrawn, or the revocation of the European patent, or the loss of any other right or means of redress.

---

[126] Geändert durch die Akte zur Revision des Europäischen Patentübereinkommens vom 29.11.2000.
[127] Geändert durch die Akte zur Revision des Europäischen Patentübereinkommens vom 29.11.2000.
[128] Siehe hierzu Entscheidung der Großen Beschwerdekammer G 1/86 (Anhang I).

[126] Amended by the Act revising the European Patent Convention of 29.11.2000.
[127] Amended by the Act revising the European Patent Convention of 29.11.2000.
[128] See decision of the Enlarged Board of Appeal G 1/86 (Annex I).

b)   le mode de calcul des délais ainsi que les conditions dans lesquelles ils peuvent être prorogés ;

c)   la durée minimale et maximale des délais qui sont impartis par l'Office européen des brevets.

Article 121[126]
Poursuite de la procédure de la demande de brevet européen

R. 135

(1)   Lorsque le demandeur n'a pas observé un délai à l'égard de l'Office européen des brevets, il peut requérir la poursuite de la procédure relative à la demande de brevet européen.

(2)   L'Office européen des brevets fait droit à la requête s'il est satisfait aux exigences prévues dans le règlement d'exécution. Dans le cas contraire, il rejette la requête.

(3)   Lorsqu'il est fait droit à la requête, les conséquences juridiques de l'inobservation du délai sont réputées ne pas s'être produites.

(4)   Sont exclus de la poursuite de la procédure les délais prévus à l'article 87, paragraphe 1, à l'article 108 et à l'article 112bis, paragraphe 4, ainsi que les délais de présentation de la requête en poursuite de la procédure et de la requête en restitutio in integrum. Le règlement d'exécution peut exclure d'autres délais de la poursuite de la procédure.

Article 122[127, 128]
Restitutio in integrum

R. 136, 143

(1)   Le demandeur ou le titulaire d'un brevet européen qui, bien qu'ayant fait preuve de toute la vigilance nécessitée par les circonstances, n'a pas été en mesure d'observer un délai à l'égard de l'Office européen des brevets est, sur requête, rétabli dans ses droits si l'inobservation de ce délai a pour conséquence directe le rejet de la demande de brevet européen ou d'une requête, le fait que la demande est réputée retirée, la révocation du brevet européen, la perte de tout autre droit ou d'un moyen de recours.

---

[126]   Modifié par l'acte portant révision de la Convention sur le brevet européen en date du 29.11.2000.
[127]   Modifié par l'acte portant révision de la Convention sur le brevet européen en date du 29.11.2000.
[128]   Cf. la décision de la Grande Chambre de recours G 1/86 (Annexe I).

(2) The European Patent Office shall grant the request, provided that the conditions of paragraph 1 and any other requirements laid down in the Implementing Regulations are met. Otherwise, it shall reject the request.

(3) If the request is granted, the legal consequences of the failure to observe the time limit shall be deemed not to have ensued.

(4) Re-establishment of rights shall be ruled out in respect of the time limit for requesting re-establishment of rights. The Implementing Regulations may rule out re-establishment for other time limits.

(5) Any person who, in a designated Contracting State, has in good faith used or made effective and serious preparations for using an invention which is the subject of a published European patent application or a European patent in the period between the loss of rights referred to in paragraph 1 and publication in the European Patent Bulletin of the mention of re-establishment of those rights, may without payment continue such use in the course of his business or for the needs thereof.

(6) Nothing in this Article shall limit the right of a Contracting State to grant re-establishment of rights in respect of time limits provided for in this Convention and to be observed vis-à-vis the authorities of such State.

Article 123[129, 130]
Amendments

(1) The European patent application or European patent may be amended in proceedings before the European Patent Office, in accordance with the Implementing Regulations. In any event, the applicant shall be given at least one opportunity to amend the application of his own volition.

---

[129] Amended by the Act revising the European Patent Convention of 29.11.2000.

[130] See decisions/opinions of the Enlarged Board of Appeal G 2/88, G 3/89, G 11/91, G 1/93, G 2/95, G 2/98, G 1/99, G 1/03, G 2/03, G 1/05 (Annex I).

(2) L'Office européen des brevets fait droit à la requête s'il est satisfait aux conditions requises au paragraphe 1 et aux exigences prévues par le règlement d'exécution. Dans le cas contraire, il rejette la requête.

(3) Lorsqu'il est fait droit à la requête, les conséquences juridiques de l'inobservation du délai sont réputées ne pas s'être produites.

(4) Est exclu de la restitutio in integrum le délai de présentation de la requête en restitutio in integrum. Le règlement d'exécution peut exclure d'autres délais de la restitutio in integrum.

(5) Quiconque, dans un Etat contractant désigné, a, de bonne foi, dans la période entre la perte d'un droit visée au paragraphe 1 et la publication au Bulletin européen des brevets de la mention du rétablissement dudit droit, commencé à exploiter ou a fait des préparatifs effectifs et sérieux pour exploiter l'invention qui fait l'objet d'une demande de brevet européen publiée ou d'un brevet européen, peut, à titre gratuit, poursuivre cette exploitation dans son entreprise ou pour les besoins de celle-ci.

(6) Le présent article n'affecte pas le droit pour un Etat contractant d'accorder la restitutio in integrum quant aux délais prévus par la présente convention et à observer à l'égard des autorités de cet Etat.

Article 123[129, 130]
Modifications

Art. 100, 138
R. 4, 7, 18, 57, 58, 71, 78-82, 137, 138

(1) La demande de brevet européen ou le brevet européen peut être modifié dans les procédures devant l'Office européen des brevets conformément au règlement d'exécution. En tout état de cause, le demandeur peut, de sa propre initiative, modifier au moins une fois la demande.

---

[129] Modifié par l'acte portant révision de la Convention sur le brevet européen en date du 29.11.2000.
[130] Cf. les décisions/avis de la Grande Chambre de recours G 2/88, G 3/89, G 11/91, G 1/93, G 2/95, G 2/98, G 1/99, G 1/03, G 2/03, G 1/05 (Annexe I).

(2) Die europäische Patentanmeldung und das europäische Patent dürfen nicht in der Weise geändert werden, dass ihr Gegenstand über den Inhalt der Anmeldung in der ursprünglich eingereichten Fassung hinausgeht.

(3) Das europäische Patent darf nicht in der Weise geändert werden, dass sein Schutzbereich erweitert wird.

Artikel 124[131]
Auskünfte über den Stand der Technik

(1) Das Europäische Patentamt kann nach Maßgabe der Ausführungsordnung den Anmelder auffordern, Auskünfte über den Stand der Technik zu erteilen, der in nationalen oder regionalen Patentverfahren in Betracht gezogen wurde und eine Erfindung betrifft, die Gegenstand der europäischen Patentanmeldung ist.

(2) Unterlässt es der Anmelder, auf eine Aufforderung nach Absatz 1 rechtzeitig zu antworten, so gilt die europäische Patentanmeldung als zurückgenommen.

Artikel 125[132]
Heranziehung allgemeiner Grundsätze

Soweit dieses Übereinkommen Vorschriften über das Verfahren nicht enthält, berücksichtigt das Europäische Patentamt die in den Vertragsstaaten im Allgemeinen anerkannten Grundsätze des Verfahrensrechts.

Artikel 126[133]
(gestrichen)

(2) The European patent application or European patent may not be amended in such a way that it contains subject-matter which extends beyond the content of the application as filed.

(3) The European patent may not be amended in such a way as to extend the protection it confers.

Article 124[131]
Information on prior art

(1) The European Patent Office may, in accordance with the Implementing Regulations, invite the applicant to provide information on prior art taken into consideration in national or regional patent proceedings and concerning an invention to which the European patent application relates.

(2) If the applicant fails to reply in due time to an invitation under paragraph 1, the European patent application shall be deemed to be withdrawn.

Article 125[132]
Reference to general principles

In the absence of procedural provisions in this Convention, the European Patent Office shall take into account the principles of procedural law generally recognised in the Contracting States.

Article 126[133]
(deleted)

---

[131] Geändert durch die Akte zur Revision des Europäischen Patentübereinkommens vom 29.11.2000.
[132] Siehe hierzu Entscheidungen der Großen Beschwerdekammer G 1/99, G 3/04 (Anhang I).
[133] Gestrichen durch die Akte zur Revision des Europäischen Patentübereinkommens vom 29.11.2000.

[131] Amended by the Act revising the European Patent Convention of 29.11.2000.
[132] See decisions of the Enlarged Board of Appeal G 1/99, G 3/04 (Annex I).
[133] Deleted by the Act revising the European Patent Convention of 29.11.2000.

(2) La demande de brevet européen ou le brevet européen ne peut être modifié de manière que son objet s'étende au-delà du contenu de la demande telle qu'elle a été déposée.

(3) Le brevet européen ne peut être modifié de façon à étendre la protection qu'il confère.

Article 124[131]
Informations sur l'état de la technique

Art. 140
R. 112, 141

(1) L'Office européen des brevets peut inviter le demandeur, conformément au règlement d'exécution, à lui communiquer des informations sur l'état de la technique qui a été pris en considération dans des procédures de brevet nationales ou régionales et qui porte sur une invention faisant l'objet de la demande de brevet européen.

(2) Si le demandeur ne répond pas dans les délais à l'invitation visée au paragraphe 1, la demande de brevet européen est réputée retirée.

Article 125[132]
Référence aux principes généraux

En l'absence d'une disposition de procédure dans la présente convention, l'Office européen des brevets prend en considération les principes généralement admis en la matière dans les Etats contractants.

Article 126[133]
(supprimé)

---

[131] Modifié par l'acte portant révision de la Convention sur le brevet européen en date du 29.11.2000.
[132] Cf. les décisions de la Grande Chambre de recours G 1/99, G 3/04 (Annexe I).
[133] Supprimé par l'acte portant révision de la Convention sur le brevet européen en date du 29.11.2000.

Chapter II
Information to the public or to official authorities

Article 127[134]
European Patent Register

The European Patent Office shall keep a European Patent Register, in which the particulars specified in the Implementing Regulations shall be recorded. No entry shall be made in the European Patent Register before the publication of the European patent application. The European Patent Register shall be open to public inspection.

Article 128[135]
Inspection of files

(1) Files relating to European patent applications which have not yet been published shall not be made available for inspection without the consent of the applicant.

(2) Any person who can prove that the applicant has invoked the rights under the European patent application against him may obtain inspection of the files before the publication of that application and without the consent of the applicant.

(3) Where a European divisional application or a new European patent application filed under Article 61, paragraph 1, is published, any person may obtain inspection of the files of the earlier application before the publication of that application and without the consent of the applicant.

(4) After the publication of the European patent application, the files relating to the application and the resulting European patent may be inspected on request, subject to the restrictions laid down in the Implementing Regulations.

(5) Even before the publication of the European patent application, the European Patent Office may communicate to third parties or publish the particulars specified in the Implementing Regulations.

---

[134] Amended by the Act revising the European Patent Convention of 29.11.2000.

[135] Amended by the Act revising the European Patent Convention of 29.11.2000.

Chapitre II
Information du public et des autorités officielles

Article 127[134]
Registre européen des brevets

Art. 14, 20, 129
R. 21-24, 85, 143

L'Office européen des brevets tient un Registre européen des brevets, où sont inscrites toutes les indications mentionnées dans le règlement d'exécution. Aucune inscription n'est portée au Registre européen des brevets avant que la demande de brevet européen ait été publiée. Le Registre européen des brevets est ouvert à l'inspection publique.

Article 128[135]
Inspection publique

Art. 76, 93, 130, 131
R. 16, 19, 31-33, 68, 113, 144-147, 149

(1) Les dossiers relatifs à des demandes de brevet européen qui n'ont pas encore été publiées ne peuvent être ouverts à l'inspection publique qu'avec l'accord du demandeur.

(2) Quiconque prouve que le demandeur s'est prévalu de sa demande de brevet européen à son encontre peut consulter le dossier dès avant la publication de cette demande et sans l'accord du demandeur.

(3) Lorsqu'une demande divisionnaire ou une nouvelle demande de brevet européen déposée en vertu de l'article 61, paragraphe 1, est publiée, toute personne peut consulter le dossier de la demande antérieure avant la publication de cette demande et sans l'accord du demandeur.

(4) Après la publication de la demande de brevet européen, les dossiers de la demande et du brevet européen auquel elle a donné lieu peuvent, sur requête, être ouverts à l'inspection publique, sous réserve des restrictions prévues par le règlement d'exécution.

(5) L'Office européen des brevets peut, avant même la publication de la demande de brevet européen, communiquer à des tiers ou publier les indications mentionnées dans le règlement d'exécution.

---

[134] Modifié par l'acte portant révision de la Convention sur le brevet européen en date du 29.11.2000.
[135] Modifié par l'acte portant révision de la Convention sur le brevet européen en date du 29.11.2000.

Article 129[136]
Periodical publications

The European Patent Office shall periodically publish:

(a) a European Patent Bulletin containing the particulars the publication of which is prescribed by this Convention, the Implementing Regulations or the President of the European Patent Office;

(b) an Official Journal containing notices and information of a general character issued by the President of the European Patent Office, as well as any other information relevant to this Convention or its implementation.

Article 130[137]
Exchange of information

(1) Unless this Convention or national laws provide otherwise, the European Patent Office and the central industrial property office of any Contracting State shall, on request, communicate to each other any useful information regarding European or national patent applications and patents and any proceedings concerning them.

(2) Paragraph 1 shall apply to the communication of information by virtue of working agreements between the European Patent Office and

(a) the central industrial property offices of other States;

(b) any intergovernmental organisation entrusted with the task of granting patents;

(c) any other organisation.

---

[136] Amended by the Act revising the European Patent Convention of 29.11.2000.

[137] Amended by the Act revising the European Patent Convention of 29.11.2000.

Verweisungen/References/Références

Article 129[136]
Publications périodiques

Art. 14, 94, 97, 127, 153
R. 21, 31-34, 69, 143

L'Office européen des brevets publie périodiquement :

a) un Bulletin européen des brevets contenant les indications dont la publication est prescrite par la présente convention, le règlement d'exécution ou le Président de l'Office européen des brevets ;

b) un Journal officiel contenant les communications et les informations d'ordre général émanant du Président de l'Office européen des brevets ainsi que toutes autres informations relatives à la présente convention et à son application.

Article 130[137]
Echange d'informations

R. 148

(1) Sauf si la présente convention ou la législation nationale en dispose autrement, l'Office européen des brevets et les services centraux de la propriété industrielle des Etats contractants se communiquent, sur requête, toutes informations utiles sur des demandes de brevets européens ou nationaux et des brevets européens ou nationaux ainsi que les procédures les concernant.

(2) Le paragraphe 1 s'applique à l'échange d'informations, en vertu d'accords de travail, entre l'Office européen des brevets, d'une part, et, d'autre part :

a) les services centraux de la propriété industrielle d'autres Etats ;

b) toute organisation intergouvernementale chargée de la délivrance de brevets ;

c) toute autre organisation.

---

[136] Modifié par l'acte portant révision de la Convention sur le brevet européen en date du 29.11.2000.
[137] Modifié par l'acte portant révision de la Convention sur le brevet européen en date du 29.11.2000.

(3) Die Übermittlung von Angaben nach Absatz 1 und Absatz 2 a) und b) unterliegt nicht den Beschränkungen des Artikels 128. Der Verwaltungsrat kann beschließen, dass die Übermittlung von Angaben nach Absatz 2 c) den genannten Beschränkungen nicht unterliegt, sofern die betreffende Organisation die übermittelten Angaben bis zur Veröffentlichung der europäischen Patentanmeldung vertraulich behandelt.

(3) Communications under paragraphs 1 and 2(a) and (b) shall not be subject to the restrictions laid down in Article 128. The Administrative Council may decide that communications under paragraph 2(c) shall not be subject to such restrictions, provided that the organisation concerned treats the information communicated as confidential until the European patent application has been published.

Artikel 131
Amts- und Rechtshilfe

(1) Das Europäische Patentamt und die Gerichte oder Behörden der Vertragsstaaten unterstützen einander auf Antrag durch die Erteilung von Auskünften oder die Gewährung von Akteneinsicht, soweit dieses Übereinkommen oder das nationale Recht nichts anderes vorsieht. Gewährt das Europäische Patentamt Gerichten, Staatsanwaltschaften oder Zentralbehörden für den gewerblichen Rechtsschutz Akteneinsicht, so unterliegt diese nicht den Beschränkungen des Artikels 128.

Article 131
Administrative and legal co-operation

(1) Unless this Convention or national laws provide otherwise, the European Patent Office and the courts or authorities of Contracting States shall on request give assistance to each other by communicating information or opening files for inspection. Where the European Patent Office makes files available for inspection by courts, Public Prosecutors' Offices or central industrial property offices, the inspection shall not be subject to the restrictions laid down in Article 128.

(2) Die Gerichte oder andere zuständige Behörden der Vertragsstaaten nehmen für das Europäische Patentamt auf dessen Ersuchen um Rechtshilfe Beweisaufnahmen oder andere gerichtliche Handlungen innerhalb ihrer Zuständigkeit vor.

(2) At the request of the European Patent Office, the courts or other competent authorities of Contracting States shall undertake, on behalf of the Office and within the limits of their jurisdiction, any necessary enquiries or other legal measures.

Artikel 132
Austausch von Veröffentlichungen

(1) Das Europäische Patentamt und die Zentralbehörden für den gewerblichen Rechtsschutz der Vertragsstaaten übermitteln einander auf entsprechendes Ersuchen kostenlos für ihre eigenen Zwecke ein oder mehrere Exemplare ihrer Veröffentlichungen.

Article 132
Exchange of publications

(1) The European Patent Office and the central industrial property offices of the Contracting States shall despatch to each other on request and for their own use one or more copies of their respective publications free of charge.

(2) Das Europäische Patentamt kann Vereinbarungen über den Austausch oder die Übermittlung von Veröffentlichungen treffen.

(2) The European Patent Office may conclude agreements relating to the exchange or supply of publications.

(3) Les communications d'informations faites conformément au paragraphe 1 et au paragraphe 2 a) et b) ne sont pas soumises aux restrictions prévues à l'article 128. Le Conseil d'administration peut décider que les communications faites conformément au paragraphe 2 c) ne sont pas soumises aux restrictions prévues à l'article 128, à condition que l'organisation concernée traite les informations communiquées de manière confidentielle jusqu'à la date de publication de la demande de brevet européen.

Article 131
Coopération administrative et judiciaire

Art. 117
R. 117-120, 148-150

(1) Sauf si la présente convention ou la législation nationale en dispose autrement, l'Office européen des brevets et les juridictions ou autres autorités compétentes des Etats contractants s'assistent mutuellement, sur demande, en se communiquant des informations ou des dossiers. Lorsque l'Office européen des brevets met des dossiers à la disposition des juridictions, des ministères publics ou des services centraux de la propriété industrielle à des fins de consultation, celle-ci n'est pas soumise aux restrictions prévues à l'article 128.

(2) Sur requête de l'Office européen des brevets, les juridictions ou autres autorités compétentes des Etats contractants procèdent pour l'Office, dans les limites de leur compétence, aux mesures d'instruction ou autres actes juridictionnels.

Article 132
Echange de publications

(1) L'Office européen des brevets et les services centraux de la propriété industrielle des Etats contractants échangent sur requête, pour leurs propres besoins et gratuitement, un ou plusieurs exemplaires de leurs publications respectives.

(2) L'Office européen des brevets peut conclure des accords portant sur l'échange ou l'envoi de publications.

Kapitel III
Vertretung

Artikel 133[138, 139]
Allgemeine Grundsätze der Vertretung

(1) Vorbehaltlich des Absatzes 2 ist niemand verpflichtet, sich in den durch dieses Übereinkommen geschaffenen Verfahren durch einen zugelassenen Vertreter vertreten zu lassen.

(2) Natürliche oder juristische Personen, die weder Wohnsitz noch Sitz in einem Vertragsstaat haben, müssen in jedem durch dieses Übereinkommen geschaffenen Verfahren durch einen zugelassenen Vertreter vertreten sein und Handlungen mit Ausnahme der Einreichung einer europäischen Patentanmeldung durch ihn vornehmen; in der Ausführungsordnung können weitere Ausnahmen zugelassen werden.

(3) Natürliche oder juristische Personen mit Wohnsitz oder Sitz in einem Vertragsstaat können in jedem durch dieses Übereinkommen geschaffenen Verfahren durch einen ihrer Angestellten handeln, der kein zugelassener Vertreter zu sein braucht, aber einer Vollmacht nach Maßgabe der Ausführungsordnung bedarf. In der Ausführungsordnung kann vorgeschrieben werden, ob und unter welchen Voraussetzungen Angestellte einer juristischen Person für andere juristische Personen mit Sitz in einem Vertragsstaat, die mit ihr wirtschaftlich verbunden sind, handeln können.

(4) In der Ausführungsordnung können Vorschriften über die gemeinsame Vertretung mehrerer Beteiligter, die gemeinsam handeln, vorgesehen werden.

Chapter III
Representation

Article 133[138, 139]
General principles of representation

(1) Subject to paragraph 2, no person shall be compelled to be represented by a professional representative in proceedings established by this Convention.

(2) Natural or legal persons not having their residence or principal place of business in a Contracting State shall be represented by a professional representative and act through him in all proceedings established by this Convention, other than in filing a European patent application; the Implementing Regulations may permit other exceptions.

(3) Natural or legal persons having their residence or principal place of business in a Contracting State may be represented in proceedings established by this Convention by an employee, who need not be a professional representative but who shall be authorised in accordance with the Implementing Regulations. The Implementing Regulations may provide whether and under what conditions an employee of a legal person may also represent other legal persons which have their principal place of business in a Contracting State and which have economic connections with the first legal person.

(4) The Implementing Regulations may lay down special provisions concerning the common representation of parties acting in common.

---

[138] Geändert durch die Akte zur Revision des Europäischen Patentübereinkommens vom 29.11.2000.
[139] Siehe hierzu Entscheidungen der Großen Beschwerdekammer G 2/94, G 4/95, G 3/99 (Anhang I).

[138] Amended by the Act revising the European Patent Convention of 29.11.2000.
[139] See decisions of the Enlarged Board of Appeal G 2/94, G 4/95, G 3/99 (Annex I).

Chapitre III
Représentation

Article 133[138, 139]
Principes généraux relatifs à la représentation

(1) Sous réserve des dispositions du paragraphe 2, nul n'est tenu de se faire représenter par un mandataire agréé dans les procédures instituées par la présente convention.

(2) Les personnes physiques et morales qui n'ont ni leur domicile ni leur siège dans un Etat contractant doivent être représentées par un mandataire agréé, et agir par son entremise, dans toute procédure instituée par la présente convention, sauf pour le dépôt d'une demande de brevet européen ; d'autres exceptions peuvent être prévues par le règlement d'exécution.

(3) Les personnes physiques et morales qui ont leur domicile ou leur siège dans un Etat contractant peuvent agir par l'entremise d'un employé dans toute procédure instituée par la présente convention ; cet employé, qui doit disposer d'un pouvoir conforme aux dispositions du règlement d'exécution, n'est pas tenu d'être un mandataire agréé. Le règlement d'exécution peut prévoir si et dans quelles conditions l'employé d'une personne morale peut également agir pour d'autres personnes morales qui ont leur siège dans un Etat contractant et ont des liens économiques avec elle.

(4) Des dispositions particulières relatives à la représentation commune de parties agissant en commun peuvent être prévues dans le règlement d'exécution.

Art. 90, 134, 134a/bis, 144
R. 41, 76, 126, 130, 142, 143, 151-154

---

[138] Modifié par l'acte portant révision de la Convention sur le brevet européen en date du 29.11.2000.
[139] Cf. les décisions de la Grande Chambre de recours G 2/94, G 4/95, G 3/99 (Annexe I).

Artikel 134[140, 141]
Vertretung vor dem Europäischen Patentamt

(1) Die Vertretung natürlicher oder juristischer Personen in den durch dieses Übereinkommen geschaffenen Verfahren kann nur durch zugelassene Vertreter wahrgenommen werden, die in einer beim Europäischen Patentamt zu diesem Zweck geführten Liste eingetragen sind.

(2) Jede natürliche Person, die

a) die Staatsangehörigkeit eines Vertragsstaats besitzt,

b) ihren Geschäftssitz oder Arbeitsplatz in einem Vertragsstaat hat und

c) die europäische Eignungsprüfung bestanden hat,

kann in die Liste der zugelassenen Vertreter eingetragen werden.

(3) Während eines Zeitraums von einem Jahr ab dem Zeitpunkt, zu dem der Beitritt eines Staats zu diesem Übereinkommen wirksam wird, kann die Eintragung in diese Liste auch von jeder natürlichen Person beantragt werden, die

a) die Staatsangehörigkeit eines Vertragsstaats besitzt,

b) ihren Geschäftssitz oder Arbeitsplatz in dem Staat hat, der dem Übereinkommen beigetreten ist, und

c) befugt ist, natürliche oder juristische Personen auf dem Gebiet des Patentwesens vor der Zentralbehörde für den gewerblichen Rechtsschutz dieses Staats zu vertreten. Unterliegt diese Befugnis nicht dem Erfordernis einer besonderen beruflichen Befähigung, so muss die Person diese Vertretung in diesem Staat mindestens fünf Jahre lang regelmäßig ausgeübt haben.

Article 134[140, 141]
Representation before the European Patent Office

(1) Representation of natural or legal persons in proceedings established by this Convention may only be undertaken by professional representatives whose names appear on a list maintained for this purpose by the European Patent Office.

(2) Any natural person who

(a) is a national of a Contracting State,

(b) has his place of business or employment in a Contracting State and

(c) has passed the European qualifying examination

may be entered on the list of professional representatives.

(3) During a period of one year from the date on which the accession of a State to this Convention takes effect, entry on that list may also be requested by any natural person who

(a) is a national of a Contracting State,

(b) has his place of business or employment in the State having acceded to the Convention and

(c) is entitled to represent natural or legal persons in patent matters before the central industrial property office of that State. Where such entitlement is not conditional upon the requirement of special professional qualifications, the person shall have regularly so acted in that State for at least five years.

---

[140] Geändert durch die Akte zur Revision des Europäischen Patentübereinkommens vom 29.11.2000.
[141] Siehe hierzu Entscheidungen der Großen Beschwerdekammer G 2/94, G 4/95, G 3/99, G 2/04 (Anhang I).

[140] Amended by the Act revising the European Patent Convention of 29.11.2000.
[141] See decisions of the Enlarged Board of Appeal G 2/94, G 4/95, G 3/99, G 2/04 (Annex I).

Article 134[140, 141]
Représentation devant l'Office européen des brevets

Art. 20, 35, 133, 134a/bis
R. 142, 143, 152-154

(1) La représentation de personnes physiques ou morales dans les procédures instituées par la présente convention ne peut être assurée que par les mandataires agréés inscrits sur une liste tenue à cet effet par l'Office européen des brevets.

(2) Toute personne physique qui

a) possède la nationalité d'un Etat contractant,

b) a son domicile professionnel ou le lieu de son emploi dans un Etat contractant et

c) a satisfait aux épreuves de l'examen européen de qualification,

peut être inscrite sur la liste des mandataires agréés.

(3) Pendant une période d'un an à compter de la date à laquelle l'adhésion d'un Etat à la présente convention prend effet, peut également demander à être inscrite sur la liste des mandataires agréés toute personne physique qui

a) possède la nationalité d'un Etat contractant,

b) a son domicile professionnel ou le lieu de son emploi dans l'Etat ayant adhéré à la convention et

c) est habilitée à représenter en matière de brevets d'invention des personnes physiques ou morales devant le service central de la propriété industrielle de cet Etat. Dans le cas où cette habilitation n'est pas subordonnée à l'exigence d'une qualification professionnelle spéciale, cette personne doit avoir agi dans cet Etat en tant que représentant à titre habituel pendant cinq ans au moins.

---

[140] Modifié par l'acte portant révision de la Convention sur le brevet européen en date du 29.11.2000.
[141] Cf. les décisions de la Grande Chambre de recours G 2/94, G 4/95, G 3/99, G 2/04 (Annexe I).

(4) Die Eintragung erfolgt aufgrund eines Antrags, dem die Bescheinigungen beizufügen sind, aus denen sich ergibt, dass die in Absatz 2 oder 3 genannten Voraussetzungen erfüllt sind.

(5) Die Personen, die in der Liste der zugelassenen Vertreter eingetragen sind, sind berechtigt, in den durch dieses Übereinkommen geschaffenen Verfahren aufzutreten.

(6) Jede Person, die in der Liste der zugelassenen Vertreter eingetragen ist, ist berechtigt, zur Ausübung ihrer Tätigkeit als zugelassener Vertreter einen Geschäftssitz in jedem Vertragsstaat zu begründen, in dem die Verfahren durchgeführt werden, die durch dieses Übereinkommen unter Berücksichtigung des dem Übereinkommen beigefügten Zentralisierungsprotokolls geschaffen worden sind. Die Behörden dieses Staats können diese Berechtigung nur im Einzelfall in Anwendung der zum Schutz der öffentlichen Sicherheit und Ordnung erlassenen Rechtsvorschriften entziehen. Vor einer solchen Maßnahme ist der Präsident des Europäischen Patentamts zu hören.

(7) Der Präsident des Europäischen Patentamts kann Befreiung erteilen:

a) in besonders gelagerten Fällen von der Voraussetzung nach Absatz 2 a) oder Absatz 3 a);

b) von der Voraussetzung nach Absatz 3 c) Satz 2, wenn der Antragsteller nachweist, dass er die erforderliche Befähigung auf andere Weise erworben hat.

(8) Die Vertretung in den durch dieses Übereinkommen geschaffenen Verfahren kann wie von einem zugelassenen Vertreter auch von jedem Rechtsanwalt, der in einem Vertragsstaat zugelassen ist und seinen Geschäftssitz in diesem Staat hat, in dem Umfang wahrgenommen werden, in dem er in diesem Staat die Vertretung auf dem Gebiet des Patentwesens ausüben kann. Absatz 6 ist entsprechend anzuwenden.

(4) Entry shall be effected upon request, accompanied by certificates indicating that the conditions laid down in paragraph 2 or 3 are fulfilled.

(5) Persons whose names appear on the list of professional representatives shall be entitled to act in all proceedings established by this Convention.

(6) For the purpose of acting as a professional representative, any person whose name appears on the list of professional representatives shall be entitled to establish a place of business in any Contracting State in which proceedings established by this Convention may be conducted, having regard to the Protocol on Centralisation annexed to this Convention. The authorities of such State may remove that entitlement in individual cases only in application of legal provisions adopted for the purpose of protecting public security and law and order. Before such action is taken, the President of the European Patent Office shall be consulted.

(7) The President of the European Patent Office may grant exemption from:

(a) the requirement of paragraphs 2(a) or 3(a) in special circumstances;

(b) the requirement of paragraph 3(c), second sentence, if the applicant furnishes proof that he has acquired the requisite qualification in another way.

(8) Representation in proceedings established by this Convention may also be undertaken, in the same way as by a professional representative, by any legal practitioner qualified in a Contracting State and having his place of business in that State, to the extent that he is entitled in that State to act as a professional representative in patent matters. Paragraph 6 shall apply mutatis mutandis.

(4) L'inscription est faite sur requête accompagnée d'attestations indiquant que les conditions visées au paragraphe 2 ou 3 sont remplies.

(5) Les personnes qui sont inscrites sur la liste des mandataires agréés sont habilitées à agir dans toute procédure instituée par la présente convention.

(6) Aux fins d'agir en qualité de mandataire agréé, toute personne inscrite sur la liste des mandataires agréés est habilitée à avoir un domicile professionnel dans tout Etat contractant dans lequel se déroulent les procédures instituées par la présente convention, compte tenu du protocole sur la centralisation annexé à la présente convention. Les autorités de cet Etat ne peuvent retirer cette habilitation que dans des cas particuliers et en vertu de la législation nationale relative à l'ordre public et à la sécurité publique. Le Président de l'Office européen des brevets doit être consulté avant qu'une telle mesure soit prise.

(7) Le Président de l'Office européen des brevets peut consentir une dérogation :

a) à l'exigence visée au paragraphe 2 a) ou au paragraphe 3 a) dans des circonstances particulières ;

b) à l'exigence visée au paragraphe 3 c), deuxième phrase, si le candidat apporte la preuve qu'il a acquis d'une autre manière les qualifications requises.

(8) La représentation au même titre qu'un mandataire agréé dans les procédures instituées par la présente convention peut être assurée par tout avocat habilité à exercer dans l'un des Etats contractants et y possédant son domicile professionnel, dans la mesure où il peut agir dans cet Etat en qualité de mandataire en matière de brevets d'invention. Les dispositions du paragraphe 6 sont applicables.

Article 134a[142]
Institute of Professional Representatives before the European Patent Office

(1) The Administrative Council shall be competent to adopt and amend provisions governing:

(a)[143] the Institute of Professional Representatives before the European Patent Office, hereinafter referred to as the Institute;

(b) the qualifications and training required of a person for admission to the European qualifying examination and the conduct of such examination[144];

(c)[145] the disciplinary power exercised by the Institute or the European Patent Office in respect of professional representatives;

(d) the obligation of confidentiality on the professional representative and the privilege from disclosure in proceedings before the European Patent Office in respect of communications between a professional representative and his client or any other person.

(2) Any person entered on the list of professional representatives referred to in Article 134, paragraph 1, shall be a member of the Institute.

---

[142] Inserted by the Act revising the European Patent Convention of 29.11.2000.

[143] See Regulation on the establishment of an Institute of Professional Representatives before the European Patent Office (OJ EPO 1997, 350) and the changes of 07.06.2002 (OJ EPO 2002, 429 ff) and of 17.06.2004 (OJ EPO 2004, 361).

[144] See Regulation on the European qualifying examination for professional representatives before the European Patent Office as of 24.10.2002 (OJ EPO 1994, 7 ff; 2000, 320 ff; 2002, 565 ff), the implementing provisions as of 24.10.2002 (OJ EPO 1998, 364 ff; 2003, 25 f) and the Instructions concerning the qualifications required for enrolment for the European qualifying examination (OJ EPO 1994, 599). A revision of those texts is under preparation.

[145] See Regulation on discipline for professional representatives of 21.10.1977 (OJ EPO 1978, 91 ff), the Additional Rules of Procedure of the three Disciplinary Bodies of 06.06.1980 (OJ EPO 1980, 176 ff) and the Code of Conduct of the Institute of Professional Representatives before the EPO (OJ EPO 2003, 523 ff).

Verweisungen/References/Références

Article 134bis[142]
Institut des mandataires agréés près l'Office européen des brevets

R. 12, 153

(1) Le Conseil d'administration a compétence pour arrêter et modifier des dispositions relatives :

a)[143] à l'Institut des mandataires agréés près l'Office européen des brevets, ci-après dénommé l'Institut ;

b) à la qualification et à la formation exigées pour l'admission à l'examen européen de qualification et à l'organisation des épreuves de cet examen ;[144]

c)[145] au pouvoir disciplinaire de l'Institut ou de l'Office européen des brevets sur les mandataires agréés ;

d) à l'obligation de confidentialité du mandataire agréé et au droit du mandataire agréé de refuser de divulguer dans des procédures devant l'Office européen des brevets les communications échangées entre lui et son client ou toute autre personne.

(2) Toute personne inscrite sur la liste des mandataires agréés visée à l'article 134, paragraphe 1, est membre de l'Institut.

---

[142] Inséré par l'acte portant révision de la Convention sur le brevet européen en date du 29.11.2000.
[143] Cf. règlement relatif à la création d'un Institut des mandataires agréés près l'Office européen des brevets (JO OEB 1997, 350), et les modifications du 07.06.2002 (JO OEB 2002, 429 s.) et du 17.06.2004 (JO OEB 2004, 361).
[144] Cf. le règlement relatif à l'examen européen de qualification des mandataires agréés près l'Office européen des brevets, tel que modifié le 24.10.2002 (JO OEB 1994, 7 s. ; 2000, 320 s. ; 2002, 565 s.), les dispositions d'exécution telles que modifiées le 24.10.2002 (JO OEB 1998, 364 s. ; 2003, 25 s.) et les instructions relatives aux qualifications requises pour l'inscription à l'examen européen de qualification (JO OEB 1994, 599). Une nouvelle version de ces textes est en préparation.
[145] Cf. le règlement en matière de discipline des mandataires agréés du 21.10.1977 (JO OEB 1978, 91 s.), les règlements de procédure additionnels des trois organes disciplinaires du 06.06.1980 (JO OEB 1980, 176 s.) et le code de conduite professionnelle concernant les membres de l'Institut des mandataires agréés près l'OEB (JO OEB 2003, 523 s.).

ACHTER TEIL
AUSWIRKUNGEN AUF DAS NATIONALE RECHT

Kapitel I
Umwandlung in eine nationale Patentanmeldung

Artikel 135[146]
Umwandlungsantrag

(1) Die Zentralbehörde für den gewerblichen Rechtsschutz eines benannten Vertragsstaats leitet auf Antrag des Anmelders oder Inhabers eines europäischen Patents das Verfahren zur Erteilung eines nationalen Patents in den folgenden Fällen ein:

a) wenn die europäische Patentanmeldung nach Artikel 77 Absatz 3 als zurückgenommen gilt;

b) in den sonstigen vom nationalen Recht vorgesehenen Fällen, in denen nach diesem Übereinkommen die europäische Patentanmeldung zurückgewiesen oder zurückgenommen worden ist oder als zurückgenommen gilt oder das europäische Patent widerrufen worden ist.

(2) Im Fall des Absatzes 1 a) ist der Umwandlungsantrag bei der Zentralbehörde für den gewerblichen Rechtsschutz zu stellen, bei der die europäische Patentanmeldung eingereicht worden ist. Diese Behörde leitet den Antrag vorbehaltlich der Vorschriften über die nationale Sicherheit unmittelbar an die Zentralbehörden für den gewerblichen Rechtsschutz der im Antrag bezeichneten Vertragsstaaten weiter.

(3) In den Fällen des Absatzes 1 b) ist der Umwandlungsantrag nach Maßgabe der Ausführungsordnung beim Europäischen Patentamt zu stellen. Der Antrag gilt erst als gestellt, wenn die Umwandlungsgebühr entrichtet worden ist. Das Europäische Patentamt übermittelt den Umwandlungsantrag den Zentralbehörden für den gewerblichen Rechtsschutz der im Antrag bezeichneten Vertragsstaaten.

(4) Die in Artikel 66 genannte Wirkung der europäischen Patentanmeldung erlischt, wenn der Umwandlungsantrag nicht rechtzeitig übermittelt wird.

PART VIII
IMPACT ON NATIONAL LAW

Chapter I
Conversion into a national patent application

Article 135[146]
Request for conversion

(1) The central industrial property office of a designated Contracting State shall, at the request of the applicant for or proprietor of a European patent, apply the procedure for the grant of a national patent in the following circumstances:

(a) where the European patent application is deemed to be withdrawn under Article 77, paragraph 3;

(b) in such other cases as are provided for by the national law, in which the European patent application is refused or withdrawn or deemed to be withdrawn, or the European patent is revoked under this Convention.

(2) In the case referred to in paragraph 1(a), the request for conversion shall be filed with the central industrial property office with which the European patent application has been filed. That office shall, subject to the provisions governing national security, transmit the request directly to the central industrial property offices of the Contracting States specified therein.

(3) In the cases referred to in paragraph 1(b), the request for conversion shall be submitted to the European Patent Office in accordance with the Implementing Regulations. It shall not be deemed to be filed until the conversion fee has been paid. The European Patent Office shall transmit the request to the central industrial property offices of the Contracting States specified therein.

(4) The effect of the European patent application referred to in Article 66 shall lapse if the request for conversion is not submitted in due time.

---

[146] Geändert durch die Akte zur Revision des Europäischen Patentübereinkommens vom 29.11.2000.

[146] Amended by the Act revising the European Patent Convention of 29.11.2000.

Verweisungen/References/Références

HUITIÈME PARTIE
INCIDENCES SUR LE DROIT NATIONAL

Chapitre I
Transformation en demande de brevet national

Article 135[146]
Requête en transformation

Art. 137, 140
R. 37, 112, 155, 156

(1) Le service central de la propriété industrielle d'un Etat contractant désigné engage, sur requête du demandeur ou du titulaire d'un brevet européen, la procédure de délivrance d'un brevet national dans les cas suivants :

a) si la demande de brevet européen est réputée retirée en vertu de l'article 77, paragraphe 3 ;

b) dans les autres cas prévus par la législation nationale où, en vertu de la présente convention, la demande de brevet européen est soit rejetée, soit retirée, soit réputée retirée ou le brevet européen révoqué.

(2) Dans le cas visé au paragraphe 1 a), la requête en transformation doit être présentée au service central national de la propriété industrielle auprès duquel la demande de brevet européen avait été déposée. Sous réserve des dispositions relatives à la défense nationale, ce service transmet directement la requête aux services centraux des Etats contractants qui y sont mentionnés.

(3) Dans les cas visés au paragraphe 1 b), la requête en transformation doit être présentée à l'Office européen des brevets conformément au règlement d'exécution. Elle n'est réputée présentée qu'après le paiement de la taxe de transformation. L'Office européen des brevets transmet la requête aux services centraux de la propriété industrielle des Etats contractants qui y sont mentionnés.

(4) La demande de brevet européen cesse de produire les effets visés à l'article 66 si la requête en transformation n'est pas transmise dans les délais.

---

[146] Modifié par l'acte portant révision de la Convention sur le brevet européen en date du 29.11.2000.

Artikel 136[147]
(gestrichen)

Artikel 137[148]
Formvorschriften für die Umwandlung

(1) Eine europäische Patentanmeldung, die nach Artikel 135 Absatz 2 oder 3 übermittelt worden ist, darf nicht Formerfordernissen des nationalen Rechts unterworfen werden, die von den im Übereinkommen vorgesehenen abweichen oder über sie hinausgehen.

(2) Die Zentralbehörde für den gewerblichen Rechtsschutz, der die europäische Patentanmeldung übermittelt worden ist, kann verlangen, dass der Anmelder innerhalb einer Frist, die nicht weniger als zwei Monate betragen darf,

a) die nationale Anmeldegebühr entrichtet und

b) eine Übersetzung der europäischen Patentanmeldung in einer der Amtssprachen des betreffenden Staats einreicht, und zwar der ursprünglichen Fassung der Anmeldung und gegebenenfalls der im Verfahren vor dem Europäischen Patentamt geänderten Fassung, die der Anmelder dem nationalen Verfahren zugrunde zu legen wünscht.

Kapitel II
Nichtigkeit und ältere Rechte

Artikel 138[149]
Nichtigkeit europäischer Patente

(1) Vorbehaltlich des Artikels 139 kann das europäische Patent mit Wirkung für einen Vertragsstaat nur für nichtig erklärt werden, wenn

a) der Gegenstand des europäischen Patents nach den Artikeln 52 bis 57 nicht patentierbar ist;

b) das europäische Patent die Erfindung nicht so deutlich und vollständig offenbart, dass ein Fachmann sie ausführen kann;

Article 136[147]
(deleted)

Article 137[148]
Formal requirements for conversion

(1) A European patent application transmitted in accordance with Article 135, paragraph 2 or 3, shall not be subjected to formal requirements of national law which are different from or additional to those provided for in this Convention.

(2) Any central industrial property office to which the European patent application is transmitted may require that the applicant shall, within a period of not less than two months:

(a) pay the national application fee; and

(b) file a translation of the original text of the European patent application in an official language of the State in question and, where appropriate, of the text as amended during proceedings before the European Patent Office which the applicant wishes to use as the basis for the national procedure.

Chapter II
Revocation and prior rights

Article 138[149]
Revocation of European patents

(1) Subject to Article 139, a European patent may be revoked with effect for a Contracting State only on the grounds that:

(a) the subject-matter of the European patent is not patentable under Articles 52 to 57;

(b) the European patent does not disclose the invention in a manner sufficiently clear and complete for it to be carried out by a person skilled in the art;

---

[147] Gestrichen durch die Akte zur Revision des Europäischen Patentübereinkommens vom 29.11.2000.

[148] Geändert durch die Akte zur Revision des Europäischen Patentübereinkommens vom 29.11.2000.

[149] Geändert durch die Akte zur Revision des Europäischen Patentübereinkommens vom 29.11.2000.

[147] Deleted by the Act revising the European Patent Convention of 29.11.2000.

[148] Amended by the Act revising the European Patent Convention of 29.11.2000.

[149] Amended by the Act revising the European Patent Convention of 29.11.2000.

Article 136[147]
(supprimé)

Article 137[148]
Conditions de forme de la transformation *Art. 140*
 R. 155

(1) Une demande de brevet européen transmise conformément à l'article 135, paragraphe 2 ou 3, ne peut, quant à sa forme, être soumise par la loi nationale à des conditions différentes de celles qui sont prévues par la présente convention ou à des conditions supplémentaires.

(2) Le service central de la propriété industrielle auquel la demande de brevet européen est transmise peut exiger que, dans un délai qui ne peut être inférieur à deux mois, le demandeur :

a) acquitte la taxe nationale de dépôt, et

b) produise, dans l'une des langues officielles de l'Etat concerné, une traduction du texte original de la demande de brevet européen ainsi que, le cas échéant, une traduction du texte modifié au cours de la procédure devant l'Office européen des brevets, sur la base duquel il désire que se déroule la procédure nationale.

Chapitre II
Nullité et droits antérieurs

Article 138[149]
Nullité des brevets européens *Art. 76, 83, 123*

(1) Sous réserve de l'article 139, le brevet européen ne peut être déclaré nul, avec effet pour un Etat contractant, que si :

a) l'objet du brevet européen n'est pas brevetable en vertu des articles 52 à 57 ;

b) le brevet européen n'expose pas l'invention de façon suffisamment claire et complète pour qu'un homme du métier puisse l'exécuter ;

---

[147] Supprimé par l'acte portant révision de la Convention sur le brevet européen en date du 29.11.2000.
[148] Modifié par l'acte portant révision de la Convention sur le brevet européen en date du 29.11.2000.
[149] Modifié par l'acte portant révision de la Convention sur le brevet européen en date du 29.11.2000.

(c)[150] the subject-matter of the European patent extends beyond the content of the application as filed or, if the patent was granted on a divisional application or on a new application filed under Article 61, beyond the content of the earlier application as filed;

(d) the protection conferred by the European patent has been extended; or

(e) the proprietor of the European patent is not entitled under Article 60, paragraph 1.

(2) If the grounds for revocation affect the European patent only in part, the patent shall be limited by a corresponding amendment of the claims and revoked in part.

(3) In proceedings before the competent court or authority relating to the validity of the European patent, the proprietor of the patent shall have the right to limit the patent by amending the claims. The patent as thus limited shall form the basis for the proceedings.

Article 139[151]
Prior rights and rights arising on the same date

(1) In any designated Contracting State a European patent application and a European patent shall have with regard to a national patent application and a national patent the same prior right effect as a national patent application and a national patent.

(2) A national patent application and a national patent in a Contracting State shall have with regard to a European patent designating that Contracting State the same prior right effect as if the European patent were a national patent.

---

[150] See decisions/opinions of the Enlarged Board of Appeal G 3/89, G 11/91, G 2/95 (Annex I).

[151] See decisions of the Enlarged Board of Appeal G 1/03, G 2/03 (Annex I).

c)[150] l'objet du brevet européen s'étend au-delà du contenu de la demande telle qu'elle a été déposée ou, lorsque le brevet a été délivré sur la base d'une demande divisionnaire ou d'une nouvelle demande déposée en vertu de l'article 61, si l'objet du brevet s'étend au-delà du contenu de la demande antérieure telle qu'elle a été déposée ;

d) la protection conférée par le brevet européen a été étendue ; ou

e) le titulaire du brevet européen n'avait pas le droit de l'obtenir en vertu de l'article 60, paragraphe 1.

(2) Si les motifs de nullité n'affectent le brevet européen qu'en partie, celui-ci est limité par une modification correspondante des revendications et est déclaré partiellement nul.

(3) Dans les procédures devant la juridiction ou l'administration compétente concernant la validité du brevet européen, le titulaire du brevet est habilité à limiter le brevet en modifiant les revendications. Le brevet ainsi limité sert de base à la procédure.

Article 139[151]
Droits antérieurs et droits ayant pris naissance à la même date

Art. 138, 140
R. 138

(1) Dans tout Etat contractant désigné, une demande de brevet européen ou un brevet européen est traité du point de vue des droits antérieurs, par rapport à une demande de brevet national ou à un brevet national, de la même manière que s'il s'agissait d'une demande de brevet national ou d'un brevet national.

(2) Une demande de brevet national ou un brevet national d'un Etat contractant est traité du point de vue des droits antérieurs, par rapport à un brevet européen qui désigne cet Etat contractant, de la même manière que si ce brevet européen était un brevet national.

---

[150] Cf. les décisions/avis de la Grande Chambre de recours G 3/89, G 11/91, G 2/95 (Annexe I).
[151] Cf. les décisions de la Grande Chambre de recours G 1/03, G 2/03 (Annexe I).

(3) Jeder Vertragsstaat kann vorschreiben, ob und unter welchen Voraussetzungen eine Erfindung, die sowohl in einer europäischen Patentanmeldung oder einem europäischen Patent als auch in einer nationalen Patentanmeldung oder einem nationalen Patent mit gleichem Anmeldetag oder, wenn eine Priorität in Anspruch genommen worden ist, mit gleichem Prioritätstag offenbart ist, gleichzeitig durch europäische und nationale Anmeldungen oder Patente geschützt werden kann.

**Kapitel III
Sonstige Auswirkungen**

Artikel 140[152]
Nationale Gebrauchsmuster und Gebrauchszertifikate

Die Artikel 66, 124, 135, 137 und 139 sind in den Vertragsstaaten, deren Recht Gebrauchsmuster oder Gebrauchszertifikate vorsieht, auf diese Schutzrechte und deren Anmeldungen entsprechend anzuwenden.

Artikel 141[153]
Jahresgebühren für das europäische Patent

(1) Jahresgebühren für das europäische Patent können nur für die Jahre erhoben werden, die sich an das in Artikel 86 Absatz 2 genannte Jahr anschließen.

(2) Werden Jahresgebühren für das europäische Patent innerhalb von zwei Monaten nach der Bekanntmachung des Hinweises auf die Erteilung des europäischen Patents im Europäischen Patentblatt fällig, so gelten diese Jahresgebühren als wirksam entrichtet, wenn sie innerhalb der genannten Frist gezahlt werden. Eine nach nationalem Recht vorgesehene Zuschlagsgebühr wird nicht erhoben.

(3) Any Contracting State may prescribe whether and on what terms an invention disclosed in both a European patent application or patent and a national application or patent having the same date of filing or, where priority is claimed, the same date of priority, may be protected simultaneously by both applications or patents.

**Chapter III
Miscellaneous effects**

Article 140[152]
National utility models and utility certificates

Articles 66, 124, 135, 137 and 139 shall apply to utility models and utility certificates and to applications for utility models and utility certificates registered or deposited in the Contracting States whose laws make provision for such models or certificates.

Article 141[153]
Renewal fees for European patents

(1) Renewal fees for a European patent may only be imposed for the years which follow that referred to in Article 86, paragraph 2.

(2) Any renewal fees falling due within two months of the publication in the European Patent Bulletin of the mention of the grant of the European patent shall be deemed to have been validly paid if they are paid within that period. Any additional fee provided for under national law shall not be charged.

---

[152] Geändert durch die Akte zur Revision des Europäischen Patentübereinkommens vom 29.11.2000.
[153] Geändert durch die Akte zur Revision des Europäischen Patentübereinkommens vom 29.11.2000.

[152] Amended by the Act revising the European Patent Convention of 29.11.2000.
[153] Amended by the Act revising the European Patent Convention of 29.11.2000.

(3) Tout Etat contractant demeure libre de décider si et dans quelles conditions peuvent être cumulées les protections assurées à une invention exposée à la fois dans une demande de brevet ou un brevet européen et dans une demande de brevet ou un brevet national ayant la même date de dépôt ou, si une priorité est revendiquée, la même date de priorité.

Chapitre III
Autres incidences sur le droit national

Article 140[152]
Modèles d'utilité et certificats d'utilité nationaux   *R. 112, 155, 156*

Les articles 66, 124, 135, 137 et 139 sont applicables aux modèles d'utilité ou aux certificats d'utilité ainsi qu'aux demandes correspondantes, dans les Etats contractants dont la législation prévoit de tels titres de protection.

Article 141[153]
Taxes annuelles pour le brevet européen   *Art. 39, 97*

(1) Les taxes annuelles dues au titre du brevet européen ne peuvent être perçues que pour les années suivant celle qui est visée à l'article 86, paragraphe 2.

(2) Si des taxes annuelles dues au titre du brevet européen viennent à échéance dans les deux mois à compter de la date à laquelle la mention de la délivrance du brevet a été publiée au Bulletin européen des brevets, lesdites taxes annuelles sont réputées avoir été valablement acquittées sous réserve d'être payées dans le délai mentionné. Il n'est perçu aucune surtaxe prévue au titre d'une réglementation nationale.

---

[152] Modifié par l'acte portant révision de la Convention sur le brevet européen en date du 29.11.2000.
[153] Modifié par l'acte portant révision de la Convention sur le brevet européen en date du 29.11.2000.

PART IX
SPECIAL AGREEMENTS

Article 142
Unitary patents

(1) Any group of Contracting States, which has provided by a special agreement that a European patent granted for those States has a unitary character throughout their territories, may provide that a European patent may only be granted jointly in respect of all those States.

(2) Where any group of Contracting States has availed itself of the authorisation given in paragraph 1, the provisions of this Part shall apply.

Article 143
Special departments of the European Patent Office

(1) The group of Contracting States may give additional tasks to the European Patent Office.

(2) Special departments common to the Contracting States in the group may be set up within the European Patent Office in order to carry out the additional tasks. The President of the European Patent Office shall direct such special departments; Article 10, paragraphs 2 and 3, shall apply mutatis mutandis.

Article 144
Representation before special departments

The group of Contracting States may lay down special provisions to govern representation of parties before the departments referred to in Article 143, paragraph 2.

NEUVIÈME PARTIE
ACCORDS PARTICULIERS

Article 142
Brevet unitaire
Art. 2

(1) Tout groupe d'Etats contractants qui, dans un accord particulier, a disposé que les brevets européens délivrés pour ces Etats auront un caractère unitaire sur l'ensemble de leurs territoires, peut prévoir que les brevets européens ne pourront être délivrés que conjointement pour tous ces Etats.

(2) Les dispositions de la présente partie sont applicables lorsqu'un groupe d'Etats contractants a fait usage de la faculté visée au paragraphe 1.

Article 143
Instances spéciales de l'Office européen des brevets
Art. 15, 144-146

(1) Le groupe d'Etats contractants peut confier des tâches supplémentaires à l'Office européen des brevets.

(2) Il peut, pour l'exécution de ces tâches supplémentaires, être créé à l'Office européen des brevets des instances spéciales communes aux Etats appartenant à ce groupe. Le Président de l'Office européen des brevets assure la direction de ces instances spéciales ; les dispositions de l'article 10, paragraphes 2 et 3, sont applicables.

Article 144
Représentation devant les instances spéciales
Art. 133

Le groupe d'Etats contractants peut prévoir une réglementation spéciale pour la représentation des parties devant les instances visées à l'article 143, paragraphe 2.

Article 145
Select committee of the Administrative Council

(1) The group of Contracting States may set up a select committee of the Administrative Council for the purpose of supervising the activities of the special departments set up under Article 143, paragraph 2; the European Patent Office shall place at its disposal such staff, premises and equipment as may be necessary for the performance of its duties. The President of the European Patent Office shall be responsible for the activities of the special departments to the select committee of the Administrative Council.

(2) The composition, powers and functions of the select committee shall be determined by the group of Contracting States.

Article 146
Cover for expenditure for carrying out special tasks

Where additional tasks have been given to the European Patent Office under Article 143, the group of Contracting States shall bear the expenses incurred by the Organisation in carrying out these tasks. Where special departments have been set up in the European Patent Office to carry out these additional tasks, the group shall bear the expenditure on staff, premises and equipment chargeable in respect of these departments. Article 39, paragraphs 3 and 4, Article 41 and Article 47 shall apply mutatis mutandis.

Article 147
Payments in respect of renewal fees for unitary patents

If the group of Contracting States has fixed a common scale of renewal fees in respect of European patents, the proportion referred to in Article 39, paragraph 1, shall be calculated on the basis of the common scale; the minimum amount referred to in Article 39, paragraph 1, shall apply to the unitary patent. Article 39, paragraphs 3 and 4, shall apply mutatis mutandis.

Article 145
Comité restreint du Conseil d'administration

(1) Le groupe d'Etats contractants peut instituer un Comité restreint du Conseil d'administration afin de contrôler l'activité des instances spéciales créées en vertu de l'article 143, paragraphe 2 ; l'Office européen des brevets met à la disposition de ce Comité le personnel, les locaux et les moyens matériels nécessaires à l'accomplissement de sa mission. Le Président de l'Office européen des brevets est responsable des activités des instances spéciales devant le Comité restreint du Conseil d'administration.

(2) La composition, les compétences et les activités du Comité restreint sont déterminées par le groupe d'Etats contractants.

Article 146
Couverture des dépenses pour les tâches spéciales

Art. 37, 50

Pour autant qu'un groupe d'Etats contractants ait attribué des tâches supplémentaires à l'Office européen des brevets au sens de l'article 143, il prend à sa charge les frais qu'entraîne pour l'Organisation l'exécution de ces tâches. Si des instances spéciales ont été instituées au sein de l'Office européen des brevets pour l'exécution de ces tâches supplémentaires, le groupe d'Etats contractants prend à sa charge les dépenses de personnel, de locaux et de matériel imputables auxdites instances. Les articles 39, paragraphes 3 et 4, 41 et 47 sont applicables.

Article 147
Versements au titre des taxes de maintien en vigueur du brevet unitaire

Si le groupe d'Etats contractants a établi un barème unique pour les taxes annuelles, le pourcentage visé à l'article 39, paragraphe 1, est calculé sur ce barème unique ; le minimum visé à l'article 39, paragraphe 1, est également un minimum en ce qui concerne le brevet unitaire. L'article 39, paragraphes 3 et 4, est applicable.

Artikel 148
Die europäische Patentanmeldung als Gegenstand des Vermögens

(1) Artikel 74 ist anzuwenden, wenn die Gruppe von Vertragsstaaten nichts anderes bestimmt hat.

(2) Die Gruppe von Vertragsstaaten kann vorschreiben, dass die europäische Patentanmeldung, soweit für sie diese Vertragsstaaten benannt sind, nur für alle diese Vertragsstaaten und nur nach den Vorschriften des besonderen Übereinkommens Gegenstand eines Rechtsübergangs sein sowie belastet oder Zwangsvollstreckungsmaßnahmen unterworfen werden kann.

Artikel 149[154]
Gemeinsame Benennung

(1) Die Gruppe von Vertragsstaaten kann vorschreiben, dass ihre Benennung nur gemeinsam erfolgen kann und dass die Benennung eines oder mehrerer der Vertragsstaaten der Gruppe als Benennung aller dieser Vertragsstaaten gilt.

(2) Ist das Europäische Patentamt nach Artikel 153 Absatz 1 Bestimmungsamt, so ist Absatz 1 anzuwenden, wenn der Anmelder in der internationalen Anmeldung mitgeteilt hat, dass er für einen oder mehrere der benannten Staaten der Gruppe ein europäisches Patent begehrt. Das Gleiche gilt, wenn der Anmelder in der internationalen Anmeldung einen dieser Gruppe angehörenden Vertragsstaat benannt hat, dessen Recht vorschreibt, dass eine Bestimmung dieses Staats die Wirkung einer Anmeldung für ein europäisches Patent hat.

Article 148
The European patent application as an object of property

(1) Article 74 shall apply unless the group of Contracting States has specified otherwise.

(2) The group of Contracting States may provide that a European patent application for which these Contracting States are designated may only be transferred, mortgaged or subjected to any legal means of execution in respect of all the Contracting States of the group and in accordance with the provisions of the special agreement.

Article 149[154]
Joint designation

(1) The group of Contracting States may provide that these States may only be designated jointly, and that the designation of one or some only of such States shall be deemed to constitute the designation of all the States of the group.

(2) Where the European Patent Office acts as a designated Office under Article 153, paragraph 1, paragraph 1 shall apply if the applicant has indicated in the international application that he wishes to obtain a European patent for one or more of the designated States of the group. The same shall apply if the applicant designates in the international application one of the Contracting States in the group, whose national law provides that the designation of that State shall have the effect of the application being for a European patent.

---

[154] Siehe hierzu den Vertrag zwischen der Schweizerischen Eidgenossenschaft und dem Fürstentum Liechtenstein über den Schutz der Erfindungspatente vom 22.12.1978 (ABl. EPA 1980, 407 ff.).

[154] See the Treaty between the Swiss confederation and the Principality of Liechtenstein on Patent Protection of 22.12.1978 (OJ EPO 1980, 407 ff).

Article 148
De la demande de brevet européen comme objet de propriété

(1) L'article 74 est applicable lorsque le groupe d'Etats contractants n'a pas prévu d'autres dispositions.

(2) Le groupe d'Etats contractants peut prescrire que la demande de brevet européen, pour autant que ces Etats contractants sont désignés, ne peut être transférée, faire l'objet d'un nantissement ou d'une exécution forcée que pour tous ces Etats contractants et conformément aux dispositions de l'accord particulier.

Article 149[154]
Désignation conjointe

Art. 3, 79, 153
R. 39

(1) Le groupe d'Etats contractants peut prescrire que la désignation des Etats du groupe ne peut se faire que conjointement et que la désignation d'un ou de plusieurs Etats dudit groupe vaut désignation de l'ensemble de ceux-ci.

(2) Lorsque l'Office européen des brevets est l'office désigné au sens de l'article 153, paragraphe 1, le paragraphe 1 du présent article est applicable si le demandeur fait connaître dans la demande internationale qu'il entend obtenir un brevet européen pour les Etats du groupe qu'il a désignés ou pour l'un d'entre eux seulement. La présente disposition est également applicable lorsque le demandeur a désigné dans la demande internationale un Etat contractant appartenant à ce groupe, si la législation de cet Etat prévoit qu'une désignation dudit Etat a les effets d'une demande de brevet européen.

---

[154] Voir le Traité entre la Confédération suisse et la Principauté de Liechtenstein sur la protection conférée par les brevets d'invention du 22.12.1978 (JO OEB 1980, 407 s.).

Artikel 149a[155]	Article 149a[155]
Andere Übereinkommen zwischen den Vertragsstaaten	**Other agreements between the Contracting States**

(1) Dieses Übereinkommen lässt das Recht aller oder einiger Vertragsstaaten unberührt, besondere Übereinkommen über alle europäische Patentanmeldungen oder Patente betreffenden Fragen zu schließen, die nach diesem Übereinkommen nationalem Recht unterliegen und dort geregelt sind, wie insbesondere

(1) Nothing in this Convention shall be construed as limiting the right of some or all of the Contracting States to conclude special agreements on any matters concerning European patent applications or European patents which under this Convention are subject to and governed by national law, such as, in particular

a) ein Übereinkommen über die Schaffung eines gemeinsamen europäischen Patentgerichts für die ihm angehörenden Vertragsstaaten;

(a) an agreement establishing a European patent court common to the Contracting States party to it;

b) ein Übereinkommen über die Schaffung einer gemeinsamen Einrichtung für die ihm angehörenden Vertragsstaaten, die auf Ersuchen nationaler Gerichte oder gerichtsähnlicher Behörden Gutachten über Fragen des europäischen oder damit harmonisierten nationalen Patentrechts erstattet;

(b) an agreement establishing an entity common to the Contracting States party to it to deliver, at the request of national courts or quasi-judicial authorities, opinions on issues of European or harmonised national patent law;

c) ein Übereinkommen, dem zufolge die ihm angehörenden Vertragsstaaten auf Übersetzungen europäischer Patente nach Artikel 65 ganz oder teilweise verzichten;

(c) an agreement under which the Contracting States party to it dispense fully or in part with translations of European patents under Article 65;

d) ein Übereinkommen, dem zufolge die ihm angehörenden Vertragsstaaten vorsehen, dass nach Artikel 65 vorgeschriebene Übersetzungen europäischer Patente beim Europäischen Patentamt eingereicht und von ihm veröffentlicht werden können.

(d) an agreement under which the Contracting States party to it provide that translations of European patents as required under Article 65 may be filed with, and published by, the European Patent Office.

(2) Der Verwaltungsrat ist befugt zu beschließen, dass

(2) The Administrative Council shall be competent to decide that:

a) die Mitglieder der Beschwerdekammern oder der Großen Beschwerdekammer in einem europäischen Patentgericht oder einer gemeinsamen Einrichtung tätig werden und in Verfahren vor diesem Gericht oder dieser Einrichtung nach Maßgabe eines solchen Übereinkommens mitwirken dürfen;

(a) the members of the Boards of Appeal or the Enlarged Board of Appeal may serve on a European patent court or a common entity and take part in proceedings before that court or entity in accordance with any such agreement;

b) das Europäische Patentamt einer gemeinsamen Einrichtung das Unterstützungspersonal, die Räumlichkeiten und die Ausstattung zur Verfügung stellt, die sie zur Durchführung ihrer Aufgaben benötigt, und die Kosten dieser Einrichtung ganz oder teilweise von der Organisation getragen werden.

(b) the European Patent Office shall provide a common entity with such support staff, premises and equipment as may be necessary for the performance of its duties, and the expenses incurred by that entity shall be borne fully or in part by the Organisation.

---

[155] Eingefügt durch die Akte zur Revision des Europäischen Patentübereinkommens vom 29.11.2000.

[155] Inserted by the Act revising the European Patent Convention of 29.11.2000.

Article 149bis[155]
Autres accords entre les Etats contractants   Art. 35

(1) La présente convention ne saurait être interprétée en ce sens qu'elle limite le droit de tous les Etats contractants ou de plusieurs d'entre eux de conclure des accords particuliers sur des questions relatives aux demandes de brevet européen ou aux brevets européens qui, en vertu de la présente convention, relèvent du droit national et sont régis par lui, comme notamment

a) un accord portant création d'une juridiction des brevets européens commune aux Etats contractants parties audit accord ;

b) un accord portant création d'une entité commune aux Etats contractants parties audit accord qui donne, sur requête des juridictions ou autorités quasi judiciaires nationales, des avis sur des questions relatives au droit européen des brevets ou au droit national harmonisé avec celui-ci ;

c) un accord aux termes duquel les Etats contractants parties audit accord renoncent en tout ou en partie aux traductions de brevets européens prévues à l'article 65 ;

d) un accord aux termes duquel les Etats contractants parties audit accord prévoient que les traductions de brevets européens exigées conformément à l'article 65 peuvent être produites auprès de l'Office européen des brevets et publiées par celui-ci.

(2) Le Conseil d'administration a compétence pour décider que

a) les membres des chambres de recours ou de la Grande Chambre de recours peuvent faire partie d'une juridiction des brevets européens ou d'une entité commune et prendre part aux procédures engagées devant cette juridiction ou cette entité conformément à un tel accord ;

b) l'Office européen des brevets fournit à une entité commune le personnel de soutien, les locaux et les moyens matériels nécessaires à l'accomplissement de sa mission, et que l'Organisation prend en charge en tout ou en partie les frais liés à cette entité.

---

[155] Inséré par l'acte portant révision de la Convention sur le brevet européen en date du 29.11.2000.

PART X[156]
INTERNATIONAL APPLICATIONS UNDER THE PATENT COOPERATION TREATY – EURO-PCT APPLICATIONS

Article 150
Application of the Patent Cooperation Treaty

(1) The Patent Cooperation Treaty of 19 June 1970, hereinafter referred to as the PCT, shall be applied in accordance with the provisions of this Part.

(2) International applications filed under the PCT may be the subject of proceedings before the European Patent Office. In such proceedings, the provisions of the PCT and its Regulations shall be applied, supplemented by the provisions of this Convention. In case of conflict, the provisions of the PCT or its Regulations shall prevail.

Article 151
The European Patent Office as a receiving Office

The European Patent Office shall act as a receiving Office within the meaning of the PCT, in accordance with the Implementing Regulations. Article 75, paragraph 2, shall apply.

---

[156] Amended by the Act revising the European Patent Convention of 29.11.2000.

DIXIEME PARTIE[156]
DEMANDES INTERNATIONALES AU SENS DU TRAITE DE COOPERATION EN MATIERE DE BREVETS – DEMANDES EURO-PCT

Article 150
Application du Traité de Coopération en matière de brevets

R. 157-159, 165

(1) Le Traité de Coopération en matière de brevets du 19 juin 1970, ci-après dénommé PCT, s'applique conformément aux dispositions de la présente partie.

(2) Des demandes internationales déposées conformément au PCT peuvent faire l'objet de procédures devant l'Office européen des brevets. Dans ces procédures, les dispositions du PCT, de son règlement d'exécution et, à titre complémentaire, celles de la présente convention sont applicables. Les dispositions du PCT ou de son règlement d'exécution prévalent en cas de divergence.

Article 151
L'Office européen des brevets, office récepteur

Art. 35, 153
R. 157

L'Office européen des brevets agit en qualité d'office récepteur au sens du PCT, conformément au règlement d'exécution. L'article 75, paragraphe 2, est applicable.

---

[156] Modifié par l'acte portant révision de la Convention sur le brevet européen en date du 29.11.2000.

Article 152[157]
The European Patent Office as an International Searching Authority or International Preliminary Examining Authority

The European Patent Office shall act as an International Searching Authority and International Preliminary Examining Authority within the meaning of the PCT, in accordance with an agreement between the Organisation and the International Bureau of the World Intellectual Property Organization, for applicants who are residents or nationals of a State party to this Convention. This agreement may provide that the European Patent Office shall also act for other applicants.

Article 153
The European Patent Office as designated Office or elected Office

(1) The European Patent Office shall be

(a) a designated Office for any State party to this Convention in respect of which the PCT is in force, which is designated in the international application and for which the applicant wishes to obtain a European patent, and

(b) an elected Office, if the applicant has elected a State designated pursuant to letter (a).

(2) An international application for which the European Patent Office is a designated or elected Office, and which has been accorded an international date of filing, shall be equivalent to a regular European application (Euro-PCT application).

(3) The international publication of a Euro-PCT application in an official language of the European Patent Office shall take the place of the publication of the European patent application and shall be mentioned in the European Patent Bulletin.

---

[157] See Agreement between the EPO and WIPO under the PCT as of 01.11.2001 (OJ EPO 2001, 601 ff) amended with effect from 01.01.2004 (OJ EPO 2003, 631). A revised version of the agreement will probably enter into force on 13.12.2007 or 01.01.2008.
See Notice from the EPO concerning limitation of the EPO's competence as a PCT authority, OJ EPO 2006, 149 and 555.

Article 152[157]
L'Office européen des brevets, administration chargée de la recherche internationale ou administration chargée de l'examen préliminaire international

Art. 21, 35
R. 158

L'Office européen des brevets agit en qualité d'administration chargée de la recherche internationale et en qualité d'administration chargée de l'examen préliminaire international au sens du PCT, conformément à un accord conclu entre l'Organisation et le Bureau international de l'Organisation Mondiale de la Propriété Intellectuelle, pour les demandeurs qui soit ont la nationalité d'un Etat partie à la présente convention, soit y ont leur domicile ou leur siège. Cet accord peut prévoir que l'Office européen des brevets agit aussi pour d'autres demandeurs.

Article 153
L'Office européen des brevets, office désigné ou office élu

Art. 35, 92, 93, 129
R. 65, 68, 113, 159-165

(1) L'Office européen des brevets est

a) office désigné pour tout Etat partie à la présente convention pour lequel le PCT est en vigueur, qui est désigné dans la demande internationale et pour lequel le demandeur souhaite obtenir un brevet européen, et

b) office élu, lorsque le demandeur a élu un Etat désigné conformément à la lettre a).

(2) Une demande internationale pour laquelle l'Office européen des brevets est office désigné ou élu et à laquelle une date de dépôt internationale a été attribuée a la valeur d'une demande européenne régulière (demande euro-PCT).

(3) La publication internationale d'une demande euro-PCT dans une langue officielle de l'Office européen des brevets remplace la publication de la demande de brevet européen et elle est mentionnée au Bulletin européen des brevets.

---

[157] Voir à ce propos l'accord entre l'OEB et l'OMPI au titre du PCT en date du 01.11.2001 (JO OEB 2001, 601 s.), modifié avec effet au 01.01.2004 (JO OEB 2003, 631). Une nouvelle version de l'accord devrait entrer en vigueur le 13.12.2007 ou le 01.01.2008.
Voir également à ce sujet les communiqués de l'OEB relatif à la limitation de compétence de l'OEB agissant en qualité d'administration au titre du PCT parus aux JO OEB 2006, 149 et 555.

(4) Ist die Euro-PCT-Anmeldung in einer anderen Sprache veröffentlicht, so ist beim Europäischen Patentamt eine Übersetzung in einer seiner Amtssprachen einzureichen, die von ihm veröffentlicht wird. Vorbehaltlich des Artikels 67 Absatz 3 tritt der einstweilige Schutz nach Artikel 67 Absätze 1 und 2 erst vom Tag dieser Veröffentlichung an ein.

(5) Die Euro-PCT-Anmeldung wird als europäische Patentanmeldung behandelt und gilt als Stand der Technik nach Artikel 54 Absatz 3, wenn die in Absatz 3 oder 4 und in der Ausführungsordnung festgelegten Erfordernisse erfüllt sind.

(6) Der zu einer Euro-PCT-Anmeldung erstellte internationale Recherchenbericht oder die ihn ersetzende Erklärung und deren internationale Veröffentlichung treten an die Stelle des europäischen Recherchenberichts und des Hinweises auf dessen Veröffentlichung im Europäischen Patentblatt.

(7)[158]Zu jeder Euro-PCT-Anmeldung nach Absatz 5 wird ein ergänzender europäischer Recherchenbericht erstellt. Der Verwaltungsrat kann beschließen, dass auf einen ergänzenden Recherchenbericht verzichtet oder die Recherchengebühr herabgesetzt wird.

(4) If the Euro-PCT application is published in another language, a translation into one of the official languages shall be filed with the European Patent Office, which shall publish it. Subject to Article 67, paragraph 3, the provisional protection under Article 67, paragraphs 1 and 2, shall be effective from the date of that publication.

(5) The Euro-PCT application shall be treated as a European patent application and shall be considered as comprised in the state of the art under Article 54, paragraph 3, if the conditions laid down in paragraph 3 or 4 and in the Implementing Regulations are fulfilled.

(6) The international search report drawn up in respect of a Euro-PCT application or the declaration replacing it, and their international publication, shall take the place of the European search report and the mention of its publication in the European Patent Bulletin.

(7)[158]A supplementary European search report shall be drawn up in respect of any Euro-PCT application under paragraph 5. The Administrative Council may decide that the supplementary search report is to be dispensed with or that the search fee is to be reduced.

---

[158] Siehe hierzu die Beschlüsse des Verwaltungsrats über den Verzicht auf einen ergänzenden europäischen Recherchenbericht vom 21.12.1978 (ABl. EPA 1979, 4, Korr. 50), 17.05.1979 (ABl. EPA 1979, 248) und 09.06.1995 (ABl. EPA 1995, 511), die für vor dem 01.07.2005 eingereichte Anmeldungen weiter gelten. Mit Wirkung für ab dem 01.07.2005 eingereichte Anmeldungen wurden diese Beschlüsse durch den Beschluss des Verwaltungsrats vom 10.06.2005 (ABl. EPA 2005, 422) in der Fassung des Beschlusses vom 27.10.2005 (ABl. EPA 2005, 546) aufgehoben, wobei die Aufhebung des Beschlusses vom 21.12.1978 (ABl. EPA 1979, 4, Korr. 50) sich nicht auf internationale Anmeldungen erstreckt, zu denen das Europäische Patentamt den internationalen Recherchenbericht erstellt.
Siehe hierzu den Beschluss des Verwaltungsrats über die Herabsetzung der Gebühr für die ergänzende europäische Recherche vom 10.06.2005 (ABl. EPA 2005, 422) in der Fassung des Beschlusses vom 27.10.2005 (ABl. EPA 2005, 546), geändert durch Beschluss vom 15.12.2005 (ABl. EPA 2006, 13 f.). Siehe hierzu die Beschlüsse des Verwaltungsrats über die Herabsetzung der Gebühr für die ergänzende europäische Recherche vom 14.09.1979 (ABl. EPA 1979, 368), 11.12.1980 (ABl. EPA 1981, 5), 09.12.1993 (ABl. EPA 1994, 6) und 08.06.2000 (ABl. EPA 2000, 321), die für vor dem 01.07.2005 eingereichte Anmeldungen weiter gelten. Für ab dem 01.07.2005 eingereichte Anmeldungen gilt der Beschluss vom 27.10.2005 (ABl. EPA 2005, 548).

[158] See the decision of the Administrative Council of 21.12.1978 (OJ EPO 1979, 4, Corr. 50), 17.05.1979 (OJ EPO 1979, 248) and 09.06.1995 (OJ EPO 1995, 511) dispensing with the supplementary European search report. These decisions continue to apply to applications filed before 01.07.2005, but for those filed on or after that date they have been rescinded by Council decision of 10.06.2005 (OJ EPO 2005, 422) as amended on 27.10.2005 (OJ EPO 2005, 546), except that the rescinding of the decision of 21.12.1978 (OJ EPO 1979, 4, Corr. 50) does not extend to international applications on which the European Patent Office draws up the international search report.
See the decision of the Administrative Council of 10.06.2005 reducing the fee for the supplementary European search (OJ EPO 2005, 422) as amended on 27.10.2005 (OJ EPO 2005, 546) and 15.12.2005 (OJ EPO 2006, 13 f.). See also the Council's decision of 14.09.1979 (OJ EPO 1979, 368), 11.12.1980 (OJ EPO 1981, 5), 09.12.1993 (OJ EPO 1994, 6) and 08.06.2000 (OJ EPO 2000, 321) reducing the fee for the supplementary European search. These decisions continue to apply to applications filed before 01.07.2005; for those filed on or after that date, the decision of 27.10.2005 (OJ EPO 2005, 548) applies.

(4) Si la demande euro-PCT est publiée dans une autre langue, une traduction dans une des langues officielles doit être produite auprès de l'Office européen des brevets, qui la publie. Sous réserve de l'article 67, paragraphe 3, la protection provisoire prévue à l'article 67, paragraphes 1 et 2, n'est assurée qu'à partir de la date de cette publication.

(5) La demande euro-PCT est traitée comme une demande de brevet européen et est considérée comme comprise dans l'état de la technique au sens de l'article 54, paragraphe 3, si les conditions prévues au paragraphe 3 ou 4 et dans le règlement d'exécution sont remplies.

(6) Le rapport de recherche internationale relatif à une demande euro-PCT ou la déclaration qui le remplace et leur publication internationale remplacent le rapport de recherche européenne et la mention de sa publication au Bulletin européen des brevets.

(7)[158] Il est procédé à l'établissement d'un rapport complémentaire de recherche européenne relatif à toute demande euro-PCT visée au paragraphe 5. Le Conseil d'administration peut décider qu'il est renoncé à un rapport complémentaire de recherche ou que la taxe de recherche est réduite.

---

[158] Cf. les décisions du Conseil d'administration des 21.12.1978 (JO OEB 1979, 4, Corr. 50), 17.05.1979 (JO OEB 1979, 248) et 09.06.1995 (JO OEB 1995, 511) relatives à la renonciation au rapport complémentaire de recherche européenne. Ces décisions continuent de s'appliquer aux demandes déposées avant le 01.07.2005, mais, s'agissant des demandes déposées à compter de cette date, elles ont été rapportées par la décision du Conseil d'administration du 10.06.2005 (JO OEB 2005, 422) telle que modifiée le 27.10.2005 (JO OEB 2005, 546), le rapport de la décision du 21.12.1978 (JO OEB 1979, 4, Corr. 50) ne s'étendant toutefois pas aux demandes internationales pour lesquelles l'Office européen des brevets établit le rapport de recherche internationale.
Cf. la décision du Conseil d'administration du 10.06.2005 réduisant la taxe due pour la recherche européenne complémentaire (JO OEB 2005, 422), telle que modifiée le 27.10.2005 (JO OEB 2005, 546) et le 15.12.2005 (JO OEB 2006, 13 s.). Cf. également les décisions du Conseil d'administration des 14.09.1979 (JO OEB 1979, 368), 11.12.1980 (JO OEB 1981, 5), 09.12.1993 (JO OEB 1994, 6) et 08.06.2000 (JO OEB 2000, 321) réduisant la taxe due pour la recherche aux demandes déposées avant le 01.07.2005 ; quant aux demandes déposées à compter de cette date, la décision du 27.10.2005 (JO OEB 2005, 548) est applicable.

Artikel 154[159]
(gestrichen)

Artikel 155[160]
(gestrichen)

Artikel 156[161]
(gestrichen)

Artikel 157[162]
(gestrichen)

Artikel 158[163]
(gestrichen)

Article 154[159]
(deleted)

Article 155[160]
(deleted)

Article 156[161]
(deleted)

Article 157[162]
(deleted)

Article 158[163]
(deleted)

---

[159] Gestrichen durch die Akte zur Revision des Europäischen Patentübereinkommens vom 29.11.2000.
[160] Gestrichen durch die Akte zur Revision des Europäischen Patentübereinkommens vom 29.11.2000.
[161] Gestrichen durch die Akte zur Revision des Europäischen Patentübereinkommens vom 29.11.2000.
[162] Gestrichen durch die Akte zur Revision des Europäischen Patentübereinkommens vom 29.11.2000.
[163] Gestrichen durch die Akte zur Revision des Europäischen Patentübereinkommens vom 29.11.2000.

[159] Deleted by the Act revising the European Patent Convention of 29.11.2000.
[160] Deleted by the Act revising the European Patent Convention of 29.11.2000.
[161] Deleted by the Act revising the European Patent Convention of 29.11.2000.
[162] Deleted by the Act revising the European Patent Convention of 29.11.2000.
[163] Deleted by the Act revising the European Patent Convention of 29.11.2000.

Article 154[159]
(supprimé)

Article 155[160]
(supprimé)

Article 156[161]
(supprimé)

Article 157[162]
(supprimé)

Article 158[163]
(supprimé)

---

[159] Supprimé par l'acte portant révision de la Convention sur le brevet européen en date du 29.11.2000.
[160] Supprimé par l'acte portant révision de la Convention sur le brevet européen en date du 29.11.2000.
[161] Supprimé par l'acte portant révision de la Convention sur le brevet européen en date du 29.11.2000.
[162] Supprimé par l'acte portant révision de la Convention sur le brevet européen en date du 29.11.2000.
[163] Supprimé par l'acte portant révision de la Convention sur le brevet européen en date du 29.11.2000.

PART XI
TRANSITIONAL PROVISIONS[164]

(deleted)

---

[164] Articles 159, 160, 161, 162 and 163 had been deleted by the Act revising the European Patent Convention of 29.11.2000.

**ONZIÈME PARTIE
DISPOSITIONS TRANSITOIRES**[164]

(supprimées)

---

[164] Les articles 159, 160, 161, 162 et 163 sont supprimés par l'acte portant révision de la Convention sur le brevet européen en date du 29.11.2000.

PART XII
FINAL PROVISIONS

Article 164[165]
Implementing Regulations and Protocols

(1) The Implementing Regulations, the Protocol on Recognition, the Protocol on Privileges and Immunities, the Protocol on Centralisation, the Protocol on the Interpretation of Article 69 and the Protocol on Staff Complement shall be integral parts of this Convention.

(2)[166] In case of conflict between the provisions of this Convention and those of the Implementing Regulations, the provisions of this Convention shall prevail.

Article 165
Signature – Ratification

(1)[167] This Convention shall be open for signature until 5 April 1974 by the States which took part in the Inter-Governmental Conference for the setting up of a European System for the Grant of Patents or were informed of the holding of that conference and offered the option of taking part therein.

(2) This Convention shall be subject to ratification; instruments of ratification shall be deposited with the Government of the Federal Republic of Germany.

Article 166
Accession

(1) This Convention shall be open to accession by:

(a) the States referred to in Article 165, paragraph 1;

(b) any other European State at the invitation of the Administrative Council.

---

[165] Amended by the Act revising the European Patent Convention of 29.11.2000.
[166] See decisions/opinions of the Enlarged Board of Appeal G 2/95, G 6/95, G 1/02 (Annex I).
[167] Signatory States: AT, BE, CH, DE, DK, FR, GB, GR, IE, IT, LI, LU, MC, NL, NO, SE.
Conference participants: signatory states plus ES, FI, PT, TR, YU.
Invited states: Conference participants plus CY, IS.

DOUZIÈME PARTIE
DISPOSITIONS FINALES

Article 164[165]
Règlement d'exécution et protocoles

(1) Le règlement d'exécution, le protocole sur la reconnaissance, le protocole sur les privilèges et immunités, le protocole sur la centralisation, le protocole interprétatif de l'article 69 et le protocole sur les effectifs font partie intégrante de la présente convention.

(2)[166] En cas de divergence entre les dispositions de la présente convention et celles du règlement d'exécution, les dispositions de la convention prévalent.

Article 165
Signature – Ratification   *Art. 166, 178*

(1)[167] La présente convention est ouverte jusqu'au 5 avril 1974 à la signature des Etats qui ont participé à la Conférence intergouvernementale pour l'institution d'un système européen de délivrance de brevets ou qui ont été informés de la tenue de cette conférence et auxquels la faculté d'y participer a été offerte.

(2) La présente convention est soumise à ratification ; les instruments de ratification sont déposés auprès du gouvernement de la République fédérale d'Allemagne.

Article 166
Adhésion   *Art. 35, 178*

(1) La présente convention est ouverte à l'adhésion :
a) des Etats visés à l'article 165, paragraphe 1 ;

b) de tout autre Etat européen, sur l'invitation du Conseil d'administration.

---

[165] Modifié par l'acte portant révision de la Convention sur le brevet européen en date du 29.11.2000.
[166] Cf. les décisions/avis de la Grande Chambre de recours G 2/95, G 6/95, G 1/02 (Annexe I).
[167] Etats signataires : AT, BE, CH, DE, DK, FR, GB, GR, IE, IT, LI, LU, MC, NL, NO, SE.
Participants à la Conférence : Etats signataires plus ES, FI, PT, TR, YU.
Etats invités : Participants à la Conférence plus CY, IS.

(2) Jeder ehemalige Vertragsstaat, der dem Übereinkommen nach Artikel 172 Absatz 4 nicht mehr angehört, kann durch Beitritt erneut Vertragspartei des Übereinkommens werden.

(3) Die Beitrittsurkunden werden bei der Regierung der Bundesrepublik Deutschland hinterlegt.

Artikel 167[168]
(gestrichen)

Artikel 168
Räumlicher Anwendungsbereich

(1) Jeder Vertragsstaat kann in seiner Ratifikations- oder Beitrittsurkunde oder zu jedem späteren Zeitpunkt durch eine Notifikation an die Regierung der Bundesrepublik Deutschland erklären, dass das Übereinkommen auf alle oder einzelne Hoheitsgebiete anzuwenden ist, für deren auswärtige Beziehungen er verantwortlich ist. Die für den betreffenden Vertragsstaat erteilten europäischen Patente haben auch in den Hoheitsgebieten Wirkung, für die eine solche Erklärung wirksam ist.

(2) Ist die in Absatz 1 genannte Erklärung in der Ratifikations- oder Beitrittsurkunde enthalten, so wird sie gleichzeitig mit der Ratifikation oder dem Beitritt wirksam; wird die Erklärung nach der Hinterlegung der Ratifikations- oder Beitrittsurkunde in einer Notifikation abgegeben, so wird diese Notifikation sechs Monate nach dem Tag ihres Eingangs bei der Regierung der Bundesrepublik Deutschland wirksam.

(3) Jeder Vertragsstaat kann jederzeit erklären, dass das Übereinkommen für alle oder einzelne Hoheitsgebiete, für die er nach Absatz 1 eine Notifikation vorgenommen hat, nicht mehr anzuwenden ist. Diese Erklärung wird ein Jahr nach dem Tag wirksam, an dem sie der Regierung der Bundesrepublik Deutschland notifiziert worden ist.

(2) Any State which has been a party to the Convention and has ceased to be so as a result of the application of Article 172, paragraph 4, may again become a party to the Convention by acceding to it.

(3) Instruments of accession shall be deposited with the Government of the Federal Republic of Germany.

Article 167[168]
(deleted)

Article 168
Territorial field of application

(1) Any Contracting State may declare in its instrument of ratification or accession, or may inform the Government of the Federal Republic of Germany by written notification at any time thereafter, that this Convention shall be applicable to one or more of the territories for the external relations of which it is responsible. European patents granted for that Contracting State shall also have effect in the territories for which such a declaration has taken effect.

(2) If the declaration referred to in paragraph 1 is contained in the instrument of ratification or accession, it shall take effect on the same date as the ratification or accession; if the declaration is notified after the deposit of the instrument of ratification or accession, such notification shall take effect six months after the date of its receipt by the Government of the Federal Republic of Germany.

(3) Any Contracting State may at any time declare that the Convention shall cease to apply to some or to all of the territories in respect of which it has given notification pursuant to paragraph 1. Such declaration shall take effect one year after the date on which the Government of the Federal Republic of Germany received notification thereof.

---

[168] Gestrichen durch die Akte zur Revision des Europäischen Patentübereinkommens vom 29.11.2000.

[168] Deleted by the Act revising the European Patent Convention of 29.11.2000.

(2) Tout Etat qui a été partie à la présente convention et qui a cessé de l'être en application de l'article 172, paragraphe 4, peut à nouveau devenir partie à la convention en y adhérant.

(3) Les instruments d'adhésion sont déposés auprès du gouvernement de la République fédérale d'Allemagne.

Article 167[168]
(supprimé)

**Article 168
Champ d'application territorial**   *Art. 178*

(1) Tout Etat contractant peut déclarer, dans son instrument de ratification ou d'adhésion, ou à tout moment ultérieur, dans une notification adressée au gouvernement de la République fédérale d'Allemagne, que la convention est applicable à un ou plusieurs territoires pour lesquels il assume la responsabilité des relations extérieures. Les brevets européens délivrés pour cet Etat contractant ont également effet sur les territoires pour lesquels cette déclaration a pris effet.

(2) Si la déclaration visée au paragraphe 1 est incluse dans l'instrument de ratification ou d'adhésion, elle prend effet à la même date que la ratification ou l'adhésion ; si la déclaration est faite dans une notification postérieure au dépôt de l'instrument de ratification ou d'adhésion, cette notification prend effet six mois après la date de sa réception par le gouvernement de la République fédérale d'Allemagne.

(3) Tout Etat contractant peut à tout moment déclarer que la convention cesse d'être applicable à certains ou à l'ensemble des territoires pour lesquels il a fait une déclaration en vertu du paragraphe 1. Cette déclaration prend effet à l'expiration d'un délai d'une année à compter de la date à laquelle le gouvernement de la République fédérale d'Allemagne en a reçu notification.

---

[168] Supprimé par l'acte portant révision de la Convention sur le brevet européen en date du 29.11.2000.

Artikel 169[169]
Inkrafttreten

(1) Dieses Übereinkommen tritt in Kraft drei Monate nach Hinterlegung der letzten Ratifikations- oder Beitrittsurkunde von sechs Staaten, in deren Hoheitsgebiet im Jahre 1970 insgesamt mindestens 180 000 Patentanmeldungen für die Gesamtheit dieser Staaten eingereicht wurden.

(2) Jede Ratifikation oder jeder Beitritt nach Inkrafttreten dieses Übereinkommens wird am ersten Tag des dritten Monats nach der Hinterlegung der Ratifikations- oder Beitrittsurkunde wirksam.

Artikel 170
Aufnahmebeitrag

(1) Jeder Staat, der nach Inkrafttreten dieses Übereinkommens das Übereinkommen ratifiziert oder ihm beitritt, hat der Organisation einen Aufnahmebeitrag zu zahlen, der nicht zurückgezahlt wird.

(2) Der Aufnahmebeitrag beträgt 5 % des Betrags, der sich ergibt, wenn der für den betreffenden Staat nach dem in Artikel 40 Absätze 3 und 4 vorgesehenen Aufbringungsschlüssel ermittelte Prozentsatz, der zu dem Zeitpunkt gilt, zu dem die Ratifikation oder der Beitritt wirksam wird, auf die Summe der von den übrigen Vertragsstaaten bis zum Abschluss des diesem Zeitpunkt vorangehenden Haushaltsjahrs geschuldeten besonderen Finanzbeiträge angewendet wird.

(3) Werden besondere Finanzbeiträge für das Haushaltsjahr, das dem in Absatz 2 genannten Zeitpunkt vorausgeht, nicht mehr gefordert, so ist der in Absatz 2 genannte Aufbringungsschlüssel derjenige, der auf den betreffenden Staat auf der Grundlage des letzten Jahrs, für das besondere Finanzbeiträge zu zahlen waren, anzuwenden gewesen wäre.

Article 169[169]
Entry into force

(1) This Convention shall enter into force three months after the deposit of the last instrument of ratification or accession by six States on whose territory the total number of patent applications filed in 1970 amounted to at least 180 000 for all the said States.

(2) Any ratification or accession after the entry into force of this Convention shall take effect on the first day of the third month after the deposit of the instrument of ratification or accession.

Article 170
Initial contribution

(1) Any State which ratifies or accedes to this Convention after its entry into force shall pay to the Organisation an initial contribution, which shall not be refunded.

(2) The initial contribution shall be 5% of an amount calculated by applying the percentage obtained for the State in question, on the date on which ratification or accession takes effect, in accordance with the scale provided for in Article 40, paragraphs 3 and 4, to the sum of the special financial contributions due from the other Contracting States in respect of the accounting periods preceding the date referred to above.

(3) In the event that special financial contributions were not required in respect of the accounting period immediately preceding the date referred to in paragraph 2, the scale of contributions referred to in that paragraph shall be the scale that would have been applicable to the State concerned in respect of the last year for which financial contributions were required.

---

[169] Für Belgien, Deutschland, Frankreich, Luxemburg, Niederlande, Schweiz und Vereinigtes Königreich: 7. Oktober 1977; Schweden: 1. Mai 1978; Italien: 1. Dezember 1978; Österreich: 1. Mai 1979; Liechtenstein: 1. April 1980; Griechenland und Spanien: 1. Oktober 1986; Dänemark: 1. Januar 1990; Monaco: 1. Dezember 1991; Portugal: 1. Januar 1992; Irland: 1. August 1992; Finnland: 1. März 1996; Zypern: 1. April 1998; Türkei: 1. November 2000; Bulgarien, Estland, Slowakei, Tschechische Republik: 1. Juli 2002; Slowenien: 1. Dezember 2002; Ungarn: 1. Januar 2003; Rumänien: 1. März 2003; Polen: 1. März 2004; Island: 1. November 2004; Litauen: 1. Dezember 2004; Lettland: 1. Juli 2005, Malta: 1. März 2007.

[169] For Belgium, Germany, France, Luxembourg, Netherlands, Switzerland and United Kingdom: 7 October 1977; Sweden: 1 May 1978; Italy: 1 December 1978; Austria: 1 May 1979; Liechtenstein: 1 April 1980; Greece and Spain: 1 October 1986; Denmark: 1 January 1990; Monaco: 1 December 1991; Portugal: 1 January 1992; Ireland: 1 August 1992; Finland: 1 March 1996; Cyprus: 1 April 1998; Turkey: 1 November 2000; Bulgaria, Czech Republic, Estonia, Slovakia: 1 July 2002; Slovenia: 1 December 2002; Hungary: 1 January 2003; Romania: 1 March 2003; Poland: 1 March 2004; Iceland: 1 November 2004; Lithuania: 1 December 2004; Latvia: 1 July 2005; Malta: 1 March 2007.

Article 169
Entrée en vigueur[169]

Art. 178

(1) La présente convention entre en vigueur trois mois après le dépôt du dernier des instruments de ratification ou d'adhésion de six Etats sur le territoire desquels le nombre total de demandes de brevet déposées en 1970 s'est élevé à 180 000 au moins pour l'ensemble desdits Etats.

(2) Toute ratification ou adhésion postérieure à l'entrée en vigueur de la présente convention prend effet le premier jour du troisième mois suivant le dépôt de l'instrument de ratification ou d'adhésion.

Article 170
Cotisation initiale

(1) Tout Etat qui ratifie la présente convention ou y adhère après son entrée en vigueur verse à l'Organisation une cotisation initiale qui ne sera pas remboursée.

(2) La cotisation initiale est égale à 5% du montant qui résulte, pour un tel Etat, de l'application, au montant total des sommes dues par les autres Etats contractants au titre des exercices budgétaires antérieurs, de la clé de répartition des contributions financières exceptionnelles prévue à l'article 40, paragraphes 3 et 4, telle qu'elle est en vigueur à la date à laquelle la ratification ou l'adhésion dudit Etat prend effet.

(3) Dans le cas où des contributions financières exceptionnelles n'ont pas été exigées pour l'exercice budgétaire qui précède celui où se situe la date visée au paragraphe 2, la clé de répartition visée dans ce paragraphe est celle qui aurait été applicable à l'Etat concerné pour le dernier exercice budgétaire au titre duquel des contributions financières exceptionnelles ont été appelées.

---

[169] Pour la Belgique, la France, le Luxembourg, les Pays-Bas, l'Allemagne, le Royaume-Uni et la Suisse : le 7 octobre 1977 ; pour la Suède : le 1er mai 1978 ; pour l'Italie : le 1er décembre 1978 ; pour l'Autriche : le 1er mai 1979 ; pour le Liechtenstein : le 1er avril 1980 ; pour la Grèce et l'Espagne : le 1er octobre 1986 ; pour le Danemark : le 1er janvier 1990 ; pour Monaco : le 1er décembre 1991 ; pour le Portugal : le 1er janvier 1992 ; pour l'Irlande : le 1er août 1992 ; pour la Finlande : le 1er mars 1996 ; pour Chypre : le 1er avril 1998 ; pour la Slovaquie, la République tchèque : le 1er juillet 2002 ; pour la Slovénie : le 1er décembre 2002 ; pour la Hongrie : le 1er janvier 2003 ; pour la Roumanie : le 1er mars 2003 ; pour la Pologne : le 1er mars 2004 ; pour l'Islande : le 1er novembre 2004 ; pour la Lituanie : le 1er décembre 2004 ; pour la Lettonie : le 1er juillet 2005 ; pour Malte : le 1er mars 2007.

Artikel 171
Geltungsdauer des Übereinkommens

Dieses Übereinkommen wird auf unbegrenzte Zeit geschlossen.

Artikel 172
Revision

(1) Dieses Übereinkommen kann durch Konferenzen der Vertragsstaaten revidiert werden.

(2) Die Konferenz wird vom Verwaltungsrat vorbereitet und einberufen. Sie ist nur beschlussfähig, wenn mindestens drei Viertel der Vertragsstaaten auf ihr vertreten sind. Die revidierte Fassung des Übereinkommens bedarf zu ihrer Annahme der Dreiviertelmehrheit der auf der Konferenz vertretenen Vertragsstaaten, die eine Stimme abgeben. Stimmenthaltung gilt nicht als Stimmabgabe.

(3) Die revidierte Fassung des Übereinkommens tritt nach Hinterlegung der Ratifikations- oder Beitrittsurkunden durch die von der Konferenz festgesetzte Anzahl von Vertragsstaaten und zu dem von der Konferenz bestimmten Zeitpunkt in Kraft.

(4) Die Staaten, die die revidierte Fassung des Übereinkommens im Zeitpunkt ihres Inkrafttretens weder ratifiziert haben noch ihr beigetreten sind, gehören von diesem Zeitpunkt dem Übereinkommen nicht mehr an.

Artikel 173
Streitigkeiten zwischen Vertragsstaaten

(1) Jede Streitigkeit zwischen Vertragsstaaten über die Auslegung oder Anwendung dieses Übereinkommens, die nicht im Verhandlungsweg beigelegt worden ist, wird auf Ersuchen eines beteiligten Staats dem Verwaltungsrat unterbreitet, der sich bemüht, eine Einigung zwischen diesen Staaten herbeizuführen.

(2) Wird eine solche Einigung nicht innerhalb von sechs Monaten nach dem Tag erzielt, an dem der Verwaltungsrat mit der Streitigkeit befasst worden ist, so kann jeder beteiligte Staat die Streitigkeit dem Internationalen Gerichtshof zum Erlass einer bindenden Entscheidung unterbreiten.

Article 171
Duration of the Convention

The present Convention shall be of unlimited duration.

Article 172
Revision

(1) This Convention may be revised by a Conference of the Contracting States.

(2) The Conference shall be prepared and convened by the Administrative Council. The Conference shall not be validly constituted unless at least three-quarters of the Contracting States are represented at it. Adoption of the revised text shall require a majority of three-quarters of the Contracting States represented and voting at the Conference. Abstentions shall not be considered as votes.

(3) The revised text shall enter into force when it has been ratified or acceded to by the number of Contracting States specified by the Conference, and at the time specified by that Conference.

(4) Such States as have not ratified or acceded to the revised text of the Convention at the time of its entry into force shall cease to be parties to this Convention as from that time.

Article 173
Disputes between Contracting States

(1) Any dispute between Contracting States concerning the interpretation or application of the present Convention which is not settled by negotiation shall be submitted, at the request of one of the States concerned, to the Administrative Council, which shall endeavour to bring about agreement between the States concerned.

(2) If such agreement is not reached within six months from the date when the dispute was referred to the Administrative Council, any one of the States concerned may submit the dispute to the International Court of Justice for a binding decision.

Article 171
Durée de la convention

La présente convention est conclue sans limitation de durée.

Article 172
Révision *Art. 35, 166, 175, 176*

(1) La présente convention peut être révisée par une conférence des Etats contractants.

(2) La conférence est préparée et convoquée par le Conseil d'administration. Elle ne délibère valablement que si les trois quarts au moins des Etats contractants y sont représentés. Pour être adopté, le texte révisé de la convention doit être approuvé par les trois quarts des Etats contractants représentés à la conférence et votants. L'abstention n'est pas considérée comme un vote.

(3) Le texte révisé de la convention entre en vigueur après le dépôt des instruments de ratification ou d'adhésion d'un nombre d'Etats contractants déterminé par la conférence et à la date qu'elle a fixée.

(4) Les Etats qui, à la date d'entrée en vigueur de la convention révisée, ne l'ont pas ratifiée ou n'y ont pas adhéré, cessent d'être parties à la présente convention à compter de ladite date.

Article 173
Différends entre Etats contractants

(1) Tout différend entre Etats contractants qui concerne l'interprétation ou l'application de la présente convention et n'a pas été réglé par voie de négociation est, sur demande de l'un des Etats en cause, soumis au Conseil d'administration qui s'emploie à faire intervenir un accord entre lesdits Etats.

(2) Si un tel accord n'est pas intervenu dans un délai de six mois à compter de la date à laquelle le Conseil d'administration a été saisi du différend, l'un quelconque des Etats en cause peut porter le différend devant la Cour internationale de Justice en vue d'une décision liant les parties en cause.

Artikel 174
Kündigung

Jeder Vertragsstaat kann dieses Übereinkommen jederzeit kündigen. Die Kündigung wird der Regierung der Bundesrepublik Deutschland notifiziert. Sie wird ein Jahr nach dem Tag dieser Notifikation wirksam.

Artikel 175
Aufrechterhaltung wohlerworbener Rechte

(1) Hört ein Staat nach Artikel 172 Absatz 4 oder Artikel 174 auf, Vertragspartei dieses Übereinkommens zu sein, so berührt dies nicht die nach diesem Übereinkommen bereits erworbenen Rechte.

(2) Die europäischen Patentanmeldungen, die zu dem Zeitpunkt anhängig sind, zu dem ein benannter Staat aufhört, Vertragspartei dieses Übereinkommens zu sein, werden in Bezug auf diesen Staat vom Europäischen Patentamt so weiterbehandelt, als ob das Übereinkommen in der nach diesem Zeitpunkt geltenden Fassung auf diesen Staat anzuwenden wäre.

(3) Absatz 2 ist auf europäische Patente anzuwenden, für die zu dem in Absatz 2 genannten Zeitpunkt ein Einspruchsverfahren anhängig oder die Einspruchsfrist noch nicht abgelaufen ist.

(4) Das Recht eines ehemaligen Vertragsstaats, ein europäisches Patent nach der Fassung des Übereinkommens zu behandeln, die auf ihn anzuwenden war, wird durch diesen Artikel nicht berührt.

Artikel 176
Finanzielle Rechte und Pflichten eines ausgeschiedenen Vertragsstaats

(1) Jeder Staat, der nach Artikel 172 Absatz 4 oder Artikel 174 nicht mehr dem Übereinkommen angehört, erhält die von ihm nach Artikel 40 Absatz 2 geleisteten besonderen Finanzbeiträge von der Organisation erst zu dem Zeitpunkt und den Bedingungen zurück, zu denen die Organisation besondere Finanzbeiträge, die im gleichen Haushaltsjahr von anderen Staaten gezahlt worden sind, zurückzahlt.

Article 174
Denunciation

Any Contracting State may at any time denounce this Convention. Denunciation shall be notified to the Government of the Federal Republic of Germany. It shall take effect one year after the date of receipt of such notification.

Article 175
Preservation of acquired rights

(1) In the event of a State ceasing to be party to this Convention in accordance with Article 172, paragraph 4, or Article 174 rights already acquired pursuant to this Convention shall not be impaired.

(2) A European patent application which is pending when a designated State ceases to be party to the Convention shall be processed by the European Patent Office, as far as that State is concerned, as if the Convention in force thereafter were applicable to that State.

(3) Paragraph 2 shall apply to European patents in respect of which, on the date mentioned in that paragraph, an opposition is pending or the opposition period has not expired.

(4) Nothing in this Article shall affect the right of any State that has ceased to be a party to this Convention to treat any European patent in accordance with the text to which it was a party.

Article 176
Financial rights and obligations of former Contracting States

(1) Any State which has ceased to be a party to this Convention in accordance with Article 172, paragraph 4, or Article 174, shall have the special financial contributions which it has paid pursuant to Article 40, paragraph 2, refunded to it by the Organisation only at the time when and under the conditions whereby the Organisation refunds special financial contributions paid by other States during the same accounting period.

Article 174
Dénonciation

Art. 175, 176, 178

Tout Etat contractant peut à tout moment dénoncer la présente convention. La dénonciation est notifiée au gouvernement de la République fédérale d'Allemagne. Elle prend effet à l'expiration du délai d'une année à compter de la date de réception de cette notification.

Article 175
Réserve des droits acquis

(1) Lorsqu'un Etat cesse d'être partie à la convention en vertu de l'article 172, paragraphe 4, ou de l'article 174, il n'est pas porté atteinte aux droits acquis antérieurement en vertu de la présente convention.

(2) Les demandes de brevet européen en instance à la date à laquelle un Etat désigné cesse d'être partie à la convention continuent à être instruites par l'Office européen des brevets, en ce qui concerne ledit Etat, comme si la convention, telle qu'elle est en vigueur après cette date, lui était applicable.

(3) Les dispositions du paragraphe 2 sont applicables aux brevets européens à l'égard desquels, à la date mentionnée audit paragraphe, une opposition est en instance ou le délai d'opposition n'est pas expiré.

(4) Le présent article ne porte pas atteinte au droit d'un Etat qui a cessé d'être partie à la présente convention d'appliquer aux brevets européens les dispositions du texte de la convention à laquelle il était partie.

Article 176
Droits et obligations en matière financière d'un Etat contractant ayant cessé d'être partie à la convention

(1) Tout Etat qui a cessé d'être partie à la présente convention en application de l'article 172, paragraphe 4, ou de l'article 174 n'est remboursé par l'Organisation des contributions financières exceptionnelles qu'il a versées au titre de l'article 40, paragraphe 2, qu'à la date et dans les conditions où l'Organisation rembourse les contributions financières exceptionnelles qui lui ont été versées par d'autres Etats au cours du même exercice budgétaire.

(2) Der in Absatz 1 bezeichnete Staat hat den in Artikel 39 genannten Anteil an den Jahresgebühren für die in diesem Staat aufrechterhaltenen europäischen Patente auch in der Höhe weiterzuzahlen, die zu dem Zeitpunkt maßgebend war, zu dem er aufgehört hat, Vertragspartei zu sein.

(2) The State referred to in paragraph 1 shall, even after ceasing to be a party to this Convention, continue to pay the proportion pursuant to Article 39 of renewal fees in respect of European patents remaining in force in that State, at the rate current on the date on which it ceased to be a party.

Artikel 177
Sprachen des Übereinkommens

(1) Dieses Übereinkommen ist in einer Urschrift in deutscher, englischer und französischer Sprache abgefasst, wobei jeder Wortlaut gleichermaßen verbindlich ist, und wird im Archiv der Regierung der Bundesrepublik Deutschland hinterlegt.

(2) Fassungen des Übereinkommens in anderen als den in Absatz 1 genannten Amtssprachen von Vertragsstaaten, die der Verwaltungsrat genehmigt hat, gelten als amtliche Fassungen. Bei Meinungsverschiedenheiten über die Auslegung der verschiedenen Fassungen sind die in Absatz 1 genannten Fassungen maßgebend.

Article 177
Languages of the Convention

(1) This Convention, drawn up in a single original, in the English, French and German languages, shall be deposited in the archives of the Government of the Federal Republic of Germany, the three texts being equally authentic.

(2) The texts of this Convention drawn up in official languages of Contracting States other than those specified in paragraph 1 shall, if they have been approved by the Administrative Council, be considered as official texts. In the event of disagreement on the interpretation of the various texts, the texts referred to in paragraph 1 shall be authentic.

Artikel 178
Übermittlungen und Notifikationen

(1) Die Regierung der Bundesrepublik Deutschland stellt beglaubigte Abschriften des Übereinkommens her und übermittelt sie den Regierungen aller Staaten, die das Übereinkommen unterzeichnet haben oder ihm beigetreten sind.

(2) Die Regierung der Bundesrepublik Deutschland notifiziert den in Absatz 1 genannten Regierungen:

a) die Hinterlegung jeder Ratifikations- oder Beitrittsurkunde;

b) Erklärungen und Notifikationen nach Artikel 168;

c) Kündigungen nach Artikel 174 und den Zeitpunkt des Inkrafttretens dieser Kündigungen.

(3) Die Regierung der Bundesrepublik Deutschland lässt dieses Übereinkommen beim Sekretariat der Vereinten Nationen registrieren.

Article 178
Transmission and notifications

(1) The Government of the Federal Republic of Germany shall draw up certified true copies of this Convention and shall transmit them to the Governments of all signatory or acceding States.

(2) The Government of the Federal Republic of Germany shall notify to the Governments of the States referred to in paragraph 1:

(a) the deposit of any instrument of ratification or accession;

(b) any declaration or notification received pursuant to Article 168;

(c) any denunciation received pursuant to Article 174 and the date on which such denunciation comes into force.

(3) The Government of the Federal Republic of Germany shall register this Convention with the Secretariat of the United Nations.

(2) Les sommes dont le montant correspond au pourcentage des taxes perçues pour le maintien en vigueur des brevets européens dans l'Etat visé au paragraphe 1, telles qu'elles sont définies à l'article 39, sont dues par cet Etat, alors même qu'il a cessé d'être partie à la présente convention ; le montant de ces sommes est celui qui devait être versé par l'Etat en cause à la date à laquelle il a cessé d'être partie à la présente convention.

Article 177
Langues de la convention

(1) La présente convention est rédigée en un exemplaire en langues allemande, anglaise et française, qui est déposé aux archives du gouvernement de la République fédérale d'Allemagne, les trois textes faisant également foi.

(2) Les textes de la présente convention établis dans des langues officielles des Etats contractants autres que celles visées au paragraphe 1 et agréés par le Conseil d'administration sont considérés comme textes officiels. En cas de contestation sur l'interprétation des divers textes, les textes visés au paragraphe 1 font foi.

Article 178
Transmissions et notifications

Art. 165, 166, 169

(1) Le gouvernement de la République fédérale d'Allemagne établit des copies certifiées conformes de la présente convention et les transmet aux gouvernements de tous les Etats signataires ou adhérents.

(2) Le gouvernement de la République fédérale d'Allemagne notifie aux gouvernements des Etats visés au paragraphe 1 :

a) le dépôt de tout instrument de ratification ou d'adhésion ;

b) toute déclaration ou notification reçue en application de l'article 168 ;

c) toute dénonciation reçue en application de l'article 174 et la date à laquelle la dénonciation prend effet.

(3) Le gouvernement de la République fédérale d'Allemagne fait enregistrer la présente convention auprès du Secrétariat de l'Organisation des Nations Unies.

ZU URKUND DESSEN haben die hierzu ernannten Bevollmächtigten nach Vorlage ihrer in guter und gehöriger Form befundenen Vollmachten dieses Übereinkommen unterschrieben.

Geschehen zu München am fünften Oktober neunzehnhundertdreiundsiebzig

IN WITNESS WHEREOF, the Plenipotentiaries authorised thereto, having presented their Full Powers, found to be in good and due form, have signed this Convention.

Done at Munich this fifth day of October one thousand nine hundred and seventy-three

EN FOI DE QUOI les plénipotentiaires désignés à cette fin, après avoir présenté leurs pleins pouvoirs, reconnus en bonne et due forme, ont signé la présente convention.

Fait à Munich, le cinq octobre mil neuf cent soixante-treize

Ausführungsordnung
zum Übereinkommen über die Erteilung europäischer Patente

vom 5. Oktober 1973

in der Fassung des Beschlusses des Verwaltungsrats der Europäischen Patentorganisation
vom 7. Dezember 2006

Implementing Regulations
to the Convention on the Grant of European Patents

of 5 October 1973

as adopted by decision of the Administrative Council of the European Patent Organisation
of 7 December 2006

Règlement d'exécution
de la Convention sur la délivrance de brevets européens

du 5 octobre 1973

tel qu'adopté par décision du Conseil d'administration de l'Organisation européenne des brevets
en date du 7 décembre 2006

Gliederung

ERSTER TEIL
AUSFÜHRUNGSVORSCHRIFTEN ZUM ERSTEN TEIL DES ÜBEREINKOMMENS

Kapitel I
Allgemeine Vorschriften

R. 1	Schriftliches Verfahren
R. 2	Einreichung von Unterlagen; Formvorschriften
R. 3	Sprache im schriftlichen Verfahren
R. 4	Sprache im mündlichen Verfahren
R. 5	Beglaubigung von Übersetzungen
R. 6	Einreichung von Übersetzungen und Gebührenermäßigung
R. 7	Rechtliche Bedeutung der Übersetzung der europäischen Patentanmeldung

Kapitel II
Organisation des Europäischen Patentamts

1. Abschnitt
Allgemeines

R. 8	Patentklassifikation
R. 9	Verwaltungsmäßige Gliederung des Europäischen Patentamts
R. 10	Zuständigkeit der Eingangsstelle und der Prüfungsabteilung
R. 11	Geschäftsverteilung für die erste Instanz

2. Abschnitt
Organisation der Beschwerdekammern und der Großen Beschwerdekammer

R. 12	Präsidium der Beschwerdekammern
R. 13	Geschäftsverteilungsplan für die Große Beschwerdekammer und Erlass ihrer Verfahrensordnung

ZWEITER TEIL
AUSFÜHRUNGSVORSCHRIFTEN ZUM ZWEITEN TEIL DES ÜBEREINKOMMENS

Kapitel I
Verfahren bei mangelnder Berechtigung des Anmelders

R. 14	Aussetzung des Verfahrens
R. 15	Beschränkung von Zurücknahmen

Table of contents

PART I
IMPLEMENTING REGULATIONS TO PART I OF THE CONVENTION

Chapter I
General provisions

R. 1	Written proceedings
R. 2	Filing of and formal requirements for documents
R. 3	Language in written proceedings
R. 4	Language in oral proceedings
R. 5	Certification of translations
R. 6	Filing of translations and reduction of fees
R. 7	Legal authenticity of the translation of the European patent application

Chapter II
Organisation of the European Patent Office

Section 1
General matters

R. 8	Patent classification
R. 9	Administrative structure of the European Patent Office
R. 10	Responsibility of the Receiving Section and the Examining Division
R. 11	Allocation of duties to the departments of first instance

Section 2
Organisation of the Boards of Appeal and the Enlarged Board of Appeal

R. 12	Presidium of the Boards of Appeal
R. 13	Business distribution scheme for the Enlarged Board of Appeal and adoption of its Rules of Procedure

PART II
IMPLEMENTING REGULATIONS TO PART II OF THE CONVENTION

Chapter I
Procedure where the applicant is not entitled

R. 14	Stay of proceedings
R. 15	Limitation on withdrawals

Table des matières

PREMIÈRE PARTIE
DISPOSITIONS D'APPLICATION DE LA PREMIÈRE PARTIE DE LA CONVENTION

Chapitre I
Dispositions générales

R. 1	Procédure écrite
R. 2	Dépôt des documents et exigences de forme auxquelles ils doivent satisfaire
R. 3	Langues admissibles dans la procédure écrite
R. 4	Langues admissibles lors de la procédure orale
R. 5	Certification de traductions
R. 6	Production des traductions et réduction des taxes
R. 7	Valeur juridique de la traduction de la demande de brevet européen

Chapitre II
Organisation de l'Office européen des brevets

Section I
Dispositions générales

R. 8	Classification des brevets
R. 9	Structure administrative de l'Office européen des brevets
R. 10	Compétences de la section de dépôt et de la division d'examen
R. 11	Répartition des attributions entre les instances du premier degré

Section II
Organisation des chambres de recours et de la Grande Chambre de recours

R. 12	Praesidium des chambres de recours
R. 13	Répartition des attributions au sein de la Grande Chambre de recours et adoption de son règlement de procédure

DEUXIÈME PARTIE
DISPOSITIONS D'APPLICATION DE LA DEUXIÈME PARTIE DE LA CONVENTION

Chapitre I
Procédure prévue lorsque le demandeur n'est pas une personne habilitée

R. 14	Suspension de la procédure
R. 15	Limitation des retraits

R. 16	Verfahren nach Artikel 61 Absatz 1		R. 16	Procedure under Article 61, paragraph 1
R. 17	Einreichung einer neuen europäischen Patentanmeldung durch den Berechtigten		R. 17	Filing of a new European patent application by the entitled person
R. 18	Teilweiser Übergang des Rechts auf das europäische Patent		R. 18	Partial transfer of the right to the European patent

Kapitel II
Erfindernennung

Chapter II
Mention of the inventor

R. 19	Einreichung der Erfindernennung		R. 19	Designation of the inventor
R. 20	Bekanntmachung der Erfindernennung		R. 20	Publication of the mention of the inventor
R. 21	Berichtigung der Erfindernennung		R. 21	Rectification of the designation of an inventor

Kapitel III
Eintragung von Rechtsübergängen, Lizenzen und anderen Rechten

Chapter III
Registration of transfers, licences and other rights

R. 22	Eintragung von Rechtsübergängen		R. 22	Registration of transfers
R. 23	Eintragung von Lizenzen und anderen Rechten		R. 23	Registration of licences and other rights
R. 24	Besondere Angaben bei der Eintragung von Lizenzen		R. 24	Special entries for licence registrations

Kapitel IV
Ausstellungsbescheinigung

Chapter IV
Certificate of exhibition

R. 25	Ausstellungsbescheinigung		R. 25	Certificate of exhibition

Kapitel V
Biotechnologische Erfindungen

Chapter V
Biotechnological inventions

R. 26	Allgemeines und Begriffsbestimmungen		R. 26	General and definitions
R. 27	Patentierbare biotechnologische Erfindungen		R. 27	Patentable biotechnological inventions
R. 28	Ausnahmen von der Patentierbarkeit		R. 28	Exceptions to patentability
R. 29	Der menschliche Körper und seine Bestandteile		R. 29	The human body and its elements
R. 30	Erfordernisse europäischer Patentanmeldungen betreffend Nucleotid- und Aminosäuresequenzen		R. 30	Requirements of European patent applications relating to nucleotide and amino acid sequences
R. 31	Hinterlegung von biologischem Material		R. 31	Deposit of biological material
R. 32	Sachverständigenlösung		R. 32	Expert solution
R. 33	Zugang zu biologischem Material		R. 33	Availability of biological material
R. 34	Erneute Hinterlegung von biologischem Material		R. 34	New deposit of biological material

R. 16	Procédure prévue dans les cas visés à l'article 61, paragraphe 1
R. 17	Dépôt d'une nouvelle demande de brevet européen par la personne habilitée
R. 18	Transfert partiel du droit au brevet européen

Chapitre II
Mention de l'inventeur

R. 19	Désignation de l'inventeur
R. 20	Publication de la désignation de l'inventeur
R. 21	Rectification de la désignation d'un inventeur

Chapitre III
Inscription au Registre des transferts, licences et autres droits

R. 22	Inscription des transferts
R. 23	Inscription de licences et d'autres droits
R. 24	Mentions spéciales pour l'inscription d'une licence

Chapitre IV
Attestation d'exposition

R. 25	Attestation d'exposition

Chapitre V
Inventions biotechnologiques

R. 26	Généralités et définitions
R. 27	Inventions biotechnologiques brevetables
R. 28	Exceptions à la brevetabilité
R. 29	Le corps humain et ses éléments
R. 30	Prescriptions régissant les demandes de brevet européen portant sur des séquences de nucléotides et d'acides aminés
R. 31	Dépôt de matière biologique
R. 32	Solution de l'expert
R. 33	Accès à une matière biologique
R. 34	Nouveau dépôt de matière biologique

DRITTER TEIL **AUSFÜHRUNGSVORSCHRIFTEN ZUM DRITTEN TEIL DES ÜBEREINKOMMENS**			**PART III** **IMPLEMENTING REGULATIONS TO PART III OF THE CONVENTION**	
Kapitel I **Einreichung der europäischen Patentanmeldung**			**Chapter I** **Filing of the European patent application**	
R. 35	Allgemeine Vorschriften		R. 35	General provisions
R. 36	Europäische Teilanmeldungen		R. 36	European divisional applications
R. 37	Übermittlung europäischer Patentanmeldungen		R. 37	Forwarding of European patent applications
R. 38	Anmeldegebühr und Recherchengebühr		R. 38	Filing fee and search fee
R. 39	Benennungsgebühren		R. 39	Designation fees
R. 40	Anmeldetag		R. 40	Date of filing
Kapitel II **Anmeldebestimmungen**			**Chapter II** **Provisions governing the application**	
R. 41	Erteilungsantrag		R. 41	Request for grant
R. 42	Inhalt der Beschreibung		R. 42	Content of the description
R. 43	Form und Inhalt der Patentansprüche		R. 43	Form and content of claims
R. 44	Einheitlichkeit der Erfindung		R. 44	Unity of invention
R. 45	Gebührenpflichtige Patentansprüche		R. 45	Claims incurring fees
R. 46	Form der Zeichnungen		R. 46	Form of the drawings
R. 47	Form und Inhalt der Zusammenfassung		R. 47	Form and content of the abstract
R. 48	Unzulässige Angaben		R. 48	Prohibited matter
R. 49	Allgemeine Bestimmungen über die Form der Anmeldungsunterlagen		R. 49	General provisions governing the presentation of the application documents
R. 50	Nachgereichte Unterlagen		R. 50	Documents filed subsequently
Kapitel III **Jahresgebühren**			**Chapter III** **Renewal fees**	
R. 51	Fälligkeit		R. 51	Payment of renewal fees
Kapitel IV **Priorität**			**Chapter IV** **Priority**	
R. 52	Prioritätserklärung		R. 52	Declaration of priority
R. 53	Prioritätsunterlagen		R. 53	Priority documents
R. 54	Ausstellung von Prioritätsunterlagen		R. 54	Issuing priority documents
VIERTER TEIL **AUSFÜHRUNGSVORSCHRIFTEN ZUM VIERTEN TEIL DES ÜBEREINKOMMENS**			**PART IV** **IMPLEMENTING REGULATIONS TO PART IV OF THE CONVENTION**	
Kapitel I **Prüfung durch die Eingangsstelle**			**Chapter I** **Examination by the Receiving Section**	
R. 55	Eingangsprüfung		R. 55	Examination on filing
R. 56	Fehlende Teile der Beschreibung oder fehlende Zeichnungen		R. 56	Missing parts of the description or missing drawings
R. 57	Formalprüfung		R. 57	Examination as to formal requirements
R. 58	Beseitigung von Mängeln in den Anmeldungsunterlagen		R. 58	Correction of deficiencies in the application documents
R. 59	Mängel bei der Inanspruchnahme der Priorität		R. 59	Deficiencies in claiming priority
R. 60	Nachholung der Erfindernennung		R. 60	Subsequent designation of the inventor

TROISIÈME PARTIE
DISPOSITIONS D'APPLICATION DE LA TROISIÈME PARTIE DE LA CONVENTION

Chapitre I
Dépôt de la demande de brevet européen

R. 35	Dispositions générales
R. 36	Demandes divisionnaires européennes
R. 37	Transmission des demandes de brevet européen
R. 38	Taxe de dépôt et taxe de recherche
R. 39	Taxes de désignation
R. 40	Date de dépôt

Chapitre II
Dispositions régissant les demandes

R. 41	Requête en délivrance
R. 42	Contenu de la description
R. 43	Forme et contenu des revendications
R. 44	Unité de l'invention
R. 45	Revendications donnant lieu au paiement de taxes
R. 46	Forme des dessins
R. 47	Forme et contenu de l'abrégé
R. 48	Eléments prohibés
R. 49	Dispositions générales relatives à la présentation des pièces de la demande
R. 50	Documents produits ultérieurement

Chapitre III
Taxes annuelles

R. 51	Paiement des taxes annuelles

Chapitre IV
Priorité

R. 52	Déclaration de priorité
R. 53	Documents de priorité
R. 54	Délivrance de documents de priorité

QUATRIÈME PARTIE
DISPOSITIONS D'APPLICATION DE LA QUATRIÈME PARTIE DE LA CONVENTION

Chapitre I
Examen par la section de dépôt

R. 55	Examen lors du dépôt
R. 56	Parties manquantes de la description ou dessins manquants
R. 57	Examen quant aux exigences de forme
R. 58	Correction d'irrégularités dans les pièces de la demande
R. 59	Irrégularités dans la revendication de priorité
R. 60	Désignation ultérieure de l'inventeur

Kapitel II			**Chapter II**	
Europäischer Recherchenbericht			**European search report**	
R. 61	Inhalt des europäischen Recherchenberichts		R. 61	Content of the European search report
R. 62	Erweiterter europäischer Recherchenbericht		R. 62	Extended European search report
R. 63	Unvollständige Recherche		R. 63	Incomplete search
R. 64	Europäischer Recherchenbericht bei mangelnder Einheitlichkeit		R. 64	European search report where the invention lacks unity
R. 65	Übermittlung des europäischen Recherchenberichts		R. 65	Transmittal of the European search report
R. 66	Endgültiger Inhalt der Zusammenfassung		R. 66	Definitive content of the abstract

Kapitel III
Veröffentlichung der europäischen Patentanmeldung

Chapter III
Publication of the European patent application

R. 67	Technische Vorbereitungen für die Veröffentlichung		R. 67	Technical preparations for publication
R. 68	Form der Veröffentlichung der europäischen Patentanmeldungen und europäischen Recherchenberichte		R. 68	Form of the publication of European patent applications and European search reports
R. 69	Mitteilungen über die Veröffentlichung		R. 69	Information about publication
R. 70	Prüfungsantrag		R. 70	Request for examination

Kapitel IV
Prüfung durch die Prüfungsabteilung

Chapter IV
Examination by the Examining Division

R. 71	Prüfungsverfahren		R. 71	Examination procedure
R. 72	Erteilung des europäischen Patents an verschiedene Anmelder		R. 72	Grant of the European patent to different applicants

Kapitel V
Europäische Patentschrift

Chapter V
The European patent specification

R. 73	Inhalt und Form der Patentschrift		R. 73	Content and form of the specification
R. 74	Urkunde über das europäische Patent		R. 74	Certificate for a European patent

FÜNFTER TEIL
AUSFÜHRUNGSVORSCHRIFTEN ZUM FÜNFTEN TEIL DES ÜBEREINKOMMENS

PART V
IMPLEMENTING REGULATIONS TO PART V OF THE CONVENTION

Kapitel I
Einspruchsverfahren

Chapter I
Opposition procedure

R. 75	Verzicht oder Erlöschen des Patents		R. 75	Surrender or lapse of the patent
R. 76	Form und Inhalt des Einspruchs		R. 76	Form and content of the opposition
R. 77	Verwerfung des Einspruchs als unzulässig		R. 77	Rejection of the opposition as inadmissible
R. 78	Verfahren bei mangelnder Berechtigung des Patentinhabers		R. 78	Procedure where the proprietor of the patent is not entitled
R. 79	Vorbereitung der Einspruchsprüfung		R. 79	Preparation of the examination of the opposition
R. 80	Änderung des europäischen Patents		R. 80	Amendment of the European patent

Chapitre II
Rapport de recherche européenne

R. 61   Contenu du rapport de recherche européenne
R. 62   Rapport de recherche européenne élargi
R. 63   Recherche incomplète
R. 64   Rapport de recherche européenne en cas d'absence d'unité d'invention
R. 65   Transmission du rapport de recherche européenne
R. 66   Contenu définitif de l'abrégé

Chapitre III
Publication de la demande de brevet européen

R. 67   Préparatifs techniques en vue de la publication
R. 68   Forme de la publication des demandes de brevet européen et des rapports de recherche européenne
R. 69   Renseignements concernant la publication
R. 70   Requête en examen

Chapitre IV
Examen par la division d'examen

R. 71   Procédure d'examen
R. 72   Délivrance du brevet européen à plusieurs demandeurs

Chapitre V
Fascicule du brevet européen

R. 73   Contenu et forme du fascicule
R. 74   Certificat de brevet européen

CINQUIÈME PARTIE
DISPOSITIONS D'APPLICATION DE LA CINQUIÈME PARTIE DE LA CONVENTION

Chapitre 1
Procédure d'opposition

R. 75   Renonciation au brevet ou extinction de celui-ci
R. 76   Forme et contenu de l'opposition
R. 77   Rejet de l'opposition pour irrecevabilité
R. 78   Procédure prévue lorsque le titulaire du brevet n'est pas une personne habilitée
R. 79   Mesures préparatoires à l'examen de l'opposition
R. 80   Modification du brevet européen

R. 81	Prüfung des Einspruchs	R. 81	Examination of opposition
R. 82	Aufrechterhaltung des europäischen Patents in geändertem Umfang	R. 82	Maintenance of the European patent in amended form
R. 83	Anforderung von Unterlagen	R. 83	Request for documents
R. 84	Fortsetzung des Einspruchsverfahrens von Amts wegen	R. 84	Continuation of the opposition proceedings by the European Patent Office of its own motion
R. 85	Rechtsübergang des europäischen Patents	R. 85	Transfer of the European patent
R. 86	Unterlagen im Einspruchsverfahren	R. 86	Documents in opposition proceedings
R. 87	Inhalt und Form der neuen europäischen Patentschrift	R. 87	Content and form of the new specification of the European patent
R. 88	Kosten	R. 88	Costs
R. 89	Beitritt des vermeintlichen Patentverletzers	R. 89	Intervention of the assumed infringer

Kapitel II
Beschränkungs- und Widerrufsverfahren

Chapter II
Procedure for limitation or revocation

R. 90	Gegenstand des Verfahrens	R. 90	Subject of proceedings
R. 91	Zuständigkeit für das Verfahren	R. 91	Responsibility for proceedings
R. 92	Antragserfordernisse	R. 92	Requirements of the request
R. 93	Vorrang des Einspruchsverfahrens	R. 93	Precedence of opposition proceedings
R. 94	Verwerfung des Antrags als unzulässig	R. 94	Rejection of the request as inadmissible
R. 95	Entscheidung über den Antrag	R. 95	Decision on the request
R. 96	Inhalt und Form der geänderten europäischen Patentschrift	R. 96	Content and form of the amended European patent specification

SECHSTER TEIL
AUSFÜHRUNGSVORSCHRIFTEN ZUM SECHSTEN TEIL DES ÜBEREINKOMMENS

PART VI
IMPLEMENTING REGULATIONS TO PART VI OF THE CONVENTION

Kapitel I
Beschwerdeverfahren

Chapter I
Appeals procedure

R. 97	Beschwerde gegen Kostenverteilung und Kostenfestsetzung	R. 97	Appeal against apportionment and fixing of costs
R. 98	Verzicht oder Erlöschen des Patents	R. 98	Surrender or lapse of the patent
R. 99	Inhalt der Beschwerdeschrift und der Beschwerdebegründung	R. 99	Content of the notice of appeal and the statement of grounds
R. 100	Prüfung der Beschwerde	R. 100	Examination of appeals
R. 101	Verwerfung der Beschwerde als unzulässig	R. 101	Rejection of the appeal as inadmissible
R. 102	Form der Entscheidung der Beschwerdekammer	R. 102	Form of decision of the Board of Appeal
R. 103	Rückzahlung der Beschwerdegebühr	R. 103	Reimbursement of appeal fees

Kapitel II
Anträge auf Überprüfung durch die Große Beschwerdekammer

Chapter II
Petitions for review by the Enlarged Board of Appeal

R. 104	Weitere schwerwiegende Verfahrensmängel	R. 104	Further fundamental procedural defects
R. 105	Straftaten	R. 105	Criminal acts

R. 81	Examen de l'opposition	
R. 82	Maintien du brevet européen sous une forme modifiée	
R. 83	Demande de documents	
R. 84	Poursuite d'office de la procédure d'opposition	
R. 85	Transfert du brevet européen	
R. 86	Documents produits au cours de la procédure d'opposition	
R. 87	Contenu et forme du nouveau fascicule du brevet européen	
R. 88	Frais	
R. 89	Intervention du contrefacteur présumé	

Chapitre II
Procédure de limitation ou de révocation

R. 90	Objet de la procédure
R. 91	Compétence pour la procédure
R. 92	Exigences auxquelles doit satisfaire la requête
R. 93	Primauté de la procédure d'opposition
R. 94	Rejet de la requête pour irrecevabilité
R. 95	Décision sur la requête
R. 96	Contenu et forme du fascicule du brevet européen modifié

SIXIÈME PARTIE
DISPOSITIONS D'APPLICATION DE LA SIXIÈME PARTIE DE LA CONVENTION

Chapitre I
Procédure de recours

R. 97	Recours contre la répartition et la fixation des frais
R. 98	Renonciation au brevet ou extinction de celui-ci
R. 99	Contenu de l'acte de recours et du mémoire exposant les motifs du recours
R. 100	Examen du recours
R. 101	Rejet du recours pour irrecevabilité
R. 102	Forme des décisions des chambres de recours
R. 103	Remboursement de la taxe de recours

Chapitre II
Requête en révision par la Grande Chambre de recours

R. 104	Autres vices fondamentaux de procédure
R. 105	Infractions pénales

R. 106	Rügepflicht	R. 106	Obligation to raise objections
R. 107	Inhalt des Antrags auf Überprüfung	R. 107	Contents of the petition for review
R. 108	Prüfung des Antrags	R. 108	Examination of the petition
R. 109	Verfahren bei Anträgen auf Überprüfung	R. 109	Procedure in dealing with petitions for review
R. 110	Rückzahlung der Gebühr für einen Antrag auf Überprüfung	R. 110	Reimbursement of the fee for petitions for review

SIEBENTER TEIL
AUSFÜHRUNGSVORSCHRIFTEN ZUM SIEBENTEN TEIL DES ÜBEREINKOMMENS

PART VII
IMPLEMENTING REGULATIONS TO PART VII OF THE CONVENTION

Kapitel I
Entscheidungen und Mitteilungen des Europäischen Patentamts

Chapter I
Decisions and communications of the European Patent Office

R. 111	Form der Entscheidungen	R. 111	Form of decisions
R. 112	Feststellung eines Rechtsverlusts	R. 112	Noting of loss of rights
R. 113	Unterschrift, Name, Dienstsiegel	R. 113	Signature, name, seal

Kapitel II
Einwendungen Dritter

Chapter II
Observations by third parties

R. 114	Einwendungen Dritter	R. 114	Observations by third parties

Kapitel III
Mündliche Verhandlung und Beweisaufnahme

Chapter III
Oral proceedings and taking of evidence

R. 115	Ladung zur mündlichen Verhandlung	R. 115	Summons to oral proceedings
R. 116	Vorbereitung der mündlichen Verhandlung	R. 116	Preparation of oral proceedings
R. 117	Entscheidung über eine Beweisaufnahme	R. 117	Decision on taking of evidence
R. 118	Ladung zur Vernehmung vor dem Europäischen Patentamt	R. 118	Summons to give evidence before the European Patent Office
R. 119	Durchführung der Beweisaufnahme vor dem Europäischen Patentamt	R. 119	Examination of evidence before the European Patent Office
R. 120	Vernehmung vor dem zuständigen nationalen Gericht	R. 120	Hearing by a competent national court
R. 121	Beauftragung von Sachverständigen	R. 121	Commissioning of experts
R. 122	Kosten der Beweisaufnahme	R. 122	Costs of taking of evidence
R. 123	Beweissicherung	R. 123	Conservation of evidence
R. 124	Niederschrift über mündliche Verhandlungen und Beweisaufnahmen	R. 124	Minutes of oral proceedings and of taking of evidence

Kapitel IV
Zustellungen

Chapter IV
Notifications

R. 125	Allgemeine Vorschriften	R. 125	General provisions
R. 126	Zustellung durch die Post	R. 126	Notification by post
R. 127	Zustellung durch technische Einrichtungen zur Nachrichtenübermittlung	R. 127	Notification by technical means of communication
R. 128	Zustellung durch unmittelbare Übergabe	R. 128	Notification by delivery by hand
R. 129	Öffentliche Zustellung	R. 129	Public notification
R. 130	Zustellung an Vertreter	R. 130	Notification to representatives

R. 106	Obligation de soulever des objections	
R. 107	Contenu de la requête en révision	
R. 108	Examen de la requête	
R. 109	Procédure en cas de requête en révision	
R. 110	Remboursement de la taxe de requête en révision	

SEPTIÈME PARTIE
DISPOSITIONS D'APPLICATION DE LA SEPTIÈME PARTIE DE LA CONVENTION

Chapitre I
Décisions et notifications de l'Office européen des brevets

- R. 111 Forme des décisions
- R. 112 Constatation de la perte d'un droit
- R. 113 Signature, nom, sceau

Chapitre II
Observations des tiers

- R. 114 Observations des tiers

Chapitre III
Procédure orale et instruction

- R. 115 Citation à une procédure orale
- R. 116 Préparation de la procédure orale
- R. 117 Décision ordonnant une mesure d'instruction
- R. 118 Citation à comparaître devant l'Office européen des brevets
- R. 119 Exécution des mesures d'instruction devant l'Office européen des brevets
- R. 120 Audition devant les autorités judiciaires compétentes d'un Etat
- R. 121 Commission d'experts
- R. 122 Frais de l'instruction
- R. 123 Conservation de la preuve
- R. 124 Procès-verbal des procédures orales et des instructions

Chapitre IV
Significations

- R. 125 Dispositions générales
- R. 126 Signification par la poste
- R. 127 Signification par des moyens techniques de communication
- R. 128 Signification par remise directe
- R. 129 Signification publique
- R. 130 Signification au mandataire ou au représentant

Kapitel V		Chapter V	
Fristen		Time limits	
R. 131	Berechnung der Fristen	R. 131	Calculation of periods
R. 132	Vom Europäischen Patentamt bestimmte Fristen	R. 132	Periods specified by the European Patent Office
R. 133	Verspäteter Zugang von Schriftstücken	R. 133	Late receipt of documents
R. 134	Verlängerung von Fristen	R. 134	Extension of periods
R. 135	Weiterbehandlung	R. 135	Further processing
R. 136	Wiedereinsetzung	R. 136	Re-establishment of rights

Kapitel VI		Chapter VI	
Änderungen und Berichtigungen		Amendments and corrections	
R. 137	Änderung der europäischen Patentanmeldung	R. 137	Amendment of the European patent application
R. 138	Unterschiedliche Patentansprüche, Beschreibungen und Zeichnungen für verschiedene Staaten	R. 138	Different claims, description and drawings for different States
R. 139	Berichtigung von Mängeln in den beim Europäischen Patentamt eingereichten Unterlagen	R. 139	Correction of errors in documents filed with the European Patent Office
R. 140	Berichtigung von Fehlern in Entscheidungen	R. 140	Correction of errors in decisions

Kapitel VII		Chapter VII	
Auskünfte über den Stand der Technik		Information on prior art	
R. 141	Auskünfte über den Stand der Technik	R. 141	Information on prior art

Kapitel VIII		Chapter VIII	
Unterbrechung des Verfahrens		Interruption of proceedings	
R. 142	Unterbrechung des Verfahrens	R. 142	Interruption of proceedings

Kapitel IX		Chapter IX	
Unterrichtung der Öffentlichkeit		Information to the public	
R. 143	Eintragungen in das Europäische Patentregister	R. 143	Entries in the European Patent Register
R. 144	Von der Einsicht ausgeschlossene Aktenteile	R. 144	Parts of the file excluded from inspection
R. 145	Durchführung der Akteneinsicht	R. 145	Procedures for the inspection of files
R. 146	Auskunft aus den Akten	R. 146	Communication of information contained in the files
R. 147	Anlage, Führung und Aufbewahrung von Akten	R. 147	Constitution, maintenance and preservation of files

Kapitel X		Chapter X	
Rechts- und Amtshilfe		Legal and administrative co-operation	
R. 148	Verkehr des Europäischen Patentamts mit Behörden der Vertragsstaaten	R. 148	Communications between the European Patent Office and the authorities of the Contracting States
R. 149	Akteneinsicht durch Gerichte und Behörden der Vertragsstaaten oder durch deren Vermittlung	R. 149	Inspection of files by or via courts or authorities of the Contracting States
R. 150	Verfahren bei Rechtshilfeersuchen	R. 150	Procedure for letters rogatory

Chapitre V
Délais

R. 131   Calcul des délais
R. 132   Délais impartis par l'Office européen des brevets
R. 133   Pièces reçues tardivement
R. 134   Prorogation des délais
R. 135   Poursuite de la procédure
R. 136   Restitutio in integrum

Chapitre VI
Modifications et corrections

R. 137   Modification de la demande de brevet européen
R. 138   Revendications, descriptions et dessins différents pour des Etats différents
R. 139   Correction d'erreurs dans les pièces produites auprès de l'Office européen des brevets
R. 140   Rectification d'erreurs dans les décisions

Chapitre VII
Informations sur l'état de la technique

R. 141   Informations sur l'état de la technique

Chapitre VIII
Interruption de la procédure

R. 142   Interruption de la procédure

Chapitre IX
Information du public

R. 143   Inscriptions au Registre européen des brevets
R. 144   Pièces du dossier exclues de l'inspection publique
R. 145   Modalités de l'inspection publique
R. 146   Communication d'informations contenues dans les dossiers
R. 147   Constitution, tenue et conservation des dossiers

Chapitre X
Assistance judiciaire et administrative

R. 148   Communications entre l'Office européen des brevets et les administrations des Etats contractants
R. 149   Communication de dossiers aux juridictions et administrations des Etats contractants ou par leur intermédiaire
R. 150   Procédure des commissions rogatoires

Kapitel XI		Chapter XI	
Vertretung		Representation	
R. 151	Bestellung eines gemeinsamen Vertreters	R. 151	Appointment of a common representative
R. 152	Vollmacht	R. 152	Authorisations
R. 153	Zeugnisverweigerungsrecht des Vertreters	R. 153	Attorney evidentiary privilege
R. 154	Änderungen in der Liste der Vertreter	R. 154	Amendment of the list of professional representatives

ACHTER TEIL		PART VIII	
AUSFÜHRUNGSVORSCHRIFTEN ZUM ACHTEN TEIL DES ÜBEREINKOMMENS		IMPLEMENTING REGULATIONS TO PART VIII OF THE CONVENTION	
R. 155	Einreichung und Übermittlung des Umwandlungsantrags	R. 155	Filing and transmission of the request for conversion
R. 156	Unterrichtung der Öffentlichkeit bei Umwandlungen	R. 156	Information to the public in the event of conversion

NEUNTER TEIL		PART IX	
AUSFÜHRUNGSVORSCHRIFTEN ZUM ZEHNTEN TEIL DES ÜBEREINKOMMENS		IMPLEMENTING REGULATIONS TO PART X OF THE CONVENTION	
R. 157	Das Europäische Patentamt als Anmeldeamt	R. 157	The European Patent Office as a receiving Office
R. 158	Das Europäische Patentamt als Internationale Recherchenbehörde oder als mit der internationalen vorläufigen Prüfung beauftragte Behörde	R. 158	The European Patent Office as an International Searching Authority or International Preliminary Examining Authority
R. 159	Das Europäische Patentamt als Bestimmungsamt oder ausgewähltes Amt – Erfordernisse für den Eintritt in die europäische Phase	R. 159	The European Patent Office as a designated or elected Office – Requirements for entry into the European phase
R. 160	Folgen der Nichterfüllung bestimmter Erfordernisse	R. 160	Consequences of non-fulfilment of certain requirements
R. 161	Änderung der Anmeldung	R. 161	Amendment of the application
R. 162	Gebührenpflichtige Patentansprüche	R. 162	Claims incurring fees
R. 163	Prüfung bestimmter Formerfordernisse durch das Europäische Patentamt	R. 163	Examination of certain formal requirements by the European Patent Office
R. 164	Prüfung der Einheitlichkeit durch das Europäische Patentamt	R. 164	Consideration of unity by the European Patent Office
R. 165	Die Euro-PCT-Anmeldung als kollidierende Anmeldung nach Artikel 54 Absatz 3	R. 165	The Euro-PCT application as conflicting application under Article 54, paragraph 3

Chapitre XI
Représentation

R. 151 Désignation d'un représentant commun

R. 152 Pouvoir
R. 153 Droit de ne pas divulguer les communications entre un mandataire agréé et son mandant
R. 154 Modification de la liste des mandataires agréés

HUITIÈME PARTIE
DISPOSITIONS D'APPLICATION DE LA HUITIÈME PARTIE DE LA CONVENTION

R. 155 Présentation et transmission de la requête en transformation
R. 156 Information du public en cas de transformation

NEUVIÈME PARTIE
DISPOSITIONS D'APPLICATION DE LA DIXIÈME PARTIE DE LA CONVENTION

R. 157 L'Office européen des brevets agissant en qualité d'office récepteur
R. 158 L'Office européen des brevets agissant en qualité d'administration chargée de la recherche internationale ou d'administration chargée de l'examen préliminaire international
R. 159 L'Office européen des brevets agissant en qualité d'office désigné ou élu – Exigences à satisfaire pour l'entrée dans la phase européenne
R. 160 Conséquences de l'inobservation de certaines conditions
R. 161 Modification de la demande
R. 162 Revendications donnant lieu au paiement de taxes
R. 163 Examen de certaines conditions de forme par l'Office européen des brevets

R. 164 Examen de l'unité par l'Office européen des brevets
R. 165 La demande euro-PCT en tant que demande interférente au sens de l'article 54, paragraphe 3

PART I
IMPLEMENTING REGULATIONS TO PART I OF THE CONVENTION

Chapter I
General provisions

Rule 1
Written proceedings

In written proceedings before the European Patent Office, the requirement to use the written form shall be satisfied if the content of the documents can be reproduced in a legible form on paper.

Rule 2
Filing of and formal requirements for documents

(1)[1] In proceedings before the European Patent Office, documents may be filed by delivery by hand, by post or by technical means of communication. The President of the European Patent Office shall lay down the details and conditions and, where appropriate, any special formal or technical requirements for the filing of documents. In particular, he may specify that confirmation must be supplied. If such confirmation is not supplied in due time, the European patent application shall be refused; documents filed subsequently shall be deemed not to have been received.

(2) Where the Convention provides that a document must be signed, the authenticity of the document may be confirmed by handwritten signature or other appropriate means the use of which has been permitted by the President of the European Patent Office. A document authenticated by such other means shall be deemed to meet the legal requirements of signature in the same way as a document bearing a handwritten signature which has been filed in paper form.

---

[1] See decisions of the President of the EPO, Special edition No. 3, OJ EPO 2007, A.3., A.4., A.5.

PREMIÈRE PARTIE
DISPOSITIONS D'APPLICATION DE LA PREMIÈRE PARTIE DE LA CONVENTION

Chapitre I
Dispositions générales

Règle 1
Procédure écrite

R. 3, 35, 49, 50, 76, 89, 92, 114

Dans la procédure écrite devant l'Office européen des brevets, il est satisfait à l'exigence relative à l'utilisation de la forme écrite si le contenu des documents peut être reproduit lisiblement sur papier.

Règle 2
Dépôt des documents et exigences de forme auxquelles ils doivent satisfaire

R. 3, 31, 35, 49, 50, 92, 134

(1)[1] Dans la procédure devant l'Office européen des brevets, les documents peuvent être déposés par remise directe, par voie postale ou par des moyens techniques de communication. Le Président de l'Office européen des brevets arrête les modalités d'application et les conditions requises ainsi que, le cas échéant, des exigences de forme et des exigences techniques particulières régissant le dépôt de documents. Il peut en particulier prévoir qu'il y a lieu de produire une confirmation. Si cette confirmation n'est pas produite dans les délais, la demande de brevet européen est rejetée ; les documents produits ultérieurement sont réputés ne pas avoir été reçus.

(2) Si la convention prévoit l'obligation de signer un document, l'authenticité de celui-ci peut être confirmée par une signature manuscrite ou par d'autres moyens appropriés dont l'utilisation a été autorisée par le Président de l'Office européen des brevets. Un document authentifié par ces autres moyens est réputé remplir les conditions juridiques relatives à la signature au même titre qu'un document portant une signature manuscrite et déposé sur papier.

---

[1] Cf. les décisions du Président de l'OEB, Edition spéciale n° 3, JO OEB 2007, A.3., A.4., A.5

Regel 3[2]
Sprache im schriftlichen Verfahren

(1) Im schriftlichen Verfahren vor dem Europäischen Patentamt kann jeder Beteiligte sich jeder Amtssprache des Europäischen Patentamts bedienen. Die in Artikel 14 Absatz 4 vorgesehene Übersetzung kann in jeder Amtssprache des Europäischen Patentamts eingereicht werden.

(2) Änderungen der europäischen Patentanmeldung oder des europäischen Patents müssen in der Verfahrenssprache eingereicht werden.

(3) Schriftliche Beweismittel, insbesondere Veröffentlichungen, können in jeder Sprache eingereicht werden. Das Europäische Patentamt kann jedoch verlangen, dass innerhalb einer zu bestimmenden Frist eine Übersetzung in einer seiner Amtssprachen eingereicht wird. Wird eine verlangte Übersetzung nicht rechtzeitig eingereicht, so braucht das Europäische Patentamt das betreffende Schriftstück nicht zu berücksichtigen.

Regel 4
Sprache im mündlichen Verfahren

(1) Jeder an einem mündlichen Verfahren vor dem Europäischen Patentamt Beteiligte kann sich anstelle der Verfahrenssprache einer anderen Amtssprache des Europäischen Patentamts bedienen, sofern er dies dem Europäischen Patentamt spätestens einen Monat vor dem angesetzten Termin mitgeteilt hat oder selbst für die Übersetzung in die Verfahrenssprache sorgt. Jeder Beteiligte kann sich einer Amtssprache eines Vertragsstaats bedienen, sofern er selbst für die Übersetzung in die Verfahrenssprache sorgt. Von diesen Vorschriften kann das Europäische Patentamt Ausnahmen zulassen.

(2) Die Bediensteten des Europäischen Patentamts können sich im mündlichen Verfahren anstelle der Verfahrenssprache einer anderen Amtssprache des Europäischen Patentamts bedienen.

Rule 3[2]
Language in written proceedings

(1) In written proceedings before the European Patent Office, any party may use any official language of the European Patent Office. The translation referred to in Article 14, paragraph 4, may be filed in any official language of the European Patent Office.

(2) Amendments to a European patent application or European patent shall be filed in the language of the proceedings.

(3) Documentary evidence and, in particular, publications may be filed in any language. The European Patent Office may, however, require that a translation in one of its official languages be filed, within a period to be specified. If a required translation is not filed in due time, the European Patent Office may disregard the document in question.

Rule 4
Language in oral proceedings

(1) Any party to oral proceedings before the European Patent Office may use an official language of the European Patent Office other than the language of the proceedings, if such party gives notice to the European Patent Office at least one month before the date of such oral proceedings or provides for interpretation into the language of the proceedings. Any party may use an official language of a Contracting State, if he provides for interpretation into the language of the proceedings. The European Patent Office may permit derogations from these provisions.

(2) In the course of oral proceedings, employees of the European Patent Office may use an official language of the European Patent Office other than the language of the proceedings.

---

[2] Siehe hierzu Entscheidung der Großen Beschwerdekammer G 3/99 (Anhang I).

[2] See decision of the Enlarged Board of Appeal G 3/99 (Annex I).

Verweisungen/References/Références

Règle 3[2]
Langues admissibles dans la procédure écrite

Art. 14, 99, 105, 108
R. 1, 77, 89, 101

(1) Dans toute procédure écrite devant l'Office européen des brevets, toute partie peut utiliser l'une des langues officielles de l'Office européen des brevets. La traduction visée à l'article 14, paragraphe 4, peut être produite dans toute langue officielle de l'Office européen des brevets.

(2) Les modifications de la demande de brevet européen ou du brevet européen doivent être déposées dans la langue de la procédure.

(3) Les documents utilisés comme moyens de preuve, en particulier les publications, peuvent être produits en toute langue. Toutefois, l'Office européen des brevets peut exiger qu'une traduction soit produite dans l'une de ses langues officielles dans un délai qu'il impartit. Si la traduction requise n'est pas produite dans les délais, l'Office européen des brevets peut ne pas tenir compte du document en question.

Règle 4
Langues admissibles lors de la procédure orale

Art. 14, 116, 117, 123
R. 120

(1) Toute partie à une procédure orale devant l'Office européen des brevets peut utiliser une langue officielle de l'Office européen des brevets autre que la langue de la procédure, à condition soit d'en aviser l'Office européen des brevets un mois au moins avant la date de la procédure orale, soit d'assurer l'interprétation dans la langue de la procédure. Toute partie peut utiliser une langue officielle de l'un des Etats contractants à condition d'assurer l'interprétation dans la langue de la procédure. L'Office européen des brevets peut autoriser des dérogations aux présentes dispositions.

(2) Au cours de la procédure orale, les agents de l'Office européen des brevets peuvent utiliser une langue officielle de l'Office européen des brevets autre que la langue de la procédure.

---

[2] Cf. la décision de la Grande Chambre de recours G 3/99 (Annexe I)

(3) In der Beweisaufnahme können sich die zu vernehmenden Beteiligten, Zeugen oder Sachverständigen, die sich in einer Amtssprache des Europäischen Patentamts oder eines Vertragsstaats nicht hinlänglich ausdrücken können, einer anderen Sprache bedienen. Erfolgt die Beweisaufnahme auf Antrag eines Beteiligten, so werden die Beteiligten, Zeugen oder Sachverständigen mit Erklärungen, die sie in einer anderen Sprache als in einer Amtssprache des Europäischen Patentamts abgeben, nur gehört, sofern dieser Beteiligte selbst für die Übersetzung in die Verfahrenssprache sorgt. Das Europäische Patentamt kann jedoch die Übersetzung in eine seiner anderen Amtssprachen zulassen.

(4) Mit Einverständnis aller Beteiligten und des Europäischen Patentamts kann jede Sprache verwendet werden.

(5) Das Europäische Patentamt übernimmt, soweit erforderlich, auf seine Kosten die Übersetzung in die Verfahrenssprache und gegebenenfalls in seine anderen Amtssprachen, sofern ein Beteiligter nicht selbst für die Übersetzung zu sorgen hat.

(6) Erklärungen von Bediensteten des Europäischen Patentamts, Beteiligten, Zeugen und Sachverständigen, die in einer Amtssprache des Europäischen Patentamts abgegeben werden, werden in dieser Sprache in die Niederschrift aufgenommen. Erklärungen in einer anderen Sprache werden in der Amtssprache aufgenommen, in die sie übersetzt worden sind. Änderungen einer europäischen Patentanmeldung oder eines europäischen Patents werden in der Verfahrenssprache in die Niederschrift aufgenommen.

Regel 5
Beglaubigung von Übersetzungen

Ist die Übersetzung eines Schriftstücks erforderlich, so kann das Europäische Patentamt innerhalb einer zu bestimmenden Frist die Einreichung einer Beglaubigung darüber verlangen, dass die Übersetzung mit dem Urtext übereinstimmt. Wird die Beglaubigung nicht rechtzeitig eingereicht, so gilt das Schriftstück als nicht eingereicht, sofern nichts anderes bestimmt ist.

(3) Where evidence is taken, any party, witness or expert to be heard who is unable to express himself adequately in an official language of the European Patent Office or of a Contracting State may use another language. Where evidence is taken upon request of a party, parties, witnesses or experts expressing themselves in a language other than an official language of the European Patent Office shall be heard only if that party provides for interpretation into the language of the proceedings. The European Patent Office may, however, permit interpretation into one of its other official languages.

(4) If the parties and the European Patent Office agree, any language may be used.

(5) The European Patent Office shall, if necessary, provide at its own expense interpretation into the language of the proceedings, or, where appropriate, into its other official languages, unless such interpretation is the responsibility of one of the parties.

(6) Statements by employees of the European Patent Office, parties, witnesses or experts, made in an official language of the European Patent Office, shall be entered in the minutes in that language. Statements made in any other language shall be entered in the official language into which they are translated. Amendments to a European patent application or European patent shall be entered in the minutes in the language of the proceedings.

Rule 5
Certification of translations

Where the translation of a document is required, the European Patent Office may require that a certificate that the translation corresponds to the original text be filed within a period to be specified. If the certificate is not filed in due time, such document shall be deemed not to have been filed, unless otherwise provided.

(3) Lors de l'instruction, les parties, témoins ou experts appelés à être entendus, qui ne possèdent pas une maîtrise suffisante d'une langue officielle de l'Office européen des brevets ou d'un Etat contractant, peuvent utiliser une autre langue. Si la mesure d'instruction est ordonnée sur requête d'une partie, les parties, témoins ou experts qui s'expriment dans une langue autre qu'une langue officielle de l'Office européen des brevets ne sont entendus que si cette partie assure l'interprétation dans la langue de la procédure. L'Office européen des brevets peut toutefois autoriser l'interprétation dans l'une de ses autres langues officielles.

(4) Sous réserve de l'accord des parties et de l'Office européen des brevets, toute langue peut être utilisée.

(5) L'Office européen des brevets assure à ses frais, en tant que de besoin, l'interprétation dans la langue de la procédure, ou, le cas échéant, dans ses autres langues officielles, à moins que cette interprétation ne doive être assurée par l'une des parties.

(6) Les interventions des agents de l'Office européen des brevets, des parties, témoins et experts faites dans une langue officielle de l'Office européen des brevets sont consignées au procès-verbal dans cette langue. Les interventions faites dans une autre langue sont consignées dans la langue officielle dans laquelle elles sont traduites. Les modifications apportées à une demande de brevet européen ou à un brevet européen sont consignées au procès-verbal dans la langue de la procédure.

Règle 5
Certification de traductions

Art. 14, 88
R. 7

Lorsque la traduction d'un document est requise, l'Office européen des brevets peut exiger la production, dans un délai qu'il impartit, d'une attestation certifiant que la traduction est conforme au texte original. Si l'attestation n'est pas produite dans les délais, le document est réputé n'avoir pas été produit, sauf s'il en est disposé autrement.

Regel 6
Einreichung von Übersetzungen und Gebührenermäßigung

(1) Eine Übersetzung nach Artikel 14 Absatz 2 ist innerhalb von zwei Monaten nach Einreichung der europäischen Patentanmeldung einzureichen.

(2) Eine Übersetzung nach Artikel 14 Absatz 4 ist innerhalb eines Monats nach Einreichung des Schriftstücks einzureichen. Dies gilt auch für Anträge nach Artikel 105a. Ist das Schriftstück ein Einspruch, eine Beschwerdeschrift, eine Beschwerdebegründung oder ein Antrag auf Überprüfung, so kann die Übersetzung innerhalb der Einspruchs- oder Beschwerdefrist, der Frist für die Einreichung der Beschwerdebegründung oder der Frist für die Stellung des Überprüfungsantrags eingereicht werden, wenn die entsprechende Frist später abläuft.

(3)[3] Reicht eine in Artikel 14 Absatz 4 genannte Person eine europäische Patentanmeldung, einen Prüfungsantrag, einen Einspruch, eine Beschwerde, einen Überprüfungsantrag oder einen Antrag auf Beschränkung oder Widerruf in einer dort zugelassenen Sprache ein, so werden die Anmeldegebühr, die Prüfungsgebühr, die Einspruchsgebühr, die Beschwerdegebühr, die Gebühr für den Überprüfungsantrag oder die Beschränkungs- oder Widerrufsgebühr nach Maßgabe der Gebührenordnung ermäßigt.

Regel 7
Rechtliche Bedeutung der Übersetzung der europäischen Patentanmeldung

Das Europäische Patentamt geht, soweit nicht der Gegenbeweis erbracht wird, für die Bestimmung, ob der Gegenstand der europäischen Patentanmeldung oder des europäischen Patents über den Inhalt der Anmeldung in der ursprünglich eingereichten Fassung hinausgeht, davon aus, dass die nach Artikel 14 Absatz 2 oder Regel 40 Absatz 3 eingereichte Übersetzung mit dem ursprünglichen Text der Anmeldung übereinstimmt.

Rule 6
Filing of translations and reduction of fees

(1) A translation under Article 14, paragraph 2, shall be filed within two months of filing the European patent application.

(2) A translation under Article 14, paragraph 4, shall be filed within one month of filing the document. This shall also apply to requests under Article 105a. Where the document is a notice of opposition or appeal, or a statement of grounds of appeal, or a petition for review, the translation may be filed within the period for filing such a notice or statement or petition, if that period expires later.

(3)[3] Where a person referred to in Article 14, paragraph 4, files a European patent application, a request for examination, an opposition, an appeal, a petition for review or a request for limitation or revocation in a language admitted in that provision, the filing fee, examination fee, opposition fee, appeal fee, fee for the petition for review or the limitation or revocation fee shall be reduced in accordance with the Rules relating to Fees.

Rule 7
Legal authenticity of the translation of the European patent application

Unless evidence is provided to the contrary, the European Patent Office shall assume, for the purpose of determining whether the subject-matter of the European patent application or European patent extends beyond the content of the application as filed, that the translation filed under Article 14, paragraph 2, or Rule 40, paragraph 3, is in conformity with the original text of the application.

---

[3] Siehe hierzu Entscheidung der Großen Beschwerdekammer G 6/91 (Anhang I).

[3] See decision of the Enlarged Board of Appeal G 6/91 (Annex I).

Règle 6
Production des traductions et réduction des taxes

Art. 14, 61, 78, 88, 90, 99, 105a/bis, 105b/ter, 108
R. 70

(1) La traduction prévue à l'article 14, paragraphe 2, doit être produite dans un délai de deux mois à compter du dépôt de la demande de brevet européen.

(2) La traduction prévue à l'article 14, paragraphe 4, doit être produite dans un délai d'un mois à compter du dépôt de la pièce. Cela vaut également pour les requêtes présentées conformément à l'article 105bis. Lorsque cette pièce est un acte d'opposition, un acte de recours, un mémoire exposant les motifs du recours ou une requête en révision, la traduction peut être produite, selon le cas, dans le délai d'opposition, de recours, de dépôt du mémoire exposant les motifs du recours ou de présentation d'une requête en révision, si ce délai expire ultérieurement.

(3)[3] Lorsqu'une personne visée à l'article 14, paragraphe 4, dépose une demande de brevet européen, présente une requête en examen, forme une opposition ou un recours ou présente une requête en révision, en limitation ou en révocation dans une langue autorisée dans cette disposition, la taxe de dépôt, la taxe d'examen, la taxe d'opposition, la taxe de recours, la taxe de requête en révision, la taxe de limitation ou la taxe de révocation est réduite conformément au règlement relatif aux taxes.

Règle 7
Valeur juridique de la traduction de la demande de brevet européen

Art. 70, 123
R. 5

Sauf preuve contraire, l'Office européen des brevets présume, pour déterminer si l'objet de la demande de brevet européen ou du brevet européen s'étend au-delà du contenu de la demande telle qu'elle a été déposée, que la traduction produite conformément à l'article 14, paragraphe 2, ou à la règle 40, paragraphe 3, est conforme au texte original de la demande.

---

[3] Cf. la décision de la Grande Chambre de recours G 6/91 (Annexe I).

Kapitel II
Organisation des Europäischen Patentamts

1. Abschnitt
Allgemeines

Regel 8
Patentklassifikation

Das Europäische Patentamt benutzt die in Artikel 1 des Straßburger Abkommens über die Internationale Patentklassifikation vom 24. März 1971 vorgesehene Patentklassifikation, nachstehend als Internationale Klassifikation bezeichnet.

Regel 9
Verwaltungsmäßige Gliederung des Europäischen Patentamts

(1) Das Europäische Patentamt wird verwaltungsmäßig in Generaldirektionen untergliedert, denen die in Artikel 15 genannten Organe, die für Rechtsfragen und die für die innere Verwaltung des Amts geschaffenen Dienststellen zugeordnet werden.

(2) Jede Generaldirektion wird von einem Vizepräsidenten geleitet. Der Verwaltungsrat entscheidet nach Anhörung des Präsidenten des Europäischen Patentamts über die Zuweisung eines Vizepräsidenten an eine Generaldirektion.

Regel 10
Zuständigkeit der Eingangsstelle und der Prüfungsabteilung

(1) Die Eingangsstelle ist so lange für die Eingangs- und Formalprüfung einer europäischen Patentanmeldung zuständig, bis die Prüfungsabteilung für die Prüfung der europäischen Patentanmeldung nach Artikel 94 Absatz 1 zuständig wird.

(2) Vorbehaltlich der Absätze 3 und 4 ist die Prüfungsabteilung ab dem Zeitpunkt für die Prüfung einer europäischen Patentanmeldung nach Artikel 94 Absatz 1 zuständig, an dem ein Prüfungsantrag gestellt wird.

Chapter II
Organisation of the European Patent Office

Section 1
General matters

Rule 8
Patent classification

The European Patent Office shall use the classification referred to in Article 1 of the Strasbourg Agreement concerning the International Patent Classification of 24 March 1971, hereinafter referred to as the international classification.

Rule 9
Administrative structure of the European Patent Office

(1) The European Patent Office shall be divided administratively into Directorates-General, to which the departments specified in Article 15, and the services set up to deal with legal matters and the internal administration of the Office, shall be assigned.

(2) Each Directorate-General shall be directed by a Vice-President. The assignment of a Vice-President to a Directorate-General shall be decided by the Administrative Council, after the President of the European Patent Office has been consulted.

Rule 10
Responsibility of the Receiving Section and the Examining Division

(1) The Receiving Section shall be responsible for the examination on filing and the examination as to formal requirements of a European patent application up to the time when the Examining Division becomes responsible for the examination of the European patent application under Article 94, paragraph 1.

(2) Subject to paragraphs 3 and 4, the Examining Division shall be responsible for the examination of a European patent application under Article 94, paragraph 1, from the time when a request for examination is filed.

Chapitre II
Organisation de l'Office européen des brevets

Section I
Dispositions générales

Règle 8
Classification des brevets

Art. 15
R. 11, 61

L'Office européen des brevets utilise la classification des brevets prévue à l'article premier de l'Arrangement de Strasbourg du 24 mars 1971 concernant la classification internationale des brevets, ci-après dénommée classification internationale.

Règle 9
Structure administrative de l'Office européen des brevets

Art. 10, 15

(1) L'Office européen des brevets est organisé sur le plan administratif en directions générales, auxquelles sont rattachés les instances visées à l'article 15 ainsi que les services créés pour traiter les questions juridiques et l'administration interne de l'Office.

(2) Chaque direction générale est dirigée par un Vice-Président. L'affectation d'un Vice-Président à une direction générale est décidée par le Conseil d'administration, le Président de l'Office européen des brevets entendu.

Règle 10
Compétences de la section de dépôt et de la division d'examen

Art. 15, 16, 18, 90, 93
R. 11, 159

(1) La section de dépôt est compétente pour examiner une demande de brevet européen lors du dépôt et quant aux exigences de forme jusqu'au moment où la division d'examen devient compétente pour examiner la demande de brevet européen conformément à l'article 94, paragraphe 1.

(2) Sous réserve des paragraphes 3 et 4, la division d'examen est compétente pour examiner une demande de brevet européen conformément à l'article 94, paragraphe 1, dès qu'une requête en examen est présentée.

(3) Wird ein Prüfungsantrag gestellt, bevor dem Anmelder der europäische Recherchenbericht übermittelt wurde, so ist die Prüfungsabteilung vorbehaltlich des Absatzes 4 ab dem Zeitpunkt zuständig, an dem die Erklärung nach Regel 70 Absatz 2 beim Europäischen Patentamt eingeht.

(4) Wird ein Prüfungsantrag gestellt, bevor dem Anmelder der europäische Recherchenbericht übermittelt wurde, und hat der Anmelder auf das Recht nach Regel 70 Absatz 2 verzichtet, so ist die Prüfungsabteilung ab dem Zeitpunkt zuständig, an dem der Recherchenbericht dem Anmelder übermittelt wird.

Regel 11[4]
Geschäftsverteilung für die erste Instanz

(1) Die technisch vorgebildeten Prüfer, die in Recherchen-, Prüfungs- oder Einspruchsabteilungen tätig sind, werden Direktionen zugewiesen. Auf diese Direktionen verteilt der Präsident des Europäischen Patentamts die Geschäfte in Anwendung der Internationalen Klassifikation.

(2)[5] Der Präsident des Europäischen Patentamts kann der Eingangsstelle, den Recherchen-, Prüfungs- und Einspruchsabteilungen sowie der Rechtsabteilung über die Zuständigkeit hinaus, die ihnen durch das Übereinkommen zugewiesen ist, weitere Aufgaben übertragen.

(3)[6] Der Präsident des Europäischen Patentamts kann mit der Wahrnehmung von den Recherchen-, Prüfungs- oder Einspruchsabteilungen obliegenden Geschäften, die technisch oder rechtlich keine Schwierigkeiten bereiten, auch Bedienstete betrauen, die keine technisch vorgebildeten oder rechtskundigen Prüfer sind.

(3) If a request for examination is filed before the European search report has been transmitted to the applicant, the Examining Division shall, subject to paragraph 4, be responsible from the time when the European Patent Office receives the indication under Rule 70, paragraph 2.

(4) If a request for examination is filed before the European search report has been transmitted to the applicant, and if the applicant has waived the right under Rule 70, paragraph 2, the Examining Division shall be responsible from the time when the search report is transmitted to the applicant.

Rule 11[4]
Allocation of duties to the departments of first instance

(1) Technically qualified examiners acting as members of Search, Examining or Opposition Divisions shall be assigned to Directorates. The President of the European Patent Office shall allocate duties to these Directorates by reference to the international classification.

(2)[5] The President of the European Patent Office may allocate further duties to the Receiving Section, the Search, Examining and Opposition Divisions, and the Legal Division, in addition to the responsibilities vested in them under the Convention.

(3)[6] The President of the European Patent Office may entrust to employees who are not technically or legally qualified examiners the execution of duties falling to the Search, Examining or Opposition Divisions and involving no technical or legal difficulties.

---

[4] Siehe hierzu Stellungnahme der Großen Beschwerdekammer G 1/02 (Anhang I).
[5] Siehe Beschluss des Präsidenten des EPA, Sonderausgabe Nr. 3, ABl. EPA 2007, G.1.
[6] Siehe Beschluss des Präsidenten des EPA, Sonderausgabe Nr. 3, ABl. EPA 2007, F.2.

[4] See opinion of the Enlarged Board of Appeal G 1/02 (Annex I).
[5] See decision of the President of the EPO, Special edition No. 3, OJ EPO 2007, G.1.
[6] See decision of the President of the EPO, Special edition No. 3, OJ EPO 2007, F.2.

(3) Si une requête en examen est présentée avant que le rapport de recherche européenne ait été transmis au demandeur, la division d'examen est compétente, sous réserve du paragraphe 4, dès que l'Office européen des brevets reçoit la déclaration visée à la règle 70, paragraphe 2.

(4) Si une requête en examen est présentée avant que le rapport de recherche européenne ait été transmis au demandeur, et si ce dernier a renoncé au droit découlant de la règle 70, paragraphe 2, la division d'examen est compétente dès que le rapport de recherche est transmis au demandeur.

Règle 11[4]
Répartition des attributions entre les instances du premier degré

Art. 10, 15-20, 104
R. 8, 10, 88

(1) Les examinateurs techniciens agissant en qualité de membres des divisions de la recherche, d'examen ou d'opposition sont rattachés à des directions. Le Président de l'Office européen des brevets répartit les attributions entre ces directions par référence à la classification internationale.

(2)[5] Le Président de l'Office européen des brevets peut confier à la section de dépôt, aux divisions de la recherche, d'examen et d'opposition, ainsi qu'à la division juridique d'autres attributions en plus de celles qui leur sont dévolues par la convention.

(3)[6] Le Président de l'Office européen des brevets peut confier à des agents qui ne sont pas des examinateurs techniciens ou juristes des tâches incombant aux divisions de la recherche, d'examen ou d'opposition et ne présentant aucune difficulté technique ou juridique particulière.

---

[4] Cf. l'avis de la Grande Chambre de recours G 1/02 (Annexe I).

[5] Cf. la décision du Président de l'OEB, Edition spéciale n° 3, JO OEB 2007, G.1.

[6] Cf. la décision du Président de l'OEB, Edition spéciale n° 3, JO OEB 2007, F.2.

Section 2
Organisation of the Boards of Appeal and the Enlarged Board of Appeal

Rule 12[7]
Presidium of the Boards of Appeal

(1) The autonomous authority within the organisational unit comprising the Boards of Appeal (the "Presidium of the Boards of Appeal") shall consist of the Vice-President in charge of the Boards of Appeal, who shall act as chairman, and twelve members of the Boards of Appeal, six being Chairmen and six being other members.

(2) All members of the Presidium shall be elected by the Chairmen and members of the Boards of Appeal for two working years. If the full composition of the Presidium cannot be reached, the vacancies shall be filled by designating the most senior Chairmen and members.

(3) The Presidium shall adopt the Rules of Procedure of the Boards of Appeal and the Rules of Procedure for the election and designation of its members. The Presidium shall further advise the Vice-President in charge of the Boards of Appeal with regard to matters concerning the functioning of the Boards of Appeal in general.

(4) Before the beginning of each working year, the Presidium, extended to include all Chairmen, shall allocate duties to the Boards of Appeal. In the same composition, it shall decide on conflicts regarding the allocation of duties between two or more Boards of Appeal. The extended Presidium shall designate the regular and alternate members of the various Boards of Appeal. Any member of a Board of Appeal may be designated as a member of more than one Board of Appeal. These measures may, where necessary, be amended during the course of the working year in question.

---

[7] See decision of the Enlarged Board of Appeal G 6/95 (Annex I).

Section II
Organisation des chambres de recours et de la Grande Chambre de recours

Règle 12[7]
Praesidium des chambres de recours

Art. 15, 21, 23, 134a/bis

(1) L'instance autonome au sein de l'unité organisationnelle comprenant les chambres de recours (le "Praesidium des chambres de recours") se compose du Vice-Président en charge des chambres de recours, président, et de douze membres des chambres de recours, parmi lesquels six sont présidents et six sont membres.

(2) Tous les membres du Praesidium sont élus par les présidents et les membres des chambres de recours pour deux années d'activité données. Si la composition du Praesidium n'est pas complète, il est pourvu aux vacances en désignant les présidents et les membres qui ont le plus d'ancienneté.

(3) Le Praesidium arrête le règlement de procédure des chambres de recours ainsi que le règlement de procédure relatif à l'élection et à la désignation de ses membres. Le Praesidium conseille également le Vice-Président en charge des chambres de recours sur des questions concernant le fonctionnement des chambres de recours en général.

(4) Avant le début de chaque année d'activité, le Praesidium, élargi de façon à comprendre tous les présidents, répartit les attributions entre les chambres de recours. Il décide, dans la même composition, sur les conflits d'attribution entre plusieurs chambres de recours. Le Praesidium élargi désigne les membres titulaires et les membres suppléants des différentes chambres de recours. Tout membre d'une chambre de recours peut être désigné membre de plusieurs chambres de recours. Ces mesures peuvent être modifiées, en tant que de besoin, au cours de l'année d'activité considérée.

---

[7] Cf. la décision de la Grande Chambre de recours G 6/95 (Annexe I).

(5) Zur Beschlussfähigkeit des Präsidiums ist die Anwesenheit von mindestens fünf Mitgliedern erforderlich, unter denen sich der für die Beschwerdekammern zuständige Vizepräsident oder sein Vertreter und die Vorsitzenden von zwei Beschwerdekammern befinden müssen. Handelt es sich um die in Absatz 4 genannten Aufgaben, so ist die Anwesenheit von neun Mitgliedern erforderlich, unter denen sich der für die Beschwerdekammern zuständige Vizepräsident oder sein Vertreter und die Vorsitzenden von drei Beschwerdekammern befinden müssen. Das Präsidium entscheidet mit Stimmenmehrheit; bei Stimmengleichheit gibt die Stimme des Vorsitzenden oder seines Vertreters den Ausschlag. Stimmenthaltung gilt nicht als Stimmabgabe.

(5) The Presidium may only take a decision if at least five of its members are present; these must include the Vice-President in charge of the Boards of Appeal or his deputy, and the Chairmen of two Boards of Appeal. Where the tasks mentioned in paragraph 4 are concerned, nine members must be present, including the Vice-President in charge of the Boards of Appeal or his deputy, and the Chairmen of three Boards of Appeal. Decisions shall be taken by a majority vote; in the event of parity of votes, the Chairman or his deputy shall have the casting vote. Abstentions shall not be considered as votes.

(6) Der Verwaltungsrat kann den Beschwerdekammern Aufgaben nach Artikel 134a Absatz 1 c) übertragen.

(6) The Administrative Council may allocate duties under Article 134a, paragraph 1(c), to the Boards of Appeal.

Regel 13[8]
Geschäftsverteilungsplan für die Große Beschwerdekammer und Erlass ihrer Verfahrensordnung

Rule 13[8]
Business distribution scheme for the Enlarged Board of Appeal and adoption of its Rules of Procedure

(1) Vor Beginn eines jeden Geschäftsjahres bestimmen die nach Artikel 11 Absatz 3 ernannten Mitglieder der Großen Beschwerdekammer die ständigen Mitglieder der Großen Beschwerdekammer und ihre Vertreter in Verfahren nach Artikel 22 Absatz 1 a) und b) sowie die ständigen Mitglieder und ihre Vertreter in Verfahren nach Artikel 22 Absatz 1 c).

(1) Before the beginning of each working year, the members of the Enlarged Board of Appeal appointed under Article 11, paragraph 3, shall designate the regular and alternate members of the Enlarged Board of Appeal in proceedings under Article 22, paragraph 1(a) and (b), and the regular and alternate members in proceedings under Article 22, paragraph 1(c).

(2)[9] Die nach Artikel 11 Absatz 3 ernannten Mitglieder der Großen Beschwerdekammer erlassen die Verfahrensordnung der Großen Beschwerdekammer.

(2)[9] The members of the Enlarged Board of Appeal appointed under Article 11, paragraph 3, shall adopt the Rules of Procedure of the Enlarged Board of Appeal.

(3) Zur Beschlussfähigkeit in den in den Absätzen 1 und 2 genannten Angelegenheiten ist die Anwesenheit von mindestens fünf Mitgliedern erforderlich, unter denen sich der Vorsitzende der Großen Beschwerdekammer oder sein Vertreter befinden muss; bei Stimmengleichheit gibt die Stimme des Vorsitzenden oder seines Vertreters den Ausschlag. Stimmenthaltung gilt nicht als Stimmabgabe.

(3) Decisions on matters mentioned in paragraphs 1 and 2 may only be taken if at least five members are present, including the Chairman of the Enlarged Board of Appeal or his deputy; in the event of parity of votes, the Chairman or his deputy shall have the casting vote. Abstentions shall not be considered as votes.

---

[8] Siehe hierzu Entscheidung der Großen Beschwerdekammer G 6/95 (Anhang I).

[9] Siehe die Verfahrensordnung der Großen Beschwerdekammer, ABl. EPA 2007, 303.

[8] See decision of the Enlarged Board of Appeal G 6/95 (Annex I).

[9] See the Rules of Procedure of the Enlarged Board of Appeal, OJ EPO 2007, 303.

(5) Le Praesidium ne peut valablement délibérer que si cinq au moins de ses membres sont présents, parmi lesquels doivent figurer le Vice-Président en charge des chambres de recours ou son suppléant et deux présidents de chambres de recours. S'agissant des tâches mentionnées au paragraphe 4, neuf membres doivent être présents, parmi lesquels doivent figurer le Vice-Président en charge des chambres de recours ou son suppléant et trois présidents de chambres de recours. Les décisions sont prises à la majorité des voix ; en cas de partage égal des voix, la voix du président ou de son suppléant est prépondérante. L'abstention n'est pas considérée comme un vote.

(6) Le Conseil d'administration peut confier aux chambres de recours des compétences en vertu de l'article 134bis, paragraphe 1 c).

Règle 13[8]
Répartition des attributions au sein de la Grande Chambre de recours et adoption de son règlement de procédure

Art. 23

(1) Avant le début de chaque année d'activité, les membres de la Grande Chambre de recours qui ont été nommés en vertu de l'article 11, paragraphe 3, désignent les membres titulaires et les membres suppléants de la Grande Chambre de recours dans les procédures visées à l'article 22, paragraphe 1 a) et b), ainsi que les membres titulaires et les membres suppléants dans la procédure visée à l'article 22, paragraphe 1 c).

(2)[9] Les membres de la Grande Chambre de recours qui ont été nommés en vertu de l'article 11, paragraphe 3, arrêtent le règlement de procédure de la Grande Chambre de recours.

(3) Les décisions relatives aux questions mentionnées aux paragraphes 1 et 2 ne peuvent être prises que si au moins cinq membres sont présents, parmi lesquels doit figurer le Président de la Grande Chambre de recours ou son suppléant ; en cas de partage égal des voix, la voix du Président ou de son suppléant est prépondérante. L'abstention n'est pas considérée comme un vote.

---

[8] Cf. la décision de la Grande Chambre de recours G 6/95 (Annexe I).

[9] Cf. le règlement de procédure de la Grande Chambre de recours, JO OEB 2007, 303.

PART II
IMPLEMENTING REGULATIONS TO PART II OF THE CONVENTION

Chapter I
Procedure where the applicant is not entitled

Rule 14[10]
Stay of proceedings

(1) If a third party provides evidence that he has instituted proceedings against the applicant seeking a decision within the meaning of Article 61, paragraph 1, the proceedings for grant shall be stayed unless the third party communicates to the European Patent Office in writing his consent to the continuation of such proceedings. Such consent shall be irrevocable. However, proceedings for grant shall not be stayed before the publication of the European patent application.

(2) Where evidence is provided that a final decision within the meaning of Article 61, paragraph 1, has been taken, the European Patent Office shall inform the applicant and any other party that the proceedings for grant shall be resumed as from the date stated in the communication, unless a new European patent application under Article 61, paragraph 1(b), has been filed for all the designated Contracting States. If the decision is in favour of the third party, the proceedings may not be resumed earlier than three months after the decision has become final, unless the third party requests the resumption.

(3) Upon staying the proceedings for grant, or thereafter, the European Patent Office may set a date on which it intends to resume the proceedings for grant, regardless of the stage reached in the national proceedings instituted under paragraph 1. It shall communicate this date to the third party, the applicant and any other party. If no evidence has been provided by that date that a final decision has been taken, the European Patent Office may resume proceedings.

---

[10] See decision of the President of the EPO, Special edition No. 3, OJ EPO 2007, G.1.
See also decision of the Enlarged Board of Appeal G 3/92 (Annex I).

Verweisungen/References/Références

DEUXIÈME PARTIE
DISPOSITIONS D'APPLICATION DE LA DEUXIÈME PARTIE DE LA CONVENTION

Chapitre I
Procédure prévue lorsque le demandeur n'est pas une personne habilitée

Règle 14[10]
Suspension de la procédure

Art. 61, 86, 93, 99
R. 143

(1) Si un tiers apporte la preuve qu'il a introduit une procédure contre le demandeur afin d'obtenir une décision au sens de l'article 61, paragraphe 1, la procédure de délivrance est suspendue, à moins que ce tiers ne déclare par écrit à l'Office européen des brevets qu'il consent à la poursuite de la procédure. Ce consentement est irrévocable. Toutefois, la procédure de délivrance n'est pas suspendue tant que la demande de brevet européen n'a pas été publiée.

(2) Si la preuve est apportée qu'une décision passée en force de chose jugée au sens de l'article 61, paragraphe 1, a été rendue, l'Office européen des brevets notifie au demandeur et, le cas échéant, aux autres parties que la procédure de délivrance est reprise à compter de la date fixée dans la notification, à moins qu'une nouvelle demande de brevet européen n'ait été déposée conformément à l'article 61, paragraphe 1 b), pour l'ensemble des Etats contractants désignés. Si la décision est prononcée en faveur du tiers, la procédure ne peut pas être reprise avant l'expiration d'un délai de trois mois après que la décision est passée en force de chose jugée, à moins que le tiers n'ait demandé la reprise de la procédure.

(3) Lorsqu'il suspend la procédure de délivrance, ou à une date ultérieure, l'Office européen des brevets peut fixer la date à laquelle il envisage de reprendre la procédure de délivrance, sans tenir compte de l'état de la procédure nationale engagée conformément au paragraphe 1. Il notifie cette date au tiers, au demandeur et, le cas échéant, aux autres parties. Si la preuve n'est pas apportée avant cette date, qu'une décision passée en force de chose jugée a été rendue, l'Office européen des brevets peut reprendre la procédure.

---

[10] Cf. la décision du Président de l'OEB, Edition spéciale n°. 3, JO OEB 2007, G.1.
Cf. également la décision de la Grande Chambre de recours G 3/92 (Annexe I).

(4) Alle am Tag der Aussetzung laufenden Fristen mit Ausnahme der Fristen zur Zahlung der Jahresgebühren werden durch die Aussetzung gehemmt. An dem Tag der Fortsetzung des Verfahrens beginnt der noch nicht verstrichene Teil einer Frist zu laufen. Die nach der Fortsetzung verbleibende Frist beträgt jedoch mindestens zwei Monate.

Regel 15[11]
Beschränkung von Zurücknahmen

Von dem Tag an, an dem ein Dritter nachweist, dass er ein nationales Verfahren nach Regel 14 Absatz 1 eingeleitet hat, bis zu dem Tag, an dem das Erteilungsverfahren fortgesetzt wird, darf weder die europäische Patentanmeldung noch die Benennung eines Vertragsstaats zurückgenommen werden.

Regel 16
Verfahren nach Artikel 61 Absatz 1

(1) Eine Person, die Anspruch auf Erteilung eines europäischen Patents hat, kann von den Rechtsbehelfen nach Artikel 61 Absatz 1 nur Gebrauch machen, wenn

a) sie dies innerhalb von drei Monaten nach Eintritt der Rechtskraft der Entscheidung tut, mit der ihr Anspruch anerkannt wird, und

b) das europäische Patent noch nicht erteilt worden ist.

(2) Diese Rechtsbehelfe gelten nur in Bezug auf in der europäischen Patentanmeldung benannte Vertragsstaaten, in denen die Entscheidung ergangen oder anerkannt worden ist oder aufgrund des Anerkennungsprotokolls anzuerkennen ist.

(4) All periods other than those for the payment of renewal fees, running at the date of the stay of proceedings, shall be interrupted by such stay. The time which has not yet elapsed shall begin to run from the date on which proceedings are resumed. However, the time still to run after such resumption shall not be less than two months.

Rule 15[11]
Limitation on withdrawals

From the date on which a third party provides evidence that he has instituted national proceedings under Rule 14, paragraph 1, and up to the date on which the proceedings for grant are resumed, neither the European patent application nor the designation of any Contracting State may be withdrawn.

Rule 16
Procedure under Article 61, paragraph 1

(1) A person entitled to the grant of a European patent may only avail himself of the remedies under Article 61, paragraph 1, if:

(a) he does so no later than three months after the decision recognising his entitlement has become final, and

(b) the European patent has not yet been granted.

(2) Such remedies shall only apply in respect of Contracting States designated in the European patent application in which the decision has been taken or recognised or must be recognised on the basis of the Protocol on Recognition.

---

[11] Siehe hierzu Entscheidung der Großen Beschwerdekammer G 3/92 (Anhang I).

[11] See decision of the Enlarged Board of Appeal G 3/92 (Annex I).

(4) La suspension de la procédure entraîne celle de tous les délais qui courent à la date de la suspension, à l'exception des délais de paiement des taxes annuelles. La partie du délai non encore expirée commence à courir à la date de la reprise de la procédure. Toutefois, le délai restant à courir après la reprise de la procédure ne peut être inférieur à deux mois.

Règle 15[11]
Limitation des retraits   *Art. 61, 79*

A compter du jour où un tiers apporte la preuve qu'il a introduit une procédure nationale conformément à la règle 14, paragraphe 1, et jusqu'au jour où la procédure de délivrance est reprise, ni la demande de brevet européen ni la désignation de tout Etat contractant ne peuvent être retirées.

Règle 16
Procédure prévue dans les cas visés à l'article 61,   *Art. 61, 122, 128*
paragraphe 1   *R. 17, 60, 78, 136, 143, 147*

(1) La personne qui a droit à l'obtention du brevet européen ne peut faire usage des facultés qui lui sont ouvertes par l'article 61, paragraphe 1, que si :

a) elle agit dans un délai de trois mois après que la décision qui lui reconnaît ce droit est passée en force de chose jugée, et si

b) le brevet européen n'a pas encore été délivré.

(2) Il ne peut être fait usage de ces facultés que pour les Etats contractants désignés dans la demande de brevet européen dans lesquels la décision a été rendue ou reconnue, ou doit être reconnue en vertu du protocole sur la reconnaissance.

---

[11] Cf. la décision de la Grande Chambre de recours G 3/92 (Annexe I).

Regel 17[12]
Einreichung einer neuen europäischen Patentanmeldung durch den Berechtigten

(1) Reicht die Person, der durch rechtskräftige Entscheidung der Anspruch auf Erteilung des europäischen Patents zugesprochen worden ist, nach Artikel 61 Absatz 1 b) eine neue europäische Patentanmeldung ein, so gilt die ursprüngliche Anmeldung für die darin benannten Vertragsstaaten, in denen die Entscheidung ergangen oder anerkannt worden ist oder aufgrund des Anerkennungsprotokolls anzuerkennen ist, mit dem Tag der Einreichung der neuen Anmeldung als zurückgenommen.

(2) Für die neue Anmeldung sind innerhalb eines Monats nach ihrer Einreichung die Anmeldegebühr und die Recherchengebühr zu entrichten. Wird die Anmeldegebühr oder die Recherchengebühr nicht rechtzeitig entrichtet, so gilt die Anmeldung als zurückgenommen.

(3) Die Benennungsgebühren sind innerhalb von sechs Monaten nach dem Tag zu entrichten, an dem im Europäischen Patentblatt auf die Veröffentlichung des europäischen Recherchenberichts zu der neuen Anmeldung hingewiesen worden ist. Regel 39 Absätze 2 und 3 ist anzuwenden.

Regel 18[13]
Teilweiser Übergang des Rechts auf das europäische Patent

(1) Ergibt sich aus einer rechtskräftigen Entscheidung, dass einem Dritten der Anspruch auf Erteilung eines europäischen Patents nur für einen Teil des in der ursprünglichen europäischen Patentanmeldung offenbarten Gegenstands zugesprochen worden ist, so sind für diesen Teil Artikel 61 und die Regeln 16 und 17 anzuwenden.

(2) Soweit erforderlich hat die ursprüngliche europäische Patentanmeldung für die benannten Vertragsstaaten, in denen die Entscheidung ergangen oder anerkannt worden ist oder aufgrund des Anerkennungsprotokolls anzuerkennen ist und für die übrigen benannten Vertragsstaaten unterschiedliche Patentansprüche, Beschreibungen und Zeichnungen zu enthalten.

Rule 17[12]
Filing of a new European patent application by the entitled person

(1) Where the person adjudged by a final decision to be entitled to the grant of the European patent files a new European patent application under Article 61, paragraph 1(b), the original application shall be deemed to be withdrawn on the date of filing the new application for the Contracting States designated therein in which the decision has been taken or recognised or must be recognised on the basis of the Protocol on Recognition.

(2) The filing fee and search fee shall be paid within one month of filing the new application. If the filing fee or search fee is not paid in due time, the application shall be deemed to be withdrawn.

(3) The designation fees shall be paid within six months of the date on which the European Patent Bulletin mentions the publication of the European search report drawn up in respect of the new application. Rule 39, paragraphs 2 and 3, shall apply.

Rule 18[13]
Partial transfer of the right to the European patent

(1) If a final decision determines that a third party is entitled to the grant of a European patent in respect of only part of the subject-matter disclosed in the original European patent application, Article 61 and Rules 16 and 17 shall apply to such part.

(2) Where appropriate, the original European patent application shall contain, for the designated Contracting States in which the decision was taken or recognised or must be recognised on the basis of the Protocol on Recognition, claims, a description and drawings which are different from those for the other designated Contracting States.

---

[12] Siehe hierzu Entscheidung/Stellungnahme der Großen Beschwerdekammer G 3/92, G 4/98 (Anhang I).
[13] Siehe hierzu Entscheidung der Großen Beschwerdekammer G 3/92 (Anhang I).

[12] See decision/opinion of the Enlarged Board of Appeal G 3/92, G 4/98 (Annex I).
[13] See decision of the Enlarged Board of Appeal G 3/92 (Annex I).

Règle 17[12]
Dépôt d'une nouvelle demande de brevet européen par la personne habilitée

Art. 76, 78, 79
R. 16, 18, 78

(1) Si la personne à laquelle a été reconnu le droit à l'obtention du brevet européen en vertu d'une décision passée en force de chose jugée dépose une nouvelle demande de brevet européen, conformément à l'article 61, paragraphe 1 b), la demande initiale est réputée retirée à compter du dépôt de la nouvelle demande en ce qui concerne les Etats contractants désignés dans lesquels la décision a été rendue ou reconnue, ou doit être reconnue en vertu du protocole sur la reconnaissance.

(2) La taxe de dépôt et la taxe de recherche doivent être acquittées dans un délai d'un mois à compter du dépôt de la nouvelle demande. Si la taxe de dépôt ou la taxe de recherche n'est pas acquittée dans les délais, la demande est réputée retirée.

(3) Les taxes de désignation doivent être acquittées dans un délai de six mois à compter de la date à laquelle le Bulletin européen des brevets a mentionné la publication du rapport de recherche européenne établi pour la nouvelle demande. La règle 39, paragraphes 2 et 3, est applicable.

Règle 18[13]
Transfert partiel du droit au brevet européen

Art. 61, 101, 118, 123
R. 138

(1) Si une décision passée en force de chose jugée a reconnu le droit à l'obtention du brevet européen à un tiers pour une partie seulement de l'objet de la demande initiale de brevet européen, l'article 61 ainsi que les règles 16 et 17 s'appliquent à la partie en cause.

(2) S'il y a lieu, la demande de brevet européen initiale comporte, pour les Etats contractants désignés dans lesquels la décision a été rendue ou reconnue, ou doit être reconnue en vertu du protocole sur la reconnaissance, des revendications, une description et des dessins différents de ceux que la demande comporte pour les autres Etats contractants désignés.

---

[12] Cf. la décision/l'avis de la Grande Chambre de recours G 3/92, G 4/98 (Annexe I).

[13] Cf. la décision de la Grande Chambre de recours G 3/92 (Annexe I).

Chapter II
Mention of the inventor

Rule 19
Designation of the inventor

(1) The request for grant of a European patent shall contain the designation of the inventor. However, if the applicant is not the inventor or is not the sole inventor, the designation shall be filed in a separate document. The designation shall state the family name, given names and full address of the inventor, contain the statement referred to in Article 81 and bear the signature of the applicant or his representative.

(2) The European Patent Office shall not verify the accuracy of the designation of the inventor.

(3) If the applicant is not the inventor or is not the sole inventor, the European Patent Office shall communicate to the designated inventor the information in the document designating him and the following data:

(a) the number of the European patent application;

(b) the date of filing of the European patent application and, if priority has been claimed, the date, State and file number of the previous application;

(c) the name of the applicant;

(d) the title of the invention;

(e) the Contracting States designated.

(4) The applicant and the inventor may invoke neither the omission of the communication under paragraph 3 nor any errors contained therein.

Rule 20
Publication of the mention of the inventor

(1) The designated inventor shall be mentioned in the published European patent application and the European patent specification, unless he informs the European Patent Office in writing that he has waived his right to be thus mentioned.

Chapitre II
Mention de l'inventeur

Règle 19
Désignation de l'inventeur

Art. 62, 128
R. 21, 60, 163

(1) La désignation de l'inventeur doit être effectuée dans la requête en délivrance du brevet européen. Toutefois, si le demandeur n'est pas l'inventeur ou l'unique inventeur, cette désignation doit être effectuée dans un document produit séparément. Elle doit comporter le nom, les prénoms et l'adresse complète de l'inventeur, la déclaration visée à l'article 81 et la signature du demandeur ou celle de son mandataire.

(2) L'Office européen des brevets ne contrôle pas l'exactitude de la désignation de l'inventeur.

(3) Si le demandeur n'est pas l'inventeur ou l'unique inventeur, l'Office européen des brevets notifie à l'inventeur désigné les indications contenues dans la désignation et les indications suivantes :

a) le numéro de la demande de brevet européen ;

b) la date du dépôt de la demande de brevet européen et, si une priorité a été revendiquée, la date, l'Etat et le numéro de dépôt de la demande antérieure ;

c) le nom du demandeur ;

d) le titre de l'invention ;

e) les Etats contractants désignés.

(4) Le demandeur ou l'inventeur ne peuvent se prévaloir ni de l'omission de la notification visée au paragraphe 3 ni des erreurs dont elle pourrait être entachée.

Règle 20
Publication de la désignation de l'inventeur

Art. 62, 81, 93, 98, 103, 105c/quater
R. 144

(1) La personne désignée comme inventeur est mentionnée dans la demande de brevet européen publiée et dans le fascicule du brevet européen, à moins qu'elle ne déclare par écrit à l'Office européen des brevets qu'elle a renoncé au droit d'être mentionnée en tant qu'inventeur.

(2) Paragraph 1 shall apply where a third party files with the European Patent Office a final decision determining that the applicant for or proprietor of a European patent is required to designate him as an inventor.

Rule 21
Rectification of the designation of an inventor

(1) An incorrect designation of an inventor shall be rectified upon request and only with the consent of the wrongly designated person and, where such a request is filed by a third party, the consent of the applicant for or proprietor of the patent. Rule 19 shall apply mutatis mutandis.

(2) Where an incorrect designation of the inventor has been recorded in the European Patent Register or published in the European Patent Bulletin, its rectification or cancellation shall also be recorded or published therein.

Chapter III
Registration of transfers, licences and other rights

Rule 22[14]
Registration of transfers

(1) The transfer of a European patent application shall be recorded in the European Patent Register at the request of an interested party, upon production of documents providing evidence of such transfer.

(2) The request shall not be deemed to have been filed until an administrative fee has been paid. It may be rejected only if paragraph 1 has not been complied with.

(3) A transfer shall have effect vis-à-vis the European Patent Office only at the date when and to the extent that the documents referred to in paragraph 1 have been produced.

---

[14] See decision of the President of the EPO, Special edition No. 3, OJ EPO 2007, G.1.

(2) Le paragraphe 1 est applicable lorsqu'un tiers produit auprès de l'Office européen des brevets une décision passée en force de chose jugée en vertu de laquelle le demandeur ou le titulaire d'un brevet européen est tenu de le désigner comme inventeur.

Règle 21
Rectification de la désignation d'un inventeur   *Art. 62, 81, 98, 103, 105c/quater, 127, 129*

(1) Une désignation erronée de l'inventeur n'est rectifiée sur requête qu'avec le consentement de la personne désignée à tort et, si la requête est présentée par un tiers, le consentement du demandeur ou du titulaire du brevet. La règle 19 est applicable.

(2) Si une désignation erronée de l'inventeur a été inscrite au Registre européen des brevets ou publiée au Bulletin européen des brevets, sa rectification ou sa radiation y est également inscrite ou publiée.

Chapitre III
Inscription au Registre des transferts, licences et autres droits

Règle 22[14]
Inscription des transferts   *Art. 71, 72, 127*
R. 23, 85, 143

(1) Le transfert d'une demande de brevet européen est inscrit au Registre européen des brevets à la requête de toute partie intéressée, sur production de documents prouvant ce transfert.

(2) La requête n'est réputée présentée qu'après le paiement d'une taxe d'administration. Elle ne peut être rejetée que s'il n'a pas été satisfait aux dispositions du paragraphe 1.

(3) Un transfert n'a d'effet à l'égard de l'Office européen des brevets que dans la mesure où les documents visés au paragraphe 1 lui ont été fournis et à partir de la date à laquelle ils ont été produits.

---

[14] Cf. la décision du Président de l'OEB, Edition spéciale n° 3, JO OEB 2007, G.1.

Regel 23[15]
Eintragung von Lizenzen und anderen Rechten

(1) Regel 22 Absätze 1 und 2 ist auf die Eintragung der Erteilung oder des Übergangs einer Lizenz, der Bestellung oder des Übergangs eines dinglichen Rechts an einer europäischen Patentanmeldung und von Zwangsvollstreckungsmaßnahmen in Bezug auf eine solche Anmeldung entsprechend anzuwenden.

(2) Eintragungen nach Absatz 1 werden auf Antrag gelöscht; dem Antrag sind Nachweise, dass das Recht nicht mehr besteht, oder eine schriftliche Einwilligung des Rechtsinhabers in die Löschung der Eintragung beizufügen. Regel 22 Absatz 2 ist entsprechend anzuwenden.

Regel 24[16]
Besondere Angaben bei der Eintragung von Lizenzen

Eine Lizenz an einer europäischen Patentanmeldung wird eingetragen

a) als ausschließliche Lizenz, wenn der Anmelder und der Lizenznehmer dies beantragen;

b) als Unterlizenz, wenn sie von einem Lizenznehmer erteilt wird, dessen Lizenz im Europäischen Patentregister eingetragen ist.

Kapitel IV
Ausstellungsbescheinigung

Regel 25[17]
Ausstellungsbescheinigung

Der Anmelder muss innerhalb von vier Monaten nach Einreichung der europäischen Patentanmeldung die in Artikel 55 Absatz 2 genannte Bescheinigung einreichen, die

a) während der Ausstellung von der Stelle erteilt wird, die für den Schutz des gewerblichen Eigentums auf dieser Ausstellung zuständig ist;

b) bestätigt, dass die Erfindung dort tatsächlich ausgestellt worden ist;

Rule 23[15]
Registration of licences and other rights

(1) Rule 22, paragraphs 1 and 2, shall apply mutatis mutandis to the registration of the grant or transfer of a licence, the establishment or transfer of a right *in rem* in respect of a European patent application and any legal means of execution affecting such an application.

(2) A registration under paragraph 1 shall be cancelled upon request, supported by documents providing evidence that the right has lapsed, or by the written consent of the proprietor of the right to the cancellation of the registration. Rule 22, paragraph 2, shall apply mutatis mutandis.

Rule 24[16]
Special entries for licence registrations

A licence in respect of a European patent application shall be recorded

(a) as an exclusive licence if the applicant and the licensee so request;

(b) as a sub-licence where it is granted by a licensee whose licence is recorded in the European Patent Register.

Chapter IV
Certificate of exhibition

Rule 25[17]
Certificate of exhibition

Within four months of filing the European patent application, the applicant shall file the certificate referred to in Article 55, paragraph 2, which:

(a) is issued at the exhibition by the authority responsible for the protection of industrial property at that exhibition;

(b) states that the invention was in fact displayed there;

---

[15] Siehe hierzu den Beschluss des Präsidenten des EPA, Sonderausgabe Nr. 3, ABl. EPA 2007, G.1.
[16] Siehe hierzu den Beschluss des Präsidenten des EPA, Sonderausgabe Nr. 3, ABl. EPA 2007, G.1.
[17] Siehe hierzu Entscheidungen der Großen Beschwerdekammer G 3/98, G 2/99 (Anhang I).

[15] See decision of the President of the EPO, Special edition No. 3, OJ EPO 2007, G.1.
[16] See decision of the President of the EPO, Special edition No. 3, OJ EPO 2007, G.1.
[17] See decision of the Enlarged Board of Appeal G 3/98, G 2/99 (Annex I).

Verweisungen/References/Références

Règle 23[15]
Inscription de licences et d'autres droits

(1) La règle 22, paragraphes 1 et 2, est applicable à l'inscription de la concession ou du transfert d'une licence ainsi qu'à l'inscription de la constitution ou du transfert d'un droit réel sur une demande de brevet européen et de l'exécution forcée sur une telle demande.

(2) Les inscriptions visées au paragraphe 1 sont radiées sur requête accompagnée soit des documents prouvant que le droit s'est éteint, soit de la déclaration écrite du titulaire du droit par laquelle il consent à la radiation de l'inscription. La règle 22, paragraphe 2, est applicable.

Art. 71, 73, 127
R. 143

Règle 24[16]
Mentions spéciales pour l'inscription d'une licence

Art. 73, 127

Une licence sur une demande de brevet européen est inscrite :

a) en tant que licence exclusive si le demandeur et le licencié le requièrent ;

b) en tant que sous-licence, lorsqu'elle est concédée par le titulaire d'une licence inscrite au Registre européen des brevets.

Chapitre IV
Attestation d'exposition

Règle 25[17]
Attestation d'exposition

R. 159

Le demandeur doit produire, dans un délai de quatre mois à compter du dépôt de la demande de brevet européen, l'attestation visée à l'article 55, paragraphe 2. Cette attestation doit :

a) être délivrée au cours de l'exposition par l'autorité chargée d'assurer la protection de la propriété industrielle dans cette exposition ;

b) constater que l'invention y a été réellement exposée ;

---

[15] Cf. la décision du Président de l'OEB, Edition spéciale n° 3, JO OEB 2007, G.1.
[16] Cf. la décision du Président de l'OEB, Edition spéciale n° 3, JO OEB 2007, G.1.
[17] Cf. les décisions de la Grande Chambre de recours G 3/98, G 2/99 (Annexe I).

(c) states the opening date of the exhibition and, where the invention was disclosed later than on that date, the date on which the invention was first disclosed; and

(d) is accompanied by an identification of the invention, duly authenticated by the above-mentioned authority.

Chapter V
Biotechnological inventions

Rule 26[18]
General and definitions

(1) For European patent applications and patents concerning biotechnological inventions, the relevant provisions of the Convention shall be applied and interpreted in accordance with the provisions of this Chapter. Directive 98/44/EC of 6 July 1998[19] on the legal protection of biotechnological inventions shall be used as a supplementary means of interpretation.

(2) "Biotechnological inventions" are inventions which concern a product consisting of or containing biological material or a process by means of which biological material is produced, processed or used.

(3) "Biological material" means any material containing genetic information and capable of reproducing itself or being reproduced in a biological system.

(4) "Plant variety" means any plant grouping within a single botanical taxon of the lowest known rank, which grouping, irrespective of whether the conditions for the grant of a plant variety right are fully met, can be:

(a) defined by the expression of the characteristics that results from a given genotype or combination of genotypes,

(b) distinguished from any other plant grouping by the expression of at least one of the said characteristics, and

---

[18] See decision of the Enlarged Board of Appeal G 1/98 (Annex I).

[19] See OJ EPO 1999, 101.

c) mentionner la date d'ouverture de l'exposition et, lorsque l'invention a été divulguée à une date ultérieure, la date à laquelle l'invention a été divulguée pour la première fois ; et

d) être accompagnée des pièces permettant d'identifier l'invention, dûment authentifiées par l'autorité susmentionnée.

Chapitre V
Inventions biotechnologiques

Règle 26[18]
Généralités et définitions

Art. 52, 53
R. 31, 32, 33, 34

(1) Pour les demandes de brevet européen et les brevets européens qui ont pour objet des inventions biotechnologiques, les dispositions pertinentes de la convention sont appliquées et interprétées conformément aux prescriptions du présent chapitre. La directive 98/44/CE du 6 juillet 1998[19] relative à la protection juridique des inventions biotechnologiques constitue un moyen complémentaire d'interprétation.

(2) Les "inventions biotechnologiques" sont des inventions qui portent sur un produit composé de matière biologique ou en contenant, ou sur un procédé permettant de produire, de traiter ou d'utiliser de la matière biologique.

(3) On entend par "matière biologique" toute matière contenant des informations génétiques et qui est autoreproductible ou reproductible dans un système biologique.

(4) On entend par "variété végétale" tout ensemble végétal d'un seul taxon botanique du rang le plus bas connu qui, qu'il réponde ou non pleinement aux conditions d'octroi d'une protection des obtentions végétales, peut :

a) être défini par l'expression des caractères résultant d'un certain génotype ou d'une certaine combinaison de génotypes,

b) être distingué de tout autre ensemble végétal par l'expression d'au moins un desdits caractères, et

---

[18] Cf. la décision de la Grande Chambre de recours G 1/98 (Annexe I).

[19] Cf. JO OEB 1999, 101.

c) in Anbetracht ihrer Eignung, unverändert vermehrt zu werden, als Einheit angesehen werden kann.

(5) Ein Verfahren zur Züchtung von Pflanzen oder Tieren ist im Wesentlichen biologisch, wenn es vollständig auf natürlichen Phänomenen wie Kreuzung oder Selektion beruht.

(6) "Mikrobiologisches Verfahren" ist jedes Verfahren, bei dem mikrobiologisches Material verwendet, ein Eingriff in mikrobiologisches Material durchgeführt oder mikrobiologisches Material hervorgebracht wird.

Regel 27
Patentierbare biotechnologische Erfindungen

Biotechnologische Erfindungen sind auch dann patentierbar, wenn sie zum Gegenstand haben:

a) biologisches Material, das mithilfe eines technischen Verfahrens aus seiner natürlichen Umgebung isoliert oder hergestellt wird, auch wenn es in der Natur schon vorhanden war;

b) Pflanzen oder Tiere, wenn die Ausführung der Erfindung technisch nicht auf eine bestimmte Pflanzensorte oder Tierrasse beschränkt ist;

c) ein mikrobiologisches oder sonstiges technisches Verfahren oder ein durch diese Verfahren gewonnenes Erzeugnis, sofern es sich dabei nicht um eine Pflanzensorte oder Tierrasse handelt.

Regel 28
Ausnahmen von der Patentierbarkeit

Nach Artikel 53 a) werden europäische Patente insbesondere nicht erteilt für biotechnologische Erfindungen, die zum Gegenstand haben:

a) Verfahren zum Klonen von menschlichen Lebewesen;

b) Verfahren zur Veränderung der genetischen Identität der Keimbahn des menschlichen Lebewesens;

(c) considered as a unit with regard to its suitability for being propagated unchanged.

(5) A process for the production of plants or animals is essentially biological if it consists entirely of natural phenomena such as crossing or selection.

(6) "Microbiological process" means any process involving or performed upon or resulting in microbiological material.

Rule 27
Patentable biotechnological inventions

Biotechnological inventions shall also be patentable if they concern:

(a) biological material which is isolated from its natural environment or produced by means of a technical process even if it previously occurred in nature;

(b) plants or animals if the technical feasibility of the invention is not confined to a particular plant or animal variety;

(c) a microbiological or other technical process, or a product obtained by means of such a process other than a plant or animal variety.

Rule 28
Exceptions to patentability

Under Article 53(a), European patents shall not be granted in respect of biotechnological inventions which, in particular, concern the following:

(a) processes for cloning human beings;

(b) processes for modifying the germ line genetic identity of human beings;

c) être considéré comme une entité eu égard à son aptitude à être reproduit sans changement.

(5) Un procédé d'obtention de végétaux ou d'animaux est essentiellement biologique s'il consiste intégralement en des phénomènes naturels tels que le croisement ou la sélection.

(6) On entend par "procédé microbiologique" tout procédé utilisant une matière microbiologique, comportant une intervention sur une matière microbiologique ou produisant une matière microbiologique.

Règle 27
Inventions biotechnologiques brevetables *Art. 52*

Les inventions biotechnologiques sont également brevetables lorsqu'elles ont pour objet :

a) une matière biologique isolée de son environnement naturel ou produite à l'aide d'un procédé technique, même lorsqu'elle préexistait à l'état naturel ;

b) des végétaux ou des animaux si la faisabilité technique de l'invention n'est pas limitée à une variété végétale ou à une race animale déterminée ;

c) un procédé microbiologique ou d'autres procédés techniques, ou un produit obtenu par ces procédés, dans la mesure où il ne s'agit pas d'une variété végétale ou d'une race animale.

Règle 28
Exceptions à la brevetabilité

Conformément à l'article 53 a), les brevets européens ne sont pas délivrés notamment pour les inventions biotechnologiques qui ont pour objet :

a) des procédés de clonage des êtres humains ;

b) des procédés de modification de l'identité génétique germinale de l'être humain ;

c) die Verwendung von menschlichen Embryonen zu industriellen oder kommerziellen Zwecken;

d) Verfahren zur Veränderung der genetischen Identität von Tieren, die geeignet sind, Leiden dieser Tiere ohne wesentlichen medizinischen Nutzen für den Menschen oder das Tier zu verursachen, sowie die mithilfe solcher Verfahren erzeugten Tiere.

Regel 29
Der menschliche Körper und seine Bestandteile

(1) Der menschliche Körper in den einzelnen Phasen seiner Entstehung und Entwicklung sowie die bloße Entdeckung eines seiner Bestandteile, einschließlich der Sequenz oder Teilsequenz eines Gens, können keine patentierbaren Erfindungen darstellen.

(2) Ein isolierter Bestandteil des menschlichen Körpers oder ein auf andere Weise durch ein technisches Verfahren gewonnener Bestandteil, einschließlich der Sequenz oder Teilsequenz eines Gens, kann eine patentierbare Erfindung sein, selbst wenn der Aufbau dieses Bestandteils mit dem Aufbau eines natürlichen Bestandteils identisch ist.

(3) Die gewerbliche Anwendbarkeit einer Sequenz oder Teilsequenz eines Gens muss in der Patentanmeldung konkret beschrieben werden.

Regel 30[20]
Erfordernisse europäischer Patentanmeldungen betreffend Nucleotid- und Aminosäuresequenzen

(1) Sind in der europäischen Patentanmeldung Nucleotid- oder Aminosäuresequenzen offenbart, so hat die Beschreibung ein Sequenzprotokoll zu enthalten, das den vom Präsidenten des Europäischen Patentamts erlassenen Vorschriften für die standardisierte Darstellung von Nucleotid- und Aminosäuresequenzen entspricht.

(2) Ein nach dem Anmeldetag eingereichtes Sequenzprotokoll ist nicht Bestandteil der Beschreibung.

(c) uses of human embryos for industrial or commercial purposes;

(d) processes for modifying the genetic identity of animals which are likely to cause them suffering without any substantial medical benefit to man or animal, and also animals resulting from such processes.

Rule 29
The human body and its elements

(1) The human body, at the various stages of its formation and development, and the simple discovery of one of its elements, including the sequence or partial sequence of a gene, cannot constitute patentable inventions.

(2) An element isolated from the human body or otherwise produced by means of a technical process, including the sequence or partial sequence of a gene, may constitute a patentable invention, even if the structure of that element is identical to that of a natural element.

(3) The industrial application of a sequence or a partial sequence of a gene must be disclosed in the patent application.

Rule 30[20]
Requirements of European patent applications relating to nucleotide and amino acid sequences

(1) If nucleotide or amino acid sequences are disclosed in the European patent application, the description shall contain a sequence listing conforming to the rules laid down by the President of the European Patent Office for the standardised representation of nucleotide and amino acid sequences.

(2) A sequence listing filed after the date of filing shall not form part of the description.

---

[20] Siehe hierzu den Beschluss des Präsidenten des EPA und die Mitteilung des EPA, Sonderausgabe Nr. 3, ABl. EPA 2007, C.1. und C.2.

[20] See decision of the President of the EPO and the Notice from the EPO, Special edition No. 3, OJ EPO 2007, C.1. and C.2.

c) des utilisations d'embryons humains à des fins industrielles ou commerciales ;

d) des procédés de modification de l'identité génétique des animaux de nature à provoquer chez eux des souffrances sans utilité médicale substantielle pour l'homme ou l'animal, ainsi que les animaux issus de tels procédés.

Règle 29
Le corps humain et ses éléments

Art. 52, 53, 57
R. 42

(1) Le corps humain, aux différents stades de sa constitution et de son développement, ainsi que la simple découverte d'un de ses éléments, y compris la séquence ou la séquence partielle d'un gène, ne peuvent constituer des inventions brevetables.

(2) Un élément isolé du corps humain ou autrement produit par un procédé technique, y compris la séquence ou la séquence partielle d'un gène, peut constituer une invention brevetable, même si la structure de cet élément est identique à celle d'un élément naturel.

(3) L'application industrielle d'une séquence ou d'une séquence partielle d'un gène doit être concrètement exposée dans la demande de brevet.

Règle 30[20]
Prescriptions régissant les demandes de brevet européen portant sur des séquences de nucléotides et d'acides aminés

Art. 56, 57, 80
R. 42

(1) Si des séquences de nucléotides ou d'acides aminés sont exposées dans la demande de brevet européen, la description doit contenir un listage de séquences établi conformément aux règles arrêtées par le Président de l'Office européen des brevets pour la représentation normalisée de séquences de nucléotides et d'acides aminés.

(2) Un listage de séquences produit après la date de dépôt ne fait pas partie de la description.

---

[20] Cf. la décision du Président de l'OEB et le communiqué de l'OEB, Edition spéciale n° 3, JO OEB 2007, C.1. et C.2.

(3) Hat der Anmelder nicht bis zum Anmeldetag ein den Erfordernissen des Absatzes 1 entsprechendes Sequenzprotokoll eingereicht, so fordert ihn das Europäische Patentamt auf, ein solches Sequenzprotokoll nachzureichen und die Gebühr für verspätete Einreichung zu entrichten. Reicht der Anmelder das erforderliche Sequenzprotokoll nicht innerhalb von zwei Monaten nach dieser Aufforderung unter Entrichtung der Gebühr für verspätete Einreichung nach, so wird die Anmeldung zurückgewiesen.

Regel 31[21]
Hinterlegung von biologischem Material

(1) Wird bei einer Erfindung biologisches Material verwendet oder bezieht sie sich auf biologisches Material, das der Öffentlichkeit nicht zugänglich ist und in der europäischen Patentanmeldung nicht so beschrieben werden kann, dass ein Fachmann die Erfindung danach ausführen kann, so gilt die Erfindung nur dann als gemäß Artikel 83 offenbart, wenn

a) eine Probe des biologischen Materials spätestens am Anmeldetag bei einer anerkannten Hinterlegungsstelle unter denselben Bedingungen wie denen des Budapester Vertrags über die internationale Anerkennung der Hinterlegung von Mikroorganismen für die Zwecke von Patentverfahren vom 28. April 1977 hinterlegt worden ist,

b) die Anmeldung in der ursprünglich eingereichten Fassung die dem Anmelder zur Verfügung stehenden maßgeblichen Angaben über die Merkmale des biologischen Materials enthält,

c) die Hinterlegungsstelle und die Eingangsnummer des hinterlegten biologischen Materials in der Anmeldung angegeben sind und

d) - falls das biologische Material nicht vom Anmelder hinterlegt wurde - Name und Anschrift des Hinterlegers in der Anmeldung angegeben sind und dem Europäischen Patentamt durch Vorlage von Urkunden nachgewiesen wird, dass der Hinterleger den Anmelder ermächtigt hat, in der Anmeldung auf das hinterlegte biologische Material Bezug zu nehmen, und vorbehaltlos und unwiderruflich seine Zustimmung erteilt hat, dass das von ihm hinterlegte Material nach Maßgabe der Regel 33 der Öffentlichkeit zugänglich gemacht wird.

(3) Where the applicant has not filed a sequence listing complying with the requirements under paragraph 1 at the date of filing, the European Patent Office shall invite the applicant to furnish such a sequence listing and pay the late furnishing fee. If the applicant does not furnish the required sequence listing and pay the required late furnishing fee within a period of two months after such an invitation, the application shall be refused.

Rule 31[21]
Deposit of biological material

(1) If an invention involves the use of or concerns biological material which is not available to the public and which cannot be described in the European patent application in such a manner as to enable the invention to be carried out by a person skilled in the art, the invention shall only be regarded as being disclosed as prescribed in Article 83 if:

(a) a sample of the biological material has been deposited with a recognised depositary institution on the same terms as those laid down in the Budapest Treaty on the International Recognition of the Deposit of Microorganisms for the Purposes of Patent Procedure of 28 April 1977 not later than the date of filing of the application;

(b) the application as filed gives such relevant information as is available to the applicant on the characteristics of the biological material;

(c) the depositary institution and the accession number of the deposited biological material are stated in the application, and

(d) where the biological material has been deposited by a person other than the applicant, the name and address of the depositor are stated in the application and a document is submitted to the European Patent Office providing evidence that the depositor has authorised the applicant to refer to the deposited biological material in the application and has given his unreserved and irrevocable consent to the deposited material being made available to the public in accordance with Rule 33.

---

[21] Siehe hierzu Entscheidung der Großen Beschwerdekammer G 2/93 (Anhang I).

[21] See decision of the Enlarged Board of Appeal G 2/93 (Annex I).

(3) Si, à la date de dépôt, le demandeur n'a pas produit un listage de séquences établi conformément aux exigences prévues au paragraphe 1, l'Office européen des brevets invite le demandeur à fournir ce listage de séquences et à acquitter la taxe pour remise tardive. Si le demandeur ne fournit pas le listage de séquences requis et n'acquitte pas la taxe pour remise tardive dans un délai de deux mois à compter de cette invitation, la demande est rejetée.

Règle 31[21]
Dépôt de matière biologique

Art. 78, 83, 128, 129
R. 26, 34

(1) Lorsqu'une invention comporte l'utilisation d'une matière biologique ou qu'elle concerne une matière biologique à laquelle le public n'a pas accès et qui ne peut être décrite dans la demande de brevet européen de façon à permettre à un homme du métier d'exécuter l'invention, celle-ci n'est considérée comme exposée conformément à l'article 83 que si :

a) un échantillon de la matière biologique a été déposé auprès d'une autorité de dépôt habilitée, dans les mêmes conditions que celles prévues par le Traité de Budapest sur la reconnaissance internationale du dépôt des micro-organismes aux fins de la procédure en matière de brevets du 28 avril 1977, au plus tard à la date de dépôt de la demande ;

b) la demande telle que déposée contient les informations pertinentes dont dispose le demandeur sur les caractéristiques de la matière biologique ;

c) la demande comporte l'indication de l'autorité de dépôt et le numéro d'ordre de la matière biologique déposée, et

d) lorsque la matière biologique a été déposée par une personne autre que le demandeur, le nom et l'adresse du déposant sont mentionnés dans la demande et il est fourni à l'Office européen des brevets un document prouvant que le déposant a autorisé le demandeur à se référer dans la demande à la matière biologique déposée et a consenti sans réserve et de manière irrévocable à mettre la matière déposée à la disposition du public, conformément à la règle 33.

---

[21] Cf. la décision de la Grande Chambre de recours G 2/93 (Annexe I).

(2) Die in Absatz 1 c) und d) genannten Angaben können nachgereicht werden

a) innerhalb von sechzehn Monaten nach dem Anmeldetag oder, wenn eine Priorität in Anspruch genommen worden ist, nach dem Prioritätstag; die Frist gilt als eingehalten, wenn die Angaben bis zum Abschluss der technischen Vorbereitungen für die Veröffentlichung der europäischen Patentanmeldung mitgeteilt werden;

b) bis zum Tag der Einreichung eines Antrags nach Artikel 93 Absatz 1 b);

c) innerhalb eines Monats, nachdem das Europäische Patentamt dem Anmelder mitgeteilt hat, dass das Recht auf Akteneinsicht nach Artikel 128 Absatz 2 besteht.

Maßgebend ist die Frist, die zuerst abläuft. Die Mitteilung dieser Angaben gilt vorbehaltlos und unwiderruflich als Zustimmung des Anmelders, dass das von ihm hinterlegte biologische Material nach Maßgabe der Regel 33 der Öffentlichkeit zugänglich gemacht wird.

Regel 32
Sachverständigenlösung

(1)[22] Bis zum Abschluss der technischen Vorbereitungen für die Veröffentlichung der europäischen Patentanmeldung kann der Anmelder dem Europäischen Patentamt mitteilen, dass

a) bis zu dem Tag, an dem der Hinweis auf die Erteilung des europäischen Patents bekannt gemacht wird, oder gegebenenfalls

b) für die Dauer von zwanzig Jahren ab dem Anmeldetag der Anmeldung, falls die Anmeldung zurückgewiesen oder zurückgenommen wird oder als zurückgenommen gilt,

der in Regel 33 bezeichnete Zugang nur durch Herausgabe einer Probe an einen vom Antragsteller benannten Sachverständigen hergestellt wird.

(2) The information referred to in paragraph 1(c) and (d) may be submitted

(a) within sixteen months after the date of filing of the application or, if priority has been claimed, after the priority date, this period being deemed to have been observed if the information is communicated before completion of the technical preparations for publication of the European patent application;

(b) up to the date of submission of a request under Article 93, paragraph 1(b);

(c) within one month after the European Patent Office has communicated to the applicant that the right to inspect the files under Article 128, paragraph 2, exists.

The ruling period shall be the one which is the first to expire. The communication of this information shall be considered as constituting the unreserved and irrevocable consent of the applicant to the deposited biological material being made available to the public in accordance with Rule 33.

Rule 32
Expert solution

(1)[22] Until completion of the technical preparations for publication of the European patent application, the applicant may inform the European Patent Office that,

(a) until the publication of the mention of the grant of the European patent or, where applicable,

(b) for twenty years from the date of filing, if the application is refused or withdrawn or deemed to be withdrawn,

the availability referred to in Rule 33 shall be effected only by the issue of a sample to an expert nominated by the requester.

---

[22] Mitteilung des Präsidenten des EPA vom 28.07.1981 über die Mitteilung der Wahl der Sachverständigenlösung an das EPA und ihre Bekanntmachung (ABl. EPA 1981, 358).

[22] Notice of the President of the EPO dated 28.07.1981 concerning the procedure for informing the EPO that the "expert option has been chosen, and the publication of that fact (OJ EPO 1981, 358).

(2) Les indications mentionnées au paragraphe 1 c) et d) peuvent être communiquées :

a) dans un délai de seize mois à compter de la date de dépôt ou, si une priorité a été revendiquée, à compter de la date de priorité, le délai étant réputé observé si les indications sont communiquées avant la fin des préparatifs techniques en vue de la publication de la demande de brevet européen ;

b) jusqu'à la date de présentation d'une requête en vertu de l'article 93, paragraphe 1 b) ;

c) dans un délai d'un mois après que l'Office européen des brevets a notifié au demandeur l'existence du droit de consulter le dossier prévu à l'article 128, paragraphe 2.

Est applicable celui des délais qui expire le premier. Du fait de la communication de ces indications, le demandeur est considéré comme consentant sans réserve et de manière irrévocable à mettre la matière biologique déposée à la disposition du public, conformément à la règle 33.

Règle 32
Solution de l'expert

Art. 78, 83, 128, 129
R. 26, 34, 67

(1)[22] Jusqu'à la fin des préparatifs techniques en vue de la publication de la demande de brevet européen, le demandeur peut informer l'Office européen des brevets que,

a) jusqu'à la publication de la mention de la délivrance du brevet européen ou, le cas échéant,

b) pendant vingt ans à compter de la date du dépôt, si la demande est rejetée, retirée ou réputée retirée,

l'accessibilité prévue à la règle 33 ne peut être réalisée que par la remise d'un échantillon à un expert désigné par le requérant.

---

[22] Communiqué du Président de l'OEB du 28.07.1981 relatif à la communication à l'OEB du choix de la solution de l'expert et à la publication de ce choix (JO OEB 1981, 358).

(2) The following may be nominated as an expert:

(a) any natural person, provided that the requester furnishes evidence, when filing the request, that the nomination has the approval of the applicant;

(b)[23] any natural person recognised as an expert by the President of the European Patent Office.

The nomination shall be accompanied by a declaration from the expert vis-à-vis the applicant in which he enters into the undertaking given under Rule 33 until either the date on which the patent expires in all the designated States or, where the application is refused, withdrawn or deemed to be withdrawn, the date referred to in paragraph 1(b), the requester being regarded as a third party.

Rule 33
Availability of biological material

(1) Biological material deposited in accordance with Rule 31 shall be available upon request to any person from the date of publication of the European patent application and to any person having the right to inspect the files under Article 128, paragraph 2, prior to that date. Subject to Rule 32, such availability shall be effected by the issue of a sample of the biological material to the person making the request (hereinafter referred to as "the requester").

(2) Said issue shall be made only if the requester has undertaken vis-à-vis the applicant for or proprietor of the patent not to make the biological material or any biological material derived therefrom available to any third party and to use that material for experimental purposes only, until such time as the patent application is refused or withdrawn or deemed to be withdrawn, or before the European patent has expired in all the designated States, unless the applicant for or proprietor of the patent expressly waives such an undertaking.

---

[23] See the general conditions set by the President of the EPO for the recognition of experts in accordance with Rule 28 EPC [1973] (OJ EPO 1981, 359 ff; 1992, 470).

(2) Peut être désignée comme expert :

a) toute personne physique, à condition que le requérant fournisse la preuve, lors du dépôt de la requête, que le demandeur a donné son accord à cette désignation ;

b)[23] toute personne physique qui a la qualité d'expert agréé par le Président de l'Office européen des brevets.

La désignation est accompagnée d'une déclaration de l'expert par laquelle il assume à l'égard du demandeur l'engagement visé à la règle 33, et ce, soit jusqu'à la date à laquelle le brevet européen s'éteint dans tous les Etats désignés, soit jusqu'à la date visée au paragraphe 1 b), si la demande est rejetée, retirée ou réputée retirée, le requérant étant considéré comme un tiers.

Règle 33
Accès à une matière biologique

Art. 78, 83, 128, 129
R. 26, 34

(1) A compter du jour de la publication de la demande de brevet européen, la matière biologique déposée conformément à la règle 31 est, sur requête, accessible à toute personne et, avant cette date, à toute personne ayant le droit de consulter le dossier en vertu de l'article 128, paragraphe 2. Sous réserve de la règle 32, cette accessibilité est réalisée par la remise au requérant d'un échantillon de la matière biologique déposée.

(2) Cette remise n'a lieu que si le requérant s'est engagé à l'égard du demandeur ou du titulaire du brevet à ne pas communiquer à des tiers la matière biologique ou une matière biologique qui en est dérivée et à n'utiliser cette matière qu'à des fins expérimentales jusqu'à la date à laquelle la demande de brevet est rejetée ou retirée ou réputée retirée, ou à laquelle le brevet européen s'éteint dans tous les Etats désignés, à moins que le demandeur ou le titulaire du brevet ne renonce expressément à un tel engagement.

---

[23] Cf. les conditions générales fixées par le Président de l'OEB aux fins de la reconnaissance de la qualité d'expert agréé conformément à la règle 28 CBE [1973] (JO OEB 1981, 359 s. ; 1992, 470).

Die Verpflichtung, das biologische Material nur zu Versuchszwecken zu verwenden, ist hinfällig, soweit der Antragsteller dieses Material aufgrund einer Zwangslizenz verwendet. Unter Zwangslizenzen sind auch Amtslizenzen und Rechte zur Benutzung einer patentierten Erfindung im öffentlichen Interesse zu verstehen.	The undertaking to use the biological material for experimental purposes only shall not apply in so far as the requester is using that material under a compulsory licence. The term "compulsory licence" shall be construed as including ex officio licences and the right to use patented inventions in the public interest.

(3) Abgeleitetes biologisches Material im Sinne des Absatzes 2 ist jedes Material, das noch die für die Ausführung der Erfindung wesentlichen Merkmale des hinterlegten Materials aufweist. Die in Absatz 2 vorgesehenen Verpflichtungen stehen einer für die Zwecke von Patentverfahren erforderlichen Hinterlegung eines abgeleiteten biologischen Materials nicht entgegen.

(3) For the purposes of paragraph 2, derived biological material shall mean any material which still exhibits those characteristics of the deposited material which are essential to carrying out the invention. The undertaking under paragraph 2 shall not impede any deposit of derived biological material necessary for the purpose of patent procedure.

(4) Der in Absatz 1 vorgesehene Antrag ist beim Europäischen Patentamt auf einem von diesem anerkannten Formblatt einzureichen. Das Europäische Patentamt bestätigt auf dem Formblatt, dass eine europäische Patentanmeldung eingereicht worden ist, die auf die Hinterlegung des biologischen Materials Bezug nimmt, und dass der Antragsteller oder der von ihm nach Regel 32 benannte Sachverständige Anspruch auf Herausgabe einer Probe dieses Materials hat. Der Antrag ist auch nach Erteilung des europäischen Patents beim Europäischen Patentamt einzureichen.

(4) The request referred to in paragraph 1 shall be submitted to the European Patent Office on a form recognised by that Office. The European Patent Office shall certify on the form that a European patent application referring to the deposit of the biological material has been filed, and that the requester or the expert nominated by him under Rule 32 is entitled to the issue of a sample of that material. After grant of the European patent, the request shall also be submitted to the European Patent Office.

(5) Das Europäische Patentamt übermittelt der Hinterlegungsstelle und dem Anmelder oder Patentinhaber eine Kopie des Antrags mit der in Absatz 4 vorgesehenen Bestätigung.

(5) The European Patent Office shall transmit a copy of the request, with the certification provided for in paragraph 4, to the depositary institution and to the applicant for or the proprietor of the patent.

(6) Das Europäische Patentamt veröffentlicht in seinem Amtsblatt das Verzeichnis der Hinterlegungsstellen und Sachverständigen, die für die Anwendung der Regeln 31 bis 34 anerkannt sind.

(6) The European Patent Office shall publish in its Official Journal the list of depositary institutions and experts recognised for the purpose of Rules 31 to 34.

L'engagement de n'utiliser la matière biologique qu'à des fins expérimentales n'est pas applicable dans la mesure où le requérant utilise cette matière pour une exploitation résultant d'une licence obligatoire. L'expression "licence obligatoire" est entendue comme couvrant les licences d'office et tout droit d'utilisation dans l'intérêt public d'une invention brevetée.

(3) On entend par matière biologique dérivée aux fins du paragraphe 2 toute matière qui présente encore les caractéristiques de la matière déposée essentielles à la mise en oeuvre de l'invention. Les engagements visés au paragraphe 2 ne font pas obstacle à un dépôt d'une matière biologique dérivée, nécessaire aux fins de la procédure en matière de brevets.

(4) La requête visée au paragraphe 1 est adressée à l'Office européen des brevets au moyen d'un formulaire agréé par lui. L'Office européen des brevets certifie sur ce formulaire qu'une demande de brevet européen faisant état du dépôt de la matière biologique a été déposée et que le requérant ou l'expert qu'il a désigné conformément à la règle 32 a droit à la remise d'un échantillon de cette matière. La requête est également adressée à l'Office européen des brevets après la délivrance du brevet européen.

(5) L'Office européen des brevets transmet à l'autorité de dépôt, ainsi qu'au demandeur ou au titulaire du brevet, une copie de la requête assortie de la certification prévue au paragraphe 4.

(6) L'Office européen des brevets publie au Journal officiel la liste des autorités de dépôt habilitées et des experts agréés aux fins de l'application des règles 31 à 34.

Regel 34
Erneute Hinterlegung von biologischem Material

Ist nach Regel 31 hinterlegtes biologisches Material bei der anerkannten Hinterlegungsstelle nicht mehr zugänglich, so gilt die Unterbrechung der Zugänglichkeit als nicht eingetreten, wenn dieses Material bei einer anerkannten Hinterlegungsstelle unter denselben Bedingungen wie denen des Budapester Vertrags über die internationale Anerkennung der Hinterlegung von Mikroorganismen für die Zwecke von Patentverfahren vom 28. April 1977 erneut hinterlegt wird und dem Europäischen Patentamt innerhalb von vier Monaten nach dem Tag der erneuten Hinterlegung eine Kopie der von der Hinterlegungsstelle ausgestellten Empfangsbescheinigung unter Angabe der Nummer der europäischen Patentanmeldung oder des europäischen Patents übermittelt wird.

Rule 34
New deposit of biological material

If biological material deposited in accordance with Rule 31 ceases to be available from the recognised depositary institution, an interruption in availability shall be deemed not to have occurred if a new deposit of that material is made with a recognised depositary institution on the same terms as those laid down in the Budapest Treaty on the International Recognition of the Deposit of Microorganisms for the Purposes of Patent Procedure of 28 April 1977, and if a copy of the receipt of the new deposit issued by the depositary institution is forwarded to the European Patent Office within four months of the date of the new deposit, stating the number of the European patent application or of the European patent.

Règle 34
Nouveau dépôt de matière biologique　　　*Art. 83, 129*

Si de la matière biologique déposée conformément à la règle 31 cesse d'être disponible auprès de l'autorité de dépôt habilitée, l'interruption de l'accessibilité est réputée non avenue à condition qu'un nouveau dépôt de cette matière ait été effectué auprès d'une autorité de dépôt habilitée, dans les mêmes conditions que celles prévues par le Traité de Budapest sur la reconnaissance internationale du dépôt des micro-organismes aux fins de la procédure en matière de brevets du 28 avril 1977, et qu'une copie du récépissé de ce nouveau dépôt délivré par l'autorité de dépôt, accompagnée de l'indication du numéro de la demande de brevet européen ou du brevet européen, ait été communiquée à l'Office européen des brevets dans un délai de quatre mois à compter de la date du nouveau dépôt.

PART III
IMPLEMENTING REGULATIONS TO PART III OF THE CONVENTION

Chapter I
Filing of the European patent application

Rule 35[24]
General provisions

(1) European patent applications may be filed in writing with the European Patent Office in Munich, The Hague or Berlin, or the authorities referred to in Article 75, paragraph 1(b).

(2) The authority with which the European patent application is filed shall mark the documents making up the application with the date of their receipt, and issue without delay a receipt to the applicant including at least the application number and the nature, number and date of receipt of the documents.

(3) If the European patent application is filed with an authority referred to in Article 75, paragraph 1(b), such authority shall without delay inform the European Patent Office of the receipt of the application, and, in particular, of the nature and date of receipt of the documents, the application number and any priority date claimed.

(4) Upon receipt of a European patent application forwarded by the central industrial property office of a Contracting State, the European Patent Office shall inform the applicant accordingly, indicating the date of its receipt.

Rule 36
European divisional applications

(1) The applicant may file a divisional application relating to any pending earlier European patent application.

(2) A divisional application shall be in the language of the proceedings for the earlier application and shall be filed with the European Patent Office in Munich, The Hague or Berlin.

---

[24] See decisions of the President of the EPO, Special edition No. 3, OJ EPO 2007, A.3., A.4., A.5.

TROISIÈME PARTIE
DISPOSITIONS D'APPLICATION DE LA TROISIÈME PARTIE DE LA CONVENTION

Chapitre I
Dépôt de la demande de brevet européen

Règle 35[24]
Dispositions générales

Art. 75, 77
R. 1, 2

(1) Les demandes de brevet européen peuvent être déposées par écrit auprès de l'Office européen des brevets à Munich, La Haye ou Berlin, ou auprès des administrations visées à l'article 75, paragraphe 1 b).

(2) L'administration auprès de laquelle la demande de brevet européen est déposée appose sur les pièces de cette demande la date de leur réception et délivre sans délai au demandeur un récépissé indiquant au moins le numéro de la demande, la nature et le nombre des pièces ainsi que la date de leur réception.

(3) Si la demande de brevet européen est déposée auprès d'une administration visée à l'article 75, paragraphe 1 b), celle-ci informe sans délai l'Office européen des brevets de la réception de la demande, et indique en particulier la nature des pièces déposées, le jour de leur réception, le numéro donné à la demande et, le cas échéant, la date de toute priorité revendiquée.

(4) Lorsque l'Office européen des brevets reçoit une demande de brevet européen par l'intermédiaire du service central de la propriété industrielle d'un Etat contractant, il en informe le demandeur en lui indiquant la date à laquelle il a reçu la demande.

Règle 36
Demandes divisionnaires européennes

Art. 14, 76, 78, 79

(1) Le demandeur peut déposer une demande divisionnaire relative à toute demande de brevet européen antérieure encore en instance.

(2) Une demande divisionnaire doit être rédigée dans la langue de la procédure de la demande antérieure et être déposée auprès de l'Office européen des brevets à Munich, La Haye ou Berlin.

---

[24] Cf. les décisions du Président de l'OEB, Edition spéciale n° 3, JO OEB 2007, A.3., A.4., A.5.

(3) Die Anmeldegebühr und die Recherchengebühr sind für die Teilanmeldung innerhalb eines Monats nach ihrer Einreichung zu entrichten. Wird die Anmeldegebühr oder die Recherchengebühr nicht rechtzeitig entrichtet, so gilt die Anmeldung als zurückgenommen.

(4) Die Benennungsgebühren sind innerhalb von sechs Monaten nach dem Tag zu entrichten, an dem im Europäischen Patentblatt auf die Veröffentlichung des europäischen Recherchenberichts zu der Teilanmeldung hingewiesen worden ist. Regel 39 Absätze 2 und 3 ist anzuwenden.

Regel 37
Übermittlung europäischer Patentanmeldungen

(1) Die Zentralbehörde für den gewerblichen Rechtsschutz eines Vertragsstaats leitet europäische Patentanmeldungen innerhalb der kürzesten Frist, die mit der Anwendung des nationalen Rechts betreffend die Geheimhaltung von Erfindungen im Interesse des Staats vereinbar ist, an das Europäische Patentamt weiter und ergreift alle geeigneten Maßnahmen, damit die Weiterleitung

a) innerhalb von sechs Wochen nach Einreichung der Anmeldung erfolgt, wenn ihr Gegenstand nach nationalem Recht offensichtlich nicht geheimhaltungsbedürftig ist, oder

b) innerhalb von vier Monaten nach Einreichung oder, wenn eine Priorität in Anspruch genommen worden ist, innerhalb von vierzehn Monaten nach dem Prioritätstag erfolgt, wenn näher geprüft werden muss, ob die Anmeldung geheimhaltungsbedürftig ist.

(2) Eine europäische Patentanmeldung, die dem Europäischen Patentamt nicht innerhalb von vierzehn Monaten nach ihrer Einreichung oder, wenn eine Priorität in Anspruch genommen worden ist, nach dem Prioritätstag zugeht, gilt als zurückgenommen. Für diese Anmeldung bereits entrichtete Gebühren werden zurückerstattet.

Regel 38
Anmeldegebühr und Recherchengebühr

Die Anmeldegebühr und die Recherchengebühr sind innerhalb eines Monats nach Einreichung der europäischen Patentanmeldung zu entrichten.

(3) The filing fee and search fee shall be paid within one month of filing the divisional application. If the filing fee or search fee is not paid in due time, the application shall be deemed to be withdrawn.

(4) The designation fees shall be paid within six months of the date on which the European Patent Bulletin mentions the publication of the European search report drawn up in respect of the divisional application. Rule 39, paragraphs 2 and 3, shall apply.

Rule 37
Forwarding of European patent applications

(1) The central industrial property office of a Contracting State shall forward European patent applications to the European Patent Office in the shortest time compatible with its national law relating to the secrecy of inventions in the interests of the State, and shall take all appropriate steps to ensure such forwarding within:

(a) six weeks of filing, where the subject of the application is evidently not liable to secrecy under the national law; or

(b) four months of filing or, if priority has been claimed, fourteen months of the date of priority, where the application requires further examination as to its liability to secrecy.

(2) A European patent application not received by the European Patent Office within fourteen months of filing or, if priority has been claimed, of the date of priority, shall be deemed to be withdrawn. Any fees paid in respect of this application shall be refunded.

Rule 38
Filing fee and search fee

The filing fee and search fee shall be paid within one month of filing the European patent application.

(3) La taxe de dépôt et la taxe de recherche doivent être acquittées dans un délai d'un mois à compter du dépôt de la demande divisionnaire. Si la taxe de dépôt ou la taxe de recherche n'est pas acquittée dans les délais, la demande est réputée retirée.

(4) Les taxes de désignation doivent être acquittées dans un délai de six mois à compter de la date à laquelle le Bulletin européen des brevets a mentionné la publication du rapport de recherche européenne établi pour la demande divisionnaire. La règle 39, paragraphes 2 et 3, est applicable.

Règle 37
Transmission des demandes de brevet européen

Art. 135
R. 35, 45, 112, 134

(1) Le service central de la propriété industrielle d'un Etat contractant transmet les demandes de brevet européen à l'Office européen des brevets dans le plus court délai compatible avec sa législation nationale relative à la mise au secret des inventions dans l'intérêt de l'Etat, et prend toutes mesures utiles pour s'assurer que ces demandes soient transmises :

a) dans un délai de six semaines à compter de leur dépôt, lorsque l'objet de ces demandes n'est manifestement pas susceptible d'être mis au secret en vertu de la législation nationale ; ou

b) dans un délai de quatre mois à compter de leur dépôt ou, si une priorité a été revendiquée, de quatorze mois à compter de la date de priorité, lorsqu'il y a lieu d'examiner si l'objet de ces demandes est susceptible d'être mis au secret.

(2) Une demande de brevet européen qui ne parvient pas à l'Office européen des brevets dans un délai de quatorze mois à compter de son dépôt ou, si une priorité a été revendiquée, à compter de la date de priorité, est réputée retirée. Les taxes acquittées pour cette demande sont remboursées.

Règle 38
Taxe de dépôt et taxe de recherche

Art. 80, 90, 92
R. 17, 40, 57

La taxe de dépôt et la taxe de recherche doivent être acquittées dans un délai d'un mois à compter du dépôt de la demande de brevet européen.

Regel 39
Benennungsgebühren

(1) Die Benennungsgebühren sind innerhalb von sechs Monaten nach dem Tag zu entrichten, an dem im Europäischen Patentblatt auf die Veröffentlichung des europäischen Recherchenberichts hingewiesen worden ist.

(2)[25] Wird die Benennungsgebühr für einen Vertragsstaat nicht rechtzeitig entrichtet, so gilt die Benennung dieses Staats als zurückgenommen.

(3) Wird keine Benennungsgebühr rechtzeitig entrichtet oder wird die Benennung aller Vertragsstaaten zurückgenommen, so gilt die europäische Patentanmeldung als zurückgenommen.

(4) Unbeschadet der Regel 37 Absatz 2 Satz 2 werden Benennungsgebühren nicht zurückerstattet.

Regel 40[26]
Anmeldetag

(1) Der Anmeldetag einer europäischen Patentanmeldung ist der Tag, an dem die vom Anmelder eingereichten Unterlagen enthalten:

a) einen Hinweis, dass ein europäisches Patent beantragt wird;

b) Angaben, die es erlauben, die Identität des Anmelders festzustellen oder mit ihm Kontakt aufzunehmen;

c) eine Beschreibung oder eine Bezugnahme auf eine früher eingereichte Anmeldung.

(2) Eine Bezugnahme auf eine früher eingereichte Anmeldung nach Absatz 1 c) muss deren Anmeldetag und Nummer sowie das Amt, bei dem diese eingereicht wurde, angeben. Die Bezugnahme muss zum Ausdruck bringen, dass sie die Beschreibung und etwaige Zeichnungen ersetzt.

Rule 39
Designation fees

(1) Designation fees shall be paid within six months of the date on which the European Patent Bulletin mentions the publication of the European search report.

(2)[25] Where the designation fee is not paid in due time in respect of any Contracting State, the designation of that State shall be deemed to be withdrawn.

(3) Where no designation fee is paid in due time or the designations of all the Contracting States are withdrawn, the European patent application shall be deemed to be withdrawn.

(4) Without prejudice to Rule 37, paragraph 2, second sentence, designation fees shall not be refunded.

Rule 40[26]
Date of filing

(1) The date of filing of a European patent application shall be the date on which the documents filed by the applicant contain:

(a) an indication that a European patent is sought;

(b) information identifying the applicant or allowing the applicant to be contacted; and

(c) a description or reference to a previously filed application.

(2) A reference to a previously filed application under paragraph 1(c) shall state the filing date and number of that application and the Office with which it was filed. Such reference shall indicate that it replaces the description and any drawings.

---

[25] Siehe hierzu die Stellungnahme der Großen Beschwerdekammer G 4/98 (Anhang I).
[26] Siehe hierzu Entscheidung/Stellungnahme der Großen Beschwerdekammer G 2/95, G 4/98 (Anhang I).

[25] See opinion of the Enlarged Board of Appeal G 4/98 (Annex I).
[26] See decision/opinion of the Enlarged Board of Appeal G 2/95, G 4/98 (Annex I).

Verweisungen/References/Références

**Règle 39
Taxes de désignation**

Art. 3, 78, 80, 88, 121, 149
R. 15, 17, 36, 41, 68, 112, 135, 143, 159, 160

(1) Les taxes de désignation doivent être acquittées dans un délai de six mois à compter de la date à laquelle le Bulletin européen des brevets a mentionné la publication du rapport de recherche européenne.

(2)[25] Si la taxe de désignation afférente à un Etat contractant n'est pas acquittée dans les délais, la désignation de cet Etat est réputée retirée.

(3) Si aucune taxe de désignation n'est acquittée dans les délais ou si la désignation de tous les Etats contractants est retirée, la demande de brevet européen est réputée retirée.

(4) Sans préjudice de la règle 37, paragraphe 2, deuxième phrase, les taxes de désignation ne sont pas remboursées.

**Règle 40[26]
Date de dépôt**

Art. 14, 54, 60, 66, 78, 79, 80, 83, 84, 90
R. 30, 41, 42, 43, 49, 55, 56, 143

(1) La date de dépôt d'une demande de brevet européen est celle à laquelle le demandeur a produit des documents qui contiennent :

a) une indication selon laquelle un brevet européen est demandé ;

b) les indications qui permettent d'identifier le demandeur ou de prendre contact avec lui ;

c) une description ou un renvoi à une demande déposée antérieurement.

(2) Un renvoi à une demande déposée antérieurement effectué conformément au paragraphe 1 c) doit indiquer la date de dépôt et le numéro de cette demande, ainsi que l'office auprès duquel elle a été déposée. Un tel renvoi doit préciser qu'il remplace la description et, le cas échéant, les dessins.

---

[25] Cf. l'avis de la Grande Chambre de recours G 4/98 (Annexe I).

[26] Cf. la décision/l'avis de la Grande Chambre de recours G 2/95, G 4/98 (Annexe I).

(3) Enthält die Anmeldung eine Bezugnahme nach Absatz 2, so ist innerhalb von zwei Monaten nach ihrer Einreichung eine beglaubigte Abschrift der früher eingereichten Anmeldung einzureichen. Ist diese Anmeldung nicht in einer Amtssprache des Europäischen Patentamts abgefasst, so ist innerhalb derselben Frist eine Übersetzung in einer dieser Sprachen einzureichen. Regel 53 Absatz 2 ist entsprechend anzuwenden.

Kapitel II
Anmeldebestimmungen

Regel 41[27]
Erteilungsantrag

(1) Der Antrag auf Erteilung eines europäischen Patents ist auf einem vom Europäischen Patentamt vorgeschriebenen Formblatt einzureichen.

(2) Der Antrag muss enthalten:

a) ein Ersuchen auf Erteilung eines europäischen Patents;

b) die Bezeichnung der Erfindung, die eine kurz und genau gefasste technische Bezeichnung der Erfindung wiedergibt und keine Fantasiebezeichnung enthalten darf;

c)[28] den Namen, die Anschrift, die Staatsangehörigkeit und den Staat des Wohnsitzes oder Sitzes des Anmelders. Bei natürlichen Personen ist der Familienname vor den Vornamen anzugeben. Bei juristischen Personen und Gesellschaften, die juristischen Personen gemäß dem für sie maßgebenden Recht gleichgestellt sind, ist die amtliche Bezeichnung anzugeben. Anschriften sind gemäß den üblichen Anforderungen für eine schnelle Postzustellung an die angegebene Anschrift anzugeben und müssen in jedem Fall alle maßgeblichen Verwaltungseinheiten, gegebenenfalls bis zur Hausnummer einschließlich, enthalten. Gegebenenfalls sollen Fax- und Telefonnummern angegeben werden;

d) falls ein Vertreter bestellt ist, seinen Namen und seine Geschäftsanschrift nach Maßgabe von Buchstabe c;

(3) Where the application contains a reference under paragraph 2, a certified copy of the previously filed application shall be filed within two months of filing the application. Where the previously filed application is not in an official language of the European Patent Office, a translation thereof in one of these languages shall be filed within the same period. Rule 53, paragraph 2, shall apply mutatis mutandis.

Chapter II
Provisions governing the application

Rule 41[27]
Request for grant

(1) The request for grant of a European patent shall be filed on a form drawn up by the European Patent Office.

(2) The request shall contain:

(a) a petition for the grant of a European patent;

(b) the title of the invention, which shall clearly and concisely state the technical designation of the invention and shall exclude all fancy names;

(c)[28] the name, address and nationality of the applicant and the State in which his residence or principal place of business is located. Names of natural persons shall be indicated by the person's family name, followed by his given names. Names of legal persons, as well as of bodies equivalent to legal persons under the law governing them, shall be indicated by their official designations. Addresses shall be indicated in accordance with applicable customary requirements for prompt postal delivery and shall comprise all the relevant administrative units, including the house number, if any. It is recommended that the fax and telephone numbers be indicated;

(d) if the applicant has appointed a representative, his name and the address of his place of business as prescribed in sub-paragraph (c);

---

[27] Die aktualisierte Version des Formblatts wird regelmäßig im ABl. EPA und auf der Internetseite des EPA veröffentlicht.

[28] Siehe hierzu auch Entscheidung der Großen Beschwerdekammer G 3/99 (Anhang I).

[27] The updated version of the form is regularly published in OJ EPO and on the EPO website.

[28] See also decision of the Enlarged Board of Appeal G 3/99 (Annex I).

(3) Si la demande contient un renvoi conformément au paragraphe 2, une copie certifiée conforme de la demande déposée antérieurement doit être produite dans un délai de deux mois à compter du dépôt de la demande. Si la demande déposée antérieurement n'est pas rédigée dans une langue officielle de l'Office européen des brevets, une traduction de la demande dans l'une de ces langues doit être produite dans ce délai. La règle 53, paragraphe 2, est applicable.

Chapitre II
Dispositions régissant les demandes

Règle 41[27]
Requête en délivrance

Art. 59, 75, 76, 78-81, 88, 133
R. 52

(1) La requête en délivrance d'un brevet européen doit être présentée sur un formulaire établi par l'Office européen des brevets.

(2) La requête doit :

a) contenir une demande en vue de la délivrance d'un brevet européen ;

b) contenir le titre de l'invention, qui doit faire apparaître de manière claire et concise la désignation technique de l'invention et ne comporter aucune dénomination de fantaisie ;

c)[28] indiquer le nom, l'adresse, la nationalité ainsi que l'Etat du domicile ou du siège du demandeur. Les personnes physiques doivent être désignées par leurs noms suivis de leurs prénoms. Les personnes morales et les sociétés assimilées aux personnes morales en vertu du droit dont elles relèvent doivent figurer sous leur désignation officielle. Les adresses doivent être indiquées selon les exigences usuelles en vue d'une distribution postale rapide à l'adresse indiquée et comporter en tout état de cause toutes les indications administratives pertinentes, y compris, le cas échéant, le numéro de la maison. Il est recommandé d'indiquer les numéros de télécopie et de téléphone ;

d) indiquer, si le demandeur a constitué un mandataire, le nom et l'adresse professionnelle de ce dernier, dans les conditions prévues à la lettre c) ;

---

[27] La version actualisée du formulaire est régulièrement publiée au JO OEB et sur le site Internet de l'OEB.
[28] Cf. également la décision de la Grande Chambre de recours G 3/99 (Annexe I):

e) gegebenenfalls eine Erklärung, dass es sich um eine Teilanmeldung handelt, und die Nummer der früheren europäischen Patentanmeldung;

f) im Fall des Artikels 61 Absatz 1 b) die Nummer der ursprünglichen europäischen Patentanmeldung;

g) falls die Priorität einer früheren Anmeldung in Anspruch genommen wird, eine entsprechende Erklärung, in der der Tag dieser Anmeldung und der Staat angegeben sind, in dem oder für den sie eingereicht worden ist;

h) die Unterschrift des Anmelders oder Vertreters;

i) eine Liste über die dem Antrag beigefügten Anlagen. In dieser Liste ist die Blattzahl der Beschreibung, der Patentansprüche, der Zeichnungen und der Zusammenfassung anzugeben, die mit dem Antrag eingereicht werden;

j) die Erfindernennung, wenn der Anmelder der Erfinder ist.

(3) Im Fall mehrerer Anmelder soll der Antrag die Bezeichnung eines Anmelders oder Vertreters als gemeinsamer Vertreter enthalten.

Regel 42[29]
Inhalt der Beschreibung

(1) In der Beschreibung

a) ist das technische Gebiet, auf das sich die Erfindung bezieht, anzugeben;

b) ist der bisherige Stand der Technik anzugeben, soweit er nach der Kenntnis des Anmelders für das Verständnis der Erfindung, die Erstellung des europäischen Recherchenberichts und die Prüfung der europäischen Patentanmeldung als nützlich angesehen werden kann; es sollen auch die Fundstellen angegeben werden, aus denen sich dieser Stand der Technik ergibt;

(e) where appropriate, an indication that the application constitutes a divisional application and the number of the earlier European patent application;

(f) in cases covered by Article 61, paragraph 1(b), the number of the original European patent application;

(g) where applicable, a declaration claiming the priority of an earlier application and indicating the date on which and the country in or for which the earlier application was filed;

(h) the signature of the applicant or his representative;

(i) a list of the documents accompanying the request. This list shall also indicate the number of sheets of the description, claims, drawings and abstract filed with the request;

(j) the designation of the inventor, where the applicant is the inventor.

(3) If there is more than one applicant, the request shall preferably contain the appointment of one applicant or representative as common representative.

Rule 42[29]
Content of the description

(1) The description shall:

(a) specify the technical field to which the invention relates;

(b) indicate the background art which, as far as is known to the applicant, can be regarded as useful to understand the invention, draw up the European search report and examine the European patent application, and, preferably, cite the documents reflecting such art;

---

[29] Siehe hierzu Entscheidungen der Großen Beschwerdekammer G 1/03, G 2/03 (Anhang I).

[29] See decisions of the Enlarged Board of Appeal G 1/03, G 2/03 (Annex I).

e) le cas échéant, préciser que la demande constitue une demande divisionnaire et indiquer le numéro de la demande antérieure de brevet européen ;

f) indiquer, dans le cas prévu à l'article 61, paragraphe 1 b), le numéro de la demande initiale de brevet européen ;

g) contenir, si la priorité d'une demande antérieure est revendiquée, une déclaration à cet effet qui mentionne la date de cette demande et l'Etat dans lequel ou pour lequel elle a été déposée ;

h) être revêtue de la signature du demandeur ou de celle de son mandataire ;

i) contenir la liste des pièces jointes à la requête. Cette liste doit également indiquer le nombre de feuilles de la description, des revendications, des dessins et de l'abrégé qui sont joints à la requête ;

j) comporter la désignation de l'inventeur, si celui-ci est le demandeur.

(3) En cas de pluralité de demandeurs, la requête doit, de préférence, contenir la désignation d'un demandeur ou d'un mandataire comme représentant commun.

Règle 42[29]
Contenu de la description

(1) La description doit :

a) préciser le domaine technique auquel se rapporte l'invention ;

b) indiquer l'état de la technique antérieure qui, dans la mesure où le demandeur le connaît, peut être considéré comme utile à la compréhension de l'invention, à l'établissement du rapport de recherche européenne et à l'examen de la demande de brevet européen, et de préférence citer les documents reflétant cet état de la technique ;

Art. 54, 56, 57, 78, 80, 83
R. 29, 30, 48, 50

---

[29] Cf. les décisions de la Grande Chambre de recours G 1/03, G 2/03 (Annexe I).

(c) disclose the invention, as claimed, in such terms that the technical problem, even if not expressly stated as such, and its solution can be understood, and state any advantageous effects of the invention with reference to the background art;

(d) briefly describe the figures in the drawings, if any;

(e) describe in detail at least one way of carrying out the invention claimed, using examples where appropriate and referring to the drawings, if any;

(f) indicate explicitly, when it is not obvious from the description or nature of the invention, the way in which the invention is industrially applicable.

(2) The description shall be presented in the manner and order specified in paragraph 1, unless, owing to the nature of the invention, a different presentation would afford a better understanding or be more concise.

Rule 43[30]
Form and content of claims

(1) The claims shall define the matter for which protection is sought in terms of the technical features of the invention. Wherever appropriate, claims shall contain:

(a) a statement indicating the designation of the subject-matter of the invention and those technical features which are necessary for the definition of the claimed subject-matter but which, in combination, form part of the prior art;

(b) a characterising portion, beginning with the expression "characterised in that" or "characterised by" and specifying the technical features for which, in combination with the features stated under sub-paragraph (a), protection is sought.

---

[30] See decisions of the Enlarged Board of Appeal G 2/03, G 1/04 (Annex I).

c) exposer l'invention, telle qu'elle est caractérisée dans les revendications, en des termes permettant la compréhension du problème technique, même s'il n'est pas expressément désigné comme tel, et celle de la solution de ce problème ; indiquer en outre, le cas échéant, les avantages apportés par l'invention par rapport à l'état de la technique antérieure ;

d) décrire brièvement les figures des dessins, s'il en existe ;

e) indiquer en détail au moins un mode de réalisation de l'invention revendiquée, en utilisant des exemples, si cela s'avère approprié, et en se référant aux dessins, s'il y en a ;

f) expliciter, dans le cas où elle ne résulte pas à l'évidence de la description ou de la nature de l'invention, la manière dont celle-ci est susceptible d'application industrielle.

(2) La description doit être présentée de la manière et suivant l'ordre indiqués au paragraphe 1, à moins qu'en raison de la nature de l'invention, une présentation différente ne soit plus concise ou ne permette une meilleure compréhension.

Règle 43[30]
Forme et contenu des revendications

Art. 78, 80, 82, 84
R. 50

(1) Les revendications doivent définir, en indiquant les caractéristiques techniques de l'invention, l'objet de la demande pour lequel la protection est recherchée. S'il y a lieu, les revendications doivent contenir :

a) un préambule mentionnant la désignation de l'objet de l'invention et les caractéristiques techniques qui sont nécessaires à la définition de l'objet revendiqué mais qui, combinées entre elles, font partie de l'état de la technique ;

b) une partie caractérisante introduite par l'expression "caractérisé en" ou "caractérisé par" et exposant les caractéristiques techniques pour lesquelles, en liaison avec les caractéristiques indiquées à la lettre a), la protection est recherchée.

---

[30] Cf. les décisions de la Grande Chambre de recours G 2/03, G 1/04 (Annexe I).

(2) Unbeschadet des Artikels 82 darf eine europäische Patentanmeldung nur dann mehr als einen unabhängigen Patentanspruch in der gleichen Kategorie (Erzeugnis, Verfahren, Vorrichtung oder Verwendung) enthalten, wenn sich der Gegenstand der Anmeldung auf einen der folgenden Sachverhalte bezieht:

a) mehrere miteinander in Beziehung stehende Erzeugnisse,

b) verschiedene Verwendungen eines Erzeugnisses oder einer Vorrichtung,

c) Alternativlösungen für eine bestimmte Aufgabe, sofern es unzweckmäßig ist, diese Alternativen in einem einzigen Anspruch wiederzugeben.

(3) Zu jedem Patentanspruch, der die wesentlichen Merkmale der Erfindung wiedergibt, können ein oder mehrere Patentansprüche aufgestellt werden, die sich auf besondere Ausführungsarten dieser Erfindung beziehen.

(4) Jeder Patentanspruch, der alle Merkmale eines anderen Patentanspruchs enthält (abhängiger Patentanspruch), hat, wenn möglich in seiner Einleitung, eine Bezugnahme auf den anderen Patentanspruch zu enthalten und nachfolgend die zusätzlichen Merkmale anzugeben. Ein abhängiger Patentanspruch, der sich unmittelbar auf einen anderen abhängigen Patentanspruch bezieht, ist ebenfalls zulässig. Alle abhängigen Patentansprüche, die sich auf einen oder mehrere vorangehende Patentansprüche beziehen, sind soweit wie möglich und auf die zweckmäßigste Weise zusammenzufassen.

(5) Die Anzahl der Patentansprüche hat sich mit Rücksicht auf die Art der beanspruchten Erfindung in vertretbaren Grenzen zu halten. Die Patentansprüche sind fortlaufend mit arabischen Zahlen zu nummerieren.

(6) Die Patentansprüche dürfen bei der Angabe der technischen Merkmale der Erfindung nicht auf die Beschreibung oder die Zeichnungen Bezug nehmen, es sei denn, dies ist unbedingt erforderlich. Insbesondere dürfen sie keine Formulierungen enthalten wie "wie beschrieben in Teil ... der Beschreibung" oder "wie in Abbildung ... der Zeichnungen dargestellt".

(2) Without prejudice to Article 82, a European patent application may contain more than one independent claim in the same category (product, process, apparatus or use) only if the subject-matter of the application involves one of the following:

(a) a plurality of interrelated products,

(b) different uses of a product or apparatus,

(c) alternative solutions to a particular problem, where it is inappropriate to cover these alternatives by a single claim.

(3) Any claim stating the essential features of an invention may be followed by one or more claims concerning particular embodiments of that invention.

(4) Any claim which includes all the features of any other claim (dependent claim) shall contain, if possible at the beginning, a reference to the other claim and then state the additional features. A dependent claim directly referring to another dependent claim shall also be admissible. All dependent claims referring back to a single previous claim, and all dependent claims referring back to several previous claims, shall be grouped together to the extent and in the most appropriate way possible.

(5) The number of claims shall be reasonable with regard to the nature of the invention claimed. The claims shall be numbered consecutively in Arabic numerals.

(6) Except where absolutely necessary, claims shall not rely on references to the description or drawings in specifying the technical features of the invention. In particular, they shall not contain such expressions as "as described in part ... of the description", or "as illustrated in figure ... of the drawings".

(2) Sans préjudice de l'article 82, une demande de brevet européen ne peut contenir plus d'une revendication indépendante de la même catégorie (produit, procédé, dispositif ou utilisation) que si l'objet de la demande se rapporte :

a) à plusieurs produits ayant un lien entre eux,

b) à différentes utilisations d'un produit ou d'un dispositif, ou

c) à des solutions alternatives à un problème particulier dans la mesure où ces solutions ne peuvent pas être couvertes de façon appropriée par une seule revendication.

(3) Toute revendication énonçant les caractéristiques essentielles de l'invention peut être suivie d'une ou de plusieurs revendications concernant des modes particuliers de réalisation de cette invention.

(4) Toute revendication qui contient l'ensemble des caractéristiques d'une autre revendication (revendication dépendante) doit comporter une référence à cette autre revendication, si possible dans le préambule, et préciser les caractéristiques additionnelles. Une revendication dépendante peut également se référer directement à une autre revendication dépendante. Toutes les revendications dépendantes qui se réfèrent à une ou plusieurs revendications antérieures doivent, dans toute la mesure du possible, être groupées de la façon la plus appropriée.

(5) Le nombre des revendications doit être raisonnable, compte tenu de la nature de l'invention revendiquée. Les revendications doivent être numérotées consécutivement en chiffres arabes.

(6) Sauf en cas d'absolue nécessité, les revendications ne doivent pas se fonder sur des références à la description ou aux dessins pour ce qui concerne les caractéristiques techniques de l'invention. En particulier, elles ne doivent pas contenir des expressions telles que "comme décrit dans la partie ... de la description" ou "comme illustré dans la figure ... des dessins".

(7) Sind der europäischen Patentanmeldung Zeichnungen mit Bezugszeichen beigefügt, so sollen die in den Patentansprüchen angegebenen technischen Merkmale mit denselben, in Klammern gesetzten Bezugszeichen versehen werden, wenn dies das Verständnis des Patentanspruchs erleichtert. Die Bezugszeichen dürfen nicht zu einer einschränkenden Auslegung des Patentanspruchs herangezogen werden.

Regel 44
Einheitlichkeit der Erfindung

(1) Wird in einer europäischen Patentanmeldung eine Gruppe von Erfindungen beansprucht, so ist das Erfordernis der Einheitlichkeit der Erfindung nach Artikel 82 nur erfüllt, wenn zwischen diesen Erfindungen ein technischer Zusammenhang besteht, der in einem oder mehreren gleichen oder entsprechenden besonderen technischen Merkmalen zum Ausdruck kommt. Unter dem Begriff "besondere technische Merkmale" sind diejenigen technischen Merkmale zu verstehen, die einen Beitrag jeder beanspruchten Erfindung als Ganzes zum Stand der Technik bestimmen.

(2) Die Entscheidung, ob die Erfindungen einer Gruppe untereinander in der Weise verbunden sind, dass sie eine einzige allgemeine erfinderische Idee verwirklichen, hat ohne Rücksicht darauf zu erfolgen, ob die Erfindungen in gesonderten Patentansprüchen oder als Alternativen innerhalb eines einzigen Patentanspruchs beansprucht werden.

Regel 45
Gebührenpflichtige Patentansprüche

(1) Enthält eine europäische Patentanmeldung mehr als zehn Patentansprüche, so ist für den elften und jeden weiteren Patentanspruch eine Anspruchsgebühr zu entrichten.

(2) Die Anspruchsgebühren sind innerhalb eines Monats nach Einreichung des ersten Anspruchssatzes zu entrichten. Werden die Anspruchsgebühren nicht rechtzeitig entrichtet, so können sie noch innerhalb eines Monats nach einer Mitteilung über die Fristversäumung entrichtet werden.

(3) Wird eine Anspruchsgebühr nicht rechtzeitig entrichtet, so gilt dies als Verzicht auf den entsprechenden Patentanspruch.

(7) Where the European patent application contains drawings including reference signs, the technical features specified in the claims shall preferably be followed by such reference signs relating to these features, placed in parentheses, if the intelligibility of the claim can thereby be increased. These reference signs shall not be construed as limiting the claim.

Rule 44
Unity of invention

(1) Where a group of inventions is claimed in a European patent application, the requirement of unity of invention under Article 82 shall be fulfilled only when there is a technical relationship among those inventions involving one or more of the same or corresponding special technical features. The expression "special technical features" shall mean those features which define a contribution which each of the claimed inventions considered as a whole makes over the prior art.

(2) The determination whether a group of inventions is so linked as to form a single general inventive concept shall be made without regard to whether the inventions are claimed in separate claims or as alternatives within a single claim.

Rule 45
Claims incurring fees

(1) Any European patent application comprising more than ten claims shall, in respect of the eleventh and each subsequent claim, incur payment of a claims fee.

(2) The claims fees shall be paid within one month of filing the first set of claims. If the claims fees have not been paid in due time, they may still be paid within one month of a communication concerning the failure to observe the time limit.

(3) If a claims fee is not paid in due time, the claim concerned shall be deemed to be abandoned.

(7) Si la demande de brevet européen contient des dessins comprenant des signes de référence, les caractéristiques techniques mentionnées dans les revendications doivent en principe être suivies des signes de référence à ces caractéristiques, mis entre parenthèses, si la compréhension de la revendication s'en trouve facilitée. Les signes de référence ne sauraient être interprétés comme une limitation de la revendication.

Règle 44
Unité de l'invention

Art. 78

(1) Lorsqu'une pluralité d'inventions est revendiquée dans une demande de brevet européen, il n'est satisfait à l'exigence d'unité de l'invention prévue à l'article 82 que s'il existe une relation technique entre ces inventions, portant sur un ou plusieurs éléments techniques particuliers identiques ou correspondants. L'expression "éléments techniques particuliers" s'entend des éléments techniques qui déterminent une contribution de chacune des inventions revendiquées, considérée comme un tout, par rapport à l'état de la technique.

(2) Pour déterminer si plusieurs inventions sont liées entre elles de telle sorte qu'elles ne forment qu'un seul concept inventif général, il est indifférent que les inventions fassent l'objet de revendications distinctes ou soient présentées comme des variantes dans le cadre d'une seule et même revendication.

Règle 45
Revendications donnant lieu au paiement de taxes

Art. 61, 76-78, 84, 90
R. 71, 162

(1) Si une demande de brevet européen comporte plus de dix revendications, une taxe de revendication doit être acquittée pour chaque revendication à partir de la onzième.

(2) Les taxes de revendication doivent être acquittées dans un délai d'un mois à compter du dépôt du premier jeu de revendications. Si les taxes de revendication ne sont pas acquittées dans les délais, elles peuvent encore l'être dans un délai d'un mois à compter de la notification signalant que le délai n'a pas été observé.

(3) Si une taxe de revendication n'est pas acquittée dans les délais, la revendication correspondante est réputée abandonnée.

Regel 46
Form der Zeichnungen

(1) Auf Blättern, die Zeichnungen enthalten, darf die benutzte Fläche 26,2 cm mal 17 cm nicht überschreiten. Die benutzbare oder benutzte Fläche darf nicht umrahmt sein. Die Mindestränder sind folgende:

Oberer Rand:	2,5 cm
Linker Seitenrand:	2,5 cm
Rechter Seitenrand:	1,5 cm
Unterer Rand:	1 cm

(2) Die Zeichnungen sind wie folgt auszuführen:

a) Die Zeichnungen sind ohne Farben oder Tönungen in widerstandsfähigen, schwarzen, ausreichend festen und dunklen, in sich gleichmäßig starken und klaren Linien oder Strichen auszuführen.

b) Querschnitte sind durch Schraffierungen kenntlich zu machen, die die Erkennbarkeit der Bezugszeichen und Führungslinien nicht beeinträchtigen dürfen.

c) Der Maßstab der Zeichnungen und die zeichnerische Ausführung müssen gewährleisten, dass eine elektronische oder fotografische Wiedergabe auch bei Verkleinerungen auf zwei Drittel alle Einzelheiten noch ohne Schwierigkeiten erkennen lässt. Wird der Maßstab in Ausnahmefällen auf der Zeichnung angegeben, so ist er zeichnerisch darzustellen.

d) Alle Zahlen, Buchstaben und Bezugszeichen in den Zeichnungen müssen einfach und eindeutig sein. Klammern, Kreise oder Anführungszeichen dürfen bei Zahlen und Buchstaben nicht verwendet werden.

e) Alle Linien in den Zeichnungen sollen mit Zeichengeräten gezogen werden.

f) Jeder Teil der Abbildung muss im richtigen Verhältnis zu jedem anderen Teil der Abbildung stehen, sofern nicht die Verwendung eines anderen Verhältnisses für die Klarheit der Abbildung unerlässlich ist.

g) Die Ziffern und Buchstaben müssen mindestens 0,32 cm hoch sein. Für die Beschriftung der Zeichnungen sind lateinische und, soweit üblich, griechische Buchstaben zu verwenden.

Rule 46
Form of the drawings

(1) On sheets containing drawings, the usable surface area shall not exceed 26.2 cm x 17 cm. The usable or used surface shall not be surrounded by frames. The minimum margins shall be as follows:

top	2.5 cm
left side	2.5 cm
right side	1.5 cm
bottom	1 cm

(2) Drawings shall be executed as follows:

(a) Drawings shall be executed without colourings in durable, black, sufficiently dense and dark, uniformly thick and well-defined lines and strokes.

(b) Cross-sections shall be indicated by hatching which should not impede the clear reading of the reference signs and leading lines.

(c) The scale of the drawings and their graphical execution shall be such that electronic or photographic reproduction with a linear reduction in size to two-thirds will allow all details to be distinguished without difficulty. If, exceptionally, the scale is given on a drawing, it shall be represented graphically.

(d) All numbers, letters, and reference signs appearing on the drawings shall be simple and clear. Brackets, circles or inverted commas shall not be used in association with numbers and letters.

(e) Generally, all lines in the drawings shall be drawn with the aid of drafting instruments.

(f) Elements of the same figure shall be proportional to one another, unless a difference in proportion is indispensable for the clarity of the figure.

(g) The height of the numbers and letters shall not be less than 0.32 cm. For the lettering of drawings, the Latin and, where customary, the Greek alphabets shall be used.

Règle 46
Forme des dessins

Art. 78
R. 48, 50, 57

(1) La surface utile des feuilles contenant les dessins ne doit pas excéder 26,2 cm x 17 cm. La surface utile ou la surface utilisée de ces feuilles ne doit pas comporter de cadres. Les marges minimales sont les suivantes :

marge du haut :   2,5 cm

marge de gauche :   2,5 cm

marge de droite :   1,5 cm

marge du bas :   1   cm

(2) Les dessins doivent être exécutés comme suit :

a) Les dessins doivent être exécutés en lignes et traits durables, noirs, suffisamment denses et foncés, uniformément épais et bien délimités, sans couleurs ni lavis.

b) Les coupes doivent être indiquées par des hachures qui ne doivent pas nuire à une lecture facile des signes de référence et des lignes directrices.

c) L'échelle des dessins et leur exécution graphique doivent être telles qu'une reproduction électronique ou photographique effectuée avec réduction linéaire aux deux tiers permette d'en distinguer sans peine tous les détails. Si, par exception, l'échelle figure sur un dessin, elle doit être représentée graphiquement.

d) Tous les chiffres, lettres et signes de référence figurant dans les dessins doivent être simples et clairs. L'utilisation de parenthèses, cercles ou guillemets, en combinaison avec des chiffres et des lettres, n'est pas autorisée.

e) Toutes les lignes des dessins doivent en principe être tracées à l'aide d'instruments de dessin technique.

f) Les éléments d'une même figure doivent être proportionnés les uns par rapport aux autres, à moins qu'une différence de proportion ne soit indispensable pour la clarté de la figure.

g) La hauteur des chiffres et des lettres ne doit pas être inférieure à 0,32 cm. L'alphabet latin et, si telle est la pratique usuelle, l'alphabet grec, doivent être utilisés lorsque des lettres figurent sur les dessins.

h) Ein Zeichnungsblatt kann mehrere Abbildungen enthalten. Sollen Abbildungen auf zwei oder mehr Blättern eine einzige Abbildung darstellen, so sind die Abbildungen auf den einzelnen Blättern so anzuordnen, dass die vollständige Abbildung zusammengesetzt werden kann, ohne dass ein Teil der Abbildungen auf den einzelnen Blättern verdeckt wird. Die einzelnen Abbildungen sind auf einem Blatt oder auf mehreren Blättern ohne Platzverschwendung anzuordnen, eindeutig voneinander getrennt und vorzugsweise im Hochformat; sind die Abbildungen nicht im Hochformat dargestellt, so sind sie im Querformat mit dem Kopf der Abbildungen auf der linken Seite des Blattes anzuordnen. Sie sind durch arabische Zahlen fortlaufend und unabhängig von den Zeichnungsblättern zu nummerieren.

i) Bezugszeichen dürfen in den Zeichnungen nur verwendet werden, wenn sie in der Beschreibung und in den Patentansprüchen aufgeführt sind; das Gleiche gilt für den umgekehrten Fall. Bezugszeichen für Merkmale müssen in der ganzen Anmeldung einheitlich sein.

j) Die Zeichnungen dürfen keine Erläuterungen enthalten. Wo es für das Verständnis unentbehrlich ist, können kurze Angaben wie "Wasser", "Dampf", "offen", "zu", "Schnitt nach A-B" eingefügt werden. Solche Angaben sind so anzubringen, dass sie im Fall der Übersetzung überklebt werden können, ohne dass die Linien der Zeichnungen verdeckt werden.

(3) Flussdiagramme und Diagramme gelten als Zeichnungen.

Regel 47
Form und Inhalt der Zusammenfassung

(1) Die Zusammenfassung muss die Bezeichnung der Erfindung enthalten.

(h) The same sheet of drawings may contain several figures. Where figures drawn on two or more sheets are intended to form a single figure, the figures on the several sheets shall be so arranged that the whole figure can be assembled without concealing any part of the partial figures. The different figures shall be arranged without wasting space, preferably in an upright position, clearly separated from one another. Where the figures are not arranged in an upright position, they shall be presented sideways with the top of the figures at the left side of the sheet. The different figures shall be numbered consecutively in Arabic numerals, independently of the numbering of the sheets.

(i) Reference signs not mentioned in the description and claims shall not appear in the drawings, and vice versa. Reference signs to features shall be consistent throughout the application.

(j) The drawings shall not contain text matter. Where indispensable to understand the drawings, a few short keywords, such as "water", "steam", "open", "closed" or "section on AB", may be included. Any such keywords shall be placed in such a way that, if required, they can be replaced by their translations without interfering with any lines of the drawings.

(3) Flow sheets and diagrams shall be deemed to be drawings.

Rule 47
Form and content of the abstract

(1) The abstract shall indicate the title of the invention.

h) Une même feuille de dessin peut contenir plusieurs figures. Lorsque des figures dessinées sur plusieurs feuilles sont censées constituer une seule figure, elles doivent être présentées de sorte que la figure d'ensemble puisse être composée sans que soit cachée aucune partie des figures qui se trouvent sur les différentes feuilles. Les différentes figures doivent être disposées, de préférence verticalement, sur une ou plusieurs feuilles, chacune étant clairement séparée des autres mais sans place perdue. Lorsque les figures ne sont pas disposées verticalement, elles doivent être présentées horizontalement, la partie supérieure des figures étant orientée du côté gauche de la feuille ; elles doivent être numérotées consécutivement en chiffres arabes, indépendamment de la numérotation des feuilles.

i) Des signes de référence ne peuvent être utilisés pour les dessins que s'ils figurent dans la description et dans les revendications et vice-versa. Les signes de référence des mêmes éléments doivent être uniformes dans toute la demande.

j) Les dessins ne doivent pas contenir de texte, à l'exception de quelques mots-clés tels que "eau", "vapeur", "ouvert", "fermé", "coupe suivant AB", lorsque ceux-ci sont indispensables à la compréhension des dessins. Ces mots-clés doivent être placés de telle manière que leur traduction éventuelle puisse leur être substituée sans que soit cachée aucune ligne des dessins.

(3) Les schémas d'étapes de processus et les diagrammes sont réputés être des dessins.

Règle 47
Forme et contenu de l'abrégé

Art. 78, 85, 93
R. 50, 66

(1) L'abrégé doit mentionner le titre de l'invention.

(2) Die Zusammenfassung muss eine Kurzfassung der in der Beschreibung, den Patentansprüchen und Zeichnungen enthaltenen Offenbarung enthalten. Die Kurzfassung soll das technische Gebiet der Erfindung angeben und so gefasst sein, dass sie ein klares Verständnis des technischen Problems, des entscheidenden Punkts der Lösung der Erfindung und der hauptsächlichen Verwendungsmöglichkeiten ermöglicht. In der Zusammenfassung ist gegebenenfalls die chemische Formel anzugeben, die unter den in der europäischen Patentanmeldung enthaltenen Formeln die Erfindung am besten kennzeichnet. Sie darf keine Behauptungen über angebliche Vorzüge oder den angeblichen Wert der Erfindung oder über deren theoretische Anwendungsmöglichkeiten enthalten.

(3) Die Zusammenfassung soll aus nicht mehr als 150 Worten bestehen.

(4) Enthält die europäische Patentanmeldung Zeichnungen, so hat der Anmelder diejenige Abbildung oder in Ausnahmefällen diejenigen Abbildungen anzugeben, die mit der Zusammenfassung veröffentlicht werden sollen. Das Europäische Patentamt kann eine oder mehrere andere Abbildungen veröffentlichen, wenn es der Auffassung ist, dass diese die Erfindung besser kennzeichnen. Hinter jedem wesentlichen Merkmal, das in der Zusammenfassung erwähnt und durch die Zeichnung veranschaulicht ist, hat in Klammern ein Bezugszeichen zu stehen.

(5) Die Zusammenfassung ist so zu formulieren, dass sie eine wirksame Handhabe zur Sichtung des jeweiligen technischen Gebiets gibt. Insbesondere soll sie eine Beurteilung der Frage ermöglichen, ob es notwendig ist, die europäische Patentanmeldung selbst einzusehen.

Regel 48
Unzulässige Angaben

(1) Die europäische Patentanmeldung darf nicht enthalten:

a) Angaben oder Zeichnungen, die gegen die öffentliche Ordnung oder die guten Sitten verstoßen;

b) herabsetzende Äußerungen über Erzeugnisse oder Verfahren Dritter oder den Wert oder die Gültigkeit von Anmeldungen oder Patenten Dritter. Reine Vergleiche mit dem Stand der Technik allein gelten nicht als herabsetzend;

(2) The abstract shall contain a concise summary of the disclosure as contained in the description, the claims and any drawings. The summary shall indicate the technical field to which the invention pertains, and shall be drafted in a manner allowing the clear understanding of the technical problem, the gist of the solution of that problem through the invention, and the principal use or uses of the invention. The abstract shall, where applicable, contain the chemical formula which, among those contained in the application, best characterises the invention. It shall not contain statements on the alleged merits or value of the invention or on speculative applications thereof.

(3) The abstract shall preferably not contain more than one hundred and fifty words.

(4) If the European patent application contains drawings, the applicant shall indicate the figure or, exceptionally, the figures of the drawings which should be published with the abstract. The European Patent Office may decide to publish one or more other figures if it considers that they better characterise the invention. Each essential feature mentioned in the abstract and illustrated by a drawing shall be followed by a reference sign placed in parentheses.

(5) The abstract shall be drafted in such a manner as to constitute an efficient instrument for the purpose of searching in the particular technical field. In particular, it shall make it possible to assess whether consultation of the European patent application itself is necessary.

Rule 48
Prohibited matter

(1) The European patent application shall not contain:

(a) statements or other matter contrary to "ordre public" or morality;

(b) statements disparaging the products or processes of any third party or the merits or validity of the applications or patents of any such party. Mere comparisons with the prior art shall not be considered disparaging per se;

(2) L'abrégé doit comprendre un résumé concis de ce qui est exposé dans la description, les revendications et les dessins. Le résumé doit indiquer le domaine technique auquel appartient l'invention et doit être rédigé de manière à permettre une claire compréhension du problème technique, de l'essence de la solution de ce problème par le moyen de l'invention et de l'usage principal ou des usages principaux de l'invention. L'abrégé comporte, le cas échéant, la formule chimique qui, parmi celles qui figurent dans la demande de brevet, caractérise le mieux l'invention. Il ne doit pas contenir de déclarations relatives aux avantages ou à la valeur allégués de l'invention ou à ses éventuelles applications.

(3) L'abrégé ne doit pas, de préférence, comporter plus de cent cinquante mots.

(4) Si la demande de brevet européen comporte des dessins, le demandeur doit indiquer la figure du dessin ou, exceptionnellement, les figures des dessins qui devraient être publiées avec l'abrégé. L'Office européen des brevets peut décider de publier une ou plusieurs autres figures s'il estime qu'elles caractérisent mieux l'invention. Chacune des caractéristiques essentielles mentionnées dans l'abrégé et illustrées par le dessin doit être suivie d'un signe de référence entre parenthèses.

(5) L'abrégé doit être rédigé de façon à constituer un instrument efficace de sélection dans le domaine technique en cause. En particulier, il doit permettre d'apprécier s'il y a lieu de consulter la demande de brevet elle-même.

Règle 48
Eléments prohibés

Art. 78, 93
R. 50

(1) La demande de brevet européen ne doit pas contenir :

a) des éléments ou dessins contraires à l'ordre public ou aux bonnes moeurs ;

b) des déclarations dénigrantes concernant des produits ou procédés de tiers ou le mérite ou la validité de demandes de brevet ou de brevets de tiers. De simples comparaisons avec l'état de la technique ne sont pas considérées comme dénigrantes en elles-mêmes ;

c) Angaben, die den Umständen nach offensichtlich belanglos oder unnötig sind.

(2) Enthält die Anmeldung Angaben oder Zeichnungen nach Absatz 1 a), so kann das Europäische Patentamt diese bei Veröffentlichung der Anmeldung auslassen, wobei die Stelle der Auslassung sowie die Zahl der ausgelassenen Wörter und Zeichnungen anzugeben sind.

(3) Enthält die Anmeldung Äußerungen nach Absatz 1 b), so kann das Europäische Patentamt diese bei Veröffentlichung der Anmeldung auslassen, wobei die Stelle der Auslassung und die Zahl der ausgelassenen Wörter anzugeben sind. Das Europäische Patentamt stellt auf Antrag eine Abschrift der ausgelassenen Stellen zur Verfügung.

Regel 49
Allgemeine Bestimmungen über die Form der Anmeldungsunterlagen

(1) Nach Artikel 14 Absatz 2 oder Regel 40 Absatz 3 eingereichte Übersetzungen gelten als Unterlagen der europäischen Patentanmeldung.

(2) Die Unterlagen der Anmeldung sind in einer Form einzureichen, die die elektronische und unmittelbare Vervielfältigung, insbesondere durch Scanning, Fotografie, elektrostatisches Verfahren, Foto-Offsetdruck und Mikroverfilmung, in unbeschränkter Stückzahl ermöglicht. Die Blätter müssen glatt und knitterfrei sein. Sie dürfen nicht gefaltet sein und sind einseitig zu beschriften.

(3) Die Unterlagen der Anmeldung sind auf biegsamem, festem, weißem, glattem, mattem und widerstandsfähigem Papier im Format A4 (29,7 cm mal 21 cm) einzureichen. Vorbehaltlich des Absatzes 10 und der Regel 46 Absatz 2 h) ist jedes Blatt in der Weise zu verwenden, dass die kurzen Seiten oben und unten erscheinen (Hochformat).

(4) Jeder Bestandteil der Anmeldung (Antrag, Beschreibung, Patentansprüche, Zeichnungen und Zusammenfassung) muss auf einem neuen Blatt beginnen. Alle Blätter müssen so miteinander verbunden sein, dass sie leicht gewendet, entfernt und wieder miteinander verbunden werden können.

(c) any statement or other matter obviously irrelevant or unnecessary under the circumstances.

(2) If the application contains matter prohibited under paragraph 1(a), the European Patent Office may omit such matter from the application as published, indicating the place and number of words or drawings omitted.

(3) If the application contains statements referred to in paragraph 1(b), the European Patent Office may omit them from the application as published, indicating the place and number of words omitted. Upon request, the European Patent Office shall furnish a copy of the passages omitted.

Rule 49
General provisions governing the presentation of the application documents

(1) Any translation filed under Article 14, paragraph 2, or Rule 40, paragraph 3, shall be deemed to be a document making up the European patent application.

(2) The documents making up the application shall be presented so as to allow electronic and direct reproduction, in particular by scanning, photography, electrostatic processes, photo offset and microfilming, in an unlimited number of copies. All sheets shall be free from cracks, creases and folds. Only one side of the sheet shall be used.

(3) The documents making up the application shall be on A4 paper (29.7 cm x 21 cm) which shall be pliable, strong, white, smooth, matt and durable. Subject to paragraph 10 and Rule 46, paragraph 2(h), each sheet shall be used with its short sides at the top and bottom (upright position).

(4) Each of the documents making up the application (request, description, claims, drawings and abstract) shall commence on a new sheet. The sheets shall be connected in such a way that they can easily be turned over, separated and joined together again.

c) des éléments manifestement étrangers au sujet ou superflus.

(2) Lorsque la demande contient des éléments ou dessins visés au paragraphe 1 a), l'Office européen des brevets peut les omettre de la demande telle que publiée, en indiquant la place ainsi que le nombre des mots et des dessins omis.

(3) Lorsque la demande contient des déclarations visées au paragraphe 1 b), l'Office européen des brevets peut les omettre de la demande telle que publiée, en indiquant la place et le nombre des mots omis. L'Office européen des brevets fournit sur requête une copie des passages omis.

Règle 49
Dispositions générales relatives à la présentation des pièces de la demande

Art. 78, 80, 84, 85
R. 1, 2, 50, 57

(1) Toute traduction produite conformément à l'article 14, paragraphe 2, ou à la règle 40, paragraphe 3, est réputée être une pièce de la demande de brevet européen.

(2) Les pièces de la demande doivent être présentées de manière à permettre leur reproduction tant électronique que directe, en particulier par le moyen de la numérisation, de la photographie, de procédés électrostatiques, de l'offset et du microfilm en un nombre illimité d'exemplaires. Les feuilles ne doivent pas être déchirées, froissées ou pliées. Un seul côté des feuilles doit être utilisé.

(3) Les pièces de la demande doivent être remises sur papier souple, fort, blanc, lisse, mat et durable, de format A4 (29,7 cm x 21 cm). Sous réserve du paragraphe 10 et de la règle 46, paragraphe 2 h), chaque feuille doit être utilisée de façon à ce que les petits côtés se trouvent en haut et en bas (sens vertical).

(4) Chaque pièce de la demande (requête, description, revendications, dessins, abrégé) doit commencer sur une nouvelle feuille. Toutes les feuilles doivent être réunies de façon à pouvoir être facilement feuilletées et aisément séparées et réunies à nouveau.

(5) Vorbehaltlich der Regel 46 Absatz 1 sind als Mindestränder folgende Flächen unbeschriftet zu lassen:

Oberer Rand:	2 cm
Linker Seitenrand:	2,5 cm
Rechter Seitenrand:	2 cm
Unterer Rand:	2 cm

Die empfohlenen Höchstmaße für die vorstehenden Ränder sind folgende:

Oberer Rand:	4 cm
Linker Seitenrand:	4 cm
Rechter Seitenrand:	3 cm
Unterer Rand:	3 cm

(6) Alle Blätter der Anmeldung sind fortlaufend mit arabischen Zahlen zu nummerieren. Die Blattzahlen sind oben in der Mitte, aber nicht auf dem oberen Rand anzubringen.

(7) Auf jedem Blatt der Beschreibung und der Patentansprüche soll jede fünfte Zeile nummeriert sein. Die Zahlen sind an der linken Seite rechts vom Rand anzubringen.

(8) Der Antrag auf Erteilung eines europäischen Patents, die Beschreibung, die Patentansprüche und die Zusammenfassung müssen mit Maschine geschrieben oder gedruckt sein. Nur grafische Symbole und Schriftzeichen, chemische oder mathematische Formeln können, falls notwendig, handgeschrieben oder gezeichnet sein. Der Zeilenabstand hat 1 ½-zeilig zu sein. Alle Texte müssen in Buchstaben, deren Großbuchstaben eine Mindesthöhe von 0,21 cm besitzen, und mit dunkler unauslöschlicher Farbe geschrieben sein.

(5) Subject to Rule 46, paragraph 1, the minimum margins shall be as follows:

top:	2 cm
left side:	2.5 cm
right side:	2 cm
bottom:	2 cm

The recommended maximum for the margins quoted above is as follows:

top:	4 cm
left side:	4 cm
right side:	3 cm
bottom:	3 cm

(6) All the sheets contained in the application shall be numbered in consecutive Arabic numerals. These shall be centred at the top of the sheet, but not placed in the top margin.

(7) The lines of each sheet of the description and of the claims shall preferably be numbered in sets of five, the numbers appearing on the left side, to the right of the margin.

(8) The request for grant of a European patent, the description, the claims and the abstract shall be typed or printed. Only graphic symbols and characters and chemical or mathematical formulae may, if necessary, be drawn or written by hand. The typing shall be 1½ spaced. All text matter shall be in characters, the capital letters of which are not less than 0.21 cm high, and shall be in a dark, indelible colour.

(5) Sous réserve de la règle 46, paragraphe 1, les marges minimales doivent être les suivantes :

marge du haut :   2   cm

marge de gauche :   2,5 cm

marge de droite :   2   cm

marge du bas :   2   cm

Le maximum recommandé des marges citées ci-dessus est le suivant :

marge du haut :   4   cm

marge de gauche :   4   cm

marge de droite :   3   cm

marge du bas :   3   cm

(6) Toutes les feuilles de la demande doivent être numérotées consécutivement en chiffres arabes. Les numéros des feuilles doivent être inscrits en haut des feuilles au milieu, mais non dans la marge du haut.

(7) Les lignes de chaque feuille de la description et des revendications doivent en principe être numérotées de cinq en cinq, les numéros étant portés sur le côté gauche, à droite de la marge.

(8) La requête en délivrance du brevet européen, la description, les revendications et l'abrégé doivent être dactylographiés ou imprimés. Seuls les symboles et caractères graphiques, les formules chimiques ou mathématiques peuvent être manuscrits ou dessinés, en cas de nécessité. Pour les textes dactylographiés, l'interligne doit être de 1 ½. Tous les textes doivent être écrits en caractères dont les majuscules ont au moins 0,21 cm de haut, dans une couleur noire et indélébile.

(9) Der Antrag auf Erteilung eines europäischen Patents, die Beschreibung, die Patentansprüche und die Zusammenfassung dürfen keine Zeichnungen enthalten. Die Beschreibung, die Patentansprüche und die Zusammenfassung können chemische oder mathematische Formeln enthalten. Die Beschreibung und die Zusammenfassung können Tabellen enthalten. Ein Patentanspruch darf dies nur dann, wenn sein Gegenstand die Verwendung von Tabellen wünschenswert erscheinen lässt. Tabellen sowie chemische oder mathematische Formeln können im Querformat wiedergegeben werden, wenn sie im Hochformat nicht befriedigend dargestellt werden können. Tabellen oder chemische oder mathematische Formeln, die im Querformat wiedergegeben werden, sind so anzuordnen, dass der Kopf der Tabellen oder Formeln auf der linken Seite des Blattes erscheint.

(10) Größen sind in internationalen Standards entsprechenden Einheiten anzugeben, soweit zweckdienlich nach dem metrischen System unter Verwendung der SI-Einheiten. Soweit Angaben diesem Erfordernis nicht genügen, sind die internationalen Standards entsprechenden Einheiten zusätzlich anzugeben. Es sind nur solche technischen Bezeichnungen, Konventionen, Formeln, Zeichen und Symbole zu verwenden, die auf dem Fachgebiet allgemein anerkannt sind.

(11) Terminologie und Zeichen sind in der gesamten europäischen Patentanmeldung einheitlich zu verwenden.

(12) Jedes Blatt muss weitgehend frei von Radierstellen und frei von Änderungen sein. Von diesem Erfordernis kann abgesehen werden, wenn der verbindliche Text dadurch nicht in Frage gestellt wird und die Voraussetzungen für eine gute Vervielfältigung nicht gefährdet sind.

Regel 50[31]
Nachgereichte Unterlagen

(1) Die Regeln 42, 43 und 46 bis 49 sind auf Schriftstücke, die die Unterlagen der europäischen Patentanmeldung ersetzen, anzuwenden. Regel 49 Absätze 2 bis 12 ist ferner auf die in Regel 71 genannten Übersetzungen der Patentansprüche anzuwenden.

(9) The request for grant of a European patent, the description, the claims and the abstract shall not contain drawings. The description, claims and abstract may contain chemical or mathematical formulae. The description and abstract may contain tables. The claims may contain tables only if their subject-matter makes the use of tables desirable. Tables and chemical or mathematical formulae may be placed sideways on the sheet if they cannot be presented satisfactorily in an upright position. Tables or chemical or mathematical formulae presented sideways shall be placed so that the tops of the tables or formulae are at the left-hand side of the sheet.

(10) Values shall be expressed in units conforming to international standards, wherever appropriate in terms of the metric system using SI units. Any data not meeting this requirement shall also be expressed in units conforming to international standards. Only the technical terms, conventions, formulae, signs and symbols generally accepted in the field in question shall be used.

(11) The terminology and the signs shall be consistent throughout the European patent application.

(12) Each sheet shall be reasonably free from erasures and shall be free from alterations. Non-compliance with this rule may be authorised if the authenticity of the content is not impugned and the requirements for good reproduction are not thereby jeopardised.

Rule 50[31]
Documents filed subsequently

(1) Rules 42, 43 and 46 to 49 shall apply to documents replacing documents making up the European patent application. Rule 49, paragraphs 2 to 12, shall also apply to the translation of the claims referred to in Rule 71.

---

[31] Siehe hierzu die Beschlüsse des Präsidenten des EPA, Sonderausgabe Nr. 3, ABl. EPA 2007, A.2., A.3.
Siehe hierzu Entscheidung der Großen Beschwerdekammer G 3/99 (Anhang I).

[31] See decisions of the President of the EPO, Special edition No. 3, OJ EPO 2007, A.2., A.3.
See decision of the Enlarged Board of Appeal G 3/99 (Annex I).

(9) La requête en délivrance du brevet européen, la description, les revendications et l'abrégé ne doivent pas comporter de dessins. La description, les revendications et l'abrégé peuvent comporter des formules chimiques ou mathématiques. La description et l'abrégé peuvent comporter des tableaux. Les revendications ne peuvent comporter des tableaux que si l'objet desdites revendications en fait apparaître l'intérêt. Les tableaux et les formules mathématiques ou chimiques peuvent être disposés horizontalement sur la feuille s'ils ne peuvent être présentés convenablement verticalement. Les tableaux ou les formules mathématiques ou chimiques présentés horizontalement doivent être disposés de telle sorte que les parties supérieures des tableaux ou des formules soient orientées du côté gauche de la feuille.

(10) Les valeurs doivent être exprimées en unités conformes aux normes internationales, et, s'il y a lieu, selon le système métrique en utilisant les unités SI. Toute indication ne répondant pas à cette exigence doit en outre être exprimée en unités conformes aux normes internationales. Seuls les termes, conventions, formules, signes et symboles techniques généralement admis dans le domaine considéré doivent être utilisés.

(11) La terminologie et les signes utilisés doivent être uniformes dans toute la demande de brevet européen.

(12) Aucune feuille ne doit être gommée plus qu'il n'est raisonnable ni comporter de corrections. Des dérogations à cette règle peuvent être autorisées si l'authenticité du contenu n'est pas en cause et si elles ne nuisent pas aux conditions nécessaires à une bonne reproduction.

Règle 50[31]
Documents produits ultérieurement

Art. 78
R. 1, 2

(1) Les règles 42, 43 et 46 à 49 s'appliquent aux documents remplaçant des pièces de la demande de brevet européen. La règle 49, paragraphes 2 à 12, s'applique en outre aux traductions des revendications visées à la règle 71.

---

[31] Cf. la décision du Président de l'OEB, Edition spéciale n° 3, JO OEB 2007, A.2., A.3.
Cf. la décision de la Grande Chambre de recours G 3/99 (Annexe I).

(2) Alle anderen Schriftstücke, die nicht zu den Unterlagen der Anmeldung zählen, sollen mit Maschine geschrieben oder gedruckt sein. Auf jedem Blatt ist links ein etwa 2,5 cm breiter Rand freizulassen.

(3) Nach Einreichung der Anmeldung eingereichte Schriftstücke sind zu unterzeichnen, soweit es sich nicht um Anlagen handelt. Ist ein Schriftstück nicht unterzeichnet worden, so fordert das Europäische Patentamt den Beteiligten auf, das Schriftstück innerhalb einer zu bestimmenden Frist zu unterzeichnen. Wird das Schriftstück rechtzeitig unterzeichnet, so behält es den ursprünglichen Tag des Eingangs, andernfalls gilt das Schriftstück als nicht eingereicht.

Kapitel III
Jahresgebühren

Regel 51
Fälligkeit

(1) Die Jahresgebühren für die europäische Patentanmeldung sind jeweils für das kommende Jahr am letzten Tag des Monats fällig, der durch seine Benennung dem Monat entspricht, in den der Anmeldetag für diese Anmeldung fällt. Die Jahresgebühr kann frühestens ein Jahr vor ihrer Fälligkeit wirksam entrichtet werden.

(2) Wird eine Jahresgebühr nicht rechtzeitig entrichtet, so kann sie noch innerhalb von sechs Monaten nach Fälligkeit entrichtet werden, sofern innerhalb dieser Frist eine Zuschlagsgebühr entrichtet wird.

(3) Jahresgebühren, die für eine frühere Patentanmeldung am Tag der Einreichung einer Teilanmeldung fällig geworden sind, sind auch für die Teilanmeldung zu entrichten und werden mit deren Einreichung fällig. Diese Gebühren und eine Jahresgebühr, die bis zum Ablauf von vier Monaten nach Einreichung der Teilanmeldung fällig wird, können innerhalb dieser Frist ohne Zuschlagsgebühr entrichtet werden. Absatz 2 ist anzuwenden.

(4) Hatte eine Fristversäumung zur Folge, dass eine europäische Patentanmeldung zurückgewiesen wurde oder als zurückgenommen galt, und wurde der Anmelder nach Artikel 122 wieder in den vorigen Stand eingesetzt, so

(2) All documents other than those making up the application shall generally be typewritten or printed. There shall be a margin of about 2.5 cm on the left-hand side of each page.

(3) Documents filed after filing the application shall be signed, with the exception of annexed documents. If a document has not been signed, the European Patent Office shall invite the party concerned to do so within a time limit to be specified. If signed in due time, the document shall retain its original date of receipt; otherwise it shall be deemed not to have been filed.

Chapter III
Renewal fees

Rule 51
Payment of renewal fees

(1) A renewal fee for the European patent application in respect of the coming year shall be due on the last day of the month containing the anniversary of the date of filing of the European patent application. Renewal fees may not be validly paid more than one year before they fall due.

(2) If a renewal fee is not paid in due time, the fee may still be paid within six months of the due date, provided that an additional fee is also paid within that period.

(3) Renewal fees already due in respect of an earlier application at the date on which a divisional application is filed shall also be paid for the divisional application and shall be due on its filing. These fees and any renewal fee due within four months of filing the divisional application may be paid within that period without an additional fee. Paragraph 2 shall apply.

(4) If a European patent application has been refused or deemed to be withdrawn as a result of non-observance of a time limit, and if the applicant's rights are re-established under Article 122, a renewal fee

(2) Tous les documents autres que les pièces de la demande doivent, en principe, être dactylographiés ou imprimés. Une marge d'environ 2,5 cm doit être réservée sur le côté gauche de la feuille.

(3) A l'exclusion des pièces annexes, les documents postérieurs au dépôt de la demande doivent être signés. Si un document n'est pas signé, l'Office européen des brevets invite l'intéressé à remédier à cette irrégularité dans un délai qu'il lui impartit. Si le document est signé dans les délais, il garde le bénéfice de sa date. Dans le cas contraire, le document est réputé non déposé.

Chapitre III
Taxes annuelles

Règle 51
Paiement des taxes annuelles

Art. 61, 76, 86, 112a/bis, 122
R. 159

(1) La taxe annuelle due au titre de l'année à venir pour une demande de brevet européen vient à échéance le dernier jour du mois de la date anniversaire du dépôt de la demande de brevet européen. La taxe annuelle ne peut être valablement acquittée plus d'une année avant son échéance.

(2) Si une taxe annuelle n'est pas acquittée dans les délais, elle peut encore être acquittée dans un délai de six mois à compter de l'échéance, sous réserve du paiement d'une surtaxe dans ce délai.

(3) Les taxes annuelles dues pour une demande antérieure à la date à laquelle une demande divisionnaire est déposée doivent également être acquittées pour la demande divisionnaire à la date de son dépôt. Ces taxes ainsi que toute taxe annuelle due dans un délai de quatre mois à compter du dépôt de la demande divisionnaire peuvent être acquittées sans surtaxe dans ce délai. Le paragraphe 2 est applicable.

(4) Si l'inobservation d'un délai a eu pour conséquence qu'une demande de brevet européen a été rejetée ou était réputée retirée et si le demandeur a été rétabli dans ses droits en vertu de l'article 122, une taxe annuelle

a) wird eine Jahresgebühr, die nach Absatz 1 im Zeitraum ab dem Tag, an dem der Rechtsverlust eintrat, bis einschließlich zum Tag der Zustellung der Entscheidung über die Wiedereinsetzung fällig geworden wäre, erst an letzterem Tag fällig.

Diese Gebühr und eine Jahresgebühr, die innerhalb von vier Monaten nach dem letzteren Tag fällig wird, können noch innerhalb von vier Monaten nach dem letzteren Tag ohne Zuschlagsgebühr entrichtet werden. Absatz 2 ist anzuwenden.

b) kann eine Jahresgebühr, die an dem Tag, an dem der Rechtsverlust eintrat, bereits fällig war, ohne dass jedoch die Frist nach Absatz 2 abgelaufen war, noch innerhalb von sechs Monaten nach dem Tag der Zustellung der Entscheidung über die Wiedereinsetzung entrichtet werden, sofern innerhalb dieser Frist auch die Zuschlagsgebühr nach Absatz 2 entrichtet wird.

(5) Ordnet die Große Beschwerdekammer nach Artikel 112a Absatz 5 Satz 2 die Wiederaufnahme des Verfahrens vor der Beschwerdekammer an,

a) wird eine Jahresgebühr, die nach Absatz 1 im Zeitraum ab dem Tag, an dem die mit dem Antrag auf Überprüfung angefochtene Entscheidung der Beschwerdekammer erging, bis einschließlich zum Tag der Zustellung der Entscheidung der Großen Beschwerdekammer über die Wiederaufnahme des Verfahrens fällig geworden wäre, erst an letzterem Tag fällig.

Diese Gebühr und eine Jahresgebühr, die innerhalb von vier Monaten nach dem letzteren Tag fällig wird, können noch innerhalb von vier Monaten nach dem letzteren Tag ohne Zuschlagsgebühr entrichtet werden. Absatz 2 ist anzuwenden.

b) kann eine Jahresgebühr, die an dem Tag, an dem die Entscheidung der Beschwerdekammer erging, bereits fällig war, ohne dass jedoch die Frist nach Absatz 2 abgelaufen war, noch innerhalb von sechs Monaten nach dem Tag der Zustellung der Entscheidung der Großen Beschwerdekammer über die Wiederaufnahme des Verfahrens entrichtet werden, sofern innerhalb dieser Frist auch die Zuschlagsgebühr nach Absatz 2 entrichtet wird.

(a) which would have fallen due under paragraph 1 in the period starting on the date on which the loss of rights occurred, up to and including the date of the notification of the decision re-establishing the rights shall be due on that latter date.

This fee and any renewal fee due within four months from that latter date may still be paid within four months of that latter date without an additional fee. Paragraph 2 shall apply.

(b) which, on the date on which the loss of rights has occurred, was already due but the period provided for in paragraph 2 has not yet expired, may still be paid within six months from the date of the notification of the decision re-establishing the rights, provided that the additional fee pursuant to paragraph 2 is also paid within that period.

(5) If the Enlarged Board of Appeal re-opens proceedings before the Board of Appeal under Article 112a, paragraph 5, second sentence, a renewal fee

(a) which would have fallen due under paragraph 1 in the period starting on the date when the decision of the Board of Appeal subject to the petition for review was taken, up to and including the date of the notification of the decision of the Enlarged Board of Appeal re-opening proceedings before the Board of Appeal, shall be due on that latter date.

This fee and any renewal fee due within four months from that latter date may still be paid within four months of that latter date without an additional fee. Paragraph 2 shall apply.

(b) which, on the day on which the decision of the Board of Appeal was taken, was already due but the period provided for in paragraph 2 has not yet expired, may still be paid within six months from the date of the notification of the decision of the Enlarged Board of Appeal re-opening proceedings before the Board of Appeal, provided that the additional fee pursuant to paragraph 2 is also paid within that period.

a) qui serait venue à échéance conformément au paragraphe 1 au cours de la période débutant à la date à laquelle la perte de droits s'est produite, et allant jusqu'à la date incluse à laquelle est signifiée la décision rétablissant les droits, échoit à cette dernière date.

Cette taxe ainsi que toute taxe annuelle due dans un délai de quatre mois à compter de cette dernière date peuvent encore être acquittées sans surtaxe dans un délai de quatre mois à compter de cette dernière date. Le paragraphe 2 est applicable.

b) qui était déjà échue à la date à laquelle la perte de droits s'est produite, sans que le délai prévu au paragraphe 2 ait toutefois déjà expiré, peut encore être acquittée dans un délai de six mois à compter de la date à laquelle est signifiée la décision rétablissant les droits, sous réserve du paiement de la surtaxe visée au paragraphe 2 dans ce délai.

(5) Si la Grande Chambre de recours rouvre la procédure devant la chambre de recours en vertu de l'article 112bis, paragraphe 5, deuxième phrase, une taxe annuelle

a) qui serait venue à échéance conformément au paragraphe 1 au cours de la période débutant à la date à laquelle a été rendue la décision de la chambre de recours faisant l'objet de la requête en révision, et allant jusqu'à la date incluse à laquelle est signifiée la décision de la Grande Chambre de recours relative à la réouverture de la procédure devant la chambre de recours, échoit à cette dernière date.

Cette taxe ainsi que toute taxe annuelle due dans un délai de quatre mois à compter de cette dernière date peuvent encore être acquittées sans surtaxe dans un délai de quatre mois à compter de cette dernière date. Le paragraphe 2 est applicable.

b) qui était déjà échue à la date à laquelle a été rendue la décision de la chambre de recours, sans que le délai prévu au paragraphe 2 ait toutefois déjà expiré, peut encore être acquittée dans un délai de six mois à compter de la date à laquelle est signifiée la décision de la Grande Chambre de recours relative à la réouverture de la procédure devant la chambre de recours, sous réserve du paiement de la surtaxe visée au paragraphe 2 dans ce délai.

(6) Für eine nach Artikel 61 Absatz 1 b) eingereichte neue europäische Patentanmeldung sind Jahresgebühren für das Jahr, in dem diese Anmeldung eingereicht worden ist, und für vorhergehende Jahre nicht zu entrichten.

Kapitel IV
Priorität

Regel 52
Prioritätserklärung

(1) Die in Artikel 88 Absatz 1 genannte Prioritätserklärung besteht aus einer Erklärung über den Tag der früheren Anmeldung und den Vertragsstaat der Pariser Verbandsübereinkunft oder das Mitglied der Welthandelsorganisation, in dem oder für den sie eingereicht worden ist, sowie aus der Angabe des Aktenzeichens. Im Fall des Artikels 87 Absatz 5 ist Satz 1 entsprechend anzuwenden.

(2) Die Prioritätserklärung soll bei Einreichung der europäischen Patentanmeldung abgegeben werden. Sie kann noch innerhalb von sechzehn Monaten nach dem frühesten beanspruchten Prioritätstag abgegeben werden.

(3) Der Anmelder kann die Prioritätserklärung innerhalb von sechzehn Monaten nach dem frühesten beanspruchten Prioritätstag berichtigen oder, wenn die Berichtigung zu einer Verschiebung des frühesten beanspruchten Prioritätstags führt, innerhalb von sechzehn Monaten ab dem berichtigten frühesten Prioritätstag, je nachdem, welche 16-Monatsfrist früher abläuft, mit der Maßgabe, dass die Berichtigung bis zum Ablauf von vier Monaten nach dem der europäischen Patentanmeldung zuerkannten Anmeldetag eingereicht werden kann.

(4) Nach Einreichung eines Antrags nach Artikel 93 Absatz 1 b) ist die Abgabe oder Berichtigung einer Prioritätserklärung jedoch nicht mehr möglich.

(5) Die Angaben der Prioritätserklärung sind in der veröffentlichten europäischen Patentanmeldung und auf der europäischen Patentschrift zu vermerken.

(6) A renewal fee shall not be payable for a new European patent application filed under Article 61, paragraph 1(b), in respect of the year in which it was filed and any preceding year.

Chapter IV
Priority

Rule 52
Declaration of priority

(1) The declaration of priority referred to in Article 88, paragraph 1, shall indicate the date of the previous filing, the State party to the Paris Convention or Member of the World Trade Organization in or for which it was made and the file number. In the case referred to in Article 87, paragraph 5, the first sentence shall apply mutatis mutandis.

(2) The declaration of priority shall preferably be made on filing the European patent application. It may still be made within sixteen months from the earliest priority date claimed.

(3) The applicant may correct the declaration of priority within sixteen months from the earliest priority date claimed, or, where the correction would cause a change in the earliest priority date claimed, within sixteen months from the corrected earliest priority date, whichever sixteen-month period expires first, provided that such a correction may be submitted until the expiry of four months from the date of filing accorded to the European patent application.

(4) However, a declaration of priority may not be made or corrected after a request under Article 93, paragraph 1(b), has been filed.

(5) The particulars of the declaration of priority shall appear in the published European patent application and the European patent specification.

(6) Lorsqu'une nouvelle demande de brevet européen est déposée conformément à l'article 61, paragraphe 1 b), aucune taxe annuelle n'est due au titre de l'année au cours de laquelle cette demande a été déposée et de toute année antérieure.

**Chapitre IV
Priorité**

**Règle 52
Déclaration de priorité**

*Art. 88, 93, 98, 103, 105c/quater
R. 41, 57-59, 68, 163*

(1) La déclaration de priorité visée à l'article 88, paragraphe 1, indique la date du dépôt antérieur, l'Etat partie à la Convention de Paris ou le membre de l'Organisation mondiale du commerce dans lequel ou pour lequel il a été effectué et le numéro de ce dépôt. La première phrase s'applique dans le cas prévu à l'article 87, paragraphe 5.

(2) La déclaration de priorité doit, de préférence, être effectuée lors du dépôt de la demande de brevet européen. Elle peut encore être effectuée dans un délai de seize mois à compter de la date de priorité la plus ancienne qui a été revendiquée.

(3) Le demandeur peut corriger la déclaration de priorité dans un délai de seize mois à compter de la date de priorité la plus ancienne ou, dans le cas où la correction entraîne une modification de la date de priorité la plus ancienne, dans un délai de seize mois à compter de la date de priorité la plus ancienne corrigée, le délai de seize mois qui expire en premier devant être appliqué, étant entendu que la correction peut être demandée jusqu'à l'expiration d'un délai de quatre mois à compter de la date de dépôt attribuée à la demande de brevet européen.

(4) Toutefois, une déclaration de priorité ne peut être effectuée ou corrigée après qu'une requête a été présentée en vertu de l'article 93, paragraphe 1 b).

(5) Les indications contenues dans la déclaration de priorité sont mentionnées dans la demande de brevet européen publiée et dans le fascicule du brevet européen.

Regel 53[32]
Prioritätsunterlagen

(1) Ein Anmelder, der eine Priorität in Anspruch nimmt, hat innerhalb von sechzehn Monaten nach dem frühesten Prioritätstag eine Abschrift der früheren Anmeldung einzureichen. Diese Abschrift und der Tag der Einreichung der früheren Anmeldung sind von der Behörde, bei der die Anmeldung eingereicht worden ist, zu beglaubigen.

(2) Die Abschrift der früheren Anmeldung gilt als ordnungsgemäß eingereicht, wenn eine dem Europäischen Patentamt zugängliche Abschrift dieser Anmeldung unter den vom Präsidenten des Europäischen Patentamts festgelegten Bedingungen in die Akte der europäischen Patentanmeldung aufzunehmen ist.

(3) Ist die frühere Anmeldung nicht in einer Amtssprache des Europäischen Patentamts abgefasst und ist die Wirksamkeit des Prioritätsanspruchs für die Beurteilung der Patentierbarkeit der Erfindung relevant, so fordert das Europäische Patentamt den Anmelder oder Inhaber des europäischen Patents auf, innerhalb einer zu bestimmenden Frist eine Übersetzung der Anmeldung in einer der Amtssprachen einzureichen. Statt der Übersetzung kann eine Erklärung vorgelegt werden, dass die europäische Patentanmeldung eine vollständige Übersetzung der früheren Anmeldung ist. Absatz 2 ist entsprechend anzuwenden.

Regel 54
Ausstellung von Prioritätsunterlagen

Auf Antrag stellt das Europäische Patentamt für den Anmelder eine beglaubigte Kopie der europäischen Patentanmeldung (Prioritätsbeleg) aus. Der Präsident des Europäischen Patentamts bestimmt die erforderlichen Bedingungen einschließlich der Form des Prioritätsbelegs und der Fälle, in denen eine Verwaltungsgebühr zu entrichten ist.

Rule 53[32]
Priority documents

(1) An applicant claiming priority shall file a copy of the previous application within sixteen months of the earliest priority date claimed. This copy and the date of filing of the previous application shall be certified as correct by the authority with which that application was filed.

(2) The copy of the previous application shall be deemed to be duly filed if a copy of that application available to the European Patent Office is to be included in the file of the European patent application under the conditions determined by the President of the European Patent Office.

(3) Where the previous application is not in an official language of the European Patent Office and the validity of the priority claim is relevant to the determination of the patentability of the invention concerned, the European Patent Office shall invite the applicant for or proprietor of the European patent to file a translation of that application into one of the official languages within a period to be specified. Alternatively, a declaration may be submitted that the European patent application is a complete translation of the previous application. Paragraph 2 shall apply mutatis mutandis.

Rule 54
Issuing priority documents

On request, the European Patent Office shall issue to the applicant a certified copy of the European patent application (priority document), under the conditions determined by the President of the European Patent Office, including the form of the priority document and the circumstances under which an administrative fee shall be paid.

---

[32] Siehe hierzu die Beschlüsse des Präsidenten des EPA, Sonderausgabe Nr. 3, ABl. EPA 2007, B.1., B.2.

[32] See decisions of the President of the EPO, Special edition No. 3, CJ EPO 2007, B.1., B.2.

Règle 53[32]
Documents de priorité

Art. 88, 90
R. 2, 57-59, 163

(1) Le demandeur qui revendique une priorité doit produire une copie de la demande antérieure dans un délai de seize mois à compter de la date de priorité la plus ancienne. Cette copie et la date de dépôt de la demande antérieure doivent être certifiées par l'administration auprès de laquelle cette demande a été déposée.

(2) La copie de la demande antérieure est réputée dûment produite si une copie de cette demande, qui est à la disposition de l'Office européen des brevets, doit être versée au dossier de la demande de brevet européen dans les conditions déterminées par le Président de l'Office européen des brevets.

(3) Lorsque la demande antérieure n'est pas rédigée dans une langue officielle de l'Office européen des brevets et que la validité de la revendication de priorité est pertinente pour établir si l'invention en cause est brevetable, l'Office européen des brevets invite le demandeur ou le titulaire du brevet européen à produire, dans un délai qu'il lui impartit, une traduction de cette demande dans l'une des langues officielles. Au lieu de cette traduction, une déclaration peut être présentée selon laquelle la demande de brevet européen est une traduction intégrale de la demande antérieure. Le paragraphe 2 est applicable.

Règle 54
Délivrance de documents de priorité

Sur requête, l'Office européen des brevets délivre au demandeur une copie certifiée conforme de la demande de brevet européen (le document de priorité), dans les conditions déterminées par le Président de l'Office européen des brevets, telles que notamment la forme du document de priorité et les cas dans lesquels il y a lieu d'acquitter une taxe d'administration.

---

[32] Cf. les décisions du Président de l'OEB, Edition spéciale n° 3, JO OEB, 2007, B.1., B.2.

PART IV
IMPLEMENTING REGULATIONS TO PART IV OF THE CONVENTION

Chapter I
Examination by the Receiving Section

Rule 55
Examination on filing

If the examination under Article 90, paragraph 1, reveals that the application fails to meet the requirements laid down in Rule 40, paragraph 1(a) or (c), paragraph 2 or paragraph 3, first sentence, the European Patent Office shall inform the applicant of any deficiencies and advise him that the application will not be dealt with as a European patent application unless such deficiencies are remedied within two months. If the applicant does this, he shall be informed of the date of filing accorded by the Office.

Rule 56
Missing parts of the description or missing drawings

(1) If the examination under Article 90, paragraph 1, reveals that parts of the description, or drawings referred to in the description or in the claims, appear to be missing, the European Patent Office shall invite the applicant to file the missing parts within two months. The applicant may not invoke the omission of such a communication.

(2) If missing parts of the description or missing drawings are filed later than the date of filing, but within two months of the date of filing or, if a communication is issued under paragraph 1, within two months of that communication, the application shall be re-dated to the date on which the missing parts of the description or missing drawings were filed. The European Patent Office shall inform the applicant accordingly.

QUATRIÈME PARTIE
DISPOSITIONS D'APPLICATION DE LA QUATRIÈME PARTIE DE LA CONVENTION

Chapitre I
Examen par la section de dépôt

Règle 55
Examen lors du dépôt

Art. 80, 90

S'il résulte de l'examen prévu à l'article 90, paragraphe 1, que la demande ne satisfait pas aux exigences de la règle 40, paragraphe 1 a) ou c), paragraphe 2 ou paragraphe 3, première phrase, l'Office européen des brevets notifie au demandeur les irrégularités constatées et l'informe que, s'il n'y est pas remédié dans un délai de deux mois, la demande ne sera pas traitée en tant que demande de brevet européen. Si le demandeur remédie dans ce délai aux irrégularités constatées, la date de dépôt accordée par l'Office lui est notifiée.

Règle 56
Parties manquantes de la description ou dessins manquants

Art. 80, 90

(1) S'il résulte de l'examen prévu à l'article 90, paragraphe 1, que des parties de la description, ou des dessins auxquels il est fait référence dans la description ou dans les revendications, ne semblent pas figurer dans la demande, l'Office européen des brevets invite le demandeur à déposer les parties manquantes dans un délai de deux mois. Le demandeur ne peut se prévaloir de l'omission d'une telle notification.

(2) Si des parties manquantes de la description ou des dessins manquants sont déposés après la date de dépôt, mais dans un délai de deux mois à compter de la date de dépôt ou, lorsqu'une invitation est émise conformément au paragraphe 1, dans un délai de deux mois à compter de cette invitation, la date de dépôt de la demande est celle à laquelle les parties manquantes de la description ou les dessins manquants ont été déposés. L'Office européen des brevets en informe le demandeur.

(3) Werden die fehlenden Teile der Beschreibung oder die fehlenden Zeichnungen innerhalb der Frist nach Absatz 2 eingereicht und nimmt die Anmeldung die Priorität einer früheren Anmeldung in Anspruch, so bleibt der Anmeldetag der Tag, an dem die Erfordernisse der Regel 40 Absatz 1 erfüllt waren, wenn die fehlenden Teile der Beschreibung oder die fehlenden Zeichnungen vollständig in der früheren Anmeldung enthalten sind, der Anmelder dies innerhalb der Frist nach Absatz 2 beantragt und Folgendes einreicht:

a) eine Abschrift der früheren Anmeldung, sofern eine solche Abschrift dem Europäischen Patentamt nicht nach Regel 53 Absatz 2 zur Verfügung steht;

b) wenn diese nicht in einer Amtssprache des Europäischen Patentamts abgefasst ist, eine Übersetzung dieser Anmeldung in einer dieser Sprachen, sofern eine solche Übersetzung dem Europäischen Patentamt nicht nach Regel 53 Absatz 3 zur Verfügung steht, und

c) eine Angabe, wo die fehlenden Teile der Beschreibung oder die fehlenden Zeichnungen in der früheren Anmeldung und gegebenenfalls der Übersetzung vollständig enthalten sind.

(4) Wenn der Anmelder

a) die fehlenden Teile der Beschreibung oder die fehlenden Zeichnungen nicht innerhalb der Frist nach Absatz 1 oder 2 einreicht

oder

b) nach Absatz 6 fehlende Teile der Beschreibung oder fehlende Zeichnungen zurücknimmt, die gemäß Absatz 2 nachgereicht wurden,

so gelten die in Absatz 1 genannten Bezugnahmen als gestrichen und die Einreichung der fehlenden Teile der Beschreibung oder der fehlenden Zeichnungen als nicht erfolgt. Das Europäische Patentamt unterrichtet den Anmelder entsprechend.

(5) Erfüllt der Anmelder die in Absatz 3 a) bis c) genannten Erfordernisse nicht innerhalb der Frist nach Absatz 2, so wird der Anmeldetag auf den Tag der Einreichung der fehlenden Teile der Beschreibung oder der fehlenden Zeichnungen neu festgesetzt. Das Europäische Patentamt unterrichtet den Anmelder entsprechend.

(3) If the missing parts of the description or missing drawings are filed within the period under paragraph 2, and the application claims priority of an earlier application, the date of filing shall, provided that the missing parts of the description or the missing drawings are completely contained in the earlier application, remain the date on which the requirements laid down in Rule 40, paragraph 1, were fulfilled, where the applicant so requests and files, within the period under paragraph 2:

(a) a copy of the earlier application, unless such copy is available to the European Patent Office under Rule 53, paragraph 2;

(b) where the earlier application is not in an official language of the European Patent Office, a translation thereof in one of these languages, unless such copy is available to the European Patent Office under Rule 53, paragraph 3; and

(c) an indication as to where the missing parts of the description or the missing drawings are completely contained in the earlier application and, where applicable, in the translation thereof.

(4) If the applicant:

(a) fails to file the missing parts of the description or the missing drawings within the period under paragraph 1 or 2,

or

(b) withdraws under paragraph 6 any missing part of the description or missing drawing filed under paragraph 2,

any references referred to in paragraph 1 shall be deemed to be deleted, and any filing of the missing parts of the description or missing drawings shall be deemed not to have been made. The European Patent Office shall inform the applicant accordingly.

(5) If the applicant fails to comply with the requirements referred to in paragraph 3(a) to (c) within the period under paragraph 2, the application shall be re-dated to the date on which the missing parts of the description or missing drawings were filed. The European Patent Office shall inform the applicant accordingly.

(3) Si les parties manquantes de la description ou les dessins manquants sont déposés dans le délai prévu au paragraphe 2, et si la demande revendique la priorité d'une demande antérieure, la date de dépôt reste la date à laquelle il a été satisfait aux exigences de la règle 40, paragraphe 1, sous réserve que les parties manquantes de la description ou les dessins manquants figurent intégralement dans la demande antérieure et que, dans le délai prévu au paragraphe 2, le demandeur en fasse la demande et :

a) produise une copie de la demande antérieure, à moins qu'une telle copie ne soit à la disposition de l'Office européen des brevets en vertu de la règle 53, paragraphe 2 ;

b) produise, lorsque la demande antérieure n'est pas rédigée dans une langue officielle de l'Office européen des brevets, une traduction de la demande antérieure dans l'une de ces langues, à moins qu'une telle traduction ne soit à la disposition de l'Office européen des brevets en vertu de la règle 53, paragraphe 3, et

c) indique l'endroit où les parties manquantes de la description ou les dessins manquants figurent intégralement dans la demande antérieure et, le cas échéant, dans la traduction de celle-ci.

(4) Si le demandeur :

a) ne dépose pas les parties manquantes de la description ou les dessins manquants dans le délai prévu au paragraphe 1 ou 2,

ou

b) retire, conformément au paragraphe 6, des parties manquantes de la description ou des dessins manquants déposés conformément au paragraphe 2,

les références visées au paragraphe 1 sont réputées être supprimées et le dépôt des parties manquantes de la description ou des dessins manquants est réputé ne pas avoir été effectué. L'Office européen des brevets en informe le demandeur.

(5) Si le demandeur ne satisfait pas aux exigences énoncées au paragraphe 3 a) à c) dans le délai prévu au paragraphe 2, la date de dépôt de la demande est celle à laquelle les parties manquantes de la description ou les dessins manquants ont été déposés. L'Office européen des brevets en informe le demandeur.

(6) Innerhalb eines Monats nach der in Absatz 2 oder 5 letzter Satz genannten Mitteilung kann der Anmelder die eingereichten fehlenden Teile der Beschreibung oder fehlenden Zeichnungen zurücknehmen; in diesem Fall gilt die Neufestsetzung des Anmeldetags als nicht erfolgt. Das Europäische Patentamt unterrichtet den Anmelder entsprechend.

(6) Within one month of the notification referred to in paragraph 2 or 5, last sentence, the applicant may withdraw the missing parts of the description or the missing drawings filed, in which case the re-dating shall be deemed not to have been made. The European Patent Office shall inform the applicant accordingly.

Regel 57
Formalprüfung

Rule 57
Examination as to formal requirements

Steht der Anmeldetag einer europäischen Patentanmeldung fest, so prüft das Europäische Patentamt nach Artikel 90 Absatz 3, ob

If the European patent application has been accorded a date of filing, the European Patent Office shall examine, in accordance with Article 90, paragraph 3, whether:

a) eine nach Artikel 14 Absatz 2 oder Regel 40 Absatz 3 Satz 2 erforderliche Übersetzung der Anmeldung rechtzeitig eingereicht worden ist;

(a) a translation of the application required under Article 14, paragraph 2, or under Rule 40, paragraph 3, second sentence, has been filed in due time;

b) der Antrag auf Erteilung eines europäischen Patents den Erfordernissen der Regel 41 entspricht;

(b) the request for grant of a European patent satisfies the requirements of Rule 41;

c) die Anmeldung einen oder mehrere Patentansprüche nach Artikel 78 Absatz 1 c) oder eine Bezugnahme auf eine früher eingereichte Anmeldung nach Regel 40 Absätze 1 c), 2 und 3 enthält, die zum Ausdruck bringt, dass sie auch die Patentansprüche ersetzt;

(c) the application contains one or more claims in accordance with Article 78, paragraph 1(c), or a reference to a previously filed application in accordance with Rule 40, paragraphs 1(c), 2 and 3, indicating that it replaces also the claims;

d) die Anmeldung eine Zusammenfassung nach Artikel 78 Absatz 1 e) enthält;

(d) the application contains an abstract in accordance with Article 78, paragraph 1(e);

e) die Anmeldegebühr und die Recherchengebühr nach Regel 17 Absatz 2, Regel 36 Absatz 3 oder Regel 38 entrichtet worden sind;

(e) the filing fee and the search fee have been paid in accordance with Rule 17, paragraph 2, Rule 36, paragraph 3, or Rule 38;

f) die Erfindernennung nach Regel 19 Absatz 1 erfolgt ist;

(f) the designation of the inventor has been made in accordance with Rule 19, paragraph 1;

g) gegebenenfalls den Erfordernissen der Regeln 52 und 53 für die Inanspruchnahme der Priorität entsprochen worden ist;

(g) where appropriate, the requirements laid down in Rules 52 and 53 concerning the claim to priority have been satisfied;

h) gegebenenfalls den Erfordernissen des Artikels 133 Absatz 2 entsprochen worden ist;

(h) where appropriate, the requirements of Article 133, paragraph 2, have been satisfied;

i) die Anmeldung den in Regel 46 und Regel 49 Absätze 1 bis 9 und 12 vorgeschriebenen Erfordernissen entspricht;

(i) the application meets the requirements laid down in Rule 46 and Rule 49, paragraphs 1 to 9 and 12.

j) die Anmeldung den in Regel 30 oder Regel 163 Absatz 3 vorgeschriebenen Erfordernissen entspricht.

(j) the application meets the requirements laid down in Rule 30 or Rule 163, paragraph 3.

(6) Dans un délai d'un mois à compter de la notification visée au paragraphe 2 ou 5, dernière phrase, le demandeur peut retirer les parties manquantes de la description ou les dessins manquants déposés, auquel cas la nouvelle date est réputée ne pas avoir été attribuée. L'Office européen des brevets en informe le demandeur.

Règle 57
Examen quant aux exigences de forme

Art. 87, 88, 90, 123
R. 45, 55-60, 111-113, 138, 139, 142, 152

Si une date de dépôt a été accordée à une demande de brevet européen, l'Office européen des brevets examine, conformément à l'article 90, paragraphe 3 :

a) si la traduction de la demande requise en vertu de l'article 14, paragraphe 2, ou de la règle 40, paragraphe 3, deuxième phrase, a été produite dans les délais ;

b) si la requête en délivrance d'un brevet européen satisfait aux exigences de la règle 41 ;

c) si la demande contient une ou plusieurs revendications conformément à l'article 78, paragraphe 1 c), ou un renvoi à une demande déposée antérieurement conformément à la règle 40, paragraphes 1 c), 2 et 3, précisant qu'il remplace également les revendications ;

d) si la demande contient un abrégé conformément à l'article 78, paragraphe 1 e) ;

e) si la taxe de dépôt et la taxe de recherche ont été acquittées conformément à la règle 17, paragraphe 2, à la règle 36, paragraphe 3, ou à la règle 38 ;

f) si la désignation de l'inventeur a été effectuée conformément à la règle 19, paragraphe 1 ;

g) le cas échéant, s'il est satisfait aux exigences des règles 52 et 53 concernant la revendication de priorité ;

h) le cas échéant, s'il est satisfait aux exigences de l'article 133, paragraphe 2 ;

i) si la demande satisfait aux exigences de la règle 46 et de la règle 49, paragraphes 1 à 9 et 12 ;

j) si la demande satisfait aux exigences de la règle 30 ou de la règle 163, paragraphe 3.

Regel 58
Beseitigung von Mängeln in den Anmeldungsunterlagen

Entspricht die europäische Patentanmeldung nicht den Erfordernissen der Regel 57 a) bis d), h) und i), so teilt das Europäische Patentamt dies dem Anmelder mit und fordert ihn auf, die festgestellten Mängel innerhalb von zwei Monaten zu beseitigen. Die Beschreibung, die Patentansprüche und die Zeichnungen können nur insoweit geändert werden, als es erforderlich ist, um diese Mängel zu beseitigen.

Regel 59
Mängel bei der Inanspruchnahme der Priorität

Ist das Aktenzeichen der früheren Anmeldung nach Regel 52 Absatz 1 oder die Abschrift dieser Anmeldung nach Regel 53 Absatz 1 nicht rechtzeitig eingereicht worden, so teilt das Europäische Patentamt dem Anmelder dies mit und fordert ihn auf, das Aktenzeichen oder die Abschrift innerhalb einer zu bestimmenden Frist einzureichen.

Regel 60
Nachholung der Erfindernennung

(1) Ist die Erfindernennung nach Regel 19 nicht erfolgt, so teilt das Europäische Patentamt dem Anmelder mit, dass die europäische Patentanmeldung zurückgewiesen wird, wenn die Erfindernennung nicht innerhalb von sechzehn Monaten nach dem Anmeldetag oder, wenn eine Priorität in Anspruch genommen worden ist, nach dem Prioritätstag nachgeholt wird; diese Frist gilt als eingehalten, wenn die Information vor Abschluss der technischen Vorbereitungen für die Veröffentlichung der europäischen Patentanmeldung mitgeteilt wird.

(2) Ist in einer Teilanmeldung oder einer neuen Anmeldung nach Artikel 61 Absatz 1 b) die Erfindernennung nach Regel 19 nicht erfolgt, so fordert das Europäische Patentamt den Anmelder auf, die Erfindernennung innerhalb einer zu bestimmenden Frist nachzuholen.

Rule 58
Correction of deficiencies in the application documents

If the European patent application does not comply with the requirements of Rule 57(a) to (d), (h) and (i), the European Patent Office shall inform the applicant accordingly and invite him to correct the deficiencies noted within two months. The description, claims and drawings may be amended only to an extent sufficient to remedy such deficiencies.

Rule 59
Deficiencies in claiming priority

If the file number of the previous application under Rule 52, paragraph 1, or the copy of that application under Rule 53, paragraph 1, have not been filed in due time, the European Patent Office shall inform the applicant accordingly and invite him to file them within a period to be specified.

Rule 60
Subsequent designation of the inventor

(1) If the designation of the inventor has not been made in accordance with Rule 19, the European Patent Office shall inform the applicant that the European patent application will be refused unless the designation is made within sixteen months of the date of filing of the application or, if priority is claimed, of the date of priority, this period being deemed to have been observed if the information is communicated before completion of the technical preparations for the publication of the European patent application.

(2) Where, in a divisional application or a new application under Article 61, paragraph 1(b), the designation of the inventor has not been made in accordance with Rule 19, the European Patent Office shall invite the applicant to make the designation within a period to be specified.

Règle 58
Correction d'irrégularités dans les pièces de la demande

Art. 123
R. 137

Si la demande de brevet européen n'est pas conforme aux exigences de la règle 57 a), b), c), d), h) et i), l'Office européen des brevets le notifie au demandeur et l'invite à remédier, dans un délai de deux mois, aux irrégularités constatées. La description, les revendications et les dessins ne peuvent être modifiés que dans la mesure nécessaire pour remédier à ces irrégularités.

Règle 59
Irrégularités dans la revendication de priorité

Art. 87-89
R. 52, 53

Si le numéro de dépôt de la demande antérieure visé à la règle 52, paragraphe 1, ou la copie de cette demande visée à la règle 53, paragraphe 1, n'a pas été produit dans les délais, l'Office européen des brevets le notifie au demandeur et l'invite à les produire dans un délai qu'il lui impartit.

Règle 60
Désignation ultérieure de l'inventeur

Art. 62, 76, 80, 81, 88, 90
R. 16

(1) Si la désignation de l'inventeur n'a pas été effectuée conformément à la règle 19, l'Office européen des brevets notifie au demandeur que la demande de brevet européen sera rejetée si cette désignation n'est pas effectuée dans un délai de seize mois à compter de la date de dépôt ou, si une priorité a été revendiquée, de la date de priorité, étant entendu que ce délai est réputé avoir été respecté si l'information est communiquée avant la fin des préparatifs techniques en vue de la publication de la demande de brevet européen.

(2) Si la désignation de l'inventeur n'a pas été effectuée conformément à la règle 19 dans une demande divisionnaire ou une nouvelle demande déposée conformément à l'article 61, paragraphe 1 b), l'Office européen des brevets invite le demandeur à effectuer cette désignation dans un délai qu'il lui impartit.

Chapter II
European search report

Rule 61[33]
Content of the European search report

(1) The European search report shall mention those documents, available to the European Patent Office at the time of drawing up the report, which may be taken into consideration in deciding whether the invention to which the European patent application relates is new and involves an inventive step.

(2) Each citation shall be referred to the claims to which it relates. Where appropriate, relevant parts of the documents cited shall be identified.

(3) The European search report shall distinguish between cited documents published before the date of priority claimed, between such date of priority and the date of filing, and on or after the date of filing.

(4) Any document which refers to an oral disclosure, a use or any other means of disclosure which took place before the date of filing of the European patent application shall be mentioned in the European search report, together with an indication of the date of publication, if any, of the document and the date of the non-written disclosure.

(5) The European search report shall be drawn up in the language of the proceedings.

(6) The European search report shall contain the classification of the subject-matter of the European patent application in accordance with the international classification.

---

[33] See information from the EPO concerning the annex to the European search report (OJ EPO 1982, 448 ff; 1984, 381; 1999, 90).

Chapitre II
Rapport de recherche européenne

Règle 61[33]
Contenu du rapport de recherche européenne

Art. 14, 54, 56, 92
R. 8, 65

(1) Le rapport de recherche européenne cite les documents dont dispose l'Office européen des brevets à la date d'établissement du rapport, qui peuvent être pris en considération pour apprécier la nouveauté et l'activité inventive de l'invention objet de la demande de brevet européen.

(2) Chaque document est cité en relation avec les revendications qu'il concerne. S'il y a lieu, les parties pertinentes du document cité sont identifiées.

(3) Le rapport de recherche européenne doit distinguer entre les documents cités qui ont été publiés avant la date de priorité, entre la date de priorité et la date de dépôt et à la date de dépôt ou postérieurement.

(4) Tout document se référant à une divulgation orale, à un usage ou à toute autre divulgation ayant eu lieu avant la date de dépôt de la demande de brevet européen est cité dans le rapport de recherche européenne en précisant la date de publication du document, si elle existe, et celle de la divulgation non écrite.

(5) Le rapport de recherche européenne est rédigé dans la langue de la procédure.

(6) Le rapport de recherche européenne mentionne le classement de l'objet de la demande de brevet européen selon la classification internationale.

---

[33] Cf. les communications de l'OEB relatives à l'annexe au rapport de recherche européenne (JO OEB 1982, 448 s. ; 1984, 381 ; 1990, 90).

Regel 62[34]
Erweiterter europäischer Recherchenbericht

(1) Zusammen mit dem europäischen Recherchenbericht ergeht eine Stellungnahme dazu, ob die Anmeldung und die Erfindung, die sie zum Gegenstand hat, die Erfordernisse dieses Übereinkommens zu erfüllen scheinen, sofern nicht eine Mitteilung nach Regel 71 Absatz 1 oder 3 erlassen werden kann.

(2) Die Stellungnahme nach Absatz 1 wird nicht zusammen mit dem Recherchenbericht veröffentlicht.

Regel 63
Unvollständige Recherche

Ist das Europäische Patentamt der Auffassung, dass die europäische Patentanmeldung diesem Übereinkommen so wenig entspricht, dass es unmöglich ist, auf der Grundlage des gesamten beanspruchten Gegenstands oder eines Teils desselben sinnvolle Ermittlungen über den Stand der Technik durchzuführen, so stellt es dies in einer begründeten Erklärung fest oder erstellt, soweit dies durchführbar ist, einen teilweisen Recherchenbericht. Diese Erklärung oder dieser Bericht gelten für das weitere Verfahren als europäischer Recherchenbericht.

Regel 64[35]
Europäischer Recherchenbericht bei mangelnder Einheitlichkeit

(1) Entspricht die europäische Patentanmeldung nach Auffassung des Europäischen Patentamts nicht den Anforderungen an die Einheitlichkeit der Erfindung, so erstellt es einen teilweisen Recherchenbericht für die Teile der Anmeldung, die sich auf die in den Patentansprüchen zuerst erwähnte Erfindung oder Gruppe von Erfindungen im Sinne des Artikels 82 beziehen. Es teilt dem Anmelder mit, dass für jede weitere Erfindung innerhalb einer zu bestimmenden Frist, die nicht kürzer als zwei Wochen sein und sechs Wochen nicht übersteigen darf, eine weitere Recherchengebühr zu entrichten ist, wenn der europäische Recherchenbericht diese Erfindung erfassen soll. Der europäische Recherchenbericht wird für die Teile der Anmeldung erstellt, die sich auf die Erfindungen beziehen, für die Recherchengebühren entrichtet worden sind.

Rule 62[34]
Extended European search report

(1) The European search report shall be accompanied by an opinion on whether the application and the invention to which it relates seem to meet the requirements of this Convention, unless a communication under Rule 71, paragraph 1 or 3, can be issued.

(2) The opinion under paragraph 1 shall not be published together with the search report.

Rule 63
Incomplete search

If the European Patent Office considers that the European patent application does not comply with this Convention to such an extent that it is impossible to carry out a meaningful search into the state of the art on the basis of all or some of the subject-matter claimed, it shall either issue a reasoned declaration to that effect or, as far as is practicable, draw up a partial search report. The declaration or the partial report shall be considered, for the purposes of subsequent proceedings, as the European search report.

Rule 64[35]
European search report where the invention lacks unity

(1) If the European Patent Office considers that the European patent application does not comply with the requirement of unity of invention, it shall draw up a partial search report on those parts of the application which relate to the invention, or the group of inventions within the meaning of Article 82, first mentioned in the claims. It shall inform the applicant that for the European search report to cover the other inventions, a further search fee must be paid, in respect of each invention involved, within a period to be specified, which shall neither be shorter than two weeks nor exceed six weeks. The European search report shall be drawn up for the parts of the application relating to inventions in respect of which search fees have been paid.

---

[34] Eingefügt durch Beschluss des Verwaltungsrats vom 09.12.2004, in Kraft getreten am 01.07.2005 (ABl. EPA 2005, 5).

[35] Siehe hierzu die Stellungnahme der Großen Beschwerdekammer G 2/92 (Anhang I).

[34] Inserted by decision of the Administrative Council of 09.12.2004 which entered into force on 01.07.2005 (OJ EPO 2005, 5).

[35] See opinion of the Enlarged Board of Appeal G 2/92 (Annex I).

Règle 62[34]
Rapport de recherche européenne élargi

Art. 92
R. 65

(1) Le rapport de recherche européenne est accompagné d'un avis sur la question de savoir si la demande et l'invention qui en fait l'objet semblent satisfaire aux exigences de la présente convention, à moins qu'une notification ne puisse être émise au titre de la règle 71, paragraphe 1 ou 3.

(2) L'avis visé au paragraphe 1 n'est pas publié avec le rapport de recherche.

Règle 63
Recherche incomplète

Art. 92
R. 65

Si l'Office européen des brevets estime que la demande de brevet européen n'est pas conforme aux dispositions de la convention, au point qu'une recherche significative sur l'état de la technique ne peut être effectuée au regard de tout ou partie de l'objet revendiqué, il établit soit une déclaration motivée à cet effet, soit, dans la mesure du possible, un rapport partiel de recherche européenne. La déclaration ou le rapport partiel est considéré, aux fins de la procédure ultérieure, comme le rapport de recherche européenne.

Règle 64[35]
Rapport de recherche européenne en cas d'absence d'unité d'invention

Art. 92
R. 65, 164

(1) Si l'Office européen des brevets estime que la demande de brevet européen ne satisfait pas à l'exigence d'unité d'invention, il établit un rapport partiel de recherche pour les parties de la demande qui se rapportent à l'invention, ou à la pluralité d'inventions au sens de l'article 82, mentionnée en premier lieu dans les revendications. Il notifie au demandeur que si le rapport de recherche européenne doit couvrir les autres inventions, une nouvelle taxe de recherche doit être acquittée pour chaque invention concernée dans un délai qu'il lui impartit et qui ne doit être ni inférieur à deux semaines ni supérieur à six semaines. Le rapport de recherche européenne est établi pour les parties de la demande qui se rapportent aux inventions pour lesquelles les taxes de recherche ont été acquittées.

---

[34] Inséré par la décision du Conseil d'administration en date du 09.12.2004, entrée en vigueur le 01.07.2005 (JO OEB 2005, 5).

[35] Cf. l'avis de la Grande Chambre de recours G 2/92 (Annexe I).

(2) Eine nach Absatz 1 gezahlte Recherchengebühr wird zurückgezahlt, wenn der Anmelder dies im Verlauf der Prüfung der europäischen Patentanmeldung beantragt und die Prüfungsabteilung feststellt, dass die Mitteilung nach Absatz 1 nicht gerechtfertigt war.

(2) Any fee paid under paragraph 1 shall be refunded if, during the examination of the European patent application, the applicant requests a refund and the Examining Division finds that the communication under paragraph 1 was not justified.

Regel 65
Übermittlung des europäischen Recherchenberichts

Rule 65
Transmittal of the European search report

Der europäische Recherchenbericht wird unmittelbar nach seiner Erstellung dem Anmelder zusammen mit den Abschriften aller angeführten Schriftstücke übermittelt.

Immediately after it has been drawn up, the European search report shall be transmitted to the applicant together with copies of any cited documents.

Regel 66
Endgültiger Inhalt der Zusammenfassung

Rule 66
Definitive content of the abstract

Gleichzeitig mit der Erstellung des europäischen Recherchenberichts bestimmt das Europäische Patentamt den endgültigen Inhalt der Zusammenfassung und übermittelt sie dem Anmelder zusammen mit dem Recherchenbericht.

Upon drawing up the European search report, the European Patent Office shall determine the definitive content of the abstract and transmit it to the applicant together with the search report.

Kapitel III
Veröffentlichung der europäischen Patentanmeldung

Chapter III
Publication of the European patent application

Regel 67[36]
Technische Vorbereitungen für die Veröffentlichung

Rule 67[36]
Technical preparations for publication

(1) Der Präsident des Europäischen Patentamts bestimmt, wann die technischen Vorbereitungen für die Veröffentlichung der europäischen Patentanmeldung als abgeschlossen gelten.

(1) The President of the European Patent Office shall determine when the technical preparations for publication of the European patent application are deemed to have been completed.

(2) Die Anmeldung wird nicht veröffentlicht, wenn sie vor Abschluss der technischen Vorbereitungen für die Veröffentlichung rechtskräftig zurückgewiesen oder zurückgenommen worden ist oder als zurückgenommen gilt.

(2) The application shall not be published if it has been finally refused or withdrawn or is deemed to be withdrawn before the termination of the technical preparations for publication.

---

[36] Siehe hierzu den Beschluss des Präsidenten des EPA, Sonderausgabe Nr. 3, ABl. EPA 2007, D.1.

[36] See decision of the President of the EPO, Special edition No. 3, OJ EPO 2007, D.1.

(2) Toute taxe acquittée en vertu du paragraphe 1 est remboursée si, au cours de l'examen de la demande de brevet européen, le demandeur le requiert et si la division d'examen constate que la notification émise conformément au paragraphe 1 n'était pas justifiée.

Règle 65
Transmission du rapport de recherche européenne

Art. 17, 92, 153
R. 61-66, 70, 137

Dès qu'il est établi, le rapport de recherche européenne est transmis au demandeur avec les copies de tous les documents cités.

Règle 66
Contenu définitif de l'abrégé

Art. 85, 92, 93
R. 47, 65, 68

Lorsqu'il établit le rapport de recherche européenne, l'Office européen des brevets arrête simultanément le contenu définitif de l'abrégé et le transmet au demandeur avec le rapport de recherche.

Chapitre III
Publication de la demande de brevet européen

Règle 67[36]
Préparatifs techniques en vue de la publication

Art. 93
R. 31-33

(1) Le Président de l'Office européen des brevets détermine quand les préparatifs techniques entrepris en vue de la publication de la demande de brevet européen sont réputés achevés.

(2) La demande n'est pas publiée si elle a été rejetée définitivement ou a été retirée ou est réputée retirée avant la fin des préparatifs techniques entrepris en vue de la publication.

---

[36] Cf. la décision du Président de l'OEB, Edition spéciale n° 3, JO OEB 2007, D.1.

Regel 68[37]
Form der Veröffentlichung der europäischen Patentanmeldungen und europäischen Recherchenberichte

(1) Die Veröffentlichung der europäischen Patentanmeldung enthält die Beschreibung, die Patentansprüche und gegebenenfalls die Zeichnungen jeweils in der ursprünglich eingereichten Fassung sowie die Zusammenfassung oder, wenn diese Bestandteile der Anmeldung nicht in einer Amtssprache des Europäischen Patentamts eingereicht wurden, deren Übersetzung in die Verfahrenssprache und als Anlage den europäischen Recherchenbericht, sofern er vor Abschluss der technischen Vorbereitungen für die Veröffentlichung vorliegt. Wird der Recherchenbericht oder die Zusammenfassung nicht mit der Anmeldung veröffentlicht, so werden sie gesondert veröffentlicht.

(2) Der Präsident des Europäischen Patentamts bestimmt, in welcher Form die Anmeldungen veröffentlicht werden und welche Angaben sie enthalten. Das Gleiche gilt, wenn der europäische Recherchenbericht und die Zusammenfassung gesondert veröffentlicht werden.

(3) In der veröffentlichten Anmeldung werden die benannten Vertragsstaaten angegeben.

(4) Wurden die Patentansprüche nicht am Anmeldetag eingereicht, wird dies bei der Veröffentlichung angegeben. Sind vor Abschluss der technischen Vorbereitungen für die Veröffentlichung der Anmeldung die Patentansprüche nach Regel 137 Absatz 2 geändert worden, so werden neben den Patentansprüchen in der ursprünglich eingereichten Fassung auch die neuen oder geänderten Patentansprüche veröffentlicht.

Regel 69
Mitteilungen über die Veröffentlichung

(1) Das Europäische Patentamt teilt dem Anmelder den Tag mit, an dem im Europäischen Patentblatt auf die Veröffentlichung des europäischen Recherchenberichts hingewiesen wird, und weist ihn auf Regel 70 Absatz 1 und Artikel 94 Absatz 2 hin.

Rule 68[37]
Form of the publication of European patent applications and European search reports

(1) The publication of the European patent application shall contain the description, the claims and any drawings as filed, and the abstract, or, if these documents making up the application were not filed in an official language of the European Patent Office, a translation in the language of the proceedings, and, in an annex, the European search report, where it is available before the termination of the technical preparations for publication. If the search report or the abstract is not published at the same time as the application, it shall be published separately.

(2) The President of the European Patent Office shall determine the form of the publication of the application and the data to be included. The same shall apply where the European search report and the abstract are published separately.

(3) The designated Contracting States shall be indicated in the published application.

(4) If the patent claims were not filed on the date of filing of the application, this shall be indicated when the application is published. If, before the termination of the technical preparations for publication of the application, the claims have been amended under Rule 137, paragraph 2, the new or amended claims shall be included in the publication in addition to the claims as filed.

Rule 69
Information about publication

(1) The European Patent Office shall inform the applicant of the date on which the European Patent Bulletin mentions the publication of the European search report and shall draw his attention to Rule 70, paragraph 1, and Article 94, paragraph 2.

---

[37] Siehe hierzu die Beschlüsse des Präsidenten des EPA, Sonderausgabe Nr. 3, ABl. EPA 2007, D.3., D.4.

[37] See decisions of the President of the EPO, Special edition No. 3, OJ EPO 2007, D.3., D.4.

Règle 68[37]
Forme de la publication des demandes de brevet européen et des rapports de recherche européenne

Art. 14, 67, 93, 128, 153
R. 52, 66

(1) La publication de la demande de brevet européen comporte la description, les revendications et, le cas échéant, les dessins, tels que ces documents ont été déposés, ainsi que l'abrégé ou, si ces pièces de la demande n'ont pas été déposées dans une langue officielle de l'Office européen des brevets, leur traduction dans la langue de la procédure, et, en annexe, le rapport de recherche européenne si celui-ci est disponible avant la fin des préparatifs techniques entrepris en vue de la publication. Si le rapport de recherche ou l'abrégé n'est pas publié à la même date que la demande, il est publié séparément.

(2) Le Président de l'Office européen des brevets détermine la forme sous laquelle les demandes sont publiées ainsi que les indications qui doivent y figurer. Ceci vaut également lorsque le rapport de recherche européenne et l'abrégé sont publiés séparément.

(3) Les Etats contractants désignés sont indiqués dans la demande publiée.

(4) Si les revendications n'ont pas été déposées à la date de dépôt de la demande, cela est indiqué lors de la publication. Si, avant la fin des préparatifs techniques entrepris en vue de la publication de la demande, les revendications ont été modifiées en vertu de la règle 137, paragraphe 2, les revendications nouvelles ou modifiées figurent dans la publication en sus des revendications telles que déposées.

Règle 69
Renseignements concernant la publication

Art. 93, 94, 129

(1) L'Office européen des brevets notifie au demandeur la date à laquelle le Bulletin européen des brevets mentionne la publication du rapport de recherche européenne et appelle son attention sur les dispositions de la règle 70, paragraphe 1, et de l'article 94, paragraphe 2.

---

[37] Cf. les décisions du Président de l'OEB, Edition spéciale n° 3, JO OEB 2007, D.3., D.4.

(2) Der Anmelder kann aus der Unterlassung der Mitteilung nach Absatz 1 keine Ansprüche herleiten. Ist in der Mitteilung ein späterer Tag der Veröffentlichung angegeben, so ist für die Frist zur Stellung des Prüfungsantrags der spätere Tag maßgebend, wenn der Fehler nicht ohne Weiteres erkennbar war.

Regel 70
Prüfungsantrag

(1) Der Anmelder kann bis zum Ablauf von sechs Monaten nach dem Tag, an dem im Europäischen Patentblatt auf die Veröffentlichung des europäischen Recherchenberichts hingewiesen worden ist, die Prüfung der europäischen Patentanmeldung beantragen. Der Antrag kann nicht zurückgenommen werden.

(2) Wird der Prüfungsantrag gestellt, bevor dem Anmelder der europäische Recherchenbericht übermittelt worden ist, so fordert das Europäische Patentamt den Anmelder auf, innerhalb einer zu bestimmenden Frist zu erklären, ob er die Anmeldung aufrechterhält, und gibt ihm Gelegenheit, zu dem Recherchenbericht Stellung zu nehmen und gegebenenfalls die Beschreibung, die Patentansprüche und die Zeichnungen zu ändern.

(3) Unterlässt es der Anmelder, auf die Aufforderung nach Absatz 2 rechtzeitig zu antworten, so gilt die Anmeldung als zurückgenommen.

Kapitel IV
Prüfung durch die Prüfungsabteilung

Regel 71[38]
Prüfungsverfahren

(1) In den Mitteilungen nach Artikel 94 Absatz 3 fordert die Prüfungsabteilung den Anmelder gegebenenfalls auf, die festgestellten Mängel zu beseitigen und die Beschreibung, die Patentansprüche und die Zeichnungen innerhalb einer zu bestimmenden Frist zu ändern.

(2) Die Mitteilungen nach Artikel 94 Absatz 3 sind zu begründen; dabei sollen alle Gründe zusammengefasst werden, die der Erteilung des europäischen Patents entgegenstehen.

(2) The applicant may not invoke the omission of the communication under paragraph 1. If a later date of publication is specified in the communication, that later date shall be the decisive date as regards the period for filing the request for examination, unless the error is obvious.

Rule 70
Request for examination

(1) The applicant may request examination of the European patent application up to six months after the date on which the European Patent Bulletin mentions the publication of the European search report. The request may not be withdrawn.

(2) If the request for examination has been filed before the European search report has been transmitted to the applicant, the European Patent Office shall invite the applicant to indicate, within a period to be specified, whether he wishes to proceed further with the application, and shall give him the opportunity to comment on the search report and to amend, where appropriate, the description, claims and drawings.

(3) If the applicant fails to reply in due time to the invitation under paragraph 2, the application shall be deemed to be withdrawn.

Chapter IV
Examination by the Examining Division

Rule 71[38]
Examination procedure

(1) In any communication under Article 94, paragraph 3, the Examining Division shall, where appropriate, invite the applicant to correct any deficiencies noted and to amend the description, claims and drawings within a period to be specified.

(2) Any communication under Article 94, paragraph 3, shall contain a reasoned statement covering, where appropriate, all the grounds against the grant of the European patent.

---

[38] Siehe hierzu Entscheidungen der Großen Beschwerdekammer G 10/93, G 1/02 (Anhang I).

[38] See decision of the Enlarged Board of Appeal G 10/93, G 1/02 (Annex I).

(2) Le demandeur ne peut se prévaloir de l'omission de la notification visée au paragraphe 1. Si la notification indique une date postérieure à celle de la publication, la date postérieure est considérée comme déterminante pour le délai de présentation de la requête en examen, à moins que l'erreur ne soit évidente.

Règle 70
Requête en examen

Art. 14, 16, 18, 94, 121, 129
R. 6, 10, 65, 69, 112, 113, 142, 159

(1) Le demandeur peut présenter une requête en examen de la demande de brevet européen jusqu'à l'expiration d'un délai de six mois à compter de la date à laquelle le Bulletin européen des brevets a mentionné la publication du rapport de recherche européenne. La requête ne peut pas être retirée.

(2) Si la requête en examen est présentée avant que le rapport de recherche européenne ait été transmis au demandeur, l'Office européen des brevets invite le demandeur à déclarer, dans un délai qu'il lui impartit, s'il souhaite maintenir sa demande, et lui donne la possibilité de prendre position sur le rapport de recherche européenne et de modifier, s'il y a lieu, la description, les revendications et les dessins.

(3) Si le demandeur ne répond pas dans les délais à l'invitation émise conformément au paragraphe 2, la demande est réputée retirée.

Chapitre IV
Examen par la division d'examen

Règle 71[38]
Procédure d'examen

Art. 86, 94, 97, 123
R. 50-53, 70

(1) Dans toute notification émise conformément à l'article 94, paragraphe 3, la division d'examen invite le demandeur, s'il y a lieu, à remédier aux irrégularités constatées et à modifier la description, les revendications et les dessins dans un délai qu'elle lui impartit.

(2) La notification prévue à l'article 94, paragraphe 3, doit être motivée et indiquer, s'il y a lieu, l'ensemble des motifs qui s'opposent à la délivrance du brevet européen.

---

[38] Cf. les décisions de la Grande Chambre de recours G 10/93, G 1/02 (Annexe I).

(3) Bevor die Prüfungsabteilung die Erteilung des europäischen Patents beschließt, teilt sie dem Anmelder mit, in welcher Fassung sie das europäische Patent zu erteilen beabsichtigt, und fordert ihn auf, innerhalb einer Frist von vier Monaten die Erteilungsgebühr und die Druckkostengebühr zu entrichten sowie eine Übersetzung der Patentansprüche in den beiden Amtssprachen des Europäischen Patentamts einzureichen, die nicht die Verfahrenssprache sind. Wenn der Anmelder innerhalb dieser Frist die Gebühren entrichtet und die Übersetzung einreicht, gilt dies als Einverständnis mit der für die Erteilung vorgesehenen Fassung.

(4) Beantragt der Anmelder innerhalb der Frist nach Absatz 3 Änderungen nach Regel 137 Absatz 3 oder die Berichtigung von Fehlern nach Regel 139, so hat er, soweit die Patentansprüche geändert oder berichtigt werden, eine Übersetzung der geänderten oder berichtigten Patentansprüche einzureichen. Wenn der Anmelder innerhalb dieser Frist die Gebühren entrichtet und die Übersetzung einreicht, gilt dies als Einverständnis mit der Erteilung des Patents in der geänderten oder berichtigten Fassung.

(5) Stimmt die Prüfungsabteilung einer nach Absatz 4 beantragten Änderung oder Berichtigung nicht zu, so gibt sie, bevor sie eine Entscheidung trifft, dem Anmelder Gelegenheit, innerhalb einer zu bestimmenden Frist Stellung zu nehmen und von der Prüfungsabteilung für erforderlich gehaltene Änderungen und, soweit die Patentansprüche geändert werden, eine Übersetzung der geänderten Patentansprüche einzureichen. Reicht der Anmelder solche Änderungen ein, so gilt dies als Einverständnis mit der Erteilung des Patents in der geänderten Fassung. Wird die europäische Patentanmeldung zurückgewiesen oder zurückgenommen oder gilt sie als zurückgenommen, so werden die Erteilungsgebühr und die Druckkostengebühr sowie nach Absatz 6 entrichtete Anspruchsgebühren zurückerstattet.

(6) Enthält die europäische Patentanmeldung in der für die Erteilung vorgesehenen Fassung mehr als zehn Patentansprüche, so fordert die Prüfungsabteilung den Anmelder auf, innerhalb der Frist nach Absatz 3 und gegebenenfalls Absatz 5 für jeden weiteren Patentanspruch Anspruchsgebühren zu entrichten, soweit diese nicht bereits nach Regel 45 oder Regel 162 entrichtet worden sind.

(3) Before the Examining Division decides to grant the European patent, it shall inform the applicant of the text in which it intends to grant it, and shall invite him to pay the fees for grant and printing and to file a translation of the claims in the two official languages of the European Patent Office other than the language of the proceedings within a period of four months. If the applicant pays the fees and files the translation within this period, he shall be deemed to have approved the text intended for grant.

(4) If the applicant, within the period laid down in paragraph 3, requests amendments under Rule 137, paragraph 3, or the correction of errors under Rule 139, he shall, where the claims are amended or corrected, file a translation of the claims as amended or corrected. If the applicant pays the fees and files the translation within this period, he shall be deemed to have approved the grant of the patent as amended or corrected.

(5) If the Examining Division does not consent to an amendment or correction requested under paragraph 4, it shall, before taking a decision, give the applicant an opportunity to submit, within a period to be specified, his observations and any amendments considered necessary by the Examining Division, and, where the claims are amended, a translation of the claims as amended. If the applicant submits such amendments, he shall be deemed to have approved the grant of the patent as amended. If the European patent application is refused, withdrawn or deemed to be withdrawn, the fees for grant and printing, and any claims fees paid under paragraph 6, shall be refunded.

(6) If the European patent application in the text intended for grant comprises more than ten claims, the Examining Division shall invite the applicant to pay claims fees in respect of each additional claim within the period under paragraph 3, and, where applicable, paragraph 5, unless the said fees have already been paid under Rule 45 or Rule 162.

(3) Avant de prendre la décision de délivrer le brevet européen, la division d'examen notifie au demandeur le texte dans lequel elle envisage de délivrer le brevet européen et l'invite à acquitter les taxes de délivrance et d'impression ainsi qu'à produire une traduction des revendications dans les deux langues officielles de l'Office européen des brevets autres que la langue de la procédure dans un délai de quatre mois. Si le demandeur acquitte les taxes et produit les traductions dans ce délai, il est réputé avoir donné son accord sur le texte dans lequel il est envisagé de délivrer le brevet.

(4) Si, dans le délai prévu au paragraphe 3, le demandeur requiert des modifications en vertu de la règle 137, paragraphe 3, ou la correction d'erreurs en vertu de la règle 139, il doit produire, si les revendications sont modifiées ou corrigées, une traduction des revendications telles que modifiées ou corrigées. Si le demandeur acquitte les taxes et produit les traductions dans ce délai, il est réputé avoir donné son accord sur la délivrance du brevet tel que modifié ou corrigé.

(5) Si la division d'examen n'approuve pas une modification ou une correction demandée conformément au paragraphe 4, elle donne au demandeur, avant de prendre une décision, la possibilité de présenter dans un délai qu'elle lui impartit ses observations et toutes modifications qu'elle juge nécessaires et, si les revendications sont modifiées, de produire une traduction des revendications telles que modifiées. Si le demandeur présente de telles modifications, il est réputé avoir donné son accord sur la délivrance du brevet tel que modifié. Si la demande de brevet européen est rejetée, retirée ou réputée retirée, les taxes de délivrance et d'impression ainsi que toute taxe de revendication acquittée conformément au paragraphe 6 sont remboursées.

(6) Si le texte dans lequel il est envisagé de délivrer le brevet européen comporte plus de dix revendications, la division d'examen invite le demandeur à acquitter dans le délai prévu au paragraphe 3 et, le cas échéant, au paragraphe 5, des taxes de revendication pour toutes les revendications à partir de la onzième, dans la mesure où ces taxes n'ont pas déjà été acquittées en vertu de la règle 45 ou de la règle 162.

(7) Werden die Erteilungsgebühr und die Druckkostengebühr oder die Anspruchsgebühren nicht rechtzeitig entrichtet oder wird die Übersetzung nicht rechtzeitig eingereicht, so gilt die europäische Patentanmeldung als zurückgenommen.

(8) Werden die Benennungsgebühren nach der Mitteilung nach Absatz 3 fällig, so wird der Hinweis auf die Erteilung des europäischen Patents erst bekannt gemacht, wenn die Benennungsgebühren entrichtet sind. Der Anmelder wird hiervon unterrichtet.

(9) Wird eine Jahresgebühr nach der Mitteilung nach Absatz 3 und vor dem Tag der frühestmöglichen Bekanntmachung des Hinweises auf die Erteilung des europäischen Patents fällig, so wird der Hinweis erst bekannt gemacht, wenn die Jahresgebühr entrichtet ist. Der Anmelder wird hiervon unterrichtet.

(10) In der Mitteilung nach Absatz 3 werden die benannten Vertragsstaaten angegeben, die eine Übersetzung nach Artikel 65 Absatz 1 verlangen.

(11) In der Entscheidung, durch die das europäische Patent erteilt wird, ist die ihr zugrunde liegende Fassung der europäischen Patentanmeldung anzugeben.

Regel 72
Erteilung des europäischen Patents an verschiedene Anmelder

Sind als Anmelder für verschiedene Vertragsstaaten verschiedene Personen in das Europäische Patentregister eingetragen, so erteilt das Europäische Patentamt das europäische Patent für jeden Vertragsstaat entsprechend.

(7) If the fees for grant and printing or the claims fees are not paid in due time, or if the translation is not filed in due time, the European patent application shall be deemed to be withdrawn.

(8) If the designation fees become due after the communication under paragraph 3, the mention of the grant of the European patent shall not be published until the designation fees have been paid. The applicant shall be informed accordingly.

(9) If a renewal fee becomes due after the communication under paragraph 3 and before the next possible date for publication of the mention of the grant of the European patent, the mention shall not be published until the renewal fee has been paid. The applicant shall be informed accordingly.

(10) The communication under paragraph 3 shall indicate the designated Contracting States which require a translation under Article 65, paragraph 1.

(11) The decision to grant the European patent shall state which text of the European patent application forms the basis for the decision.

Rule 72
Grant of the European patent to different applicants

Where different persons are recorded in the European Patent Register as applicants in respect of different Contracting States, the European Patent Office shall grant the European patent for each Contracting State accordingly.

(7) Si les taxes de délivrance et d'impression, ou les taxes de revendication ne sont pas acquittées dans les délais, ou si la traduction n'est pas produite dans les délais, la demande de brevet européen est réputée retirée.

(8) Si les taxes de désignation viennent à échéance après la notification visée au paragraphe 3, la mention de la délivrance du brevet européen n'est publiée que lorsque les taxes de désignation sont acquittées. Le demandeur en est informé.

(9) Si une taxe annuelle vient à échéance après la notification visée au paragraphe 3 et avant la date la plus proche possible de publication de la mention de la délivrance du brevet européen, cette mention n'est publiée que lorsque la taxe annuelle est acquittée. Le demandeur en est informé.

(10) La notification visée au paragraphe 3 indique les Etats contractants désignés qui exigent une traduction en vertu de l'article 65, paragraphe 1.

(11) La décision de délivrance du brevet européen indique le texte de la demande de brevet européen sur la base duquel elle a été prise.

Règle 72
Délivrance du brevet européen à plusieurs demandeurs *Art. 59, 97*

Si des personnes différentes sont inscrites au Registre européen des brevets en tant que titulaires de la demande de brevet dans différents Etats contractants, l'Office européen des brevets délivre en conséquence le brevet européen pour chacun desdits Etats contractants.

Kapitel V
Europäische Patentschrift

Regel 73[39]
Inhalt und Form der Patentschrift

(1) Die europäische Patentschrift enthält die Beschreibung, die Patentansprüche und gegebenenfalls die Zeichnungen. Außerdem wird darin die Frist für den Einspruch gegen das europäische Patent angegeben.

(2) Der Präsident des Europäischen Patentamts bestimmt, in welcher Form die Patentschrift veröffentlicht wird und welche Angaben sie enthält.

(3) In der Patentschrift werden die benannten Vertragsstaaten angegeben.

Regel 74[40]
Urkunde über das europäische Patent

Sobald die europäische Patentschrift veröffentlicht worden ist, stellt das Europäische Patentamt dem Patentinhaber die Urkunde über das europäische Patent aus. Der Präsident des Europäischen Patentamts bestimmt den Inhalt und die Form der Urkunde sowie die Art und Weise, wie sie übermittelt wird, und legt fest, in welchen Fällen eine Verwaltungsgebühr zu entrichten ist.

Chapter V
The European patent specification

Rule 73[39]
Content and form of the specification

(1) The specification of the European patent shall include the description, the claims and any drawings. It shall also indicate the period for opposing the European patent.

(2) The President of the European Patent Office shall determine the form of the publication of the specification and the data to be included.

(3) The designated Contracting States shall be indicated in the specification.

Rule 74[40]
Certificate for a European patent

As soon as the specification of the European patent has been published, the European Patent Office shall issue to the proprietor of the patent a certificate for a European patent. The President of the European Patent Office shall prescribe the content, form and means of communication of the certificate and determine the circumstances in which an administrative fee is payable.

---

[39] Siehe hierzu die Beschlüsse des Präsidenten des EPA, Sonderausgabe Nr. 3, ABl. EPA 2007, D.3., D.4.
[40] Siehe hierzu den Beschluss des Präsidenten des EPA, Sonderausgabe Nr. 3, ABl. EPA 2007, D.2.

[39] See decisions of the President of the EPO, Special edition No. 3, OJ EPO 2007, D.3., D.4.
[40] See decision of the President of the EPO, Special edition No. 3, OJ EPO 2007, D.2.

Chapitre V
Fascicule du brevet européen

Règle 73[39]
Contenu et forme du fascicule

Art. 98, 99
R. 74, 87

(1) Le fascicule du brevet européen comprend la description, les revendications et, le cas échéant, les dessins. Il mentionne également le délai pendant lequel le brevet européen peut faire l'objet d'une opposition.

(2) Le Président de l'Office européen des brevets détermine la forme sous laquelle le fascicule est publié ainsi que les indications qui doivent y figurer.

(3) Les Etats contractants désignés sont indiqués dans le fascicule.

Règle 74[40]
Certificat de brevet européen

Art. 98
R. 87

Dès que le fascicule du brevet européen a été publié, l'Office européen des brevets délivre au titulaire du brevet un certificat de brevet européen. Le Président de l'Office européen des brevets arrête le contenu, la forme et les moyens de communication du certificat et détermine les cas dans lesquels il y a lieu d'acquitter une taxe d'administration.

---

[39] Cf. les décisions du Président de l'OEB, Edition spéciale n° 3, JO OEB 2007, D.3., D.4.
[40] Cf. la décision du Président de l'OEB, Edition spéciale n° 3, JO OEB 2007, D.2.

PART V
IMPLEMENTING REGULATIONS TO PART V OF THE CONVENTION

Chapter I
Opposition procedure

Rule 75
Surrender or lapse of the patent

An opposition may be filed even if the European patent has been surrendered in all the designated Contracting States or has lapsed in all those States.

Rule 76[41]
Form and content of the opposition

(1) Notice of opposition shall be filed in a written reasoned statement.

(2) The notice of opposition shall contain:

(a) particulars of the opponent as provided in Rule 41, paragraph 2(c);

(b) the number of the European patent against which opposition is filed, the name of the proprietor of the patent and the title of the invention;

(c) a statement of the extent to which the European patent is opposed and of the grounds on which the opposition is based, as well as an indication of the facts and evidence presented in support of these grounds;

(d) if the opponent has appointed a representative, particulars as provided in Rule 41, paragraph 2(d).

(3) Part III of the Implementing Regulations shall apply mutatis mutandis to the notice of opposition.

---

[41] See decisions of the Enlarged Board of Appeal G 9/91, G 10/91, G 1/95, G 7/95, G 4/97, G 3/99, G 1/04 (Annex I).

**CINQUIÈME PARTIE
DISPOSITIONS D'APPLICATION DE LA CINQUIÈME PARTIE DE LA CONVENTION**

**Chapitre I
Procédure d'opposition**

**Règle 75
Renonciation au brevet ou extinction de celui-ci**

Art. 99
R. 98, 143

Une opposition peut être formée même s'il a été renoncé au brevet européen dans tous les Etats contractants désignés ou si le brevet s'est éteint dans tous ces Etats.

Règle 76[41]
Forme et contenu de l'opposition

Art. 99, 100, 105, 133
R. 77, 89

(1) L'opposition doit être formée par écrit et motivée.

(2) L'acte d'opposition doit contenir :

a) les indications concernant l'opposant telles que prévues à la règle 41, paragraphe 2 c) ;

b) le numéro du brevet européen contre lequel l'opposition est formée, ainsi que le nom du titulaire du brevet et le titre de l'invention ;

c) une déclaration précisant la mesure dans laquelle le brevet européen est mis en cause par l'opposition, les motifs sur lesquels l'opposition se fonde ainsi que les faits et les preuves invoqués à l'appui de ces motifs ;

d) si l'opposant a constitué un mandataire, les indications concernant le mandataire telles que prévues à la règle 41, paragraphe 2 d).

(3) La troisième partie du règlement d'exécution s'applique à l'acte d'opposition.

---

[41] Cf. les décisions de la Grande Chambre de recours G 9/91, G 10/91, G 1/95, G 7/95, G 4/97, G 3/99, G 1/04 (Annexe I).

Rule 77[42]
Rejection of the opposition as inadmissible

(1) If the Opposition Division notes that the notice of opposition does not comply with the provisions of Article 99, paragraph 1, or Rule 76, paragraph 2(c), or does not sufficiently identify the patent against which opposition has been filed, it shall reject the opposition as inadmissible, unless these deficiencies have been remedied before expiry of the opposition period.

(2) If the Opposition Division notes that the notice of opposition does not comply with provisions other than those referred to in paragraph 1, it shall communicate this to the opponent and shall invite him to remedy the deficiencies noted within a period to be specified. If the deficiencies are not remedied in due time, the Opposition Division shall reject the opposition as inadmissible.

(3) The decision to reject an opposition as inadmissible shall be communicated to the proprietor of the patent, together with a copy of the notice of opposition.

Rule 78[43]
Procedure where the proprietor of the patent is not entitled

(1) If a third party provides evidence, during opposition proceedings or during the opposition period, that he has instituted proceedings against the proprietor of the European patent, seeking a decision within the meaning of Article 61, paragraph 1, opposition proceedings shall be stayed unless the third party communicates to the European Patent Office in writing his consent to the continuation of such proceedings. Such consent shall be irrevocable. However, proceedings shall not be stayed until the Opposition Division has deemed the opposition admissible. Rule 14, paragraphs 2 to 4, shall apply mutatis mutandis.

(2) Where a third party has, in accordance with Article 99, paragraph 4, replaced the previous proprietor for one or some of the designated Contracting States, the patent as maintained in opposition proceedings may, for these States, contain claims, a description and drawings different from those for the other designated States.

---

[42] See decisions of the Enlarged Board of Appeal G 9/91, G 10/91, G 1/95, G 7/95, G 3/99, G 1/02 (Annex I).

[43] See decision of the Enlarged Board of Appeal G 3/92 (Annex I).

Règle 77[42]
Rejet de l'opposition pour irrecevabilité

Art. 99, 101, 105
R. 78, 89

(1) Si la division d'opposition constate que l'opposition n'est pas conforme à l'article 99, paragraphe 1, ou à la règle 76, paragraphe 2 c), ou ne désigne pas le brevet en cause de manière suffisante, elle rejette l'opposition comme irrecevable, à moins qu'il n'ait été remédié à ces irrégularités avant l'expiration du délai d'opposition.

(2) Si la division d'opposition constate que l'opposition n'est pas conforme aux dispositions autres que celles visées au paragraphe 1, elle le notifie à l'opposant et l'invite à remédier, dans un délai qu'elle lui impartit, aux irrégularités constatées. S'il n'est pas remédié à ces irrégularités dans les délais, la division d'opposition rejette l'opposition comme irrecevable.

(3) La décision par laquelle une opposition est rejetée pour irrecevabilité est notifiée, avec une copie de l'acte d'opposition, au titulaire du brevet.

Règle 78[43]
Procédure prévue lorsque le titulaire du brevet n'est pas une personne habilitée

Art. 60, 99, 101, 105, 118, 123
R. 16, 77, 89, 138, 143

(1) Si, lors d'une procédure d'opposition ou au cours du délai d'opposition, un tiers apporte la preuve qu'il a introduit une procédure contre le titulaire du brevet européen afin d'obtenir une décision au sens de l'article 61, paragraphe 1, la procédure d'opposition est suspendue, à moins que ce tiers ne déclare par écrit à l'Office européen des brevets qu'il consent à la poursuite de la procédure. Ce consentement est irrévocable. Toutefois, la procédure n'est suspendue que lorsque la division d'opposition considère l'opposition recevable. La règle 14, paragraphes 2 à 4, est applicable.

(2) Si un tiers a été substitué, en vertu de l'article 99, paragraphe 4, au titulaire précédent pour un ou plusieurs Etats contractants désignés, le brevet européen maintenu dans la procédure d'opposition peut contenir pour ces Etats des revendications, une description et des dessins différents de ceux que le brevet comporte pour d'autres Etats désignés.

---

[42] Cf. les décisions de la Grande Chambre de recours G 9/91, G 10/91, G 1/95, G 7/95, G 3/99, G 1/02 (Annexe I).
[43] Cf. la décision de la Grande Chambre de recours G 3/92 (Annexe I).

Regel 79[44]
Vorbereitung der Einspruchsprüfung

(1) Die Einspruchsabteilung teilt dem Patentinhaber den Einspruch mit und gibt ihm Gelegenheit, innerhalb einer zu bestimmenden Frist eine Stellungnahme einzureichen und gegebenenfalls die Beschreibung, die Patentansprüche und die Zeichnungen zu ändern.

(2) Sind mehrere Einsprüche eingelegt worden, so teilt die Einspruchsabteilung gleichzeitig mit der Mitteilung nach Absatz 1 die Einsprüche den übrigen Einsprechenden mit.

(3) Die Einspruchsabteilung teilt vom Patentinhaber eingereichte Stellungnahmen und Änderungen den übrigen Beteiligten mit und fordert sie auf, wenn sie dies für sachdienlich erachtet, sich innerhalb einer zu bestimmenden Frist hierzu zu äußern.

(4) Im Fall eines Beitritts nach Artikel 105 kann die Einspruchsabteilung von der Anwendung der Absätze 1 bis 3 absehen.

Regel 80[45]
Änderung des europäischen Patents

Unbeschadet der Regel 138 können die Beschreibung, die Patentansprüche und die Zeichnungen geändert werden, soweit die Änderungen durch einen Einspruchsgrund nach Artikel 100 veranlasst sind, auch wenn dieser vom Einsprechenden nicht geltend gemacht worden ist.

Regel 81[46]
Prüfung des Einspruchs

(1) Die Einspruchsabteilung prüft die Einspruchsgründe, die in der Erklärung des Einsprechenden nach Regel 76 Absatz 2 c) geltend gemacht worden sind. Sie kann von Amts wegen auch vom Einsprechenden nicht geltend gemachte Einspruchsgründe prüfen, wenn diese der Aufrechterhaltung des europäischen Patents entgegenstehen würden.

Rule 79[44]
Preparation of the examination of the opposition

(1) The Opposition Division shall communicate the notice of opposition to the proprietor of the patent and shall give him the opportunity to file his observations and to amend, where appropriate, the description, claims and drawings within a period to be specified.

(2) If several notices of opposition have been filed, the Opposition Division shall communicate them to the other opponents at the same time as the communication under paragraph 1.

(3) The Opposition Division shall communicate any observations and amendments filed by the proprietor of the patent to the other parties, and shall invite them, if it considers this expedient, to reply within a period to be specified.

(4) In the case of an intervention under Article 105, the Opposition Division may dispense with the application of paragraphs 1 to 3.

Rule 80[45]
Amendment of the European patent

Without prejudice to Rule 138, the description, claims and drawings may be amended, provided that the amendments are occasioned by a ground for opposition under Article 100, even if that ground has not been invoked by the opponent.

Rule 81[46]
Examination of opposition

(1) The Opposition Division shall examine those grounds for opposition which are invoked in the opponent's statement under Rule 76, paragraph 2(c). Grounds for opposition not invoked by the opponent may be examined by the Opposition Division of its own motion if they would prejudice the maintenance of the European patent.

---

[44] Siehe hierzu Stellungnahme der Großen Beschwerdekammer G 1/02 (Anhang I).
[45] Siehe hierzu Entscheidung der Großen Beschwerdekammer G 1/99 (Anhang I).
[46] Siehe hierzu Entscheidungen der Großen Beschwerdekammer G 9/92, G 1/99 (Anhang I).

[44] See opinion of the Enlarged Board of Appeal G 1/02 (Annex I).
[45] See decision of the Enlarged Board of Appeal G 1/99 (Annex I).
[46] See decisions of the Enlarged Board of Appeal G 9/92, G 1/99 (Annex I).

Règle 79[44]
Mesures préparatoires à l'examen de l'opposition

Art. 101, 123
R. 89

(1) La division d'opposition notifie au titulaire du brevet l'acte d'opposition et lui donne la possibilité de présenter ses observations et de modifier, s'il y a lieu, la description, les revendications et les dessins dans un délai qu'elle lui impartit.

(2) Si plusieurs oppositions ont été formées, la division d'opposition les notifie aux différents opposants en même temps que la notification visée au paragraphe 1.

(3) La division d'opposition notifie aux autres parties toutes observations et modifications présentées par le titulaire du brevet, et les invite, si elle le juge opportun, à répliquer dans un délai qu'elle leur impartit.

(4) En cas d'intervention dans la procédure en vertu de l'article 105, la division d'opposition peut s'abstenir d'appliquer les dispositions des paragraphes 1, 2 et 3.

Règle 80[45]
Modification du brevet européen

Art. 101, 105, 123
R. 89, 137

Sans préjudice de la règle 138, la description, les revendications et les dessins peuvent être modifiés dans la mesure où ces modifications sont apportées pour pouvoir répondre à un motif d'opposition visé à l'article 100, même si ce motif n'a pas été invoqué par l'opposant.

Règle 81[46]
Examen de l'opposition

Art. 101, 105, 123
R. 89

(1) La division d'opposition examine les motifs d'opposition qui sont invoqués dans la déclaration de l'opposant visée à la règle 76, paragraphe 2 c). Elle peut également examiner d'office les motifs d'opposition qui n'ont pas été invoqués par l'opposant s'ils sont susceptibles de s'opposer au maintien du brevet européen.

---

[44] Cf. l'avis de la Grande Chambre de recours G 1/02 (Annexe I).

[45] Cf. la décision de la Grande Chambre de recours G 1/99 (Annexe I).

[46] Cf. les décisions de la Grande Chambre de recours G 9/92, G 1/99 (Annexe I).

(2) Bescheide nach Artikel 101 Absatz 1 Satz 2 und alle hierzu eingehenden Stellungnahmen werden den Beteiligten übersandt. Die Einspruchsabteilung fordert, wenn sie dies für sachdienlich erachtet, die Beteiligten auf, sich innerhalb einer zu bestimmenden Frist hierzu zu äußern.

(3) In den Bescheiden nach Artikel 101 Absatz 1 Satz 2 wird dem Patentinhaber gegebenenfalls Gelegenheit gegeben, soweit erforderlich die Beschreibung, die Patentansprüche und die Zeichnungen zu ändern. Die Bescheide sind soweit erforderlich zu begründen, wobei die Gründe zusammengefasst werden sollen, die der Aufrechterhaltung des europäischen Patents entgegenstehen.

Regel 82[47]
Aufrechterhaltung des europäischen Patents in geändertem Umfang

(1) Bevor die Einspruchsabteilung die Aufrechterhaltung des europäischen Patents in geändertem Umfang beschließt, teilt sie den Beteiligten mit, in welcher Fassung sie das Patent aufrechtzuerhalten beabsichtigt, und fordert sie auf, innerhalb von zwei Monaten Stellung zu nehmen, wenn sie mit dieser Fassung nicht einverstanden sind.

(2) Ist ein Beteiligter mit der von der Einspruchsabteilung mitgeteilten Fassung nicht einverstanden, so kann das Einspruchsverfahren fortgesetzt werden. Andernfalls fordert die Einspruchsabteilung den Patentinhaber nach Ablauf der Frist nach Absatz 1 auf, innerhalb einer Frist von drei Monaten die vorgeschriebene Gebühr zu entrichten und eine Übersetzung der geänderten Patentansprüche in den Amtssprachen des Europäischen Patentamts einzureichen, die nicht die Verfahrenssprache sind. In dieser Aufforderung werden die benannten Vertragsstaaten angegeben, die eine Übersetzung nach Artikel 65 Absatz 1 verlangen.

(3) Werden die nach Absatz 2 erforderlichen Handlungen nicht rechtzeitig vorgenommen, so können sie noch innerhalb von zwei Monaten nach der Mitteilung über die Fristversäumung vorgenommen werden, sofern innerhalb dieser Frist eine Zuschlagsgebühr entrichtet wird. Andernfalls wird das Patent widerrufen.

(2) Communications under Article 101, paragraph 1, second sentence, and all replies thereto shall be sent to all parties. If the Opposition Division considers this expedient, it shall invite the parties to reply within a period to be specified.

(3) In any communication under Article 101, paragraph 1, second sentence, the proprietor of the European patent shall, where necessary, be given the opportunity to amend, where appropriate, the description, claims and drawings. Where necessary, the communication shall contain a reasoned statement covering the grounds against the maintenance of the European patent.

Rule 82[47]
Maintenance of the European patent in amended form

(1) Before the Opposition Division decides to maintain the European patent as amended, it shall inform the parties of the text in which it intends to maintain the patent, and shall invite them to file their observations within two months if they disapprove of that text.

(2) If a party disapproves of the text communicated by the Opposition Division, examination of the opposition may be continued. Otherwise, the Opposition Division shall, on expiry of the period under paragraph 1, invite the proprietor of the patent to pay the prescribed fee and to file a translation of any amended claims in the official languages of the European Patent Office other than the language of the proceedings, within a period of three months. This invitation shall indicate the designated Contracting States which require a translation under Article 65, paragraph 1.

(3) If the acts required under paragraph 2 are not performed in due time, they may still be performed within two months of a communication concerning the failure to observe the time limit, provided that a surcharge is paid within this period. Otherwise, the patent shall be revoked.

---

[47] Siehe hierzu Entscheidungen der Großen Beschwerdekammer G 1/88, G 1/90 (Anhang I).

[47] See decisions of the Enlarged Board of Appeal G 1/88, G 1/90 (Annex I).

(2) Les notifications émises conformément à l'article 101, paragraphe 1, deuxième phrase, ainsi que les réponses à ces notifications sont envoyées à toutes les parties. Si la division d'opposition le juge opportun, elle invite les parties à répliquer dans un délai qu'elle leur impartit.

(3) Dans toute notification émise conformément à l'article 101, paragraphe 1, deuxième phrase, il doit, si nécessaire, être donné au titulaire du brevet la possibilité de modifier, s'il y a lieu, la description, les revendications et les dessins. Si nécessaire, la notification est motivée et indique les motifs qui s'opposent au maintien du brevet européen.

Règle 82[47]
Maintien du brevet européen sous une forme modifiée

Art. 65, 101, 105, 123
R. 89

(1) Avant de prendre la décision de maintenir le brevet européen sous une forme modifiée, la division d'opposition notifie aux parties le texte dans lequel elle envisage de maintenir le brevet et les invite à présenter leurs observations dans un délai de deux mois si elles ne sont pas d'accord avec ce texte.

(2) Si une partie n'est pas d'accord avec le texte notifié par la division d'opposition, l'examen de l'opposition peut être poursuivi. Dans le cas contraire, la division d'opposition, à l'expiration du délai visé au paragraphe 1, invite le titulaire du brevet européen à acquitter la taxe prescrite et à produire une traduction des revendications modifiées dans les langues officielles de l'Office européen des brevets autres que celle de la procédure, dans un délai de trois mois. Cette invitation indique les Etats contractants désignés qui exigent une traduction en vertu de l'article 65, paragraphe 1.

(3) Si les actes requis au paragraphe 2 ne sont pas accomplis dans les délais, ils peuvent encore être accomplis dans un délai de deux mois à compter de la notification signalant que le délai prévu n'a pas été observé, sous réserve du paiement d'une surtaxe dans ce délai. Dans le cas contraire, le brevet est révoqué.

---

[47] Cf. les décisions de la Grande Chambre de recours G 1/88, G 1/90 (Annexe I).

(4) In der Entscheidung, durch die das europäische Patent in geändertem Umfang aufrechterhalten wird, ist die ihr zugrunde liegende Fassung des Patents anzugeben.

Regel 83
Anforderung von Unterlagen

Unterlagen, die von einem am Einspruchsverfahren Beteiligten genannt werden, sind zusammen mit dem Einspruch oder dem schriftlichen Vorbringen einzureichen. Sind solche Unterlagen nicht beigefügt und werden sie nach Aufforderung durch das Europäische Patentamt nicht rechtzeitig nachgereicht, so braucht das Europäische Patentamt das darauf gestützte Vorbringen nicht zu berücksichtigen.

Regel 84[48]
Fortsetzung des Einspruchsverfahrens von Amts wegen

(1) Hat der Patentinhaber in allen benannten Vertragsstaaten auf das europäische Patent verzichtet oder ist das Patent in allen diesen Staaten erloschen, so kann das Einspruchsverfahren fortgesetzt werden, wenn der Einsprechende dies innerhalb von zwei Monaten nach einer Mitteilung des Europäischen Patentamts über den Verzicht oder das Erlöschen beantragt.

(2) Stirbt ein Einsprechender oder verliert er seine Geschäftsfähigkeit, so kann das Einspruchsverfahren auch ohne die Beteiligung seiner Erben oder gesetzlichen Vertreter von Amts wegen fortgesetzt werden. Das Verfahren kann auch fortgesetzt werden, wenn der Einspruch zurückgenommen wird.

Regel 85
Rechtsübergang des europäischen Patents

Regel 22 ist auf einen Rechtsübergang des europäischen Patents während der Einspruchsfrist oder der Dauer des Einspruchsverfahrens anzuwenden.

(4) The decision to maintain the European patent as amended shall state which text of the patent forms the basis for the decision.

Rule 83
Request for documents

Documents referred to by a party to opposition proceedings shall be filed together with the notice of opposition or the written submissions. If such documents are neither enclosed nor filed in due time upon invitation by the European Patent Office, it may decide not to take into account any arguments based on them.

Rule 84[48]
Continuation of the opposition proceedings by the European Patent Office of its own motion

(1) If the European patent has been surrendered in all the designated Contracting States or has lapsed in all those States, the opposition proceedings may be continued at the request of the opponent filed within two months of a communication from the European Patent Office informing him of the surrender or lapse.

(2) In the event of the death or legal incapacity of an opponent, the opposition proceedings may be continued by the European Patent Office of its own motion, even without the participation of the heirs or legal representatives. The same shall apply where the opposition is withdrawn.

Rule 85
Transfer of the European patent

Rule 22 shall apply to any transfer of the European patent made during the opposition period or during opposition proceedings.

---

[48] Siehe hierzu Entscheidungen der Großen Beschwerdekammer G 4/88, G 7/91, G 8/91, G 8/93, G 3/99 (Anhang I).

[48] See decisions of the Enlarged Board of Appeal G 4/88, G 7/91, G 8/91, G 8/93, G 3/99 (Annexe I).

(4) La décision de maintenir le brevet européen sous une forme modifiée indique le texte du brevet sur la base duquel elle a été prise.

**Règle 83
Demande de documents**

*Art. 101, 105
R. 1, 2, 89*

Les documents mentionnés par une partie à la procédure d'opposition doivent être déposés avec l'acte d'opposition ou les conclusions écrites. Si ces documents ne sont pas joints audit acte ou auxdites conclusions ou déposés en temps utile à l'invitation de l'Office européen des brevets, celui-ci peut ne pas tenir compte des arguments à l'appui desquels ils sont invoqués.

**Règle 84[48]
Poursuite d'office de la procédure d'opposition**

*Art. 99, 101, 105
R. 75, 89*

(1) Si le titulaire du brevet a renoncé au brevet européen dans tous les Etats contractants désignés ou si le brevet s'est éteint dans tous ces Etats, la procédure d'opposition peut être poursuivie sur requête de l'opposant ; cette requête doit être présentée dans un délai de deux mois à compter de la notification de l'Office européen des brevets informant l'opposant de la renonciation ou de l'extinction.

(2) Si un opposant décède ou devient incapable, la procédure d'opposition peut être poursuivie d'office, même sans la participation de ses héritiers ou représentants légaux. Il en va de même en cas de retrait de l'opposition.

**Règle 85
Transfert du brevet européen**

Art. 2, 99, 127

La règle 22 s'applique au transfert du brevet européen pendant le délai d'opposition ou pendant la procédure d'opposition.

---

[48] Cf. les décisions de la Grande Chambre de recours G 4/88, G 7/91, G 8/91, G 8/93, G 3/99 (Annexe I).

Regel 86[49]
Unterlagen im Einspruchsverfahren

Die Vorschriften des Dritten Teils der Ausführungsordnung sind auf die im Einspruchsverfahren eingereichten Unterlagen entsprechend anzuwenden.

Regel 87
Inhalt und Form der neuen europäischen Patentschrift

Die neue europäische Patentschrift enthält die Beschreibung, Patentansprüche und Zeichnungen in der geänderten Fassung. Regel 73 Absätze 2 und 3 und Regel 74 sind anzuwenden.

Regel 88
Kosten

(1) Die Kostenverteilung wird in der Entscheidung über den Einspruch angeordnet. Berücksichtigt werden nur die Kosten, die zur zweckentsprechenden Wahrung der Rechte notwendig waren. Zu den Kosten gehört die Vergütung für die Vertreter der Beteiligten.

(2) Die Einspruchsabteilung setzt auf Antrag den Betrag der Kosten fest, die aufgrund einer rechtskräftigen Entscheidung über deren Verteilung zu erstatten sind. Dem Antrag sind eine Kostenberechnung und die Belege beizufügen. Zur Festsetzung der Kosten genügt es, dass sie glaubhaft gemacht werden.

(3) Innerhalb eines Monats nach Mitteilung der Kostenfestsetzung nach Absatz 2 kann eine Entscheidung der Einspruchsabteilung über die Kostenfestsetzung beantragt werden. Der Antrag ist schriftlich einzureichen und zu begründen. Er gilt erst als gestellt, wenn die vorgeschriebene Gebühr entrichtet worden ist.

(4) Über einen Antrag nach Absatz 3 entscheidet die Einspruchsabteilung ohne mündliche Verhandlung.

Rule 86[49]
Documents in opposition proceedings

Part III of the Implementing Regulations shall apply mutatis mutandis to documents filed in opposition proceedings.

Rule 87
Content and form of the new specification of the European patent

The new specification of the European patent shall include the description, claims and drawings as amended. Rule 73, paragraphs 2 and 3, and Rule 74 shall apply.

Rule 88
Costs

(1) The apportionment of costs shall be dealt with in the decision on the opposition. Such apportionment shall only take into consideration the expenses necessary to assure proper protection of the rights involved. The costs shall include the remuneration of the representatives of the parties.

(2) The Opposition Division shall, on request, fix the amount of costs to be paid under a final decision apportioning them. A bill of costs, with supporting evidence, shall be attached to the request. Costs may be fixed once their credibility is established.

(3) A request for a decision by the Opposition Division may be filed within one month of the communication on the fixing of costs under paragraph 2. The request shall be filed in writing and state the grounds on which it is based. It shall not be deemed to be filed until the prescribed fee has been paid.

(4) The Opposition Division shall decide on the request under paragraph 3 without oral proceedings.

---

[49] Siehe hierzu Entscheidung der Großen Beschwerdekammer G 1/91 (Anhang I).

[49] See decision of the Enlarged Board of Appeal G 1/91 (Annex I).

Verweisungen/References/Références

Règle 86[49]
Documents produits au cours de la procédure d'opposition

Art. 99, 101, 105
R. 89

La troisième partie du règlement d'exécution s'applique aux documents produits au cours de la procédure d'opposition.

Règle 87
Contenu et forme du nouveau fascicule du brevet européen

Art. 103

Le nouveau fascicule du brevet européen comprend la description, les revendications et les dessins tels que modifiés. La règle 73, paragraphes 2 et 3, et la règle 74 sont applicables.

Règle 88
Frais

Art. 104, 106
R. 97

(1) La répartition des frais est ordonnée dans la décision rendue sur l'opposition. Seules sont prises en considération les dépenses nécessaires pour assurer une défense adéquate des droits en cause. Les frais incluent la rémunération des représentants des parties.

(2) La division d'opposition fixe sur requête le montant des frais à rembourser en vertu d'une décision de répartition des frais passée en force de chose jugée. Le décompte des frais et les pièces justificatives doivent être annexés à cette requête. Pour la fixation des frais, il suffit que leur présomption soit établie.

(3) Une décision de la division d'opposition peut être requise dans un délai d'un mois à compter de la notification relative à la fixation des frais qui est prévue au paragraphe 2. La requête doit être présentée par écrit et motivée. Elle n'est réputée présentée qu'après le paiement de la taxe prescrite.

(4) La division d'opposition statue sur la requête visée au paragraphe 3 sans procédure orale.

---

[49] Cf. la décision de la Grande Chambre de recours G 1/91 (Annexe I).

Regel 89[50]
Beitritt des vermeintlichen Patentverletzers

(1) Der Beitritt ist innerhalb von drei Monaten nach dem Tag zu erklären, an dem eine der in Artikel 105 genannten Klagen erhoben worden ist.

(2) Der Beitritt ist schriftlich zu erklären und zu begründen; Regeln 76 und 77 sind entsprechend anzuwenden. Der Beitritt gilt erst als erklärt, wenn die Einspruchsgebühr entrichtet worden ist.

Kapitel II
Beschränkungs- und Widerrufsverfahren

Regel 90
Gegenstand des Verfahrens

Gegenstand des Beschränkungs- oder Widerrufsverfahrens nach Artikel 105a ist das europäische Patent in der erteilten oder im Einspruchs- oder Beschränkungsverfahren vor dem Europäischen Patentamt geänderten Fassung.

Regel 91
Zuständigkeit für das Verfahren

Über Anträge auf Beschränkung oder Widerruf des europäischen Patents nach Artikel 105a entscheidet die Prüfungsabteilung. Artikel 18 Absatz 2 ist entsprechend anzuwenden.

Regel 92
Antragserfordernisse

(1) Der Antrag auf Beschränkung oder Widerruf eines europäischen Patents ist schriftlich zu stellen. Die Vorschriften des Dritten Teils der Ausführungsordnung sind auf die im Beschränkungs- oder Widerrufsverfahren eingereichten Unterlagen entsprechend anzuwenden.

(2) Der Antrag muss enthalten:

a) Angaben zur Person des antragstellenden Patentinhabers (Antragsteller) nach Maßgabe der Regel 41 Absatz 2 c) sowie die Angabe der Vertragsstaaten, für die der Antragsteller Inhaber des Patents ist;

Rule 89[50]
Intervention of the assumed infringer

(1) Notice of intervention shall be filed within three months of the date on which proceedings referred to in Article 105 are instituted.

(2) Notice of intervention shall be filed in a written reasoned statement; Rules 76 and 77 shall apply mutatis mutandis. The notice of intervention shall not be deemed to have been filed until the opposition fee has been paid.

Chapter II
Procedure for limitation or revocation

Rule 90
Subject of proceedings

The subject of limitation or revocation proceedings under Article 105a shall be the European patent as granted or as amended in opposition or limitation proceedings before the European Patent Office.

Rule 91
Responsibility for proceedings

Decisions on requests for limitation or revocation of the European patent under Article 105a shall be taken by the Examining Division. Article 18, paragraph 2, shall apply mutatis mutandis.

Rule 92
Requirements of the request

(1) The request for limitation or revocation of a European patent shall be filed in writing. Part III of the Implementing Regulations shall apply mutatis mutandis to documents filed in limitation or revocation proceedings.

(2) The request shall contain:

(a) particulars of the proprietor of the European patent making the request (the requester) as provided in Rule 41, paragraph 2(c), and an indication of the Contracting States for which the requester is the proprietor of the patent;

---

[50] Siehe hierzu Entscheidungen der Großen Beschwerdekammer G 4/91, G 1/94, G 2/04, G 3/04, G 1/05 (Anhang I).

[50] See decisions of the Enlarged Board of Appeal G 4/91, G 1/94, G 2/04, G 3/04, G 1/05 (Annex I).

Verweisungen/References/Références

Règle 89[50]
Intervention du contrefacteur présumé

Art. 99
R. 3, 6, 76-86, 112

(1) La déclaration d'intervention doit être présentée dans un délai de trois mois à compter de la date à laquelle l'une des actions visées à l'article 105 a été introduite.

(2) La déclaration d'intervention doit être présentée par écrit et motivée ; les règles 76 et 77 sont applicables. La déclaration d'intervention n'est réputée présentée qu'après le paiement de la taxe d'opposition.

Chapitre II
Procédure de limitation ou de révocation

Règle 90
Objet de la procédure

Art. 2, 105a/bis

La procédure de limitation ou de révocation visée à l'article 105bis a pour objet le brevet européen tel que délivré ou tel que modifié dans la procédure d'opposition ou de limitation devant l'Office européen des brevets.

Règle 91
Compétence pour la procédure

Art. 105b/ter

La division d'examen statue sur les requêtes en limitation ou en révocation du brevet européen présentées conformément à l'article 105bis. L'article 18, paragraphe 2, est applicable.

Règle 92
Exigences auxquelles doit satisfaire la requête

Art. 2, 105a/bis
R. 6, 94, 95

(1) La requête en limitation ou en révocation d'un brevet européen doit être présentée par écrit. La troisième partie du règlement d'exécution s'applique aux documents produits au cours de la procédure de limitation ou de révocation.

(2) La requête doit contenir :

a) les indications concernant le titulaire du brevet européen qui présente la requête (le requérant), telles que prévues à la règle 41, paragraphe 2 c), ainsi que l'indication des Etats contractants pour lesquels le requérant est le titulaire du brevet ;

---

[50] Cf. les décisions de la Grande Chambre de recours G 4/91, G 1/94, G 2/04, G 3/04, G 1/05 (Annexe I).

b) die Nummer des Patents, dessen Beschränkung oder Widerruf beantragt wird, und eine Liste der Vertragsstaaten, in denen es wirksam geworden ist;

c) gegebenenfalls Namen und Anschrift der Inhaber des Patents für die Vertragsstaaten, in denen der Antragsteller nicht Inhaber des Patents ist, sowie den Nachweis, dass der Antragsteller befugt ist, im Verfahren für sie zu handeln;

d) falls die Beschränkung des Patents beantragt wird, eine vollständige Fassung der geänderten Patentansprüche und gegebenenfalls der Beschreibung und Zeichnungen in der geänderten Fassung;

e) falls ein Vertreter des Antragstellers bestellt ist, Angaben zur Person nach Maßgabe der Regel 41 Absatz 2 d).

Regel 93
Vorrang des Einspruchsverfahrens

(1) Der Antrag auf Beschränkung oder Widerruf gilt als nicht eingereicht, wenn im Zeitpunkt der Antragstellung ein Einspruchsverfahren in Bezug auf das Patent anhängig ist.

(2) Ist im Zeitpunkt der Einlegung eines Einspruchs gegen ein europäisches Patent ein Beschränkungsverfahren in Bezug auf dieses Patent anhängig, so stellt die Prüfungsabteilung das Beschränkungsverfahren ein und ordnet die Rückzahlung der Beschränkungsgebühr an. Hat der Antragsteller die in Regel 95 Absatz 3 Satz 1 genannte Gebühr bereits entrichtet, so wird deren Rückzahlung ebenfalls angeordnet.

Regel 94
Verwerfung des Antrags als unzulässig

Stellt die Prüfungsabteilung fest, dass der Antrag auf Beschränkung oder Widerruf des europäischen Patents nicht den Erfordernissen der Regel 92 entspricht, so fordert sie den Antragsteller auf, die festgestellten Mängel innerhalb einer zu bestimmenden Frist zu beseitigen. Werden die Mängel nicht rechtzeitig beseitigt, so verwirft sie den Antrag als unzulässig.

(b) the number of the patent whose limitation or revocation is requested, and a list of the Contracting States in which the patent has taken effect;

(c) where appropriate, the names and addresses of the proprietors of the patent for those Contracting States in which the requester is not the proprietor of the patent, and evidence that the requester is entitled to act on their behalf in the proceedings;

(d) where limitation of the patent is requested, the complete version of the amended claims and, as the case may be, of the amended description and drawings;

(e) where the requester has appointed a representative, particulars as provided in Rule 41, paragraph 2(d).

Rule 93
Precedence of opposition proceedings

(1) The request for limitation or revocation shall be deemed not to have been filed if opposition proceedings in respect of the patent are pending at the time of filing the request.

(2) If, at the time of filing an opposition to a European patent, limitation proceedings in respect of that patent are pending, the Examining Division shall terminate the limitation proceedings and order the reimbursement of the limitation fee. The reimbursement shall also be ordered in respect of the fee referred to in Rule 95, paragraph 3, first sentence, if the requester has already paid this fee.

Rule 94
Rejection of the request as inadmissible

If the Examining Division finds that the request for limitation or revocation fails to comply with the requirements of Rule 92, it shall invite the requester to correct the deficiencies noted, within a period to be specified. If the deficiencies are not corrected in due time, the Examining Division shall reject the request as inadmissible.

b) le numéro du brevet dont la limitation ou la révocation est requise, ainsi que la liste des Etats contractants dans lesquels ce brevet a pris effet ;

c) le cas échéant, le nom et l'adresse des titulaires du brevet pour les Etats contractants dans lesquels le requérant n'est pas le titulaire du brevet, ainsi que la preuve que le requérant est autorisé à agir en leur nom dans la procédure ;

d) lorsque la limitation du brevet est requise, le texte complet des revendications modifiées et, le cas échéant, de la description et des dessins tels que modifiés ;

e) si le requérant a constitué un mandataire, les indications concernant le mandataire telles que prévues à la règle 41, paragraphe 2 d).

Règle 93
Primauté de la procédure d'opposition

Art. 105a/bis

(1) La requête en limitation ou en révocation est réputée ne pas avoir été présentée si une procédure d'opposition est en instance à l'encontre du brevet à la date à laquelle la requête est présentée.

(2) Si, à la date à laquelle une opposition est formée à l'encontre d'un brevet européen, une procédure de limitation est en instance à l'encontre de ce brevet, la division d'examen clôt la procédure de limitation et ordonne le remboursement de la taxe de limitation. Le remboursement de la taxe visée à la règle 95, paragraphe 3, première phrase, est également ordonné si le requérant a déjà acquitté cette taxe.

Règle 94
Rejet de la requête pour irrecevabilité

Art. 105b/ter
R. 92, 95

Si la division d'examen constate que la requête en limitation ou en révocation du brevet européen n'est pas conforme aux exigences de la règle 92, elle invite le requérant à remédier, dans un délai qu'elle lui impartit, aux irrégularités constatées. S'il n'est pas remédié à ces irrégularités dans les délais, la division d'examen rejette la requête comme irrecevable.

Regel 95
Entscheidung über den Antrag

(1) Ist ein Antrag auf Widerruf zulässig, so widerruft die Prüfungsabteilung das Patent und teilt dies dem Antragsteller mit.

(2) Ist ein Antrag auf Beschränkung zulässig, so prüft die Prüfungsabteilung, ob die geänderten Patentansprüche gegenüber den Ansprüchen in der erteilten oder im Einspruchs- oder Beschränkungsverfahren geänderten Fassung eine Beschränkung darstellen und den Artikeln 84 und 123 Absätze 2 und 3 genügen. Entspricht der Antrag nicht diesen Erfordernissen, so gibt die Prüfungsabteilung dem Antragsteller einmal Gelegenheit, die festgestellten Mängel zu beseitigen und die Patentansprüche und gegebenenfalls die Beschreibung und Zeichnungen innerhalb einer zu bestimmenden Frist zu ändern.

(3) Ist einem Antrag auf Beschränkung nach Absatz 2 stattzugeben, so teilt die Prüfungsabteilung dies dem Antragsteller mit und fordert ihn auf, innerhalb einer Frist von drei Monaten die vorgeschriebene Gebühr zu entrichten und eine Übersetzung der geänderten Patentansprüche in den Amtssprachen des Europäischen Patentamts einzureichen, die nicht die Verfahrenssprache sind; Regel 82 Absatz 3 Satz 1 ist entsprechend anzuwenden. Nimmt der Antragsteller diese Handlungen rechtzeitig vor, so beschränkt die Prüfungsabteilung das Patent.

(4) Unterlässt es der Antragsteller, auf die Mitteilung nach Absatz 2 rechtzeitig zu antworten oder kann dem Antrag auf Beschränkung nicht stattgegeben werden, oder nimmt der Antragsteller die nach Absatz 3 erforderlichen Handlungen nicht rechtzeitig vor, so weist die Prüfungsabteilung den Antrag zurück.

Regel 96
Inhalt und Form der geänderten europäischen Patentschrift

Die geänderte europäische Patentschrift enthält die Beschreibung, Patentansprüche und Zeichnungen in der geänderten Fassung. Regel 73 Absätze 2 und 3 und Regel 74 sind anzuwenden.

Rule 95
Decision on the request

(1) If a request for revocation is admissible, the Examining Division shall revoke the patent and communicate this to the requester.

(2) If a request for limitation is admissible, the Examining Division shall examine whether the amended claims constitute a limitation vis-à-vis the claims as granted or amended in opposition or limitation proceedings and comply with Article 84 and Article 123, paragraphs 2 and 3. If the request does not comply with these requirements, the Examining Division shall give the requester one opportunity to correct any deficiencies noted, and to amend the claims and, where appropriate, the description and drawings, within a period to be specified.

(3) If a request for limitation is allowable under paragraph 2, the Examining Division shall communicate this to the requester and invite him to pay the prescribed fee and to file a translation of the amended claims in the official languages of the European Patent Office other than the language of the proceedings, within a period of three months; Rule 82, paragraph 3, first sentence, shall apply mutatis mutandis. If the requester performs these acts in due time, the Examining Division shall limit the patent.

(4) If the requester does not respond in due time to the communication issued under paragraph 2, or if the request for limitation is not allowable, or if the requester fails to perform the acts required under paragraph 3 in due time, the Examining Division shall reject the request

Rule 96
Content and form of the amended European patent specification

The amended European patent specification shall include the description, claims and drawings as amended. Rule 73, paragraphs 2 and 3, and Rule 74 shall apply.

Règle 95
Décision sur la requête

(1) Si la requête en révocation est recevable, la division d'examen révoque le brevet et le notifie au requérant.

(2) Si la requête en limitation est recevable, la division d'examen examine si les revendications modifiées représentent une limitation par rapport aux revendications du brevet tel que délivré ou tel que modifié dans la procédure d'opposition ou de limitation, et si elles satisfont à l'article 84 ainsi qu'à l'article 123, paragraphes 2 et 3. Si la requête ne satisfait pas à ces exigences, la division d'examen donne au requérant une seule possibilité de remédier aux irrégularités constatées et de modifier les revendications ainsi que, s'il y a lieu, la description et les dessins, dans un délai qu'elle lui impartit.

(3) S'il y a lieu de faire droit à la requête en limitation en vertu du paragraphe 2, la division d'examen le notifie au requérant et l'invite à acquitter la taxe prescrite et à produire une traduction des revendications modifiées dans les langues officielles de l'Office européen des brevets autres que la langue de la procédure, dans un délai de trois mois ; la règle 82, paragraphe 3, première phrase, est applicable. Si le requérant accomplit ces actes dans les délais, la division d'examen limite le brevet.

(4) Si le requérant ne répond pas dans les délais à la notification émise conformément au paragraphe 2, s'il ne peut être fait droit à la requête en limitation ou si le requérant n'accomplit pas dans les délais les actes requis au paragraphe 3, la division d'examen rejette la requête.

Art. 2, 105b/ter
R. 92, 94

Règle 96
Contenu et forme du fascicule du brevet européen modifié

Le fascicule du brevet européen modifié comprend la description, les revendications et les dessins tels que modifiés. La règle 73, paragraphes 2 et 3, et la règle 74 sont applicables.

Art. 65, 105c/quater

PART VI
IMPLEMENTING REGULATIONS TO PART VI OF THE CONVENTION

Chapter I
Appeals procedure

Rule 97[51]
Appeal against apportionment and fixing of costs

(1) The apportionment of costs of opposition proceedings cannot be the sole subject of an appeal.

(2) A decision fixing the amount of costs of opposition proceedings cannot be appealed unless the amount exceeds that of the fee for appeal.

Rule 98
Surrender or lapse of the patent

The decision of an Opposition Division may be appealed even if the European patent has been surrendered in all the designated Contracting States or has lapsed in all those States.

Rule 99[52]
Content of the notice of appeal and the statement of grounds

(1) The notice of appeal shall contain:

(a) the name and the address of the appellant as provided in Rule 41, paragraph 2(c);

(b) an indication of the decision impugned; and

(c) a request defining the subject of the appeal.

(2) In the statement of grounds of appeal the appellant shall indicate the reasons for setting aside the decision impugned, or the extent to which it is to be amended, and the facts and evidence on which the appeal is based.

---

[51] See decision of the Enlarged Board of Appeal G 3/03 (Annex I).

[52] See decisions of the Enlarged Board of Appeal G 9/92, G 1/99 (Annex I).

SIXIÈME PARTIE
DISPOSITIONS D'APPLICATION DE LA SIXIÈME PARTIE DE LA CONVENTION

Chapitre I
Procédure de recours

Règle 97[51]
Recours contre la répartition et la fixation des frais

Art. 104
R. 88, 101

(1) Aucun recours ne peut avoir pour seul objet la répartition des frais de la procédure d'opposition.

(2) Une décision fixant le montant des frais de la procédure d'opposition ne peut faire l'objet d'un recours que si le montant est supérieur à celui de la taxe de recours.

Règle 98
Renonciation au brevet ou extinction de celui-ci

R. 75

Un recours peut être formé contre la décision d'une division d'opposition même s'il a été renoncé au brevet européen dans tous les Etats contractants désignés ou si le brevet s'est éteint dans tous ces Etats.

Règle 99[52]
Contenu de l'acte de recours et du mémoire exposant les motifs du recours

Art. 108
R.101

(1) L'acte de recours doit comporter :

a) le nom et l'adresse du requérant tels que prévus à la règle 41, paragraphe 2 c) ;

b) l'indication de la décision attaquée, et

c) une requête définissant l'objet du recours.

(2) Dans le mémoire exposant les motifs du recours, le requérant doit présenter les motifs pour lesquels il y a lieu d'annuler la décision attaquée ou la mesure dans laquelle elle doit être modifiée, ainsi que les faits et les preuves sur lesquels le recours est fondé.

---

[51] Cf. la décision de la Grande Chambre de recours G 3/03 (Annexe I).
[52] Cf. les décisions de la Grande Chambre de recours G 9/92, G 1/99 (Annexe I).

(3) Die Vorschriften des Dritten Teils der Ausführungsordnung sind auf die Beschwerdeschrift, die Beschwerdebegründung und die im Beschwerdeverfahren eingereichten Unterlagen entsprechend anzuwenden.

Regel 100[53]
Prüfung der Beschwerde

(1) Die Vorschriften für das Verfahren vor dem Organ, das die mit der Beschwerde angefochtene Entscheidung erlassen hat, sind im Beschwerdeverfahren anzuwenden, sofern nichts anderes bestimmt ist.

(2) Bei der Prüfung der Beschwerde fordert die Beschwerdekammer die Beteiligten so oft wie erforderlich auf, innerhalb einer zu bestimmenden Frist eine Stellungnahme zu Mitteilungen der Beschwerdekammer oder zu den Stellungnahmen anderer Beteiligter einzureichen.

(3) Unterlässt es der Anmelder, auf eine Aufforderung nach Absatz 2 rechtzeitig zu antworten, so gilt die europäische Patentanmeldung als zurückgenommen, es sei denn, die angefochtene Entscheidung ist von der Rechtsabteilung erlassen worden.

Regel 101[54]
Verwerfung der Beschwerde als unzulässig

(1) Entspricht die Beschwerde nicht den Artikeln 106 bis 108, Regel 97 oder Regel 99 Absatz 1 b) oder c) oder Absatz 2, so verwirft die Beschwerdekammer sie als unzulässig, sofern die Mängel nicht vor Ablauf der Fristen nach Artikel 108 beseitigt worden sind.

(2) Stellt die Beschwerdekammer fest, dass die Beschwerde Regel 99 Absatz 1 a) nicht entspricht, so teilt sie dies dem Beschwerdeführer mit und fordert ihn auf, innerhalb einer zu bestimmenden Frist die festgestellten Mängel zu beseitigen. Werden diese nicht rechtzeitig beseitigt, so verwirft die Beschwerdekammer die Beschwerde als unzulässig.

(3) Part III of the Implementing Regulations shall apply mutatis mutandis to the notice of appeal, the statement of grounds and the documents filed in appeal proceedings.

Rule 100[53]
Examination of appeals

(1) Unless otherwise provided, the provisions relating to proceedings before the department which has taken the decision impugned shall apply to appeal proceedings.

(2) In the examination of the appeal, the Board of Appeal shall invite the parties, as often as necessary, to file observations, within a period to be specified, on communications issued by itself or observations submitted by another party.

(3) If the applicant fails to reply in due time to an invitation under paragraph 2, the European patent application shall be deemed to be withdrawn, unless the decision impugned was taken by the Legal Division.

Rule 101[54]
Rejection of the appeal as inadmissible

(1) If the appeal does not comply with Articles 106 to 108, Rule 97 or Rule 99, paragraph 1(b) or (c) or paragraph 2, the Board of Appeal shall reject it as inadmissible, unless any deficiency has been remedied before the relevant period under Article 108 has expired.

(2) If the Board of Appeal notes that the appeal does not comply with Rule 99, paragraph 1(a), it shall communicate this to the appellant and shall invite him to remedy the deficiencies noted within a period to be specified. If the deficiencies are not remedied in due time, the Board of Appeal shall reject the appeal as inadmissible.

---

[53] Siehe hierzu Entscheidungen der Großen Beschwerdekammer G 7/91, G 8/91, G 9/91, G 10/91, G 9/92, G 8/93, G 10/93, G 6/95, G 1/99, G 3/99 (Anhang I).
[54] Siehe hierzu Entscheidungen der Großen Beschwerdekammer G 9/92, G 2/04 (Anhang I).

[53] See decisions of the Enlarged Board of Appeal G 7/91, G 8/91, G 9/91, G 10/91, G 9/92, G 8/93, G 10/93, G 6/95, G 1/99, G 3/99 (Annex I).
[54] See decisions of the Enlarged Board of Appeal G 9/92, G 2/04 (Annex I)

(3) La troisième partie du règlement d'exécution s'applique à l'acte de recours, au mémoire exposant les motifs du recours et aux documents produits pendant la procédure de recours.

Règle 100[53]
Examen du recours

Art. 110, 111
R. 102, 111

(1) Sauf s'il en est disposé autrement, les dispositions régissant la procédure devant l'instance qui a rendu la décision attaquée s'appliquent à la procédure de recours.

(2) Au cours de l'examen du recours, la chambre de recours invite les parties, aussi souvent qu'il est nécessaire, à présenter, dans un délai qu'elle leur impartit, leurs observations sur les notifications qu'elle leur a adressées ou sur les communications qui émanent d'autres parties.

(3) Si le demandeur ne répond pas dans les délais à une invitation émise conformément au paragraphe 2, la demande de brevet européen est réputée retirée, à moins que la décision attaquée n'ait été rendue par la division juridique.

Règle 101[54]
Rejet du recours pour irrecevabilité

Art. 106-108, 110, 111
R. 97

(1) Si le recours n'est pas conforme aux articles 106 à 108, à la règle 97 ou à la règle 99, paragraphe 1 b) ou c) ou paragraphe 2, la chambre de recours le rejette comme irrecevable, à moins qu'il n'ait été remédié aux irrégularités avant l'expiration du délai applicable en vertu de l'article 108.

(2) Si la chambre de recours constate que le recours n'est pas conforme à la règle 99, paragraphe 1 a), elle le notifie au requérant et l'invite à remédier aux irrégularités constatées dans un délai qu'elle lui impartit. S'il n'est pas remédié à ces irrégularités dans les délais, la chambre de recours rejette le recours comme irrecevable.

---

[53] Cf. les décisions de la Grande Chambre de recours G 7/91, G 8/91, G 9/91, G 10/91, G 9/92, G 8/93, G 10/93, G 6/95, G 1/99, G 3/99 (Annexe I).
[54] Cf. la décision de la Grande Chambre de recours G 9/92, G 2/04 (Annexe I).

Rule 102[55]
Form of decision of the Board of Appeal

The decision shall be authenticated by the Chairman of the Board of Appeal and by the competent employee of the registry of the Board of Appeal, either by their signature or by any other appropriate means. The decision shall contain:

(a) a statement that it was delivered by the Board of Appeal;

(b) the date when the decision was taken;

(c) the names of the Chairman and of the other members of the Board of Appeal taking part;

(d) the names of the parties and their representatives;

(e) the requests of the parties;

(f) a summary of the facts;

(g) the reasons;

(h) the order of the Board of Appeal, including, where appropriate, a decision on costs.

Rule 103[56]
Reimbursement of appeal fees

(1) The appeal fee shall be reimbursed

(a) in the event of interlocutory revision or where the Board of Appeal deems an appeal to be allowable, if such reimbursement is equitable by reason of a substantial procedural violation, or

(b) if the appeal is withdrawn before the filing of the statement of grounds of appeal and before the period for filing that statement has expired.

---

[55] See decision of the Enlarged Board of Appeal G 1/05 (Annex I).

[56] See decision of the Enlarged Board of Appeal G 3/03 (Annex I).

Règle 102[55]
Forme des décisions des chambres de recours

Art. 110, 111

La décision est authentifiée par le président de la chambre de recours et l'agent du greffe de ladite chambre habilité à cet effet, soit par leur signature, soit par tout autre moyen approprié. La décision contient :

a) l'indication qu'elle a été rendue par la chambre de recours ;

b) la date à laquelle elle a été rendue ;

c) les noms du président et des autres membres de la chambre de recours qui y ont pris part ;

d) la désignation des parties et de leurs représentants ;

e) les requêtes des parties ;

f) l'exposé sommaire des faits ;

g) les motifs ;

h) le dispositif, y compris, le cas échéant, la décision relative aux frais de procédure.

Règle 103[56]
Remboursement de la taxe de recours

Art. 109, 111

(1) La taxe de recours est remboursée :

a) en cas de révision préjudicielle ou lorsque la chambre de recours fait droit au recours, si le remboursement est équitable en raison d'un vice substantiel de procédure, ou

b) lorsque le recours est retiré avant le dépôt du mémoire exposant les motifs du recours et avant l'expiration du délai de dépôt de ce mémoire.

---

[55] Cf. la décision de la Grande Chambre de recours G 1/05 (Annexe I).
[56] Cf. la décision de la Grande Chambre de recours G 3/03 (Annexe I).

(2) Das Organ, dessen Entscheidung angefochten wurde, ordnet die Rückzahlung an, wenn es der Beschwerde abhilft und die Rückzahlung wegen eines wesentlichen Verfahrensmangels für billig erachtet. In allen anderen Fällen entscheidet die Beschwerdekammer über die Rückzahlung.

(2) The department whose decision is impugned shall order the reimbursement if it revises its decision and considers reimbursement equitable by reason of a substantial procedural violation. In all other cases, matters of reimbursement shall be decided by the Board of Appeal.

Kapitel II
Anträge auf Überprüfung durch die Große Beschwerdekammer

Chapter II
Petitions for review by the Enlarged Board of Appeal

Regel 104
Weitere schwerwiegende Verfahrensmängel

Rule 104
Further fundamental procedural defects

Ein schwerwiegender Verfahrensmangel nach Artikel 112a Absatz 2 d) kann vorliegen, wenn die Beschwerdekammer

A fundamental procedural defect under Article 112a, paragraph 2(d), may have occurred where the Board of Appeal,

a) entgegen Artikel 116 eine vom Antragsteller beantragte mündliche Verhandlung nicht anberaumt hat oder

(a) contrary to Article 116, failed to arrange for the holding of oral proceedings requested by the petitioner, or

b) über die Beschwerde entschieden hat, ohne über einen hierfür relevanten Antrag zu entscheiden.

(b) decided on the appeal without deciding on a request relevant to that decision.

Regel 105
Straftaten

Rule 105
Criminal acts

Ein Antrag auf Überprüfung kann auf Artikel 112a Absatz 2 e) EPÜ gestützt werden, wenn die Straftat durch ein zuständiges Gericht oder eine zuständige Behörde rechtskräftig festgestellt worden ist; einer Verurteilung bedarf es nicht.

A petition for review may be based on Article 112a, paragraph 2(e), if a competent court or authority has finally established that the criminal act occurred; a conviction is not necessary.

Regel 106
Rügepflicht

Rule 106
Obligation to raise objections

Ein Antrag nach Artikel 112a Absatz 2 a) bis d) ist nur zulässig, wenn der Verfahrensmangel während des Beschwerdeverfahrens beanstandet wurde und die Beschwerdekammer den Einwand zurückgewiesen hat, es sei denn, der Einwand konnte im Beschwerdeverfahren nicht erhoben werden.

A petition under Article 112a, paragraph 2(a) to (d), is only admissible where an objection in respect of the procedural defect was raised during the appeal proceedings and dismissed by the Board of Appeal, except where such objection could not be raised during the appeal proceedings.

Regel 107
Inhalt des Antrags auf Überprüfung

Rule 107
Contents of the petition for review

(1) Der Antrag muss enthalten:

(1) The petition shall contain:

a) den Namen und die Anschrift des Antragstellers nach Maßgabe der Regel 41 Absatz 2 c);

(a) the name and the address of the petitioner as provided in Rule 41, paragraph 2(c);

b) die Angabe der zu überprüfenden Entscheidung.

(b) an indication of the decision to be reviewed.

(2) En cas de révision préjudicielle, l'instance dont la décision est attaquée ordonne le remboursement si elle le juge équitable en raison d'un vice substantiel de procédure. Dans tous les autres cas, la chambre de recours statue sur le remboursement.

Chapitre II
Requête en révision par la Grande Chambre de recours

Règle 104
Autres vices fondamentaux de procédure

Art. 112a/bis

Il peut y avoir vice fondamental de procédure au sens de l'article 112bis, paragraphe 2 d), lorsque la chambre de recours :

a) n'a pas tenu, en violation de l'article 116, une procédure orale requise par le requérant, ou

b) a statué sur le recours sans statuer sur une requête pertinente pour cette décision.

Règle 105
Infractions pénales

Art. 112a/bis

Une requête en révision peut être fondée sur l'article 112bis, paragraphe 2 e), si l'infraction pénale a été constatée par une juridiction ou une administration compétente dans une décision passée en force de chose jugée ; il n'est pas nécessaire qu'une condamnation ait été prononcée.

Règle 106
Obligation de soulever des objections

R. 108

Une requête présentée en vertu de l'article 112bis, paragraphe 2 a) à d), n'est recevable que si une objection a été soulevée à l'encontre du vice de procédure pendant la procédure de recours et a été rejetée par la chambre de recours, à moins qu'une telle objection n'ait pas pu être soulevée durant la procédure de recours.

Règle 107
Contenu de la requête en révision

Art. 112a/bis
R. 2

(1) La requête doit comporter :

a) le nom et l'adresse du requérant tels que prévus à la règle 41, paragraphe 2 c) ;

b) l'indication de la décision à réviser.

(2) Im Antrag ist darzulegen, aus welchen Gründen die Entscheidung der Beschwerdekammer aufzuheben ist und auf welche Tatsachen und Beweismittel der Antrag gestützt wird.

(3) Die Vorschriften des Dritten Teils der Ausführungsordnung sind auf den Antrag auf Überprüfung und die im Verfahren eingereichten Unterlagen entsprechend anzuwenden.

Regel 108
Prüfung des Antrags

(1) Entspricht der Antrag nicht Artikel 112a Absatz 1, 2 oder 4, Regel 106 oder Regel 107 Absatz 1 b) oder 2, so verwirft die Große Beschwerdekammer den Antrag als unzulässig, sofern die Mängel nicht vor Ablauf der nach Artikel 112a Absatz 4 maßgebenden Frist beseitigt worden sind.

(2) Stellt die Große Beschwerdekammer fest, dass der Antrag Regel 107 Absatz 1 a) nicht entspricht, so teilt sie dies dem Antragsteller mit und fordert ihn auf, innerhalb einer zu bestimmenden Frist die festgestellten Mängel zu beseitigen. Werden diese nicht rechtzeitig beseitigt, so verwirft die Große Beschwerdekammer den Antrag als unzulässig.

(3) Ist der Antrag begründet, so hebt die Große Beschwerdekammer die Entscheidung der Beschwerdekammer auf und ordnet die Wiedereröffnung des Verfahrens vor der nach Regel 12 Absatz 4 zuständigen Beschwerdekammer an. Die Große Beschwerdekammer kann anordnen, dass Mitglieder der Beschwerdekammer, die an der aufgehobenen Entscheidung mitgewirkt haben, zu ersetzen sind.

Regel 109
Verfahren bei Anträgen auf Überprüfung

(1) In Verfahren nach Artikel 112a sind die Vorschriften für das Verfahren vor den Beschwerdekammern anzuwenden, sofern nichts anderes bestimmt ist. Regel 115 Absatz 1 Satz 2, Regel 118 Absatz 2 Satz 1 und Regel 132 Absatz 2 sind nicht anzuwenden. Die Große Beschwerdekammer kann eine von Regel 4 Absatz 1 Satz 1 abweichende Frist bestimmen.

(2) The petition shall indicate the reasons for setting aside the decision of the Board of Appeal, and the facts and evidence on which the petition is based.

(3) Part III of the Implementing Regulations shall apply mutatis mutandis to the petition for review and the documents filed in the proceedings.

Rule 108
Examination of the petition

(1) If the petition does not comply with Article 112a, paragraphs 1, 2 or 4, Rule 106 or Rule 107, paragraph 1(b) or 2, the Enlarged Board of Appeal shall reject it as inadmissible, unless any defect has been remedied before the relevant period under Article 112a, paragraph 4, expires.

(2) If the Enlarged Board of Appeal notes that the petition does not comply with Rule 107, paragraph 1(a), it shall communicate this to the petitioner and shall invite him to remedy the deficiencies noted within a period to be specified. If the deficiencies are not remedied in due time, the Enlarged Board of Appeal shall reject the petition as inadmissible.

(3) If the petition is allowable, the Enlarged Board of Appeal shall set aside the decision of the Board of Appeal and order the re-opening of the proceedings before the Board of Appeal responsible under Rule 12, paragraph 4. The Enlarged Board of Appeal may order that members of the Board of Appeal who participated in taking the decision set aside shall be replaced.

Rule 109
Procedure in dealing with petitions for review

(1) In proceedings under Article 112a, the provisions relating to proceedings before the Boards of Appeal shall apply, unless otherwise provided. Rule 115, paragraph 1, second sentence, Rule 118, paragraph 2, first sentence, and Rule 132, paragraph 2, shall not apply. The Enlarged Board of Appeal may specify a period deviating from Rule 4, paragraph 1, first sentence.

(2) La requête doit exposer les motifs pour lesquels il y a lieu d'annuler la décision de la chambre de recours, ainsi que les faits et les preuves sur lesquels elle est fondée.

(3) La troisième partie du règlement d'exécution s'applique à la requête en révision et aux documents produits pendant la procédure.

Règle 108
Examen de la requête

(1) Si la requête n'est pas conforme à l'article 112bis, paragraphe 1, 2 ou 4, à la règle 106 ou à la règle 107, paragraphe 1 b) ou 2, la Grande Chambre de recours la rejette comme irrecevable, à moins qu'il n'ait été remédié aux irrégularités avant l'expiration du délai applicable en vertu de l'article 112bis, paragraphe 4.

(2) Si la Grande Chambre de recours constate que la requête n'est pas conforme à la règle 107, paragraphe 1 a), elle le notifie au requérant et l'invite à remédier aux irrégularités constatées dans un délai qu'elle lui impartit. S'il n'est pas remédié à ces irrégularités dans les délais, la Grande Chambre de recours rejette le recours comme irrecevable.

(3) Si la requête est fondée, la Grande Chambre de recours annule la décision de la chambre de recours et ordonne la réouverture de la procédure devant la chambre de recours compétente en vertu de la règle 12, paragraphe 4. La Grande Chambre de recours peut ordonner que des membres de la chambre de recours qui ont pris part à la décision annulée soient remplacés.

Règle 109
Procédure en cas de requête en révision

Art. 22

(1) Sauf s'il en est disposé autrement, les dispositions régissant la procédure devant les chambres de recours s'appliquent à la procédure prévue à l'article 112bis. La règle 115, paragraphe 1, deuxième phrase, la règle 118, paragraphe 2, première phrase, et la règle 132, paragraphe 2, ne sont pas applicables. La Grande Chambre de recours peut impartir un délai s'écartant de la règle 4, paragraphe 1, première phrase.

(2) Die Große Beschwerdekammer	(2) The Enlarged Board of Appeal
a) in der Besetzung mit zwei rechtskundigen und einem technisch vorgebildeten Mitglied prüft alle Anträge auf Überprüfung und verwirft offensichtlich unzulässige oder unbegründete Anträge; eine solche Entscheidung bedarf der Einstimmigkeit;	(a) consisting of two legally qualified members and one technically qualified member shall examine all petitions for review and shall reject those which are clearly inadmissible or unallowable; such decision shall require unanimity;
b) in der Besetzung mit vier rechtskundigen und einem technisch vorgebildeten Mitglied entscheidet, wenn der Antrag nicht nach Buchstabe a verworfen wurde.	(b) consisting of four legally qualified members and one technically qualified member shall decide on any petition not rejected under sub-paragraph (a).
(3) In der Besetzung nach Absatz 2 a) entscheidet die Große Beschwerdekammer ohne Mitwirkung anderer Beteiligter auf der Grundlage des Antrags.	(3) The Enlarged Board of Appeal composed according to paragraph 2(a) shall decide without the involvement of other parties and on the basis of the petition.

**Regel 110
Rückzahlung der Gebühr für einen Antrag auf Überprüfung**

**Rule 110
Reimbursement of the fee for petitions for review**

Die Große Beschwerdekammer ordnet die Rückzahlung der Gebühr für einen Antrag auf Überprüfung an, wenn das Verfahren vor den Beschwerdekammern wiedereröffnet wird.

The Enlarged Board of Appeal shall order the reimbursement of the fee for a petition for review if the proceedings before the Boards of Appeal are reopened.

(2) La Grande Chambre de recours statue :

a) dans une formation de deux membres juristes et un membre technicien, lorsqu'elle examine les requêtes en révision et qu'elle rejette celles qui sont manifestement irrecevables ou non fondées ; une telle décision requiert l'unanimité ;

b) dans une formation de quatre membres juristes et un membre technicien, lorsque la requête n'est pas rejetée conformément à la lettre a).

(3) Lorsque la Grande Chambre de recours siège dans la formation prévue au paragraphe 2 a), elle statue sans la participation des autres parties et sur la base de la requête.

Règle 110
Remboursement de la taxe de requête en révision *Art. 112a/bis*

La Grande Chambre de recours ordonne le remboursement de la taxe de requête en révision lorsque la procédure devant les chambres de recours est rouverte.

PART VII
IMPLEMENTING REGULATIONS TO PART VII OF THE CONVENTION

Chapter I
Decisions and communications of the European Patent Office

Rule 111[57]
Form of decisions

(1) Where oral proceedings are held before the European Patent Office, the decision may be given orally. The decision shall subsequently be put in writing and notified to the parties.

(2) Decisions of the European Patent Office which are open to appeal shall be reasoned and shall be accompanied by a communication pointing out the possibility of appeal and drawing the attention of the parties to Articles 106 to 108, the text of which shall be attached. The parties may not invoke the omission of the communication.

Rule 112[58]
Noting of loss of rights

(1) If the European Patent Office notes that a loss of rights has occurred, without any decision concerning the refusal of the European patent application or the grant, revocation or maintenance of the European patent, or the taking of evidence, it shall communicate this to the party concerned.

(2) If the party concerned considers that the finding of the European Patent Office is inaccurate, it may, within two months of the communication under paragraph 1, apply for a decision on the matter. The European Patent Office shall take such decision only if it does not share the opinion of the party requesting it; otherwise, it shall inform that party.

---

[57] See decision of the Enlarged Board of Appeal G 12/91 (Annex I).

[58] See decisions of the Enlarged Board of Appeal G 1/90, G 2/97, G 1/02 (Annex I).

SEPTIÈME PARTIE
DISPOSITIONS D'APPLICATION DE LA SEPTIÈME PARTIE DE LA CONVENTION

Chapitre I
Décisions et notifications de l'Office européen des brevets

Règle 111[57]
Forme des décisions

Art. 90, 97, 101, 104, 105b/ter, 110-112a/bis
R. 97

(1) Les décisions prises dans le cadre d'une procédure orale devant l'Office européen des brevets peuvent être prononcées à l'audience. Elles sont ensuite formulées par écrit et signifiées aux parties.

(2) Les décisions de l'Office européen des brevets contre lesquelles un recours est ouvert doivent être motivées et être accompagnées d'un avertissement selon lequel la décision en cause peut faire l'objet d'un recours et qui appelle l'attention des parties sur les dispositions des articles 106 à 108 dont le texte est annexé. Les parties ne peuvent se prévaloir de l'omission de cet avertissement.

Règle 112[58]
Constatation de la perte d'un droit

Art. 14, 77, 79, 86, 90, 94, 97, 99, 105, 106, 110, 119, 124, 136, 140
R. 135, 136, 142, 152, 155, 160

(1) Si l'Office européen des brevets constate qu'une perte de droit s'est produite sans qu'une décision de rejet de la demande de brevet européen, de délivrance, de révocation ou de maintien du brevet européen ou une décision concernant une mesure d'instruction n'ait été prise, il le notifie à la partie intéressée.

(2) Si la partie intéressée estime que les conclusions de l'Office européen des brevets ne sont pas fondées, elle peut, dans un délai de deux mois à compter de la notification visée au paragraphe 1, requérir une décision en l'espèce. L'Office européen des brevets ne prend une telle décision que dans le cas où il ne partage pas le point de vue de la partie intéressée ; dans le cas contraire, il en informe cette dernière.

---

[57] Cf. la décision de la Grande Chambre de recours G 12/91 (Annexe I).
[58] Cf. les décisions de la Grande Chambre de recours G 1/90 G 2/97, G 1/02 (Annexe I).

Regel 113
Unterschrift, Name, Dienstsiegel

(1) Entscheidungen, Ladungen, Mitteilungen und Bescheide des Europäischen Patentamts sind mit der Unterschrift und dem Namen des zuständigen Bediensteten zu versehen.

(2) Wird ein in Absatz 1 genanntes Schriftstück von dem zuständigen Bediensteten mithilfe eines Computers erstellt, so kann die Unterschrift durch ein Dienstsiegel ersetzt werden. Wird das Schriftstück automatisch durch einen Computer erstellt, so kann auch die Namensangabe des zuständigen Bediensteten entfallen. Dies gilt auch für vorgedruckte Bescheide und Mitteilungen.

Kapitel II
Einwendungen Dritter

Regel 114
Einwendungen Dritter

(1) Einwendungen Dritter sind schriftlich in einer Amtssprache des Europäischen Patentamts einzureichen und zu begründen. Regel 3 Absatz 3 ist anzuwenden.

(2) Die Einwendungen werden dem Anmelder oder Patentinhaber mitgeteilt, der dazu Stellung nehmen kann.

Kapitel III
Mündliche Verhandlung und Beweisaufnahme

Regel 115[59]
Ladung zur mündlichen Verhandlung

(1) Zur mündlichen Verhandlung nach Artikel 116 werden die Beteiligten unter Hinweis auf Absatz 2 geladen. Die Ladungsfrist beträgt mindestens zwei Monate, sofern die Beteiligten nicht mit einer kürzeren Frist einverstanden sind.

(2) Ist ein zu einer mündlichen Verhandlung ordnungsgemäß geladener Beteiligter vor dem Europäischen Patentamt nicht erschienen, so kann das Verfahren ohne ihn fortgesetzt werden.

Rule 113
Signature, name, seal

(1) Any decisions, summonses, notices and communications from the European Patent Office shall be signed by, and state the name of, the employee responsible.

(2) Where a document referred to in paragraph 1 is produced by the employee responsible using a computer, a seal may replace the signature. Where the document is produced automatically by a computer, the employee's name may also be dispensed with. The same shall apply to pre-printed notices and communications.

Chapter II
Observations by third parties

Rule 114
Observations by third parties

(1) Any observations by a third party shall be filed in writing in an official language of the European Patent Office and state the grounds on which they are based. Rule 3, paragraph 3, shall apply.

(2) Any such observations shall be communicated to the applicant for or proprietor of the patent, who may comment on them.

Chapter III
Oral proceedings and taking of evidence

Rule 115[59]
Summons to oral proceedings

(1) The parties shall be summoned to oral proceedings under Article 116, drawing their attention to paragraph 2 of this Rule. At least two months' notice of the summons shall be given, unless the parties agree to a shorter period.

(2) If a party duly summoned to oral proceedings before the European Patent Office does not appear as summoned, the proceedings may continue without that party.

---

[59] Siehe hierzu Entscheidung/Stellungnahme der Großen Beschwerdekammer G 6/95, G 4/92 (Anhang I).

[59] See decision/opinion of the Enlarged Board of Appeal G 6/95, G 4/92 (Annex I).

Règle 113
Signature, nom, sceau

Art. 90, 94, 97, 101, 110, 115, 128, 153

(1) Toute décision, citation, communication et notification de l'Office européen des brevets doit être revêtue de la signature et du nom de l'agent responsable.

(2) Si un document mentionné au paragraphe 1 est produit par l'agent responsable à l'aide d'un ordinateur, un sceau peut remplacer la signature. Si ce document est produit automatiquement par ordinateur, il n'est pas non plus nécessaire d'indiquer le nom de l'agent responsable. Ceci vaut également pour les notifications et communications préimprimées.

Chapitre II
Observations des tiers

Règle 114
Observations des tiers

Art. 93, 115
R. 1, 2

(1) Les observations des tiers doivent être présentées par écrit dans une langue officielle de l'Office européen des brevets et être motivées. La règle 3, paragraphe 3, est applicable.

(2) Ces observations sont notifiées au demandeur ou au titulaire du brevet, qui peut prendre position.

Chapitre III
Procédure orale et instruction

Règle 115[59]
Citation à une procédure orale

(1) La citation des parties à une procédure orale conformément à l'article 116 fait mention du paragraphe 2 de la présente règle. Elle comporte un délai minimum de deux mois, à moins que les parties ne conviennent d'un délai plus bref.

(2) Si une partie régulièrement citée à une procédure orale devant l'Office européen des brevets n'a pas comparu, la procédure peut être poursuivie en son absence.

---

[59] Cf. la décision/l'avis de la Grande Chambre de recours G 6/95, G 4/92 (Annexe I).

Regel 116[60]
Vorbereitung der mündlichen Verhandlung

(1) Mit der Ladung weist das Europäische Patentamt auf die Fragen hin, die es für die zu treffende Entscheidung als erörterungsbedürftig ansieht. Gleichzeitig wird ein Zeitpunkt bestimmt, bis zu dem Schriftsätze zur Vorbereitung der mündlichen Verhandlung eingereicht werden können. Regel 132 ist nicht anzuwenden. Nach diesem Zeitpunkt vorgebrachte neue Tatsachen und Beweismittel brauchen nicht berücksichtigt zu werden, soweit sie nicht wegen einer Änderung des dem Verfahren zugrunde liegenden Sachverhalts zuzulassen sind.

(2) Sind dem Anmelder oder Patentinhaber die Gründe mitgeteilt worden, die der Erteilung oder Aufrechterhaltung des Patents entgegenstehen, so kann er aufgefordert werden, bis zu dem in Absatz 1 Satz 2 genannten Zeitpunkt Unterlagen einzureichen, die den Erfordernissen des Übereinkommens genügen. Absatz 1 Sätze 3 und 4 ist entsprechend anzuwenden.

Regel 117
Entscheidung über eine Beweisaufnahme

Hält das Europäische Patentamt die Vernehmung von Beteiligten, Zeugen oder Sachverständigen oder eine Augenscheinseinnahme für erforderlich, so erlässt es eine entsprechende Entscheidung, in der das betreffende Beweismittel, die rechtserheblichen Tatsachen und Tag, Uhrzeit und Ort der Beweisaufnahme angegeben werden. Hat ein Beteiligter die Vernehmung von Zeugen oder Sachverständigen beantragt, so wird in der Entscheidung eine Frist bestimmt, in der der Antragsteller deren Namen und Anschrift mitteilen muss.

Rule 116[60]
Preparation of oral proceedings

(1) When issuing the summons, the European Patent Office shall draw attention to the points which in its opinion need to be discussed for the purposes of the decision to be taken. At the same time a final date for making written submissions in preparation for the oral proceedings shall be fixed. Rule 132 shall not apply. New facts and evidence presented after that date need not be considered, unless admitted on the grounds that the subject of the proceedings has changed.

(2) If the applicant or patent proprietor has been notified of the grounds prejudicing the grant or maintenance of the patent, he may be invited to submit, by the date specified in paragraph 1, second sentence, documents which meet the requirements of the Convention. Paragraph 1, third and fourth sentences, shall apply mutatis mutandis.

Rule 117
Decision on taking of evidence

Where the European Patent Office considers it necessary to hear a party, witness or expert, or to carry out an inspection, it shall take a decision to this end, setting out the investigation which it intends to carry out, relevant facts to be proved and the date, time and place of the investigation. If the hearing of a witness or expert is requested by a party, the decision shall specify the period within which the requester must make known the name and address of any witness or expert concerned.

---

[60] Siehe hierzu Entscheidung der Großen Beschwerdekammer G 6/95 (Anhang I).

[60] See decision of the Enlarged Board of Appeal G 6/95 (Annex I).

Verweisungen/References/Références

Règle 116[60]
Préparation de la procédure orale *Art. 114, 116*

(1) Dans la citation, l'Office européen des brevets signale les questions qu'il juge nécessaire d'examiner aux fins de la décision à rendre. En même temps, il fixe une date jusqu'à laquelle des documents peuvent être produits en vue de la préparation de la procédure orale. La règle 132 n'est pas applicable. De nouveaux faits ou preuves présentés après cette date peuvent ne pas être pris en considération, à moins qu'il ne convienne de les admettre en raison d'un changement intervenu dans les faits de la cause.

(2) Si le demandeur ou le titulaire du brevet a reçu notification des motifs s'opposant à la délivrance ou au maintien du brevet, il peut être invité à produire, au plus tard à la date visée au paragraphe 1, deuxième phrase, des pièces satisfaisant aux exigences de la convention. Le paragraphe 1, troisième et quatrième phrases, est applicable.

Règle 117
Décision ordonnant une mesure d'instruction *Art. 117, 131*
R. 120

Lorsque l'Office européen des brevets estime nécessaire d'entendre une partie, un témoin ou un expert ou de procéder à une descente sur les lieux, il rend à cet effet une décision qui énonce la mesure d'instruction envisagée, les faits pertinents à prouver, ainsi que les jour, heure et lieu où il sera procédé à ladite mesure d'instruction. Si l'audition d'un témoin ou d'un expert a été demandée par une partie, la décision fixe le délai dans lequel cette partie doit communiquer le nom et l'adresse du témoin ou de l'expert.

---

[60] Cf. la décision de la Grande Chambre de recours G 6/95 (Annexe I).

Regel 118
Ladung zur Vernehmung vor dem Europäischen Patentamt

(1) Die vor dem Europäischen Patentamt zu vernehmenden Beteiligten, Zeugen oder Sachverständigen sind zu laden.

(2) Die Frist zur Ladung von Beteiligten, Zeugen und Sachverständigen zur Beweisaufnahme beträgt mindestens zwei Monate, sofern diese nicht mit einer kürzeren Frist einverstanden sind. Die Ladung muss enthalten:

a) einen Auszug aus der in Regel 117 genannten Entscheidung, aus der Tag, Uhrzeit und Ort der angeordneten Beweisaufnahme sowie die Tatsachen hervorgehen, über die die Beteiligten, Zeugen oder Sachverständigen vernommen werden sollen;

b) die Namen der Beteiligten sowie die Rechte, die den Zeugen und Sachverständigen nach Regel 122 Absätze 2 bis 4 zustehen;

c) einen Hinweis darauf, dass der Beteiligte, Zeuge oder Sachverständige seine Vernehmung durch ein zuständiges Gericht seines Wohnsitzstaats nach Regel 120 beantragen kann, sowie eine Aufforderung, dem Europäischen Patentamt innerhalb einer zu bestimmenden Frist mitzuteilen, ob er bereit ist, vor dem Europäischen Patentamt zu erscheinen.

Regel 119
Durchführung der Beweisaufnahme vor dem Europäischen Patentamt

(1) Die Prüfungsabteilung, die Einspruchsabteilung und die Beschwerdekammer können eines ihrer Mitglieder mit der Durchführung der Beweisaufnahme beauftragen.

(2) Beteiligte, Zeugen und Sachverständige werden vor ihrer Vernehmung darauf hingewiesen, dass das Europäische Patentamt das zuständige Gericht in ihrem Wohnsitzstaat um Wiederholung der Vernehmung unter Eid oder in gleichermaßen verbindlicher Form ersuchen kann.

(3) Die Beteiligten können an der Beweisaufnahme teilnehmen und sachdienliche Fragen an die vernommenen Personen richten.

Rule 118
Summons to give evidence before the European Patent Office

(1) A summons to give evidence before the European Patent Office shall be issued to the parties, witnesses or experts concerned.

(2) At least two months' notice of a summons issued to a party, witness or expert to testify shall be given, unless they agree to a shorter period. The summons shall contain:

(a) an extract from the decision under Rule 117, indicating the date, time and place of the investigation ordered and stating the facts in respect of which parties, witnesses or experts are to be heard;

(b) the names of the parties and particulars of the rights which the witnesses or experts may invoke under Rule 122, paragraphs 2 to 4;

(c) an indication that the party, witness or expert may request to be heard by a competent court of his country of residence under Rule 120, and an invitation to inform the European Patent Office, within a period to be specified, whether he is prepared to appear before it.

Rule 119
Examination of evidence before the European Patent Office

(1) The Examining Division, Opposition Division or Board of Appeal may commission one of its members to examine the evidence adduced.

(2) Before a party, witness or expert may be heard, he shall be informed that the European Patent Office may request the competent court in the country of residence of the person concerned to re-examine his testimony under oath or in an equally binding form.

(3) The parties may attend an investigation and may put relevant questions to the testifying party, witness or expert.

Règle 118
Citation à comparaître devant l'Office européen des brevets

Art. 117, 131
R. 120

(1) Les parties, témoins ou experts qui doivent être entendus sont cités devant l'Office européen des brevets.

(2) La citation des parties, des témoins ou des experts doit comporter un délai minimum de deux mois, à moins que les intéressés ne conviennent d'un délai plus bref. La citation doit contenir :

a) un extrait de la décision visée à la règle 117, précisant les jour, heure et lieu où il sera procédé à la mesure d'instruction ordonnée ainsi que les faits sur lesquels les parties, témoins ou experts seront entendus ;

b) le nom des parties et l'indication des droits auxquels les témoins et experts peuvent prétendre en vertu de la règle 122, paragraphes 2 à 4 ;

c) une indication selon laquelle toute partie, tout témoin ou tout expert peut demander à être entendu par les autorités judiciaires compétentes de l'Etat dans lequel il a son domicile, conformément à la règle 120, et une invitation à faire savoir à l'Office européen des brevets, dans un délai qui lui est imparti, s'il est disposé à comparaître devant l'Office européen des brevets.

Règle 119
Exécution des mesures d'instruction devant l'Office européen des brevets

Art. 117, 131
R. 4, 117-124, 150

(1) La division d'examen, la division d'opposition et la chambre de recours peuvent charger un de leurs membres de procéder aux mesures d'instruction.

(2) Les parties, témoins ou experts sont informés avant leur audition que l'Office européen des brevets peut demander aux autorités judiciaires compétentes de l'Etat dans lequel ils ont leur domicile de les entendre à nouveau sous la foi du serment ou sous une autre forme également contraignante.

(3) Les parties peuvent assister à l'instruction et poser toute question pertinente à la partie, au témoin ou à l'expert entendu.

Regel 120
Vernehmung vor dem zuständigen nationalen Gericht

(1) Ein vor das Europäische Patentamt geladener Beteiligter, Zeuge oder Sachverständiger kann beim Europäischen Patentamt beantragen, dass er vor einem zuständigen Gericht in seinem Wohnsitzstaat vernommen wird. Wird dies beantragt oder erfolgt innerhalb der in der Ladung festgesetzten Frist keine Äußerung, so kann das Europäische Patentamt nach Artikel 131 Absatz 2 das zuständige Gericht ersuchen, den Betroffenen zu vernehmen.

(2) Hält das Europäische Patentamt die erneute Vernehmung eines von ihm vernommenen Beteiligten, Zeugen oder Sachverständigen unter Eid oder in gleichermaßen verbindlicher Form für zweckmäßig, so kann es nach Artikel 131 Absatz 2 das zuständige Gericht im Wohnsitzstaat des Betroffenen hierum ersuchen.

(3) Ersucht das Europäische Patentamt das zuständige Gericht um die Vernehmung, so kann es das Gericht ersuchen, die Vernehmung unter Eid oder in gleichermaßen verbindlicher Form vorzunehmen und es einem Mitglied des betreffenden Organs zu gestatten, der Vernehmung beizuwohnen und über das Gericht oder unmittelbar Fragen an den Beteiligten, Zeugen oder Sachverständigen zu richten.

Regel 121
Beauftragung von Sachverständigen

(1) Das Europäische Patentamt entscheidet, in welcher Form das Gutachten des von ihm beauftragten Sachverständigen zu erstatten ist.

(2) Der Auftrag an den Sachverständigen muss enthalten:

a) die genaue Umschreibung der Aufgabe;

b) die Frist für die Erstattung des Gutachtens;

c) die Namen der am Verfahren Beteiligten;

d) einen Hinweis auf die Rechte, die ihm nach Regel 122 Absätze 2 bis 4 zustehen.

Rule 120
Hearing by a competent national court

(1) A party, witness or expert who is summoned before the European Patent Office may request the latter to allow him to be heard by a competent court in his country of residence. If this is requested, or if no reply is received within the period specified in the summons, the European Patent Office may, in accordance with Article 131, paragraph 2, request the competent court to hear the person concerned.

(2) If a party, witness or expert has been heard by the European Patent Office, the latter may, if it considers it advisable for the testimony to be given under oath or in an equally binding form, issue a request under Article 131, paragraph 2, to the competent court in the country of residence of the person concerned to re-examine his testimony under such conditions.

(3) When the European Patent Office requests a competent court to take evidence, it may request the court to take the evidence under oath or in an equally binding form and to permit a member of the department concerned to attend the hearing and question the party, witness or expert, either through the intermediary of the court or directly.

Rule 121
Commissioning of experts

(1) The European Patent Office shall decide in what form the opinion of an expert whom it appoints shall be submitted.

(2) The terms of reference of the expert shall include:

(a) a precise description of his task;

(b) the period specified for the submission of his opinion;

(c) the names of the parties to the proceedings;

(d) particulars of the rights which he may invoke under Rule 122, paragraphs 2 to 4.

Règle 120
Audition devant les autorités judiciaires compétentes d'un Etat

Art. 117
R. 4, 117-124

(1) Une partie, un témoin ou un expert cité devant l'Office européen des brevets peut lui demander l'autorisation d'être entendu par les autorités judiciaires compétentes de l'Etat dans lequel il a son domicile. Si une telle requête est présentée ou si aucune suite n'a été donnée à la citation dans le délai imparti dans cette citation, l'Office européen des brevets peut, conformément à l'article 131, paragraphe 2, demander aux autorités judiciaires compétentes de recueillir la déposition de la personne concernée.

(2) Si une partie, un témoin ou un expert a été entendu par l'Office européen des brevets, ce dernier peut, s'il estime souhaitable que la déposition soit recueillie sous la foi du serment ou sous une autre forme également contraignante, demander, conformément à l'article 131, paragraphe 2, aux autorités judiciaires compétentes de l'Etat dans lequel la personne concernée a son domicile de l'entendre à nouveau dans ces conditions.

(3) Lorsque l'Office européen des brevets demande à une autorité judiciaire compétente de recueillir une déposition, il peut lui demander de recueillir la déposition sous la foi du serment ou sous une autre forme également contraignante et d'autoriser un des membres de l'instance concernée à assister à l'audition de la partie, du témoin ou de l'expert et à l'interroger, soit par l'entremise de cette autorité, soit directement.

Règle 121
Commission d'experts

Art. 117
R. 120

(1) L'Office européen des brevets décide de la forme dans laquelle doit être présenté l'avis de l'expert qu'il désigne.

(2) Le mandat de l'expert doit contenir :

a) une description précise de sa mission ;

b) le délai qui lui est imparti pour la présentation de son avis ;

c) le nom des parties à la procédure ;

d) l'indication des droits auxquels il peut prétendre en vertu de la règle 122, paragraphes 2 à 4.

(3) Die Beteiligten erhalten eine Abschrift des schriftlichen Gutachtens.

(4) Die Beteiligten können den Sachverständigen ablehnen. Über die Ablehnung entscheidet das Organ des Europäischen Patentamts, das für die Beauftragung des Sachverständigen zuständig ist.

Regel 122
Kosten der Beweisaufnahme

(1) Das Europäische Patentamt kann die Beweisaufnahme davon abhängig machen, dass der Beteiligte, der sie beantragt hat, beim Europäischen Patentamt einen Vorschuss hinterlegt, dessen Höhe im Wege einer Schätzung der voraussichtlichen Kosten bestimmt wird.

(2) Zeugen oder Sachverständige, die vom Europäischen Patentamt geladen worden sind und vor diesem erscheinen, haben Anspruch auf Erstattung angemessener Reise- und Aufenthaltskosten. Es kann ihnen ein Vorschuss auf diese Kosten gewährt werden. Satz 1 gilt auch für Personen, die ohne Ladung vor dem Europäischen Patentamt erscheinen und als Zeugen oder Sachverständige vernommen werden.

(3) Zeugen, denen nach Absatz 2 ein Erstattungsanspruch zusteht, haben Anspruch auf eine angemessene Entschädigung für Verdienstausfall; Sachverständige haben Anspruch auf Vergütung ihrer Tätigkeit. Diese Entschädigung oder Vergütung wird den Zeugen und Sachverständigen gezahlt, nachdem sie ihre Pflicht oder ihren Auftrag erfüllt haben.

(4)[61] Der Verwaltungsrat legt die Einzelheiten der Anwendung der Absätze 2 und 3 fest. Das Europäische Patentamt zahlt die nach den Absätzen 2 und 3 fälligen Beträge aus.

(3) A copy of any written opinion shall be submitted to the parties.

(4) The parties may object to an expert. The department of the European Patent Office concerned shall decide on the objection.

Rule 122
Costs of taking of evidence

(1) The taking of evidence by the European Patent Office may be made conditional upon deposit with it, by the party requesting the evidence to be taken, of an amount to be fixed by reference to an estimate of the costs.

(2) Witnesses or experts who are summoned by and appear before the European Patent Office shall be entitled to appropriate reimbursement of expenses for travel and subsistence. An advance for these expenses may be granted to them. This shall also apply to persons who appear before the European Patent Office without being summoned by it and are heard as witnesses or experts.

(3) Witnesses entitled to reimbursement under paragraph 2 shall also be entitled to appropriate compensation for loss of earnings, and experts to fees for their work. These payments shall be made to the witnesses and experts after they have fulfilled their duties or tasks.

(4)[61] The Administrative Council shall lay down the details implementing paragraphs 2 and 3. Any amounts due under these provisions shall be paid by the European Patent Office.

---

[61] Siehe hierzu die Verordnung des Verwaltungsrats vom 21.10.1977 über Entschädigungen und Vergütungen für Zeugen und Sachverständige (ABl. EPA 1983, 102).

[61] See the Regulation of the Administrative Council of 21.10.1977 on compensation and fees payable to witnesses and experts (OJ EPO 1983, 102).

(3) Une copie de l'avis écrit est remise aux parties.

(4) Les parties peuvent récuser un expert. L'instance concernée de l'Office européen des brevets statue sur la récusation.

Règle 122
Frais de l'instruction

Art. 33, 117
R. 117-121

(1) L'Office européen des brevets peut subordonner l'exécution de l'instruction au dépôt auprès de l'Office, par la partie qui a demandé cette instruction, d'une provision dont il fixe le montant par référence à une estimation des frais.

(2) Les témoins ou les experts qui ont été cités par l'Office européen des brevets et comparaissent devant lui ont droit à un remboursement adéquat de leurs frais de déplacement et de séjour. Une avance peut leur être accordée sur ces frais. Ceci vaut également pour les personnes qui comparaissent devant l'Office européen des brevets sans qu'il les ait citées et sont entendues comme témoins ou experts.

(3) Les témoins qui ont droit à un remboursement en application du paragraphe 2 ont en outre droit à une indemnité adéquate pour manque à gagner ; les experts ont droit à des honoraires pour la rémunération de leurs travaux. Ces indemnités ou honoraires sont payés aux témoins ou experts après l'accomplissement de leurs devoirs ou de leur mission.

(4)[61] Le Conseil d'administration détermine les modalités d'application des paragraphes 2 et 3. Les sommes dues en vertu de ces dispositions sont acquittées par l'Office européen des brevets.

---

[61] Cf. le règlement du Conseil d'administration en date du 21.10.1977 relatif aux indemnités et honoraires alloués aux témoins et experts (JO OEB 1983, 102).

Regel 123
Beweissicherung

(1) Das Europäische Patentamt kann auf Antrag zur Sicherung eines Beweises unverzüglich eine Beweisaufnahme über Tatsachen vornehmen, die für eine Entscheidung von Bedeutung sein können, die das Europäische Patentamt hinsichtlich einer europäischen Patentanmeldung oder eines europäischen Patents wahrscheinlich zu treffen hat, wenn zu befürchten ist, dass die Beweisaufnahme zu einem späteren Zeitpunkt erschwert oder unmöglich sein wird. Der Zeitpunkt der Beweisaufnahme ist dem Anmelder oder Patentinhaber so rechtzeitig mitzuteilen, dass er daran teilnehmen kann. Er kann sachdienliche Fragen stellen.

(2) Der Antrag muss enthalten:

a) Angaben zur Person des Antragstellers nach Maßgabe der Regel 41 Absatz 2 c);

b) eine ausreichende Bezeichnung der europäischen Patentanmeldung oder des europäischen Patents;

c) die Angabe der Tatsachen, über die Beweis erhoben werden soll;

d) die Angabe der Beweismittel;

e) die Darlegung und die Glaubhaftmachung des Grunds, der die Besorgnis rechtfertigt, dass die Beweisaufnahme zu einem späteren Zeitpunkt erschwert oder unmöglich sein wird.

(3) Der Antrag gilt erst als gestellt, wenn die vorgeschriebene Gebühr entrichtet worden ist.

(4) Für die Entscheidung über den Antrag und für eine daraufhin erfolgende Beweisaufnahme ist das Organ des Europäischen Patentamts zuständig, das die Entscheidung zu treffen hätte, für die die zu beweisenden Tatsachen von Bedeutung sein können. Die Vorschriften über die Beweisaufnahme in Verfahren vor dem Europäischen Patentamt sind anzuwenden.

Rule 123
Conservation of evidence

(1) On request, the European Patent Office may, without delay, take measures to conserve evidence of facts liable to affect a decision which it may be called upon to take with regard to a European patent application or a European patent, where there is reason to fear that it might subsequently become more difficult or even impossible to take evidence. The date on which the measures are to be taken shall be communicated to the applicant for or proprietor of the patent in sufficient time to allow him to attend. He may ask relevant questions.

(2) The request shall contain:

(a) particulars of the requester as provided in Rule 41, paragraph 2(c);

(b) sufficient identification of the European patent application or European patent in question;

(c) an indication of the facts in respect of which evidence is to be taken;

(d) particulars of the means of giving or obtaining evidence;

(e) a statement establishing a prima facie case for fearing that it might subsequently become more difficult or impossible to take evidence.

(3) The request shall not be deemed to have been filed until the prescribed fee has been paid.

(4) The decision on the request and any resulting taking of evidence shall be incumbent upon the department of the European Patent Office which would have to take the decision liable to be affected by the facts to be established. The provisions with regard to the taking of evidence in proceedings before the European Patent Office shall apply.

Règle 123
Conservation de la preuve *Art. 117, 120*

(1) L'Office européen des brevets peut, sur requête, procéder sans délai à une mesure d'instruction, en vue de conserver la preuve de faits qui peuvent affecter une décision qu'il sera vraisemblablement appelé à prendre au sujet d'une demande de brevet européen ou d'un brevet européen, lorsqu'il y a lieu d'appréhender que l'instruction ne devienne ultérieurement plus difficile ou même impossible. La date de la mesure d'instruction doit être notifiée au demandeur ou au titulaire du brevet en temps utile pour lui permettre de participer à l'instruction. Il peut poser toutes questions pertinentes.

(2) La requête doit contenir :

a) les indications concernant le requérant telles que prévues à la règle 41, paragraphe 2 c) ;

b) des indications suffisantes pour permettre l'identification de la demande de brevet européen ou du brevet européen en cause ;

c) l'indication des faits qui nécessitent la mesure d'instruction ;

d) l'indication de la mesure d'instruction ;

e) un exposé du motif justifiant la présomption selon laquelle l'instruction pourra être ultérieurement plus difficile ou même impossible.

(3) La requête n'est réputée présentée qu'après le paiement de la taxe prescrite.

(4) La décision sur la requête ainsi que toute mesure d'instruction en résultant sont prises par l'instance de l'Office européen des brevets qui aurait été appelée à prendre la décision susceptible d'être affectée par les faits dont la preuve doit être apportée. Les dispositions relatives à l'instruction dans les procédures devant l'Office européen des brevets sont applicables.

Regel 124
Niederschrift über mündliche Verhandlungen und Beweisaufnahmen

(1) Über eine mündliche Verhandlung oder Beweisaufnahme wird eine Niederschrift aufgenommen, die den wesentlichen Gang der mündlichen Verhandlung oder Beweisaufnahme, die rechtserheblichen Erklärungen der Beteiligten, die Aussagen der Beteiligten, Zeugen oder Sachverständigen und das Ergebnis eines Augenscheins enthalten soll.

(2) Die Niederschrift über die Aussage eines Zeugen, Sachverständigen oder Beteiligten wird diesem vorgelesen, zur Durchsicht vorgelegt oder, wenn sie mit technischen Einrichtungen aufgezeichnet wurde, vorgespielt, sofern er nicht auf dieses Recht verzichtet. In der Niederschrift wird vermerkt, dass dies geschehen und die Niederschrift von der Person genehmigt ist, die ausgesagt hat. Wird die Niederschrift nicht genehmigt, so werden die Einwendungen vermerkt. Das Vorspielen der Niederschrift und die Genehmigung erübrigen sich, wenn die Aussage wörtlich und unmittelbar unter Verwendung von technischen Einrichtungen aufgezeichnet wurde.

(3) Die Niederschrift wird von dem Bediensteten, der für die Aufnahme zuständig ist, und dem Bediensteten, der die mündliche Verhandlung oder Beweisaufnahme leitet, unterzeichnet.

(4) Die Beteiligten erhalten eine Abschrift der Niederschrift.

Kapitel IV
Zustellungen

Regel 125
Allgemeine Vorschriften

(1) In den Verfahren vor dem Europäischen Patentamt wird entweder das Originalschriftstück, eine vom Europäischen Patentamt beglaubigte oder mit Dienstsiegel versehene Abschrift dieses Schriftstücks oder ein mit Dienstsiegel versehener Computerausdruck zugestellt. Abschriften von Schriftstücken, die von Beteiligten eingereicht werden, bedürfen keiner solchen Beglaubigung.

(2) Die Zustellung wird bewirkt:

a) durch die Post nach Regel 126;

Rule 124
Minutes of oral proceedings and of taking of evidence

(1) Minutes of oral proceedings and of the taking of evidence shall be drawn up, containing the essentials of the oral proceedings or of the taking of evidence, the relevant statements made by the parties, the testimony of the parties, witnesses or experts and the result of any inspection.

(2) The minutes of the testimony of a witness, expert or party shall be read out, submitted to him, so that he may examine them or, where they are recorded by technical means, played back to him, unless he waives this right. It shall be noted in the minutes that this formality has been carried out and that the person who gave the testimony approved the minutes. If his approval is not given, his objections shall be noted. It is not necessary to play back the minutes or to obtain approval of them if the testimony has been recorded verbatim and directly using technical means.

(3) The minutes shall be signed by the employee responsible for drawing them up and by the employee who conducted the oral proceedings or taking of evidence.

(4) The parties shall be provided with a copy of the minutes.

Chapter IV
Notifications

Rule 125
General provisions

(1) In proceedings before the European Patent Office, any notification to be made shall take the form of the original document, a copy thereof certified by or bearing the seal of the European Patent Office, or a computer print-out bearing such seal. Copies of documents emanating from the parties themselves shall not require such certification.

(2) Notification shall be made:

(a) by post in accordance with Rule 126;

**Règle 124
Procès-verbal des procédures orales et des instructions**

Art. 116, 117

(1) Les procédures orales et les instructions donnent lieu à l'établissement d'un procès-verbal contenant l'essentiel de la procédure orale ou de l'instruction, les déclarations pertinentes des parties et les dépositions des parties, des témoins ou des experts ainsi que le résultat de toute descente sur les lieux.

(2) Le procès-verbal de la déposition d'un témoin, d'un expert ou d'une partie lui est lu, lui est soumis pour qu'il en prenne connaissance ou, lorsque le procès-verbal est enregistré par des moyens techniques, est réentendu par lui pour autant qu'il ne renonce pas à ce droit. Mention est portée au procès-verbal que cette formalité a été accomplie et que le procès-verbal a été approuvé par l'auteur de la déposition. Lorsque le procès-verbal n'est pas approuvé, mention y est faite des objections formulées. Il n'est pas nécessaire de faire réentendre le procès-verbal ou de le faire approuver si la déposition a été enregistrée textuellement et directement à l'aide de moyens techniques.

(3) Le procès-verbal est signé par l'agent chargé de l'établir et par l'agent qui a dirigé la procédure orale ou l'instruction.

(4) Une copie du procès-verbal est remise aux parties.

**Chapitre IV
Significations**

**Règle 125
Dispositions générales**

Art. 119

(1) Les significations prévues dans les procédures devant l'Office européen des brevets portent soit sur l'original de la pièce, soit sur une copie de cette pièce certifiée conforme ou portant le sceau de l'Office européen des brevets, soit sur un imprimé établi par ordinateur et portant un tel sceau. Les copies de pièces produites par les parties elles-mêmes ne requièrent pas une telle certification.

(2) La signification directe est faite, soit :

a) par la poste conformément à la règle 126 ;

b) durch technische Einrichtungen zur Nachrichtenübermittlung nach Regel 127;

c) durch Übergabe im Europäischen Patentamt nach Regel 128 oder

d) durch öffentliche Bekanntmachung nach Regel 129.

(3) Die Zustellung durch Vermittlung der Zentralbehörde für den gewerblichen Rechtsschutz eines Vertragsstaats erfolgt nach dem von dieser Behörde in nationalen Verfahren anzuwendenden Recht.

(4) Kann das Europäische Patentamt die formgerechte Zustellung eines Schriftstücks nicht nachweisen oder ist das Schriftstück unter Verletzung von Zustellungsvorschriften zugegangen, so gilt das Schriftstück als an dem Tag zugestellt, den das Europäische Patentamt als Tag des Zugangs nachweist.

Regel 126
Zustellung durch die Post

(1) Entscheidungen, durch die eine Beschwerdefrist oder die Frist für einen Antrag auf Überprüfung in Lauf gesetzt wird, Ladungen und andere vom Präsidenten des Europäischen Patentamts bestimmte Schriftstücke werden durch eingeschriebenen Brief mit Rückschein zugestellt. Alle anderen Zustellungen durch die Post erfolgen mittels eingeschriebenen Briefs.

(2) Bei der Zustellung mittels eingeschriebenen Briefs mit oder ohne Rückschein gilt dieser mit dem zehnten Tag nach der Abgabe zur Post als zugestellt, es sei denn, das zuzustellende Schriftstück ist nicht oder an einem späteren Tag zugegangen; im Zweifel hat das Europäische Patentamt den Zugang des Schriftstücks und gegebenenfalls den Tag des Zugangs nachzuweisen.

(3) Die Zustellung mittels eingeschriebenen Briefs mit oder ohne Rückschein gilt auch dann als bewirkt, wenn die Annahme des Briefs verweigert wird.

(4) Soweit die Zustellung durch die Post durch die Absätze 1 bis 3 nicht geregelt ist, ist das Recht des Staats anzuwenden, in dem die Zustellung erfolgt.

(b) by technical means of communication in accordance with Rule 127;

(c) by delivery on the premises of the European Patent Office in accordance with Rule 128; or

(d) by public notice in accordance with Rule 129.

(3) Notification through the central industrial property office of a Contracting State shall be made in accordance with the law applicable to that office in national proceedings.

(4) Where a document has reached the addressee, if the European Patent Office is unable to prove that it has been duly notified, or if provisions relating to its notification have not been observed, the document shall be deemed to have been notified on the date established by the European Patent Office as the date of receipt.

Rule 126
Notification by post

(1) Decisions incurring a period for appeal or a petition for review, summonses and other such documents as determined by the President of the European Patent Office shall be notified by registered letter with advice of delivery. All other notifications by post shall be by registered letter.

(2) Where notification is effected by registered letter, whether or not with advice of delivery, such letter shall be deemed to be delivered to the addressee on the tenth day following its posting, unless it has failed to reach the addressee or has reached him at a later date; in the event of any dispute, it shall be incumbent on the European Patent Office to establish that the letter has reached its destination or to establish the date on which the letter was delivered to the addressee, as the case may be.

(3) Notification by registered letter, whether or not with advice of delivery, shall be deemed to have been effected even if acceptance of the letter has been refused.

(4) To the extent that notification by post is not covered by paragraphs 1 to 3, the law of the State in which the notification is made shall apply.

b) par des moyens techniques de communication conformément à la règle 127 ;

c) par remise dans les locaux de l'Office européen des brevets conformément à la règle 128 ;

d) par publication conformément à la règle 129.

(3) La signification par l'intermédiaire du service central de la propriété industrielle d'un Etat contractant est faite conformément au droit applicable à ce service dans les procédures nationales.

(4) Si, une pièce étant parvenue à son destinataire, l'Office européen des brevets n'est pas en mesure de prouver qu'elle a été régulièrement signifiée, ou si les dispositions relatives à la signification n'ont pas été observées, la pièce est réputée signifiée à la date à laquelle l'Office européen des brevets prouve qu'elle a été reçue.

Règle 126
Signification par la poste *Art. 119*

(1) Les décisions qui font courir un délai pour former un recours ou présenter une requête en révision, les citations et toutes autres pièces pour lesquelles le Président de l'Office européen des brevets prescrit qu'il sera fait usage de ce mode de signification sont signifiées par lettre recommandée avec demande d'avis de réception. Les autres significations par la poste sont faites par lettre recommandée.

(2) Lorsque la signification est faite par lettre recommandée avec ou sans demande d'avis de réception, cette lettre est réputée remise à son destinataire le dixième jour après la remise à la poste, à moins qu'elle ne lui soit pas parvenue ou ne lui soit parvenue qu'à une date ultérieure ; en cas de contestation, il incombe à l'Office européen des brevets d'établir que la lettre est parvenue à destination ou d'établir, le cas échéant, la date de sa remise au destinataire.

(3) La signification par lettre recommandée avec ou sans demande d'avis de réception est réputée faite même si la lettre a été refusée.

(4) Si la signification par la poste n'est pas entièrement réglée par les paragraphes 1 à 3, le droit applicable est celui de l'Etat dans lequel la signification est faite.

Rule 127
Notification by technical means of communication

Notification may be effected by such technical means of communication as are determined by the President of the European Patent Office and under the conditions laid down by him.

Rule 128
Notification by delivery by hand

Notification may be effected on the premises of the European Patent Office by delivery by hand of the document to the addressee, who shall on delivery acknowledge its receipt. Notification shall be deemed to have been effected even if the addressee refuses to accept the document or to acknowledge receipt thereof.

Rule 129
Public notification

(1) If the address of the addressee cannot be established, or if notification in accordance with Rule 126, paragraph 1, has proved to be impossible even after a second attempt, notification shall be effected by public notice.

(2)[62] The President of the European Patent Office shall determine how the public notice is to be given and the beginning of the period of one month on expiry of which the document shall be deemed to have been notified.

Rule 130
Notification to representatives

(1) If a representative has been appointed, notifications shall be addressed to him.

(2) If several representatives have been appointed for a single party, notification to any one of them shall be sufficient.

(3) If several parties have a common representative, notification to the common representative shall be sufficient.

---

[62] See decision of the President of the EPO, Special edition No. 3, OJ EPO 2007, K.1.

**Règle 127
Signification par des moyens techniques de communication** *Art. 119*

La signification peut être faite par des moyens techniques de communication que détermine le Président de l'Office européen des brevets et dans les conditions qu'il arrête.

**Règle 128
Signification par remise directe** *Art. 119*

La signification peut être effectuée dans les locaux de l'Office européen des brevets par remise directe de la pièce à signifier au destinataire qui en accuse réception. La signification est réputée faite même si le destinataire refuse d'accepter la pièce à signifier ou d'en accuser réception.

**Règle 129
Signification publique** *Art. 119*

(1) S'il n'est pas possible de connaître l'adresse du destinataire ou si la signification prévue à la règle 126, paragraphe 1, s'est révélée impossible même après une seconde tentative, la signification est faite sous forme de publication.

(2)[62] Le Président de l'Office européen des brevets détermine les modalités de la publication ainsi que le point de départ du délai d'un mois à l'expiration duquel le document est réputé signifié.

**Règle 130
Signification au mandataire ou au représentant** *Art. 119, 133*

(1) Si un mandataire a été désigné, les significations lui sont faites.

(2) Si plusieurs mandataires ont été désignés pour une seule partie, il suffit que la signification soit faite à l'un d'entre eux.

(3) Si plusieurs parties ont un représentant commun, il suffit que la signification soit faite au représentant commun.

---

[62] Cf. la décision du Président de l'OEB, Edition spéciale n° 3, JO OEB 2007, K.1.

Kapitel V	Chapter V
Fristen	Time limits

Regel 131
Berechnung der Fristen

Rule 131
Calculation of periods

(1) Die Fristen werden nach vollen Tagen, Wochen, Monaten oder Jahren berechnet.

(1) Periods shall be laid down in terms of full years, months, weeks or days.

(2) Bei der Fristberechnung wird mit dem Tag begonnen, der auf den Tag folgt, an dem das Ereignis eingetreten ist, aufgrund dessen der Fristbeginn festgelegt wird; dieses Ereignis kann eine Handlung oder der Ablauf einer früheren Frist sein. Besteht die Handlung in einer Zustellung, so ist das maßgebliche Ereignis der Zugang des zugestellten Schriftstücks, sofern nichts anderes bestimmt ist.

(2) Computation shall start on the day following the day on which the relevant event occurred, the event being either a procedural step or the expiry of another period. Where the procedural step is a notification, the relevant event shall be the receipt of the document notified, unless otherwise provided.

(3) Ist als Frist ein Jahr oder eine Anzahl von Jahren bestimmt, so endet die Frist in dem maßgeblichen folgenden Jahr in dem Monat und an dem Tag, der durch seine Benennung dem Monat und durch seine Zahl dem Tag entspricht, an dem das Ereignis eingetreten ist; hat der betreffende nachfolgende Monat keinen Tag mit der entsprechenden Zahl, so läuft die Frist am letzten Tag dieses Monats ab.

(3) When a period is expressed as one year or a certain number of years, it shall expire in the relevant subsequent year in the month having the same name and on the day having the same number as the month and the day on which the said event occurred; if the relevant subsequent month has no day with the same number, the period shall expire on the last day of that month.

(4) Ist als Frist ein Monat oder eine Anzahl von Monaten bestimmt, so endet die Frist in dem maßgeblichen folgenden Monat an dem Tag, der durch seine Zahl dem Tag entspricht, an dem das Ereignis eingetreten ist; hat der betreffende nachfolgende Monat keinen Tag mit der entsprechenden Zahl, so läuft die Frist am letzten Tag dieses Monats ab.

(4) When a period is expressed as one month or a certain number of months, it shall expire in the relevant subsequent month on the day which has the same number as the day on which the said event occurred; if the relevant subsequent month has no day with the same number, the period shall expire on the last day of that month.

(5) Ist als Frist eine Woche oder eine Anzahl von Wochen bestimmt, so endet die Frist in der maßgeblichen Woche an dem Tag, der durch seine Benennung dem Tag entspricht, an dem das Ereignis eingetreten ist.

(5) When a period is expressed as one week or a certain number of weeks, it shall expire in the relevant subsequent week on the day having the same name as the day on which the said event occurred.

**Chapitre V
Délais**

**Règle 131
Calcul des délais** *Art. 120*

(1) Les délais sont fixés en années, mois, semaines ou jours entiers.

(2) Le délai part du jour suivant celui où a eu lieu l'événement par référence auquel son point de départ est fixé, cet événement pouvant être soit un acte, soit l'expiration d'un délai antérieur. Sauf s'il en est disposé autrement, lorsque l'acte est une signification, l'événement considéré est la réception de la pièce signifiée.

(3) Lorsqu'un délai est exprimé en une ou plusieurs années, il expire, dans l'année ultérieure à prendre en considération, le mois portant le même nom et le jour ayant le même quantième que le mois et le jour où ledit événement a eu lieu ; si le mois ultérieur à prendre en considération n'a pas de jour ayant le même quantième, le délai considéré expire le dernier jour de ce mois.

(4) Lorsqu'un délai est exprimé en un ou plusieurs mois, il expire, dans le mois ultérieur à prendre en considération, le jour ayant le même quantième que le jour où ledit événement a eu lieu ; si le mois ultérieur à prendre en considération n'a pas de jour ayant le même quantième, le délai considéré expire le dernier jour de ce mois.

(5) Lorsqu'un délai est exprimé en une ou plusieurs semaines, il expire, dans la semaine à prendre en considération, le jour portant le même nom que celui où ledit événement a eu lieu.

Regel 132
Vom Europäischen Patentamt bestimmte Fristen

(1) Nimmt das Übereinkommen oder diese Ausführungsordnung auf eine "zu bestimmende Frist" Bezug, so wird diese Frist vom Europäischen Patentamt bestimmt.

(2) Sofern nichts anderes bestimmt ist, beträgt eine vom Europäischen Patentamt bestimmte Frist nicht weniger als zwei und nicht mehr als vier Monate sowie, wenn besondere Umstände vorliegen, nicht mehr als sechs Monate. In besonderen Fällen kann die Frist vor Ablauf auf Antrag verlängert werden.

Regel 133[63]
Verspäteter Zugang von Schriftstücken

(1) Ein beim Europäischen Patentamt verspätet eingegangenes Schriftstück gilt als rechtzeitig eingegangen, wenn es nach Maßgabe der vom Präsidenten des Europäischen Patentamts festgelegten Bedingungen rechtzeitig vor Ablauf der Frist bei der Post oder einem anerkannten Übermittlungsdienst aufgegeben wurde, es sei denn, das Schriftstück ist später als drei Monate nach Ablauf der Frist eingegangen.

(2) Absatz 1 ist entsprechend anzuwenden, falls Handlungen bei der zuständigen Behörde nach Artikel 75 Absätze 1 b) oder 2 b) vorgenommen werden.

Regel 134
Verlängerung von Fristen

(1) Läuft eine Frist an einem Tag ab, an dem eine der Annahmestellen des Europäischen Patentamts nach Regel 35 Absatz 1 zur Entgegennahme von Schriftstücken nicht geöffnet ist oder an dem die Post aus anderen als den in Absatz 2 genannten Gründen dort nicht zugestellt wird, so erstreckt sich die Frist auf den nächstfolgenden Tag, an dem alle Annahmestellen zur Entgegennahme von Schriftstücken geöffnet sind und an dem die Post zugestellt wird. Satz 1 ist entsprechend anzuwenden, wenn Schriftstücke, die durch vom Präsidenten des Europäischen Patentamts gemäß Regel 2 Absatz 1 zugelassene technische Einrichtungen zur Nachrichtenübermittlung eingereicht werden, nicht entgegengenommen werden können.

Rule 132
Periods specified by the European Patent Office

(1) Where the Convention or these Implementing Regulations refer to "a period to be specified", this period shall be specified by the European Patent Office.

(2) Unless otherwise provided, a period specified by the European Patent Office shall be neither less than two months nor more than four months; in certain circumstances it may be up to six months. In special cases, the period may be extended upon request, presented before the expiry of such period.

Rule 133[63]
Late receipt of documents

(1) A document received late at the European Patent Office shall be deemed to have been received in due time if it was posted, or delivered to a recognised delivery service, in due time before expiry of the period in accordance with the conditions laid down by the President of the European Patent Office, unless the document was received later than three months after expiry of the period.

(2) Paragraph 1 shall apply mutatis mutandis to any period where transactions are carried out with the competent authority in accordance with Article 75, paragraphs 1(b) or 2(b).

Rule 134
Extension of periods

(1) If a period expires on a day on which one of the filing offices of the European Patent Office under Rule 35, paragraph 1, is not open for receipt of documents or on which, for reasons other than those referred to in paragraph 2, mail is not delivered there, the period shall extend to the first day thereafter on which all the filing offices are open for receipt of documents and on which mail is delivered. The first sentence shall apply mutatis mutandis if documents filed by one of the technical means of communication permitted by the President of the European Patent Office under Rule 2, paragraph 1, cannot be received.

---

[63] Siehe hierzu den Beschluss des Präsidenten des EPA, Sonderausgabe Nr. 3, ABl. EPA 2007, I.1.

[63] See decision of the President of the EPO, Special edition No. 3, OJ EPO 2007, I.1.

Règle 132
Délais impartis par l'Office européen des brevets

Art. 120
R. 109, 116

(1) Lorsque la convention ou le règlement d'exécution se réfère à un délai "imparti", ce délai est imparti par l'Office européen des brevets.

(2) Sauf s'il en est disposé autrement, un délai imparti par l'Office européen des brevets ne peut ni être inférieur à deux mois ni supérieur à quatre mois ; dans certaines circonstances, il peut être porté jusqu'à six mois. Dans certains cas particuliers, le délai peut être prorogé sur requête présentée avant son expiration.

Règle 133[63]
Pièces reçues tardivement

Art. 120
R. 2

(1) Une pièce reçue en retard par l'Office européen des brevets est réputée avoir été reçue dans les délais lorsque, avant l'expiration du délai et conformément aux conditions fixées par le Président de l'Office européen des brevets, ladite pièce a, en temps utile, été postée ou remise à une entreprise d'acheminement reconnue, sauf si elle a été reçue plus de trois mois après l'expiration du délai.

(2) Le paragraphe 1 est applicable lorsqu'il s'agit d'actes accomplis auprès de l'administration compétente visée à l'article 75, paragraphe 1 b) ou 2 b).

Règle 134
Prorogation des délais

Art. 77, 120

(1) Si un délai expire soit un jour où l'un des bureaux de réception de l'Office européen des brevets au sens de la règle 35, paragraphe 1, n'est pas ouvert pour recevoir des documents, soit un jour où le courrier n'y est pas distribué, pour des raisons autres que celles indiquées au paragraphe 2, le délai est prorogé jusqu'au premier jour suivant où tous les bureaux de réception sont ouverts pour recevoir ces documents et où le courrier est distribué. La première phrase est applicable si des documents déposés par l'un des moyens techniques de communication autorisés par le Président de l'Office européen des brevets en vertu de la règle 2, paragraphe 1, ne peuvent pas être reçus.

---

[63] Cf. la décision du Président de l'OEB, Edition spéciale n° 3, JO OEB 2007, I.1.

(2) Läuft eine Frist an einem Tag ab, an dem die Zustellung oder Übermittlung der Post in einem Vertragsstaat allgemein gestört war, so erstreckt sich die Frist für Beteiligte, die in diesem Staat ihren Wohnsitz oder Sitz haben oder einen Vertreter mit Geschäftssitz in diesem Staat bestellt haben, auf den ersten Tag nach Beendigung der Störung. Ist der betreffende Staat der Sitzstaat des Europäischen Patentamts, so gilt diese Vorschrift für alle Beteiligten und ihre Vertreter. Satz 1 ist auf die Frist nach Regel 37 Absatz 2 entsprechend anzuwenden.

(3) Die Absätze 1 und 2 sind entsprechend anzuwenden, wenn Handlungen bei der zuständigen Behörde nach Artikel 75 Absätze 1 b) oder 2 b) vorgenommen werden.

(4) Der Tag des Beginns und des Endes einer Störung nach Absatz 2 wird vom Europäischen Patentamt bekannt gemacht.

(5) Unbeschadet der Absätze 1 bis 4 kann jeder Beteiligte nachweisen, dass an einem der letzten zehn Tage vor Ablauf einer Frist die Zustellung oder Übermittlung der Post mit Wirkung für den Sitz oder Wohnsitz oder den Ort der Geschäftstätigkeit des Beteiligten oder seines Vertreters durch ein außerordentliches Ereignis wie eine Naturkatastrophe, einen Krieg, eine Störung der öffentlichen Ordnung, einen allgemeinen Ausfall einer der vom Präsidenten des Europäischen Patentamts gemäß Regel 2 Absatz 1 zugelassenen technischen Einrichtungen zur Nachrichtenübermittlung oder durch ähnliche Ursachen gestört war. Ist dieser Nachweis für das Europäische Patentamt überzeugend, so gilt ein verspätet eingegangenes Schriftstück als rechtzeitig eingegangen, sofern der Versand spätestens am fünften Tag nach Ende der Störung vorgenommen wurde.

(2) If a period expires on a day on which there is a general dislocation in the delivery or transmission of mail in a Contracting State, the period shall extend to the first day following the end of the interval of dislocation for parties which are resident in the State concerned or have appointed representatives with a place of business in that State. Where the State concerned is the State in which the European Patent Office is located, this provision shall apply to all parties and their representatives. This paragraph shall apply mutatis mutandis to the period referred to in Rule 37, paragraph 2.

(3) Paragraphs 1 and 2 shall apply mutatis mutandis where acts are performed with the competent authority in accordance with Article 75, paragraphs 1(b) or 2(b).

(4) The date of commencement and the end of any dislocation under paragraph 2 shall be published by the European Patent Office.

(5) Without prejudice to paragraphs 1 to 4, a party concerned may produce evidence that on any of the ten days preceding the day of expiry of a period the delivery or transmission of mail was dislocated due to an exceptional occurrence such as a natural disaster, war, civil disorder, a general breakdown in any of the technical means of communication permitted by the President of the European Patent Office under Rule 2, paragraph 1, or other like reasons affecting the locality where the party or his representative resides or has his place of business. If the evidence produced satisfies the European Patent Office, a document received late shall be deemed to have been received in due time, provided that the mailing or the transmission was effected at the latest on the fifth day after the end of the dislocation.

(2) Si un délai expire un jour où se produit une perturbation générale concernant la distribution ou l'acheminement du courrier dans un Etat contractant, le délai est prorogé jusqu'au premier jour suivant la fin de cette période de perturbation pour les parties qui ont leur domicile ou leur siège dans cet Etat ou qui ont désigné des mandataires ayant leur domicile professionnel dans cet Etat. Lorsque l'Etat concerné est l'Etat où l'Office européen des brevets a son siège, la présente disposition est applicable à toutes les parties et à leurs mandataires. Le présent paragraphe est applicable au délai prévu à la règle 37, paragraphe 2.

(3) Les paragraphes 1 et 2 sont applicables lorsqu'il s'agit d'actes accomplis auprès de l'administration compétente visée à l'article 75, paragraphe 1 b) ou 2 b).

(4) Les dates de début et de fin d'une éventuelle perturbation au sens du paragraphe 2 sont publiées par l'Office européen des brevets.

(5) Sans préjudice des paragraphes 1 à 4, toute partie intéressée peut apporter la preuve que, lors de l'un quelconque des dix jours qui ont précédé la date d'expiration d'un délai, la distribution ou l'acheminement du courrier ont été perturbés en raison de circonstances exceptionnelles telles que calamité naturelle, guerre, désordre civil, panne générale de l'un quelconque des moyens techniques de communication autorisés par le Président de l'Office européen des brevets conformément à la règle 2, paragraphe 1, ou pour d'autres raisons semblables qui ont touché la localité où la partie intéressée ou son mandataire a son domicile ou son siège. Si la preuve produite est convaincante pour l'Office européen des brevets, le document reçu tardivement sera réputé avoir été reçu dans les délais, à condition que l'expédition ou l'acheminement du courrier aient été effectués au plus tard le cinquième jour suivant la fin de la perturbation.

Regel 135
Weiterbehandlung

(1) Der Antrag auf Weiterbehandlung nach Artikel 121 Absatz 1 ist durch Entrichtung der vorgeschriebenen Gebühr innerhalb von zwei Monaten nach der Mitteilung über die Fristversäumung oder einen Rechtsverlust zu stellen. Die versäumte Handlung ist innerhalb der Antragsfrist nachzuholen.

(2) Von der Weiterbehandlung ausgeschlossen sind die in Artikel 121 Absatz 4 genannten Fristen sowie die Fristen nach Regel 6 Absatz 1, Regel 16 Absatz 1 a), Regel 31 Absatz 2, Regel 40 Absatz 3, Regel 51 Absätze 2 bis 5, Regel 52 Absätze 2 und 3, Regeln 55, 56, 58, 59, 64 und Regel 112 Absatz 2.

(3) Über den Antrag auf Weiterbehandlung entscheidet das Organ, das über die versäumte Handlung zu entscheiden hat.

Regel 136
Wiedereinsetzung

(1) Der Antrag auf Wiedereinsetzung nach Artikel 122 Absatz 1 ist innerhalb von zwei Monaten nach Wegfall des Hindernisses, spätestens jedoch innerhalb eines Jahres nach Ablauf der versäumten Frist schriftlich zu stellen. Wird Wiedereinsetzung in eine der Fristen nach Artikel 87 Absatz 1 und Artikel 112a Absatz 4 beantragt, so ist der Antrag innerhalb von zwei Monaten nach Ablauf dieser Frist zu stellen. Der Antrag auf Wiedereinsetzung gilt erst als gestellt, wenn die vorgeschriebene Gebühr entrichtet worden ist.

(2) Der Antrag auf Wiedereinsetzung ist zu begründen, wobei die zur Begründung dienenden Tatsachen glaubhaft zu machen sind. Die versäumte Handlung ist innerhalb der nach Absatz 1 maßgeblichen Antragsfrist nachzuholen.

(3) Von der Wiedereinsetzung ausgeschlossen sind alle Fristen, für die Weiterbehandlung nach Artikel 121 beantragt werden kann, sowie die Frist für den Antrag auf Wiedereinsetzung in den vorigen Stand.

(4) Über den Antrag auf Wiedereinsetzung entscheidet das Organ, das über die versäumte Handlung zu entscheiden hat.

Rule 135
Further processing

(1) Further processing under Article 121, paragraph 1, shall be requested by payment of the prescribed fee within two months of the communication concerning either the failure to observe a time limit or a loss of rights. The omitted act shall be completed within the period for making the request.

(2) Further processing shall be ruled out in respect of the periods referred to in Article 121, paragraph 4, and of the periods under Rule 6, paragraph 1, Rule 16, paragraph 1(a), Rule 31, paragraph 2, Rule 40, paragraph 3, Rule 51, paragraphs 2 to 5, Rule 52, paragraphs 2 and 3, Rules 55, 56, 58, 59, 64 and Rule 112, paragraph 2.

(3) The department competent to decide on the omitted act shall decide on the request for further processing.

Rule 136
Re-establishment of rights

(1) Any request for re-establishment of rights under Article 122, paragraph 1, shall be filed in writing within two months of the removal of the cause of non-compliance with the period, but at the latest within one year of expiry of the unobserved time limit. However, a request for re-establishment of rights in respect of any of the periods specified in Article 87, paragraph 1, and in Article 112a, paragraph 4, shall be filed within two months of expiry of that period. The request for re-establishment of rights shall not be deemed to have been filed until the prescribed fee has been paid.

(2) The request shall state the grounds on which it is based and shall set out the facts on which it relies. The omitted act shall be completed within the relevant period for filing the request according to paragraph 1.

(3) Re-establishment of rights shall be ruled out in respect of any period for which further processing under Article 121 is available and in respect of the period for requesting re-establishment of rights.

(4) The department competent to decide on the omitted act shall decide on the request for re-establishment of rights.

Règle 135
Poursuite de la procédure

Art. 120
R. 112

(1) La poursuite de la procédure prévue à l'article 121, paragraphe 1, doit être requise, au moyen du paiement de la taxe prescrite, dans un délai de deux mois à compter de la notification signalant l'inobservation d'un délai ou une perte de droits. L'acte non accompli doit l'être dans le délai de présentation de la requête.

(2) Sont exclus de la poursuite de la procédure les délais visés à l'article 121, paragraphe 4, ainsi que les délais prévus à la règle 6, paragraphe 1, à la règle 16, paragraphe 1 a), à la règle 31, paragraphe 2, à la règle 40, paragraphe 3, à la règle 51, paragraphes 2 à 5, à la règle 52, paragraphes 2 et 3, aux règles 55, 56, 58, 59, 64 et à la règle 112, paragraphe 2.

(3) L'instance qui est compétente pour statuer sur l'acte non accompli statue sur la requête en poursuite de la procédure.

Règle 136
Restitutio in integrum

Art. 120
R. 112, 143

(1) La requête en restitutio in integrum prévue à l'article 122, paragraphe 1, doit être présentée par écrit dans un délai de deux mois à compter de la cessation de l'empêchement, mais au plus tard dans un délai d'un an à compter de l'expiration du délai non observé. Cependant, une requête en restitutio in integrum quant à l'un quelconque des délais prévus à l'article 87, paragraphe 1, et à l'article 112bis, paragraphe 4, doit être présentée dans un délai de deux mois à compter de l'expiration de ce délai. La requête en restitutio in integrum n'est réputée présentée qu'après le paiement de la taxe prescrite.

(2) La requête doit être motivée et indiquer les faits invoqués à son appui. L'acte non accompli doit l'être dans le délai de présentation de la requête qui est applicable en vertu du paragraphe 1.

(3) Sont exclus de la restitutio in integrum les délais pour lesquels la poursuite de la procédure peut être requise en vertu de l'article 121, ainsi que le délai de présentation d'une requête en restitutio in integrum.

(4) L'instance qui est compétente pour statuer sur l'acte non accompli statue sur la requête en restitutio in integrum.

Kapitel VI
Änderungen und Berichtigungen

Regel 137[64]
Änderung der europäischen Patentanmeldung

(1) Vor Erhalt des europäischen Recherchenberichts darf der Anmelder die Beschreibung, die Patentansprüche oder die Zeichnungen der europäischen Patentanmeldung nicht ändern, sofern nichts anderes bestimmt ist.

(2) Nach Erhalt des europäischen Recherchenberichts kann der Anmelder von sich aus die Beschreibung, die Patentansprüche und die Zeichnungen ändern.

(3) Nach Erhalt des ersten Bescheids der Prüfungsabteilung kann der Anmelder von sich aus die Beschreibung, die Patentansprüche und die Zeichnungen einmal ändern, sofern die Änderung gleichzeitig mit der Erwiderung auf den Bescheid eingereicht wird. Weitere Änderungen können nur mit Zustimmung der Prüfungsabteilung vorgenommen werden.

(4) Geänderte Patentansprüche dürfen sich nicht auf nicht recherchierte Gegenstände beziehen, die mit der ursprünglich beanspruchten Erfindung oder Gruppe von Erfindungen nicht durch eine einzige allgemeine erfinderische Idee verbunden sind.

Regel 138[65]
Unterschiedliche Patentansprüche, Beschreibungen und Zeichnungen für verschiedene Staaten

Wird dem Europäischen Patentamt das Bestehen eines älteren Rechts nach Artikel 139 Absatz 2 mitgeteilt, so kann die europäische Patentanmeldung oder das europäische Patent für diesen Staat oder diese Staaten unterschiedliche Patentansprüche und gegebenenfalls unterschiedliche Beschreibungen und Zeichnungen enthalten.

Chapter VI
Amendments and corrections

Rule 137[64]
Amendment of the European patent application

(1) Before receiving the European search report, the applicant may not amend the description, claims or drawings of a European patent application unless otherwise provided.

(2) After receipt of the European search report, the applicant may, of his own volition, amend the description, claims and drawings.

(3) After receipt of the first communication from the Examining Division, the applicant may, of his own volition, amend once the description, claims and drawings, provided that the amendment is filed at the same time as the reply to the communication. No further amendment may be made without the consent of the Examining Division.

(4) Amended claims may not relate to unsearched subject-matter which does not combine with the originally claimed invention or group of inventions to form a single general inventive concept.

Rule 138[65]
Different claims, description and drawings for different States

If the European Patent Office is informed of the existence of a prior right under Article 139, paragraph 2, the European patent application or European patent may, for such State or States, contain claims and, where appropriate, a description and drawings which are different from those for the other designated States.

---

[64] Siehe hierzu Stellungnahme/Entscheidung der Großen Beschwerdekammer G 3/99, G 11/91 (Anhang I).
[65] Siehe hierzu Entscheidung der Großen Beschwerdekammer G 1/99 (Anhang I).

[64] See opinion/decision of the Enlarged Board of Appeal G 3/89, G 11/91 (Annex I).
[65] See decision of the Enlarged Board of Appeal G 1/99 (Annex I).

Chapitre VI
Modifications et corrections

Règle 137[64]
Modification de la demande de brevet européen

Art. 90, 92, 94, 123
R. 57, 58, 65, 68, 70, 71, 80, 161

(1) Sauf s'il en est disposé autrement, le demandeur ne peut modifier la description, les revendications ou les dessins d'une demande de brevet européen avant d'avoir reçu le rapport de recherche européenne.

(2) Après avoir reçu le rapport de recherche européenne, le demandeur peut, de sa propre initiative, modifier la description, les revendications et les dessins.

(3) Après avoir reçu la première notification de la division d'examen, le demandeur peut, de sa propre initiative, modifier une seule fois la description, les revendications et les dessins, à condition que la modification soit produite en même temps que la réponse à la notification. Toutes autres modifications ultérieures sont subordonnées à l'autorisation de la division d'examen.

(4) Les revendications modifiées ne doivent pas porter sur des éléments qui n'ont pas fait l'objet de la recherche et qui ne sont pas liés à l'invention ou à la pluralité d'inventions initialement revendiquées de manière à former un seul concept inventif général.

Règle 138[65]
Revendications, descriptions et dessins différents pour des Etats différents

Art. 54, 94, 98, 101, 105a/bis, 105b/ter, 118, 123
R. 18, 78, 80

Si l'Office européen des brevets est informé de l'existence d'un droit antérieur au sens de l'article 139, paragraphe 2, la demande de brevet européen ou le brevet européen peut comporter, pour cet Etat ou ces Etats, des revendications et, s'il y a lieu, une description et des dessins différents de ceux que la demande ou le brevet comporte pour d'autres Etats désignés.

---

[64] Cf. l'avis/la décision de la Grande Chambre de recours G 3/89, G 11/91 (Annexe I).
[65] Cf. la décision de la Grande Chambre de recours G 1/99 (Annexe I).

Regel 139[66]
Berichtigung von Mängeln in den beim Europäischen Patentamt eingereichten Unterlagen

Sprachliche Fehler, Schreibfehler und Unrichtigkeiten in den beim Europäischen Patentamt eingereichten Unterlagen können auf Antrag berichtigt werden. Betrifft der Antrag auf Berichtigung jedoch die Beschreibung, die Patentansprüche oder die Zeichnungen, so muss die Berichtigung derart offensichtlich sein, dass sofort erkennbar ist, dass nichts anderes beabsichtigt sein konnte als das, was als Berichtigung vorgeschlagen wird.

Regel 140[67]
Berichtigung von Fehlern in Entscheidungen

In Entscheidungen des Europäischen Patentamts können nur sprachliche Fehler, Schreibfehler und offenbare Unrichtigkeiten berichtigt werden.

Kapitel VII
Auskünfte über den Stand der Technik

Regel 141
Auskünfte über den Stand der Technik

Das Europäische Patentamt kann den Anmelder auffordern, innerhalb einer zu bestimmenden Frist Auskünfte zu erteilen über den Stand der Technik, der bei der Prüfung von nationalen oder regionalen Patentanmeldungen berücksichtigt wurde und eine Erfindung betrifft, die Gegenstand der europäischen Patentanmeldung ist.

Rule 139[66]
Correction of errors in documents filed with the European Patent Office

Linguistic errors, errors of transcription and mistakes in any document filed with the European Patent Office may be corrected on request. However, if the request for such correction concerns the description, claims or drawings, the correction must be obvious in the sense that it is immediately evident that nothing else would have been intended than what is offered as the correction.

Rule 140[67]
Correction of errors in decisions

In decisions of the European Patent Office, only linguistic errors, errors of transcription and obvious mistakes may be corrected.

Chapter VII
Information on prior art

Rule 141
Information on prior art

The European Patent Office may invite the applicant to provide, within a period to be specified, information on prior art taken into consideration in the examination of national or regional patent applications and concerning an invention to which the European patent application relates.

---

[66] Siehe hierzu Entscheidungen der Großen Beschwerdekammer G 3/89, G 11/91, G 2/95 (Anhang I).
[67] Siehe hierzu Entscheidung der Großen Beschwerdekammer G 8/95 (Anhang I).

[66] See decisions of the Enlarged Board of Appeal G 3/89, G 11/91, G 2/95 (Annex I).
[67] See decision of the Enlarged Board of Appeal G 8/95 (Annex I).

Règle 139[66]
Correction d'erreurs dans les pièces produites auprès de l'Office européen des brevets

Art. 78, 90
R. 71

Les fautes d'expression ou de transcription et les erreurs contenues dans toute pièce produite auprès de l'Office européen des brevets peuvent être rectifiées sur requête. Toutefois, si la requête en rectification porte sur la description, les revendications ou les dessins, la rectification doit s'imposer à l'évidence, en ce sens qu'il apparaît immédiatement qu'aucun texte autre que celui résultant de la rectification n'a pu être envisagé par le demandeur.

Règle 140[67]
Rectification d'erreurs dans les décisions

Art. 90, 97, 101, 104, 105b/ter, 111, 112, 112a/bis

Dans les décisions de l'Office européen des brevets, seules les fautes d'expression, de transcription et les erreurs manifestes peuvent être rectifiées.

Chapitre VII
Informations sur l'état de la technique

Règle 141
Informations sur l'état de la technique

Art. 124, 140
R. 112, 113

L'Office européen des brevets peut inviter le demandeur à lui communiquer, dans un délai qu'il lui impartit, des informations sur l'état de la technique qui a été pris en considération lors de l'examen de demandes de brevet national ou régional et qui porte sur une invention faisant l'objet de la demande de brevet européen.

---

[66] Cf. les décisions de la Grande Chambre de recours G 3/89, G 11/91, G 2/95 (Annexe I).
[67] Cf. la décision de la Grande Chambre de recours G 8/95 (Annexe I).

Kapitel VIII
Unterbrechung des Verfahrens

Regel 142[68]
Unterbrechung des Verfahrens

(1) Das Verfahren vor dem Europäischen Patentamt wird unterbrochen:

a) im Fall des Todes oder der fehlenden Geschäftsfähigkeit des Anmelders oder Patentinhabers oder der Person, die nach dem Heimatrecht des Anmelders oder Patentinhabers zu dessen Vertretung berechtigt ist. Solange die genannten Ereignisse die Vertretungsbefugnis eines nach Artikel 134 bestellten Vertreters nicht berühren, tritt eine Unterbrechung des Verfahrens jedoch nur auf Antrag dieses Vertreters ein;

b) wenn der Anmelder oder Patentinhaber aufgrund eines gegen sein Vermögen gerichteten Verfahrens aus rechtlichen Gründen verhindert ist, das Verfahren fortzusetzen;

c) wenn der Vertreter des Anmelders oder Patentinhabers stirbt, seine Geschäftsfähigkeit verliert oder aufgrund eines gegen sein Vermögen gerichteten Verfahrens aus rechtlichen Gründen verhindert ist, das Verfahren fortzusetzen.

(2) Wird dem Europäischen Patentamt bekannt, wer in den Fällen des Absatzes 1 a) oder b) berechtigt ist, das Verfahren fortzusetzen, so teilt es dieser Person und gegebenenfalls den übrigen Beteiligten mit, dass das Verfahren nach Ablauf einer zu bestimmenden Frist wiederaufgenommen wird.

Chapter VIII
Interruption of proceedings

Rule 142[68]
Interruption of proceedings

(1) Proceedings before the European Patent Office shall be interrupted:

(a) in the event of the death or legal incapacity of the applicant for or proprietor of a European patent or of the person authorised by national law to act on his behalf. To the extent that the above events do not affect the authorisation of a representative appointed under Article 134, proceedings shall be interrupted only on application by such representative;

(b) in the event of the applicant for or proprietor of a patent, as a result of some action taken against his property, being prevented by legal reasons from continuing the proceedings;

(c) in the event of the death or legal incapacity of the representative of an applicant for or proprietor of a patent, or of his being prevented for legal reasons resulting from action taken against his property from continuing the proceedings.

(2) When, in the cases referred to in paragraph 1(a) or (b), the European Patent Office has been informed of the identity of the person authorised to continue the proceedings, it shall notify such person and, where applicable, any third party, that the proceedings will be resumed as from a specified date.

---

[68] Siehe hierzu den Beschluss des Präsidenten des EPA, Sonderausgabe Nr. 3, ABl. EPA 2007, G.1.

[68] See decision of the President of the EPO, Special edition No. 3, OJ EPO 2007, G.1.

**Chapitre VIII
Interruption de la procédure**

Règle 142[68]
Interruption de la procédure

*Art. 86, 90, 94, 99, 106, 133, 134
R. 112, 143*

(1) La procédure devant l'Office européen des brevets est interrompue :

a) en cas de décès ou d'incapacité, soit du demandeur ou du titulaire du brevet européen, soit de la personne qui est habilitée, en vertu du droit national du demandeur ou du titulaire du brevet, à représenter l'un ou l'autre. Toutefois, si ces événements n'affectent pas le pouvoir du mandataire désigné conformément à l'article 134, la procédure n'est interrompue qu'à la demande du mandataire ;

b) si le demandeur ou le titulaire du brevet se trouve dans l'impossibilité juridique de poursuivre la procédure en raison d'une action engagée contre ses biens ;

c) en cas de décès ou d'incapacité du mandataire du demandeur ou du mandataire du titulaire du brevet, ou si le mandataire se trouve dans l'impossibilité juridique de poursuivre la procédure en raison d'une action engagée contre ses biens.

(2) Si l'Office européen des brevets a connaissance de l'identité de la personne habilitée à poursuivre la procédure dans les cas visés au paragraphe 1 a) ou b), il notifie à cette personne et, le cas échéant, à toute autre partie que la procédure sera reprise à l'expiration du délai qu'il a imparti.

---

[68] Cf. la décision du Président de l'OEB, Edition spéciale n° 3, JO OEB 2007, G.1.

(3) Im Fall des Absatzes 1 c) wird das Verfahren wiederaufgenommen, wenn dem Europäischen Patentamt die Bestellung eines neuen Vertreters des Anmelders angezeigt wird oder das Amt den übrigen Beteiligten die Bestellung eines neuen Vertreters des Patentinhabers angezeigt hat. Hat das Europäische Patentamt drei Monate nach dem Beginn der Unterbrechung des Verfahrens noch keine Anzeige über die Bestellung eines neuen Vertreters erhalten, so teilt es dem Anmelder oder Patentinhaber mit:

a) im Fall des Artikels 133 Absatz 2, dass die europäische Patentanmeldung als zurückgenommen gilt oder das europäische Patent widerrufen wird, wenn die Anzeige nicht innerhalb von zwei Monaten nach Zustellung dieser Mitteilung erfolgt, oder

b) andernfalls, dass das Verfahren ab der Zustellung dieser Mitteilung mit dem Anmelder oder Patentinhaber wiederaufgenommen wird.

(4) Die am Tag der Unterbrechung laufenden Fristen, mit Ausnahme der Frist zur Stellung des Prüfungsantrags und der Frist für die Entrichtung der Jahresgebühren, beginnen an dem Tag von Neuem zu laufen, an dem das Verfahren wiederaufgenommen wird. Liegt dieser Tag später als zwei Monate vor Ablauf der Frist zur Stellung des Prüfungsantrags, so kann ein Prüfungsantrag noch innerhalb von zwei Monaten nach diesem Tag gestellt werden.

Kapitel IX
Unterrichtung der Öffentlichkeit

Regel 143
Eintragungen in das Europäische Patentregister

(1) Im Europäischen Patentregister werden folgende Angaben eingetragen:

a) Nummer der europäischen Patentanmeldung;

b) Anmeldetag der Anmeldung;

c) Bezeichnung der Erfindung;

d) Symbole der Klassifikation der Anmeldung;

e) die benannten Vertragsstaaten;

f) Angaben zur Person des Anmelders oder Patentinhabers nach Maßgabe der Regel 41 Absatz 2 c);

(3) In the case referred to in paragraph 1(c), the proceedings shall be resumed when the European Patent Office has been informed of the appointment of a new representative of the applicant or when the Office has informed the other parties of the appointment of a new representative of the proprietor of the patent. If, three months after the beginning of the interruption of the proceedings, the European Patent Office has not been informed of the appointment of a new representative, it shall communicate to the applicant for or proprietor of the patent:

(a) where Article 133, paragraph 2, is applicable, that the European patent application will be deemed to be withdrawn or the European patent will be revoked if the information is not submitted within two months of this communication; or

(b) otherwise, that the proceedings will be resumed with the applicant for or proprietor of the patent as from the notification of this communication.

(4) Any periods, other than those for requesting examination and paying renewal fees, in force at the date of interruption of the proceedings, shall begin again as from the day on which the proceedings are resumed. If such date is less than two months before the end of the period within which the request for examination must be filed, such a request may be filed within two months of such date.

Chapter IX
Information to the public

Rule 143
Entries in the European Patent Register

(1) The European Patent Register shall contain the following entries:

(a) number of the European patent application;

(b) date of filing of the application;

(c) title of the invention;

(d) classification symbols assigned to the application;

(e) the Contracting States designated;

(f) particulars of the applicant for or proprietor of the patent as provided in Rule 41, paragraph 2(c);

(3) Dans le cas visé au paragraphe 1 c), la procédure est reprise lorsque l'Office européen des brevets est avisé de la constitution d'un nouveau mandataire du demandeur ou lorsque l'Office a notifié aux autres parties qu'un nouveau mandataire du titulaire du brevet a été constitué. Si, dans un délai de trois mois à compter du début de l'interruption de la procédure, l'Office européen des brevets n'a pas reçu d'avis relatif à la constitution d'un nouveau mandataire, il notifie au demandeur ou au titulaire du brevet que :

a) dans le cas visé à l'article 133, paragraphe 2, la demande de brevet européen est réputée retirée ou le brevet européen est révoqué, si l'avis n'est pas produit dans un délai de deux mois à compter de cette notification ; ou que

b) dans les autres cas, la procédure est reprise avec le demandeur ou le titulaire du brevet à compter de la signification de cette notification.

(4) Les délais en cours à la date d'interruption de la procédure, à l'exception des délais de présentation de la requête en examen et de paiement des taxes annuelles, recommencent à courir dans leur intégralité à compter de la date de la reprise de la procédure. Si cette date se situe dans les deux mois qui précèdent l'expiration du délai de présentation de la requête en examen, la requête peut encore être présentée dans un délai de deux mois à compter de cette date.

Chapitre IX
Information du public

Règle 143
Inscriptions au Registre européen des brevets   *Art. 127, 129*

(1) Les mentions suivantes sont inscrites au Registre européen des brevets :

a) le numéro de la demande de brevet européen ;

b) la date de dépôt de la demande ;

c) le titre de l'invention ;

d) les symboles de la classification attribués à la demande ;

e) les Etats contractants désignés ;

f) les indications concernant le demandeur ou le titulaire du brevet telles que prévues à la règle 41, paragraphe 2 c) ;

g) Name, Vornamen und Anschrift des vom Anmelder oder Patentinhaber genannten Erfinders, sofern er nicht nach Regel 20 Absatz 1 auf das Recht verzichtet hat, als Erfinder bekannt gemacht zu werden;

h) Angaben zur Person des Vertreters des Anmelders oder Patentinhabers nach Maßgabe der Regel 41 Absatz 2 d); im Fall mehrerer Vertreter nur die Angaben zur Person des zuerst genannten Vertreters, gefolgt von den Worten "und Partner" sowie im Fall eines Zusammenschlusses von Vertretern nach Regel 152 Absatz 11 nur Name und Anschrift des Zusammenschlusses;

i) Prioritätsangaben (Tag, Staat und Aktenzeichen der früheren Anmeldung);

j) im Fall der Teilung der europäischen Patentanmeldung die Nummern aller Teilanmeldungen;

k) bei Teilanmeldungen oder nach Artikel 61 Absatz 1 b) eingereichten neuen Anmeldungen die unter den Buchstaben a, b und i vorgesehenen Angaben für die frühere europäische Patentanmeldung;

l) Tag der Veröffentlichung der Anmeldung und gegebenenfalls Tag der gesonderten Veröffentlichung des europäischen Recherchenberichts;

m) Tag der Stellung eines Prüfungsantrags;

n) Tag, an dem die Anmeldung zurückgewiesen oder zurückgenommen worden ist oder als zurückgenommen gilt;

o) Tag der Bekanntmachung des Hinweises auf die Erteilung des europäischen Patents;

p) Tag des Erlöschens des europäischen Patents in einem Vertragsstaat während der Einspruchsfrist und gegebenenfalls bis zur rechtskräftigen Entscheidung über den Einspruch;

q) Tag der Einlegung des Einspruchs;

r) Tag und Art der Entscheidung über den Einspruch;

s) Tag der Aussetzung und der Fortsetzung des Verfahrens im Fall der Regeln 14 und 78;

(g) family name, given names and address of the inventor designated by the applicant for or proprietor of the patent, unless he has waived his right to be mentioned under Rule 20, paragraph 1;

(h) particulars of the representative of the applicant for or proprietor of the patent as provided in Rule 41, paragraph 2(d); in the case of several representatives only the particulars of the representative first named, followed by the words "and others" and, in the case of an association referred to in Rule 152, paragraph 11, only the name and address of the association;

(i) priority data (date, State and file number of the previous application);

(j) in the event of a division of the application, the numbers of all the divisional applications;

(k) in the case of a divisional application or a new application under Article 61, paragraph 1(b), the information referred to in sub-paragraphs (a), (b) and (i) with regard to the earlier application;

(l) date of publication of the application and, where appropriate, date of the separate publication of the European search report;

(m) date of filing of the request for examination;

(n) date on which the application is refused, withdrawn or deemed to be withdrawn;

(o) date of publication of the mention of the grant of the European patent;

(p) date of lapse of the European patent in a Contracting State during the opposition period and, where appropriate, pending a final decision on opposition;

(q) date of filing opposition;

(r) date and purport of the decision on opposition;

(s) dates of stay and resumption of proceedings in the cases referred to in Rules 14 and 78;

g) les nom, prénoms et adresse de l'inventeur désigné par le demandeur ou par le titulaire du brevet, à moins que l'inventeur n'ait renoncé au droit d'être mentionné en tant que tel en vertu de la règle 20, paragraphe 1 ;

h) les indications concernant le mandataire du demandeur ou du titulaire du brevet telles que prévues à la règle 41, paragraphe 2 d) ; en cas de pluralité de mandataires, uniquement les indications concernant le premier mandataire cité, suivies de la mention "et autres", et dans le cas d'un groupement visé à la règle 152, paragraphe 11, uniquement sa dénomination et son adresse ;

i) les indications relatives à la priorité (date, Etat et numéro de dépôt de la demande antérieure) ;

j) en cas de division de la demande, le numéro de toutes les demandes divisionnaires ;

k) lorsqu'il s'agit d'une demande divisionnaire ou d'une nouvelle demande déposée conformément à l'article 61, paragraphe 1 b), les indications visées aux lettres a), b) et i) pour ce qui est de la demande antérieure ;

l) la date de la publication de la demande et, le cas échéant, la date de la publication du rapport de recherche européenne ;

m) la date de la présentation de la requête en examen ;

n) la date à laquelle la demande est rejetée, retirée ou réputée retirée ;

o) la date de la publication de la mention de la délivrance du brevet européen ;

p) la date de la déchéance du brevet européen dans un Etat contractant pendant le délai d'opposition et, le cas échéant, pendant la période ayant pour terme la date à laquelle la décision relative à l'opposition est passée en force de chose jugée ;

q) la date du dépôt de l'acte d'opposition ;

r) la date et la nature de la décision relative à l'opposition ;

s) les dates de la suspension et de la reprise de la procédure dans les cas visés à la règle 14 et à la règle 78 ;

t) Tag der Unterbrechung und der Wiederaufnahme des Verfahrens im Fall der Regel 142;

u) Tag der Wiedereinsetzung in den vorigen Stand, sofern eine Eintragung nach den Buchstaben n oder r erfolgt ist;

v) die Einreichung eines Umwandlungsantrags nach Artikel 135 Absatz 3;

w) Rechte an der Anmeldung oder am europäischen Patent und Rechte an diesen Rechten, soweit ihre Eintragung in dieser Ausführungsordnung vorgesehen ist;

x) Tag und Art der Entscheidung über den Antrag auf Beschränkung oder Widerruf des europäischen Patents;

y) Tag und Art der Entscheidung der Großen Beschwerdekammer über den Antrag auf Überprüfung.

(2)[69] Der Präsident des Europäischen Patentamts kann bestimmen, dass in das Europäische Patentregister andere als die in Absatz 1 vorgesehenen Angaben eingetragen werden.

Regel 144[70]
Von der Einsicht ausgeschlossene Aktenteile

Von der Akteneinsicht sind nach Artikel 128 Absatz 4 folgende Aktenteile ausgeschlossen:

a) Unterlagen über die Frage der Ausschließung oder Ablehnung von Mitgliedern der Beschwerdekammern oder der Großen Beschwerdekammer;

b) Entwürfe zu Entscheidungen und Bescheiden sowie sonstige Schriftstücke, die der Vorbereitung von Entscheidungen und Bescheiden dienen und den Beteiligten nicht mitgeteilt werden;

(t) dates of interruption and resumption of proceedings in the case referred to in Rule 142;

(u) date of re-establishment of rights where an entry has been made under sub-paragraphs (n) or (r);

(v) the filing of a request for conversion under Article 135, paragraph 3;

(w) rights and transfer of such rights relating to an application or a European patent where these Implementing Regulations provide that they shall be recorded.

(x) date and purport of the decision on the request for limitation or revocation of the European patent;

(y) date and purport of the decision of the Enlarged Board of Appeal on the petition for review.

(2)[69] The President of the European Patent Office may decide that entries other than those referred to in paragraph 1 shall be made in the European Patent Register.

Rule 144[70]
Parts of the file excluded from inspection

The parts of the file excluded from inspection under Article 128, paragraph 4, shall be:

(a) the documents relating to the exclusion of or objections to members of the Boards of Appeal or of the Enlarged Board of Appeal;

(b) draft decisions and notices, and all other documents, used for the preparation of decisions and notices, which are not communicated to the parties;

---

[69] Siehe hierzu Beschluss des Präsidenten des EPA, Sonderausgabe Nr. 3, ABl. EPA 2007, E.1.
[70] Siehe hierzu den Beschluss des Präsidenten des EPA, Sonderausgabe Nr. 3, ABl. EPA 2007, J.3.

[69] See decision of the President of the EPO, Special edition No. 3, OJ EPO 2007, E.1.
[70] See decision of the President of the EPO, Special edition No. 3, OJ EPO 2007, J.3.

t) les dates de l'interruption et de la reprise de la procédure dans le cas visé à la règle 142 ;

u) la date du rétablissement dans un droit, pour autant qu'une mention a été inscrite en vertu des lettres n) ou r) ;

v) la présentation d'une requête en transformation conformément à l'article 135, paragraphe 3 ;

w) la constitution de droits sur la demande ou sur le brevet européen et le transfert de ces droits, pour autant que l'inscription de ces mentions est prévue par le présent règlement d'exécution ;

x) la date et la nature de la décision relative à la requête en limitation ou en révocation du brevet européen ;

y) la date et la nature de la décision de la Grande Chambre de recours relative à la requête en révision.

(2)[69] Le Président de l'Office européen des brevets peut prescrire que des mentions autres que celles prévues au paragraphe 1 seront inscrites au Registre européen des brevets.

Règle 144[70]
Pièces du dossier exclues de l'inspection publique

Art. 24, 81
R. 146

Sont exclues de l'inspection publique, en vertu de l'article 128, paragraphe 4, les pièces du dossier suivantes :

a) les pièces concernant l'abstention ou la récusation de membres des chambres de recours ou de la Grande Chambre de recours ;

b) les projets de décisions et de notifications, ainsi que toutes autres pièces qui servent à la préparation des décisions et des notifications et ne sont pas communiquées aux parties ;

---

[69] Cf. la décision du Président de l'OEB, Edition spéciale n° 3, JO OEB 2007, E.1.
[70] Cf. la décision du Président de l'OEB, Edition spéciale n° 3, JO OEB 2007, J.3.

c) die Erfindernennung, wenn der Erfinder nach Regel 20 Absatz 1 auf das Recht verzichtet hat, als Erfinder bekannt gemacht zu werden;

d) andere Schriftstücke, die vom Präsidenten des Europäischen Patentamts von der Einsicht ausgeschlossen werden, weil die Einsicht in diese Schriftstücke nicht dem Zweck dient, die Öffentlichkeit über die europäische Patentanmeldung oder das europäische Patent zu unterrichten.

Regel 145[71]
Durchführung der Akteneinsicht

(1) Die Einsicht in die Akten europäischer Patentanmeldungen und Patente wird in das Original oder in eine Kopie oder, wenn die Akten mittels anderer Medien gespeichert sind, in diese Medien gewährt.

(2) Der Präsident des Europäischen Patentamts bestimmt die Bedingungen der Einsichtnahme einschließlich der Fälle, in denen eine Verwaltungsgebühr zu entrichten ist.

Regel 146
Auskunft aus den Akten

Das Europäische Patentamt kann vorbehaltlich der in Artikel 128 Absätze 1 bis 4 und Regel 144 vorgesehenen Beschränkungen auf Antrag und gegen Entrichtung einer Verwaltungsgebühr Auskünfte aus den Akten europäischer Patentanmeldungen oder europäischer Patente erteilen. Das Europäische Patentamt kann jedoch verlangen, dass von der Möglichkeit der Akteneinsicht Gebrauch gemacht wird, wenn dies im Hinblick auf den Umfang der zu erteilenden Auskünfte zweckmäßig erscheint.

(c) the designation of the inventor, if he has waived his right to be mentioned under Rule 20, paragraph 1;

(d) any other document excluded from inspection by the President of the European Patent Office on the ground that such inspection would not serve the purpose of informing the public about the European patent application or the European patent.

Rule 145[71]
Procedures for the inspection of files

(1) Inspection of the files of European patent applications and patents shall either be of the original document, or of copies thereof, or of technical means of storage if the files are stored in this way.

(2) The President of the European Patent Office shall determine all file-inspection arrangements, including the circumstances in which an administrative fee is payable.

Rule 146
Communication of information contained in the files

Subject to the restrictions laid down in Article 128, paragraphs 1 to 4, and in Rule 144, the European Patent Office may, upon request, communicate information concerning any file relating to a European patent application or European patent, subject to the payment of an administrative fee. However, the European Patent Office may refer to the option of file inspection where it deems this to be appropriate in view of the quantity of information to be supplied.

---

[71] Siehe hierzu den Beschluss des Präsidenten des EPA, Sonderausgabe Nr. 3, ABl. EPA 2007, J.2.

[71] See decision of the President of the EPO, Special edition No. 3, OJ EPO 2007, J.2.

c) les pièces concernant la désignation de l'inventeur s'il a renoncé au droit d'être mentionné en tant que tel, en vertu de la règle 20, paragraphe 1 ;

d) toute autre pièce exclue de l'inspection publique par le Président de l'Office européen des brevets au motif que sa consultation ne répondrait pas aux fins d'information du public en ce qui concerne la demande de brevet européen ou le brevet européen.

Règle 145[71]
Modalités de l'inspection publique

Art. 128
R. 149

(1) L'inspection publique des dossiers de demandes de brevet européen et de brevets européens porte soit sur les pièces originales, soit sur des copies de ces pièces, soit sur des moyens techniques de stockage de données si les dossiers sont conservés sous cette forme.

(2) Le Président de l'Office européen des brevets arrête toutes les modalités de l'inspection publique, y compris les cas dans lesquels il y a lieu d'acquitter une taxe d'administration.

Règle 146
Communication d'informations contenues dans les dossiers

Sous réserve des restrictions prévues à l'article 128, paragraphes 1 à 4, et à la règle 144, l'Office européen des brevets peut, sur requête, communiquer des informations contenues dans les dossiers de demandes de brevet européen ou de brevets européens, moyennant le paiement d'une taxe d'administration. Toutefois, l'Office européen des brevets peut signaler la possibilité de recourir à l'inspection publique du dossier, s'il l'estime opportun en raison de la quantité des informations à fournir.

---

[71] Cf. la décision du Président de l'OEB, Edition spéciale n° 3, JO OEB 2007, J.2.

Rule 147[72]
Constitution, maintenance and preservation of files

(1) The European Patent Office shall constitute, maintain and preserve files relating to all European patent applications and patents.

(2) The President of the European Patent Office shall determine the form in which these files shall be constituted, maintained and preserved.

(3) Documents incorporated in an electronic file shall be considered to be originals.

(4) Any files shall be preserved for at least five years from the end of the year in which:

(a) the application is refused or withdrawn or is deemed to be withdrawn;

(b) the patent is revoked by the European Patent Office; or

(c) the patent or the corresponding protection under Article 63, paragraph 2, lapses in the last of the designated States.

(5) Without prejudice to paragraph 4, files relating to applications which have given rise to divisional applications under Article 76 or new applications under Article 61, paragraph 1(b), shall be preserved for at least the same period as the files relating to any one of these last applications. The same shall apply to files relating to any resulting European patents.

---

[72] See decision of the President of the EPO, Special edition No. 3, OJ EPO 2007, J.1.

Règle 147[72]
Constitution, tenue et conservation des dossiers   *Art. 128*

(1) L'Office européen des brevets constitue, tient et conserve des dossiers pour toutes les demandes de brevet européen et tous les brevets européens.

(2) Le Président de l'Office européen des brevets détermine la forme dans laquelle ces dossiers sont constitués, tenus et conservés.

(3) Les documents incorporés dans un dossier électronique sont considérés comme des originaux.

(4) Les dossiers sont conservés pendant cinq années au moins après l'expiration de l'année au cours de laquelle, selon le cas :

a) la demande a été rejetée, retirée ou réputée retirée ;

b) le brevet a été révoqué par l'Office européen des brevets ;

c) le brevet ou la protection correspondante visée à l'article 63, paragraphe 2, est venu à expiration dans le dernier des Etats désignés.

(5) Sans préjudice du paragraphe 4, les dossiers relatifs aux demandes ayant donné lieu au dépôt de demandes divisionnaires au sens de l'article 76, ou à de nouvelles demandes au sens de l'article 61, paragraphe 1 b), sont conservés pendant au moins la même durée que le dossier correspondant à l'une quelconque de ces dernières. Cela vaut également pour les dossiers relatifs aux brevets auxquels ces demandes ont donné lieu.

---

[72] Cf. la décision du Président de l'OEB, Edition spéciale n° 3, JO OEB 2007, J.1.

Kapitel X
Rechts- und Amtshilfe

Regel 148
Verkehr des Europäischen Patentamts mit Behörden der Vertragsstaaten

(1) Bei Mitteilungen, die sich aus der Anwendung dieses Übereinkommens ergeben, verkehren das Europäische Patentamt und die Zentralbehörden für den gewerblichen Rechtsschutz der Vertragsstaaten unmittelbar miteinander. Das Europäische Patentamt und die Gerichte sowie die übrigen Behörden der Vertragsstaaten können miteinander durch Vermittlung dieser Zentralbehörden verkehren.

(2) Die Kosten, die durch die Mitteilungen nach Absatz 1 entstehen, sind von der Behörde zu tragen, die die Mitteilungen gemacht hat; diese Mitteilungen sind gebührenfrei.

Regel 149
Akteneinsicht durch Gerichte und Behörden der Vertragsstaaten oder durch deren Vermittlung

(1) Die Einsicht in die Akten einer europäischen Patentanmeldung oder eines europäischen Patents durch Gerichte und Behörden der Vertragsstaaten wird in das Original oder in eine Kopie gewährt; Regel 145 ist nicht anzuwenden.

(2) Gerichte und Staatsanwaltschaften der Vertragsstaaten können in Verfahren, die bei ihnen anhängig sind, Dritten Einsicht in die vom Europäischen Patentamt übermittelten Akten oder Kopien der Akten gewähren. Die Akteneinsicht wird nach Maßgabe des Artikels 128 gewährt und ist gebührenfrei.

(3) Das Europäische Patentamt weist bei der Übermittlung der Akten auf die Beschränkungen hin, denen die Akteneinsicht durch Dritte nach Artikel 128 Absätze 1 und 4 unterworfen sein kann.

Chapter X
Legal and administrative co-operation

Rule 148
Communications between the European Patent Office and the authorities of the Contracting States

(1) Communications between the European Patent Office and the central industrial property offices of the Contracting States which arise out of the application of this Convention shall be effected directly between these authorities. Communications between the European Patent Office and the courts or other authorities of the Contracting States may be effected through the intermediary of the said central industrial property offices.

(2) Expenditure in respect of communications under paragraph 1 shall be borne by the authority making the communications, which shall be exempt from fees.

Rule 149
Inspection of files by or via courts or authorities of the Contracting States

(1) Inspection of the files of European patent applications or of European patents by courts or authorities of the Contracting States shall be of the original documents or of copies thereof; Rule 145 shall not apply.

(2) Courts or Public Prosecutors' offices of the Contracting States may, in the course of their proceedings, communicate to third parties files or copies thereof transmitted to them by the European Patent Office. Such communications shall be effected in accordance with Article 128 and shall not be subject to any fee.

(3) The European Patent Office shall, when transmitting the files, draw attention to the restrictions which may, under Article 128, paragraphs 1 and 4, apply to file inspection by third parties.

Chapitre X
Assistance judiciaire et administrative

Règle 148
Communications entre l'Office européen des brevets et les administrations des Etats contractants

Art. 130, 131

(1) L'Office européen des brevets et les services centraux de la propriété industrielle des Etats contractants correspondent directement lorsque les communications qu'ils échangent découlent de l'application de la présente convention. L'Office européen des brevets et les juridictions ou les autres administrations des Etats contractants peuvent correspondre par l'intermédiaire de ces services centraux.

(2) Les frais résultant de toute communication au titre du paragraphe 1 sont à la charge de l'administration qui a fait la communication ; ces communications ne donnent lieu à la perception d'aucune taxe.

Règle 149
Communication de dossiers aux juridictions et administrations des Etats contractants ou par leur intermédiaire

Art. 131

(1) La communication des dossiers de demandes de brevet européen ou de brevets européens aux juridictions et administrations des Etats contractants porte soit sur les pièces originales, soit sur des copies de ces pièces ; la règle 145 n'est pas applicable.

(2) Les juridictions et ministères publics des Etats contractants peuvent, au cours de procédures en instance devant eux, communiquer à des tiers les dossiers ou copies de dossiers qui leur sont transmis par l'Office européen des brevets. Ces communications sont faites conformément à l'article 128 et ne donnent lieu au paiement d'aucune taxe.

(3) Lorsqu'il transmet des dossiers, l'Office européen des brevets signale les restrictions auxquelles peut être soumise, conformément à l'article 128, paragraphes 1 et 4, la communication à des tiers d'un dossier.

Rule 150
Procedure for letters rogatory

(1) Each Contracting State shall designate a central authority to receive letters rogatory issued by the European Patent Office and to transmit them to the court or authority competent to execute them.

(2) The European Patent Office shall draw up letters rogatory in the language of the competent court or authority or shall attach to such letters rogatory a translation into that language.

(3) Subject to paragraphs 5 and 6, the competent court or authority shall apply national law as to the procedures to be followed in executing such requests and, in particular, as to the appropriate measures of compulsion.

(4) If the court or authority to which the letters rogatory are transmitted is not competent to execute them, the letters rogatory shall be sent forthwith to the central authority referred to in paragraph 1. That authority shall transmit the letters rogatory either to the competent court or authority in that State, or to the European Patent Office where no court or authority is competent in that State.

(5) The European Patent Office shall be informed of the time when, and the place where, the enquiry or other legal measure is to take place and shall inform the parties, witnesses and experts concerned.

(6) If so requested by the European Patent Office, the competent court or authority shall permit the attendance of members of the department concerned and allow them to question any person giving evidence either directly or through the competent court or authority.

Règle 150
Procédure des commissions rogatoires

Art. 117, 131

(1) Chaque Etat contractant désigne une administration centrale chargée de recevoir les commissions rogatoires émanant de l'Office européen des brevets et de les transmettre à la juridiction ou à l'administration compétente aux fins d'exécution.

(2) L'Office européen des brevets rédige les commissions rogatoires dans la langue de la juridiction ou de l'administration compétente ou joint une traduction dans cette langue.

(3) Sans préjudice des paragraphes 5 et 6, la juridiction ou l'administration compétente applique la législation nationale en ce qui concerne la procédure à suivre pour l'exécution des commissions rogatoires et notamment les moyens de contrainte appropriés.

(4) En cas d'incompétence de la juridiction ou de l'administration requise, la commission rogatoire est remise d'office et sans retard à l'administration centrale prévue au paragraphe 1. Celle-ci transmet la commission rogatoire à une autre juridiction ou administration compétente de cet Etat, ou à l'Office européen des brevets si aucune juridiction ou administration n'est compétente dans cet Etat.

(5) L'Office européen des brevets est informé de la date et du lieu où il sera procédé à l'instruction ou à toute autre mesure judiciaire, et il en informe les parties, témoins et experts concernés.

(6) Sur requête de l'Office européen des brevets, la juridiction ou l'administration compétente autorise les membres de l'instance concernée à assister à l'exécution et à interroger toute personne faisant une déposition soit directement, soit par l'intermédiaire de cette juridiction ou administration.

(7) Für die Erledigung von Rechtshilfeersuchen dürfen Gebühren und Auslagen irgendwelcher Art nicht erhoben werden. Der ersuchte Staat ist jedoch berechtigt, von der Organisation die Erstattung der an Sachverständige oder Dolmetscher gezahlten Entschädigung sowie der Auslagen zu verlangen, die durch das Verfahren nach Absatz 6 entstanden sind.

(8) Haben nach dem von dem zuständigen Gericht oder der zuständigen Behörde angewendeten Recht die Beteiligten selbst für die Aufnahme der Beweise zu sorgen und ist das Gericht oder die Behörde zur Erledigung des Rechtshilfeersuchens außerstande, so kann das Gericht oder die Behörde mit Einverständnis des Europäischen Patentamts eine geeignete Person mit der Erledigung beauftragen. Bei der Einholung des Einverständnisses gibt das zuständige Gericht oder die zuständige Behörde die ungefähre Höhe der Kosten an, die durch dieses Verfahren entstehen. Durch das Einverständnis des Europäischen Patentamts wird die Organisation verpflichtet, die entstehenden Kosten zu erstatten; andernfalls ist die Organisation zur Zahlung der Kosten nicht verpflichtet.

Kapitel XI
Vertretung

Regel 151[73]
Bestellung eines gemeinsamen Vertreters

(1) Wird eine europäische Patentanmeldung von mehreren Personen eingereicht und ist im Antrag auf Erteilung eines europäischen Patents kein gemeinsamer Vertreter bezeichnet, so gilt der Anmelder, der im Antrag als Erster genannt ist, als gemeinsamer Vertreter. Ist einer der Anmelder jedoch verpflichtet, einen zugelassenen Vertreter zu bestellen, so gilt dieser Vertreter als gemeinsamer Vertreter, sofern nicht der im Antrag als Erster genannte Anmelder einen zugelassenen Vertreter bestellt hat. Entsprechendes gilt für gemeinsame Patentinhaber und mehrere Personen, die gemeinsam Einspruch einlegen oder den Beitritt erklären.

(7) The execution of letters rogatory shall not give rise to any reimbursement of fees or costs of any nature. Nevertheless, the State in which letters rogatory are executed has the right to require the Organisation to reimburse any fees paid to experts or interpreters and the costs arising from the procedure under paragraph 6.

(8) If the law applied by the competent court or authority obliges the parties to secure evidence and the competent court or authority is not able itself to execute the letters rogatory, that court or authority may, with the consent of the European Patent Office, appoint a suitable person to do so. When seeking such consent, the competent court or authority shall indicate the approximate costs which would result from this procedure. If the European Patent Office gives its consent, the Organisation shall reimburse any costs incurred; otherwise, the Organisation shall not be liable for such costs.

Chapter XI
Representation

Rule 151[73]
Appointment of a common representative

(1) If there is more than one applicant and the request for grant of a European patent does not name a common representative, the applicant first named in the request shall be deemed to be the common representative. However, if one of the applicants is obliged to appoint a professional representative, this representative shall be deemed to be the common representative, unless the applicant first named has appointed a professional representative. The same shall apply to third parties acting in common in filing a notice of opposition or intervention and to joint proprietors of a European patent.

---

[73] Siehe hierzu Entscheidung der Großen Beschwerdekammer G 3/99 (Anhang I).

[73] See decision of the Enlarged Board of Appeal G 3/99 (Annex I).

(7) L'exécution de commissions rogatoires ne peut donner lieu au remboursement de taxes ou de frais de quelque nature que ce soit. Toutefois, l'Etat dans lequel les commissions rogatoires sont exécutées a le droit d'exiger de l'Organisation le remboursement des indemnités payées aux experts ou aux interprètes et des frais résultant de la procédure prévue au paragraphe 6.

(8) Si la législation appliquée par la juridiction ou l'administration compétente laisse aux parties le soin de réunir les preuves, et si cette juridiction ou administration n'est pas en mesure d'exécuter elle-même la commission rogatoire, elle peut, avec le consentement de l'Office européen des brevets, en charger une personne habilitée à cet effet. En demandant ce consentement, la juridiction ou l'administration compétente indique le montant approximatif des frais qui résulteraient de cette intervention. Le consentement de l'Office européen des brevets implique pour l'Organisation l'obligation de rembourser ces frais ; s'il n'a pas donné son consentement, l'Organisation n'est pas redevable de ces frais.

Chapitre XI
Représentation

Règle 151[73]
Désignation d'un représentant commun

Art. 59, 133

(1) Si une demande est déposée par plusieurs personnes et si la requête en délivrance du brevet européen ne désigne pas de représentant commun, le demandeur cité en premier lieu dans la requête est réputé être le représentant commun. Toutefois, si un des demandeurs est soumis à l'obligation de désigner un mandataire agréé, ce mandataire est réputé être le représentant commun, à moins que le demandeur cité en premier lieu n'ait lui-même désigné un mandataire agréé. Cela vaut également pour des tiers agissant conjointement pour former une opposition ou présenter une déclaration d'intervention, ainsi que pour des cotitulaires d'un brevet européen.

---

[73] Cf. la décision de la Grande Chambre de recours G 3/99 (Annexe I).

(2) If the European patent application is transferred to more than one person, and such persons have not appointed a common representative, paragraph 1 shall apply mutatis mutandis. If such application is not possible, the European Patent Office shall invite such persons to appoint a common representative within a period to be specified. If this invitation is not complied with, the European Patent Office shall appoint the common representative.

Rule 152
Authorisations

(1)[74] The President of the European Patent Office shall determine the cases in which a signed authorisation shall be filed by representatives acting before the European Patent Office.

(2) Where a representative fails to file such an authorisation, the European Patent Office shall invite him to do so within a period to be specified. The authorisation may cover one or more European patent applications or European patents and shall be filed in the corresponding number of copies.

(3) Where the requirements of Article 133, paragraph 2, have not been satisfied, the same period shall be specified for the appointment of a representative and the filing of the authorisation.

(4) A general authorisation may be filed enabling a representative to act in respect of all the patent transactions of a party. A single copy shall suffice.

(5) The President of the European Patent Office may determine the form and content of:

(a) an authorisation relating to the representation of persons under Article 133, paragraph 2;

(b) a general authorisation.

(6) If a required authorisation is not filed in due time, any procedural steps taken by the representative, other than the filing of a European patent application, shall be deemed not to have been taken, without prejudice to any other legal consequences provided for by this Convention.

---

[74] See decision of the President of the EPO, Special edition No. 3, OJ EPO 2007, L.1.

(2) Si la demande de brevet européen est transférée à plusieurs personnes et si ces personnes n'ont pas désigné de représentant commun, le paragraphe 1 est applicable. Si son application est impossible, l'Office européen des brevets invite les ayants droit à désigner ce représentant commun dans un délai qu'il leur impartit. S'il n'est pas déféré à cette invitation, l'Office européen des brevets désigne lui-même le représentant commun.

Règle 152
Pouvoir

Art. 90, 133, 134

(1)[74] Le Président de l'Office européen des brevets détermine les cas dans lesquels les mandataires agissant devant l'Office européen des brevets doivent déposer un pouvoir signé.

(2) Lorsqu'un mandataire ne dépose pas un tel pouvoir, l'Office européen des brevets l'invite à y remédier dans un délai qu'il lui impartit. Si le pouvoir est donné pour plusieurs demandes de brevet européen ou pour plusieurs brevets européens, il doit en être fourni un nombre correspondant d'exemplaires.

(3) S'il n'est pas satisfait aux exigences de l'article 133, paragraphe 2, le même délai est imparti pour la constitution d'un mandataire et pour le dépôt du pouvoir.

(4) Toute partie peut donner un pouvoir général autorisant un mandataire à la représenter pour toutes les affaires de brevet la concernant. Ce pouvoir peut n'être déposé qu'en un exemplaire.

(5) Le Président de l'Office européen des brevets peut prescrire la forme et le contenu :

a) du pouvoir déposé pour représenter une des personnes visées à l'article 133, paragraphe 2,

b) du pouvoir général.

(6) Si le pouvoir requis n'est pas déposé dans les délais, les actes accomplis par le mandataire, à l'exception du dépôt d'une demande de brevet européen, sont réputés non avenus, sans préjudice d'autres conséquences juridiques prévues par la présente convention.

---

[74] Cf. la décision du Président de l'OEB, Edition spéciale n° 3, JO OEB 2007, L.1.

(7) Die Absätze 2 und 4 sind auf den Widerruf von Vollmachten anzuwenden.

(8) Ein Vertreter gilt so lange als bevollmächtigt, bis das Erlöschen seiner Vollmacht dem Europäischen Patentamt angezeigt worden ist.

(9) Sofern die Vollmacht nichts anderes bestimmt, erlischt sie gegenüber dem Europäischen Patentamt nicht mit dem Tod des Vollmachtgebers.

(10) Hat ein Beteiligter mehrere Vertreter bestellt, so sind diese ungeachtet einer abweichenden Bestimmung in der Anzeige über ihre Bestellung oder in der Vollmacht berechtigt, sowohl gemeinschaftlich als auch einzeln zu handeln.

(11) Die Bevollmächtigung eines Zusammenschlusses von Vertretern gilt als Bevollmächtigung für jeden Vertreter, der den Nachweis erbringt, dass er in diesem Zusammenschluss tätig ist.

Regel 153
Zeugnisverweigerungsrecht des Vertreters

(1) Wird ein zugelassener Vertreter in ebendieser Eigenschaft zurate gezogen, so sind in Verfahren vor dem Europäischen Patentamt alle diesbezüglichen Mitteilungen zwischen dem Vertreter und seinem Mandanten oder Dritten, die unter Artikel 2 der Vorschriften in Disziplinarangelegenheiten von zugelassenen Vertretern fallen, auf Dauer von der Offenlegung befreit, sofern der Mandant darauf nicht ausdrücklich verzichtet.

(2) Von der Offenlegung befreit sind insbesondere Mitteilungen und Unterlagen in Bezug auf:

a) die Beurteilung der Patentierbarkeit einer Erfindung;

b) die Erstellung oder Bearbeitung einer europäischen Patentanmeldung;

c) Stellungnahmen zu Gültigkeit, Schutzbereich oder Verletzung eines europäischen Patents oder einer europäischen Patentanmeldung.

(7) Paragraphs 2 and 4 shall apply to the withdrawal of an authorisation.

(8) A representative shall be deemed to be authorised until the termination of his authorisation has been communicated to the European Patent Office.

(9) Unless it expressly provides otherwise, an authorisation shall not terminate vis-à-vis the European Patent Office upon the death of the person who gave it.

(10) If a party appoints several representatives, they may act either jointly or singly, notwithstanding any provisions to the contrary in the communication of their appointment or in the authorisation.

(11) The authorisation of an association of representatives shall be deemed to be an authorisation of any representative who can provide evidence that he practises within that association.

Rule 153
Attorney evidentiary privilege

(1) Where advice is sought from a professional representative in his capacity as such, all communications between the professional representative and his client or any other person, relating to that purpose and falling under Article 2 of the Regulation on discipline for professional representatives, are permanently privileged from disclosure in proceedings before the European Patent Office, unless such privilege is expressly waived by the client.

(2) Such privilege from disclosure shall apply, in particular, to any communication or document relating to:

(a) the assessment of the patentability of an invention;

(b) the preparation or prosecution of a European patent application;

(c) any opinion relating to the validity, scope of protection or infringement of a European patent or a European patent application.

(7) Les paragraphes 2 et 4 sont applicables à la révocation du pouvoir.

(8) Un mandataire est réputé être mandaté aussi longtemps que la cessation de son mandat n'a pas été notifiée à l'Office européen des brevets.

(9) Sauf s'il en dispose autrement, le pouvoir ne prend pas fin, à l'égard de l'Office européen des brevets, au décès du mandant.

(10) Si une partie désigne plusieurs mandataires, ceux-ci, nonobstant toute disposition contraire de l'avis de leur constitution ou du pouvoir, peuvent agir soit en commun, soit séparément.

(11) La désignation d'un groupement de mandataires est réputée conférer pouvoir d'agir à tout mandataire qui peut prouver qu'il exerce au sein du groupement.

Règle 153
Droit de ne pas divulguer les communications entre un mandataire agréé et son mandant

Art. 133, 134, 134a/bis

(1) Lorsqu'un mandataire agréé est consulté en cette qualité, il ne peut en aucun cas être contraint, dans les procédures devant l'Office européen des brevets, de divulguer les communications échangées à ce propos entre lui et son mandant ou toute autre personne et relevant de l'article 2 du règlement en matière de discipline des mandataires agréés, à moins que le mandant n'ait expressément renoncé à ce droit.

(2) Sont notamment concernés toute communication ou tout document portant sur :

a) l'appréciation de la brevetabilité d'une invention ;

b) la préparation de la demande de brevet européen ou la procédure y relative ;

c) tout avis concernant la validité, l'étendue de la protection ou la contrefaçon de l'objet d'un brevet européen ou d'une demande de brevet européen.

Regel 154
Änderungen in der Liste der Vertreter

(1) Die Eintragung des zugelassenen Vertreters in der Liste der zugelassenen Vertreter wird gelöscht, wenn der zugelassene Vertreter dies beantragt oder trotz wiederholter Mahnung den Jahresbeitrag an das Institut bis Ende September des Jahres, für das der Beitrag fällig ist, nicht entrichtet hat.

(2) Unbeschadet der nach Artikel 134a Absatz 1 c) getroffenen Disziplinarmaßnahmen wird die Eintragung eines zugelassenen Vertreters von Amts wegen nur gelöscht:

a) im Fall seines Todes oder bei fehlender Geschäftsfähigkeit;

b) wenn er nicht mehr die Staatsangehörigkeit eines Vertragsstaats besitzt, sofern ihm nicht Befreiung nach Artikel 134 Absatz 7 a) erteilt wurde;

c) wenn er seinen Geschäftssitz oder Arbeitsplatz nicht mehr in einem Vertragsstaat hat.

(3) Eine nach Artikel 134 (2) oder (3) in die Liste der zugelassenen Vertreter eingetragene Person, deren Eintragung gelöscht worden ist, wird auf Antrag wieder in die Liste eingetragen, wenn die Voraussetzungen für die Löschung entfallen sind.

Rule 154
Amendment of the list of professional representatives

(1) The entry of a professional representative shall be deleted from the list of professional representatives if he so requests or if, despite repeated reminders, he fails to pay the annual subscription to the Institute before the end of September of the year for which the subscription is due.

(2) Without prejudice to any disciplinary measures taken under Article 134a, paragraph 1(c), the entry of a professional representative may be deleted ex officio only:

(a) in the event of his death or legal incapacity;

(b) where he is no longer a national of one of the Contracting States, unless he was granted an exemption under Article 134, paragraph 7(a);

(c) where he no longer has his place of business or employment within one of the Contracting States.

(3) Any person entered on the list of professional representatives under Article 134, paragraphs (2) or (3), whose entry has been deleted shall, upon request, be re-entered on that list if the conditions for deletion no longer exist.

Règle 154
Modification de la liste des mandataires agréés

(1) Tout mandataire agréé est radié de la liste des mandataires agréés sur sa requête ou si, en dépit de rappels répétés, il n'a pas acquitté la cotisation annuelle à l'Institut avant la fin du mois de septembre de l'année pour laquelle la cotisation était due.

(2) Sans préjudice des mesures disciplinaires prises conformément à l'article 134bis, paragraphe 1 c), un mandataire agréé ne peut être radié d'office que :

a) en cas de décès ou d'incapacité ;

b) s'il ne possède plus la nationalité d'un Etat contractant, à moins qu'il n'ait obtenu une dérogation en vertu de l'article 134, paragraphe 7 a) ;

c) s'il n'a plus son domicile professionnel ou le lieu de son emploi dans l'un des Etats contractants.

(3) Toute personne qui a été inscrite sur la liste des mandataires agréés en vertu de l'article 134, paragraphe 2 ou 3, et qui en est radiée, est sur requête réinscrite sur cette liste si les motifs qui ont conduit à sa radiation n'existent plus.

PART VIII
IMPLEMENTING REGULATIONS TO PART VIII OF THE CONVENTION

Rule 155
Filing and transmission of the request for conversion

(1) The request for conversion referred to in Article 135, paragraph 1(a) or (b), shall be filed within three months of the withdrawal of the European patent application, or of the communication that the application is deemed to be withdrawn, or of the decision refusing the application or revoking the European patent. The effect of the European patent application under Article 66 shall lapse if the request is not filed in due time.

(2) When transmitting the request for conversion to the central industrial property offices of the Contracting States specified in the request, the central industrial property office concerned or the European Patent Office shall attach to the request a copy of the file relating to the European patent application or European patent.

(3) Article 135, paragraph 4, shall apply if the request for conversion referred to in Article 135, paragraphs 1(a) or (2), is not transmitted before the expiry of a period of twenty months from the date of filing or, if priority has been claimed, the date of priority.

Rule 156
Information to the public in the event of conversion

(1) The documents accompanying the request for conversion under Rule 155, paragraph 2, shall be made available to the public by the central industrial property office under the same conditions and to the same extent as documents relating to national proceedings.

(2) The printed specification of the national patent resulting from the conversion of a European patent application shall mention that application.

HUITIÈME PARTIE
DISPOSITIONS D'APPLICATION DE LA HUITIÈME PARTIE DE LA CONVENTION

Règle 155
Présentation et transmission de la requête en transformation

Art. 137, 140
R. 112, 156

(1) La requête en transformation visée à l'article 135, paragraphe 1 a) et b), doit être présentée dans un délai de trois mois à compter soit du retrait de la demande de brevet européen, soit de la notification signalant que la demande est réputée retirée, soit de la décision de rejet de la demande ou de révocation du brevet européen. La demande de brevet européen cesse de produire les effets visés à l'article 66 si la requête n'est pas présentée dans les délais.

(2) Lorsqu'il transmet la requête en transformation aux services centraux de la propriété industrielle des Etats contractants qui y sont mentionnés, le service central concerné ou l'Office européen des brevets joint à la requête une copie du dossier de la demande de brevet européen ou du brevet européen.

(3) L'article 135, paragraphe 4, s'applique si la requête en transformation visée à l'article 135, paragraphes 1 a) et 2, n'est pas transmise avant l'expiration d'un délai de vingt mois à compter de la date de dépôt ou, si une priorité a été revendiquée, de la date de priorité.

Règle 156
Information du public en cas de transformation

Art. 135, 140

(1) Les pièces jointes à la requête en transformation, conformément à la règle 155, paragraphe 2, sont mises à la disposition du public par le service central national de la propriété industrielle dans les mêmes conditions et dans les mêmes limites que les pièces relatives à la procédure nationale.

(2) Le fascicule du brevet national résultant de la transformation d'une demande de brevet européen doit faire mention de cette demande.

NEUNTER TEIL
AUSFÜHRUNGSVORSCHRIFTEN ZUM ZEHNTEN TEIL DES ÜBEREINKOMMENS

Regel 157
Das Europäische Patentamt als Anmeldeamt

(1) Das Europäische Patentamt ist als Anmeldeamt im Sinne des PCT zuständig, wenn der Anmelder Staatsangehöriger eines Vertragsstaats dieses Übereinkommens und des PCT ist oder dort seinen Wohnsitz oder Sitz hat. Wählt der Anmelder das Europäische Patentamt als Anmeldeamt, so ist die internationale Anmeldung unbeschadet des Absatzes 3 unmittelbar beim Europäischen Patentamt einzureichen. Artikel 75 Absatz 2 ist entsprechend anzuwenden.

(2) Wird das Europäische Patentamt als Anmeldeamt nach dem PCT tätig, so ist die internationale Anmeldung in deutscher, englischer oder französischer Sprache einzureichen. Der Präsident des Europäischen Patentamts kann bestimmen, dass die internationale Anmeldung und dazugehörige Unterlagen in mehreren Stücken einzureichen sind.

(3) Wird eine internationale Anmeldung bei einer Behörde eines Vertragsstaats zur Weiterleitung an das Europäische Patentamt als Anmeldeamt eingereicht, so hat der Vertragsstaat dafür zu sorgen, dass die Anmeldung beim Europäischen Patentamt spätestens zwei Wochen vor Ablauf des dreizehnten Monats nach ihrer Einreichung oder, wenn eine Priorität in Anspruch genommen wird, nach dem Prioritätstag eingeht.

(4) Für die internationale Anmeldung ist die Übermittlungsgebühr innerhalb eines Monats nach Einreichung der Anmeldung zu entrichten.

PART IX
IMPLEMENTING REGULATIONS TO PART X OF THE CONVENTION

Rule 157
The European Patent Office as a receiving Office

(1) The European Patent Office shall be competent to act as a receiving Office within the meaning of the PCT if the applicant is a resident or national of a Contracting State to this Convention and to the PCT. Without prejudice to paragraph 3, if the applicant chooses the European Patent Office as a receiving Office, the international application shall be filed directly with the European Patent Office. Article 75, paragraph 2, shall apply mutatis mutandis.

(2) Where the European Patent Office acts as a receiving Office under the PCT, the international application shall be filed in English, French or German. The President of the European Patent Office may determine that the international application and any related item shall be filed in more than one copy.

(3) If an international application is filed with an authority of a Contracting State for transmittal to the European Patent Office as the receiving Office, the Contracting State shall ensure that the application reaches the European Patent Office not later than two weeks before the end of the thirteenth month from filing or, if priority is claimed, from the date of priority.

(4) The transmittal fee for the international application shall be paid within one month of filing the application.

NEUVIÈME PARTIE
DISPOSITIONS D'APPLICATION DE LA DIXIÈME PARTIE DE LA CONVENTION

Règle 157
L'Office européen des brevets agissant en qualité d'office récepteur

Art. 150, 151

(1) L'Office européen des brevets est compétent pour agir en qualité d'office récepteur au sens du PCT, lorsque le demandeur a la nationalité d'un Etat partie à la présente convention et au PCT ou y a son domicile ou son siège. Si le demandeur choisit l'Office européen des brevets en qualité d'office récepteur, la demande internationale doit, sans préjudice du paragraphe 3, être déposée directement auprès de l'Office européen des brevets. L'article 75, paragraphe 2, est applicable.

(2) Lorsque l'Office européen des brevets agit en qualité d'office récepteur au sens du PCT, la demande internationale doit être déposée en allemand, en anglais ou en français. Le Président de l'Office européen des brevets peut décider que la demande internationale et toute pièce y afférente doivent être déposées en plus d'un exemplaire.

(3) Si une demande internationale est déposée auprès d'une administration d'un Etat contractant en vue de sa transmission à l'Office européen des brevets agissant en qualité d'office récepteur, l'Etat contractant prend toutes mesures utiles pour que la demande parvienne à l'Office européen des brevets au plus tard deux semaines avant l'expiration du treizième mois à compter de son dépôt ou, si une priorité est revendiquée, de la date de priorité.

(4) La taxe de transmission afférente à la demande internationale doit être acquittée dans un délai d'un mois à compter du dépôt de la demande.

Regel 158
Das Europäische Patentamt als Internationale Recherchenbehörde oder als mit der internationalen vorläufigen Prüfung beauftragte Behörde

(1) Im Fall des Artikels 17 Absatz 3 a) PCT ist für jede weitere Erfindung, für die eine internationale Recherche durchzuführen ist, eine zusätzliche internationale Recherchengebühr zu entrichten.

(2) Im Fall des Artikels 34 Absatz 3 a) PCT ist für jede weitere Erfindung, für die eine internationale vorläufige Prüfung durchzuführen ist, eine zusätzliche Gebühr für diese Prüfung zu entrichten.

(3)[75] Ist eine zusätzliche Gebühr unter Widerspruch entrichtet worden, so nimmt das Europäische Patentamt die Prüfung des Widerspruchs nach Regel 40.2 c) bis e) oder Regel 68.3 c) bis e) PCT vorbehaltlich der Zahlung der vorgeschriebenen Widerspruchsgebühr vor. Weitere Einzelheiten des Verfahrens bestimmt der Präsident des Europäischen Patentamts.

Regel 159
Das Europäische Patentamt als Bestimmungsamt oder ausgewähltes Amt - Erfordernisse für den Eintritt in die europäische Phase

(1) Für eine internationale Anmeldung nach Artikel 153 hat der Anmelder innerhalb von einunddreißig Monaten nach dem Anmeldetag oder, wenn eine Priorität in Anspruch genommen worden ist, nach dem Prioritätstag die folgenden Handlungen vorzunehmen:

a) die gegebenenfalls nach Artikel 153 Absatz 4 erforderliche Übersetzung der internationalen Anmeldung einzureichen;

b) die Anmeldungsunterlagen anzugeben, die dem europäischen Erteilungsverfahren in der ursprünglich eingereichten oder in geänderter Fassung zugrunde zu legen sind;

Rule 158
The European Patent Office as an International Searching Authority or International Preliminary Examining Authority

(1) In the case of Article 17, paragraph 3(a) PCT, an additional international search fee shall be paid for each further invention for which an international search is to be carried out.

(2) In the case of Article 34, paragraph 3(a) PCT, an additional fee for international preliminary examination shall be paid for each further invention for which the international preliminary examination is to be carried out.

(3)[75] Where an additional fee has been paid under protest, the European Patent Office shall examine the protest in accordance with Rule 40.2(c) to (e) or Rule 68.3(c) to (e) PCT, subject to payment of the prescribed protest fee. Further details concerning the procedure shall be determined by the President of the European Patent Office.

Rule 159
The European Patent Office as a designated or elected Office – Requirements for entry into the European phase

(1) In respect of an international application under Article 153, the applicant shall perform the following acts within thirty-one months from the date of filing of the application or, if priority has been claimed, from the priority date:

(a) supply, where applicable, the translation of the international application required under Article 153, paragraph 4;

(b) specify the application documents, as originally filed or as amended, on which the European grant procedure is to be based;

---

[75] Siehe hierzu den Beschluss des Präsidenten des EPA, Sonderausgabe Nr. 3, ABl. EPA 2007, N.1., und die Mitteilung des EPA, Sonderausgabe Nr. 3, ABl. EPA 2007, N.2.

[75] See decision of the President of the EPO, Special edition No. 3, OJ EPO 2007, N.1., and the Notice of the EPO, Special edition No. 3, OJ EPO 2007, N.2.

Verweisungen/References/Références

Règle 158
L'Office européen des brevets agissant en qualité d'administration chargée de la recherche internationale ou d'administration chargée de l'examen préliminaire international

Art. 35, 152

(1) Dans le cas visé à l'article 17, paragraphe 3 a) PCT, une taxe additionnelle de recherche internationale doit être acquittée pour chacune des autres inventions devant faire l'objet d'une recherche internationale.

(2) Dans le cas visé à l'article 34, paragraphe 3 a) PCT, une taxe additionnelle d'examen préliminaire international doit être acquittée pour chacune des autres inventions devant faire l'objet d'un examen préliminaire international.

(3)[75] Lorsqu'une taxe additionnelle a été acquittée sous réserve, l'Office européen des brevets examine la réserve conformément à la règle 40.2c) à e) ou à la règle 68.3c) à e) PCT, moyennant le paiement de la taxe de réserve prescrite. Le Président de l'Office européen des brevets arrête les autres modalités de cette procédure.

Règle 159
L'Office européen des brevets agissant en qualité d'office désigné ou élu - Exigences à satisfaire pour l'entrée dans la phase européenne

Art. 35, 150, 153
R. 10, 160-163

(1) Dans le cas d'une demande internationale visée à l'article 153, le demandeur doit effectuer les actes énumérés ci-après dans un délai de trente et un mois à compter de la date de dépôt de la demande ou, si une priorité a été revendiquée, de la date de priorité :

a) remettre, le cas échéant, la traduction de la demande internationale requise en vertu de l'article 153, paragraphe 4 ;

b) préciser les pièces de la demande, telles que déposées ou modifiées, sur lesquelles la procédure de délivrance européenne doit se fonder ;

---

[75] Cf. la décision du Président de l'OEB, Edition spéciale n° 3, JO OEB 2007, N.1 et le communiqué de l'OEB, Edition spéciale n° 3, JO OEB 2007, N.2.

c) die Anmeldegebühr nach Artikel 78 Absatz 2 zu entrichten;

d)[76] die Benennungsgebühren zu entrichten, wenn die Frist nach Regel 39 Absatz 1 früher abläuft;

e) die Recherchengebühr zu entrichten, wenn ein ergänzender europäischer Recherchenbericht erstellt werden muss;

f) den Prüfungsantrag nach Artikel 94 zu stellen, wenn die Frist nach Regel 70 Absatz 1 früher abläuft;

g) die Jahresgebühr für das dritte Jahr nach Artikel 86 Absatz 1 zu entrichten, wenn diese Gebühr nach Regel 51 Absatz 1 früher fällig wird;

h) gegebenenfalls die Ausstellungsbescheinigung nach Artikel 55 Absatz 2 und Regel 25 einzureichen.

(2) Für Entscheidungen des Europäischen Patentamts nach Artikel 25 Absatz 2 a) PCT sind die Prüfungsabteilungen zuständig.

Regel 160
Folgen der Nichterfüllung bestimmter Erfordernisse

(1) Wird die Übersetzung der internationalen Anmeldung nicht rechtzeitig eingereicht oder der Prüfungsantrag nicht rechtzeitig gestellt oder wird die Anmeldegebühr oder die Recherchengebühr nicht rechtzeitig entrichtet oder wird keine Benennungsgebühr rechtzeitig entrichtet, so gilt die europäische Patentanmeldung als zurückgenommen.

(2)[77] Die Benennung eines Vertragsstaats, für den die Benennungsgebühr nicht rechtzeitig entrichtet worden ist, gilt als zurückgenommen.

(3) Stellt das Europäische Patentamt fest, dass die Anmeldung oder die Benennung eines Vertragsstaats nach Absatz 1 oder 2 als zurückgenommen gilt, so teilt es dies dem Anmelder mit. Regel 112 Absatz 2 ist entsprechend anzuwenden.

(c) pay the filing fee provided for in Article 78, paragraph 2;

(d)[76] pay the designation fees if the period under Rule 39 has expired earlier;

(e) pay the search fee, where a supplementary European search report has to be drawn up;

(f) file the request for examination provided for in Article 94, if the period under Rule 70, paragraph 1, has expired earlier;

(g) pay the renewal fee in respect of the third year provided for in Article 86, paragraph 1, if the fee has fallen due earlier under Rule 51, paragraph 1;

(h) file, where applicable, the certificate of exhibition referred to in Article 55, paragraph 2, and Rule 25.

(2) The Examining Division shall be competent to take decisions of the European Patent Office under Article 25, paragraph 2(a) PCT.

Rule 160
Consequences of non-fulfilment of certain requirements

(1) If either the translation of the international application or the request for examination is not filed in due time, or if the filing fee or the search fee is not paid in due time, or if no designation fee is paid in due time, the European patent application shall be deemed to be withdrawn.

(2)[77] The designation of any Contracting State in respect of which the designation fee has not been paid in due time shall be deemed to be withdrawn.

(3) If the European Patent Office notes that the application or the designation of a Contracting State is deemed to be withdrawn under paragraph 1 or 2, it shall communicate this to the applicant. Rule 112, paragraph 2, shall apply mutatis mutandis.

---

[76] Siehe hierzu Stellungnahme der Großen Beschwerdekammer G 4/98 (Anhang I).
[77] Siehe hierzu Stellungnahme der Großen Beschwerdekammer G 4/98 (Anhang I).

[76] See opinion of the Enlarged Board of Appeal G 4/98 (Annex I).
[77] See opinion of the Enlarged Board of Appeal G 4/98 (Annex I).

c) payer la taxe de dépôt prévue à l'article 78, paragraphe 2 ;

d)[76] payer les taxes de désignation si le délai prévu à la règle 39 a expiré plus tôt ;

e) payer la taxe de recherche lorsqu'un rapport complémentaire de recherche européenne doit être établi ;

f) présenter la requête en examen prévue à l'article 94 si le délai visé à la règle 70, paragraphe 1, a expiré plus tôt ;

g) payer la taxe annuelle due pour la troisième année, prévue à l'article 86, paragraphe 1, si cette taxe est exigible plus tôt conformément à la règle 51, paragraphe 1 ;

h) produire, le cas échéant, l'attestation d'exposition visée à l'article 55, paragraphe 2, et à la règle 25.

(2) Les divisions d'examen sont compétentes pour prendre les décisions prévues à l'article 25, paragraphe 2 a) PCT.

Règle 160
Conséquences de l'inobservation de certaines conditions

Art. 153
R. 159

(1) Si la traduction de la demande internationale n'est pas produite dans les délais, si la requête en examen n'est pas présentée dans les délais, si la taxe de dépôt ou la taxe de recherche n'est pas acquittée dans les délais ou s'il n'est pas acquitté de taxe de désignation dans les délais, la demande de brevet européen est réputée retirée.

(2)[77] La désignation de tout Etat contractant pour lequel la taxe de désignation n'a pas été acquittée dans les délais est réputée retirée.

(3) Si l'Office européen des brevets constate que la demande ou la désignation d'un Etat contractant est réputée retirée en vertu du paragraphe 1 ou 2, il le notifie au demandeur. La règle 112, paragraphe 2, est applicable.

---

[76] Cf. l'avis de la Grande Chambre de recours G 4/98 (Annexe I).

[77] Cf. l'avis de la Grande Chambre de recours G 4/98 (Annexe I).

Regel 161
Änderung der Anmeldung

Unbeschadet der Regel 137 Absätze 2 bis 4 kann die Anmeldung innerhalb eines Monats nach einer entsprechenden Mitteilung an den Anmelder einmal geändert werden. Die geänderte Anmeldung wird einer nach Artikel 153 Absatz 7 erforderlichen ergänzenden Recherche zugrunde gelegt.

Regel 162
Gebührenpflichtige Patentansprüche

(1) Enthalten die Anmeldungsunterlagen, die dem europäischen Erteilungsverfahren zugrunde zu legen sind, mehr als zehn Ansprüche, so ist für den elften und jeden weiteren Anspruch innerhalb der Frist nach Regel 159 Absatz 1 eine Anspruchsgebühr zu entrichten.

(2) Werden die Anspruchsgebühren nicht rechtzeitig entrichtet, so können sie noch innerhalb eines Monats nach einer Mitteilung über die Fristversäumung entrichtet werden. Werden innerhalb dieser Frist geänderte Ansprüche eingereicht, so werden die Anspruchsgebühren auf der Grundlage der geänderten Ansprüche berechnet.

(3) Anspruchsgebühren, die innerhalb der Frist nach Absatz 1 entrichtet werden und die nach Absatz 2 Satz 2 fälligen Gebühren übersteigen, werden zurückerstattet.

(4) Wird eine Anspruchsgebühr nicht rechtzeitig entrichtet, so gilt dies als Verzicht auf den entsprechenden Patentanspruch.

Rule 161
Amendment of the application

Without prejudice to Rule 137, paragraphs 2 to 4, the application may be amended once, within one month from a communication informing the applicant accordingly. The application as amended shall serve as the basis for any supplementary search which has to be performed under Article 153, paragraph 7.

Rule 162
Claims incurring fees

(1) If the application documents on which the European grant procedure is to be based comprise more than ten claims, a claims fee shall be paid for the eleventh and each subsequent claim within the period under Rule 159, paragraph 1.

(2) If the claims fees are not paid in due time, they may still be paid within one month from a communication concerning the failure to observe the time limit. If within this period amended claims are filed, the claims fees due shall be computed on the basis of such amended claims.

(3) Any claims fees paid within the period under paragraph 1 and in excess of those due under paragraph 2, second sentence, shall be refunded.

(4) Where a claims fee is not paid in due time, the claim concerned shall be deemed to be abandoned.

Règle 161
Modification de la demande   *Art. 123*

Sans préjudice de la règle 137, paragraphes 2 à 4, la demande peut être modifiée une seule fois, dans un délai d'un mois à compter de la notification en informant le demandeur. La demande modifiée sert de base à toute recherche complémentaire devant être effectuée conformément à l'article 153, paragraphe 7.

Règle 162
Revendications donnant lieu au paiement de taxes   *Art. 153*
R. 45

(1) Si les pièces de la demande sur lesquelles la procédure de délivrance européenne doit se fonder comportent plus de dix revendications, une taxe de revendication doit être acquittée pour chaque revendication à partir de la onzième dans le délai prévu à la règle 159, paragraphe 1.

(2) Si les taxes de revendication ne sont pas acquittées dans les délais, elles peuvent encore l'être dans un délai d'un mois à compter de la notification signalant que le délai n'a pas été observé. Si des revendications modifiées sont produites dans ce délai, les taxes de revendication exigibles sont calculées sur la base de ces revendications modifiées.

(3) Les taxes de revendication acquittées dans le délai prévu au paragraphe 1 en sus de celles exigibles conformément au paragraphe 2, deuxième phrase, sont remboursées.

(4) Si une taxe de revendication n'est pas acquittée dans les délais, la revendication correspondante est réputée abandonnée.

Regel 163
Prüfung bestimmter Formerfordernisse durch das Europäische Patentamt

(1) Sind die Angaben über den Erfinder nach Regel 19 Absatz 1 nicht innerhalb der Frist nach Regel 159 Absatz 1 mitgeteilt worden, so fordert das Europäische Patentamt den Anmelder auf, die Angaben innerhalb von zwei Monaten zu machen.

(2) Wird die Priorität einer früheren Anmeldung in Anspruch genommen und ist das Aktenzeichen der früheren Anmeldung oder deren Abschrift nach Regel 52 Absatz 1 und Regel 53 nicht innerhalb der Frist nach Regel 159 Absatz 1 eingereicht worden, so fordert das Europäische Patentamt den Anmelder auf, das Aktenzeichen oder die Abschrift innerhalb von zwei Monaten einzureichen. Regel 53 Absätze 2 und 3 ist anzuwenden.

(3) Liegt dem Europäischen Patentamt bei Ablauf der in Regel 159 Absatz 1 genannten Frist ein dem Standard der Verwaltungsvorschriften zum PCT entsprechendes Sequenzprotokoll nicht vor, so wird der Anmelder aufgefordert, innerhalb von zwei Monaten ein Sequenzprotokoll einzureichen, das den vom Präsidenten des Europäischen Patentamts erlassenen Vorschriften entspricht. Regel 30 Absätze 2 und 3 ist entsprechend anzuwenden.

(4) Liegt bei Ablauf der in Regel 159 Absatz 1 genannten Frist die Anschrift, die Staatsangehörigkeit oder der Wohnsitz bzw. Sitz eines Anmelders nicht vor, so fordert das Europäische Patentamt den Anmelder auf, diese Angaben innerhalb von zwei Monaten nachzureichen.

(5) Sind bei Ablauf der in Regel 159 Absatz 1 genannten Frist die Erfordernisse des Artikels 133 Absatz 2 nicht erfüllt, so fordert das Europäische Patentamt den Anmelder auf, innerhalb von zwei Monaten einen zugelassenen Vertreter zu bestellen.

(6) Werden die in den Absätzen 1, 4 und 5 genannten Mängel nicht rechtzeitig beseitigt, so wird die europäische Patentanmeldung zurückgewiesen. Wird der in Absatz 2 genannte Mangel nicht rechtzeitig beseitigt, so geht das Prioritätsrecht für die Anmeldung verloren.

Rule 163
Examination of certain formal requirements by the European Patent Office

(1) Where the designation of the inventor under Rule 19, paragraph 1, has not yet been made within the period under Rule 159, paragraph 1, the European Patent Office shall invite the applicant to make the designation within two months.

(2) Where the priority of an earlier application is claimed and the file number of the previous application or the copy thereof provided for in Rule 52, paragraph 1, and Rule 53 have not yet been submitted within the period under Rule 159, paragraph 1, the European Patent Office shall invite the applicant to furnish that number or copy within two months. Rule 53, paragraphs 2 and 3, shall apply.

(3) Where, at the expiry of the period under Rule 159, paragraph 1, a sequence listing complying with the standard provided for in the Administrative Instructions under the PCT is not available to the European Patent Office, the applicant shall be invited to file a sequence listing complying with the rules laid down by the President of the European Patent Office within two months. Rule 30, paragraphs 2 and 3, shall apply mutatis mutandis.

(4) Where, at the expiry of the period under Rule 159, paragraph 1, the address, the nationality or the State in which his residence or principal place of business is located is missing in respect of any applicant, the European Patent Office shall invite the applicant to furnish these indications within two months.

(5) Where, at the expiry of the period under Rule 159, paragraph 1, the requirements of Article 133, paragraph 2, have not been satisfied, the European Patent Office shall invite the applicant to appoint a professional representative within two months.

(6) If the deficiencies noted under paragraphs 1, 4 or 5 are not corrected in due time, the European patent application shall be refused. If the deficiency noted under paragraph 2 is not corrected in due time, the right of priority shall be lost for the application.

Verweisungen/References/Références

Règle 163
Examen de certaines conditions de forme par l'Office européen des brevets

Art. 81, 88, 153

(1) Si la désignation de l'inventeur prévue à la règle 19, paragraphe 1, n'a pas été effectuée dans le délai prévu à la règle 159, paragraphe 1, l'Office européen des brevets invite le demandeur à effectuer cette désignation dans un délai de deux mois.

(2) Si la priorité d'une demande antérieure est revendiquée et que le numéro de dépôt ou la copie de la demande antérieure prévus à la règle 52, paragraphe 1, et à la règle 53 n'ont pas encore été produits dans le délai prévu à la règle 159, paragraphe 1, l'Office européen des brevets invite le demandeur à produire ce numéro ou cette copie dans un délai de deux mois. La règle 53, paragraphes 2 et 3, est applicable.

(3) Si, à l'expiration du délai prévu à la règle 159, paragraphe 1, un listage de séquences établi conformément à la norme fixée dans les Instructions administratives du PCT n'est pas parvenu à l'Office européen des brevets, le demandeur est invité à déposer dans un délai de deux mois un listage de séquences établi conformément aux règles arrêtées par le Président de l'Office européen des brevets. La règle 30, paragraphes 2 et 3, est applicable.

(4) Si, à l'expiration du délai prévu à la règle 159, paragraphe 1, l'adresse, la nationalité, ou l'Etat du domicile ou du siège d'un demandeur font défaut, l'Office européen des brevets invite le demandeur à fournir ces indications dans un délai de deux mois.

(5) Si, à l'expiration du délai prévu à la règle 159, paragraphe 1, il n'a pas été satisfait aux exigences de l'article 133, paragraphe 2, l'Office européen des brevets invite le demandeur à constituer un mandataire agréé dans un délai de deux mois.

(6) Lorsqu'il n'est pas remédié aux irrégularités constatées au titre des paragraphes 1, 4 ou 5 dans les délais, la demande de brevet européen est rejetée. Lorsqu'il n'est pas remédié à l'irrégularité constatée au titre du paragraphe 2 dans les délais, le droit de priorité est perdu pour la demande.

Regel 164
Prüfung der Einheitlichkeit durch das Europäische Patentamt

(1) Ist das Europäische Patentamt der Auffassung, dass die Anmeldungsunterlagen, die der ergänzenden Recherche zugrunde zu legen sind, den Anforderungen an die Einheitlichkeit der Erfindung nicht entsprechen, so wird ein ergänzender Recherchenbericht für die Teile der Anmeldung erstellt, die sich auf die zuerst in den Patentansprüchen erwähnte Erfindung oder Gruppe von Erfindungen im Sinne des Artikels 82 beziehen.

(2) Stellt die Prüfungsabteilung fest, dass die Anmeldungsunterlagen, die dem europäischen Erteilungsverfahren zugrunde zu legen sind, den Anforderungen an die Einheitlichkeit der Erfindung nicht entsprechen oder dass Schutz für eine Erfindung begehrt wird, die im internationalen Recherchenbericht oder gegebenenfalls im ergänzenden Recherchenbericht nicht behandelt wurde, so fordert sie den Anmelder auf, die Anmeldung auf eine einzige Erfindung zu begrenzen, die im internationalen Recherchenbericht bzw. im ergänzenden Recherchenbericht behandelt wurde.

Regel 165
Die Euro-PCT-Anmeldung als kollidierende Anmeldung nach Artikel 54 Absatz 3

Eine Euro-PCT-Anmeldung gilt als Stand der Technik nach Artikel 54 Absatz 3, wenn die in Artikel 153 Absatz 3 oder 4 festgelegten Voraussetzungen erfüllt sind und die Anmeldegebühr nach Regel 159 Absatz 1 c) entrichtet worden ist.

Rule 164
Consideration of unity by the European Patent Office

(1) Where the European Patent Office considers that the application documents which are to serve as the basis for the supplementary search do not meet the requirements of unity of invention, a supplementary search report shall be drawn up on those parts of the application which relate to the invention, or the group of inventions within the meaning of Article 82, first mentioned in the claims.

(2) Where the examining division finds that the application documents on which the European grant procedure is to be based do not meet the requirements of unity of invention, or protection is sought for an invention not covered by the international search report or, as the case may be, by the supplementary search report, it shall invite the applicant to limit the application to one invention covered by the international search report or the supplementary search report.

Rule 165
The Euro-PCT application as conflicting application under Article 54, paragraph 3

A Euro-PCT application shall be considered as comprised in the state of the art under Article 54, paragraph 3, if in addition to the conditions laid down in Article 153, paragraph 3 or 4, the filing fee under Rule 159, paragraph 1(c) has been paid.

Règle 164
Examen de l'unité par l'Office européen des brevets

Art. 82, 153

(1) Si l'Office européen des brevets estime que les pièces de la demande qui doivent servir de base à la recherche complémentaire ne satisfont pas aux exigences d'unité d'invention, un rapport complémentaire de recherche est établi pour les parties de la demande qui se rapportent à l'invention, ou à la pluralité d'inventions au sens de l'article 82, mentionnée en premier lieu dans les revendications.

(2) Si la division d'examen constate que les pièces de la demande sur lesquelles la procédure de délivrance européenne doit se fonder ne satisfont pas aux exigences d'unité d'invention, ou que la protection est demandée pour une invention qui n'est pas couverte par le rapport de recherche internationale ou, le cas échéant, par le rapport complémentaire de recherche, elle invite le demandeur à limiter la demande à une seule invention couverte par le rapport de recherche internationale ou par le rapport complémentaire de recherche.

Règle 165
La demande euro-PCT en tant que demande interférente au sens de l'article 54, paragraphe 3

Une demande euro-PCT est considérée comme comprise dans l'état de la technique au sens de l'article 54, paragraphe 3, si les conditions prévues à l'article 153, paragraphe 3 ou 4 sont remplies, et si la taxe de dépôt visée à la règle 159, paragraphe 1 c) a été payée.

Protokoll über die Auslegung des Artikels 69 EPÜ

vom 5. Oktober 1973
in der Fassung der Akte zur Revision des EPÜ vom 29. November 2000[1]

Protocol on the Interpretation of Article 69 EPC

of 5 October 1973
as revised by the Act revising the EPC of 29 November 2000[1]

Protocole interprétatif de l'article 69 CBE

du 5 octobre 1973
tel que révisé par l'acte portant révision de la CBE du 29 novembre 2000[1]

---

[1] Die Neufassung des Protokolls, angenommen vom Verwaltungsrat der Europäischen Patentorganisation durch Beschluss vom 28. Juni 2001 (siehe ABl. EPA 2001, Sonderausgabe Nr. 4, S. 55), wurde nach Artikel 3 (2) Satz 2 der Revisionsakte vom 29. November 2000 Bestandteil dieser Revisionsakte.

[1] The new text of the Protocol adopted by the Administrative Council of the European Patent Organisation in its decision of 28 June 2001 (see OJ EPO 2001, Special edition No. 4, p. 55) has become an integral part of the Revision Act of 29 November 2000 under Article 3(2), second sentence, of that Act.

[1] Le nouveau texte du Protocole, adopté par la décision du Conseil d'administration de l'Organisation européenne des brevets en date du 28 juin 2001 (voir JO OEB 2001, Edition spéciale n° 4, p. 55), est devenu partie intégrante de l'Acte du 29 novembre 2000 portant révision de la Convention sur le brevet européen, en vertu de l'article 3(2), deuxième phrase, de cet Acte.

Article 1
General principles

Article 69 should not be interpreted as meaning that the extent of the protection conferred by a European patent is to be understood as that defined by the strict, literal meaning of the wording used in the claims, the description and drawings being employed only for the purpose of resolving an ambiguity found in the claims. Nor should it be taken to mean that the claims serve only as a guideline and that the actual protection conferred may extend to what, from a consideration of the description and drawings by a person skilled in the art, the patent proprietor has contemplated. On the contrary, it is to be interpreted as defining a position between these extremes which combines a fair protection for the patent proprietor with a reasonable degree of legal certainty for third parties.

Article 2
Equivalents

For the purpose of determining the extent of protection conferred by a European patent, due account shall be taken of any element which is equivalent to an element specified in the claims.

Article premier
Principes généraux

L'article 69 ne doit pas être interprété comme signifiant que l'étendue de la protection conférée par le brevet européen est déterminée au sens étroit et littéral du texte des revendications et que la description et les dessins servent uniquement à dissiper les ambiguïtés que pourraient recéler les revendications. Il ne doit pas davantage être interprété comme signifiant que les revendications servent uniquement de ligne directrice et que la protection s'étend également à ce que, de l'avis d'un homme du métier ayant examiné la description et les dessins, le titulaire du brevet a entendu protéger. L'article 69 doit, par contre, être interprété comme définissant entre ces extrêmes une position qui assure à la fois une protection équitable au titulaire du brevet et un degré raisonnable de sécurité juridique aux tiers.

Article 2
Equivalents

Pour la détermination de l'étendue de la protection conférée par le brevet européen, il est dûment tenu compte de tout élément équivalent à un élément indiqué dans les revendications.

Protokoll
über die Zentralisierung des europäischen Patentsystems und seine Einführung (Zentralisierungsprotokoll)

vom 5. Oktober 1973

in der Fassung der Akte zur Revision des EPÜ vom 29. November 2000[1]

Protocol
on the Centralisation of the European Patent System and on its Introduction (Protocol on Centralisation)

of 5 October 1973

as revised by the Act revising the EPC of 29 November 2000[1]

Protocole
sur la centralisation et l'introduction du système européen des brevets (Protocole sur la centralisation)

du 5 octobre 1973

tel que révisé par l'acte portant révision de la CBE du 29 novembre 2000[1]

---

[1] Die Neufassung des Protokolls, angenommen vom Verwaltungsrat der Europäischen Patentorganisation durch Beschluss vom 28. Juni 2001 (siehe ABl. EPA 2001, Sonderausgabe Nr. 4, S. 55), wurde nach Artikel 3 (2) Satz 2 der Revisionsakte vom 29. November 2000 Bestandteil dieser Revisionsakte.

[1] The new text of the Protocol adopted by the Administrative Council of the European Patent Organisation in its decision of 28 June 2001 (see OJ EPO 2001, Special edition No. 4, p. 55) has become an integral part of the Revision Act of 29 November 2000 under Article 3(2), second sentence, of that Act.

[1] Le nouveau texte du Protocole, adopté par la décision du Conseil d'administration de l'Organisation européenne des brevets en date du 28 juin 2001 (voir JO OEB 2001, Edition spéciale n° 4, p. 55), est devenu partie intégrante de l'Acte du 29 novembre 2000 portant révision de la Convention sur le brevet européen, en vertu de l'article 3(2), deuxième phrase, de cet Acte.

Section I [2]

(1)(a) Upon entry into force of the Convention, States parties thereto which are also members of the International Patent Institute set up by the Hague Agreement of 6 June 1947 shall take all necessary steps to ensure the transfer to the European Patent Office no later than the date referred to in *Article 162, paragraph 1*, of the Convention of all assets and liabilities and all staff members of the International Patent Institute. Such transfer shall be effected by an agreement between the International Patent Institute and the European Patent Organisation. The above States and the other States parties to the Convention shall take all necessary steps to ensure that that agreement shall be implemented no later than the date referred to in *Article 162, paragraph 1*, of the Convention. Upon implementation of the agreement, those Member States of the International Patent Institute which are also parties to the Convention further undertake to terminate their participation in the Hague Agreement.

(b) The States parties to the Convention shall take all necessary steps to ensure that all the assets and liabilities and all the staff members of the International Patent Institute are taken into the European Patent Office in accordance with the agreement referred to in sub-paragraph (a). After the implementation of that agreement the tasks incumbent upon the International Patent Institute at the date on which the Convention is opened for signature, and in particular those carried out vis-à-vis its Member States, whether or not they become parties to the Convention, and such tasks as it has undertaken at the time of the entry into force of the Convention to carry out vis-à-vis States which, at that date, are both members of the International Patent Institute and parties to the Convention, shall be assumed by the European Patent Office. In addition, the Administrative Council of the European Patent Organisation may allocate further duties in the field of searching to the European Patent Office.

---

[2] Amended by the Act revising the European Patent Convention of 29.11.2000.

Section I [2]

(1)a) A la date d'entrée en vigueur de la convention, les Etats parties à la convention qui sont également membres de l'Institut International des Brevets créé par l'Accord de La Haye du 6 juin 1947, prennent toutes les mesures nécessaires pour que le transfert à l'Office européen des brevets de tout l'actif et de tout le passif ainsi que de tout le personnel de l'Institut International des Brevets s'effectue au plus tard à la date visée à l'*article 162, paragraphe 1*, de la convention. Les modalités de ce transfert seront fixées par un accord entre l'Institut International des Brevets et l'Organisation européenne des brevets. Les Etats susvisés ainsi que les autres Etats parties à la convention prennent toutes les mesures nécessaires pour que cet accord soit mis en application au plus tard à la date visée à l'*article 162, paragraphe 1*, de la convention. A la date de cette mise en application, les Etats membres de l'Institut International des Brevets qui sont également parties à la convention s'engagent en outre à mettre fin à leur participation à l'Accord de La Haye.

b) Les Etats parties à la convention prennent toutes les mesures nécessaires pour que, conformément à l'accord visé à la lettre a), tout l'actif et tout le passif ainsi que tout le personnel de l'Institut International des Brevets soient incorporés dans l'Office européen des brevets. Dès la mise en application de cet accord, seront accomplies par l'Office européen des brevets, d'une part, les tâches assumées par l'Institut International des Brevets à la date de l'ouverture à la signature de la convention, en particulier celles qu'il assume à l'égard de ses Etats membres, qu'ils deviennent ou non parties à la convention, d'autre part, les tâches qu'il se sera engagé à assumer lors de l'entrée en vigueur de la convention à l'égard d'Etats qui seront à cette date à la fois membres de l'Institut International des Brevets et parties à la convention. En outre, le Conseil d'administration de l'Organisation européenne des brevets peut charger l'Office européen des brevets d'autres tâches dans le domaine de la recherche.

---

[2] Modifié par l'acte portant révision de la Convention sur le brevet européen en date du 29.11.2000.

(c) The above obligations shall also apply mutatis mutandis to the sub-office set up under the Hague Agreement under the conditions set out in the agreement between the International Patent Institute and the Government of the Contracting State concerned. This Government hereby undertakes to make a new agreement with the European Patent Organisation in place of the one already made with the International Patent Institute to harmonise the clauses concerning the organisation, operation and financing of the sub-office with the provisions of this Protocol.

(2) Subject to the provisions of Section III, the States parties to the Convention shall, on behalf of their central industrial property offices, renounce in favour of the European Patent Office any activities as International Searching Authorities under the Patent Cooperation Treaty as from the date referred to in *Article 162, paragraph 1*, of the Convention.

(3)(a) A sub-office of the European Patent Office shall be set up in Berlin as from the date referred to in *Article 162, paragraph 1*, of the Convention. It shall operate under the direction of the branch at The Hague.

(b) The Administrative Council shall determine the duties to be allocated to the sub-office in Berlin in the light of general considerations and of the requirements of the European Patent Office.

(c) At least at the beginning of the period following the progressive expansion of the field of activity of the European Patent Office, the amount of work assigned to that sub-office shall be sufficient to enable the examining staff of the Berlin Annex of the German Patent Office, as it stands at the date on which the Convention is opened for signature, to be fully employed.

(d) The Federal Republic of Germany shall bear any additional costs incurred by the European Patent Organisation in setting up and maintaining the sub-office in Berlin.

c) Les engagements visés ci-dessus s'appliquent également à l'agence créée en vertu de l'Accord de La Haye et selon les conditions fixées dans l'accord conclu entre l'Institut International des Brevets et le gouvernement de l'Etat contractant concerné. Ce gouvernement s'engage à conclure avec l'Organisation européenne des brevets un nouvel accord remplaçant celui déjà conclu avec l'Institut International des Brevets pour harmoniser les clauses relatives à l'organisation, au fonctionnement et au financement de l'agence avec les dispositions du présent protocole.

(2) Sous réserve des dispositions de la section III, les Etats parties à la convention renoncent, pour leurs services centraux de la propriété industrielle et au profit de l'Office européen des brevets, à toute activité qu'ils seraient susceptibles d'exercer en qualité d'administration chargée de la recherche au sens du Traité de Coopération en matière de brevets, dès la date visée à *l'article 162, paragraphe 1* de la convention.

(3)a) Une agence de l'Office européen des brevets est créée à Berlin, à compter de la date visée à *l'article 162, paragraphe 1*, de la convention. Elle relève du département de La Haye.

b) Le Conseil d'administration fixe la répartition des tâches de l'agence de Berlin, compte tenu de considérations générales et des besoins de l'Office européen des brevets.

c) Au moins au début de la période suivant l'extension progressive du champ d'activité de l'Office européen des brevets, le volume des travaux confiés à cette agence doit permettre d'occuper pleinement le personnel examinateur de l'annexe de Berlin de l'Office allemand des brevets en fonction à la date d'ouverture à la signature de la convention.

d) La République fédérale d'Allemagne supporte tous les frais supplémentaires résultant, pour l'Organisation européenne des brevets, de la création et du fonctionnement de l'agence de Berlin.

Abschnitt II

Die Vertragsstaaten des Übereinkommens verzichten vorbehaltlich der Abschnitte III und IV für ihre Zentralbehörden für den gewerblichen Rechtsschutz zugunsten des Europäischen Patentamts auf die Tätigkeit als mit der internationalen vorläufigen Prüfung beauftragte Behörde nach dem Zusammenarbeitsvertrag. Diese Verpflichtung wird nur in dem Umfang, in dem das Europäische Patentamt nach *Artikel 162 Absatz 2* des Übereinkommens die Prüfung europäischer Patentanmeldungen durchführen kann, wirksam; diese Wirkung tritt zwei Jahre nach dem Zeitpunkt ein, zu dem das Europäische Patentamt nach einem Fünfjahresplan, der die Zuständigkeit des Amts stufenweise auf alle Gebiete der Technik ausdehnt und nur durch einen Beschluss des Verwaltungsrats geändert werden kann, seine Prüfungstätigkeit auf die betreffenden Gebiete der Technik ausgedehnt hat. Die Einzelheiten der Erfüllung der genannten Verpflichtung werden durch Beschluss des Verwaltungsrats festgelegt.

Abschnitt III

(1) Die Zentralbehörde für den gewerblichen Rechtsschutz jedes Vertragsstaats des Übereinkommens, dessen Amtssprache nicht eine der Amtssprachen des Europäischen Patentamts ist, ist berechtigt, eine Tätigkeit als Internationale Recherchenbehörde und als mit der internationalen vorläufigen Prüfung beauftragte Behörde nach dem Zusammenarbeitsvertrag auszuüben. Die Inanspruchnahme dieses Rechts setzt die Verpflichtung des betreffenden Staats voraus, diese Tätigkeit auf internationale Anmeldungen zu beschränken, die von Staatsangehörigen des betreffenden Staats, von Personen mit Wohnsitz oder Sitz im Hoheitsgebiet dieses Staats, von Staatsangehörigen eines diesem Übereinkommen angehörenden Nachbarstaats dieses Staats oder von Personen, die in einem solchen Nachbarstaat ihren Wohnsitz oder Sitz haben, eingereicht werden. Der Verwaltungsrat kann der Zentralbehörde für den gewerblichen Rechtsschutz eines Vertragsstaats durch Beschluss gestatten, die genannte Tätigkeit auf solche internationale Anmeldungen auszudehnen, die von Staatsangehörigen oder von Personen mit Wohnsitz oder Sitz im Hoheitsgebiet eines Nichtvertragsstaats, der die gleiche Amtssprache wie der betreffende Vertragsstaat hat, eingereicht werden und die in dieser Sprache abgefasst sind.

Section II

Subject to the provisions of Sections III and IV, the States parties to the Convention shall, on behalf of their central industrial property offices, renounce in favour of the European Patent Office any activities as International Preliminary Examining Authorities under the Patent Cooperation Treaty. This obligation shall apply only to the extent to which the European Patent Office may examine European patent applications in accordance with *Article 162, paragraph 2*, of the Convention and shall not apply until two years after the date on which the European Patent Office has begun examining activities in the areas of technology concerned, on the basis of a five-year plan which shall progressively extend the activities of the European Patent Office to all areas of technology and which may be amended only by decision of the Administrative Council. The procedures for implementing this obligation shall be determined by decision of the Administrative Council.

Section III

(1) The central industrial property office of any State party to the Convention in which the official language is not one of the official languages of the European Patent Office, shall be authorised to act as an International Searching Authority and as an International Preliminary Examining Authority under the Patent Cooperation Treaty. Such authorisation shall be subject to an undertaking by the State concerned to restrict such activities to international applications filed by nationals or residents of such State and by nationals or residents of States parties to the Convention which are adjacent to that State. The Administrative Council may decide to authorise the central industrial property office of any State party to the Convention to extend such activities to cover such international applications as may be filed by nationals or residents of any non-Contracting State having the same official language as the Contracting State in question and drawn up in that language.

Section II

Sous réserve des dispositions des sections III et IV, les Etats parties à la convention renoncent, pour ce qui concerne leurs services centraux de la propriété industrielle et au profit de l'Office européen des brevets, à toute activité en qualité d'administration chargée de l'examen préliminaire international au sens du Traité de Coopération. Cette obligation ne prendra effet que dans la mesure où l'Office européen des brevets pourra entreprendre l'examen des demandes de brevet européen en vertu de l'*article 162, paragraphe 2*, de la convention ; cet effet intervient deux années après le jour où l'Office européen des brevets a commencé son activité d'examen sur les domaines de la technique en question, d'après un plan de cinq ans, étendant progressivement la compétence de l'Office à tous les secteurs de la technique et qui ne peut être modifié que par décision du Conseil d'administration. Les modalités de mise en application de ladite obligation sont déterminées par décision du Conseil d'administration.

Section III

(1) Le service central de la propriété industrielle de tout Etat partie à la convention, dont la langue officielle n'est pas l'une des langues officielles de l'Office européen des brevets, est autorisé à exercer une activité en qualité d'administration chargée de la recherche et en qualité d'administration chargée de l'examen préliminaire au sens du Traité de Coopération. Cette autorisation est subordonnée à l'engagement de l'Etat en cause de limiter cette activité aux demandes internationales déposées par les nationaux dudit Etat ou par les personnes domiciliées sur son territoire ainsi que par les nationaux ou les personnes domiciliées sur le territoire d'Etats parties à la convention et qui sont limitrophes de cet Etat. Le Conseil d'administration peut décider d'autoriser le service central de la propriété industrielle d'un Etat partie à la convention à étendre cette activité aux demandes internationales qui sont déposées par des nationaux ou des personnes ayant leur domicile ou leur siège sur le territoire d'un Etat non contractant ayant la même langue officielle que l'Etat partie en cause et qui sont rédigées dans cette langue.

(2) Im Hinblick auf eine Harmonisierung der nach dem Zusammenarbeitsvertrag vorgesehenen Recherchentätigkeiten im Rahmen des europäischen Patenterteilungssystems wird eine Zusammenarbeit zwischen dem Europäischen Patentamt und den nach diesem Abschnitt zugelassenen Zentralbehörden für den gewerblichen Rechtsschutz hergestellt. Diese Zusammenarbeit erfolgt aufgrund einer besonderen Vereinbarung, die sich zum Beispiel erstrecken kann auf Recherchenverfahren und -methoden, die Anforderungen für die Einstellung und Ausbildung von Prüfern, Richtlinien für den Austausch von Recherchen und anderen Diensten zwischen den Behörden sowie andere, zur Sicherstellung der erforderlichen Kontrolle und Überwachung notwendige Maßnahmen.

(2) For the purpose of harmonising search activities under the Patent Cooperation Treaty within the framework of the European system for the grant of patents, co-operation shall be established between the European Patent Office and any central industrial property office authorised under this Section. Such cooperation shall be based on a special agreement which may cover e.g. search procedures and methods, qualifications required for the recruitment and training of examiners, guidelines for the exchange of search and other services between the offices as well as other measures needed to establish the required control and supervision.

Abschnitt IV

(1) a) Um den nationalen Patentämtern der Vertragsstaaten des Übereinkommens die Anpassung an das europäische Patentsystem zu erleichtern, kann der Verwaltungsrat, wenn er es für wünschenswert hält, unter den nachstehend festgelegten Bedingungen den Zentralbehörden für den gewerblichen Rechtsschutz dieser Staaten, in denen das Verfahren in einer der Amtssprachen des Europäischen Patentamts durchgeführt werden kann, die Bearbeitung der europäischen Patentanmeldungen, die in der betreffenden Sprache abgefasst sind, übertragen, soweit nach Artikel 18 Absatz 2 des Übereinkommens in der Regel ein Prüfer der Prüfungsabteilung beauftragt wird. Diese Aufgaben sind im Rahmen des im Übereinkommen vorgesehenen Erteilungsverfahrens durchzuführen; die Entscheidung über diese Anmeldungen trifft die Prüfungsabteilung in ihrer nach Artikel 18 Absatz 2 vorgesehenen Zusammensetzung.

b) Die nach Maßgabe des Buchstabens a übertragenen Arbeiten dürfen nicht mehr als 40 % der Gesamtzahl der eingereichten europäischen Patentanmeldungen betragen; die einem einzelnen Staat übertragenen Arbeiten dürfen nicht mehr als ein Drittel der Gesamtzahl der eingereichten europäischen Patentanmeldungen betragen. Diese Arbeiten werden für einen Zeitraum übertragen, der von der Aufnahme der Tätigkeit des Europäischen Patentamts an gerechnet 15 Jahre beträgt, und werden während der letzten 5 Jahre schrittweise (um grundsätzlich 20 % jährlich) bis auf null verringert.

Section IV

(1)(a) For the purpose of facilitating the adaptation of the national patent offices of the States parties to the Convention to the European patent system, the Administrative Council may, if it considers it desirable, and subject to the conditions set out below, entrust the central industrial property offices of such of those States in which it is possible to conduct the proceedings in one of the official languages of the European Patent Office with tasks concerning the examination of European patent applications drawn up in that language which, pursuant to Article 18, paragraph 2, of the Convention, shall, as a general rule, be entrusted to a member of the Examining Division. Such tasks shall be carried out within the framework of the proceedings for grant laid down in the Convention; decisions on such applications shall be taken by the Examining Division composed in accordance with Article 18, paragraph 2.

(b) Tasks entrusted under sub-paragraph (a) shall not be in respect of more than 40% of the total number of European patent applications filed; tasks entrusted to any one State shall not be in respect of more than one-third of the total number of European patent applications filed. These tasks shall be entrusted for a period of 15 years from the opening of the European Patent Office and shall be reduced progressively (in principle by 20% a year) to zero during the last 5 years of the period.

(2) En vue d'harmoniser les activités de recherche au titre du Traité de Coopération dans le cadre du système européen de délivrance de brevets, il est établi une coopération entre l'Office européen des brevets et tout service central de la propriété industrielle autorisé à exercer une telle activité en vertu de la présente section. Cette coopération est fondée sur un accord spécial qui peut s'étendre, par exemple, aux procédures et méthodes de recherche, aux qualifications requises en ce qui concerne le recrutement et la formation des examinateurs, aux directives relatives aux échanges de recherche et d'autres services entre les offices, ainsi qu'aux autres mesures nécessaires au contrôle et à la surveillance.

Section IV

(1)a) En vue de faciliter l'adaptation des offices nationaux des Etats parties à la convention au système du brevet européen, le Conseil d'administration peut, s'il le juge souhaitable, et dans les conditions définies ci-après, confier aux services centraux de la propriété industrielle de ces mêmes Etats, où l'on est en mesure de conduire la procédure dans une des langues officielles de l'Office européen des brevets, des tâches d'instruction des demandes de brevet européen rédigées dans cette même langue qui, conformément à l'article 18, paragraphe 2, de la convention, sont confiées en règle générale à l'un des examinateurs de la division d'examen. Ces travaux sont effectués dans le cadre de la procédure de délivrance prévue dans la convention ; la décision relative à ces demandes est prise par la division d'examen dans sa composition prévue à l'article 18, paragraphe 2.

b) Les travaux confiés en vertu de la lettre a) ne porteront pas sur plus de quarante pour cent du total des demandes de brevet européen déposées ; les travaux confiés à un Etat ne devront pas excéder un tiers du total des demandes de brevet européen déposées. Ces tâches seront confiées pour une période de quinze ans à compter de l'ouverture de l'Office européen des brevets et seront réduites progressivement (en principe de vingt pour cent par an) jusqu'à devenir nulles au cours des cinq dernières années de ladite période.

c) Auf Grund des Buchstabens b beschließt der Verwaltungsrat über die Art, den Ursprung und die Anzahl der europäischen Patentanmeldungen, mit deren Bearbeitung die Zentralbehörde für den gewerblichen Rechtsschutz eines der genannten Vertragsstaaten beauftragt werden kann.

d) Die vorstehenden Durchführungsbestimmungen werden in ein besonderes Abkommen aufgenommen, das zwischen der Zentralbehörde für den gewerblichen Rechtsschutz des betreffenden Vertragsstaats und der Europäischen Patentorganisation geschlossen wird.

e) Ein Patentamt, mit dem ein solches besonderes Abkommen geschlossen worden ist, kann bis zum Ablauf des Zeitraums von 15 Jahren eine Tätigkeit als eine mit der internationalen vorläufigen Prüfung beauftragte Behörde nach dem Zusammenarbeitsvertrag ausüben.

(2) a) Ist der Verwaltungsrat der Auffassung, dass dies mit dem guten Funktionieren des Europäischen Patentamts vereinbar ist, so kann er, um Schwierigkeiten abzuhelfen, die für bestimmte Vertragsstaaten aus der Anwendung von Abschnitt I Nummer 2 erwachsen können, den Zentralbehörden für den gewerblichen Rechtsschutz dieser Staaten die Aufgabe übertragen, Recherchen für europäische Patentanmeldungen durchzuführen, sofern deren Amtssprache eine der Amtssprachen des Europäischen Patentamts ist und diese Behörden die Voraussetzungen erfüllen, um gemäß den im Zusammenarbeitsvertrag vorgesehenen Bedingungen als internationale Recherchenbehörde ernannt zu werden.

b) Bei diesen Arbeiten, die unter der Verantwortung des Europäischen Patentamts durchgeführt werden, hat sich die betreffende Zentralbehörde an die für die Erstellung des europäischen Recherchenberichts geltenden Richtlinien zu halten.

c) Nummer 1 Buchstabe b Satz 2 und Buchstabe d ist entsprechend anzuwenden.

(c) The Administrative Council shall decide, while taking into account the provisions of sub-paragraph (b), upon the nature, origin and number of the European patent applications in respect of which examining tasks may be entrusted to the central industrial property office of each of the Contracting States mentioned above.

(d) The above implementing procedures shall be set out in a special agreement between the central industrial property office of the Contracting State concerned and the European Patent Organisation.

(e) An office with which such a special agreement has been concluded may act as an International Preliminary Examining Authority under the Patent Cooperation Treaty, until the expiry of the period of 15 years.

(2)(a) If the Administrative Council considers that it is compatible with the proper functioning of the European Patent Office, and in order to alleviate the difficulties which may arise for certain Contracting States from the application of Section I, paragraph 2, it may entrust searching in respect of European patent applications to the central industrial property offices of those States in which the official language is one of the official languages of the European Patent Office, provided that these offices possess the necessary qualifications for appointment as an International Searching Authority in accordance with the conditions laid down in the Patent Cooperation Treaty.

(b) In carrying out such work, undertaken under the responsibility of the European Patent Office, the central industrial property offices concerned shall adhere to the guidelines applicable to the drawing up of the European search report.

(c) The provisions of paragraph 1(b), second sentence, and sub-paragraph (d) of this Section shall apply to this paragraph.

c) Compte tenu de la lettre b), le Conseil d'administration décidera de la nature, de l'origine et du nombre des demandes de brevet européen dont l'instruction pourra être confiée au service central de la propriété industrielle de l'un des Etats parties susvisés.

d) Les modalités d'application ci-dessus feront l'objet d'un accord spécial entre le service central de la propriété industrielle de l'Etat partie en cause et l'Organisation européenne des brevets.

e) Un office avec lequel un tel accord spécial a été conclu pourra exercer une activité en qualité d'administration chargée de l'examen préliminaire international, au sens du Traité de Coopération, jusqu'à expiration de la période de quinze ans.

(2)a) Si le Conseil d'administration estime que cela est compatible avec le bon fonctionnement de l'Office européen des brevets et en vue de pallier les difficultés pouvant résulter pour certains Etats contractants de l'application de la section I, paragraphe 2, il peut confier des travaux de recherche relatifs à des demandes de brevet européen aux services centraux de la propriété industrielle de ces Etats dont la langue officielle est l'une des langues officielles de l'Office européen des brevets, à condition que ces services possèdent la qualification requise pour être nommés administration de recherche internationale dans les conditions prévues au Traité de Coopération.

b) En procédant à ces travaux, effectués sous la responsabilité de l'Office européen des brevets, les services centraux concernés doivent s'en tenir aux directives applicables en matière d'établissement du rapport de recherche européenne.

c) Les dispositions de la présente section, paragraphe 1, lettre b), deuxième phrase, s'appliquent au présent paragraphe.

Abschnitt V

(1) Die in Abschnitt I Nummer 1 Buchstabe c genannte Dienststelle ist berechtigt, für europäische Patentanmeldungen, die von Angehörigen des Staats, in dem die Dienststelle ihren Sitz hat, und von Personen mit Wohnsitz oder Sitz in diesem Staat eingereicht werden, eine Recherche in der ihr zur Verfügung stehenden Dokumentation durchzuführen, soweit diese in der Amtssprache dieses Staates abgefasst ist. Hierdurch darf jedoch weder das europäische Patenterteilungsverfahren verzögert werden, noch dürfen der europäischen Patentorganisation zusätzliche Kosten entstehen.

(2) Die in Nummer 1 genannte Dienststelle ist berechtigt, auf Antrag und auf Kosten des Anmelders eines europäischen Patents eine Recherche für die von ihm eingereichte Patentanmeldung in der unter Nummer 1 vorgesehenen Dokumentation durchzuführen. Die Berechtigung gilt, solange die in Artikel 92 des Übereinkommens vorgesehene Recherche nicht gemäß Abschnitt VI auf diese Dokumentation ausgedehnt worden ist; doch darf dadurch das europäische Patenterteilungsverfahren nicht verzögert werden.

(3) Der Verwaltungsrat kann die in den Nummern 1 und 2 vorgesehenen Berechtigungen unter den in den genannten Nummern vorgesehenen Voraussetzungen auch auf Zentralbehörden für den gewerblichen Rechtsschutz der Vertragsstaaten ausdehnen, die als Amtssprache keine der Amtssprachen des Europäischen Patentamts haben.

Abschnitt VI

Die in Artikel 92 des Übereinkommens vorgesehene Recherche wird grundsätzlich für alle europäischen Patentanmeldungen auf Patentschriften und veröffentlichte Patentanmeldungen sowie weitere einschlägige Dokumente von Vertragsstaaten ausgedehnt, die zu dem in *Artikel 162 Absatz 1* des Übereinkommens erwähnten Zeitpunkt nicht im Prüfstoff des Europäischen Patentamts enthalten sind. Der Verwaltungsrat legt aufgrund der Ergebnisse einer Studie, die sich insbesondere mit den technischen und finanziellen Aspekten zu befassen hat, den Umfang, die näheren Bedingungen und den Zeitplan der Ausdehnung fest.

Section V

(1) The sub-office referred to in Section I, paragraph 1(c), shall be authorised to carry out searches, among the documentation which is at its disposal and which is in the official language of the State in which the sub-office is located, in respect of European patent applications filed by nationals and residents of that State. This authorisation shall be on the understanding that the procedure for the grant of European patents will not be delayed and that additional costs will not be incurred for the European Patent Organisation.

(2) The sub-office referred to in paragraph 1 shall be authorised to carry out, at the option of an applicant for a European patent and at his expense, a search on his patent application among the documentation referred to in paragraph 1. This authorisation shall be effective until the search provided for in Article 92 of the Convention has been extended, in accordance with Section VI, to cover such documentation and shall be on the understanding that the procedure for the grant of European patents will not be delayed.

(3) The Administrative Council may also extend the authorisations provided for in paragraphs 1 and 2, under the conditions of those paragraphs, to the central industrial property office of a Contracting State which does not have as an official language one of the official languages of the European Patent Office.

Section VI

The search provided for in Article 92 of the Convention shall, in principle, be extended, in respect of all European patent applications, to published patents, published patent applications and other relevant documents of Contracting States not included in the search documentation of the European Patent Office on the date referred to in *Article 162, paragraph 1*, of the Convention. The extent, conditions and timing of any such extension shall be determined by the Administrative Council on the basis of a study concerning particularly the technical and financial aspects.

Section V

(1) L'agence visée à la section I, paragraphe 1, lettre c), est autorisée à effectuer, pour les demandes de brevet européen déposées par les nationaux de l'Etat où est située cette agence et par les personnes domiciliées sur le territoire dudit Etat, des recherches dans la documentation dont elle dispose dans la langue officielle de cet Etat. Cette autorisation ne doit toutefois pas entraîner, d'une part, un retard dans le déroulement de la procédure européenne et, d'autre part, des frais supplémentaires pour l'Organisation européenne des brevets.

(2) L'agence visée au paragraphe 1 est autorisée, si le demandeur d'un brevet européen le requiert et en supporte les frais, à effectuer une recherche portant sur sa demande de brevet dans la documentation visée au paragraphe 1. Cette autorisation prendra fin lorsque la recherche visée à l'article 92 de la convention aura été étendue afin d'y inclure cette documentation, conformément à la section VI, étant entendu qu'il n'en résultera pas un retard dans le déroulement de la procédure de délivrance des brevets européens.

(3) Le Conseil d'administration peut étendre le bénéfice des autorisations prévues aux paragraphes 1 et 2, dans les conditions prévues auxdits paragraphes, aux services centraux de la propriété industrielle des Etats contractants qui n'ont pas comme langue officielle l'une des langues officielles de l'Office européen des brevets.

Section VI

La recherche prévue à l'article 92 de la convention est étendue, en principe, pour toutes les demandes de brevet européen, aux brevets et aux demandes de brevet publiées ainsi qu'à d'autres documents pertinents d'Etats contractants qui ne sont pas compris dans la documentation pour la recherche de l'Office européen des brevets à la date visée à l'*article 162, paragraphe 1*, de la convention. L'étendue, les conditions et le plan de mise en application de telles extensions sont fixés par le Conseil d'administration sur la base d'études qui doivent porter notamment sur les aspects techniques et financiers.

Abschnitt VII

Dieses Protokoll geht entgegenstehenden Vorschriften des Übereinkommens vor.

Abschnitt VIII

Die in diesem Protokoll vorgesehenen Beschlüsse des Verwaltungsrats werden mit Dreiviertelmehrheit getroffen (Artikel 35 Absatz 2 des Übereinkommens). Die Vorschriften über Stimmenwägung (Artikel 36 des Übereinkommens) sind anzuwenden.

Section VII

The provisions of this Protocol shall prevail over any contradictory provisions of the Convention.

Section VIII

The decisions of the Administrative Council provided for in this Protocol shall require a three-quarters majority (Article 35, paragraph 2, of the Convention). The provisions governing the weighting of votes (Article 36 of the Convention) shall apply.

Section VII

Les dispositions du présent protocole prévalent sur celles de la convention qui s'y opposeraient.

Section VIII

Les décisions du Conseil d'administration prévues dans le présent protocole sont prises à la majorité des trois quarts (article 35, paragraphe 2, de la convention). Les dispositions concernant la pondération des voix (article 36 de la convention) sont applicables.

Protokoll über die gerichtliche Zuständigkeit und die Anerkennung von Entscheidungen über den Anspruch auf Erteilung eines europäischen Patents (Anerkennungsprotokoll)

vom 5. Oktober 1973

Protocol on Jurisdiction and the Recognition of Decisions in respect of the Right to the Grant of a European Patent (Protocol on Recognition)

of 5 October 1973

Protocole sur la compétence judiciaire et la reconnaissance de décisions portant sur le droit à l'obtention du brevet européen (Protocole sur la reconnaissance)

du 5 octobre 1973

Abschnitt I
Zuständigkeit

Artikel 1[1]

(1) Für Klagen gegen den Anmelder, mit denen der Anspruch auf Erteilung eines europäischen Patents für einen oder mehrere der in der europäischen Patentanmeldung benannten Vertragsstaaten geltend gemacht wird, bestimmt sich die Zuständigkeit der Gerichte der Vertragsstaaten nach den Artikeln 2 bis 6.

(2) Den Gerichten im Sinn dieses Protokolls sind Behörden gleichgestellt, die nach dem nationalen Recht eines Vertragsstaats für die Entscheidung über die in Absatz 1 genannten Klagen zuständig sind. Die Vertragsstaaten teilen dem Europäischen Patentamt die Behörden mit, denen eine solche Zuständigkeit zugewiesen ist; das Europäische Patentamt unterrichtet die übrigen Vertragsstaaten hiervon.

(3) Als Vertragsstaaten im Sinn dieses Protokolls sind nur die Vertragsstaaten zu verstehen, die die Anwendung dieses Protokolls nach Artikel 167 des Übereinkommens nicht ausgeschlossen haben.

Artikel 2

Der Anmelder, der seinen Wohnsitz oder Sitz in einem Vertragsstaat hat, ist vorbehaltlich der Artikel 4 und 5 vor den Gerichten dieses Vertragsstaats zu verklagen.

Artikel 3

Wenn der Anmelder seinen Wohnsitz oder Sitz außerhalb der Vertragsstaaten hat und die Person, die den Anspruch auf Erteilung des europäischen Patents geltend macht, ihren Wohnsitz oder Sitz in einem Vertragsstaat hat, sind vorbehaltlich der Artikel 4 und 5 die Gerichte des letztgenannten Staats ausschließlich zuständig.

Section I
Jurisdiction

Article 1[1]

(1) The courts of the Contracting States shall, in accordance with Articles 2 to 6, have jurisdiction to decide claims, against the applicant, to the right to the grant of a European patent in respect of one or more of the Contracting States designated in the European patent application.

(2) For the purposes of this Protocol, the term "courts" shall include authorities which, under the national law of a Contracting State, have jurisdiction to decide the claims referred to in paragraph 1. Any Contracting State shall notify the European Patent Office of the identity of any authority on which such a jurisdiction is conferred, and the European Patent Office shall inform the other Contracting States accordingly.

(3) For the purposes of this Protocol, the term "Contracting State" refers to a Contracting State which has not excluded application of this Protocol pursuant to Article 167 of the Convention.

Article 2

Subject to Articles 4 and 5, if an applicant for a European patent has his residence or principal place of business within one of the Contracting States, proceedings shall be brought against him in the courts of that Contracting State.

Article 3

Subject to Articles 4 and 5, if an applicant for a European patent has his residence or principal place of business outside the Contracting States, and if the party claiming the right to the grant of the European patent has his residence or principal place of business within one of the Contracting States, the courts of the latter State shall have exclusive jurisdiction.

---

[1] Siehe hierzu Entscheidung der Großen Beschwerdekammer G 3/92 (Anhang I).

[1] See decision of the Enlarged Board of Appeal G 3/92 (Annex I).

**Section I
Compétence**

Article premier[1]

(1) Pour les actions intentées contre le titulaire d'une demande de brevet européen visant à faire valoir le droit à l'obtention du brevet européen pour un ou plusieurs des Etats contractants désignés dans la demande de brevet européen, la compétence des tribunaux des Etats contractants est déterminée conformément aux articles 2 à 6.

(2) Sont assimilées aux tribunaux, au sens du présent protocole, les autorités qui, selon la loi nationale d'un Etat contractant, sont compétentes pour statuer sur les actions visées au paragraphe 1. Les Etats contractants donnent connaissance à l'Office européen des brevets des autorités auxquelles est conférée une telle compétence ; l'Office européen des brevets en avise les autres Etats contractants.

(3) Au sens du présent protocole, on entend par Etats contractants ceux des Etats parties à la convention qui n'ont pas exclu l'application de ce protocole en vertu de l'article 167 de la convention.

Article 2

Sous réserve des articles 4 et 5, le titulaire d'une demande de brevet européen ayant son domicile ou son siège dans l'un des Etats contractants est attrait devant les juridictions dudit Etat contractant.

Article 3

Sous réserve des articles 4 et 5, lorsque le titulaire d'une demande de brevet européen n'a ni domicile ni siège dans aucun des Etats contractants, et lorsque la personne qui fait valoir le droit à l'obtention du brevet européen a son domicile ou son siège dans l'un des Etats contractants, les juridictions de ce dernier Etat sont seules compétentes.

---

[1] Cf. la décision de la Grande Chambre de recours G 3/92 (Annexe I).

Artikel 4

Ist der Gegenstand der europäischen Patentanmeldung eine Erfindung eines Arbeitnehmers, so sind vorbehaltlich Artikel 5 für einen Rechtsstreit zwischen dem Arbeitnehmer und dem Arbeitgeber ausschließlich die Gerichte des Vertragsstaats zuständig, nach dessen Recht sich das Recht auf das europäische Patent gemäß Artikel 60 Absatz 1 Satz 2 des Übereinkommens bestimmt.

Artikel 5

(1) Haben die an einem Rechtsstreit über den Anspruch auf Erteilung eines europäischen Patents beteiligten Parteien durch eine schriftliche oder durch eine mündliche, schriftlich bestätigte Vereinbarung bestimmt, dass ein Gericht oder die Gerichte eines bestimmten Vertragsstaats über diesen Rechtsstreit entscheiden sollen, so sind dieses Gericht oder die Gerichte dieses Staats ausschließlich zuständig.

(2) Handelt es sich bei den Parteien um einen Arbeitnehmer und seinen Arbeitgeber, so ist Absatz 1 jedoch nur anzuwenden, soweit das für den Arbeitsvertrag maßgebliche nationale Recht eine solche Vereinbarung zulässt.

Artikel 6

In den nicht in den Artikeln 2 bis 4 und in Artikel 5 Absatz 1 geregelten Fällen sind die Gerichte der Bundesrepublik Deutschland ausschließlich zuständig.

Artikel 7

Die Gerichte der Vertragsstaaten, die mit Klagen nach Artikel 1 befasst werden, prüfen ihre Zuständigkeit nach den Artikeln 2 bis 6 von Amts wegen.

Article 4

Subject to Article 5, if the subject-matter of a European patent application is the invention of an employee, the courts of the Contracting State, if any, whose law determines the right to the European patent pursuant to Article 60, paragraph 1, second sentence, of the Convention, shall have exclusive jurisdiction over proceedings between the employee and the employer.

Article 5

(1) If the parties to a dispute concerning the right to the grant of a European patent have concluded an agreement, either in writing or verbally with written confirmation, to the effect that a court or the courts of a particular Contracting State shall decide on such a dispute, the court or courts of that State shall have exclusive jurisdiction.

(2) However, if the parties are an employee and his employer, paragraph 1 shall only apply in so far as the national law governing the contract of employment allows the agreement in question.

Article 6

In cases where neither Articles 2 to 4 nor Article 5, paragraph 1, apply, the courts of the Federal Republic of Germany shall have exclusive jurisdiction.

Article 7

The courts of Contracting States before which claims referred to in Article 1 are brought shall of their own motion decide whether or not they have jurisdiction pursuant to Articles 2 to 6.

Article 4

Si l'objet de la demande de brevet européen est une invention d'un employé, sont seules compétentes pour connaître des actions opposant l'employeur et l'employé, sous réserve de l'article 5, les juridictions de l'Etat contractant selon le droit duquel est déterminé le droit au brevet européen conformément à l'article 60, paragraphe 1, deuxième phrase de la convention.

Article 5

(1) Si, par une convention écrite ou par une convention verbale confirmée par écrit, les parties à un différend relatif au droit à l'obtention du brevet européen ont désigné un tribunal ou les tribunaux d'un Etat contractant particulier pour connaître de ce différend, le tribunal ou les tribunaux de cet Etat sont seuls compétents.

(2) Toutefois, si les parties sont un employé et son employeur, le paragraphe 1 n'est applicable que dans la mesure où le droit national qui régit le contrat de travail autorise une telle convention.

Article 6

Pour les cas où les articles 2 à 4 et l'article 5, paragraphe 1 ne s'appliquent pas, les juridictions de la République fédérale d'Allemagne sont seules compétentes.

Article 7

Les juridictions des Etats contractants saisies de l'une des actions visées à l'article premier vérifient d'office si elles sont compétentes conformément aux articles 2 à 6.

Artikel 8

(1) Werden bei Gerichten verschiedener Vertragsstaaten Klagen wegen desselben Anspruchs zwischen denselben Parteien anhängig gemacht, so hat sich das später angerufene Gericht von Amts wegen zugunsten des zuvor angerufenen Gerichts für unzuständig zu erklären.

(2) Das Gericht, das sich nach Absatz 1 für unzuständig zu erklären hätte, hat die Entscheidung bis zur rechtskräftigen Entscheidung des zuvor angerufenen Gerichts auszusetzen, wenn der Mangel der Zuständigkeit des anderen Gerichts geltend gemacht wird.

Abschnitt II
Anerkennung

Artikel 9[2]

(1) Die in einem Vertragsstaat ergangenen rechtskräftigen Entscheidungen über den Anspruch auf Erteilung eines europäischen Patents für einzelne oder alle in der europäischen Patentanmeldung benannte Vertragsstaaten werden vorbehaltlich Artikel 11 Absatz 2 in den anderen Vertragsstaaten anerkannt, ohne dass es hierfür eines besonderen Verfahrens bedarf.

(2) Die Zuständigkeit des Gerichts, dessen Entscheidung anerkannt werden soll, und die Gesetzmäßigkeit dieser Entscheidung dürfen nicht nachgeprüft werden.

Artikel 10

Artikel 9 Absatz 1 ist nicht anzuwenden, wenn:

a) der Anmelder, der sich auf die Klage nicht eingelassen hat, nachweist, dass ihm das diesen Rechtsstreit einleitende Schriftstück nicht ordnungsgemäß und nicht so rechtzeitig zugestellt worden ist, dass er sich verteidigen konnte;

b) der Anmelder nachweist, dass die Entscheidung mit einer anderen Entscheidung unvereinbar ist, die zwischen denselben Parteien in einem Vertragsstaat auf eine Klage hin ergangen ist, die früher eingereicht wurde als die Klage, die zu der anzuerkennenden Entscheidung geführt hat.

Article 8

(1) In the event of proceedings based on the same claim and between the same parties being brought before courts of different Contracting States, the court to which a later application is made shall of its own motion decline jurisdiction in favour of the court to which an earlier application was made.

(2) In the event of the jurisdiction of the court to which an earlier application is made being challenged, the court to which a later application is made shall stay the proceedings until the other court takes a final decision.

Section II
Recognition

Article 9[2]

(1) Subject to the provisions of Article 11, paragraph 2, final decisions given in any Contracting State on the right to the grant of a European patent in respect of one or more of the Contracting States designated in the European patent application shall be recognised without requiring a special procedure in the other Contracting States.

(2) The jurisdiction of the court whose decision is to be recognised and the validity of such decision may not be reviewed.

Article 10

Article 9, paragraph 1, shall not be applicable where:

(a) an applicant for a European patent who has not contested a claim proves that the document initiating the proceedings was not notified to him regularly and sufficiently early for him to defend himself; or

(b) an applicant proves that the decision is incompatible with another decision given in a Contracting State in proceedings between the same parties which were started before those in which the decision to be recognised was given.

---

[2] Siehe hierzu Entscheidung der Großen Beschwerdekammer G 3/92 (Anhang I).

[2] See decision of the Enlarged Board of Appeal G 3/92 (Annex I).

Article 8

(1) Lorsque des demandes ayant le même objet et la même cause sont formées entre les mêmes parties devant des juridictions d'Etats contractants différents, la juridiction saisie ultérieurement doit, même d'office, se dessaisir en faveur du tribunal premier saisi.

(2) La juridiction qui devrait se dessaisir en vertu du paragraphe 1 sursoit à statuer jusqu'à ce que la décision du tribunal premier saisi soit passée en force de chose jugée, si la compétence de ce dernier tribunal est contestée.

**Section II
Reconnaissance**

Article 9[2]

(1) Sous réserve des dispositions de l'article 11, paragraphe 2, les décisions passées en force de chose jugée rendues dans un Etat contractant, en ce qui concerne le droit à l'obtention du brevet européen pour un ou plusieurs Etats désignés dans la demande de brevet européen, sont reconnues dans les autres Etats contractants, sans qu'il soit nécessaire de recourir à aucune procédure.

(2) Il ne peut être procédé ni au contrôle de la compétence de la juridiction dont la décision doit être reconnue ni à la révision au fond de cette décision.

Article 10

L'article 9, paragraphe 1 n'est pas applicable lorsque :

a) le titulaire d'une demande de brevet européen qui a été attrait devant une juridiction et n'a pas comparu établit que l'acte introductif d'instance ne lui a pas été signifié régulièrement et en temps utile pour lui permettre de se défendre, ou

b) le titulaire d'une demande de brevet européen établit qu'une décision rendue dans un Etat contractant au terme d'une procédure opposant les mêmes parties et introduite antérieurement à celle qui a conduit à la décision dont la reconnaissance est demandée, est inconciliable avec cette dernière décision.

---

[2] Cf. la décision de la Grande Chambre de recours G 3/92 (Annexe I).

Artikel 11

(1) Im Verhältnis der Vertragsstaaten zueinander haben die Vorschriften dieses Protokolls Vorrang vor widersprechenden Vorschriften anderer Abkommen, die die gerichtliche Zuständigkeit oder die Anerkennung von Entscheidungen regeln.

(2) Dieses Protokoll steht der Anwendung von Abkommen zwischen Vertragsstaaten und einem nicht durch das Protokoll gebundenen Staat nicht entgegen.

Article 11

(1) In relations between any Contracting States the provisions of this Protocol shall prevail over any conflicting provisions of other agreements on jurisdiction cr the recognition of judgments.

(2) This Protocol shall not affect the implementation cf any agreement between a Contracting State and a State which is not bound by the Protocol.

Article 11

(1) Dans les rapports entre Etats contractants, les dispositions du présent protocole priment les dispositions contraires d'autres conventions relatives à la compétence judiciaire ou à la reconnaissance des décisions.

(2) Le présent protocole ne fait pas obstacle à l'application d'un autre accord entre un Etat contractant et un Etat qui n'est pas lié par ce protocole.

**Protokoll über die Vorrechte und Immunitäten
der Europäischen Patentorganisation
(Protokoll über Vorrechte und Immunitäten)**

vom 5. Oktober 1973

**Protocol on Privileges and Immunities of the European Patent Organisation
(Protocol on Privileges and Immunities)**

of 5 October 1973

**Protocole sur les privilèges et immunités de l'Organisation
européenne des brevets
(Protocole sur les privilèges et immunités)**

du 5 octobre 1973

Artikel 1

(1) Die Räumlichkeiten der Organisation sind unverletzlich.

(2) Die Behörden der Staaten, in denen die Organisation Räumlichkeiten hat, dürfen diese Räumlichkeiten nur mit Zustimmung des Präsidenten des Europäischen Patentamts betreten. Bei Feuer oder einem anderen Unglück, das sofortige Schutzmaßnahmen erfordert, wird diese Zustimmung vermutet.

(3) Die Zustellung einer Klageschrift oder sonstiger Schriftstücke, die sich auf ein gegen die Organisation gerichtetes Verfahren beziehen, in den Räumlichkeiten der Organisation stellt keinen Bruch der Unverletzlichkeit dar.

Artikel 2

Die Archive der Organisation und alle Dokumente, die ihr gehören oder sich in ihrem Besitz befinden, sind unverletzlich.

Artikel 3

(1) Die Organisation genießt im Rahmen ihrer amtlichen Tätigkeit Immunität von der Gerichtsbarkeit und Vollstreckung mit Ausnahme folgender Fälle:

a) soweit die Organisation im Einzelfall ausdrücklich hierauf verzichtet;

b) im Fall eines von einem Dritten angestrengten Zivilverfahrens wegen Schäden aufgrund eines Unfalls, der durch ein der Organisation gehörendes oder für sie betriebenes Motorfahrzeug verursacht wurde, oder im Fall eines Verstoßes gegen die Vorschriften über den Straßenverkehr, an dem dieses Fahrzeug beteiligt ist;

c) im Fall der Vollstreckung eines nach Artikel 23 ergangenen Schiedsspruchs.

(2) Das Eigentum und die sonstigen Vermögenswerte der Organisation genießen ohne Rücksicht darauf, wo sie sich befinden, Immunität von jeder Form der Beschlagnahme, Einziehung, Enteignung und Zwangsverwaltung.

Article 1

(1) The premises of the Organisation shall be inviolable.

(2) The authorities of the States in which the Organisation has its premises shall not enter those premises, except with the consent of the President of the European Patent Office. Such consent shall be assumed in case of fire or other disaster requiring prompt protective action.

(3) Service of process at the premises of the Organisation and of any other procedural instruments relating to a cause of action against the Organisation shall not constitute breach of inviolability.

Article 2

The archives of the Organisation and any documents belonging to or held by it shall be inviolable.

Article 3

(1) Within the scope of its official activities the Organisation shall have immunity from jurisdiction and execution, except

(a) to the extent that the Organisation shall have expressly waived such immunity in a particular case;

(b) in the case of a civil action brought by a third party for damage resulting from an accident caused by a motor vehicle belonging to, or operated on behalf of, the Organisation, or in respect of a motor traffic offence involving such a vehicle;

(c) in respect of the enforcement of an arbitration award made under Article 23.

(2) The property and assets of the Organisation, wherever situated, shall be immune from any form of requisition, confiscation, expropriation and sequestration.

Article premier

(1) Les locaux de l'Organisation sont inviolables.

(2) Les autorités des Etats où l'Organisation a ses locaux ne peuvent pénétrer dans ces locaux qu'avec le consentement du Président de l'Office européen des brevets. Ce consentement est présumé acquis en cas d'incendie ou autre sinistre exigeant des mesures de protection immédiates.

(3) La remise dans les locaux de l'Organisation de tous actes de procédure nécessités par une instance en justice concernant l'Organisation ne constitue pas une infraction à l'inviolabilité.

Article 2

Les archives de l'Organisation ainsi que tout document lui appartenant ou détenu par elle sont inviolables.

Article 3

(1) Dans le cadre de ses activités officielles, l'Organisation bénéficie de l'immunité de juridiction et d'exécution sauf :

a) dans la mesure où l'Organisation aurait expressément renoncé à une telle immunité dans un cas particulier ;

b) en cas d'action civile intentée par un tiers pour les dommages résultant d'un accident causé par un véhicule automoteur appartenant à l'Organisation ou circulant pour son compte ou en cas d'infraction à la réglementation de la circulation automobile intéressant le véhicule précité ;

c) en cas d'exécution d'une sentence arbitrale rendue en application de l'article 23.

(2) Les propriétés et biens de l'Organisation, quel que soit le lieu où ils se trouvent, bénéficient de l'immunité à l'égard de toute forme de réquisition, confiscation, expropriation et séquestre.

(3) Das Eigentum und die sonstigen Vermögenswerte der Organisation genießen ebenfalls Immunität von jedem behördlichen Zwang oder jeder Maßnahme, die einem Urteil vorausgehen, es sei denn, dass dies im Zusammenhang mit der Verhinderung und gegebenenfalls der Untersuchung von Unfällen, an denen der Organisation gehörende oder für sie betriebene Motorfahrzeuge beteiligt sind, vorübergehend notwendig ist.

(4) Unter amtlicher Tätigkeit der Organisation im Sinn dieses Protokolls sind alle Tätigkeiten zu verstehen, die für ihre im Übereinkommen vorgesehene Verwaltungsarbeit und technische Arbeit unbedingt erforderlich sind.

Artikel 4

(1) Im Rahmen ihrer amtlichen Tätigkeit sind die Organisation, ihr Vermögen und ihre Einkünfte von jeder direkten Besteuerung befreit.

(2) Sind bei größeren Einkäufen, die von der Organisation getätigt werden und die für ihre amtliche Tätigkeit erforderlich sind, Steuern oder sonstige Abgaben im Preis enthalten, so werden in jedem Fall, in dem dies möglich ist, von den Vertragsstaaten geeignete Maßnahmen getroffen, um der Organisation den Betrag der Steuern oder sonstigen Abgaben dieser Art zu erlassen oder zu erstatten.

(3) Von Abgaben, die lediglich die Vergütung für Leistungen öffentlicher Versorgungsbetriebe darstellen, wird keine Befreiung gewährt.

Artikel 5

Die von der Organisation ein- oder ausgeführten Waren, die für deren amtliche Tätigkeit erforderlich sind, werden von Zöllen und sonstigen Abgaben bei der Ein- oder Ausfuhr – mit Ausnahme der Abgaben für Dienstleistungen – befreit sowie von allen Ein- und Ausfuhrverboten und -beschränkungen ausgenommen.

Artikel 6

Für Waren, die für den persönlichen Bedarf der Bediensteten des Europäischen Patentamts gekauft oder eingeführt werden, wird keine Befreiung nach den Artikeln 4 und 5 gewährt.

(3) The property and assets of the Organisation shall also be immune from any form of administrative or provisional judicial constraint, except in so far as may be temporarily necessary in connection with the prevention of, and investigation into, accidents involving motor vehicles belonging to or operated on behalf of the Organisation.

(4) The official activities of the Organisation shall, for the purposes of this Protocol, be such as are strictly necessary for its administrative and technical operation, as set out in the Convention.

Article 4

(1) Within the scope of its official activities the Organisation and its property and income shall be exempt from all direct taxes.

(2) Where substantial purchases for the exercise of its official activities, and in the price of which taxes or duties are included, are made by the Organisation, appropriate measures shall, whenever possible, be taken by the Contracting States to remit or reimburse to the Organisation the amount of such taxes or duties.

(3) No exemption shall be accorded in respect of duties and taxes which are no more than charges for public utility services.

Article 5

Goods imported or exported by the Organisation for the exercise of its official activities shall be exempt from duties and charges on import or export other than fees or taxes representing services rendered, and from all prohibitions and restrictions on import or export.

Article 6

No exemption shall be granted under Articles 4 and 5 in respect of goods purchased or imported for the personal benefit of the employees of the European Patent Office.

(3) Les propriétés et biens de l'Organisation bénéficient également de l'immunité à l'égard de toute forme de contrainte administrative ou de mesure préalable à un jugement, sauf dans la mesure où le nécessitent temporairement la prévention des accidents mettant en cause des véhicules automoteurs appartenant à l'Organisation ou circulant pour le compte de celle-ci et les enquêtes auxquelles peuvent donner lieu lesdits accidents.

(4) Au sens du présent protocole, les activités officielles de l'Organisation sont celles qui sont strictement nécessaires à son fonctionnement administratif et technique telles qu'elles résultent de la convention.

Article 4

(1) Dans le cadre de ses activités officielles, l'Organisation, ses biens et revenus sont exonérés des impôts directs.

(2) Lorsque des achats importants sont faits par l'Organisation pour l'exercice de ses activités officielles, et dont le prix comprend des droits ou des taxes, des dispositions appropriées sont prises par les Etats contractants, chaque fois qu'il est possible, en vue de la remise ou du remboursement à l'Organisation du montant des droits et taxes de cette nature.

(3) Aucune exonération n'est accordée en ce qui concerne les impôts, taxes et droits qui ne constituent que la simple rémunération de services d'utilité publique.

Article 5

Les produits importés ou exportés par l'Organisation pour l'exercice de ses activités officielles sont exonérés des droits et taxes à l'importation ou à l'exportation, autres que les redevances ou impositions représentatives de services rendus, et exemptés de toutes prohibitions et restrictions à l'importation ou à l'exportation.

Article 6

Aucune exonération n'est accordée en vertu des articles 4 et 5 en ce qui concerne les achats ou importations de biens destinés aux besoins personnels des agents de l'Office européen des brevets.

Artikel 7

(1) Die in den Artikeln 4 und 5 angeführten, der Organisation gehörenden Waren dürfen nur zu den Bedingungen verkauft oder veräußert werden, die von den Vertragsstaaten, welche die Befreiung gewährt haben, genehmigt sind.

(2) Der Waren- und Dienstleistungsverkehr zwischen den verschiedenen Dienstgebäuden der Organisation ist von Abgaben und Beschränkungen jeder Art befreit; gegebenenfalls treffen die Vertragsstaaten geeignete Maßnahmen, um solche Abgaben zu erlassen oder zu erstatten oder um solche Beschränkungen aufzuheben.

Artikel 8

Der Versand von Veröffentlichungen und sonstigem Informationsmaterial durch oder an die Organisation unterliegt keinen Beschränkungen.

Artikel 9

Die Vertragsstaaten räumen der Organisation die devisenrechtlichen Befreiungen ein, die zur Ausübung ihrer amtlichen Tätigkeit erforderlich sind.

Artikel 10

(1) Bei ihrem amtlichen Nachrichtenverkehr und bei der Übermittlung aller ihrer Schriftstücke genießt die Organisation in jedem Vertragsstaat die günstigste Behandlung, die dieser Staat einer anderen internationalen Organisation gewährt.

(2) Der amtliche Nachrichtenverkehr der Organisation, gleichviel mit welchem Nachrichtenmittel, unterliegt nicht der Zensur.

Artikel 11

Die Vertragsstaaten treffen geeignete Maßnahmen, um Einreise, Aufenthalt und Ausreise der Bediensteten des Europäischen Patentamts zu erleichtern.

Article 7

(1) Goods belonging to the Organisation which have been acquired or imported under Article 4 or Article 5 shall not be sold or given away except in accordance with conditions laid down by the Contracting States which have granted the exemptions.

(2) The transfer of goods and provision of services between the various buildings of the Organisation shall be exempt from charges or restrictions of any kind; where appropriate, the Contracting States shall take all the necessary measures to remit or reimburse the amount of such charges or to lift such restrictions.

Article 8

The transmission of publications and other information material by or to the Organisation shall not be restricted in any way.

Article 9

The Contracting States shall accord the Organisation the currency exemptions which are necessary for the exercise of its official activities.

Article 10

(1) With regard to its official communications and the transfer of all its documents, the Organisation shall in each Contracting State enjoy the most favourable treatment accorded by that State to any other international organisation.

(2) No censorship shall be applied to official communications of the Organisation by whatever means of communication.

Article 11

The Contracting States shall take all appropriate measures to facilitate the entry, stay and departure of the employees of the European Patent Office.

Article 7

(1) Les biens appartenant à l'Organisation, acquis ou importés conformément à l'article 4 ou à l'article 5, ne peuvent être vendus ou cédés qu'aux conditions agréées par les Etats contractants qui ont accordé les exemptions.

(2) Les transferts de biens ou les prestations de services, réalisés entre les différents bâtiments de l'Organisation, ne sont soumis à aucune imposition ni restriction ; le cas échéant, les Etats contractants prennent les mesures appropriées en vue de la remise ou du remboursement du montant de telles impositions ou en vue de la levée de telles restrictions.

Article 8

La transmission de publications et d'autres matériels d'information par l'Organisation ou à celle-ci, n'est soumise à aucune restriction.

Article 9

Les Etats contractants accordent à l'Organisation les dispenses en matière de réglementation des changes qui seraient nécessaires pour l'exercice de ses activités officielles.

Article 10

(1) Pour ses communications officielles et le transfert de tous ses documents, l'Organisation bénéficie, dans chaque Etat contractant, du traitement le plus favorable accordé à toute autre organisation internationale par cet Etat.

(2) Aucune censure ne peut être exercée à l'égard des communications officielles de l'Organisation, quelle que soit la voie de communication utilisée.

Article 11

Les Etats contractants prennent les mesures utiles pour faciliter l'entrée, le séjour et le départ des agents de l'Office européen des brevets.

Artikel 12

(1) Die Vertreter der Vertragsstaaten, deren Stellvertreter, Berater oder Sachverständige genießen während der Tagungen des Verwaltungsrats oder der Tagungen anderer vom Verwaltungsrat eingesetzter Organe sowie während der Reise zum und vom Tagungsort folgende Vorrechte und Immunitäten:

a) Immunität von Festnahme oder Haft sowie von der Beschlagnahme ihres persönlichen Gepäcks, außer wenn sie auf frischer Tat ertappt werden;

b) Immunität von der Gerichtsbarkeit, auch nach Beendigung ihres Auftrags, bezüglich der von ihnen in Ausübung ihres Amts vorgenommenen Handlungen einschließlich ihrer schriftlichen und mündlichen Äußerungen; diese Immunität gilt jedoch nicht im Fall eines Verstoßes gegen die Vorschriften über den Straßenverkehr durch eine der genannten Personen und im Fall von Schäden, die durch ein Motorfahrzeug verursacht wurden, das einer dieser Personen gehört oder von einer solchen Person gesteuert wurde;

c) Unverletzlichkeit aller ihrer amtlichen Schriftstücke und Urkunden;

d) das Recht, Verschlüsselungen zu verwenden sowie Urkunden oder sonstige Schriftstücke durch Sonderkurier oder in versiegelten Behältern zu empfangen;

e) Befreiung für sich und ihre Ehegatten von allen Einreisebeschränkungen und von der Meldepflicht für Ausländer;

f) die gleichen Erleichterungen hinsichtlich der Währungs- und Devisenvorschriften wie die Vertreter ausländischer Regierungen mit vorübergehendem amtlichen Auftrag.

(2) Die Vorrechte und Immunitäten werden den in Absatz 1 genannten Personen nicht zu ihrem persönlichen Vorteil gewährt, sondern um ihre vollständige Unabhängigkeit bei der Ausübung ihres Amts im Zusammenhang mit der Organisation zu gewährleisten. Ein Vertragsstaat hat deshalb die Pflicht, die Immunität in allen Fällen aufzuheben, in denen sie nach Auffassung dieses Staats verhindern würde, dass der Gerechtigkeit Genüge geschieht, und in denen sie ohne Beeinträchtigung der Zwecke aufgehoben werden kann, für die sie gewährt wurde.

Article 12

(1) Representatives of Contracting States, alternate Representatives and their advisers or experts, if any, shall enjoy, while attending meetings of the Administrative Council and of any body established by it, and in the course of their journeys to and from the place of meeting, the following privileges and immunities:

(a) immunity from arrest or detention and from seizure of their personal luggage, except when found committing, attempting to commit, or just having committed an offence;

(b) immunity from jurisdiction, even after the termination of their mission, in respect of acts, including words written and spoken, done by them in the exercise of their functions; this immunity shall not apply, however, in the case of a motor traffic offence committed by one of the persons referred to above, nor in the case of damage caused by a motor vehicle belonging to or driven by such a person;

(c) inviolability for all their official papers and documents;

(d) the right to use codes and to receive documents or correspondence by special courier or sealed bag;

(e) exemption for themselves and their spouses from all measures restricting entry and from aliens' registration formalities;

(f) the same facilities in the matter of currency and exchange control as are accorded to the representatives of foreign Governments on temporary official missions.

(2) Privileges and immunities are accorded to the persons referred to in paragraph 1, not for their personal advantage but in order to ensure complete independence in the exercise of their functions in connection with the Organisation. Consequently, a Contracting State has the duty to waive the immunity in all cases where, in the opinion of that State, such immunity would impede the course of justice and where it can be waived without prejudicing the purposes for which it was accorded.

Article 12

(1) Les représentants des Etats contractants, leurs suppléants, leurs conseillers ou experts jouissent, lors des réunions du Conseil d'administration ou de tout organe institué par ledit Conseil ainsi qu'au cours de leurs voyages à destination ou en provenance du lieu de la réunion des privilèges et immunités suivants :

a) immunité d'arrestation ou de détention, ainsi que de saisie de leurs bagages personnels, sauf en cas de flagrant délit ;

b) immunité de juridiction, même après la fin de leur mission, pour les actes, y compris leurs écrits et leurs paroles, accomplis dans l'exercice de leurs fonctions ; cette immunité ne joue cependant pas dans le cas d'une infraction à la réglementation de la circulation des véhicules automoteurs, commise par une des personnes visées ci-dessus, ou dans le cas de dommages causés par un véhicule automoteur lui appartenant ou qu'elle conduit ;

c) inviolabilité pour tous leurs papiers et documents officiels ;

d) droit de faire usage de codes et de recevoir des documents ou de la correspondance par courrier spécial ou par valises scellées ;

e) exemption pour eux-mêmes et pour leurs conjoints de toute mesure limitant l'entrée et de toutes formalités d'enregistrement d'étrangers ;

f) mêmes facilités, en ce qui concerne les réglementations monétaires ou de change, que celles accordées aux représentants de gouvernements étrangers en mission officielle temporaire.

(2) Les privilèges et immunités sont accordés aux personnes visées au paragraphe premier, non à leur avantage personnel, mais dans le but d'assurer en toute indépendance l'exercice de leurs fonctions en rapport avec l'Organisation. Par conséquent, un Etat contractant a le devoir de lever l'immunité dans tous les cas où, à son avis, l'immunité entraverait l'action de la justice et où elle peut être levée sans compromettre les fins pour lesquelles elle a été accordée.

Artikel 13

(1) Vorbehaltlich Artikel 6 steht der Präsident des Europäischen Patentamts im Genuss der Vorrechte und Immunitäten, die Diplomaten nach dem Wiener Übereinkommen über diplomatische Beziehungen vom 18. April 1961 eingeräumt werden.

(2) Die Immunität von der Gerichtsbarkeit gilt jedoch nicht im Fall eines Verstoßes des Präsidenten des Europäischen Patentamts gegen die Vorschriften über den Straßenverkehr oder im Fall eines Schadens, der durch ein ihm gehörendes oder von ihm gesteuertes Motorfahrzeug verursacht wurde.

Artikel 14

Die Bediensteten des Europäischen Patentamts

a) genießen auch nach ihrem Ausscheiden aus dem Dienst Immunität von der Gerichtsbarkeit hinsichtlich der von ihnen in Ausübung ihres Amts vorgenommenen Handlungen einschließlich ihrer mündlichen und schriftlichen Äußerungen; diese Immunität gilt jedoch nicht im Fall eines Verstoßes gegen die Vorschriften über den Straßenverkehr durch einen Bediensteten des Europäischen Patentamts oder eines Schadens, der durch ein ihm gehörendes oder von ihm geführtes Motorfahrzeug verursacht wurde;

b) sind von jeder Verpflichtung zum Wehrdienst befreit;

c) genießen Unverletzlichkeit aller ihrer amtlichen Schriftstücke und Urkunden;

d) genießen in Bezug auf Einwanderungsbeschränkungen und die Meldepflicht der Ausländer dieselbe Erleichterung, die allgemein den Mitgliedern des Personals internationaler Organisationen gewährt wird; das Gleiche gilt für die in ihrem Haushalt lebenden Familienangehörigen;

e) genießen in Bezug auf Devisenvorschriften dieselben Vorrechte, die allgemein den Mitgliedern des Personals internationaler Organisationen gewährt werden;

Article 13

(1) Subject to the provisions of Article 6, the President of the European Patent Office shall enjoy the privileges and immunities accorded to diplomatic agents under the Vienna Convention on Diplomatic Relations of 18 April 1961.

(2) However, immunity from jurisdiction shall not apply in the case of a motor traffic offence committed by the President of the European Patent Office or damage caused by a motor vehicle belonging to or driven by him.

Article 14

The employees of the European Patent Office:

(a) shall, even after their service has terminated, have immunity from jurisdiction in respect of acts, including words written and spoken, done in the exercise of their functions; this immunity shall not apply, however, in the case of a motor traffic offence committed by an employee of the European Patent Office, nor in the case of damage caused by a motor vehicle belonging to or driven by an employee;

(b) shall be exempt from all obligations in respect of military service;

(c) shall enjoy inviolability for all their official papers and documents;

(d) shall enjoy the same facilities as regards exemption from all measures restricting immigration and governing aliens' registration as are normally accorded to staff members of international organisations, as shall members of their families forming part of their household;

(e) shall enjoy the same privileges in respect of exchange regulations as are normally accorded to the staff members of international organisations;

Article 13

(1) Sous réserve des dispositions de l'article 6, le Président de l'Office européen des brevets jouit des privilèges et immunités reconnus aux agents diplomatiques en vertu de la Convention de Vienne sur les relations diplomatiques du 18 avril 1961.

(2) Toutefois, l'immunité de juridiction ne joue pas dans le cas d'infraction à la réglementation en matière de circulation des véhicules automoteurs commise par le Président de l'Office européen des brevets ou de dommage causé par un véhicule automoteur lui appartenant ou qu'il conduit.

Article 14

Les agents de l'Office européen des brevets :

a) jouissent, même lorsqu'ils ont cessé d'exercer leurs fonctions, de l'immunité de juridiction pour les actes, y compris les paroles et écrits, accomplis dans l'exercice de leurs fonctions ; cette immunité ne joue cependant pas dans le cas d'infraction à la réglementation de la circulation des véhicules automoteurs, commise par un agent de l'Office, ou de dommage causé par un véhicule automoteur lui appartenant ou qu'il conduit ;

b) sont exempts de toute obligation relative au service militaire ;

c) jouissent de l'inviolabilité pour tous leurs papiers et documents officiels ;

d) jouissent, avec les membres de leur famille vivant à leur foyer, des mêmes exceptions aux dispositions limitant l'immigration et réglant l'enregistrement des étrangers, que celles généralement reconnues aux membres du personnel des organisations internationales ;

e) jouissent, en ce qui concerne les réglementations de change, des mêmes privilèges que ceux généralement reconnus aux membres du personnel des organisations internationales ;

f) genießen im Fall einer internationalen Krise dieselben Erleichterungen bei der Rückführung in ihren Heimatstaat wie die Diplomaten; das Gleiche gilt für die in ihrem Haushalt lebenden Familienangehörigen;

g) haben das Recht, ihre Wohnungseinrichtung und ihre persönlichen Gebrauchsgegenstände bei Antritt ihres Dienstes in dem betreffenden Staat zollfrei einzuführen und bei Beendigung ihres Dienstes in diesem Staat zollfrei wieder auszuführen, vorbehaltlich der Bedingungen, welche die Regierung des Staats, in dem dieses Recht ausgeübt wird, jeweils für erforderlich hält, und mit Ausnahme der Güter, die in diesem Staat erworben wurden und dort einem Ausfuhrverbot unterliegen.

Artikel 15

Sachverständige genießen bei der Ausübung ihrer Tätigkeit für die Organisation oder bei der Ausführung von Aufträgen für diese die nachstehenden Vorrechte und Immunitäten, soweit sie für die Ausübung ihrer Tätigkeiten notwendig sind, und zwar auch während der Reisen, die in Ausübung ihrer Tätigkeit oder zur Durchführung ihres Auftrags ausgeführt werden:

a) Immunität von der Gerichtsbarkeit hinsichtlich der von ihnen in Ausübung ihres Amts vorgenommenen Handlungen einschließlich ihrer mündlichen und schriftlichen Äußerungen, außer im Fall eines Verstoßes gegen die Vorschriften über den Straßenverkehr durch einen Sachverständigen oder im Fall eines Schadens, der durch ein ihm gehörendes oder von ihm geführtes Motorfahrzeug verursacht wurde; die Sachverständigen genießen diese Immunität auch nach Beendigung ihrer Tätigkeit bei der Organisation;

b) Unverletzlichkeit aller ihrer amtlichen Schriftstücke und Urkunden;

c) die zur Überweisung ihrer Bezüge erforderlichen devisenrechtlichen Befreiungen.

(f) shall enjoy the same facilities as to repatriation as diplomatic agents in time of international crises, as shall the members of their families forming part of their household;

(g) shall have the right to import duty-free their furniture and personal effects at the time of first taking up their post in the State concerned and the right on the termination of their functions in that State to export free of duty their furniture and personal effects, subject to the conditions considered necessary by the Government of the State in whose territory the right is exercised and with the exception of property acquired in that State which is subject to an export prohibition therein.

Article 15

Experts performing functions on behalf of, or carrying out missions for, the Organisation shall enjoy the following privileges and immunities, to the extent that they are necessary for the carrying out of their functions, including during journeys made in carrying out their functions and in the course of such missions:

(a) immunity from jurisdiction in respect of acts done by them in the exercise of their functions, including words written or spoken, except in the case of a motor traffic offence committed by an expert or in the case of damage caused by a motor vehicle belonging to or driven by him; experts shall continue to enjoy this immunity after they have ceased to be employed by the Organisation;

(b) inviolability for all their official papers and documents;

(c) the exchange facilities necessary for the transfer of their remuneration.

f) jouissent, en période de crise internationale, ainsi que les membres de leur famille vivant à leur foyer, des mêmes facilités de rapatriement que les agents diplomatiques ;

g) jouissent du droit d'importer en franchise de douane leur mobilier et leurs effets personnels, à l'occasion de leur première installation dans l'Etat intéressé, et du droit, à la cessation de leurs fonctions dans ledit Etat, d'exporter en franchise leur mobilier et leurs effets personnels, sous réserve des conditions jugées nécessaires par le gouvernement de l'Etat sur le territoire duquel le droit est exercé et à l'exception des biens acquis dans cet Etat qui font l'objet, dans celui-ci, d'une prohibition d'exportation.

Article 15

Les experts exerçant des fonctions pour le compte de l'Organisation ou accomplissant des missions pour celle-ci, jouissent des privilèges et immunités ci-après dans la mesure où ils leur sont nécessaires pour l'exercice de leurs fonctions, y compris durant les voyages effectués dans l'exercice de leurs fonctions ou au cours de ces missions :

a) immunité de juridiction pour les actes accomplis dans l'exercice de leurs fonctions, y compris leurs paroles et écrits, sauf dans le cas d'infraction à la réglementation de la circulation des véhicules automoteurs commise par un expert ou de dommage causé par un véhicule automobile lui appartenant ou qu'il conduit ; les experts continueront à bénéficier de cette immunité après la cessation de leurs fonctions auprès de l'Organisation ;

b) inviolabilité pour tous leurs papiers et documents officiels ;

c) facilités de change nécessaires au transfert de leurs rémunérations.

Artikel 16

(1) Die in den Artikeln 13 und 14 genannten Personen sind für die von der Organisation gezahlten Gehälter und Bezüge nach Maßgabe der Bedingungen und Regeln, die der Verwaltungsrat innerhalb eines Jahres nach Inkrafttreten des Übereinkommens festlegt, zugunsten der Organisation steuerpflichtig. Von diesem Zeitpunkt an sind diese Gehälter und Bezüge von der staatlichen Einkommensteuer befreit. Die Vertragsstaaten können jedoch die befreiten Gehälter und Bezüge bei der Festsetzung des auf Einkommen aus anderen Quellen zu erhebenden Steuerbetrags berücksichtigen.

(2) Absatz 1 ist auf Renten und Ruhegehälter, die von der Organisation an ehemalige Bedienstete des Europäischen Patentamts gezahlt werden, nicht anzuwenden.

Artikel 17

Der Verwaltungsrat bestimmt die Gruppen von Bediensteten, auf die Artikel 14 ganz oder teilweise und Artikel 16 anzuwenden sind, sowie die Gruppen von Sachverständigen, auf die Artikel 15 anzuwenden ist. Die Namen, Dienstbezeichnungen und Anschriften der zu diesen Gruppen gehörenden Bediensteten und Sachverständigen werden den Vertragsstaaten von Zeit zu Zeit mitgeteilt.

Artikel 18

Vorbehaltlich von Abkommen, die nach Artikel 25 mit den Vertragsstaaten geschlossen werden, sind die Organisation und die Bediensteten des Europäischen Patentamts von sämtlichen Pflichtbeiträgen an staatliche Sozialversicherungsträger befreit, sofern die Organisation ein eigenes Sozialversicherungssystem errichtet.

Artikel 19

(1) Die in diesem Protokoll vorgesehenen Vorrechte und Immunitäten sind nicht dazu bestimmt, den Bediensteten des Europäischen Patentamts oder den Sachverständigen, die für die Organisation oder in deren Auftrag tätig sind, persönliche Vorteile zu verschaffen. Sie sind lediglich zu dem Zweck vorgesehen, unter allen Umständen die ungehinderte Tätigkeit der Organisation und die vollständige Unabhängigkeit der Personen, denen sie gewährt werden, zu gewährleisten.

Article 16

(1) The persons referred to in Articles 13 and 14 shall be subject to a tax for the benefit of the Organisation on salaries and emoluments paid by the Organisation, subject to the conditions and rules laid down by the Administrative Council within a period of one year from the date of the entry into force of the Convention. From the date on which this tax is applied, such salaries and emoluments shall be exempt from national income tax. The Contracting States may, however, take into account the salaries and emoluments thus exempt when assessing the amount of tax to be applied to income from other sources.

(2) Paragraph 1 shall not apply to pensions and annuities paid by the Organisation to the former employees of the European Patent Office.

Article 17

The Administrative Council shall decide the categories of employees to whom the provisions of Article 14, in whole or in part, and Article 16 shall apply and the categories of experts to whom the provisions of Article 15 shall apply. The names, titles and addresses of the employees and experts included in such categories shall be communicated from time to time to the Contracting States.

Article 18

In the event of the Organisation establishing its own social security scheme, the Organisation and the employees of the European Patent Office shall be exempt from all compulsory contributions to national social security schemes, subject to the agreements made with the Contracting States in accordance with the provisions of Article 25.

Article 19

(1) The privileges and immunities provided for in this Protocol are not designed to give to employees of the European Patent Office or experts performing functions for or on behalf of the Organisation personal advantage. They are provided solely to ensure, in all circumstances, the unimpeded functioning of the Organisation and the complete independence of the persons to whom they are accorded.

Article 16

(1) Dans les conditions et selon les modalités que le Conseil d'administration fixe dans un délai d'un an à compter de l'entrée en vigueur de la convention, les personnes visées aux articles 13 et 14 seront soumises, au profit de l'Organisation, à un impôt sur les traitements et salaires qui leur sont versés par l'Organisation. A compter de cette date, ces traitements et salaires sont exempts de l'impôt national sur le revenu. Toutefois, les Etats contractants peuvent tenir compte de ces traitements et salaires pour le calcul de l'impôt payable sur les revenus provenant d'autres sources.

(2) Les dispositions du paragraphe premier ne s'appliquent pas aux pensions et retraites payées par l'Organisation aux anciens agents de l'Office européen des brevets.

Article 17

Le Conseil d'administration détermine les catégories d'agents auxquels s'appliquent les dispositions de l'article 14, en tout ou en partie, ainsi que les dispositions de l'article 16 et les catégories d'experts auxquels s'appliquent les dispositions de l'article 15. Les noms, qualités et adresses des agents et experts compris dans ces catégories sont communiquées périodiquement aux Etats contractants.

Article 18

L'Organisation et les agents de l'Office européen des brevets sont exempts de toutes contributions obligatoires à des organismes nationaux de prévoyance sociale, au cas où l'Organisation établirait son propre système de prévoyance sociale, sous réserve des accords à passer avec les Etats contractants, conformément aux dispositions de l'article 25.

Article 19

(1) Les privilèges et immunités prévus par le présent protocole ne sont pas établis en vue d'accorder aux agents de l'Office européen des brevets ou aux experts exerçant des fonctions au profit ou pour le compte de l'Organisation des avantages personnels. Ils sont institués uniquement afin d'assurer, en toutes circonstances, le libre fonctionnement de l'Organisation et la complète indépendance des personnes auxquelles ils sont accordés.

(2) Der Präsident des Europäischen Patentamts hat die Pflicht, eine Immunität aufzuheben, wenn sie nach seiner Ansicht verhindern würde, dass der Gerechtigkeit Genüge geschieht, und wenn sie ohne Beeinträchtigung der Interessen der Organisation aufgehoben werden kann. Aus den gleichen Gründen kann der Verwaltungsrat eine Immunität des Präsidenten aufheben.

Artikel 20

(1) Die Organisation wird jederzeit mit den zuständigen Behörden der Vertragsstaaten zusammenarbeiten, um die Rechtspflege zu erleichtern, die Einhaltung der Vorschriften über Sicherheit und Ordnung sowie über den Gesundheits- und Arbeitsschutz und ähnlicher staatlicher Rechtsvorschriften zu gewährleisten und jeden Missbrauch der in diesem Protokoll vorgesehenen Vorrechte, Immunitäten und Erleichterungen zu verhindern.

(2) Die Einzelheiten der in Absatz 1 genannten Zusammenarbeit können in den in Artikel 25 genannten Ergänzungsabkommen festgelegt werden.

Artikel 21

Jeder Vertragsstaat behält das Recht, alle im Interesse seiner Sicherheit notwendigen Vorsichtsmaßnahmen zu ergreifen.

Artikel 22

Ein Vertragsstaat ist nicht verpflichtet, die in den Artikeln 12, 13, 14 Buchstaben b, e und g sowie in Artikel 15 Buchstabe c bezeichneten Vorrechte und Immunitäten zu gewähren:

a) seinen eigenen Staatsangehörigen;

b) Personen, die bei Aufnahme ihrer Tätigkeit bei der Organisation ihren ständigen Wohnsitz in diesem Staat haben und nicht Bedienstete einer anderen zwischenstaatlichen Organisation sind, deren Personal in die Organisation übernommen wird.

(2) The President of the European Patent Office has the duty to waive immunity where he considers that such immunity prevents the normal course of justice and that it is possible to dispense with such immunity without prejudicing the interests of the Organisation. The Administrative Council may waive immunity of the President for the same reasons.

Article 20

(1) The Organisation shall co-operate at all times with the competent authorities of the Contracting States in order to facilitate the proper administration of justice, to ensure the observance of police regulations and regulations concerning public health, labour inspection or other similar national legislation, and to prevent any abuse of the privileges, immunities and facilities provided for in this Protocol.

(2) The procedure of co-operation mentioned in paragraph 1 may be laid down in the complementary agreements referred to in Article 25.

Article 21

Each Contracting State retains the right to take all precautions necessary in the interests of its security.

Article 22

No Contracting State is obliged to extend the privileges and immunities referred to in Article 12, Article 13, Article 14, sub-paragraphs (b), (e) and (g), and Article 15, sub-paragraph (c), to:

(a) its own nationals;

(b) any person who at the time of taking up his functions with the Organisation has his permanent residence in that State and is not an employee of any other inter-governmental organisation whose staff is incorporated into the Organisation.

(2) Le Président de l'Office européen des brevets a le devoir de lever l'immunité lorsqu'il estime qu'elle empêche le jeu normal de la justice et qu'il est possible d'y renoncer sans porter atteinte aux intérêts de l'Organisation. Le Conseil d'administration peut, pour les mêmes raisons, lever l'une des immunités accordées au Président.

Article 20

(1) L'Organisation coopère en tout temps avec les autorités compétentes des Etats contractants, en vue de faciliter une bonne administration de la justice, d'assurer l'observation des règlements de police et de ceux concernant la santé publique et l'inspection du travail, ou autres lois nationales de nature analogue, et empêcher tout abus des privilèges, immunités et facilités prévus par le présent protocole.

(2) La procédure de coopération mentionnée au paragraphe premier pourra être précisée dans les accords complémentaires visés à l'article 25.

Article 21

Chaque Etat contractant conserve le droit de prendre toutes les mesures nécessaires dans l'intérêt de sa sécurité.

Article 22

Aucun Etat contractant n'est tenu d'accorder les privilèges et immunités mentionnés aux articles 12, 13, 14 lettres b), e) et g), et 15 lettre c)

a) à ses propres nationaux ;

b) aux personnes qui, lors de leur entrée en fonctions auprès de l'Organisation, ont leur résidence permanente dans cet Etat et ne sont pas agents d'une autre organisation intergouvernementale dont le personnel est incorporé à l'Organisation.

Artikel 23

(1) Jeder Vertragsstaat kann einem internationalen Schiedsgericht jede Streitigkeit unterbreiten, die sich auf die Organisation oder einen Bediensteten oder Sachverständigen, der für die Organisation oder in deren Auftrag tätig ist, bezieht, soweit die Organisation oder die Bediensteten und Sachverständigen ein Vorrecht oder eine Immunität nach diesem Protokoll in Anspruch genommen haben und diese Immunität nicht aufgehoben worden ist.

(2) Hat ein Vertragsstaat die Absicht, eine Streitigkeit einem Schiedsgericht zu unterbreiten, so notifiziert er dies dem Präsidenten des Verwaltungsrats; dieser unterrichtet sofort jeden Vertragsstaat von der Notifikation.

(3) Das Verfahren nach Absatz 1 ist auf Streitigkeiten zwischen der Organisation und den Bediensteten oder Sachverständigen über das Statut oder die Beschäftigungsbedingungen oder, was die Bediensteten anbelangt, über die Versorgungsordnung nicht anzuwenden.

(4) Gegen den Spruch des Schiedsgerichts, der endgültig und für die Parteien bindend ist, kann ein Rechtsmittel nicht eingelegt werden. Im Fall einer Streitigkeit über Sinn und Tragweite des Schiedsspruchs obliegt es dem Schiedsgericht, den Spruch auf Antrag einer Partei auszulegen.

Artikel 24

(1) Das in Artikel 23 genannte Schiedsgericht besteht aus drei Mitgliedern; ein Schiedsrichter wird von dem Staat oder den Staaten, die Parteien des Schiedsverfahrens sind, ein weiterer vom Verwaltungsrat ernannt; diese beiden Schiedsrichter ernennen einen dritten Schiedsrichter, der als Obmann tätig wird.

(2) Die Schiedsrichter werden aus einem Verzeichnis ausgewählt, das höchstens sechs von jedem Vertragsstaat und sechs vom Verwaltungsrat benannte Schiedsrichter umfasst. Dieses Verzeichnis wird so bald wie möglich nach Inkrafttreten dieses Protokolls erstellt und in der Folge je nach Bedarf geändert.

Article 23

(1) Any Contracting State may submit to an international arbitration tribunal any dispute concerning the Organisation or an employee of the European Patent Office or an expert performing functions for or on its behalf, in so far as the Organisation or the employees and experts have claimed a privilege or an immunity under this Protocol in circumstances where that immunity has not been waived.

(2) If a Contracting State intends to submit a dispute to arbitration, it shall notify the Chairman of the Administrative Council, who shall forthwith inform each Contracting State of such notification.

(3) The procedure laid down in paragraph 1 of this Article shall not apply to disputes between the Organisation and the employees or experts in respect of the Service Regulations or conditions of employment or, with regard to the employees, the Pension Scheme Regulations.

(4) No appeal shall lie against the award of the arbitration tribunal, which shall be final; it shall be binding on the parties. In case of dispute concerning the import or scope of the award, it shall be incumbent upon the arbitration tribunal to interpret it on request by either party.

Article 24

(1) The arbitration tribunal referred to in Article 23 shall consist of three members, one arbitrator nominated by the State or States party to the arbitration, one arbitrator nominated by the Administrative Council and a third arbitrator, who shall be the chairman, nominated by the said two arbitrators.

(2) The arbitrators shall be nominated from a panel comprising no more than six arbitrators appointed by each Contracting State and six arbitrators appointed by the Administrative Council. This panel shall be established as soon as possible after the Protocol enters into force and shall be revised each time this proves necessary.

Article 23

(1) Chaque Etat contractant peut soumettre à un Tribunal d'arbitrage international tout différend mettant en cause l'Organisation, ou les agents ou experts exerçant des fonctions au profit ou pour le compte de l'Organisation, dans la mesure où celle-ci, ces agents ou experts ont revendiqué un privilège ou une immunité en vertu du présent protocole, dans les cas où il n'a pas été renoncé à cette immunité.

(2) Si un Etat contractant a l'intention de soumettre un différend à l'arbitrage, il le notifie au président du Conseil d'administration qui informe immédiatement chaque Etat contractant de cette notification.

(3) La procédure prévue au paragraphe premier n'est pas applicable aux différends entre l'Organisation et les agents ou experts au sujet du statut ou des conditions d'emploi ainsi que, pour les agents, au sujet du règlement des pensions.

(4) La sentence du Tribunal d'arbitrage est définitive et sans recours ; les parties s'y conformeront. En cas de contestation sur le sens et la portée de la sentence, il appartient au Tribunal d'arbitrage de l'interpréter à la demande de toute partie.

Article 24

(1) Le Tribunal d'arbitrage prévu à l'article 23 est composé de trois membres, un arbitre nommé par l'Etat, ou les Etats, partie à l'arbitrage, un arbitre nommé par le Conseil d'administration et un troisième arbitre, qui assume la présidence, nommé par les deux premiers.

(2) Ces arbitres sont choisis sur une liste comprenant six arbitres au plus désignés par chaque Etat contractant et six arbitres désignés par le Conseil d'administration. Cette liste est établie dès que possible après l'entrée en vigueur du présent protocole et, par la suite, complétée, le cas échéant, en tant que de besoin.

(3) Nimmt eine Partei innerhalb von drei Monaten nach der in Artikel 23 Absatz 2 genannten Notifizierung die in Absatz 1 vorgesehene Ernennung nicht vor, so wird der Schiedsrichter auf Antrag der anderen Partei vom Präsidenten des Internationalen Gerichtshofs aus dem Kreis der in dem Verzeichnis aufgeführten Personen bestimmt. Das Gleiche geschieht auf Antrag der zuerst handelnden Partei, wenn innerhalb eines Monats nach der Ernennung des zweiten Schiedsrichters die beiden ersten Schiedsrichter sich nicht über die Ernennung des dritten einigen können. Ist jedoch in diesen beiden Fällen der Präsident des Internationalen Gerichtshofs verhindert, die Wahl zu treffen, oder ist er Angehöriger eines an der Streitigkeit beteiligten Staats, so nimmt der Vizepräsident des Internationalen Gerichtshofs die erwähnten Ernennungen vor, sofern er nicht selbst Angehöriger eines an der Streitigkeit beteiligten Staats ist; im letztgenannten Fall obliegt es dem Mitglied des Internationalen Gerichtshofs, das nicht selbst Angehöriger eines an der Streitigkeit beteiligten Staats ist und das vom Präsidenten oder Vizepräsidenten ausgewählt worden ist, die Ernennung vorzunehmen. Ein Angehöriger des antragstellenden Staats kann nicht für den Posten des Schiedsrichters gewählt werden, dessen Ernennung dem Verwaltungsrat oblag, und eine auf Vorschlag des Verwaltungsrats in das Verzeichnis aufgenommene Person kann nicht für den Posten des Schiedsrichters gewählt werden, dessen Ernennung dem antragstellenden Staat oblag. Die diesen beiden Gruppen angehörenden Personen können auch nicht zum Obmann des Schiedsgerichts gewählt werden.

(4) Das Schiedsgericht gibt sich eine Verfahrensordnung.

Artikel 25

Die Organisation kann auf Beschluss des Verwaltungsrats mit einem oder mehreren Vertragsstaaten Ergänzungsabkommen zur Durchführung dieses Protokolls in ihren Beziehungen mit diesem Staat oder diesen Staaten sowie sonstige Vereinbarungen schließen, um eine wirksame Tätigkeit der Organisation und den Schutz ihrer Interessen zu gewährleisten.

(3) If, within three months from the date of the notification referred to in Article 23, paragraph 2, either party fails to make the nomination referred to in paragraph 1 above, the choice of the arbitrator shall, on request of the other party, be made by the President of the International Court of Justice from the persons included in the said panel. This shall also apply, when so requested by either party, if within one month from the date of appointment of the second arbitrator, the first two arbitrators are unable to agree on the nomination of the third arbitrator. However, if, in these two cases, the President of the International Court of Justice is prevented from making the choice, or if he is a national of one of the States parties to the dispute, the Vice-President of the International Court of Justice shall make the aforementioned appointments, provided that he himself is not a national of one of the States parties to the dispute; if such is the case, the member of the International Court of Justice who is not a national of one of the States parties to the dispute and who has been chosen by the President or Vice-President shall make the appointments. A national of the State applying for arbitration may not be chosen to fill the post of the arbitrator whose appointment devolves on the Administrative Council nor may a person included in the panel and appointed by the Administrative Council be chosen to fill the post of an arbitrator whose appointment devolves on the State which is the claimant. Nor may a person of either of these categories be chosen as chairman of the Tribunal.

(4) The arbitration tribunal shall draw up its own rules of procedure.

Article 25

The Organisation may, on a decision of the Administrative Council, conclude with one or more Contracting States complementary agreements to give effect to the provisions of this Protocol as regards such State or States, and other arrangements to ensure the efficient functioning of the Organisation and the safeguarding of its interests.

(3) Si, dans un délai de trois mois après la notification mentionnée à l'article 23, paragraphe 2, l'une des parties s'abstient de procéder à la nomination prévue au paragraphe premier, le choix de l'arbitre est effectué, sur la requête de l'autre partie, par le Président de la Cour Internationale de Justice parmi les personnes figurant sur ladite liste. Il en est de même, à la requête de la partie la plus diligente, lorsque, dans un délai d'un mois à compter de la nomination du deuxième arbitre, les deux premiers arbitres ne parviennent pas à s'entendre sur la nomination du troisième. Toutefois, dans ces deux cas, si le Président de la Cour Internationale de Justice est empêché d'effectuer le choix ou s'il est ressortissant de l'un des Etats parties au différend, le Vice-Président de la Cour Internationale procède aux nominations susvisées, à moins qu'il ne soit lui-même ressortissant de l'un des Etats parties au différend : dans cette dernière hypothèse, il appartient au membre de la Cour Internationale, qui n'est pas lui-même ressortissant de l'un des Etats parties au différend et qui a été choisi par le Président ou le Vice-Président, de procéder aux nominations. Un ressortissant de l'Etat demandeur ne peut être choisi pour occuper le siège de l'arbitre dont la nomination incombait au Conseil d'administration, ni une personne inscrite sur la liste par désignation du Conseil d'administration choisie pour occuper le siège de l'arbitre dont la nomination incombait à l'Etat demandeur. Les personnes appartenant à ces deux catégories ne peuvent pas davantage être choisies pour assumer la présidence du Tribunal.

(4) Le Tribunal d'arbitrage établit ses règles de procédure.

Article 25

L'Organisation peut, sur décision du Conseil d'administration, conclure, avec un ou plusieurs Etats contractants, des accords complémentaires en vue de l'exécution des dispositions du présent protocole, en ce qui concerne ce ou ces Etats, ainsi que d'autres arrangements en vue d'assurer le bon fonctionnement de l'Organisation et la sauvegarde de ses intérêts.

Protokoll über den Personalbestand des Europäischen Patentamts in Den Haag (Personalstandsprotokoll)

vom 29. November 2000[1]

Protocol on the Staff Complement of the European Patent Office at The Hague (Protocol on Staff Complement)

of 29 November 2000[1]

Protocole sur les effectifs de l'Office européen des brevets à La Haye (Protocole sur les effectifs)

du 29 novembre 2000[1]

---

[1] Die Neufassung des Protokolls, angenommen vom Verwaltungsrat der Europäischen Patentorganisation durch Beschluss vom 28. Juni 2001 (siehe ABl. EPA 2001, Sonderausgabe Nr. 4, S. 55), wurde nach Artikel 3 (2) Satz 2 der Revisionsakte vom 29. November 2000 Bestandteil dieser Revisionsakte.

[1] The new text of the Protocol adopted by the Administrative Council of the European Patent Organisation in its decision of 28 June 2001 (see OJ EPO 2001, Special edition No. 4, p. 55) has become an integral part of the Revision Act of 29 November 2000 under Article 3(2), second sentence, of that Act.

[1] Le nouveau texte du Protocole, adopté par la décision du Conseil d'administration de l'Organisation européenne des brevets en date du 28 juin 2001 (voir JO OEB 2001, Edition spéciale n° 4, p. 55), est devenu partie intégrante de l'Acte du 29 novembre 2000 portant révision de la Convention sur le brevet européen, en vertu de l'article 3(2), deuxième phrase, de cet Acte.

Die Europäische Patentorganisation gewährleistet, dass der Anteil der Planstellen des Europäischen Patentamts, der nach dem Organisations- und Stellenplan für das Jahr 2000 auf den Dienstort Den Haag entfällt, im Wesentlichen unverändert bleibt. Eine Änderung der Zahl der auf den Dienstort Den Haag entfallenden Planstellen, die im Interesse des guten Funktionierens des Europäischen Patentamts erforderlich wird und eine Abweichung von dem oben genannten Anteil um mehr als zehn Prozent zur Folge hat, bedarf eines Beschlusses des Verwaltungsrats der Organisation auf Vorschlag des Präsidenten des Europäischen Patentamts nach Konsultation mit den Regierungen der Bundesrepublik Deutschland und des Königreichs der Niederlande.[2]	The European Patent Organisation shall ensure that the proportion of European Patent Office posts assigned to the duty station at The Hague as defined under the 2000 establishment plan and table of posts remains substantially unchanged. Any change in the number of posts assigned to the duty station at The Hague resulting in a deviation of more than ten per cent of that proportion, which proves necessary for the proper functioning of the European Patent Office, shall be subject to a decision by the Administrative Council of the Organisation on a proposal from the President of the European Patent Office after consultation with the Governments of the Federal Republic of Germany and the Kingdom of the Netherlands.[2]

---

[2] In das Europäische Patentübereinkommen als dessen Bestandteil aufgenommen durch die Akte zur Revision des Europäischen Patentübereinkommens vom 29.11.2000.

[2] Annexed to the European Patent Convention as an integral part thereof by the Act revising the European Patent Convention of 29.11.2000.

L'Organisation européenne des brevets garantit que la proportion des emplois de l'Office européen des brevets assignée au département de La Haye, telle que définie dans l'organigramme des emplois et le tableau des effectifs pour l'an 2000, demeure pour l'essentiel inchangée. Toute modification du nombre des emplois assignés au département de La Haye se traduisant par un écart de plus de dix pour cent par rapport à cette proportion, qui se révèle nécessaire pour assurer le bon fonctionnement de l'Office européen des brevets, requiert une décision du Conseil d'administration de l'Organisation, prise sur proposition du Président de l'Office européen des brevets, après consultation des gouvernements de la République fédérale d'Allemagne et du Royaume des Pays-Bas.[2]

---

[2] Inséré dans la Convention sur le brevet européen comme partie intégrante de celle-ci par l'acte portant révision de la Convention sur le brevet européen en date du 29.11.2000.

Akte zur Revision des Übereinkommens über die Erteilung europäischer Patente (Europäisches Patentübereinkommen) vom 5. Oktober 1973, zuletzt revidiert am 17. Dezember 1991

vom 29. November 2000
(Auszug)

Act revising the Convention on the Grant of European Patents (European Patent Convention) of 5 October 1973, last revised on 17 December 1991

of 29 November 2000
(extract)

Acte portant révision de la Convention sur la délivrance de brevets européens (Convention sur le brevet européen) du 5 octobre 1973, révisé en dernier lieu le 17 décembre 1991

du 29 novembre 2000
(extrait)

PREAMBLE

THE CONTRACTING STATES TO THE EUROPEAN PATENT CONVENTION,

CONSIDERING that the co-operation of the countries of Europe on the basis of the European Patent Convention and the single procedure for the grant of patents thereby established renders a significant contribution to the legal and economic integration of Europe,

WISHING to promote innovation and economic growth in Europe still more effectively by laying foundations for the further development of the European patent system,

DESIRING, in the light of the increasingly international character of the patent system, to adapt the European Patent Convention to the technological and legal developments which have occurred since it was concluded,

HAVE AGREED AS FOLLOWS:

Article 1
Amendment of the European Patent Convention

The European Patent Convention shall be amended as follows:

...

(1. The following Articles have been inserted :
Articles 4a, 105a, 105b, 105c, 112a, 134a and 149a.

2. The following Articles have been amended:

Articles 11, 14, 16, 17, 18, 21, 22, 23, 33, 35, 37, 38, 42, 50, 51, 52, 53, 54, 60, 61, 65, 67, 68, 69, 70, 75, 76, 77, 78, 79, 80, 86, 87, 88, 90, 92, 93, 94, 97, 98, 99, 101, 103, 104, 105, 106, 108, 110, 115, 117, 119, 120, 121, 122, 123, 124, 127, 128, 129, 130, 133, 134, 135, 137, 138, 140, 141, 150, 151, 152, 153 and 164.

3. The following Articles have been deleted:

Articles 91, 95, 96, 102, 126, 136, 154, 155, 156, 157, 158, 159, 160, 161, 162, 163 and 167.)

PRÉAMBULE

LES ÉTATS PARTIES À LA CONVENTION SUR LE BREVET EUROPÉEN,

CONSIDÉRANT que la coopération entre les Etats européens établie sur la base de la Convention sur le brevet européen et de la procédure unique de délivrance de brevets que celle-ci a instaurée apporte une contribution essentielle à l'intégration juridique et économique de l'Europe,

DÉSIREUX d'assurer une promotion encore plus efficace de l'innovation et du développement économique en Europe par la création de bases permettant de poursuivre l'extension du système du brevet européen,

SOUCIEUX d'adapter, à la lumière de l'internationalisation croissante en matière de brevets, la Convention sur le brevet européen à l'évolution technique et juridique intervenue depuis son adoption,

SONT CONVENUS DES DISPOSITIONS SUIVANTES :

Article premier
Modification de la Convention sur le brevet européen

La Convention sur le brevet européen est modifiée comme suit :
...
(1. Les nouveaux articles suivants sont insérés à la suite :
Articles 4bis, 105bis, 105ter, 105quater, 112bis, 134bis et 149bis.

2. Les articles suivants sont remplacés :

Articles 11, 14, 16, 17, 18, 21, 22, 23, 33, 35, 37, 38, 42, 50, 51, 52, 53, 54, 60, 61, 65, 67, 68, 69, 70, 75, 76, 77, 78, 79, 80, 86, 87, 88, 90, 92, 93, 94, 97, 98, 99, 101,103, 104, 105, 106, 108, 110, 115, 117, 119, 120, 121, 122, 123, 124, 127, 128, 129, 130, 133, 134, 135, 137, 138, 140, 141, 150, 151, 152, 153 et 164.

3. Les articles suivants sont supprimés :

Articles 91, 95, 96, 102, 126, 136, 154, 155, 156, 157, 158, 159, 160, 161, 162,163 et 167.)

Artikel 2
Protokolle

...

*(1. Neu gefasst wurde das Protokoll zur Auslegung des Artikels 69 EPÜ
und
der Abschnitt I des Protokolls über die Zentralisierung des Europäischen Patentsystems und seine Einführung (Zentralisierungsprotokoll).*

2. Eingefügt wurde das Protokoll über den Personalbestand des Europäischen Patentamts in Den Haag (Personalstandsprotokoll).)

Artikel 3[1]
Neufassung des Übereinkommens

(1) Der Verwaltungsrat der Europäischen Patentorganisation wird ermächtigt, auf Vorschlag des Präsidenten des Europäischen Patentamts eine Neufassung des Europäischen Patentübereinkommens zu erstellen. In der Neufassung sind die Vorschriften des Übereinkommens in den drei Amtssprachen, soweit dies erforderlich ist, redaktionell anzupassen. Ferner können die Vorschriften des Übereinkommens fortlaufend neu nummeriert und die Verweisungen auf andere Vorschriften des Übereinkommens der neuen Nummernfolge entsprechend geändert werden.

(2) Der Verwaltungsrat beschließt die Neufassung des Übereinkommens mit Dreiviertelmehrheit der vertretenen Vertragsstaaten, die eine Stimme abgeben. Mit der Beschlussfassung wird die Neufassung des Übereinkommens Bestandteil dieser Revisionsakte.

Artikel 4
Unterzeichnung und Ratifikation

(1) Diese Revisionsakte liegt für die Vertragsstaaten bis zum 1. September 2001 im Europäischen Patentamt in München zur Unterzeichnung auf.

(2) Diese Revisionsakte bedarf der Ratifikation; die Ratifikationsurkunden werden bei der Regierung der Bundesrepublik Deutschland hinterlegt.

Article 2
Protocols

...

*(1. Amendment of the Protocol on the Interpretation of Article 69 EPC
and
Section I of the Protocol on the Centralisation of the European Patent System and on its Introduction (Protocol on Centralisation).*

2. Insertion of the Protocol on the Staff complement of the European Patent Office at The Hague (Protocol on Staff Complement).)

Article 3[1]
New text of the Convention

(1) The Administrative Council of the European Patent Organisation is hereby authorised to draw up, at the proposal of the President of the European Patent Office, a new text of the European Patent Convention. In the new text, the wording of the provisions of the Convention shall be aligned, where necessary, in the three official languages. The provisions of the Convention may also be renumbered consecutively and the references to other provisions of the Convention may be amended in accordance with the new numbering.

(2) The Administrative Council shall adopt the new text of the Convention by a majority of three quarters of the Contracting States represented and voting. On its adoption, the new text of the Convention shall become an integral part of this Revision Act.

Article 4
Signature and Ratification

(1) This Revision Act shall be open for signature by the Contracting States at the European Patent Office in Munich until 1 September 2001.

(2) This Revision Act shall be subject to ratification; instruments of ratification shall be deposited with the Government of the Federal Republic of Germany.

---

[1] Der Verwaltungsrat der Europäischen Patentorganisation hat mit Beschluss vom 28. Juni 2001 die Neufassung des EPÜ angenommen (siehe ABl. EPA 2001, Sonderausgabe Nr. 4, S. 55).

[1] By decision of 28 June 2001 the Administrative Council of the European Patent Organisation adopted the new text of the EPC (see OJ EPO 2001, Special edition No. 4, p. 55).

Article 2
Protocoles

...

(1. Modifications dans le protocole interprétatif de l'article 69 CBE
et
la section I du protocole sur la centralisation et l'introduction du système européen des brevets (protocole sur la centralisation).

2. Le protocole sur les effectifs de l'Office européen des brevets à La Haye (protocole sur les effectifs) est inséré).

Article 3[1]
Nouveau texte de la convention

(1) Le Conseil d'administration de l'Organisation européenne des brevets est autorisé à établir, sur proposition du Président de l'Office européen des brevets, un nouveau texte de la Convention sur le brevet européen. Dans ce nouveau texte, les dispositions de la convention doivent, si nécessaire, être harmonisées sur le plan rédactionnel dans les trois langues officielles. En outre, les dispositions de la convention peuvent faire l'objet d'une nouvelle numérotation consécutive et les renvois à d'autres dispositions de la convention être modifiés compte tenu de la nouvelle numérotation.

(2) Le Conseil d'administration adopte le nouveau texte de la convention à la majorité des trois quarts des Etats contractants représentés et votants. Une fois adopté, le nouveau texte de la convention devient partie intégrante du présent acte de révision.

Article 4
Signature et ratification

(1) Le présent acte de révision est ouvert jusqu'au 1er septembre 2001 à la signature des Etats contractants à l'Office européen des brevets à Munich.

(2) Le présent acte de révision est soumis à ratification ; les instruments de ratification sont déposés auprès du gouvernement de la République fédérale d'Allemagne.

---

[1] Par décision du 28 juin 2001 le Conseil d'administration de l'Organisation européenne des brevets a adopté le nouveau texte de la CBE (voir JO OEB 2001, Edition spéciale n°. 4, p. 55).

Article 5
Accession

(1) This Revision Act shall be open, until its entry into force, to accession by the Contracting States to the Convention and the States which ratify the Convention or accede thereto.

(2) Instruments of accession shall be deposited with the Government of the Federal Republic of Germany.

Article 6
Provisional application

Article 1, items 4-6 and 12-15, Article 2, items 2 and 3 and Articles 3 and 7 of this Revision Act shall be applied provisionally.

Article 7[2]
Transitional provisions

(1) The revised version of the Convention shall apply to all European patent applications filed after its entry into force, as well as to all patents granted in respect of such applications. It shall not apply to European patents already granted at the time of its entry into force, or to European patent applications pending at that time, unless otherwise decided by the Administrative Council of the European Patent Organisation.

(2) The Administrative Council of the European Patent Organisation shall take a decision under paragraph 1 no later than 30 June 2001, by a majority of three quarters of the Contracting States represented and voting. Such decision shall become an integral part of this Revision Act.

---

[2] See decision of the Administrative Council of 28 June 2001 on the transitional provisions under Article 7 of the Act revising the European Patent Convention of 29 November 2000, p. 497.

Article 5
Adhésion

(1) Le présent acte de révision est ouvert jusqu'à son entrée en vigueur à l'adhésion des Etats parties à la convention et des Etats qui ratifient la convention ou qui y adhèrent.

(2) Les instruments d'adhésion sont déposés auprès du gouvernement de la République fédérale d'Allemagne.

Article 6
Application à titre provisoire

L'article premier, points 4 à 6 et 12 à 15, l'article 2, points 2 et 3, les articles 3 et 7 du présent acte de révision s'appliquent à titre provisoire.

Article 7[2]
Dispositions transitoires

(1) Le texte révisé de la convention s'applique à toutes les demandes de brevet européen déposées après son entrée en vigueur et aux brevets européens délivrés sur la base de ces demandes. Il ne s'applique pas aux brevets européens déjà délivrés lors de son entrée en vigueur, ni aux demandes de brevet européen qui sont pendantes à cette date, à moins que le Conseil d'administration de l'Organisation européenne des brevets n'en dispose autrement.

(2) Le Conseil d'administration de l'Organisation européenne des brevets prend une décision conformément au paragraphe 1 le 30 juin 2001 au plus tard, à la majorité des trois quarts des Etats contractants représentés et votants. Cette décision devient partie intégrante du présent acte de révision.

---

[2] Décision du Conseil d'administration du 28 juin 2001 relative aux dispositions transitoires au titre de l'article 7 de l'acte de révision de la Convention sur le brevet européen du 29 novembre 2000, p. 497.

Article 8
Entry into force

(1) The revised text of the European Patent Convention shall enter into force two years after the fifteenth Contracting State has deposited its instrument of ratification or accession, or on the first day of the third month following the deposit of the instrument of ratification or accession by the Contracting State taking this step as the last of all the Contracting States, if this takes place earlier.

(2) Upon entry into force of the revised text of the Convention, the text valid until that time shall cease to apply.

Article 9
Transmission and notifications

(1) The Government of the Federal Republic of Germany shall draw up certified true copies of this Revision Act and shall transmit them to the governments of the Contracting States and of the States able to accede to the European Patent Convention under Article 166, paragraph 1.

(2) The Government of the Federal Republic of Germany shall notify the governments referred to in paragraph 1 concerning:

(a) the deposit of any instrument of ratification or accession;

(b) the date of entry into force of this Revision Act.

IN WITNESS WHEREOF, the Plenipotentiaries authorised thereto, having presented their Full Powers, found to be in good and due form, have signed this Revision Act.

DONE at Munich this twenty-ninth day of November two thousand in a single original in the English, French and German languages, the three texts being equally authentic. This original text shall be deposited in the archives of the Federal Republic of Germany.

Article 8
Entrée en vigueur

(1) Le texte révisé de la Convention sur le brevet européen entre en vigueur soit deux ans après le dépôt du dernier des instruments de ratification ou d'adhésion de quinze Etats contractants, soit le premier jour du troisième mois suivant le dépôt de l'instrument de ratification ou d'adhésion de celui des Etats contractants qui procède le dernier de tous à cette formalité, si cette date est antérieure.

(2) A l'entrée en vigueur du texte révisé de la convention, le texte de la convention valable jusqu'à cette date cesse d'être en vigueur.

Article 9
Transmissions et notifications

(1) Le gouvernement de la République fédérale d'Allemagne établit des copies certifiées conformes du présent acte de révision et les transmet aux gouvernements des Etats contractants et des Etats qui peuvent adhérer à la Convention sur le brevet européen en vertu de l'article 166 paragraphe 1.

(2) Le gouvernement de la République fédérale d'Allemagne notifie aux gouvernements des Etats visés au paragraphe 1 :

a) le dépôt de tout instrument de ratification ou d'adhésion ;

b) la date d'entrée en vigueur du présent acte de révision.

EN FOI DE QUOI les plénipotentiaires désignés à cette fin, après avoir présenté leurs pleins pouvoirs, reconnus en bonne et due forme, ont signé le présent acte de révision.

FAIT à Munich, le vingt-neuf novembre deux mille en un exemplaire en langues allemande, anglaise et française, les trois textes faisant également foi. Cet exemplaire est déposé aux archives du gouvernement de la République fédérale d'Allemagne.

Beschluss des Verwaltungsrats

vom 28. Juni 2001 über die Übergangsbestimmungen nach Artikel 7 der Akte zur Revision
des Europäischen Patentübereinkommens vom 29. November 2000

Decision of the Administrative Council

of 28 June 2001 on the transitional provisions under Article 7 of the Act revising
the European Patent Convention of 29 November 2000

Décision du Conseil d'administration

du 28 juin 2001 relative aux dispositions transitoires au titre de l'article 7 de l'acte
de révision de la Convention sur le brevet européen du 29 novembre 2000

DER VERWALTUNGSRAT DER EUROPÄISCHEN PATENTORGANISATION,	THE ADMINISTRATIVE COUNCIL OF THE EUROPEAN PATENT ORGANISATION,
gestützt auf Artikel 7 Absatz 2 der Akte zur Revision des Europäischen Patentübereinkommens vom 29. November 2000 ("Revisionsakte"),	Having regard to Article 7, paragraph 2, of the Act revising the European Patent Convention of 29 November 2000 ("Revision Act"),
auf Vorschlag des Präsidenten des Europäischen Patentamts,	On a proposal from the President of the European Patent Office,
nach Stellungnahme des Ausschusses "Patentrecht",	Having regard to the opinion of the Committee on Patent Law,
BESCHLIESST:	HAS DECIDED AS FOLLOWS:

Artikel 1	**Article 1**
Gemäß Artikel 7 Absatz 1 Satz 2 der Revisionsakte gilt für die nachgenannten geänderten und neuen Bestimmungen des Europäischen Patentübereinkommens die folgende Übergangsregelung:	In accordance with Article 7, paragraph 1, second sentence, of the Revision Act, the following transitional provisions shall apply to the amended and new provisions of the European Patent Convention specified below:
1. Die Artikel 14 (3) - (6), 51, 52, 53, 54 (3) und (4), 61, 67, 68, 69 und das Protokoll über die Auslegung des Artikels 69 sowie die Artikel 70, 86, 88, 90, 92, 93, 94, 97, 98, 106, 108, 110, 115, 117, 119, 120, 123, 124, 127, 128, 129, 133, 135, 137 und 141 sind auf die bei ihrem Inkrafttreten anhängigen europäischen Patentanmeldungen und bereits erteilten europäischen Patente anzuwenden. Jedoch ist Artikel 54 (4) der vor diesem Zeitpunkt geltenden Fassung des Übereinkommens auf diese Anmeldungen und Patente weiterhin anzuwenden.	1. Articles 14(3) to (6), 51, 52, 53, 54(3) and (4), 61, 67, 68 and 69, the Protocol on the Interpretation of Article 69, and Articles 70, 86, 88, 90, 92, 93, 94, 97, 98, 106, 108, 110, 115, 117, 119, 120, 123, 124, 127, 128, 129, 133, 135, 137 and 141 shall apply to European patent applications pending at the time of their entry into force and to European patents already granted at that time. However, Article 54(4) of the version of the Convention in force before that time shall continue to apply to these applications and patents.
2. Die Artikel 65, 99, 101, 103, 104, 105, 105a - c und 138 sind auf die bei ihrem Inkrafttreten bereits erteilten europäischen Patente sowie die europäischen Patente anzuwenden, die auf zu diesem Zeitpunkt anhängige europäische Patentanmeldungen erteilt werden.	2. Articles 65, 99, 101, 103, 104, 105, 105a-c and 138 shall apply to European patents already granted at the time of their entry into force and to European patents granted in respect of European patent applications pending at that time.
3. Artikel 54 (5) ist auf die bei seinem Inkrafttreten anhängigen europäischen Patentanmeldungen anzuwenden, soweit eine Entscheidung über die Erteilung des Patents noch nicht ergangen ist.	3. Article 54(5) shall apply to European patent applications pending at the time of its entry into force, in so far as a decision on the grant of the patent has not yet been taken.
4. Artikel 112a ist auf Entscheidungen der Beschwerdekammern anzuwenden, die ab seinem Inkrafttreten ergehen.	4. Article 112a shall apply to decisions of the Boards of Appeal taken as from the date of its entry into force.

LE CONSEIL D'ADMINISTRATION DE L'ORGANISATION EUROPÉENNE DES BREVETS,

vu l'article 7, paragraphe 2 de l'acte de révision de la Convention sur le brevet européen du 29 novembre 2000 (ci-après dénommé "l'acte de révision"),

sur proposition du Président de l'Office européen des brevets,

vu l'avis du comité "Droit des brevets",

DECIDE :

Article premier

Conformément à l'article 7, paragraphe 1, deuxième phrase de l'acte de révision, les dispositions transitoires suivantes s'appliquent aux dispositions modifiées et aux nouvelles dispositions de la Convention sur le brevet européen mentionnées ci-après :

1. Les articles 14(3) à (6), 51, 52, 53, 54(3) et (4), 61, 67, 68, 69 et le protocole interprétatif de l'article 69, ainsi que les articles 70, 86, 88, 90, 92, 93, 94, 97, 98, 106, 108, 110, 115, 117, 119, 120, 123, 124, 127, 128, 129, 133, 135, 137 et 141 sont applicables aux demandes de brevet européen pendantes ainsi qu'aux brevets européens déjà délivrés à la date de leur entrée en vigueur. Toutefois, l'article 54(4) du texte de la convention en vigueur avant cette date continue de s'appliquer à ces demandes et brevets.

2. Les articles 65, 99, 101, 103, 104, 105, 105bis à quater, et 138 sont applicables aux brevets européens déjà délivrés à la date de leur entrée en vigueur ainsi qu'aux brevets européens délivrés pour des demandes de brevet européen pendantes à cette date.

3. L'article 54(5) est applicable aux demandes de brevet européen pendantes à la date de son entrée en vigueur, dans la mesure où la décision de délivrance du brevet n'a pas encore été prise.

4. L'article 112bis est applicable aux décisions des chambres de recours prononcées à compter de sa date d'entrée en vigueur.

5. Die Artikel 121 und 122 sind auf die bei ihrem Inkrafttreten anhängigen europäischen Patentanmeldungen und erteilten europäischen Patente anzuwenden, soweit die Fristen für den Antrag auf Weiterbehandlung oder Wiedereinsetzung zu diesem Zeitpunkt noch nicht abgelaufen sind.

6. Die Artikel 150 - 153 sind auf die bei ihrem Inkrafttreten anhängigen internationalen Anmeldungen anzuwenden. Jedoch sind die Artikel 154 (3) und 155 (3) der vor diesem Zeitpunkt geltenden Fassung des Übereinkommens auf diese Anmeldungen weiterhin anzuwenden.

Artikel 2

Dieser Beschluss tritt mit dem Inkrafttreten der revidierten Fassung des Übereinkommens nach Artikel 8 der Revisionsakte in Kraft.

Geschehen zu München am 28. Juni 2001

Für den Verwaltungsrat

Der Präsident

Roland GROSSENBACHER

5. Articles 121 and 122 shall apply to European patent applications pending at the time of their entry into force and to European patents already granted at that time, in so far as the time limits for requesting further processing or re-establishment of rights have not yet expired at that time.

6. Articles 150 to 153 shall apply to international applications pending at the time of their entry into force. However, Articles 154(3) and 155(3) of the version of the Convention in force before that time shall continue to apply to these applications.

Article 2

This decision shall enter into force upon the entry into force of the revised text of the Convention in accordance with Article 8 of the Revision Act.

Done at Munich, 28 June 2001

For the Administrative Council

The Chairman

Roland GROSSENBACHER

5. Les articles 121 et 122 sont applicables aux demandes de brevet européen pendantes ainsi qu'aux brevets européens déjà délivrés à la date de leur entrée en vigueur, dans la mesure où les délais pour présenter la requête en poursuite de la procédure ou la requête en restitutio in integrum n'ont pas encore expiré à cette date.

6. Les articles 150 à 153 sont applicables aux demandes internationales pendantes à la date de leur entrée en vigueur. Toutefois, les articles 154(3) et 155(3) du texte de la convention en vigueur avant cette date continuent de s'appliquer à ces demandes.

Article 2

La présente décision prend effet à la date d'entrée en vigueur du texte révisé de la convention conformément à l'article 8 de l'acte de révision.

Fait à Munich, le 28 juin 2001

Par le Conseil d'administration

Le Président

Roland GROSSENBACHER

Gebührenordnung

vom 20. Oktober 1977
in der Fassung des Beschlusses des Verwaltungsrats der Europäischen Patentorganisation
vom 7. Dezember 2006

Rules relating to Fees

of 20 October 1977
as adopted by decision of the Administrative Council of the European Patent Organisation
of 7 December 2006

Règlement relatif aux taxes

du 20 octobre 1977
tel qu'adopté par décision du Conseil d'administration de l'Organisation européenne des brevets
en date du 7 décembre 2006

Gliederung		**Contents**		
Art. 1	Allgemeines	Art. 1	General
Art. 2	Im Übereinkommen und seiner Ausführungsordnung vorgesehene Gebühren	Art. 2	Fees provided for in the Convention and in the Implementing Regulations
Art. 3	Vom Präsidenten des Amts festgesetzte Gebühren, Auslagen und Verkaufspreise	Art. 3	Fees, expenses and prices laid down by the President of the Office
Art. 4	Fälligkeit der Gebühren	Art. 4	Due date for fees
Art. 5	Entrichtung der Gebühren	Art. 5	Payment of fees
Art. 6	Angaben über die Zahlung	Art. 6	Particulars concerning payments
Art. 7	Maßgebender Zahlungstag	Art. 7	Date to be considered as the date on which payment is made
Art. 8	Nicht ausreichender Gebührenbetrag	Art. 8	Insufficiency of the amount paid
Art. 9	Rückerstattung von Recherchengebühren	Art. 9	Refund of search fees
Art. 10	Rückerstattung der Gebühr für ein technisches Gutachten	Art. 10	Refund of the fee for a technical opinion
Art. 11	Rückerstattung der Prüfungsgebühr	Art. 11	Refund of examination fee
Art. 12	Rückerstattung von Bagatellbeträgen	Art. 12	Refund of insignificant amounts
Art. 13	Beschwerdefähige Kostenfestsetzungsentscheidungen	Art. 13	Decisions fixing costs which are subject to appeal
Art. 14	Gebührenermäßigung	Art. 14	Reduction of fees
Art. 15	Inkrafttreten	Art. 15	Entry into force

Sommaire

Art. premier	Disposition générale
Art. 2	Taxes prévues dans la convention et dans son règlement d'exécution
Art. 3	Taxes, redevances et tarifs fixés par le Président de l'Office
Art. 4	Exigibilité des taxes
Art. 5	Paiement des taxes
Art. 6	Données concernant le paiement
Art. 7	Date à laquelle le paiement est réputé effectué
Art. 8	Paiement insuffisant du montant de la taxe
Art. 9	Remboursement des taxes de recherche
Art. 10	Remboursement de la redevance pour la délivrance d'un avis technique
Art. 11	Remboursement de la taxe d'examen
Art. 12	Remboursement de montants insignifiants
Art. 13	Décisions susceptibles de recours en matière de fixation des frais
Art. 14	Réduction du montant des taxes
Art. 15	Entrée en vigueur

THE ADMINISTRATIVE COUNCIL OF THE EUROPEAN PATENT ORGANISATION,

HAVING REGARD to the European Patent Convention and in particular Article 33, paragraph 2(d), thereof,

HAS ADOPTED THE FOLLOWING RULES RELATING TO FEES:

Article 1
General

The following shall be levied in accordance with the provisions contained in these Rules:

(a) fees due to be paid to the European Patent Office (hereinafter referred to as the Office) as provided for in the Convention and in the Implementing Regulations and the fees and expenses which the President of the Office lays down pursuant to Article 3, paragraph 1;

(b) fees and expenses pursuant to the Patent Co-operation Treaty (hereinafter referred to as the PCT), the amounts of which may be fixed by the Office.

Article 2
Fees provided for in the Convention and in the Implementing Regulations

The fees due to be paid to the Office under Article 1 shall be as follows:

1. Filing fee (Article 78, paragraph 2) where

- the European patent application or, in the case of an international application, the form for entry into the European phase (EPO Form 1200) is filed online

- the European patent application or, in the case of an international application, the form for entry into the European phase (EPO Form 1200) is not filed online

LE CONSEIL D'ADMINISTRATION DE L'ORGANISATION EUROPÉENNE DES BREVETS,

VU la Convention sur le brevet européen et notamment son article 33, paragraphe 2, lettre d),

ARRÊTÉ LE RÈGLEMENT RELATIF AUX TAXES SUIVANT :

Article premier
Disposition générale

Sont perçues conformément aux dispositions du présent règlement :

a) les taxes à payer à l'Office européen des brevets, ci-après dénommé l'Office, en vertu de la convention et de son règlement d'exécution, ainsi que les taxes et redevances que le Président de l'Office fixe en vertu de l'article 3, paragraphe 1,

b) les taxes et redevances au titre du Traité de coopération en matière de brevets (PCT) dont l'Office peut fixer le montant.

Article 2
Taxes prévues dans la convention et dans son règlement d'exécution

	EUR
Les taxes à payer à l'Office en vertu de l'article premier sont fixées comme suit :	
1. Taxe de dépôt (article 78, paragraphe 2) ; lorsque	
- la demande de brevet européen ou, dans le cas d'une demande internationale, le formulaire d'entrée dans la phase européenne (formulaire OEB 1200) est déposé en ligne	95
- la demande de brevet européen ou, dans le cas d'une demande internationale, le formulaire d'entrée dans la phase européenne (formulaire OEB 1200) n'est pas déposé en ligne	170

2. Recherchengebühr	2. Search fee in respect of
- für eine europäische Recherche oder eine ergänzende europäische Recherche zu einer ab dem 1. Juli 2005 eingereichten Anmeldung (Artikel 78 Absatz 2, Regel 62, Regel 64 Absatz 1, Artikel 153 Absatz 7	- a European or supplementary European search on an application filed on or after 1 July 2005 (Article 78, paragraph 2, Rule 62, Rule 64, paragraph 1, Article 153, paragraph 7)
- für eine europäische Recherche oder eine ergänzende europäische Recherche zu einer vor dem 1. Juli 2005 eingereichten Anmeldung (Artikel 78 Absatz 2, Regel 64 Absatz 1, Artikel 153 Absatz 7)	- a European or supplementary European search on an application filed before 1 July 2005 (Article 78, paragraph 2, Rule 64, paragraph 1, Article 153, paragraph 7)
- für eine internationale Recherche (Regel 16.1 PCT und Regel 158 Absatz 1)	- an international search (Rule 16.1 PCT and Rule 158, paragraph 1)
3. Benennungsgebühr für jeden benannten Vertragsstaat (Artikel 79 Absatz 2) mit der Maßgabe, dass mit der Entrichtung des siebenfachen Betrags dieser Gebühr die Benennungsgebühren für alle Vertragsstaaten als entrichtet gelten	3. Designation fee for each contracting state designated (Article 79, paragraph 2), designation fees being deemed paid for all contracting states upon payment of seven times the amount of this fee
3a. Gemeinsame Benennungsgebühr für die Schweizerische Eidgenossenschaft und das Fürstentum Liechtenstein	3a. Joint designation fee for the Swiss Confederation and the Principality of Liechtenstein
4. Jahresgebühren für die europäische Patentanmeldung (Artikel 86 Absatz 1), jeweils gerechnet vom Anmeldetag an	4. Renewal fees for the European patent applications (Article 86, paragraph 1), calculated in each case from the date of filing of the application
- für das 3. Jahr	- for the 3rd year
- für das 4. Jahr	- for the 4th year
- für das 5. Jahr	- for the 5th year
- für das 6. Jahr	- for the 6th year
- für das 7. Jahr	- for the 7th year
- für das 8. Jahr	- for the 8th year
- für das 9. Jahr	- for the 9th year
- für das 10. Jahr und jedes weitere Jahr	- for the 10th and each subsequent year
5. Zuschlagsgebühr für die verspätete Zahlung einer Jahresgebühr für die europäische Patentanmeldung (Regel 51 Absatz 2)	5. Additional fee for belated payment of a renewal fee for the European patent application (Rule 51, paragraph 2)

---

[1] Siehe hierzu Beschluss des Verwaltungsrats vom 11.10.2000 über die Ermäßigung dieser Gebühr zugunsten der Staatsangehörigen bestimmter Länder (ABl. EPA 2000, 446).

[1] See the decision of the Administrative Council of 11.10.2000 concerning the reduction of this fee in favour of nationals of certain states (OJ EPO 2000, 446).

2. Taxe de recherche

- par recherche européenne ou recherche européenne complémentaire effectuée pour une demande déposée à compter du 1er juillet 2005 (article 78, paragraphe 2, règle 62, règle 64, paragraphe 1, article 153, paragraphe 7) **1 000**

- par recherche européenne ou recherche européenne complémentaire effectuée pour une demande déposée avant le 1er juillet 2005 (article 78, paragraphe 2, règle 64, paragraphe 1, article 153, paragraphe 7) **720**

- par recherche internationale (règle 16, paragraphe 1 PCT et règle 158, paragraphe 1) **1 615** [1]

3. Taxe de désignation pour chaque Etat contractant désigné (article 79, paragraphe 2), les taxes de désignation étant réputées acquittées pour tous les Etats contractants dès lors qu'un montant correspondant à sept fois cette taxe a été acquitté **80**

3bis. Taxe de désignation conjointe pour la Confédération helvétique et la Principauté du Liechtenstein **80**

4. Taxes annuelles pour la demande de brevet européen (article 86, paragraphe 1), chaque année étant calculée à compter de la date de dépôt de la demande

- pour la troisième année **400**

- pour la quatrième année **425**

- pour la cinquième année **450**

- pour la sixième année **745**

- pour la septième année **770**

- pour la huitième année **800**

- pour la neuvième année **1 010**

- pour la dixième année et chacune des années suivantes **1 065**

5. Surtaxe pour retard de paiement d'une taxe annuelle pour une demande de brevet européen (règle 51, paragraphe 2) **10 % der verspätet gezahlten Jahresgebühr**
10 % of the belated renewal fee
10 % de la taxe annuelle payée en retard

---

[1] Cf. la décision du Conseil d'administration du 11.10.2000 portant réduction de cette taxe pour les ressortissants de certains pays (JO OEB 2000, 446).

6. Prüfungsgebühr (Artikel 94 Absatz 1)	6. Examination fee (Article 94, paragraph 1)
- für eine vor dem 1. Juli 2005 eingereichte Anmeldung	- an application filed before 1 July 2005
- für eine ab dem 1. Juli 2005 eingereichte Anmeldung	- an application filed on or after 1 July 2005
- für eine ab dem 1. Juli 2005 eingereichte internationale Anmeldung, für die kein ergänzender europäischer Recherchenbericht erstellt wird (Artikel 153 Absatz 7)	- an international application filed on or after 1 July 2005 for which no supplementary European search report is drawn up (Article 153, paragraph 7)
7. Erteilungsgebühr einschließlich Druckkostengebühr für die europäische Patentschrift (Regel 71 Absatz 3) bei einer Seitenzahl der für den Druck bestimmten Anmeldungsunterlagen von	7. Fee for grant, including fee for printing the European patent specification (Rule 71, paragraph 3), where the application documents to be printed comprise:
7.1 höchstens 35 Seiten	7.1 not more than 35 pages
7.2 mehr als 35 Seiten	7.2 more than 35 pages
8. Druckkostengebühr für eine neue europäische Patentschrift (Regel 82 Absatz 2, Regel 95 Absatz 3)	8. Fee for printing a new specification of the European patent (Rule 82, paragraph 2, Rule 95, paragraph 3)
- Pauschalgebühr	- flat-rate fee
9. Zuschlagsgebühr für die verspätete Vornahme von Handlungen zur Aufrechterhaltung des europäischen Patents in geändertem Umfang (Regel 82 Absatz 3, Regel 95 Absatz 3)	9. Surcharge for late performance of the acts required to maintain the European patent in amended form (Rule 82, paragraph 3, Rule 95, paragraph 3)
- Pauschalgebühr	- flat-rate fee
10. Einspruchsgebühr (Artikel 99 Absatz 1 und Artikel 105 Absatz 2)	10. Opposition fee (Article 99, paragraph 1, and Article 105, paragraph 2)
10a. Beschränkungs- oder Widerrufsgebühr (Artikel 105a Absatz 1)	10a. Limitation or revocation fee (Article 105a, paragraph 1)
- Antrag auf Beschränkung	- request for limitation
- Antrag auf Widerruf	- request for revocation

6. Taxe d'examen (article 94, paragraphe 1)

- pour une demande de brevet déposée avant le 1er juillet 2005 — 1 490

- pour une demande de brevet déposée à compter du 1er juillet 2005 — 1 335

- pour une demande internationale déposée à compter du 1er juillet 2005 pour laquelle il n'est pas établi de rapport complémentaire de recherche européenne (article 153, paragraphe 7) — 1 490

7. Taxe de délivrance du brevet, y compris taxe d'impression du fascicule du brevet européen (règle 71, paragraphe 3), lorsque les pièces de la demande destinées à être imprimées comportent

7.1 35 pages au maximum — 750

7.2 plus de 35 pages — 750
**zuzüglich 11 EUR für die 36. und jede weitere Seite
plus EUR 11 for the 36th and each subsequent page
plus 11 EUR pour chaque page à partir de la 36e**

8. Taxe d'impression d'un nouveau fascicule du brevet européen (règle 82, paragraphe 2, règle 95, paragraphe 3)

- taxe forfaitaire — 55

9. Surtaxe pour retard d'accomplissement d'actes pour le maintien du brevet européen sous une forme modifiée (règle 82, paragraphe 3, règle 95, paragraphe 3)

- taxe forfaitaire — 100

10. Taxe d'opposition (article 99, paragraphe 1 et article 105, paragraphe 2) — 635

10bis. Taxe de limitation ou de révocation (article 105bis paragraphe 1)

- requête en limitation — 1 000

- requête en révocation — 450

11. Beschwerdegebühr (Artikel 108)	11. Fee for appeal (Article 108)
11a. Gebühr für den Überprüfungsantrag (Artikel 112a Absatz 4)	11a. Fee for petition for review (Article 112a, paragraph 4)
12. Weiterbehandlungsgebühr (Regel 135 Absatz 1)	12. Fee for further processing (Rule 135, paragraph 1)
- bei verspäteter Gebührenzahlung	- in the event of late payment of a fee
- bei verspäteter Vornahme der nach Regel 71 Absatz 3 erforderlichen Handlungen	- in the event of late performance of the acts required under Rule 71, paragraph 3
- in allen anderen Fällen	- other cases
13. Wiedereinsetzungsgebühr/Gebühr für den Antrag auf Wiedereinsetzung (Regel 136 Absatz 1, Regel 26bis.3 d) PCT, Regel 49ter.2 d) PCT)	13. Fee for re-establishment of rights / fee for request for re-establishment of rights (Rule 136, paragraph 1, Rule 26*bis*.3(d) PCT, Rule 49*ter*.2(d) PCT)
14. Umwandlungsgebühr (Artikel 135 Absatz 3 und Artikel 140)	14. Conversion fee (Article 135, paragraph 3, and Article 140)
14a. Gebühr für verspätete Einreichung eines Sequenzprotokolls (Regel 30 Absatz 3)	14a. Fee for late furnishing of a sequence listing (Rule 30, paragraph 3)
15. Anspruchsgebühr für den elften und jeden weiteren Patentanspruch (Regel 45 Absatz 1, Regel 71 Absatz 7 und Regel 162 Absatz 1)	15. Claims fee for the eleventh and each subsequent claim (Rule 45, paragraph 1, Rule 71, paragraph 7, and Rule 162, paragraph 1)
16. Kostenfestsetzungsgebühr (Regel 88 Absatz 3)	16. Fee for the awarding of costs (Rule 88, paragraph 3)
17. Beweissicherungsgebühr (Regel 123 Absatz 3)	17. Fee for the conservation of evidence (Rule 123, paragraph 3)
18. Übermittlungsgebühr für eine internationale Anmeldung (Regel 157 Absatz 4)	18. Transmittal fee for an international application (Rule 157, paragraph 4)
19. Gebühr für die vorläufige Prüfung einer internationalen Anmeldung (Regel 58 PCT und Regel 158 Absatz 2)	19. Fee for the preliminary examination of an international application (Rule 58 PCT and Rule 158, paragraph 2)
20. Gebühr für ein technisches Gutachten (Artikel 25)	20. Fee for a technical opinion (Article 25)

---

[2] Siehe hierzu Beschluss des Verwaltungsrats vom 11.10.2000 über die Ermäßigung dieser Gebühr zugunsten der Staatsangehörigen bestimmter Länder (ABl. EPA 2000, 446).

[2] See the decision of the Administrative Council of 11.10.2000 concerning the reduction of this fee in favour of nationals of certain states (OJ EPO 2000, 446).

11. Taxe de recours (article 108)	**1 065**
11bis. Taxe de requête en révision (article 112bis, paragraphe 4)	**2 500**
12. Taxe de poursuite de la procédure (règle 135, paragraphe 1)	
- en cas de retard de paiement de taxe	**50 % der betreffenden Gebühr** **50% of the relevant fee** **50 % de la taxe concernée**
- en cas de retard d'accomplissement des actes exigés conformément à la règle 71, paragraphe 3	**210**
- autres cas	**210**
13. Taxe de restitutio in integrum / taxe pour requête en restauration (règle 136, paragraphe 1, règle 26bis paragraphe 3d) PCT, règle 49ter paragraphe 2d) PCT)	**550**
14. Taxe de transformation (article 135, paragraphe 3 et article 140)	**55**
14bis. Taxe de fourniture tardive d'une liste de séquences (règle 30, paragraphe 3)	**200**
15. Taxe pour chaque revendication à partir de la onzième (règle 45, paragraphe 1, règle 71 paragraphe 7 et règle 162, paragraphe 1)	**45**
16. Taxe de fixation des frais (règle 88, paragraphe 3)	**55**
17. Taxe de conservation de la preuve (règle 123, paragraphe 3)	**55**
18. Taxe de transmission pour une demande internationale de brevet (règle 157, paragraphe 4)	**105**
19. Taxe d'examen préliminaire d'une demande internationale (règle 58 PCT et règle 158, paragraphe 2)	**1 595** [2]
20. Redevance pour délivrance d'un avis technique (article 25)	**3 185**

---

[2] Cf. la décision du Conseil d'administration du 11.10.2000 portant réduction de cette taxe pour les ressortissants de certains pays (JO OEB 2000, 446).

21. Widerspruchsgebühr (Regeln 40.2 e) und 68.3 e) PCT)	21. Protest fee (Rules 40.2(e) and 68.3(e) PCT)
- für am [Tag des Inkrafttretens des EPÜ 2000] noch anhängige internationale Anmeldungen	- for international applications still pending on [date of entry into force of the EPC 2000]
- für ab [Tag des Inkrafttretens des EPÜ 2000] eingereichte internationale Anmeldungen (Regel 158 Absatz 3)	- for international applications filed on or after [date of entry into force of the EPC 2000] (Rule 158, paragraph 3)

Artikel 3[3]
Vom Präsidenten des Amts festgesetzte Gebühren, Auslagen und Verkaufspreise

(1) Der Präsident des Amts setzt die in der Ausführungsordnung genannten Verwaltungsgebühren und, soweit erforderlich, die Gebühren und Auslagen für andere als in Artikel 2 genannte Amtshandlungen des Amts fest.

(2) Der Präsident des Amts setzt ferner die Verkaufspreise der in den Artikeln 93, 98, 103 und 129 des Übereinkommens genannten Veröffentlichungen fest.

(3) Die in Artikel 2 vorgesehenen und die nach Absatz 1 festgesetzten Gebühren und Auslagen werden im Amtsblatt und auf der Website des Europäischen Patentamts veröffentlicht.

Artikel 4
Fälligkeit der Gebühren

(1) Gebühren, deren Fälligkeit sich nicht aus den Vorschriften des Übereinkommens oder des PCT oder der dazugehörigen Ausführungsordnungen ergibt, werden mit dem Eingang des Antrags auf Vornahme der gebührenpflichtigen Amtshandlung fällig.

(2) Der Präsident des Amts kann davon absehen, Amtshandlungen im Sinn des Absatzes 1 von der vorherigen Zahlung der entsprechenden Gebühr abhängig zu machen.

Article 3[3]
Fees, expenses and prices laid down by the President of the Office

(1) The President of the Office shall lay down the amount of the administrative fees provided for in the Implementing Regulations and, where appropriate, the amount of the fees and expenses for any services rendered by the Office other than those specified in Article 2.

(2) He shall also lay down the prices of the publications referred to in Articles 93, 98, 103 and 129 of the Convention.

(3) The amounts of the fees provided for in Article 2 and of the fees and expenses laid down in accordance with paragraph 1 shall be published in the Official Journal and on the website of the European Patent Office.

Article 4
Due date for fees

(1) Fees in respect of which the due date is not specified in the provisions of the Convention or of the PCT or of the Implementing Regulations thereto shall be due on the date of receipt of the request for the service incurring the fee concerned.

(2) The President of the Office may decide not to make services within the meaning of paragraph 1 dependent upon the advance payment of the corresponding fee.

---

[3] Siehe hierzu den Beschluss des Präsidenten des EPA, Sonderausgabe Nr. 3, ABl. EPA 2007, M.1.

[3] See decision of the President of the EPO, Special edition No. 3, OJ EPO 2007, M.1.

21. Taxe de réserve (règle 40, paragraphe 2e) PCT et règle 68, paragraphe 3e) PCT)

- pour les demandes internationales encore en instance au [date d'entrée en vigueur de la CBE 2000]   **1 065**

- pour les demandes internationales déposées à compter du [date d'entrée en vigueur de la CBE 2000] (règle 158, paragraphe 3)   **750**

Article 3[3]
Taxes, redevances et tarifs fixés par le Président de l'Office

(1) Le Président de l'Office fixe le montant des taxes d'administration prévues dans le règlement d'exécution ainsi que le montant des taxes et redevances à payer pour toute prestation de service assurée par l'Office, autre que celles visées à l'article 2.

(2) Il fixe également les tarifs de vente des publications visées aux articles 93, 98, 103 et 129 de la convention.

(3) Les montants des taxes prévues à l'article 2 et des taxes et redevances visées au paragraphe 1 sont publiés au Journal officiel ainsi que sur le site Internet de l'Office européen des brevets.

Article 4
Exigibilité des taxes

(1) Les taxes dont la date d'exigibilité ne découle pas des dispositions de la convention, du PCT et de leurs règlements d'exécution sont exigibles à compter du dépôt de la demande d'exécution de la prestation de service assujettie à une taxe.

(2) Le Président de l'Office peut ne pas soumettre la prestation de service visée au paragraphe 1 au paiement préalable de la taxe y afférente.

---

[3] Cf. la décision du Président de l'OEB, Edition spéciale n° 3, JO OEB 2007, M.1.

Artikel 5
Entrichtung der Gebühren

(1) Die an das Amt zu zahlenden Gebühren sind in Euro zu entrichten:

a) durch Einzahlung oder Überweisung auf ein Bankkonto des Amts,

b) durch Einzahlung oder Überweisung auf ein Postscheckkonto des Amts oder

c) durch Übergabe oder Übersendung von Schecks, die an die Order des Amts lauten.

(2)[4] Der Präsident des Amts kann zulassen, dass die Gebühren auf andere Art als in Absatz 1 vorgesehen entrichtet werden.

Artikel 6
Angaben über die Zahlung

(1) Jede Zahlung muss den Einzahler bezeichnen und die notwendigen Angaben enthalten, die es dem Amt ermöglichen, den Zweck der Zahlung ohne Weiteres zu erkennen.

(2) Ist der Zweck der Zahlung nicht ohne Weiteres erkennbar, so fordert das Amt den Einzahler auf, innerhalb einer vom Amt zu bestimmenden Frist diesen Zweck schriftlich mitzuteilen. Kommt der Einzahler der Aufforderung nicht rechtzeitig nach, so gilt die Zahlung als nicht erfolgt.

Artikel 7
Maßgebender Zahlungstag

(1) Als Tag des Eingangs einer Zahlung beim Amt gilt:

a) im Fall des Artikels 5 Absatz 1 Buchstaben a und b der Tag, an dem der eingezahlte oder überwiesene Betrag auf einem Bank- oder Postscheckkonto des Amts tatsächlich gutgeschrieben wird;

b) im Fall des Artikels 5 Absatz 1 Buchstabe c der Tag, an dem der Scheck beim Amt eingeht, sofern dieser Scheck eingelöst wird.

---

[4] Siehe hierzu die Vorschriften über das laufende Konto, Beilage zum ABl. EPA 10/2007.

Article 5
Payment of fees

(1) The fees due to the Office shall be paid in euro:

(a) by payment or transfer to a bank account held by the Office,

(b) by payment or transfer to a Giro account held by the Office, or

(c) by delivery or remittance of cheques made payable to the Office.

(2)[4] The President of the Office may allow other methods of paying fees than those set out in paragraph 1.

Article 6
Particulars concerning payments

(1) Every payment must indicate the name of the person making the payment and must contain the necessary particulars to enable the Office to establish immediately the purpose of the payment.

(2) If the purpose of the payment cannot immediately be established, the Office shall require the person making the payment to notify it in writing of this purpose within such period as it may specify. If he does not comply with this request in due time the payment shall be considered not to have been made.

Article 7
Date to be considered as the date on which payment is made

(1) The date on which any payment shall be considered to have been made to the Office shall be as follows:

(a) in the cases referred to in Article 5, paragraph 1(a) and (b): the date on which the amount of the payment or of the transfer is actually entered in a bank account or a Giro account held by the Office;

(b) in the case referred to in Article 5, paragraph 1(c): the date of receipt of the cheque at the Office, provided that the cheque is met.

---

[4] See the Arrangements for deposit accounts (Supp. to OJ EPO 10/2007).

Article 5
Paiement des taxes

(1) Les taxes à payer à l'Office doivent être acquittées en euro :

a) par versement ou virement à un compte bancaire de l'Office,

b) par versement ou virement à un compte de chèques postaux de l'Office, ou

c) par remise ou envoi de chèques établis à l'ordre de l'Office.

(2)[4] Le Président de l'Office peut autoriser le paiement des taxes par d'autres moyens que ceux prévus au paragraphe 1.

Article 6
Données concernant le paiement

(1) Tout paiement doit comporter l'indication du nom de la personne qui l'effectue ainsi que les données nécessaires pour permettre à l'Office d'identifier facilement l'objet du paiement.

(2) Si l'objet du paiement n'est pas facilement identifiable, l'Office invite, dans un délai qu'il détermine, la personne qui a effectué le paiement à communiquer cet objet par écrit. Si elle ne donne pas suite à cette invitation en temps utile, le paiement est considéré comme nul et non avenu.

Article 7
Date à laquelle le paiement est réputé effectué

(1) La date à laquelle tout paiement est réputé effectué auprès de l'Office est fixée comme suit :

a) dans les cas visés à l'article 5, paragraphe 1, lettres a) et b) : date à laquelle le montant du versement ou du virement est effectivement porté au crédit d'un compte bancaire ou d'un compte de chèques postaux de l'Office;

b) dans le cas visé à l'article 5, paragraphe 1, lettre c) : date de réception du chèque par l'Office sous réserve de l'encaissement de ce chèque.

---

[4] Cf. la réglementation applicable aux comptes courants (Suppl. au JO OEB 10/2007).

(2) Lässt der Präsident des Amts gemäß Artikel 5 Absatz 2 zu, dass die Gebühren auf andere Art als in Artikel 5 Absatz 1 vorgesehen entrichtet werden, so bestimmt er auch den Tag, an dem diese Zahlung als eingegangen gilt.

(3) Gilt eine Gebührenzahlung gemäß den Absätzen 1 und 2 erst nach Ablauf der Frist als eingegangen, innerhalb der sie hätte erfolgen müssen, so gilt diese Frist als eingehalten, wenn dem Amt nachgewiesen wird, dass der Einzahler

a) innerhalb der Frist, in der die Zahlung hätte erfolgen müssen, in einem Vertragsstaat:

i) die Zahlung des Betrags bei einem Bankinstitut oder Postamt veranlasst hat oder

ii) einen Auftrag zur Überweisung des zu entrichtenden Betrags einem Bankinstitut oder Postscheckamt formgerecht erteilt hat oder

iii) einem Postamt einen an das Amt gerichteten Brief übergeben hat, in dem ein dem Artikel 5 Absatz 1 Buchstabe c entsprechender Scheck enthalten ist, sofern dieser Scheck eingelöst wird, und

b) eine Zuschlagsgebühr in Höhe von 10 % der betreffenden Gebühr oder Gebühren, höchstens jedoch EUR 150 entrichtet hat; die Zuschlagsgebühr wird nicht erhoben, wenn eine Handlung nach Buchstabe a spätestens zehn Tage vor Ablauf der Zahlungsfrist vorgenommen worden ist.

(4) Das Amt kann den Einzahler auffordern, innerhalb einer vom Amt zu bestimmenden Frist den Nachweis über den Zeitpunkt der Vornahme einer der Handlungen nach Absatz 3 Buchstabe a zu erbringen und gegebenenfalls die Zuschlagsgebühr nach Absatz 3 Buchstabe b zu entrichten. Kommt der Einzahler dieser Aufforderung nicht nach, ist der Nachweis ungenügend oder wird die angeforderte Zuschlagsgebühr nicht rechtzeitig entrichtet, so gilt die Zahlungsfrist als versäumt.

(2) Where the President of the Office allows, in accordance with the provisions of Article 5, paragraph 2, other methods of paying fees than those set out in Article 5, paragraph 1, he shall also lay down the date on which such payments shall be considered to have been made.

(3) Where, under the provisions of paragraphs 1 and 2, payment of a fee is not considered to have been made until after the expiry of the period in which it should have been made, it shall be considered that this period has been observed if evidence is provided to the Office that the person who made the payment

(a) fulfilled one of the following conditions in a Contracting State within the period within which the payment should have been made:

(i) he effected the payment through a banking establishment or a post office;

(ii) he duly gave an order to a banking establishment or a post office to transfer the amount of the payment;

(iii) he despatched at a post office a letter bearing the address of the Office and containing a cheque within the meaning of Article 5, paragraph 1(c), provided that the cheque is met, and

(b) paid a surcharge of 10% on the relevant fee or fees, but not exceeding EUR 150; no surcharge is payable if a condition according to sub-paragraph (a) has been fulfilled not later than ten days before the expiry of the period for payment.

(4) The Office may request the person who made the payment to produce evidence as to the date on which a condition according to paragraph 3(a) was fulfilled and, where required, pay the surcharge referred to in paragraph 3(b), within a period to be specified by it. If he fails to comply with this request or if the evidence is insufficient, or if the required surcharge is not paid in due time, the period for payment shall be considered not to have been observed.

(2) Lorsque le Président de l'Office autorise, conformément aux dispositions de l'article 5, paragraphe 2, le paiement des taxes par d'autres moyens que ceux prévus au paragraphe 1 dudit article, il fixe également la date à laquelle ce paiement est réputé effectué.

(3) Lorsque, en vertu des dispositions des paragraphes 1 et 2, le paiement d'une taxe n'est réputé effectué qu'après l'expiration du délai dans lequel il aurait dû intervenir, ce délai est considéré comme respecté si la preuve est apportée à l'Office que la personne qui a effectué le paiement

a) a rempli dans un Etat contractant pendant le délai dans lequel le paiement aurait dû intervenir l'une des conditions ci-après :

i) avoir effectué le paiement auprès d'un établissement bancaire ou d'un bureau de poste ;

ii) avoir donné un ordre de virement, en bonne et due forme, du montant du paiement à un établissement bancaire ou à un bureau de chèques postaux ;

iii) avoir déposé dans un bureau de poste une lettre portant l'adresse de l'Office et contenant un chèque visé à l'article 5, paragraphe 1, lettre c), sous réserve de l'encaissement de ce chèque, et

b) a acquitté une surtaxe d'un montant égal à 10 % de la ou des taxes dues, mais n'excédant pas 150 EUR ; aucune surtaxe n'est due si l'une des conditions visées à la lettre a) a été remplie au plus tard dix jours avant l'expiration du délai de paiement.

(4) L'Office peut inviter la personne qui a effectué le paiement à apporter la preuve de la date à laquelle l'une des conditions visées au paragraphe 3, lettre a) a été remplie et, le cas échéant, à acquitter la surtaxe visée au paragraphe 3, lettre b), dans un délai qu'il lui impartit. S'il n'est pas donné suite à cette invitation ou si la preuve apportée n'est pas suffisante, ou encore si la surtaxe requise n'est pas acquittée en temps utile, le délai de paiement est considéré comme n'ayant pas été respecté.

Artikel 8
Nicht ausreichender Gebührenbetrag

(1) Eine Zahlungsfrist gilt grundsätzlich nur dann als eingehalten, wenn der volle Gebührenbetrag rechtzeitig gezahlt worden ist. Ist nicht die volle Gebühr entrichtet worden, so wird der gezahlte Betrag nach dem Fristablauf zurückerstattet. Das Amt kann jedoch, soweit die laufende Frist es erlaubt, dem Einzahler die Gelegenheit geben, den fehlenden Betrag nachzuzahlen. Es kann ferner, wenn dies der Billigkeit entspricht, geringfügige Fehlbeträge der zu entrichtenden Gebühr ohne Rechtsnachteil für den Einzahler unberücksichtigt lassen.

(2) Reicht der für die Benennungsgebühren gezahlte Betrag nicht aus, um die für alle Vertragsstaaten anfallenden Benennungsgebühren zu decken, so wird er entsprechend den Angaben verwendet, die der Anmelder spätestens bei der Zahlung macht. Hat er keine solchen Angaben gemacht, so gelten die Gebühren nur für so viele Benennungen als entrichtet, als der gezahlte Betrag entsprechend der Reihenfolge, in der die Vertragsstaaten im Erteilungsantrag aufgeführt sind, ausreicht.

Artikel 9
Rückerstattung von Recherchengebühren

(1) Die für eine europäische oder eine ergänzende europäische Recherche entrichtete Recherchengebühr wird in voller Höhe zurückerstattet, wenn die europäische Patentanmeldung zu einem Zeitpunkt zurückgenommen oder zurückgewiesen wird oder als zurückgenommen gilt, in dem das Amt mit der Erstellung des Recherchenberichts noch nicht begonnen hat.

(2)[5] Wird der europäische Recherchenbericht auf einen früheren Recherchenbericht gestützt, den das Amt für eine Patentanmeldung, deren Priorität beansprucht wird, oder für eine frühere Anmeldung im Sinn des Artikels 76 oder der Regel 17 des Übereinkommens erstellt hat, so erstattet das Amt gemäß einem Beschluss seines Präsidenten dem Anmelder einen Betrag zurück, dessen Höhe von der Art der früheren Recherche und dem Umfang abhängt, in dem sich das Amt bei der Durchführung der späteren Recherche auf den früheren Recherchenbericht stützen kann.

---

[5] Siehe hierzu den Beschluss des Präsidenten des EPA über die Rückerstattung von Recherchengebühren, Sonderausgabe Nr. 3, ABl. EPA 2007, M.2., sowie spätere im ABl. EPA veröffentlichte Aktualisierungen dieses Beschlusses und die Mitteilung des Präsidenten des EPA vom 01.07.2005 über die Kriterien für die Rückerstattung von Recherchengebühren (ABl. EPA 2005, 433 ff., 520).

Article 8
Insufficiency of the amount paid

(1) A time limit for payment shall in principle be deemed to have been observed only if the full amount of the fee has been paid in due time. If the fee is not paid in full, the amount which has been paid shall be refunded after the period for payment has expired. The Office may, however, in so far as this is possible within the time remaining before the end of the period, give the person making the payment the opportunity to pay the amount lacking. It may also, where this is considered justified, overlook any small amounts lacking without prejudice to the rights of the person making the payment.

(2) Where the amount paid in designation fees is insufficient to cover the designation fees payable for all the Contracting States, the amount paid shall be applied according to the specifications to be made by the applicant by the time of payment at the latest. If the applicant makes no such specifications, the fees shall be deemed to be paid only for as many designations as are covered by the amount paid and in the order in which the Contracting States are listed in the request for grant.

Article 9
Refund of search fees

(1) The search fee paid for a European or supplementary European search shall be fully refunded if the European patent application is withdrawn or refused or deemed to be withdrawn at a time when the Office has not yet begun to draw up the search report.

(2)[5] Where the European search report is based on an earlier search report prepared by the Office on an application whose priority is claimed or an earlier application within the meaning of Article 76 of the Convention or of Rule 17 of the Convention, the Office shall refund to the applicant, in accordance with a decision of its President, an amount which shall depend on the type of earlier search and the extent to which the Office benefits from the earlier search report when carrying out the subsequent search.

---

[5] See decision of the President of the EPO on the refund of search fees, Special edition No. 3, OJ EPO 2007, M.2., later updates of this decision published in the OJ EPO and the Notice from the President of the EPO dated 01.07.2005 concerning the criteria for the refund of search fees (OJ EPO 2005, 433 ff, 520).

Article 8
Paiement insuffisant du montant de la taxe

(1) Un délai de paiement n'est, en principe, considéré comme respecté que si la totalité du montant de la taxe a été payée dans le délai prévu. Si la totalité de la taxe n'a pas été payée, le montant déjà versé est remboursé après expiration du délai. Toutefois, l'Office peut, pour autant que le délai en cours le permette, donner à la personne qui a effectué le paiement la possibilité de verser ultérieurement le complément. En outre, si cela paraît justifié, l'Office peut ne pas tenir compte des parties minimes non encore payées de la taxe, sans qu'il en résulte pour autant une perte de droits pour la personne qui a effectué le paiement.

(2) Si le montant payé pour les taxes de désignation ne suffit pas à couvrir les taxes de désignation qui sont dues pour tous les Etats contractants, ce montant est utilisé conformément aux indications données par le demandeur au plus tard lors du paiement. Si le demandeur n'a pas donné d'indication, les taxes ne sont considérées comme acquittées que pour le nombre de désignations pour lequel le montant payé est suffisant, et ce dans l'ordre où les Etats contractants sont listés dans la requête en délivrance.

Article 9
Remboursement des taxes de recherche

(1) La taxe de recherche acquittée pour une recherche européenne ou une recherche européenne complémentaire est remboursée intégralement si la demande de brevet européen est retirée ou rejetée ou si elle est réputée retirée avant que l'Office n'ait commencé à établir le rapport de recherche.

(2)[5] Lorsque le rapport de recherche européenne est basé sur un rapport de recherche antérieure établi par l'Office pour une demande de brevet dont la priorité est revendiquée ou pour une demande antérieure au sens de l'article 76 ou de la règle 17 de la convention, l'Office rembourse au demandeur, conformément à une décision du Président de l'Office, un montant qui est déterminé en fonction du type de recherche antérieure et selon le profit que l'Office peut tirer du rapport de recherche antérieure lorsqu'il effectue la recherche ultérieure.

---

[5] Voir à ce propos la décision du Président de l'OEB relative au remboursement des taxes de recherche, Edition spéciale n° 3, JO OEB 2007, M. 2., ainsi que les mises à jour ultérieures de cette décision qui ont été publiées au JO OEB et le communiqué du Président de l'OEB, en date du 01.07.2005, relatif aux critères de remboursement des taxes de recherche (JO OEB 2005, 433 s., 520).

Artikel 10
Rückerstattung der Gebühr für ein technisches Gutachten

Die Gebühr für ein technisches Gutachten nach Artikel 25 des Übereinkommens wird zu 75 % zurückerstattet, wenn das Ersuchen um das Gutachten zurückgenommen wird, bevor das Amt mit seiner Erstellung begonnen hat.

Artikel 11[6]
Rückerstattung der Prüfungsgebühr

Die Prüfungsgebühr nach Artikel 94 Absatz 1 des Übereinkommens wird

a) in voller Höhe zurückerstattet, wenn die europäische Patentanmeldung zurückgenommen oder zurückgewiesen wird oder als zurückgenommen gilt, bevor die Anmeldung in die Zuständigkeit der Prüfungsabteilungen übergegangen ist;

b) zu 75 % zurückerstattet, wenn die europäische Patentanmeldung zu einem Zeitpunkt zurückgenommen oder zurückgewiesen wird oder als zurückgenommen gilt, zu dem die Anmeldung bereits in die Zuständigkeit der Prüfungsabteilungen übergegangen ist, die Sachprüfung jedoch noch nicht begonnen hat.

Artikel 12[7]
Rückerstattung von Bagatellbeträgen

Zu viel gezahlte Gebührenbeträge werden nicht zurückerstattet, wenn es sich um Bagatellbeträge handelt und der Verfahrensbeteiligte eine Rückerstattung nicht ausdrücklich beantragt hat. Der Präsident des Amts bestimmt, bis zu welcher Höhe ein Betrag als Bagatellbetrag anzusehen ist.

Article 10
Refund of the fee for a technical opinion

An amount of 75% of the fee for a technical opinion under Article 25 of the Convention shall be refunded if the request for a technical opinion is withdrawn at a time when the Office has not yet begun to draw up the technical opinion.

Article 11[6]
Refund of examination fee

The examination fee provided for in Article 94, paragraph 1, of the Convention shall be refunded:

(a) in full if the European patent application is withdrawn, refused or deemed to be withdrawn before the Examining Divisions have assumed responsibility;

(b) at a rate of 75% if the European patent application is withdrawn, refused or deemed to be withdrawn after the Examining Divisions have assumed responsibility but before substantive examination has begun.

Article 12[7]
Refund of insignificant amounts

Where too large a sum is paid to cover a fee, the excess shall not be refunded if the amount is insignificant and the party concerned has not expressly requested a refund. The President of the Office shall determine what constitutes an insignificant amount.

---

[6] Siehe hierzu Entscheidung der Großen Beschwerdekammer G 3/03 (Anhang I).
Siehe hierzu die Mittelung das Präsidenten des EPA, ABl. EPA 1988, 354.

[7] Siehe hierzu den Beschluss des Präsidenten, Sonderausgabe Nr. 3, ABl. EPA 2007, M.3.

[6] See decision of the Enlarged Board of Appeal G 3/03 (Annex I). See also Notice from the President of the EPO, OJ EPO 1988, 354.

[7] See decision of the President of the EPO, Special edition No. 3, OJ EPO 2007, M.3.

Article 10
Remboursement de la redevance pour la délivrance d'un avis technique

La redevance pour la délivrance d'un avis technique conformément à l'article 25 de la convention est remboursée à 75 % si la demande d'avis technique est retirée avant que l'Office n'ait commencé à établir cet avis.

Article 11[6]
Remboursement de la taxe d'examen

La taxe d'examen prévue à l'article 94, paragraphe 1 de la convention est remboursée :

a) intégralement si la demande de brevet européen est retirée ou rejetée ou si elle est réputée retirée avant que les divisions d'examen ne soient devenues compétentes;

b) à 75 % si la demande de brevet européen est retirée ou rejetée ou si elle est réputée retirée après que les divisions d'examen sont devenues compétentes, mais avant que l'examen quant au fond n'ait commencé.

Article 12[7]
Remboursement de montants insignifiants

Si la somme versée pour une taxe est supérieure au montant de celle-ci, la différence n'est pas remboursée lorsqu'elle est insignifiante et que la partie à la procédure concernée ne demande pas expressément à être remboursée. Le Président de l'Office détermine jusqu'à quel montant la différence constatée est considérée comme insignifiante.

---

[6] Cf. la décision de la Grande Chambre de recours G 3/03 (Annexe I).
Cf. le communiqué du President de l'OEB, JO OEB 1988, 354.
[7] Cf. la décision du Président de l'OEB, Edition spéciale n° 3, JO OEB 2007, M.3.

Article 13
Decisions fixing costs which are subject to appeal

In accordance with Rule 97, paragraph 2, of the Convention, decisions fixing the amount of costs of opposition proceedings may be appealed if the amount is in excess of the fee for appeal.

Article 14
Reduction of fees

(1) The reduction laid down in Rule 6, paragraph 3, of the Convention shall be 20% of the filing fee, examination fee, opposition fee, appeal fee, fee for the petition for review or the limitation or revocation fee.

(2) Where the European Patent Office has drawn up an international preliminary examination report, the examination fee shall be reduced by 50%. If the report was established on certain parts of the international application in accordance with Article 34, paragraph 3(c), PCT, the fee shall not be reduced if subject-matter not covered by the report is to be examined.

Article 15
Entry into force

These Rules shall enter into force on 20 October 1977.*

DONE at Munich, 20 October 1977

For the Administrative Council

The Chairman

* **Amended by decision of the Administrative Council of 7 December 2006 (CA/D 11/06)**

Article 13
Décisions susceptibles de recours en matière de fixation des frais

Les décisions relatives à la fixation des frais de la procédure d'opposition sont susceptibles de recours conformément à la règle 97, paragraphe 2 de la convention si le montant des frais dépasse le montant de la taxe de recours.

Article 14
Réduction du montant des taxes

(1) La réduction prévue à la règle 6, paragraphe 3 de la convention s'élève à 20 % de la taxe de dépôt, de la taxe d'examen, de la taxe d'opposition, de la taxe de recours, de la taxe de limitation ou de révocation et de la taxe de requête en révision.

(2) Lorsque l'Office européen des brevets a établi un rapport d'examen préliminaire international, la taxe d'examen est réduite de 50 %. Si le rapport a été établi sur certaines parties de la demande internationale, conformément à l'article 34, paragraphe 3 c) PCT, la taxe n'est pas réduite si l'examen porte sur un objet non couvert par le rapport.

Article 15
Entrée en vigueur

Le présent règlement entre en vigueur le 20 octobre 1977. *

FAIT A MUNICH, le 20 octobre 1977

Par le Conseil d'administration

Le Président

* Révisé par décision du Conseil d'administration en date du 7 décembre 2006 (CA/D 11/06)

Anhang I

Verzeichnis der im Amtsblatt des EPA veröffentlichten Entscheidungen und Stellungnahmen der Großen Beschwerdekammer, die unter Geltung des EPÜ 1973 ergangen sind

Annex I

Index of decisions and opinions of the Enlarged Board of Appeal published in the Official Journal of the EPO and issued while EPC 1973 was in force

Annexe I

Liste des décisions et avis de la Grande Chambre de recours publiés au Journal officiel de l'OEB et rendus en application de la CBE 1973

Aktenzeichen, Datum, Fundstelle	Stichwort/Gegenstand	Artikel/Regel des EPÜ 1973
G 1/83 Entscheidung vom 05.12.1984 ABl. EPA 1985, 60	"Zweite medizinische Indikation/BAYER" – Auslegung des EPÜ/Wiener Übereinkommens – therapeutische Verwendungsansprüche	Art.: 52 (1), 52 (4), 54 (5), 57 EPÜ Art.: 31, 32 Wiener Übereinkommen (siehe hierzu Art. 54 (5) EPÜ 2000)
G 1/86 Entscheidung vom 24.06.1987 ABl. EPA 1987, 447	"Wiedereinsetzung des Einsprechenden/ VOEST ALPINE" – Wiedereinsetzung des Beschwerdeführers, der Einsprechender ist – Frist zur Einreichung der Beschwerdebegründung	Art.: 108 Satz 3, 112 (1), 122 EPÜ
G 1/88 Entscheidung vom 27.01.1989 ABl. EPA 1989, 189	"Schweigen des Einsprechenden/HOECHST" – Zulässigkeit der Beschwerde des Einsprechenden – Schweigen auf Aufforderung nach Regel 58 (4) – Anwendung von Regel 58 (4)	Art.: 102 (3), 107 EPÜ Regel: 58 (4) EPÜ
G 2/88 Entscheidung vom 11.12.1989 ABl. EPA 1990, 93 Corr. ABl. EPA 1990, 469	"Reibungsverringernder Zusatz/MOBIL OIL III" – Änderung im Einspruchsverfahren – Änderung der Anspruchskategorie (hier: von "Stoff" und "Stoffgemisch" in "Verwendung eines Stoffes für einen bestimmten Zweck") – Neuheit dieses Verwendungsanspruchs gegenüber einer bekannten Verwendung desselben Stoffes für einen anderen Zweck – Zweite nichtmedizinische Indikation	Art.: 54, 64, 69, 112 (1) a), 123 EPÜ
G 4/88 Entscheidung vom 24.04.1989 ABl. EPA 1989, 480	"Übertragung des Einspruchs/MAN" – Übertragung von Rechten – Einsprechendenstellung – Auflösung der einsprechenden Gesellschaft – juristische Person	Art.: 99 (4), 112 (1) a) EPÜ Regel: 60 (2) EPÜ
G 5/88, G 7/88, G 8/88 Entscheidung vom 16.11.1990 ABl. EPA 1991, 137	"Verwaltungsvereinbarung/MEDTRONIC" – Behandlung von an das EPA gerichteten Schriftstücken, die beim Deutschen Patentamt in Berlin eingehen – Aufgaben und Befugnisse des Präsidenten – Grundsatz des guten Glaubens – Vertrauensschutz für die Benutzer des EPA	Art.: 4, 5, 6, 7, 10, 33, 99 (1), 112 EPÜ
G 6/88 Entscheidung vom 11.12.1989 ABl. EPA 1990, 114	"Mittel zur Regulierung des Pflanzenwachstums/BAYER" – Zweite nichtmedizinische Indikation – Neuheit der zweiten nichtmedizinischen Verwendung bei gleicher technischer Realisierungsform	Art.: 54, 69, 112 (1) a) EPÜ

Aktenzeichen, Datum, Fundstelle	Stichwort/Gegenstand	Artikel/Regel des EPÜ 1973
G 1/89 Entscheidung vom 02.05.1990 ABl. EPA 1991, 155	"Polysuccinatester" – Zuständigkeit der Großen Beschwerdekammer bei Widersprüchen nach dem PCT – Nichteinheitlichkeit *a posteriori*	Art.: 112 (1) a) b), 154 (3) EPÜ Art.: 7 (3) a) PCT Regel: 13, 33, 40 PCT
G 2/89 Stellungnahme vom 02.05.1990 ABl. EPA 1991, 166	"Nichteinheitlichkeit *a posteriori*" – Zuständigkeit der Großen Beschwerdekammer bei Widersprüchen nach dem PCT – Nichteinheitlichkeit *a posteriori*	Art.: 112 (1) b), 154 (3) EPÜ Art.: 17 (3) a) PCT Regel: 13, 33, 40 PCT
G 3/89 Stellungnahme vom 19.11.1992 ABl. EPA 1993, 117	"Berichtigung nach Regel 88, Satz 2 EPÜ" – Berichtigung der die Offenbarung betreffenden Teile einer europäischen Patentanmeldung oder eines europäischen Patents	Art.: 100 c), 117 (1), 123 (1), (2), 138 (1) c) EPÜ Regel: 86, 88 Satz 2 EPÜ (siehe hierzu jedoch R. 56 (3) EPÜ 2000)
G 1/90 Stellungnahme vom 05.03.1991 ABl. EPA 1991, 275	"Widerruf des Patents" – Widerruf des Patents durch Entscheidung – Widerruf, Nichterfüllung von Formerfordernissen bei Aufrechterhaltung in geändertem Umfang – Abschluss des Einspruchsverfahrens – Rechtsverlust – Fiktionen	Art.: 102 (4), (5), 106, 112 (1) b) EPÜ Regel: 58 (5), 69 (1) EPÜ
G 2/90 Entscheidung vom 04.08.1991 ABl. EPA 1992, 10	"Zuständigkeit der Juristischen Beschwerdekammer/KOLBENSCHMIDT" – Zuständigkeit der Juristischen Beschwerdekammer – Beschwerden gegen Entscheidungen des Formalsachbearbeiters	Art.: 21 EPÜ Regel: 9 (3) EPÜ
G 1/91 Entscheidung vom 09.12.1991 ABl. EPA 1992, 253	"Einheitlichkeit/SIEMENS" – Einheitlichkeit im Einspruch – rechtlich unbeachtlich	Art.: 82, 102 (3) EPÜ Regel: 61a EPÜ
G 2/91 Entscheidung vom 29.11.1991 ABl. EPA 1992, 206	"Beschwerdegebühren/KROHNE" – Rückzahlung der Beschwerdegebühren, wenn mehrere Beteiligte Beschwerde eingelegt haben	Art.: 107 EPÜ

Aktenzeichen, Datum, Fundstelle	Stichwort/Gegenstand	Artikel/Regel des EPÜ 1973
G 3/91 Entscheidung vom 07.09.1992 ABl. EPA 1993, 8	"Wiedereinsetzung/FABRITIUS II" – Anwendbarkeit von Artikel 122 (5) EPÜ auf die Fristen nach Regel 104b (1) b) und c) EPÜ (107 (1) c) und e) EPÜ) in Verbindung mit den Artikeln 157 (2) b) und 158 (2) EPÜ	Art.: 78 (2), 79 (2), 122 (5), 157 (2) b), 158 (2) EPÜ Regel: 104b (1) b), c) EPÜ (107 (1) c), e) EPÜ) (siehe hierzu jedoch G 5/93)
G 4/91 Entscheidung vom 03.11.1992 ABl. EPA 1993, 707	"Beitritt/DOLEZYCH II" – Beitritt (des vermeintlichen Patentverletzers im Einspruchsverfahren)	Art.: 105, 107 EPÜ
G 5/91 Entscheidung vom 05.05.1992 ABl. EPA 1992, 617	"Beschwerdefähige Entscheidung/ DISCOVISION" – Besorgnis der Befangenheit eines Mitglieds einer Einspruchsabteilung – Beschwerdegrund?	Art.: 19 (2), 24 EPÜ
G 6/91 Entscheidung vom 06.03.1992 ABl. EPA 1992, 491	"Gebührenermäßigung/ASULAB II" – Anspruch auf Gebührenermäßigung	Art.: 14 (2), (4) EPÜ Regel: 6 (3) EPÜ
G 7/91 Entscheidung vom 05.11.1992 ABl. EPA 1993, 356	"Rücknahme der Beschwerde/BASF" – Wirkung der Rücknahme der Beschwerde (durch den einzigen Beschwerdeführer, der in erster Instanz Einsprechender war)	Art.: 13 (2), 114 (1) EPÜ Regel: 60 (2), 66 (1) EPÜ
G 8/91 Entscheidung vom 05.11.1992 ABl. EPA 1993, 346	"Rücknahme der Beschwerde/BELL" – Wirkung der Rücknahme der Beschwerde (durch den einzigen Beschwerdeführer)	Art.: 113 (2), 114 (1) EPÜ Regel: 60 (2), 66 (1) EPÜ
G 9/91 Entscheidung vom 31.03.1993 ABl. EPA 1993, 408	"Prüfungsbefugnis/ROHM AND HAAS" – Umfang der Befugnis zur Prüfung eines Einspruchs	Art.: 101, 102, 110, 114 EPÜ Regel: 55, 56 EPÜ
G 10/91 Stellungnahme vom 31.03.1993 ABl. EPA 1993, 420	"Prüfung von Einsprüchen/Beschwerden" – Abgrenzung der Verpflichtung und der Befugnis zur Prüfung von Einspruchsgründen	Art.: 99 - 102, 110, 114 EPÜ Regel: 55, 56, 66 EPÜ

Aktenzeichen, Datum, Fundstelle	Stichwort/Gegenstand	Artikel/Regel des EPÜ 1973
G 11/91 Entscheidung vom 19.11.1992 ABl. EPA 1993, 125	"Glu-Gln/CELTRIX" – Berichtigung von Mängeln	Art.: 100 c), 117 (1), 123 (1), (2), 138 (1) c) EPÜ Regel: 86, 88 Satz 2 EPÜ (siehe hierzu jedoch R. 56 (3) EPÜ 2000)
G 12/91 Entscheidung vom 17.12.1993 ABl. EPA 1994, 285	"Endgültige Entscheidung/NOVATOME II" – Abschluss des schriftlichen Verfahrens – Abgabe der Entscheidung durch die Formalprüfungsstelle an die interne Poststelle des EPA	Regel: 68 EPÜ
G 1/92 Stellungnahme vom 18.12.1992 ABl. EPA 1993, 277	"Öffentliche Zugänglichkeit" – Neuheit – Stand der Technik – Zugänglichkeit – Zusammensetzung des Erzeugnisses – offenkundige Vorbenutzung	Art.: 54 (2), 112 (1) b) EPÜ
G 2/92 Stellungnahme vom 06.07.1993 ABl. EPA 1993, 591	"Nichtzahlung weiterer Recherchengebühren" – Uneinheitlichkeit der Erfindung – Bedeutung der Nichtzahlung weiterer Recherchengebühren	Art.: 82 EPÜ Regel: 46 EPÜ
G 3/92 Entscheidung vom 13.06.1994 ABl. EPA 1994, 607	"Unberechtigter Anmelder/LATCHWAYS" – Abweichende Meinung – rechtskräftige Entscheidung eines nationalen Gerichts – einer anderen Partei als dem Anmelder zugesprochener Anspruch auf das Patent – Interessen Dritter – Zurücknahme der ursprünglichen Anmeldung durch den unberechtigten Anmelder – Einreichung einer neuen Anmeldung durch den berechtigten Anmelder	Art.: 60, 61, 167 EPÜ Regel: 13, 14, 15, 16 EPÜ Art.: 1, 9 Anerkennungsprotokoll Art.: 12a VerfOGBK
G 4/92 Stellungnahme vom 29.10.1993 ABl. EPA 1994, 149	"Rechtliches Gehör" – Grundsatz des rechtlichen Gehörs – Fernbleiben einer Partei von der mündlichen Verhandlung	Art.: 113 (1), 114 (1), (2) EPÜ Regel: 71 (2) EPÜ
G 5/92 Entscheidung vom 27.09.1993 ABl. EPA 1994, 22	"Wiedereinsetzung/HOUPT" – Geltungsbereich von Artikel 122 (5) EPÜ	Art.: 122 (5) EPÜ
G 6/92 Entscheidung vom 27.09.1993 ABl. EPA 1994, 25	"Wiedereinsetzung/DURIRON" – Geltungsbereich von Artikel 122 (5) EPÜ	Art.: 122 (5) EPÜ

Aktenzeichen, Datum, Fundstelle	Stichwort/Gegenstand	Artikel/Regel des EPÜ 1973
G 9/92; G 4/93 Entscheidung vom 14.07.1994 ABl. EPA 1994, 875	"Nichtbeschwerdeführender Beteiligter/BMW" – Reformatio in peius – Aufrechterhaltung in geändertem Umfang entsprechend einem Hilfsantrag – beide Parteien beschwert – Beschwerde einer Partei – Anträge der nichtbeschwerdeführenden Partei, die über den Beschwerdeantrag hinausgehen – Meinung einer Minderheit	Art.: 101 (2), 107, 111, 114 (1) EPÜ Regel: 58 (2), 64 b), 65 (1), 66 (1) EPÜ
G 10/92 Stellungnahme vom 28.04.1994 ABl. EPA 1994, 633	"Teilanmeldung" – Einreichung einer Teilanmeldung: Zeitpunkt	Regel: 25 EPÜ
G 1/93 Entscheidung vom 02.02.1994 ABl. EPA 1994, 541	"Beschränkendes Merkmal/ADVANCED SEMICONDUCTOR PRODUCTS" – Kollidierende Erfordernisse der Absätze 2 und 3 des Artikels 123 EPÜ	Art.: 123 (2), (3) EPÜ
G 2/93 Entscheidung vom 21.12.1994 ABl. EPA 1995, 275	"Hepatitis-A-Virus/UNITED STATES OF AMERICA II" – Ausreichende Offenbarung – Angaben über die Hinterlegung einer Kultur	Art.: 83 EPÜ Regel: 28 EPÜ
G 3/93 Stellungnahme vom 16.08.1994 ABl. EPA 1995, 18	"Prioritätsintervall" – Priorität – im Prioritätsintervall veröffentlichtes Dokument – Stand der Technik – im Prioritätsintervall veröffentlichtes Dokument – unwirksame Priorität – andere Erfindung – obiter dictum – Zulässigkeit der Vorlage	Art.: 54 (2), 87 bis 89 EPÜ
G 5/93 Entscheidung vom 18.01.1994 ABl. EPA 1994, 447	"Wiedereinsetzung/NELLCOR" – Anwendbarkeit des Artikels 122 (5) EPÜ	Art.: 122 (5), 150, 157 (2) b), 158 (2) EPÜ Regel: 104b (1) b) EPÜ (107 (1) c) EPÜ)
G 7/93 Entscheidung vom 13.05.1994 ABl. EPA 1994, 775	"Verspätet beantragte Änderungen/WHITBY II" – Änderungen nach Erlass einer Mitteilung gemäß Regel 51 (6) EPÜ – Ermessen der Prüfungsabteilung – Vorbehalte nach Artikel 167 (2) EPÜ	Art.: 96 (2), 113 (2), 123 (1), 167 (2) EPÜ Regel: 51 (4), (6), 86 (3) EPÜ
G 8/93 Entscheidung vom 13.06.1994 ABl. EPA 1994, 887	"Rücknahme des Einspruchs/SERWANE II" – Rücknahme des Einspruchs ohne Rücknahme der Beschwerde – Beendigung des Beschwerdeverfahrens	Art.: 114 (1) EPÜ Regel: 60 (2), 66 (1) EPÜ

Aktenzeichen, Datum, Fundstelle	Stichwort/Gegenstand	Artikel/Regel des EPÜ 1973
G 9/93 Entscheidung vom 06.07.1994 ABl. EPA 1994, 891	"Einspruch der Patentinhaber/PEUGEOT UND CITROEN" – Einspruch der Patentinhaber gegen das eigene Patent – Zulässigkeit	Art.: 99 EPÜ
G 10/93 Entscheidung vom 30.11.1994 ABl. EPA 1995, 172	"Umfang der Prüfung bei Ex-parte-Beschwerde/ SIEMENS" – Einbeziehung von neuen Gründen im Ex-parte-Verfahren – Reformatio in peius	Art.: 96 (2), 97 (1), 110, 111 (1), 114 (1) EPÜ
G 1/94 Entscheidung vom 11.05.1994 ABl. EPA 1994, 787	"Beitritt/ALLIED COLLOIDS" – Zulässigkeit eines Beitritts im Beschwerdeverfahren	Art.: 105 EPÜ
G 2/94 Entscheidung vom 19.02.1996 ABl. EPA 1996, 401	"Vertretung/HAUTAU II" – Mündliche Ausführungen einer Begleitperson in Ex-parte-Verfahren – mündliche Ausführungen eines ehemaligen Kammermitglieds in Ex-parte- oder in Inter-partes-Verfahren	Art.: 116, 133, 134 EPÜ
G 1/95 Entscheidung vom 19.07.1996 ABl. EPA 1996, 615	"Neue Einspruchsgründe/DE LA RUE" – Keine Befugnis zur Prüfung neuer Einspruchsgründe ohne Einverständnis des Patentinhabers	Art.: 99, 100 a), b) und c), 114 (1) EPÜ Regel: 55, 56 EPÜ
G 2/95 Entscheidung vom 14.05.1996 ABl. EPA 1996, 555	"Austausch der Anmeldungsunterlagen/ ATOTECH" – Ersatz der vollständigen Anmeldungsunterlagen durch andere Unterlagen im Wege einer Berichtigung nach Regel 88 EPÜ (nein)	Art.: 14 (1), (2), 80 d), 87 (2), 100 c), 123 (2), 138 (1) c), 164 (2) EPÜ Art.: 4A (2) PVÜ Regel: 88 EPÜ Regel: 91.1 c) PCT
G 3/95 Stellungnahme vom 27.11.1995 ABl. EPA 1996, 169	"Vorlage unzulässig" – Patentierbarkeit von Pflanzensorten und Tierarten – keine divergierenden Entscheidungen – Vorlage durch den Präsidenten des EPA unzulässig	Art.: 53 b), 112 (1) b) EPÜ
G 4/95 Entscheidung vom 19.02.1996 ABl. EPA 1996, 412	"Vertretung/BOGASKY" – Mündliche Ausführungen durch eine Begleitperson im Einspruchs- oder Einspruchsbeschwerdeverfahren	Art.: 116, 117, 133, 134 EPÜ

Aktenzeichen, Datum, Fundstelle	Stichwort/Gegenstand	Artikel/Regel des EPÜ 1973
G 6/95 Entscheidung vom 24.07.1996 ABl. EPA 1996, 649	"Auslegung der Regel 71a (1) EPÜ/ GE CHEMICALS" – Auslegung der Regel 71a (1) EPÜ im Fall der Beschwerdekammern	Art.: 23, 33 (1) b), 12 (1) a), 164 (2) EPÜ Art.: 11 (2), 18 VOBK Regel: 10 (2), 11, 66 (1), 71, 71a (1) EPÜ
G 7/95 Entscheidung vom 19.07.1996 ABl. EPA 1996, 626	"Neue Einspruchsgründe/ETHICON" – Keine Befugnis zur Prüfung neuer Einspruchsgründe ohne Einverständnis des Patentinhabers	Art.: 99, 100 a), b), c), 114 (1) EPÜ Regel: 55, 56 EPÜ
G 8/95 Entscheidung vom 16.04.1996 ABl. EPA 1996, 481	"Berichtigung des Erteilungsbeschlusses/ US GYPSUM II" – Zuständigkeit der Technischen Beschwerdekammern bzw. der Juristischen Beschwerdekammer – Zurückweisung einer Berichtigung des Erteilungsbeschlusses	Art.: 21 (3) EPÜ Regel: 89 EPÜ
G 1/97 Entscheidung vom 10.12.1999 ABl. EPA 2000, 322	"Antrag auf Überprüfung/ETA" – Verwaltungsmäßige oder gerichtliche Behandlung von Anträgen, die sich auf die angebliche Verletzung eines wesentlichen Verfahrensgrundsatzes stützen und auf die Überprüfung einer rechtskräftigen Entscheidung einer Beschwerdekammer abzielen – Eintragung in das europäische Patentregister	Art.: 21, 23 (1), (3), 24, 106 (1), 110 (1), 111 (1), 113, 114, 116, 121, 122, 125, 127 EPÜ Regel: 10 (2), 11, 65 (1), (2), 67, 89, 90, 92 (1), (2) EPÜ Art.: 10 VOBK Art.: 11a, 11b VOGBK Art.: 23 VDV Art.: 31, 32, 62 (5) TRIPS Art.: 31 (3) Wiener Übereinkommen über das Recht der Verträge (siehe hierzu jedoch Art. 112a EPÜ 2000)
G 2/97 Entscheidung vom 12.11.1998 ABl. EPA 1999, 123	"Vertrauensschutz/UNILEVER" – Beschwerdegebühr – Grundsatz von Treu und Glauben – Vertrauensschutz	Art.: 112 (1) a), 108 EPÜ Regel: 69 (1) EPÜ
G 3/97 Entscheidung vom 21.01.1999 ABl. EPA 1999, 245	"Einspruch in fremdem Auftrag/ INDUPACK" – Zulässigkeit des Einspruchs – Handeln in fremdem Auftrag – missbräuchliche Gesetzesumgehung	Art.: 99 EPÜ Regel: 55 EPÜ
G 4/97 Entscheidung vom 21.01.1999 ABl. EPA 1999, 270	"Einspruch in fremdem Auftrag/ GENENTECH" – Zulässigkeit des Einspruchs – Handeln in fremdem Auftrag – missbräuchliche Gesetzesumgehung	Art.: 99 EPÜ Regel: 55 EPÜ

Aktenzeichen, Datum, Fundstelle	Stichwort/Gegenstand	Artikel/Regel des EPÜ 1973
G 1/98 Entscheidung vom 20.12.1999 ABl. EPA 2000, 111	"Transgene Pflanze/NOVARTIS II" – Ansprüche, die Pflanzensorten umfassen, aber nicht individuell angeben – Pflanzensorten als Erzeugnisse der rekombinanten Gentechnik – Artikel 64 (2) EPÜ nicht relevant für die Prüfung von Erzeugnisansprüchen	Art.: 52, 53 b), 54, 64 (2) EPÜ Regel: 23b EPÜ Art.: 2 b) Straßburger Patentübereinkommen Art.: 2 UPOV-Übereinkommen 1961 Art.: 1 vi) UPOV-Übereinkommen 1991
G 2/98 Stellungnahme vom 31.05.2001 ABl. EPA 2001, 413	"Erfordernis für die Inanspruchnahme einer Priorität für 'dieselbe Erfindung'" – Auslegung des Begriffs "derselben Erfindung" in Artikel 87 (1) EPÜ – Auslegung im Einklang mit der PVÜ und dem EPÜ – Auslegung in Übereinstimmung mit den Grundsätzen der Gleichbehandlung und der Rechtssicherheit sowie in Einklang mit den Grundsätzen für die Beurteilung von Neuheit und erfinderischer Tätigkeit	Art.: 54 (2), (3), 56, 60 (2), 83, 84, 87 (1), (4), 88 (2), (3), (4), 89, 93, 112 (1) b), 123 (2), (3) EPÜ Art.: 4 A (1), 4 C (4), 4 F, 4 H, 19 PVÜ Artikel: 11b VerfOGBK
G 3/98 Entscheidung vom 12.07.2000 ABl. EPA 2001, 62	"Sechsmonatsfrist/UNIVERSITY PATENTS" – Zulässigkeit der Vorlage – Rechtsfrage im Beschwerdeverfahren von Bedeutung (ja) – Berechnung der Sechsmonatsfrist nach Artikel 55 – maßgebender Zeitpunkt: Tag der tatsächlichen Einreichung der Anmeldung	Art.: 54 (2), (3), 55 (1) a), 56, 89, 112 (1) a) EPÜ Regel: 23 EPÜ Art.: 17 (2) VerfOBK Art.: 2, 4 PVÜ Art.: 4 SPÜ Art.: 6 EMRK
G 4/98 Stellungnahme vom 27.11.2000 ABl. EPA 2001, 131	"Benennungsgebühren" – Nichtzahlung von Benennungsgebühren – keine Rückwirkung der Rücknahmefiktion abgesehen von Artikel 67 EPÜ – Rücknahmefiktion wird mit Ablauf der Frist für die Zahlung der Benennungsgebühren wirksam	Art.: 66, 67, 76, 79, 80, 90, 91, 112 EPÜ Regel: 15, 25, 85a, 107, 108 EPÜ Artikel 4 PVÜ
G 1/99 Entscheidung vom 02.04.2001 ABl. EPA 2001, 381	"Reformatio in peius/3M" – Reformatio in peius – Ausnahme vom Verschlechterungsverbot – Stellung des Beschwerdeführers/Einsprechenden – Stellung des Beschwerdeführers/Patentinhabers	Art.: 100, 101 (1), 102 (1), (2), (3), 106 (1), 107, 108, 112 (1) a), 114 (1), 123 (2), (3), 125 EPÜ Regel: 57a, 58 (2), 64 b), 66 (1), 87 EPÜ

Aktenzeichen, Datum, Fundstelle	Stichwort/Gegenstand	Artikel/Regel des EPÜ 1973
G 2/99 Entscheidung vom 12.07.2000 ABl. EPA 2001, 83	"Sechsmonatsfrist/DEWERT" – Zulässigkeit der Vorlage – Rechtsfrage im Beschwerdeverfahren von Bedeutung (ja) – Berechnung der Sechsmonatsfrist nach Artikel 55 – maßgebender Zeitpunkt: Tag der tatsächlichen Einreichung der Anmeldung	Art.: 54 (2), (3), 55 (1) a), 56, 89, 112 (1) a) EPÜ Regel: 23 EPÜ Art.: 17 (2) VerfOBK Art.: 2, 4 PVÜ Art.: 4 SPÜ Art.: 6 EMRK
G 3/99 Entscheidung vom 18.02.2002 ABl. EPA 2002, 347	"Zulässigkeit eines gemeinsamen Einspruchs bzw. einer gemeinsamen Beschwerde/ HOWARD FLOREY" – Zulässigkeit – Einspruchsgebühr – Personen, die gemeinsam Einspruch einlegen – gemeinsamer Einspruch – Zulässigkeit – Beschwerdegebühr – Personen, die gemeinsam Beschwerde einlegen – gemeinsame Beschwerde – gemeinsamer Vertreter	Art.: 58, 99, 99 (1), 104, 107, 110 (1), 112 (1) a), 133, 133 (4), 134 EPÜ Regel: 1, 26 (2) c), 36 (3), 55, 55 a), 56 (2), 60 (2), 66 (1), 100, 100 (1) EPÜ
G 1/02 Stellungnahme vom 22.01.2003 ABl. EPA 2003, 165	"Zuständigkeit der Formalsachbearbeiter" – Einspruchsabteilungen – Formalsachbearbeiter – Entscheidungen – Zuständigkeit	Art.: 10 (2) a), i), 15, 18 (2), 19, 19 (1), (2), 21, 21 (3) a), b), c), 21 (4), 33 (3), 90, 91, 91 (3), 99 (1), 102 (5),106, 112 (1) b), 164 (2) EPÜ R.: 9, 9 (3), 51 (4), 55 c), 56 (1), (2), (3), 57 (1), 69 (1), (2) EPÜ Mitteilung des Vizepräsidenten der Generaldirektion 2 vom 28.4.1999, Nummern 4 und 6

Aktenzeichen, Datum, Fundstelle	Stichwort/Gegenstand	Artikel/Regel des EPÜ 1973
G 2/02 und G 3/02 Entscheidung vom 26.04.2004 ABl. EPA 2004, 483	"Indische Prioritäten/ASTRAZENECA" – Internationale Anmeldungen – indische Prioritäten – Anwendbarkeit des Artikels 87 (5) EPÜ – Sachlage nach dem PCT – EPA nicht Mitglied des TRIPS-Übereinkommens – Auslegung des Artikels 87 EPÜ – nach den Grundsätzen des internationalen öffentlichen Rechts – unter Berücksichtigung der Verpflichtungen der Vertragsstaaten aus dem TRIPS-Übereinkommen	Art.: 23 (3), 33, 66, 87 (1), (5), 88, 112 (1) a), 150 (2), 172 EPÜ Art.: 8 PCT Regel: 4.10 PCT Art.: 1 - 12, 4 A (2), 19 PVÜ Art.: 5, 26, 34, 38 Wiener Übereinkommen 1969 Art.: 34, 35, 38 Wiener Übereinkommen 1986 Art.: 1, 2 (1) TRIPS-Übereinkommen Art.: 38 Satzung des Internationalen Gerichtshofs Art.: 27 Allgemeine Erklärung der Menschenrechte (siehe hierzu nun Art. 87 (1) EPÜ 2000)
G 1/03 Entscheidung vom 08.04.2004 ABl. EPA 2004, 413	"Disclaimer/PPG" – Zulässigkeit von Disclaimern – Abgrenzung gegenüber dem Stand der Technik nach Artikel 54 (2) bzw. (3) und (4) – zufällige Vorwegnahme – Ausschluss nicht patentfähiger Gegenstände, Abfassung von Disclaimern – Erfordernisse der Klarheit und Knappheit	Art.: 52, 53, 54 (2), (3), (4), 56, 57, 60 (2), 84, 87 (1), 112 (1), 123 (2), (3), 139 (2) EPÜ Regel: 27 (1) b), 29 (1) EPÜ
G 2/03 Entscheidung vom 08.04.2004 ABl. EPA 2004, 448	"Disclaimer/GENETIC SYSTEMS" – Zulässigkeit von Disclaimern – Abgrenzung gegenüber dem Stand der Technik nach Artikel 54 (2) bzw. (3) und (4) – zufällige Vorwegnahme – Ausschluss nicht patentfähiger Gegenstände, Abfassung von Disclaimern – Erfordernisse der Klarheit und Knappheit	Art.: 52, 53, 54 (2), (3) und (4), 56, 57, 60 (2), 84, 87 (1), 112 (1), 123 (2) und (3), 139 (2) EPÜ Regel: 27 (1) b), 29 (1) EPÜ

Aktenzeichen, Datum, Fundstelle	Stichwort/Gegenstand	Artikel/Regel des EPÜ 1973
G 3/03 Entscheidung vom 28.01.2005 ABl. EPA 2005, 344	"Rückzahlung der Beschwerdegebühr/HIGHLAND" – Abhilfe und Antrag auf Rückzahlung der Beschwerdegebühr – erstinstanzliches Organ im Hinblick auf das Gebot der Gerechtigkeit nicht zur Zurückweisung des Antrags befugt – Zuständigkeit der Beschwerdekammer, die in der Sache für die Beschwerde zuständig gewesen wäre, wenn dieser nicht abgeholfen worden wäre	Art.: 21, 106, 107, 108, 109, 111 (1) und 112 (1) EPÜ Regel: 67 EPÜ Art.: 11 GebO
G 1/04 Stellungnahme vom 16.12.2005 ABl. EPA 2006, 334	"Diagnostizierverfahren" – Diagnostizierverfahren gemäß Artikel 52 (4) EPÜ als mittels einer gesetzlichen Fiktion von der Patentierbarkeit ausgeschlossene Erfindungen – Richtige Auslegung der in Artikel 52 (4) EPÜ genannten Begriffe Diagnostizierverfahren und am menschlichen oder tierischen Körper vorgenommen – Erfordernisse der Klarheit und der Rechtssicherheit – Schwierigkeit der Definition von Human- und Veterinärmedizinern auf europäischer Ebene im Rahmen des EPÜ – wesentliche Merkmale eines nach Artikel 52 (4) EPÜ vom Patentschutz ausgeschlossenen Diagnostizierverfahrens – Einstufung einer Tätigkeit als diagnostisch – Bedingungen für die Qualifizierung eines Diagnostizierverfahrens als am menschlichen oder tierischen Körper vorgenommen	Art.: 4 (3), 52 (1), (2) und (4), 57, 84 und 112 (1) b) EPÜ Regel: 29 EPÜ Art.: 53 c) EPÜ 2000
G 2/04 Entscheidung vom 25.05.2005 ABl. EPA 2005, 549	"Übertragung des Einspruchs/ HOFFMANN-LA ROCHE AG et al." – Zulässigkeit der Vorlage (bejaht) – Übertragung der Einsprechendenstellung – freie Übertragbarkeit (verneint) – Übertragung an die Tochtergesellschaft, in deren Interesse der Einspruch eingelegt wurde (verneint) – Berichtigung des Beschwerdeführers entgegen der wirklichen Absicht (verneint) – Hilfsantrag zur Person des Beschwerdeführers bei Rechtsunsicherheit	Art.: 58, 99 (1), 105, 107, 108, 112 (1) a), 114 (2), 134 EPÜ Regel: 20, 60 (2), 61, 64 a), 65 (2), 88, 101 (1), (4) EPÜ
G 3/04 Entscheidung vom 22.08.2005 ABl. EPA 2006, 118	"Beitritt/EOS" – Beitritt im Beschwerdeverfahren – Fortführung des Verfahrens nach Rücknahme der einzigen Beschwerde – Entrichtung der Beschwerdegebühr	Art.: 99, 100, 105, 105 (2), 107, 108, 112, 112 (1) a), 125 EPÜ

Aktenzeichen, Datum, Fundstelle	Stichwort/Gegenstand	Artikel/Regel des EPÜ 1973
G 1/05 Entscheidung vom 07.12.2006 ABl. EPA 2007, 362	"Ausschließung und Ablehnung/XXX" – Selbstablehnung gemäß Artikel 24 (2) EPÜ – Erfordernisse für die Ersetzung eines Mitglieds der Großen Beschwerdekammer – Besorgnis der Befangenheit eines Mitglieds der Großen Beschwerdekammer – lediglich gestützt auf die Mitwirkung dieses Mitglieds an einer früheren Beschwerdekammerentscheidung zu dieser Thematik – Besorgnis bei objektiver Betrachtung nicht gerechtfertigt	Art.: 24 (1), (2), (3), (4), 76 (1), 105 (1), 112 (1) a), 123 (2) EPÜ Regel: 66 (2) g) EPÜ Art.: 1 (2) VOGBK Art.: 13 Satz 3, 15 VOBK Artikel: 2 (3) Geschäftsverteilungsplan der Großen Beschwerdekammer für das Jahr 2006 Art.: 6 (1) EMRK Regel: 28 (2) a), d), (3) Verfahrensordnung des EGMR Art.: 87 (3) Bundes-Verfassungsgesetz (AT) Art.: 30 (1) Bundesverfassung (CH) Art.: 101 (1) Satz 2 Grundgesetz (DE) Jurisdiktionsnorm (AT) § 20 Patentgesetz (AT) § 76 Zivilprozessordnung (DE) § 41 Codice di procedura civile (IT) Artikel 51

Case number, date, publication	Headword/Subject	Article, Rule of the EPC 1973
G 5/83 Decision of 05.12.1984 OJ EPO 1985, 64	"Second medical indication/EISAI" – Interpretation of the EPC/Vienna Convention – therapeutical use claims	Art. 52(1)(4), 54(5), 52, 57 EPC; Art. 31, 32 Vienna Convention (see Art. 54(5) EPC 2000)
G 1/86 Decision of 24.06.1987 OJ EPO 1987, 447	"Re-establishment of rights of opponent/ VOEST ALPINE" – Re-establishment of rights of appellant as opponent – Time limit for filing grounds of appeal	Art. 108, third sentence, 112(1), 122 EPC
G 1/88 Decision of 27.01.1989 OJ EPO 1989, 189	"Opponent's silence/HOECHST" – Admissibility of appeal by opponent – Silence in response to an invitation under Rule 58(4) – Application of Rule 58(4)	Art. 102(3), 107 EPC R. 58(4) EPC
G 2/88 Decision of 11.12.1989 OJ EPO 1990, 93 Corr. OJ EPO 1990, 469	"Friction reducing additive/MOBIL OIL III" – Amendment in opposition proceedings – change of category (here: from "compound" and "composition" to "use of compound for a particular purpose") – Novelty of such a use claim over disclosure of same compound for different purpose – Second non-medical indication	Art. 54, 64, 69, 112(1)(a), 123 EPC
G 4/88 Decision of 24.04.1989 OJ EPO 1989, 480	"Transfer of opposition/MAN" – Transfer of rights – status of party in opposition proceedings – dissolution of opposing company – legal person	Art. 99(4), 112(1)(a) EPC R. 60(2) EPC
G 5/88, G 7/88, G 8/88 Decision of 16.11.1990 OJ EPO 1991, 137	"Administrative Agreement/MEDTRONIC" – Treatment of documents intended for the EPO and received by the German Patent Office in Berlin – Functions and powers of the President – Principle of good faith – Protection of the legitimate expectations of users of the EPO	Art. 4, 5, 6, 7, 10, 33, 99(1), 112 EPC
G 6/88 Decision of 11.12.1989 OJ EPO 1990, 114	"Plant growth regulating agent/BAYER" – Second non-medical indication – Novelty of second non-medical use with same technical means of execution	Art. 54, 69, 112(1)(a) EPC

Case number, date, publication	Headword/Subject	Article, Rule of the EPC 1973
G 1/89 Decision of 02.05.1990 OJ EPO 1991, 155	"Polysuccinate esters" – Competence of the Enlarged Board of Appeal in protest cases under the PCT – Non-unity a posteriori	Art. 112(1)(a) and (b), 154(3) EPC Art. 17(3)(a) PCT R. 13, 33, 40 PCT
G 2/89 Opinion of 02.05.1990 OJ EPO 1991, 166	"Non-unity a posteriori" – Competence of the Enlarged Board of Appeal in protest cases under the PCT – Non-unity a posteriori	Art. 112(1)(b), 154(3) EPC Art. 17(3)(a) PCT R. 13, 33, 40 PCT
G 3/89 Opinion of 19.11.1992 OJ EPO 1993, 117	"Correction under Rule 88, second sentence, EPC" – Correction of the parts of a European patent application or of a European patent relating to the disclosure	Art. 100(c), 117(1), 123(1) (2), 138(1)(c) EPC R. 86, 88, second sentence, EPC (see however Rule 56(3) EPC 2000)
G 1/90 Opinion of 05.03.1991 OJ EPO 1991, 275	"Revocation of the patent" – Revocation of the patent by a decision – Revocation, failure to meet formal requirements when the patent is maintained as amended – Termination of opposition proceedings – Loss of rights – legal fictions	Art. 102(4)(5), 106, 112(1)(b) EPC R. 58(5), 69(1) EPC
G 2/90 Decision of 04.08.1991 OJ EPO 1992, 10	"Responsibility of the Legal Board of Appeal/KOLBENSCHMIDT" – Responsibility of the Legal Board of Appeal – Appeals against decisions of the formalities officer	Art. 21 EPC R. 9(3) EPC
G 1/91 Decision of 09.12.1991 OJ EPO 1992, 253	"Unity/SIEMENS" – Unity in opposition – legally irrelevant	Art. 82, 102(3) EPC R. 61a EPC
G 2/91 Decision of 29.11.1991 OJ EPO 1992, 206	"Appeal fees/KROHNE" – Reimbursement of appeal fees where several parties have filed an appeal	Art. 107 EPC
G 3/91 Decision of 07.09.1992 OJ EPO 1993, 8	"Re-establishment of rights/FABRITIUS II" – Applicability of Article 122(5) EPC to the time limits under Rule 104b(1)(b) and (c) EPC (R. 107(1)(c) and (e) EPC) together with Articles 157(2)(b) and 158(2) EPC	Art. 78(2), 79(2), 122(5), 157(2)(b), 158(2) EPC R. 104b(1)(b)(c) EPC (R. 107(1)(c)(e) EPC) (see however G 5/93)

Case number, date, publication	Headword/Subject	Article, Rule of the EPC 1973
G 4/91 Decision of 03.11.1992 OJ EPO 1993, 707	"Intervention/DOLEZYCH II" – Intervention (in opposition proceedings by an assumed infringer)	Art. 105, 107 EPC
G 5/91 Decision of 05.05.1992 OJ EPO 1992, 617	"Appealable decision/DISCOVISION" – Suspected partiality of a member of an Opposition Division – ground of appeal?	Art. 19(2), 24 EPC
G 6/91 Decision of 06.03.1992 OJ EPO 1992, 491	"Fee reduction/ASULAB" – Entitlement to fee reduction	Art. 14(2) and (4) EPC R. 6(3) EPC
G 7/91 Decision of 05.11.1992 OJ EPO 1993, 356	"Withdrawal of appeal/BASF" – Effect of withdrawal of the appeal (by the sole appellant, who was the opponent in the first instance)	Art. 113(2), 114(1) EPC R. 60(2), 66(1) EPC
G 8/91 Decision of 05.11.1992 OJ EPO 1993, 346 Corr. OJ EPO 1993, 478	"Withdrawal of appeal/BELL" – Effect of withdrawal of the appeal (by the sole appellant)	Art. 113(2), 114(1) EPC R. 60(2), 66(1) EPC
G 9/91 Decision of 31.03.1993 OJ EPO 1993, 408	"Power to examine/ROHM AND HAAS" – Extent of power to examine opposition	Art. 101, 102, 110, 114 EPC R. 55, 56 EPC
G 10/91 Opinion of 31.03.1993 OJ EPO 1993, 420	"Examination of oppositions/appeals" – Extent of obligation and power to examine grounds for opposition	Art. 99 to 102, 110, 114 EPC R. 55, 56, 66 EPC
G 11/91 Decision of 19.11.1992 OJ EPO 1993, 125	"Glu-Gln/CELTRIX" – Correction of errors	Art. 100(c), 117(1), 123(1)(2), 138(1)(c) EPC R. 86 and 88, second sentence, EPC (see however R. 56(3) EPC 2000)
G 12/91 Decision of 17.12.1993 OJ EPO 1994, 285	"Final decision/NOVATOME II" – Conclusion of written proceedings – Handing over of decision by formalities section to EPO postal service	R. 68 EPC

Case number, date, publication	Headword/Subject	Article, Rule of the EPC 1973
G 1/92 Opinion of 18.12.1992 OJ EPO 1993, 277	"Availability to the public" – Novelty – state of the art – availability – composition of product – public prior use	Art. 54(2), 112(1)(b) EPC
G 2/92 Opinion of 06.07.1993 OJ EPO 1993, 591	"Non-payment of further search fees" – Lack of unity of invention – consequences of non-payment of further search fees	Art. 82 EPC R. 46 EPC
G 3/92 Decision of 13.06.1994 OJ EPO 1994, 607	"Unlawful applicant/LATCHWAYS" – Dissenting opinion – Final decision by a national court – Party other than applicant entitled to patent – Third parties' interests – Withdrawal of original application by unlawful applicant – Filing of new application by lawful applicant	Art. 60, 61, 167 EPC R. 13, 14, 15, 16 EPC; Art. 1, 9 Protocol on Recognition; Art. 12a RPEBA
G 4/92 Opinion of 29.10.1993 OJ EPO 1994, 149	"Basis of decisions" – Right to comment – Party absent from oral proceedings	Art. 113(1), 114(1)(2) EPC R. 71(2) EPC
G 5/92 Decision of 27.09.1993 OJ EPO 1994, 22	"Re-establishment/HOUPT" – Applicability of Article 122(5) EPC	Art. 122(5) EPC
G 6/92 Decision of 27.09.1993 OJ EPO 1994, 25	"Re-establishment/DURIRON" – Applicability of Article 122(5) EPC	Art. 122(5) EPC
G 9/92; G 4/93 Decision of 14.07.1994 OJ EPO 1994, 875	"Non-appealing party/BMW" – Reformatio in peius – Patent maintained in amended form in accordance with auxiliary request – Opposing parties each adversely affected – Appeal by one party – Requests by a non-appealing party which go beyond the appellant's requests in the notice of appeal – Minority opinion	Art. 101(2), 107, 111, 114(1) EPC R. 58(2), 64(b), 65(1), 66(1) EPC
G 10/92 Opinion of 28.04.1994 OJ EPO 1994, 633	"Divisional application" – Filing of divisional application: time limit	R. 25 EPC
G 1/93 Decision of 02.02.1994 OJ EPO 1994, 541	"Limiting feature/ADVANCED SEMICONDUCTOR PRODUCTS" – Conflicting requirements of Article 123, paragraphs 2 and 3, EPC	Art. 123(2), (3) EPC

Case number, date, publication	Headword/Subject	Article, Rule of the EPC 1973
G 2/93 Decision of 21.12.1994 OJ EPO 1995, 275	"Hepatitis A Virus/UNITED STATES OF AMERICA II" – Sufficiency of disclosure – Culture deposit information	Art. 83 EPC R. 28 EPC
G 3/93 Opinion of 16.08.1994 OJ EPO 1995, 18	"Priority interval" – Priority – document published during the priority interval – State of the art – document published during the priority interval – Invalid priority – different invention – Obiter dictum – admissibility of the referral	Art. 54(2), 87 to 89 EPC
G 5/93 Decision of 18.01.1994 OJ EPO 1994, 447	"Re-establishment/NELLCOR" – Applicability of Article 122(5) EPC	Art. 122(5), 150, 157(2)(b), 158(2) EPC R. 104b(1)(b), EPC (R. 107(1)(c) EPC)
G 7/93 Decision of 13.05.1994 OJ EPO 1994, 775	"Late amendments/WHITBY II" – Amendments after a Rule 51(6) communication – discretion of Examining Divisions – Reservations under Article 167(2) EPC	Art. 96(2), 113(2), 123(1), 167(2) EPC R. 51(4) (6), 86(3) EPC
G 8/93 Decision of 13.06.1994 OJ EPO 1994, 887	"Withdrawal of opposition/SERWANE II" – Withdrawal of opposition without withdrawal of appeal – Termination of appeal proceedings	Art. 114(1) EPC R. 60(2), 66(1) EPC
G 9/93 Decision of 06.07.1994 OJ EPO 1994, 891	"Opposition by patent proprietor/ PEUGEOT AND CITROEN" – Opposition filed by proprietor against own patent – receivability	Art. 99 EPC
G 10/93 Decision of 30.11.1994 OJ EPO 1995, 172	"Scope of examination in ex parte appeal/ SIEMENS" – Inclusion of new grounds in ex parte proceedings – *Reformatio in peius*	Art. 96(2), 97(1), 110, 111(1), 114(1) EPC
G 1/94 Decision of 11.05.1994 OJ EPO 1994, 787	"Intervention/ALLIED COLLOIDS" – Admissibility of intervention during appeal proceedings	Art. 105 EPC

Case number, date, publication	Headword/Subject	Article, Rule of the EPC 1973
G 2/94 Decision of 19.02.1996 OJ EPO 1996, 401	"Representation/HAUTAU II" – Oral submissions by an accompanying person in *ex parte* proceedings – Oral submissions by a former member of the board of appeal in either *ex parte* or *inter partes* proceedings	Art. 116, 133, 134 EPC
G 1/95 Decision of 19.07.1996 OJ EPO 1996, 615	"Fresh grounds for opposition/ DE LA RUE" – No power to examine fresh grounds for opposition without agreement of patentee	Art. 99, 100(a)(b)(c), 114(1) EPC R. 55, 56 EPC
G 2/95 Decision of 14.05.1996 OJ EPO 1996, 555	"Replacement of application documents/ATOTECH" – Substitution of complete documents forming an application by other documents by way of a correction under Rule 88 EPC (no)	Art. 14(1)(2), 80(d), 87(2), 100(c), 123(2), 138(1)(c), 164(2) EPC Art. 4A(2) Paris Convention R. 88 EPC R. 91.1(c) PCT
G 3/95 Opinion of 27.11.1995 OJ EPO 1996, 169	"Inadmissible referral" – Patentability of plant and animal varieties – No conflicting decision – Inadmissible referral by the President of the EPO	Art. 53(b), 112(1)(b) EPC
G 4/95 Decision of 19.02.1996 OJ EPO 1996, 412	"Representation/BOGASKY" – Oral submission by an accompanying person in opposition or opposition appeal proceedings	Art. 116, 117, 133, 134 EPC
G 6/95 Decision of 24.07.1996 OJ EPO 1996, 649	"Interpretation of Rule 71a(1) EPC/GE CHEMICALS" – Interpretation of Rule 71a(1) EPC vis-à-vis the boards of appeal	Art. 23, 33(1)(b), 112(1)(a), 164(2) EPC Art. 11(2), 18 RPBA R. 10(2), 11, 66(1), 71, 71a(1) EPC
G 7/95 Decision of 19.07.1996 OJ EPO 1996, 626	"Fresh grounds for opposition/ETHICON" – No power to examine fresh grounds for opposition without agreement of patentee	Art. 99, 100(a)(b)(c), 114(1) EPC R. 55, 56 EPC
G 8/95 Decision of 16.04.1996 OJ EPO 1996, 481	"Correction of decision to grant/US GYPSUM II" – Relative competence of the Technical and Legal Boards of Appeal – Refusal of a correction of the decision to grant	Art. 21(3) EPC R. 89 EPC

Case number, date, publication	Headword/Subject	Article, Rule of the EPC 1973
G 1/97 Decision of 10.12.1999 OJ EPO 2000, 322	"Request with a view to revision/ETA" – Administrative or jurisdictional measures to be taken in response to requests based on the alleged violation of a fundamental procedural principle and aimed at the revision of a final decision taken by a board of appeal having the force of res judicata – Entry in the Register of European Patents	Art. 21, 23(1) (3), 24, 106(1), 110(1), 111(1), 113, 114, 116, 121, 122, 125, 127 EPC R. 10(2), 11, 65(1), 66(2), 67, 89, 90, 92(1) (2) EPC Art. 10 RPBA Art. 11a, 11b RPEBA Art. 23 RDR Art. 31, 32, 62 (5) TRIPS Art. 31(3) Vienna Convention on the Law of Treaties (see however Art. 112a EPC 2000)
G 2/97 Decision of 12.11.1998 OJ EPO 1999, 123	"Good faith/UNILEVER" – Fee for appeal – Principle of good faith – Principle of the protection of legitimate expectations	Art. 112(1)(a), 108 EPC R. 69(1) EPC
G 3/97 Decision of 21.01.1999 OJ EPO 1999, 245	"Opposition on behalf of a third party/INDUPACK" – Admissibility of opposition – acting on behalf of a third party – Circumvention of the law by abuse of process	Art. 99 R. 55
G 4/97 Decision of 21.01.1999 OJ EPO 1999, 270	"Opposition on behalf of a third party/GENENTECH" – Admissibility of opposition – acting on behalf of a third party – Circumvention of the law by abuse of process	Art. 99 R. 55
G 1/98 Decision of 20.12.1999 OJ EPO 2000, 111	"Transgenetic plant/NOVARTIS II" – Claims comprising but not identifying plant varieties – Plant varieties as products of recombinant gene technology – Article 64(2) EPC not relevant for examination of product claims	Art. 52, 53(b), 54, 64(2) EPC R. 23b EPC Art. 2(b) Strasbourg Patent Convention Art. 2 UPOV Convention 1961 Art. 1(vi) UPOV Convention 1991

Case number, date, publication	Headword/Subject	Article, Rule of the EPC 1973
G 2/98 Opinion of 31.05.2001 OJ EPO 2001, 413	"Requirement for claiming priority of the 'same invention'" – Interpretation of the concept of "the same invention" referred to in Article 87(1) EPC – Consistency of the interpretation with the Paris Convention and the EPC – Conformity of the interpretation with principles of equal treatment and legal certainty and with the requirement of consistency as regards assessment of novelty and inventive step	Art. 54(2)(3), 56, 60(2), 83, 84, 87(1)(4), 88(2) (3) (4), 89, 93, 112(1)(b), 123(2)(3) EPC Art. 4A(1), 4C(4), 4F, 4H, 19 Paris Convention Art. 11b RPEBA
G 3/98 Decision of 12.07.2000 OJ EPO 2001, 62	"Six-month period/UNIVERSITY PATENTS" – Admissibility of referral – significance of the point of law in the appeal proceedings (yes) – Calculation of the six-month period under Article 55 EPC – relevant date – date of actual filing of the application	Art. 54(2)(3), 55(1)(a), 56, 89, 112(1)(a) EPC R. 23 EPC Art. 17(2) RPBA Art. 2, 4 Paris Convention Art. 4 SPC Art. 6 EHRC
G 4/98 Opinion of 27.11.2000 OJ EPO 2001, 131	"Designation fees" – Failure to pay designation fees – No retroactive effect of deemed withdrawal except for Article 67 EPC – Deemed withdrawal takes effect upon expiry of the time limit for payment of designation fees	Art. 66, 67, 76, 79, 80, 90, 91, 112 EPC R. 15, 25, 85a, 107, 108 EPC Art. 4 Paris Convention
G 1/99 Decision of 02.04.2001 OJ EPO 2001, 381	"Reformatio in peius/3M" – Reformatio in peius – exception to the prohibition – Status of appellant/opponent – Status of appellant/patent proprietor	Art. 100, 101(1), 102(1)(2)(3), 106(1), 107, 108, 112(1)(a), 114(1), 123(2), 123(3), 125 EPC R. 57a , 58(2), 64(b), 66(1), 87 EPC
G 2/99 Decision of 12.07.2000 OJ EPO 2001, 83	"Six-month period/DEWERT" – Admissibility of referral – significance of the point of law in the appeal proceedings (yes) – Calculation of the six-month period under Article 55 EPC – relevant date – date of actual filing of the application	Art. 54(2)(3), 55(1)(a), 56, 89 and 112(1)(a) EPC R. 23 EPC Art. 17(2) RPBA Art. 2, 4 Paris Convention Art. 4 SPC Art. 6 ECHR

Case number, date, publication	Headword/Subject	Article, Rule of the EPC 1973
G 3/99 Decision of 18.02.2002 OJ EPO 2002, 347	"Admissibility of joint opposition or joint appeal/HOWARD FLOREY" – Admissibility – Fee for opposition – persons acting in common in filing notice of opposition – common opposition – joint opposition – Admissibility – Fee for appeal – persons acting in common in filing notice of appeal – common appeal – joint appeal – Common representative	Art. 58, 99, 99(1), 104, 107, 110(1), 112(1)(a), 133, 133(4), 134 EPC R. 1, 26(2)(c), 36(3), 55, 55(a), 56(2), 60(2), 66(1), 100, 100(1) EPC
G 1/02 Opinion of 22.01.2003 OJ EPO 2003, 165	"Formalities officers' powers" – Opposition divisions – formalities officers – decisions – powers	Art. 10(2)(a), 10(2)(i), 15, 18(2), 19, 19(1), 19(2), 21, 21(3)(a), 21(3)(b), 21(3)(c), 21(4), 33(3), 90, 91, 91(3), 99(1), 102(5), 106, 112(1)(b), 164(2) EPC R. 9, 9(3), 51(4), 55(c), 56(1), 56(2), 56(3), 57(1), 69(1), 69(2) EPC Notice of the Vice-President Directorate-General 2 dated 28.4.1999, points 4 and 6
G 2/02 and G 3/02 Decision of 26.04.2004 OJ EPO 2004, 483	"Priorities from India/ASTRAZENECA" – International applications – priorities from India – Applicability of Article 87(5) EPC – The position under the PCT – The EPO not party to TRIPS – Interpretation of Article 87 EPC – according to principles of public international law – in the light of obligations of contracting states under TRIPS	Art. 23(3), 33, 66, 87(1) and (5), 88, 112(1)(a), 150(2), 172 EPC Art. 8 PCT R. 4.10 PCT Art. 1 - 12, 4A(2), 19 Paris Convention Art. 5, 26, 34, 38 Vienna Convention 1969 Art. 34, 35, 38 Vienna Convention 1986 Art. 1, 2 (1) TRIPS Agreement Art. 38 Statute, International Court of Justice Art. 27 Universal Declaration of Human Rights (see Art. 87(1) EPC 2000)
G 1/03 Decision of 08.04.2004 OJ EPO 2004, 413	"Disclaimer/PPG" – Allowability of disclaimers – delimitation against state of the art under Article 54(2) and (3) (4) – accidental anticipation – exclusion of subject-matter not eligible for patent protection Drafting of disclaimers – requirements of clarity and conciseness	Art. 52, 53, 54(2), (3) and (4), 56, 57, 60(2), 84, 87(1), 112(1), 123(2) and (3), 139(2) EPC R. 27(1)(b), 29(1) EPC

Case number, date, publication	Headword/Subject	Article, Rule of the EPC 1973
G 2/03 Decision of 08.04.2004 OJ EPO 2004, 448	"Disclaimer/GENETIC SYSTEMS" – Allowability of disclaimers – delimitation against state of the art under Article 54(2) and (3) (4) – accidental anticipation – exclusion of subject-matter not eligible for patent protection Drafting of disclaimers – requirements of clarity and conciseness	Art. 52, 53, 54(2), (3) and (4), 56, 57, 60(2), 84, 87(1), 112(1), 123(2) and (3), 139(2) EPC R. 27(1)(b), 29(1) EPC
G 3/03 Decision of 28.01.2005 OJ EPO 2005, 344	"Reimbursement of the appeal fee//HIGHLAND" – Interlocutory revision and request for reimbursement of the appeal fee – department of the first instance not competent to refuse the request for reasons of equity – competence of the board of appeal which would have been competent to decide on the substantive issues of the appeal in the absence of interlocutory revision	Art. 21, 106, 107, 108, 109, 111(1) and 112(1) EPC R. 67 EPC Art. 11 RFees
G 1/04 Decision of 16.12.2005 OJ EPO 2006, 334	"Diagnostic methods" – Diagnostic methods under Article 52(4) EPC representing inventions excluded from patentability by means of a legal fiction – Proper construction of the terms "diagnostic methods" and "practised on the human or animal body" referred to in Article 52(4) EPC – requirements of clarity and legal certainty – difficulty of defining medical and veterinary practitioners on a European level within the framework of the EPC – essential features of a diagnostic method excluded from patent protection under Article 52(4) EPC – qualification of an activity as having a diagnostic character – requirements for a diagnostic method to be regarded as being practised on the human or animal body	Art. 4(3), 52(1), (2), (4), 57, 84, 112(1)(b) EPC R. 29 EPC Art. 53(c) EPC 2000
G 2/04 Decision of 25.05.2005 OJ EPO 2005, 549	"Transfer of opposition/ HOFFMANN-LA ROCHE" – Admissibility of the referral (yes) – Transfer of opponent status – free transfer (no) – transfer to subsidiary in whose interest the opposition was filed (no) – Correction of the appellant contrary to true intentions (no) – Auxiliary request concerning the person of the appellant in case of legal uncertainty	Art. 58, 99(1), 105, 107, 108, 112(1)(a), 114(2), 134 EPC R. 20, 60(2), 61, 64(a), 65(2), 88, 101(1),(4) EPC

Case number, date, publication	Headword/Subject	Article, Rule of the EPC 1973
G 3/04 Decision of 22.08.2005 OJ EPO 2006, 118	"Intervention/EOS" – Intervention in appeal proceedings – Continuation of proceedings after withdrawal of sole appeal – Payment of appeal fee	Art. 99, 100, 105, 105(2), 107, 108, 112, 112(1)(a), 125 EPC
G 1/05 Decision of 07.12.2006 OJ EPO 2007, 362	"Exclusion and objection/XXX" – Notice of withdrawal under Article 24(2) EPC – requirements for replacement of a member of the Enlarged Board of Appeal – Suspicion of partiality against a member of the Enlarged Board of Appeal – merely based on participation of that member in a prior decision of a Board of Appeal having taken a position on the matter – suspicion not justified on an objective basis	Art. 24(1), (2), (3), (4), 76(1), 105(1), 112(1)(a) 123 (2) EPC R. 66(2)g) EPC RPEBA Article 1(2) RPBA Article 13, third sentence, 15 Business distribution scheme EBA 2006 Article 2(3) ECHR Article 6(1) Rules of Court ECHR Rule 28(2)(a)(d), (3) Federal Constitution (AT) Article 87(3) Federal Constitution (CH) Article 30(1) Federal Constitution (DE) Article 101(I) 2 Jurisdiktionsnorm (AT) §20 Patentgesetz (AT) §76 Zivilprozessordnung (BE) §41 Codice di procedura civile (IT) Article 51

N° du recours, date, publication	Référence/Objet	Article, règle de la CBE 1973
G 6/83 Décision du 05.12.1984 JO OEB 1985, 67	"Deuxième indication médicale/PHARMUKA" – Interprétation de la CBE/Convention de Vienne – Revendications d'application thérapeutique	Art. : 52(1) (4), 54(5), 57 CBE Art. : 31, 32 Convention de Vienne (cf. Art. 54(5) CBE 2000)
G 1/86 Décision du 24.06.1987 JO OEB 1987, 447	"Rétablissement dans ses droits d'un opposant/VOEST ALPINE" – Rétablissement dans ses droits d'un requérant qui est également opposant – Délai de dépôt du mémoire exposant les motifs du recours	Art. : 108, troisième phrase, 112(1), 122 CBE
G 1/88 Décision du 27.01.1989 JO OEB 1989, 189	"Silence de l'opposant/HOECHST" – Recevabilité du recours formé par l'opposant – Silence gardé en réponse à l'invitation prévue à la règle 58(4) – Application de la règle 58(4)	Art. : 102(3), 107 CBE Règle : 58(4) CBE
G 2/88 Décision du 11.12.1989 JO OEB 1990, 93 Corr. JO OEB 1990, 469	"Additif réduisant le frottement/MOBIL OIL III" – Modification apportée au cours d'une procédure d'opposition – Changement de catégorie des revendications (en l'occurrence, remplacement d'une revendication portant sur un "composé" et une "composition" par une revendication portant sur l'"utilisation de ce composé dans un but précis") – Nouveauté d'une telle revendication d'utilisation par rapport à un document divulguant l'utilisation du même composé dans un but différent – deuxième application non thérapeutique	Art. : 54, 64, 69, 112(1)a), 123 CBE
G 4/88 Décision du 24.04.1989 JO OEB 1989, 480	"Transfert d'opposition/MAN" – Transmission de droits – Qualité de partie à une procédure d'opposition – Dissolution de la société opposante – Personne morale	Art. : 99(4), 112(1)a) CBE Règle : 60(2) CBE
G 5/88, G 7/88, G 8/88 Décision du 16.11.1990 JO OEB 1991, 137	"Accord administratif/MEDTRONIC" – Traitement de documents destinés à l'OEB reçus par l'Office allemand des brevets à Berlin – Fonctions et pouvoirs du Président – Principe de la bonne foi – Protection de la confiance légitime des usagers de l'OEB	Art. : 4, 5, 6, 7, 10, 33, 99(1), 112 CBE

N° du recours, date, publication	Référence/Objet	Article, règle de la CBE 1973
G 6/88 Décision du 11.12.1989 JO OEB 1990, 114	"Agent de régulation de la croissance des plants/BAYER" – Deuxième application non thérapeutique – Nouveauté d'une deuxième utilisation ne relevant pas du domaine médical, le mode de réalisation technique restant le même	Art. : 54, 69, 112(1)a) CBE
G 1/89 Décision du 02.05.1990 JO OEB 1991, 155	"Esters polysuccinates" – Compétence de la Grande Chambre de recours dans les affaires relatives à des réserves émises au titre du PCT – Défaut d'unité *a posteriori*	Art. : 112(1)a) b), 154(3) CBE Art. : 17.3)a) PCT Règle : 13, 33, 40 PCT
G 2/89 Avis du 02.05.1990 JO OEB 1991, 166	"Défaut d'unité *a posteriori*" – Compétence de la Grande Chambre de recours dans les affaires relatives à des réserves émises au titre du PCT – Défaut d'unité *a posteriori*	Art. : 112(1)b), 154(3) CBE Art. : 17.3)a) PCT Règle : 13, 33, 40 PCT
G 3/89 Avis du 19.11.1992 JO OEB 1993, 117	"Correction selon la règle 88, deuxième phrase CBE" – Correction des parties d'une demande de brevet européen ou d'un brevet européen qui concernent la divulgation	Art. : 100c), 117(1), 123(1) et (2), 138(1)c) CBE Règle : 86, 88, deuxième phrase CBE (cf. toutefois Règle 56(3) CBE 2000)
G 1/90 Avis du 05.03.1991 JO OEB 1991, 275	"Révocation du brevet" – Révocation du brevet par voie de décision – Révocation, non-respect de conditions de forme lors du maintien du brevet sous une forme modifiée – Clôture de la procédure d'opposition – Perte de droits – Fictions juridiques	Art. : 102(4) (5), 106, 112(1)b) CBE Règle : 58(5), 69(1) CBE
G 2/90 Décision du 04.08.1991 JO OEB 1992, 10	"Compétence de la chambre de recours juridique/KOLBENSCHMIDT" – Compétence de la chambre de recours juridique – Recours formés contre des décisions de l'agent des formalités	Art. : 21 CBE Règle : 9(3) CBE
G 1/91 Décision du 09.12.1991 JO OEB 1992, 253	"Unité d'invention/SIEMENS" – Unité d'invention au stade de l'opposition – juridiquement sans importance	Art. : 82, 102(3) CBE Règle : 61bis CBE

N° du recours, date, publication	Référence/Objet	Article, règle de la CBE 1973
G 2/91 Décision du 29.11.1991 JO OEB 1992, 206	"Taxes de recours/KROHNE" – Remboursement des taxes de recours lorsque plusieurs parties ont formé recours	Art. : 107 CBE
G 3/91 Décision du 07.09.1992 JO OEB 1993, 8	*"Restitutio in integrum*/FABRITIUS II" – Application des dispositions de l'article 122(5) CBE aux délais prévus par la règle 104ter(1)b) et c), 107(1)c) et e) CBE en combinaison avec les dispositions des articles 157(2)b) et 158(2) CBE	Art. : 78(2), 79(2), 122(5), 157(2)b), 158(2) CBE Règle : 104ter (1)b) c) 107(1)c) e) CBE (cf. toutefois G 5/93)
G 4/91 Décision du 03.11.1992 JO OEB 1993, 707	"Intervention/DOLEZYCH II" – Intervention (du contrefacteur présumé dans la procédure d'opposition)	Art. : 105, 107 CBE
G 5/91 Décision du 05.05.1992 JO OEB 1992, 617	"Décision susceptible de recours/DISCOVISION" – Présomption de partialité à l'égard d'un membre d'une division d'opposition – Motif de recours ?	Art. : 19(2), 24 CBE
G 6/91 Décision du 06.03.1992 JO OEB 1992, 491	"Réduction de la taxe/ASULAB II" – Droit à la réduction du montant des taxes	Art. : 14(2) (4) CBE Règle : 6(3) CBE
G 7/91 Décision du 05.11.1992 JO OEB 1993, 356	"Retrait du recours/BASF" – Effet du retrait du recours (par l'unique requérant, qui était l'opposant en première instance)	Art. : 113(2), 114(1) CBE Règle : 60(2), 66(1) CBE
G 8/91 Décision du 05.11.1992 JO OEB 1993, 346	"Retrait du recours/BELL" – Effet du retrait du recours (par l'unique requérant)	Art. : 113(2), 114(1) CBE Règle : 60(2), 66(1) CBE
G 9/91 Décision du 31.03.1993 JO OEB 1993, 408	"Compétence pour examiner/ROHM AND HAAS" – Etendue de la compétence pour examiner l'opposition	Art. : 101, 102, 110, 114 CBE Règle : 55, 56 CBE
G 10/91 Avis du 31.03.1993 JO OEB 1993, 420	"Examen d'oppositions et de recours" – Etendue de l'obligation et de la compétence pour examiner des motifs d'opposition	Art. : 99 à 102, 110, 114 CBE Règle : 55, 56, 66 CBE

N° du recours, date, publication	Référence/Objet	Article, règle de la CBE 1973
G 11/91 Décision du 19.11.1992 JO OEB 1993, 125	"Glu-Gln/CELTRIX" – Correction d'erreurs	Art. : 100c), 117(1), 123(1) et (2), 138(1)c) CBE Règle : 86, 88, deuxième phrase CBE (cf. toutefois Règle 56(3) CBE 2000)
G 12/91 Décision du 17.12.1993 JO OEB 1994, 285	"Décision définitive/NOVATOME II" – Conclusion de la procédure écrite – Remise de la décision par la section des formalités au service du courrier interne de l'OEB	Règle : 68 CBE
G 1/92 Avis du 18.12.1992 JO OEB 1993, 277	"Accessibilité au public" – Nouveauté – Etat de la technique – Accessibilité – Composition du produit – Utilisation antérieure connue	Art. : 54(2), 112(1)b) CBE
G 2/92 Avis du 06.07.1993 JO OEB 1993, 591	"Non-paiement de nouvelles taxes de recherche" – Absence d'unité d'invention – Les implications du défaut de paiement de nouvelles taxes de recherche	Art. : 82 CBE Règle : 46 CBE
G 3/92 Décision du 13.06.1994 JO OEB 1994, 607	"Demandeur non habilité/LATCHWAYS" – Opinion dissidente – Décision rendue par un tribunal national et passée en force de chose jugée – Partie autre que le demandeur ayant droit à l'obtention d'un brevet – Intérêts des tiers – Retrait de la demande initiale par le demandeur non habilité – Dépôt d'une nouvelle demande par le demandeur habilité	Art. : 60, 61, 167 CBE Règle : 13, 14, 15, 16 CBE Art. : 1er, 9 Protocole sur la reconnaissance Art. : 12bis RPGCR
G 4/92 Avis du 29.10.1993 JO OEB 1994, 149	"Fondement des décisions" – Principe du contradictoire – Partie absente à une procédure orale	Art. : 113(1), 114(1) (2) CBE Règle : 71(2) CBE
G 5/92 Décision du 27.09.1993 JO OEB 1994, 22	"Restitutio in integrum/HOUPT" – Application des dispositions de l'article 122(5) CBE	Art. : 122(5) CBE
G 6/92 Décision du 27.09.1993 JO OEB 1994, 25	"Restitutio in integrum/DURIRON" – Application des dispositions de l'article 122(5) CBE	Art. : 122(5) CBE

N° du recours, date, publication	Référence/Objet	Article, règle de la CBE 1973
G 9/92; G 4/93 Décision du 14.07.1994 JO OEB 1994, 875	"Partie non requérante/BMW" – *Reformatio in peius* – Maintien du brevet dans sa forme modifiée conformément à la requête subsidiaire – Décision n'ayant pas fait droit aux prétentions des deux parties – Recours d'une partie – Requêtes de la partie non requérante dépassant le cadre de l'acte de recours – Opinion de la minorité	Art. : 101(2), 107, 111, 114(1) CBE Règle : 58(2), 64b), 65(1), 66(1) CBE
G 10/92 Avis du 28.04.1994 JO OEB 1994, 633	"Demande divisionnaire" – Date limite de dépôt d'une demande divisionnaire	Règle : 25 CBE
G 1/93 Décision du 02.02.1994 JO OEB 1994, 541	"Caractéristique restrictive/ADVANCED SEMICONDUCTOR PRODUCTS" – Exigences contradictoires des paragraphes 2 et 3 de l'article 123 CBE	Art. : 123(2) (3) CBE
G 2/93 Décision du 21.12.1994 JO OEB 1995, 275	"Virus de l'hépatite A/ETATS-UNIS D'AMERIQUE II" – Exposé suffisamment clair et complet de l'invention – Indication du numéro de dépôt d'une culture	Art. : 83 CBE Règle : 28 CBE
G 3/93 Avis du 16.08.1994 JO OEB 1995, 18	"Délai de priorité" – Priorité – Document publié pendant le délai de priorité – Etat de la technique – Document publié pendant le délai de priorité – Nullité de la priorité – Invention différente – Opinion incidente – Recevabilité de la saisine	Art. : 54(2), 87 à 89 CBE
G 5/93 Décision du 18.01.1994 JO OEB 1994, 447	"*Restitutio in integrum*/NELLCOR" – Applicabilité de l'article 122(5) CBE	Art. : 122(5), 150, 157(2)b), 158(2) CBE Règle : 104ter(1)b) CBE (107(1)c) CBE)
G 7/93 Décision du 13.05.1994 JO OEB 1994, 775	"Modifications tardives/WHITBY II" – Recevabilité de modifications après une notification établie conformément à la règle 51(6) – Pouvoir discrétionnaire de la division d'examen – Réserves faites au titre de l'article 167(2) CBE	Art. : 96(2), 113(2), 123(1), 167(2) CBE Règle : 51(4) (6), 86(3) CBE

N° du recours, date, publication	Référence/Objet	Article, règle de la CBE 1973
G 8/93 Décision du 13.06.1994 JO OEB 1994, 887	"Retrait de l'opposition/SERWANE II" – Retrait de l'opposition sans retrait du recours – Clôture de la procédure de recours	Art. : 114(1) CBE Règle : 60(2), 66(1) CBE
G 9/93 Décision du 06.07.1994 JO OEB 1994, 891	"Opposition par les titulaires du brevet/ PEUGEOT ET CITROEN" – Opposition formée par les titulaires du brevet contre leur propre brevet – Recevabilité	Art. : 99 CBE
G 10/93 Décision du 30.11.1994 JO OEB 1995, 172	"Portée de l'examen lors d'une procédure ex parte de recours/SIEMENS – Invocation de nouveaux motifs lors d'une procédure ex parte – *Reformatio in peius*	Art. : 96(2), 97(1), 110, 111(1), 114(1) CBE
G 1/94 Décision du 11.05.1994 JO OEB 1994, 787	"Intervention/ALLIED COLLOIDS" – Recevabilité d'une intervention dans une procédure de recours	Art. : 105 CBE
G 2/94 Décision du 19.02.1996 JO OEB 1996, 401	"Représentation/HAUTAU II" – Exposé oral par un assistant dans une procédure *ex parte* – Exposé oral par un ancien membre d'une chambre dans le cadre d'une procédure *ex parte* ou *inter partes*	Art. : 116, 133, 134 CBE
G 1/95 Décision du 19.07.1996 JO OEB 1996, 615	"Nouveaux motifs d'opposition/DE LA RUE" – Pas de compétence pour examiner de nouveaux motifs d'opposition sans le consentement du titulaire du brevet	Art. : 99, 100a) b) c), 114(1) CBE Règle : 55, 56 CBE
G 2/95 Décision du 14.05.1996 JO OEB 1996, 555	"Remplacement des pièces de la demande/ATOTECH" – Remplacement des pièces de la demande par d'autres pièces dans le cadre d'une rectification en vertu de la règle 88 CBE (non)	Art. : 14(1) (2), 80d), 87(2), 100c), 123(2), 138(1)c), 164(2) CBE Art. : 4A(2) Convention de Paris Règle : 88 CBE Règle : 91.1c) PCT
G 3/95 Avis du 27.11.95 JO OEB 1996, 169	"Saisine irrecevable" – Brevetabilité des variétés végétales et des races animales – Décisions non divergentes – Irrecevabilité de la saisine par le Président de l'OEB	Art. : 53b), 112(1)b) CBE

N° du recours, date, publication	Référence/Objet	Article, règle de la CBE 1973
G 4/95 Décision du 19.02.1996 JO OEB 1996, 412	"Représentation/BOGASKY" – Exposé oral présenté par un assistant lors d'une procédure d'opposition ou d'une procédure de recours sur opposition	Art. : 116, 117, 133, 134 CBE
G 6/95 Décision du 24.07.1996 JO OEB 1996, 649	"Interprétation de la règle 71bis (1) CBE/ GE CHEMICALS" – Interprétation de la règle 71bis (1) CBE en ce qui concerne les chambres de recours	Art.: 23, 33(1)b), 112(1)a), 164(2) CBE Art. : 11(2), 18 RPCR Règle: 10(2), 11, 66(1), 71, 71bis (1) CBE
G 7/95 Décision du 19.07.1996 JO OEB 1996, 626	"Nouveaux motifs d'opposition/ETHICON" – Pas de compétence pour examiner de nouveaux motifs d'opposition sans le consentement du titulaire du brevet	Art. : 99, 100a) b) c), 114(1) CBE Règle : 55, 56 CBE
G 8/95 Décision du 16.04.1996 JO OEB 1996, 481	"Rectification d'une décision de délivrance/ US GYPSUM II" – Compétence relative des chambres de recours technique et de la chambre de recours juridique – Rejet d'une rectification de la décision de délivrance	Art. : 21(3) CBE Règle : 89 CBE
G 1/97 Décision du 10.12.1999 JO OEB 2000, 322	"Requête en vue d'une révision/ETA" – Suites administratives ou juridictionnelles à réserver aux requêtes fondées sur la violation alléguée d'un principe fondamental de procédure et qui tendent à la révision d'une décision passée en force de chose jugée prise par une chambre de recours – Inscription au Registre européen des brevets	Art. : 21, 23(1) (3), 24, 106(1), 110(1), 111(1), 113, 114, 116, 121, 122, 125, 127 CBE Règle : 10(2), 11, 65(1), 66(2), 67, 89, 90, 92(1) (2) CBE Art.: 10 RPCR Art.: 11a, 11b RPGCR Art.: 23 RDMA Art.: 31, 32, 62(5) ADPIC (TRIPS) Art.: 31(3) Convention de Vienne sur le droit des traités (cf. toutefois Art. 112bis CBE 2000)
G 2/97 Décision du 12.11.1998 JO OEB 1999, 123	"Bonne foi/UNILEVER" – Taxe de recours – Principe de la bonne foi – Principe de la protection de la confiance légitime	Art. : 112(1)a), 108 CBE Règle : 69(1) CBE

N° du recours, date, publication	Référence/Objet	Article, règle de la CBE 1973
G 3/97 Décision du 21.01.1999 JO OEB 1999, 245	"Opposition pour le compte d'un tiers/INDUPACK" – Recevabilité de l'opposition – Opposant agissant pour le compte d'un tiers – Contournement abusif de la loi	Art. : 99 CBE Règle : 55 CBE
G 4/97 Décision du 21.01.1999 JO OEB 1999, 270	"Opposition pour le compte d'un tiers/GENENTECH" – Recevabilité d'une opposition – Opposant agissant pour le compte d'un tiers – Contournement abusif de la loi	Art. : 99 CBE Règle : 55 CBE
G 1/98 Décision du 20.12.1999 JO OEB 2000, 111	"Plante transgénique/NOVARTIS II" – Revendications englobant mais n'identifiant pas des variétés végétales – Variétés végétales en tant que produits obtenus par recombinaison génétique – L'article 64(2) CBE n'est pas pertinent pour ce qui est de l'examen de revendications de produit	Art. : 52, 53b), 54, 64(2) CBE Règle : 23ter CBE Art. : 2b) Convention de Strasbourg Art. : 2 Convention UPOV de 1961 Art. : 1er (vi) Convention UPOV de 1991
G 2/98 Avis du 31.05.2001 JO OEB 2001, 413	"Condition requise pour qu'il puisse être revendiqué la priorité d'une demande portant sur la "même invention"" – Interprétation de la notion de "même invention" mentionnée à l'article 87(1) CBE – Compatibilité de l'interprétation avec la Convention de Paris et la CBE – Conformité de l'interprétation avec les principes de l'égalité de traitement et de la sécurité juridique, et avec l'exigence de cohérence dans l'appréciation de la nouveauté et de l'activité inventive	Art. : 54(2) (3), 56, 60(2), 83, 84, 87(1) (4), 88(2) (3) (4), 89, 93, 112(1)b), 123(2) (3) CBE Art. : 4A(1), 4C(4), 4F, 4H, 19 Convention de Paris Art. : 11ter RPGCR
G 3/98 Décision du 12.07.2000 JO OEB 2001, 62	"Délai de six mois/UNIVERSITY PATENTS" – Recevabilité de la saisine – Importance de la question de droit dans la procédure de recours (oui) – Calcul du délai de six mois selon l'article 55 CBE – Date déterminante – Date à laquelle la demande a été effectivement déposée	Art. : 54(2) (3), 55(1)a), 56, 89, 112(1)a) CBE Règle : 23 CBE Art. : 17 (2) RPCR Art. : 2, 4 Convention de Paris Art. : 4 Convention de Strasbourg Art. : 6 Convention européenne des Droits de l'Homme

N° du recours, date, publication	Référence/Objet	Article, règle de la CBE 1973
G 4/98 Avis du 27.11.2000 JO OEB 2001, 131	"Taxes de désignation" – Défaut de paiement des taxes de désignation – La fiction du retrait n'a pas d'effet rétroactif excepté pour l'article 67 CBE – La fiction du retrait prend effet à l'expiration du délai de paiement des taxes de désignation	Art. : 66, 67, 76, 79, 80, 90, 91, 112 CBE Règle : 5, 25, 85bis, 107, 108 CBE Article 4 Convention de Paris
G 1/99 Décision du 02.04.2001 JO OEB 2001, 381	"Reformatio in pejus/3M" – Reformatio in pejus – exception à l'interdiction – Statut du requérant/opposant – Statut du requérant/titulaire du brevet	Art. : 100, 101(1), 102(1) (2) (3), 106(1), 107, 108, 112(1)a), 114(1), 123(2) (3), 125 CBE Règle : 57bis, 58(2), 64b), 66(1), 87 CBE
G 2/99 Décision du 12.07.2000 JO OEB 2001, 83	"Délai de six mois/DEWERT" – Recevabilité de la saisine – Importance de la question de droit dans la procédure de recours (oui) – Calcul du délai de six mois selon l'article 55 CBE – Date déterminante – Date à laquelle la demande a été effectivement déposée	Art. : 54(2)(3), 55(1)a), 56, 89, 112(1)a) CBE Règle : 23 CBE Art. : 17 (2) RPCR Art. : 2, 4 Convention de Paris Art. : 4 Convention de Strasbourg Art. : 6 Convention européenne des Droits de l'Homme
G 3/99 Décision du 18.02.2002 JO OEB 2002, 347	"Recevabilité d'une opposition conjointe ou d'un recours conjoint/HOWARD FLOREY" – Recevabilité – Taxe d'opposition – Personnes agissant conjointement pour former une opposition – Opposition conjointe – Recevabilité – Taxe de recours – Personnes agissant conjointement pour former un recours – Recours conjoint – Représentant commun	Art. : 58, 99, 99(1), 104, 107, 110(1), 112(1)a), 133, 133(4), 134 CBE Règle : 1, 26(2)c), 36(3), 55, 55a), 56(2), 60(2), 66(1), 100, 100(1) CBE
G 1/02 Avis du 22.01.2003 JO OEB 2003, 165	"Compétences des agents des formalités" – Divisions d'opposition – Agents des formalités – Décisions – Compétences	Art. : 10(2)a), 10(2)i), 15, 18(2), 19, 19(1), 19(2), 21, 21(3)a), 21(3)b), 21(3)c), 21(4), 33(3), 90, 91, 91(3), 99(1), 102(5), 106, 112(1)b), 164(2) CBE Règle : 9, 9(3), 51(4), 55c), 56(1), 56(2), 56(3), 57(1), 69(1), 69(2) CBE Communiqué du Vice-Président chargé de la direction générale 2 daté du 28.4.1999, points 4 et 6

N° du recours, date, publication	Référence/Objet	Article, règle de la CBE 1973
G 2/02 et G 3/02 Décision du 26.04.2004 JO OEB 2004, 483	"Priorités de demandes indiennes/ ASTRAZENECA" – Demandes internationales – Priorités de demandes indiennes – Applicabilité de l'article 87(5) CBE – Position au titre du PCT – OEB non partie à l'Accord sur les ADPIC – Interprétation de l'article 87 CBE – selon les principes du droit international public – à la lumière des obligations des Etats contractants au titre de l'Accord sur les ADPIC	Art. : 23(3), 33, 66, 87(1) et (5), 88, 112(1)a), 150(2), 172 CBE Art. : 8 PCT Règle : 4.10 PCT Art. : 1 - 12, 4A(2), 19 Convention de Paris Art. : 5, 26, 34, 38 Convention de Vienne de 1969 Art. : 34, 35, 38 Convention de Vienne de 1986 Art. : 1, 2 (1) ADPIC (TRIPS) Art. : 38 Statut de la Cour internationale de justice Art. : 27 Déclaration universelle des Droits de l'Homme (cf. toutefois Art. 87(1) CBE 2000)
G 1/03 Décision du 08.04.2004 JO OEB 2004, 413	"Disclaimer/PPG" – Admissibilité des disclaimers – Délimitation par rapport à l'état de la technique tel que défini à l'article 54(2) et à l'article 54(3) et (4) – Antériorisation fortuite – Exclusion d'éléments non susceptibles d'être protégés par brevet Formulation des disclaimers – Exigences de clarté et de concision	Art. : 52, 53, 54(2), (3) et (4), 56, 57, 60(2), 84, 87(1), 112(1), 123(2) et (3), 139(2) CBE Règle : 27(1)b), 29(1) CBE
G 2/03 Décision du 08.04.2004 JO OEB 2004, 448	"Disclaimer/GENETIC SYSTEMS" – Admissibilité des disclaimers – Délimitation par rapport à l'état de la technique tel que défini à l'article 54(2) et à l'article 54(3) et (4) – antériorisation fortuite – Exclusion d'éléments non susceptibles d'être protégés par brevet Formulation des disclaimers – Exigences de clarté et de concision	Art. : 52, 53, 54(2), (3) et (4), 56, 57, 60(2), 84, 87(1), 112(1), 123(2) et (3), 139(2) CBE Règle : 27(1)b), 29(1) CBE

N° du recours, date, publication	Référence/Objet	Article, règle de la CBE 1973
G 3/03 Décision du 28.01.2005 JO OEB 2005, 344	"Remboursement de la taxe de recours/HIGHLAND" – Révision préjudicielle et requête en remboursement de la taxe de recours – Instance du premier degré non compétente pour rejeter la requête pour des raisons d'équité – Compétence de la chambre de recours qui aurait été compétente pour statuer sur le recours au fond en l'absence de révision préjudicielle	Art. : 21, 106, 107, 108, 109, 111(1) et 112(1) CBE Règle : 67 CBE Art. : 11 RRT
G 1/04 Avis du 16.12.2005 JO OEB 2006, 334	"Méthodes de diagnostic" – Méthodes de diagnostic au titre de l'article 52(4) CBE représentant des inventions exclues de la brevetabilité par le biais d'une fiction légale – Interprétation correcte des termes méthodes de diagnostic et appliquées au corps humain ou animal figurant à l'article 52(4) CBE – Exigences de clarté et de sécurité juridique – Difficulté à définir les praticiens en médecine humaine ou vétérinaire sur le plan européen, dans le cadre de la CBE – Caractéristiques essentielles d'une méthode de diagnostic exclue de la protection par brevet au titre de l'article 52(4) CBE – Appréciation du caractère diagnostique d'une activité – Conditions pour qu'une méthode de diagnostic soit considérée comme appliquée au corps humain ou animal	Art. : 4(3), 52(1), (2), (4), 57, 84, 112(1)b) CBE Règle : 29 CBE Art. : 53c) CBE 2000
G 2/04 Décision du 25.05.2005 JO OEB 2005, 549	"Transmission de l'opposition/ HOFFMANN-LA ROCHE" – Recevabilité de la saisine (oui) – Transmission de la qualité d'opposant – Libre transmission (non) – Transmission à une filiale dans l'intérêt de laquelle l'opposition a été formée (non) – Rectification de la mention du requérant contraire à l'intention réelle (non) – Requête subsidiaire concernant la personne du requérant en cas d'insécurité juridique	Art. : 58, 99(1), 105, 107, 108, 112(1)a), 114(2), 134 CBE Règle : 20, 60(2), 61, 64a), 65(2), 88, 101(1) et (4) CBE
G 3/04 Décision du 22.08.2005 JO OEB 2006, 118	"Intervention/EOS" – Intervention dans la procédure de recours – Poursuite de la procédure après le retrait de l'unique recours – Paiement de la taxe de recours	Art. : 99, 100, 105, 105(2), 107, 108, 112, 112(1)a), 125 CBE

N° du recours, date, publication	Référence/Objet	Article, règle de la CBE 1973
G 1/05 Décision du 07.12.2006 JO OEB 2007, 362	" Exclusion et récusation/XXX " – Déclaration d'abstention conformément à l'article 24(2) CBE – Conditions régissant le remplacement d'un membre de la Grande Chambre de recours – Soupçon de partialité à l'égard d'un membre de la Grande Chambre de recours – Fondé sur la seule participation de ce membre à une décision antérieure d'une chambre de recours ayant pris position sur la question concernée – Soupçon objectivement dénué de fondement	Art. : 24(1), (2), (3), (4), 76(1), 105(1), 112(1)a), 123(2) CBE Règle : 66(2)g) CBE Art. : 1(2) RPGCR Art. : 13, troisième phrase, et 15 RPCR Art. : 2(3) Plan de répartition des affaires de la Grande Chambre de recours pour l'année 2006 Art. : 6(1) CEDH Art. : 28(2)a), d) et (3) Règlement de la Cour européenne des Droits de l'Homme Art. : 87(3) Constitution fédérale (AT) Art. : 30(1) Constitution fédérale (CH) Art. : 101(1), deuxième phrase, Loi fondamentale (DE) Art. : 20 Loi sur la procédure civile et l'organisation judiciaire (AT) Art. : 76 Loi sur les brevets (AT) Art. : 41 Code de procédure civile (DE) Art. : 51 Code de procédure civile (IT)

Anhang II

Konkordanzliste

In der Konkordanzliste werden die thematisch entsprechenden Vorschriften des EPÜ 1973 und der Ausführungsordnung zum EPÜ 1973 den Artikeln und Regeln des EPÜ 2000 gegenübergestellt.

Annex II

Cross-reference list

The concordance list compares the thematically corresponding provisions of the EPC 1973 and the Implementing Regulations to the EPC 1973 with the Articles and Rules of the EPC 2000.

Annexe II

Liste de correspondance

La liste de concordance met en parallèle les dispositions thématiques correspondantes de la CBE 1973 et de son règlement d'exécution et les articles et règles de la CBE 2000.

I. Art. EPÜ 1973 →	Art. / R. EPÜ 2000
I. Art. EPC 1973 →	Art. / R. EPC 2000
I. Art. CBE 1973 →	Art. / R. CBE 2000
-	Art. 4a / 4bis
Art. 16 (elmts)	R. 10
Art. 18(1) (elmts)	R. 10
Art. 52(4)	Art. 53(c)
Art. 54(4)	-
Art. 54(5)	Art. 54(4)
-	Art. 54(5)
Art. 61(1) (elmts)	R. 16
Art. 77 (elmts)	R. 37
Art. 78(2)	R. 38
Art. 79(2), (3)	R. 39
Art. 80	R. 40
Art. 88(1) (elmts)	R. 53
Art. 91(1), (2), (3)	Art. 90(3), (4), (5); R. 57
Art. 91(5)	Art. 90(5); R. 60
Art. 92(2)	R. 65
Art. 93(2)	R. 68
Art. 94(2), (3)	R. 70
Art. 95	-
Art. 96(1)	R. 70
Art. 96(2), (3)	Art. 94(3), (4)
Art. 99(3)	R. 75
Art. 99(4), (5)	Art. 99(3), (4)
Art. 102(1), (2)	Art. 101(2)
Art. 102(3)	Art. 101(3)(a)
Art. 105 (elmts)	R. 89
-	Art. 105a-c
Art. 106(2)	R. 98
Art. 106(4), (5)	R. 97
Art. 110(2), (3)	R. 100(2),(3)
-	Art. 112a / 112bis
Art. 115 (elmts)	R. 114
Art. 117(2)	R. 119
Art. 117(4), (5), (6)	R. 120
Art. 121(2), (3)	R. 135
Art. 122(2), (3), (4), (5)	R. 136
Art. 126	-
Art. 134(8)	Art. 134a / 134bis
Art. 135(2)	R. 155
Art. 136(1), (2) (elmts)	R. 155
Art. 136(2)	Art. 135(2), (4)
-	Art. 149a / 149bis
Art. 151(1)	R. 157
Art. 152	R. 157
Art. 153(2)	R. 159
Art. 154	Art. 152
Art. 155	Art. 152
Art. 156	Art. 153(1)
Art. 157(1), (2), (3)	Art. 153(6), (7)
Art. 158	Art. 153(3), (4), (5)
Art. 159	-
Art. 160	-
Art. 160(2)	Art. 11(5)
Art. 161	-
Art. 162	-
Art. 163(1), (2), (3), (4), (6)	134(3), (4), (7)
Art. 163(5), (7)	-
Art. 167	-

II. R. EPÜ 1973 →	R. EPÜ 2000
II. R. EPC 1973 →	R. EPC 2000
II. R. CBE 1973 →	R. CBE 2000
-	R. 1
-	R. 2
R. 1	R. 3
R. 2	R. 4
R. 4 (elmts)	R. 36(2)
R. 5	R. 5
R. 6	R. 6
R. 7	R. 7
R. 8	R. 8
-	R. 10
R. 9	R. 11
R. 10	R. 12
R. 11	R. 13
R. 12	R. 9
R. 13(1), (2), (3), (5)	R. 14
R. 13(4)	R. 78
R. 14	R. 15
-	R. 16
R. 15(1), (2)	R. 17
R. 15(3)	-
R. 16(1), (2)	R. 18
R. 16(3)	R. 78
R. 17	R. 19
R. 18	R. 20
R. 19	R. 21
R. 20	R. 22
R. 21	R. 23
R. 22	R. 24
R. 23	R. 25
R. 23a / 23bis	-
R. 23b / 23ter	R. 26
R. 23c / 23quater	R. 27
R. 23d /23quinquies	R. 28
R. 23e / 23sexies	R. 29
R. 24	R. 35
R. 25	R. 36
R. 26	R. 41
R. 27	R. 42
R. 27a(1), (4) / 27bis(1), (4)	R. 30
R. 27a(2), (3) / 27bis(2), (3)	-
R. 28(1), (2)	R. 31
R. 28(4), (5)	R. 32
R. 28(3), (6), (7), (8), (9)	R. 33
R. 28a / 28bis	R. 34
R. 29	R. 43

R. 30	R. 44	R. 71	R. 115
R. 31	R. 45	R. 71a / 71bis	R. 116
R. 32	R. 46	R. 72(1)	R. 117
R. 33	R. 47	R. 72(2)	R. 118
R. 34	R. 48	R. 72(3), (4)	R. 119
R. 35	R. 49	-	R. 120
R. 36	R. 50	R. 73	R. 121
R. 37	R. 51	R. 74	R. 122
R. 38(1), (2), (6)	R. 52	R. 75	R. 123
R. 38(3), (4), (5)	R. 53	R. 76	R. 124
R. 38a / 38bis	R. 54	R. 77	R. 125
R. 39	R. 55	R. 78	R. 126
R. 40	R. 57	-	R. 127
R. 41	R. 57; R. 58	R. 79	R. 128
-	R. 59	R. 80	R. 129
R. 42	R. 60	R. 81	R. 130
R. 43	R. 56	R. 82	R. 125(4)
R. 44	R. 61	R. 83	R. 131
R. 44a / 44bis	R. 62	R. 84	R. 132
R. 45	R. 63	R. 84a / 84bis	R. 133
R. 46	R. 64	R. 85	R. 134
-	R. 65	R. 85a / 85bis	-
R. 47	R. 66	R. 85b / 85ter	-
R. 48	R. 67	-	R. 135
R. 49	R. 68	-	R. 136
R. 50	R. 69	R. 86	R. 137
R. 51(1)	R. 70(2)	R. 87	R. 138
R. 51(2) - (11)	R. 71	R. 88	R. 139
R. 52	R. 72	R. 89	R. 140
R. 53	R. 73	R. 90	R. 142
R. 54	R. 74	R. 91	-
-	R. 75	R. 92	R. 143
R. 55	R. 76	R. 93	R. 144
R. 56	R. 77	R. 94	R. 145
-	R. 78	R. 95	R. 146
R. 57	R. 79	R. 95a / 95bis	R. 147
R. 57a / 57bis	R. 80	R. 96	-
R. 58(1), (2), (3)	R. 81	R. 97	R. 148
R. 58(4), (5), (6), (7), (8)	R. 82	R. 98	R. 149
R. 59	R. 83	R. 99	R. 150
R. 60	R. 84	R. 100	R. 151
R. 61	R. 85	R. 101	R. 152
R. 61a / 61bis	R. 86	-	R. 153
R. 62	R. 87	R. 102	R. 154
R. 62a / 62bis	R. 87	-	R. 155
R. 63	R. 88	R. 103	R. 156
-	R. 89 - 98	R. 104	R. 157
R. 64	R. 99	R. 105	R. 158
R. 65	R. 101	R. 106	-
R. 66(1)	R. 100(1)	R. 107	R. 159
R. 66(2)	R. 102	R. 108	R. 160
R. 67	R. 103	R. 109	R. 161
-	R. 104 - 110	R. 110	R. 162
R. 68	R. 111	R. 111	R. 163
R. 69	R. 112	R. 112	R. 164
R. 70	R. 113	-	R. 165
-	R. 114		

AO 2000	→	EPÜ 1973 oder AO 1973
IR 2000	→	EPC 1973 or IR 1973
RE 2000	→	CBE 1973 ou RE 1973

R. 1	-
R. 2	-
R. 3	R. 1
R. 4	R. 2
R. 5	R. 5
R. 6	R. 6
R. 7	R. 7
R. 8	R. 8
R. 9	R. 12
R. 10	Art. 16; Art. 18(1)
R. 11	R. 9
R. 12	R. 10
R. 13	R. 11
R. 14	R. 13(1), (2), (3) , (5)
R. 15	R. 14
R. 16	Art. 61(1)
R. 17	R. 15(1), (2)
R. 18	R. 16(1), (2)
R. 19	R. 17
R. 20	R. 18
R. 21	R. 19
R. 22	R. 20
R. 23	R. 21
R. 24	R. 22
R. 25	R. 23
R. 26	R. 23b / 23ter
R. 27	R. 23c / 23quater
R. 28	R. 23d / 23quinquies
R. 29	R. 23e / 23sexies
R. 30	R. 27a(1), (4) / 27bis (1), (4)
R. 31	R. 28(1), (2)
R. 32	R. 28(4), (5)
R. 33	R. 28(3), (6), (7), (8), (9)
R. 34	R. 28a / 28bis
R. 35	R. 24
R. 36	R. 4; R. 25
R. 37	Art. 77
R. 38	Art. 78(2)
R. 39	Art. 79(2), (3)
R. 40	Art. 80
R. 41	R. 26
R. 42	R. 27
R. 43	R. 29
R. 44	R. 30
R. 45	R. 31
R. 46	R. 32
R. 47	R. 33
R. 48	R. 34
R. 49	R. 35
R. 50	R. 36
R. 51	R. 37
R. 52	R. 38(1), (2) + (6)
R. 53	R. 38(3), (4) + (5)
R. 54	R. 38a /38bis
R. 55	R. 39
R. 56	R. 43
R. 57	Art. 91(1); R. 40, 41
R. 58	Art. 91(1); R. 40, 41
R. 59	-
R. 60	R. 42
R. 61	R. 44
R. 62	R. 44a / 44bis
R. 63	R. 45
R. 64	R. 46
R. 65	Art. 92(2)
R. 66	R. 47
R. 67	R. 48
R. 68	Art. 93(2); R. 49
R. 69	R. 50
R. 70	Art. 94(2), (3); Art. 96(1); R. 51(1)
R. 71	R. 51(2) - (11)
R. 72	R. 52
R. 73	R. 53
R. 74	R. 54
R. 75	Art. 99(3)
R. 76	R. 55
R. 77	R. 56
R. 78	R. 13(4); R. 16(3)
R. 79	R. 57
R. 80	R. 57a / 57bis
R. 81	R. 58(1), (2), (3)
R. 82	R. 58(4), (5), (6), (7), (8)
R. 83	R. 59
R. 84	R. 60
R. 85	R. 61
R. 86	R. 61a / 61bis
R. 87	R. 62, R. 62a / 62bis
R. 88	R. 63
R. 89	Art. 105
R. 90	-
R. 91	-
R. 92	-
R. 93	-
R. 94	-
R. 95	-
R. 96	-
R. 97	Art. 106(4), (5)
R. 98	Art. 106(2)
R. 99	R. 64
R. 100	Art. 110(2), (3); R. 66(1)
R. 101	R. 65
R. 102	R. 66(2)
R. 103	R. 67
R. 104	-
R. 105	-
R. 106	-
R. 107	-
R. 108	-

R. 109	-
R. 110	-
R. 111	R. 68
R. 112	R. 69
R. 113	R. 70
R. 114	Art. 115
R. 115	R. 71
R. 116	R. 71a / 71bis
R. 117	R. 72(1)
R. 118	R. 72(2)
R. 119	Art. 117(2); R. 72(3), (4)
R. 120	Art. 117(4), (5), (6)
R. 121	R. 73
R. 122	R. 74
R. 123	R. 75
R. 124	R. 76
R. 125	R. 77; R. 82
R. 126	R. 78
R. 127	-
R. 128	R. 79
R. 129	R. 80
R. 130	R. 81
R. 131	R. 83
R. 132	R. 84
R. 133	R. 84a / 84bis
R. 134	R. 85
R. 135	Art. 121(2), (3)
R. 136	Art. 122(2), (3), (4), (5)
R. 137	R. 86
R. 138	R. 87
R. 139	R. 88
R. 140	R. 89
R. 141	Art. 124(1)
R. 142	R. 90
R. 143	R. 92
R. 144	R. 93
R. 145	R. 94
R. 146	R. 95
R. 147	R. 95a / 95bis
R. 148	R. 97
R. 149	R. 98
R. 150	R. 99
R. 151	R. 100
R. 152	R. 101
R. 153	-
R. 154	R. 102
R. 155	Art. 135(2); Art. 136(1), (2)
R. 156	R. 103
R. 157	Art. 151(1); Art. 152; R. 104
R. 158	R. 105
R. 159	Art. 153(2); R. 107
R. 160	R. 108
R. 161	R. 109
R. 162	R. 110
R. 163	R. 111
R. 164	R. 112
R. 165	-

IV. ABKÜRZUNGEN

AO 1973	Ausführungsordnung zum EPÜ 1973, zuletzt geändert durch Beschluss des Verwaltungsrats vom 9.12.2004
AO 2000	Ausführungsordnung zum EPÜ 2000 in der Fassung des Beschlusses des Verwaltungsrats vom 7. Dezember 2006
Art.	Artikel
CBE 1973	Übereinkommen über die Erteilung europäischer Patente vom 5.10.1973 in der Fassung der Akte zur Revision von Artikel 63 EPÜ und der Beschlüsse des Verwaltungsrats vom 21.12.1978, vom 13.12.1994, vom 20.10.1995, vom 5.12.1996, vom 10.12.1998 und vom 27.10.2005
CBE 2000	Europäisches Patentübereinkommen 2000 in der Fassung des Beschlusses des Verwaltungsrats vom 28.6.2001
elmts	Nur bestimmte Elemente der Vorschriften entsprechen einander
EPC 1973	Übereinkommen über die Erteilung europäischer Patente vom 5.10.1973 in der Fassung der Akte zur Revision von Artikel 63 EPÜ und der Beschlüsse des Verwaltungsrats vom 21.12.1978, vom 13.12.1994, vom 20.10.1995, vom 5.12.1996, vom 10.12.1998 und vom 27.10.2005
EPC 2000	Europäisches Patentübereinkommen 2000 in der Fassung des Beschlusses des Verwaltungsrats vom 28.6.2001
EPÜ 1973	**Übereinkommen über die Erteilung europäischer Patente vom 5.10.1973 in der Fassung der Akte zur Revision von Artikel 63 EPÜ und der Beschlüsse des Verwaltungsrats vom 21.12.1978, vom 13.12.1994, vom 20.10.1995, vom 5.12.1996, vom 10.12.1998 und vom 27.10.2005**
EPÜ 2000	**Europäisches Patentübereinkommen 2000 in der Fassung des Beschlusses des Verwaltungsrats vom 28.6.2001**
IR 1973	Ausführungsordnung zum EPÜ 1973, zuletzt geändert durch Beschluss des Verwaltungsrats vom 9.12.2004
IR 2000	Ausführungsordnung zum EPÜ 2000 in der Fassung des Beschlusses des Verwaltungsrats vom 7. Dezember 2006
R.	Regel
RE 1973	**Ausführungsordnung zum EPÜ 1973, zuletzt geändert durch Beschluss des Verwaltungsrats vom 9.12.2004**
RE 2000	**Ausführungsordnung zum EPÜ 2000 in der Fassung des Beschlusses des Verwaltungsrats vom 7. Dezember 2006**

IV. ABBREVIATIONS

AO 1973	Implementing Regulations to the EPC 1973, as last amended by decision of the Administrative Council of 9.12.2004
AO 2000	Implementing Regulations to the EPC 2000 as adopted by decision of the Administrative Council of 7 December 2006
Art.	Article
CBE 1973	Convention on the Grant of European Patents of 5.10.1973, text as amended by the Act revising Article 63 EPC and by decisions of the Administrative Council of 21.12.1978, 13.12.1994, 20.12.1995, 5.12.1996, 10.12.1998 and 27.10.2005
CBE 2000	European Patent Convention 2000 as adopted by decision of the Administrative Council of 28.6.2001
elmts	Only certain elements of the provisions correspond
EPC 1973	**Convention on the Grant of European Patents of 5.10.1973, text as amended by the Act revising Article 63 EPC and by decisions of the Administrative Council of 21.12.1978, 13.12.1994, 20.12.1995, 5.12.1995, 10.12.1998 and 27.10.2005**
EPC 2000	**European Patent Convention 2000 as adopted by decision of the Administrative Council of 28.6.2001**
EPÜ 1973	Convention on the Grant of European Patents of 5.10.1973, text as amended by the Act revising Article 63 EPC and by decisions of the Administrative Council of 21.12.1978, 13.12.1994, 20.12.1995, 5.12.1996, 10.12.1998 and 27.10.2005
EPÜ 2000	European Patent Convention 2000 as adopted by decision of the Administrative Council of 28.6.2001
IR 1973	**Implementing Regulations to the EPC 1973, as last amended by decision of the Administrative Council of 9.12.2004**
IR 2000	**Implementing Regulations to the EPC 2000 as adopted by decision of the Administrative Council of 7 December 2006**
R.	Rule
RE 1973	Implementing Regulations to the EPC 1973, as last amended by decision of the Administrative Council of 9.12.2004
RE 2000	Implementing Regulations to the EPC 2000 as adopted by decision of the Administrative Council of 7 December 2006

IV. ABRÉVIATIONS

AO 1973	Règlement d'exécution de la CBE 1973 tel que modifié en dernier lieu par décision du Conseil d'administration en date du 9.12.2004
AO 2000	Règlement d'exécution de la CBE 2000 tel qu'adopté par le Conseil d'administration dans sa décision du 7 décembre 2006
Art.	**Article**
CBE 1973	**Convention sur la délivrance de brevets européens du 5.10.1973 telle que modifiée par l'Acte portant révision de l'article 63 de la CBE et par les décisions du Conseil d'administration en date du 21.12.1978, du 13.12.1994, du 20.10.1995, du 5.12.1996, du 10.12.1998 et du 27.10.2005**
CBE 2000	**Convention sur le brevet européen 2000 telle qu'adoptée par le Conseil d'administration dans sa décision du 28.6.2001**
elmts	Seulement certains éléments des dispositions se correspondent
EPC 1973	Convention sur la délivrance de brevets européens du 5.10.1973 telle que modifiée par l'Acte portant révision de l'article 63 de la CBE et par les décisions du Conseil d'administration en date du 21.12.1978, du 13.12.1994, du 20.10.1995, du 5.12.1996, du 10.12.1998 et du 27.10.2005
EPC 2000	Convention sur le brevet européen 2000 telle qu'adoptée par le Conseil d'administration dans sa décision du 28.6.2001
EPÜ 1973	Convention sur la délivrance de brevets européens du 5.10.1973 telle que modifiée par l'Acte portant révision de l'article 63 de la CBE et par les décisions du Conseil d'administration en date du 21.12.1978, du 13.12.1994, du 20.10.1995, du 5.12.1996, du 10.12.1998 et du 27.10.2005
EPÜ 2000	Convention sur le brevet européen 2000 telle qu'adoptée par le Conseil d'administration dans sa décision du 28.6.2001
IR 1973	Règlement d'exécution de la CBE 1973 tel que modifié en dernier lieu par décision du Conseil d'administration en date du 9.12.2004
IR 2000	Règlement d'exécution de la CBE 2000 tel qu'adopté par le Conseil d'administration dans sa décision du 7 décembre 2006
R.	**Règle**
RE 1973	**Règlement d'exécution de la CBE 1973 tel que modifié en dernier lieu par décision du Conseil d'administration en date du 9.12.2004**
RE 2000	**Règlement d'exécution de la CBE 2000 tel qu'adopté par le Conseil d'administration dans sa décision du 7 décembre 2006**

Alphabetisches Sachregister

Alphabetical keyword index

Index alphabétique

Verwendete Abkürzungen:

AnerkProt für "Protokoll über die gerichtlichen Zuständigkeiten und die Anerkennung von Entscheidungen über den Anspruch auf Erteilung eines europäischen Patents (Anerkennungsprotokoll)"
eP für "europäisches Patent"
ePa für "europäische Patentanmeldung"
EPA für "Europäisches Patentamt"
EPO für "Europäische Patentorganisation"
EPÜ für "Europäisches Patentübereinkommen"
GebO für "Gebührenordnung"
PCT für "Vertrag über die internationale Zusammenarbeit auf dem Gebiet des Patentwesens"
VorlmProt für "Protokoll über die Vorrechte und Immunitäten der Europäischen Patentorganisation (Protokoll über Vorrechte und Immunitäten)"
ZentProt für "Protokoll über die Zentralisierung des europäischen Patentsystems und seine Einführung (Zentralisierungsprotokoll)"

A

Abbildungen R 46 (2) f) h)
Abhängiger Patentanspruch s. Patentansprüche
Abkommen A 30 (1) (2), A 33 (4); VorlmProt 25; ZentProt IV (1) (d) (2) (c)
Akten
Aufbewahrung R 147
Auskunft aus den ~ R 146
Akteneinsicht A 128
Ausschluss von der ~ R 144
durch Vertragsstaaten R 149
Durchführung R 145
für Gerichte und Behörden der Vertragsstaaten
A 131 (1)
Allgemeine Grundsätze
des Verfahrensrechts der Vertragsstaaten A 125
Allgemeine Vorschriften
des EPÜ A 1-4
für das Verfahren A 113-126
Ältere Anmeldung s. Anmeldung
Ältere Rechte s. Rechte
Aminosäuresequenzen
ePa betreffend ~ R 30
Amts- und Rechtshilfe A 131; R 118, R 120, R 148-150
Amtsblatt des EPA A 129 b)
Sprachen A 14 (7) b)
Veröffentlichungen im ~ R 33 (6)
Amtspflichten
Bedienstete des EPA A 12
Amtssprachen
EPA A 14 (1)
Gebrauch der ~ der Vertragsstaaten A 14 (4)

eines Vertragsstaats, die keine ~ des EPA ist Zent-Prot III
ist nicht Verfahrenssprache A 67 (3)
s. Sprache(n), Übersetzung, Verfahrenssprache
Änderung
eP und ePa A 123, A 138 (2); R 3 (2), R 4 (6), R 18 (2), R 58, R 71 (1) (4) (5), R 78, R 79 (1) (3), R 80, R 81 (1), R 116, R 137, R 138, R 161
Liste der zugelassenen Vertreter R 154
Änderungen und Berichtigungen R 137-140
Anerkennung
von Entscheidungen der Vertragsstaaten
AnerkProt 9-11
Anerkennungsprotokoll A 164 (1)
Anmeldeamt
EPA als ~ im Sinne des PCT A 151; R 157
Anmeldebestimmungen R 41-50
Anmeldegebühr R 6 (3); GebO 2.1, GebO 14
Entrichtung R 57 e),
ePa A 78 (2)
EPA als Bestimmungsamt oder als ausgewähltes Amt
Art 153, R 1
europäische Teilanmeldung A 76 (3); R 36 (3)
nationale ~ bei Umwandlung A 137 (2) a)
neue ePa R 17 (2)
Rückzahlung R 37 (2)
Anmelder
Angaben im Erteilungsantrag R 41 (2) c)
Eintragungen in das europäische Patentregister
R 143 (1) f)
gemeinsame ~ A 59, A 118: R 151
Identität R 40 (1) b), R 41 (2) c)
~ ist nicht Erfinder R 19 (1) (3)
Klagen gegen den ~ AnerkProt 1 (1), AnerkProt 2
mangelnde Berechtigung R 14-18
mehrere ~ A 59, A 118; R 41 (3), R 72, R 151
Mitteilung an ~ über die Veröffentlichung des europ. Recherchenberichts R 69
Recht auf das eP A 60 (3)
Stellungnahme im Prüfungsverfahren R 71
Tod des ~ oder fehlende Geschäftsfähigkeit
R 142 (1) a) b)
verschiedene ~ A 59, A 118; R 72
Wiedereinsetzung in den vorigen Stand A 122; R 136
Wohnsitz AnerkProt 3
Anmeldetag
Definition R 40
Eintragung im europäischen Patentregister
R 143 (1) b)
ePa A 80; R 40
im europäischen Recherchenbericht R 61 (3)
neue ePa A 61 (2)
neue Festsetzung R 56
Rechte mit gleichem ~ oder Prioritätstag A 139
einer Teilanmeldung A 76 (1)
Zuerkennung A 90 (1) (2), R 55

Anmeldeunterlagen
allgemeine Bestimmungen R 49
Bestandteile R 49 (4)
für internationale (Euro-PCT-) Anmeldungen
R 159 (1) b)
Mängel R 58
nach Einreichung der ePa R 50
Anmeldung
berechtigte Personen A 58
durch Nichtberechtigte A 61; R 14-18
prioritätsbegründende ~ A 87
s. Europäische Patentanmeldung
s. Internationale Anmeldung
s. Nationale Patentanmeldung
Anspruch auf Erteilung eines eP A 61; R 14, R 18; AnerkProt 1ff.
Anspruchsgebühr R 45, R 71 (6) (7),; GebO 2.15)
für internationale (Euro-PCT-) Anmeldungen R 162
Antrag auf Erteilung eines eP A 78 (1) a), A 79 (1); R 18 (1), R 41
Form R 49
Formalprüfung A 90; R 57, R 58
Antrag s. Anmeldeunterlagen
Anweisungsbefugte A 50 c)
Arbeitgeber
Rechtsstreit mit Arbeitnehmer über Anspruch auf Erteilung AnerkProt 5 (2)
Arbeitnehmer
Erfindung eines ~ A 60 (1); AnerkProt 4
Rechtsstreit mit Arbeitgeber über Anspruch auf Erteilung AnerkProt 5 (2)
Arbeitsschutz VorImProt 20
Arzneimittel
Schutz für ~ A 53 c), A 54 (4) (5)
Aufenthaltsbedingungen der Bediensteten VorImProt 11
Aufforderungen
im Beschwerdeverfahren R 100 ,
im Einspruchsverfahren A 101 (1); R 79, R 81, R 83
im Erteilungsverfahren A 94 (3), A 124; R 56, R 58, R 71, R 152 (2), R 163
Aufrechterhaltung des eP A 101 (1) (3)
Gebühren A 141
in geänderter Fassung A 101 (3); R 82
Aufrechterhaltung wohlerworbener Rechte bei Ausscheiden eines Vertragsstaats A 175
Ausführungsordnung A 164
Änderung durch den Verwaltungsrat A 33 (1) c)
Ausgaben der EPO
Bewilligung A 43
Deckung A 37
Einsetzung in den Haushaltsplan A 42
Prüfung A 49 (1) (2)
unvorhergesehene ~ A 44
vorläufige Haushaltsführung A 47
Ausgewähltes Amt
EPA als ~ im Sinne des PCT A 153; R 159

Ausländer
Meldepflicht VorImProt 12 (1) e), VorImProt 14 d)
Auslagen R 150 (7); GebO 1
vom Präsidenten festgesetzte ~ GebO 3
Äußerungen
herabsetzende ~ R 48 (1) b)
Aussetzung des Verfahrens vor dem EPA R 14, R 143 (1) s)
Ausstellungen
Bescheinigung R 25, R 159 (1) h)
Zurschaustellen von Erfindungen auf ~ A 55 (1) b), A 55 (2)

B

Bagatellbeträge
Rückerstattung GebO 12
Beamte
Disziplinargewalt über hohe ~ A 11 (4)
Ernennung hoher ~ A 11
Statut der ~ A 33 (2) b)
Bedienstete des EPA
Amtspflichten A 12
Aufenthaltsbedingungen VorImProt 11
Beförderung A 10 (2) g)
Berufsgeheimnis A 12
Beschäftigungsbedingungen A 33 (2) b)
Beschwerden der ~ A 13 (2)
Besoldung A 33 (2) b)
Besteuerung von Gehältern und Renten VorImProt 16
Dienststellen Berlin/Den Haag ZentProt I
Disziplinargewalt über die ~ A 10 (2) h), A 11 (4)
Einreise, Aufenthalt, Ausreise VorImProt 11
Ernennung A 10 (2) g), A 11
Gehälter VorImProt 16 (1)
Haftung A 9 (3)
Immunitäten A 8; VorImProt 14, VorImProt 17
Renten A 33 (2); VorImProt 16 (2)
Sozialversicherung VorImProt 18
Streitsachen zwischen der EPO und den Bediensteten A 13; VorImProt 23 (3), VorImProt 24
Versorgung A 33 (2) c)
Zölle für persönliche Waren VorImProt 6
Behörden
Unterrichtung der Öffentlichkeit und der ~ A 127-132; R 143-147
Behörden der Vertragsstaaten
s. Zentralbehörden für den gewerblichen Rechtsschutz
Beitritt des vermeintlichen Patentverletzers A 105; R 89

Benennung
gemeinsame ~ A 149
von Vertragsstaaten A 61 (1), A 76 (2), A 79 ; R 15, R 68 (3), R 71 (10), R 73 (3), R 82 (2), R 87, R 147 (4) c)
Benennungsgebühr A 79 (2) ; R 39; GebO 2.3, GebO 8 (2)
Entrichtung R 39
EPA als Bestimmungsamt oder als ausgewähltes Amt R 159 (1) d)
europäische Teilanmeldung A 76 (2); R 36 (4)
neue ePa R 17 (3)
Rückzahlung R 37 (2), R 39 (4)
Berichtigungen R 21, R 139-140
Berichtigungshaushaltspläne der EPO A 10 (2) d), A 36, A 42 (1), A 46 (2), A 48
Berlin
Dienststelle in ~ ZentProt I (3)
Beschäftigungsbedingungen A 13, A 33 (2) b); VorImProt 23 (3)
Bescheide und Mitteilungen des EPA R 111-113
Beschränkungsverfahren A 105a-105c; R 90-96; GebO 2.10a
Antrag R 2, R 41 ff, R 92
Entscheidung R 95
Gebühr R 93; GebO 2.10a, GebO 14
geänderte Beschreibung R 96
Gegenstand des Verfahrens R 90
Mängel des Antrags R 94
Vorrang des Einspruchsverfahrens R 93
Zuständigkeit R 91
Beschreibung A 78 (1) b)
Änderung A 123 (1) (2); R 3 (2), R 4 (6), R 58, R 71 (1) (4) (5), R 79 (1), R 80, R 81 (3), R 137
Berichtigung R 139
Form R 49
Inhalt R 42
Sequenzprotokolle R 30
unterschiedliche ~ für verschiedene Vertragsstaaten R 18 (2), R 78 (2), R 138
zur Bestimmung des Schutzbereichs A 69 (1)
s. Anmeldeunterlagen
Beschwerde
Abhilfe einer ~ A 109
Entscheidung über die ~ A 111
Erlöschen des Patents R 98
Frist und Form A 108
Mängel R 101
Personalangelegenheiten A 13 (2)
Prüfung A 110; R 100
Stellungnahmen der Beteiligten R 100 (2) (3)
Überprüfung durch die Große Beschwerdekammer A 22, A 112a; R 104-110
Verwerfung wegen Unzulässigkeit R 100
Verzicht auf das Patent R 98
Beschwerdeberechtigte A 107

Beschwerdefähige Entscheidungen A 106; R 97, R 98
Beschwerdegebühr R 6 (3); GebO 2.11, GebO 14
Rückzahlung R 103
Beschwerdekammern
als Organ im Verfahren A 15 f)
Bindung an Entscheidungen der Großen ~ A 112 (3)
Ernennung der Vorsitzenden A 11 (3)
Geschäftsverteilung R 12 (4)
Mitglieder A 11 (3), A 23 (1)-(3), A 24; R 12 (4), R 144 a)
Präsidium R 12
Verfahrensordnung A 23 (4); R 12 (3)
Zusammensetzung A 21 (2)-(4)
Zuständigkeiten A 21 (1); R 12 (4)
Beschwerdeschrift
Inhalt R 99
Beschwerdeverfahren A 106-112; R 97-103
Berechtigte und Beteiligte A 107
Besoldung
der Bediensteten des EPA A 33 (2) b)
Besondere Aufgaben
Kosten A 146
Besondere Finanzbeiträge s. Finanzbeiträge
Besondere Organe des EPA A 143, A 144
Bildung A 143 (2)
Kosten A 146
Leitung A 143 (2)
Überwachung A 145 (1)
Vertretung vor den ~ A 144
Besondere technische Merkmale R 44 (1)
Besondere Übereinkommen A 142-149
Besteuerung
der Gehälter und Pensionen VorImProt 16, 17
des Vermögens der EPO VorImProt 4 (1)
Bestimmungsamt
EPA als ~ im Sinne des PCT A 153; R 159
Beweisaufnahme A 117, A 131 (2); R 117-124, R 150
Kosten A 104 (1); R 122
Beweismittel
Sprache R 3 (3)
zu spät eingereichte ~ A 114 (2); R 116 (1)
Beweissicherung R 123
Beweissicherungsgebühr R 123 (3); GebO 2.17
Biologisches Material R 26 (3), R 27, R 31-34
Biologische Verfahren A 53 b)
Biotechnologische Erfindungen R 26-29
Bundesrepublik Deutschland
Anwendung des Rechts der ~ auf die außervertragliche Haftung der EPO A 9 (2)
Zuständigkeiten der Gerichte A 9 (4); AnerkProt 6

C

Chirurgische Behandlung
Verfahren zur ~ A 53 c)
Computerausdruck R 125 (1)
Computerprogramme A 52 (2) c)

D

Datenverarbeitungsanlagen
Ausnahme von der Patentierbarkeit A 52 (2) c)
Erstellung von Schriftstücken mit ~ R 113 (2)
Den Haag s. Zweigstelle
Devisenrechtliche Befreiungen der EPO
VorImProt 9
Diagnostizierverfahren A 53 c), A 54 (4) (5)
Diagramme R 46 (3)
Dienstsiegel R 125 (1)
Dienststellen des Europäischen Patentamts A 7; ZentProt I (3), ZentProt V
Dingliche Rechte R 23, R 143 (1) w)
Direktionen
Geschäftsverteilung R 11 (1)
Disziplinargewalt
über die übrigen Bediensteten des EPA A 10 (2) h)
über hohe Beamte A 11 (4)
über zugelassene Vertreter A 134a (1) c)
Doppelschutz A 139 (3)
Dritte
Einwendungen ~r A 115; R 114
Druckkostengebühr GebO 2.7, .8
Entrichtung R 71, R 82 (2), R 95 (3)
Durchführungsbestimmungen A 10 (2) c); ZentProt IV (1) (d)

E

Eid
bei der Beweisaufnahme A 117 (1) g); R 119, R 120
Eingangsprüfung A 16, A 90; R 10, R 55-60
Eingangsstelle A 16
als Organ im Verfahren A 15 a)
Beschwerde gegen Entscheidungen der ~ A 21 (2), A 106 (1), A 111 (2)
Eingangsprüfung A 90; R 55-60
Formalprüfung A 90; R 57
Organisation R 10
Zuständigkeit R 10
Eingangstag R 35 (2) (3) (4)
s. Anmeldetag
Einheit der ePa oder des eP A 118

Einheitliche Patente
für eine Gruppe von Vertragsstaaten A 142
Einheitlichkeit der Erfindung A 82; R 43 (2), R 44, R 64, R 158, R 164
Einkünfte der EPO
Besteuerung VorImProt 4 (1)
Einnahmen der EPO A 37-42, A 49 (1) (2), A 146
Einreichung der ePa A 75; R 35, R 37
allgemeine Vorschriften R 35
durch technische Einrichtungen zur Nachrichtenübermittlung R 2 (1)
neue ePa R 17
Unterlagen nach ~ R 50
Einschreiben R 126
Einsprechende A 99 (3); R 76 (2) a)
Tod oder fehlende Geschäftsfähigkeit eines ~ R 84
Einspruch A 99
Beitritt A 105; R 89
Eintragungen in das europäische Patentregister R 143 (1) q) r)
Erlöschen des Patents R 75
Mängel R 77
mehrere Einsprüche R 79 (2)
Prüfung A 101, R 79, R 81-82
Verwerfung des ~ als unzulässig R 77
Verzicht auf das Patent R 75
Zurückweisung A 101 (2)
Einspruchsabteilungen A 19, A 101
als Organ im Verfahren A 15 d)
Beschwerden gegen Entscheidungen der ~ A 21 (4), A 106 (1) (2)
Entscheidungen A 101, A 116 (4); R 77 (2), R 82 (4)
Geschäftsverteilung R 11 (1)
Organisation R 11 (1)
Zusammensetzung A 19 (2)
Zuständigkeit A 19 (1), A 104 (2); R 88 (2)
Einspruchsfrist
Veröffentlichung der ~ in der europäischen Patentschrift A 99 (1); R 73
Einspruchsgebühr A 99 (1); R 6 (3); GebO 2.10, GebO 14
Einspruchsgründe A 100
Einspruchsschrift R 76
Einspruchsverfahren A 99-105; R 75-89
Anforderung von Unterlagen R 83
Aussetzung R 78
Beitritt zum ~ A 105; R 89
Bescheide R 77 (2), R 79 (1) (3), R 81 (2) (3), R 113
Beteiligte A 99 (3)
Fortsetzung des ~ von Amts wegen R 84
Kosten A 104, A 106 (3); R 88, R 97
nichtberechtigter Patentinhaber R 78
mündliche Verhandlung A 116 (1) (4)
neue europäische Patentschrift R 96
Unterbrechung R 142
Verfahren gegen Patentinhaber während des ~ R 78
Vorschriften für Unterlagen R 83, R 86

Einstweiliger Schutz A 67, A 153 (4)
Einwendungen Dritter A 115; R 114
Embryonen R 28
Entdeckungen
Ausnahme von der Patentierbarkeit A 52 (2) a)
Entschädigung A 67 (2); R 122 (3) (4)
Entscheidungen R 111 ff.
als Gegenstand einer Beschwerde R 99 (1) b)
Ausschluss von der Akteneinsicht R 144 b)
beschwerdefähige ~ A 106
Berichtigung von Fehlern R 140
Form R 111, R 113
Grundlagen A 113
Kostenfestsetzungs~ A 104 (3)
teilweiser Rechtsübergang aufgrund von ~ R 18, R 78
von Vertragsstaaten über den Anspruch auf Erteilung AnerkProt 9, AnerkProt 10
Zustellung A 119; R 111 (1), R 125 (2)
Erfinder
Eintragungen in das europäische Patentregister R 143 (1) g)
mehrere ~ A 60 (2); R 19 (1)
Recht auf das eP A 60 (1)
~ ist Arbeitnehmer A 60 (1); AnerkProt 4
Erfinderische Tätigkeit A 52 (1), A 56
Erfindernennung A 58 ff., A 81 (3); R 19, R 57 f), R 60, R 144 c)
Anspruch auf ~ A 62
Ausschluss von der Akteneinsicht R 144 c)
Bekanntmachung R 20
Berichtigung R 21
Einreichung R 19
Form R 19 (1), R 41 (2) j)
Frist R 19 (1), R 60, R 163 (1)
Verzicht auf ~ R 20 (1)
Erfindung
Beschreibung A 78 (1) b); R 42
Bezeichnung R 41 (2) b)
Einheitlichkeit A 82; R 43 (2), R 44, R 64, R 158, R 164
erfinderische Tätigkeit A 56
gewerbliche Anwendbarkeit A 57
Neuheit A 54
Offenbarung A 83; R 31-34
patentfähige ~ A 52
technische Merkmale 43 (1), R 44 (1)
unschädliche Offenbarung A 55
von der Patentierbarkeit ausgenomme ~ A 53
Erfindung eines Arbeitnehmers A 60 (1); AnerkProt 4
Erlöschen des eP R 84 (1), R 75; R 98; R 143 (1) p)
Ermittlung von Amts wegen A 114
Erteilung eines eP A 97; R 72
Eintragungen in das europäische Patentregister R 143 (1) o)
Entscheidungen über Anspruch auf ~ AnerkProt 9, AnerkProt 10

erteilte Fassung R 71 (11)
Hinweis im Europäischen Patentblatt A 97 (3), A 129 a); R 71 (9)
Erteilungsantrag A 78 (1) a), A 79 (1); R 19 (1), R 41, R 49, R 57 b)
Erteilungsgebühr R 71 (3) (7); GebO 2.8
Erteilungsverfahren A 90-98; R 55-74, R 142
Aussetzung R 14, R 143 (1) s)
Erweiterung A 76 (1), A 100 c), A 123 (2) (3), A 138 (1) c) d)
Erzeugnisse A 53 b) c), A 54 (4) (5), A 64 (2)
Europäische Eignungsprüfung A 134a (1) b)
Europäische Patentanmeldung
Aktenaufbewahrung R 147
Akteneinsicht A 128; R 145, R 149
als älteres Recht A 139 (1)
als Gegenstand des Vermögens A 71 ff., A 148; R 22 ff., R 85, R 142
als Stand der Technik A 54 (3), A 153 (5); R 165
s. Änderung
Anmeldebestimmungen R 41-50
Anmeldegebühr A 78 (2)
Anmeldetag A 80; R 40
Anmeldeunterlagen R 49
Anspruch auf Erteilung eines Teils der ~ R 18
Anspruchsgebühren R 45, R 162
Antrag A 78 (1) a)
Bearbeitung durch eine Zentralbehörde für den gewerblichen Rechtsschutz der Vertragsstaaten ZentProt IV
Benennung von Vertragsstaaten A 79, A 149
s. Benennung
berechtigte Personen A 58
Beschränkung der Zurücknahme R 14
s. Beschreibung
Bestandteile A 78 (1); R 49 (4)
betreffend Aminosäuresequenzen R 30
betreffend biologisches Material R 31-34
betreffend Nucleotidsequenzen R 30
durch Nichtberechtigte A 61
Eingangs- und Formalprüfung A 16, A 90
Eingangsprüfung A 90
Einheit A 118
Einheitlichkeit der Erfindung A 82; R 44
Einreichung A 61, A 75, A 76; R 17, R 35, R 36
Einreichung der Übersetzung A 14 (2); R 6 (1), R 57 a)
einstweiliger Schutz A 67
Eintragung von Lizenzen und anderen Rechten R 23-24
Eintragung von Rechtsübergängen R 22
Erfindernennung A 81; R 20
Erfordernisse A 78
Europäisches Patentregister A 127
Fassung A 113 (2); R 71 (3)
Formalprüfung A 90; R 57
Formerfordernisse R 57

581

Geheimschutz A 77 (2); R 37 (1)
gemeinsamer Vertreter R 151, R 41 (3)
internationale Anmeldung als ~ A 153 (2); R 159,
R 160
Jahresgebühren A 86
Lizenzen R 23, R 24
Mängel A 90; R 55, R 57, R 58
mehrere oder gemeinsame Anmelder A 59
Offenbarung der Erfindung A 83
s. Patentansprüche
Prüfung A 94; R 71 (1)-(3)
Prüfungsantrag A 94 (1); R 70
s. Priorität
Recherchengebühr A 78 (2)
Rechte *Übertragung und Bestellung A 71; R 22
Rechte *aus der ePa nach Veröffentlichung A 67
rechtsgeschäftliche Übertragung A 72
Schutzbereich A 69, A 70 (3) (4)
Sprachen A 14 (1)-(5); R 3, R 36 (2)
Stand der Technik A 54 (2) (3)
Übermittlung A 77; R 37
Übertragung A 71, A 72; R 22
Umwandlung in eine nationale Patentanmeldung
A 135, A 137; R 155-156
Unterlagen nach Einreichung R 50
unzulässige Angaben R 48
Veröffentlichung A 93, A 153 (3) (4);
R 67-69
verbindliche Fassung A 70
vertragliche Lizenzen A 73
Weiterbehandlung A 121; R 135; GebO 2.12
Wiedereinsetzung in den vorigen Stand A 122; R 136
Wirkungen A 66, A 135 (2) (4); R 155
Zeichnungen A 69 (1), A 78 (1) d); R 43 (6) (7), R 56
Zurückweisung A 61 (1) c), A 90 (5), A 97 (2)
Zusammenfassung A 78 (1) e), A 85
Europäische Patentorganisation A 4, A 5 ff.
amtliche Tätigkeit VorImProt 3 (4)
Archive VorImProt 2
Aufgabe A 4 (3)
Ausgaben A 37, A 43, A 44
Besteuerung VorImProt 4, VorImProt 16
Dokumente VorImProt 1, VorImProt 2
eigene Mittel A 38
Eigentum, Immunität VorImProt 3 (2), (3)
Einnahmen A 37 d), A 40 (1), A 49 (1) (2)
Finanzvorschriften A 37 ff.
Gründung A 4 (1)
Haftung A 9
Haushalt A 40 (1)
Haushaltsplan A 42, A 46, A 47, A 48
Immunitäten A 8; VorImProt
Konferenz der Minister der Vertragsstaaten A 4a
Organe A 4 (2)
Räumlichkeiten VorImProt 1
Rechtspflege in Zusammenarbeit mit anderen Behörden VorImProt 20

Rechtsstellung A 5
Schulden A 49 (1)
Sitz A 6 (1)
Sozialversicherungssystem VorImProt 18
Streitsachen zwischen der ~ und den Bediensteten
A 13
Vermögen A 5 (2), A 49 (1)
Vertrag zwischen dem Internationalen Patentinstitut
und der EPO ZentProt I
Vertretung A 5 (3)
Vorrechte A 8 VorImProt
Waren- und Dienstleistungsverkehr VorImProt 7
Zahlungsverpflichtungen A 126
Zölle für Waren VorImProt 5, VorImProt 6
Europäische Patentschrift
Bekanntmachung der Erfindernennung R 20 (1)
neue ~ A 103; R 87, R 96
Prioritätserklärung in der veröffentlichten ~ R 52 (5)
Sprachen A 14 (6)
Übersetzung A 65
Veröffentlichung A 98, A 103; R 73, R 87, R 96
Europäische Teilanmeldung
Akteneinsicht A 128 (3)
Benennung von Vertragsstaaten A 76 (2)
Einreichung A 75 (3), A 76; R 36 (1)
Eintragungen in das europäische Patentregister
R 143 (1) k)
Frist für Erfindernennung R 60 (2)
Gebühren R 36 (3) (4), R 51 (3); GebO 9 (2)
Sprache R 36 (2)
Europäischer Recherchenbericht A 92, A 153 (6);
R 61-65
bei mangelnder Einheitlichkeit der Erfindung R 64,
R 164
ergänzender ~ A 153 (7)
Erstellung A 17, A 92
erweiterter ~ R 62
Gebühren GebO 2.2, GebO 9
Hinweis auf die Veröffentlichung des ~ im Europäischen Patentblatt R 69 (1)
Inhalt R 61
internationaler Recherchenbericht an der Stelle des ~
A 153 (6)
Stellungnahme des Anmelders R 70 (2)
Veröffentlichung A 92; R 68, R 69
Verfahrenssprache R 61 (5)
Europäisches Patent
Aktenaufbewahrung R 147
Akteneinsicht R 145, R 149
als älteres Recht A 139 (1)
als Gegenstand des Vermögens A 71-74, A 148
Änderung A 101 (3), A 123
Aufrechterhaltung A 101 (3)
Benennung von Vertragsstaaten A 79, A 149
Beschränkung A 105a-105c, A 138 (2) (3); R 90-96
Bezeichnung A 2
Einheit A 118

582

Einspruch A 99
Einspruchsgründe A 100
Einspruchsprüfung A 101
Erfindernennung R 20
Erlöschen R 143 (1) p)
Erteilung A 97; R 72
Erteilungsantrag R 41
Erteilungsverfahren A 90-98
Fassung A 70, A 113 (2), A 101 (3); R 71
für eine Gruppe von Vertragsstaaten A 142
Jahresgebühren A 141, A 37 b), A 39
Laufzeit A 63
Nichtigkeitsgründe A 138
s. Patentansprüche
s. Priorität
Recht auf ein ~ A 60
Recht zur Anmeldung von ~ A 58
Rechte aus dem ~ A 64
Rechtsübergang während der Einspruchsfrist
oder des Einspruchsverfahrens R 85
Schutzbereich R 69, A 70 (3) (4)
Übersetzung A 65, A 70 (3)
Umwandlung in ein nationales Patent A 135, A 137;
R 155-156
Urkunde R 74, R 87
Verletzung A 25, A 64 (3)
Vertragsstaaten A 3
Veröffentlichung A 14 (6), A 98; R 73
Widerruf A 101; R 142 (3) a)
Wirkungen A 2 (2), A 63-70
Zurückweisung des Einspruchs A 101 (2)
Europäisches Patentamt A 10-25
als Anmeldeamt A 151; R 157
als ausgewähltes Amt A 153 (1) b); R 159
als Bestimmungsamt A 153 (1) a); R 159
als Organ der EPO A 4 (2) a)
Aufgabe A 4 (3), A 143 (1)
Bescheide R 111-113
besondere Organe A 143
Dienststellen A 7; ZentProt I (1) (c), ZentProt I (3),
ZentProt V (1) (2)
Entscheidungen R 111-113
erste Instanz R 11
gegenseitige Unterrichtung zwischen dem EPA und
den Zentralbehörden für den gewerblichen Rechts-
schutz A 130
Internationale Recherchenbehörde A 152; R 158
internationale vorläufige Prüfung A 152; R 158
interne Verwaltungsvorschriften A 10 (2) a)
Leitung A 10 (1), A 143 (2)
Mitteilungen R 111-113
Organe A 15
Organisation R 8 ff.
Präsident A 10; VorImProt 13
Sitz A 6 (2)
Sprachen A 14
Veröffentlichungen A 129

Verkehr mit Behörden der Vertragsstaaten R 148
verwaltungsmäßige Gliederung R 9
Vizepräsident A 10 (3), A 11 (2); R 9 (2)
Zweigstelle Den Haag A 6 (2), A 10 (2) b)
Europäisches Patentblatt A 129 a)
Berichtigung/Widerruf der Erfindernennung
R 21 (2) (3)
Hinweis auf die Veröffentlichung des europäischen
Recherchenberichts R 69 (1)
Hinweis auf Erteilung eines eP A 97 (3); R 71 (9)
Sprachen A 14 (7) a)
Europäisches Patentregister A 127, A 129 a);
R 143
Berichtigung/Widerruf der Erfindernennung
R 21 (2) (3)
Eintragungen A 20 (1)
Eintragung von Lizenzen und anderen Rechten
R 23, R 24
Eintragung von Rechtsübergängen R 22 (1), R 85
Sprachen A 14 (8)
Europäisches Patentübereinkommen
Änderung A 10 (2) c)
Anwendung A 173
Aufnahmebeitrag A 170
Auslegung A 173, A 177 (2)
beglaubigte Abschriften A 178 (1)
Beitritt A 166
Bestandteile A 164 (1)
Geltungsdauer A 171
Inkrafttreten A 169
Kündigung A 174
Notifikationen A 178
räumlicher Anwendungsbereich A 168
Ratifikation A 165
Revision A 172
Sprachen A 177
Streitigkeiten zwischen Vertragsstaaten über
Anwendung und Auslegung A 173
Übermittlungen A 178
Unterzeichnung A 165
Vorrang des Übereinkommens A 164 (2)
**Europäisches Recht für die Erteilung von
Patenten** A 1

F

Fachmann A 56, A 69, A 83, A 100 b), A 138 (1) b);
R 31 (1)
Fassung der ePa s. Europäische Patentanmeldung
Fassung des eP s. Europäisches Patent
Fehler in Unterlagen R 139
Finanzbeiträge
besondere ~ der Vertragsstaaten A 37 c), A 40,
A 47 (4), A 50 b) d) e), A 146, A 176 (1)
Finanzordnung A 50, A 33 (2) a)

Finanzvorschriften A 37-51
Flussdiagramme R 46 (3)
Formalprüfung A 16, A 90; R 10, R 55-60
Formschöpfungen A 52 (2) b)
Fristen (allgemein) A 120; R 131-134
Änderung der Dauer A 33 (1) a)
Aussetzung des Verfahrens R 14 (4)
Berechnung A 88 (2); R 131
Dauer A 120 b); R 132
Einhaltung der Zahlungsfrist GebO 7,
GebO 8
Fristversäumung A 121 (1), A 122; R 135-136
Unterbrechung R 142 (4)
Verlängerung R 132, R 134
Frühere Anmeldung R 52 (1), R 53

G

Gebrauchsmuster
nationale ~ A 140
Priorität A 87
Gebrauchszertifikat
nationales ~ A 140
Priorität A 87
Gebühren
Bemessung A 40 (1)
Entrichtung GebO 5
Ermäßigung R 6 (3); GebO 14
Fälligkeit GebO 4
gemäß dem EPÜ GebO 1 a), GebO 2
gemäß dem PCT GebO 1 b)
gemäß der Ausführungsordnung GebO 1 a),
GebO 2
Nichtzahlung GebO 2.12
Rückerstattung R 64 (2);
GebO 9-12
vom Präsidenten festgesetzte ~ GebO 3
Gebührenordnung A 51; GebO 1
Erlass und Änderung A 33 (2) d)
Inkrafttreten GebO 15
Stimmenwägung A 36
Gedankliche Tätigkeiten
Pläne, Regeln und Verfahren für ~ A 52 (2) c)
Gehälter und Bezüge
Besteuerung VorImProt 16 (1)
Geheimanmeldung A 75 (2), A 77; R 37
Gemeinsame Anmelder s. Anmelder
Gemeinsame Benennung s. Benennung
Gemeinsame Patentinhaber s. Patentinhaber
Gemeinsamer Vertreter s. Vertreter
Generaldirektionen R 9 (2)
Gerichte
internationales Schiedsgericht VorImProt 23,
VorImProt 24

Gerichte der Bundesrepublik Deutschland
Zuständigkeiten AnerkProt 6
Gerichte der Vertragsstaaten
Akteneinsicht A 131 (1)
Vernehmung vor dem zuständigen nationalen Gericht
eines Vertragsstaats R 120
Zuständigkeiten A 9 (4); AnerkProt 7, AnerkProt 8
Gesundheitsschutz VorImProt 20
Gewerbliche Anwendbarkeit A 52 (1), A 57,
A 100 a), A 138 (1) a); R 42 (1) f)
Große Beschwerdekammer
als Organ im Verfahren A 15 g)
Entscheidung und Stellungnahme A 112
Geschäftsverteilung R 13
Mitglieder A 11 (3) (5), A 23, A 24
Verfahrensordnung A 23 (4); R 13 (2)
Zusammensetzung A 22 (2)
Zuständigkeit A 22 (1)
Grundsätze
allgemeine ~ des Verfahrensrechts A 125
Gutachten
von Sachverständigen R 121
s. Technische Gutachten
Gute Sitten A 53 a)
Verstoß der ePa gegen die ~ R 48 (1) a) (2)

H

Haager Abkommen
über die Schaffung eines Internationalen Patentinstituts ZentProt I (1) (a)
Haftung
persönliche ~ der Bediensteten A 9 (3)
Haftung der EPO A 9 (1) (2) (4)
Haushalts- und Finanzausschuss A 50 f)
Haushaltsführung der EPO A 47, A 48, A 49 (2)
Haushaltsjahr der EPO A 43, A 45
Haushaltsplan der EPO A 42
Änderung durch den Verwaltungsrat A 36 (1)
Ausführung und Änderung A 10 (2) d), A 48, A 50 a)
Bewilligung der Ausgaben A 43
Entlastung hinsichtlich der Ausführung A 49 (4)
Entwurf und Feststellung A 46
unvorhergesehene Ausgaben A 44
Hinterlegung
von Beitritts-/Ratifikationsurkunden A 165 (2),
A 166 (3), A 172 (3)
von mikrobiologischem Material R 31-34
Wirkung der europäischen Patentanmeldung als nationale ~ A 66
Hinterlegungsstellen R 31 (1) a) c)

I

Immunität/Vorrechte A 8; VorImProt 1-25
Informationen
Austausch von ~ A 130
Wiedergabe von ~ A 52 (2) d)
Institut der zugelassenen Vertreter A 134a (1) a) c)
Internationale Anmeldung A 150 ff.
Bearbeitung durch Zentralbehörden für den gewerblichen Rechtsschutz ZentProt III
Einreichung A 151; R 157
gemeinsame Benennung einer Gruppe von Vertragsstaaten A 149 (2)
Handlungen vor dem EPA R 159 (1)
Übermittlungsgebühr R 157 (4); GebO 2.18
Übersetzung A 153 (4); R 159 (1) a);
Sprache A 153 (3) (4); R 157 (2)
Veröffentlichung A 153 (3) (4)
Weiterleitung A 151; R 157 (3)
Zurücknahmefiktion R 160
Internationale Arbeitsorganisation
Zuständigkeiten des Verwaltungsgerichts der ~ A 13
Internationale Ausstellungen s. Ausstellungen
Internationale Patentklassifikation R 8, R 11 (1), R 61 (6)
Internationale Recherchenbehörde
EPA als ~ A 152; R 158; ZentProt III
Verzicht auf Tätigkeit als ~ zugunsten der EPO Zent-Prot I (2)
Internationale vorläufige Prüfung A 152; R 158; ZentProt III, ZentProt IV (1) (e); GebO 2.19, GebO 14 (2)
Verzicht der Zentralbehörden für den gewerblichen Rechtsschutz zugunsten des EPA ZentProt II
zusätzliche Gebühr für ~ R 158 (2)
Internationale Zusammenarbeit
Vertrag über die ~ auf dem Gebiet des Patentwesens (PCT) A 150-153
Internationaler Gerichtshof A 173 (2); VorImProt 24 (3)
Internationaler Recherchenbericht A 152; R 158
Internationales Patentinstitut ZentProt I (1) (a) (b)

J

Jahresgebühren A 86, A 141; GebO 2.4
Entrichtung R 51, R 71 (9)
EPA als Bestimmungsamt oder als ausgewähltes Amt im Sinne des PCT R 159 (1) g)
Fälligkeit R 51
Nichtzahlung A 122; R 135 (2)
Zahlungen der Vertragsstaaten A 37 b), A 39, A 40 (1), A 47 (3), A 50 b) d), A 147, A 176 (2)

K

Keimbahn des menschlichen Lebewesens R 28
Klonen von menschlichen Lebewesen R 28
Konferenz der Minister der Vertragsstaaten A 4a
Kostenerstattung für Zeugen und Sachverständige R 122 (2) (3)
Kostenfestsetzung A 104, A 106 (3); R 88, R 97; GebO 2.16
Kriegsfall A 63 (2) a)

L

Landwirtschaft
gewerbliche Anwendbarkeit A 57
Laufende Konten GebO 5 (2), GebO 7 (2)
Liste der zugelassenen Vertreter s. Vertreter
Lizenzen
ausschließliche ~ R 24 (1)
Eintragung R 22, R 23
Unterlizenz R 24 (2)
vertragliche ~ A 73

M

Mängel s. Berichtigung
Beschwerde R 101
Eingangs-/Formalprüfung A 90; R 55, R 57-58
Einspruch R 77 (1) (2)
Feststellung durch die Prüfungsabteilung A 94 (3); R 71 (1)
Materielles Patentrecht A 52-74
Mathematische Methoden A 52 (2) a)
Mehrere Anmelder s. Anmelder
Mehrere Einsprüche s. Einspruch
Mehrere Erfinder s. Erfinder
Mehrere Prioritäten s. Priorität
Menschlicher Körper R 29
Mikrobiologische Verfahren A 53 b); R 26, R 27
Mikroorganismen s. Biologisches Material
Budapester Vertrag über die internationale Anerkennung der Hinterlegung von ~ R 31, R 34
Mittel
eigene ~ der EPO A 37 a), A 38, A 44
Mündliche Verhandlung A 116
Ladung R 115 (1)
Niederschrift R 124
Mündliche Verhandlung und Beweisaufnahme R 115-124
Mündliches Verfahren
Verfahrenssprache R 4

N

nachgereichte Unterlagen R 50
Nachrichtenübermittlung
Einreichung/Zustellung durch technische Einrichtungen zur ~ R 2, R 125 (1) b)
Nachrichtenverkehr
amtlicher ~ VorlmProt 10
Nachtragshaushaltspläne A 10 (2) d), A 36 (1), A 42 (1), A 46, A 48
Nationale Anmeldegebühr A 137 (2) a)
Nationale Hinterlegung s. Hinterlegung
Nationale Patentämter der Vertragsstaaten
Anpassung an das europäische Patentsystem ZentProt IV
Nationale Patentanmeldung
Angaben über ~ A 124
Umwandlung in eine ~ A 135, A 137; R 155-156
Nationales Gebrauchsmuster s. Gebrauchsmuster
Nationales Gebrauchszertifikat s. Gebrauchszertifikat
Nationales Patent
als älteres Recht A 139 (2)
Nationales Recht
Auswirkungen auf das ~ A 135-141
Naturkatastrophe
Störung des Dienstbetriebs R 134
Neue ePa A 61; R 17, R 51 (6), R 60 (2), R 143 (1) k); GebO 9
Neuheit einer Erfindung A 52 (1), A 54, A 100 a), A 138 (1) a); R 61 (1)
Nichtigkeitsgründe A 138
Niederlande A 9 (2) (4) b)
Notifikationen A 168, A 174, A 178
Nucleotidsequenzen
ePa betreffend ~ R 30

O

Öffentliche Ordnung
Verstoß von Erfindungen gegen die ~ A 53 a); R 48 (1) a)
Öffentlichkeit
des Verfahrens A 116 (3) (4)
Unterrichtung der ~ bei Umwandlungen R 156
Unterrichtung der ~ und der Behörden A 127-132; R 143-147
Veröffentlichung von Mitteilungen an die ~ A 10 (2) a)
Offenbarung der Erfindung A 83; R 31 (1)
Kurzfassung R 47 (2)
unschädliche ~ A 55; R 25
unvollständige ~ A 100 b), A 138 (1) b)
Offenkundige Vorbenutzung A 54 (2)

Organe der EPO s. Europäische Patentorganisation
Organe des EPA s. Europäisches Patentamt
Organisation s. Europäische Patentorganisation

P

Pariser Verbandsübereinkunft A 87
Patentanmeldungen s. Europäische Patentanmeldung, Internationale Anmeldung, Nationale Patentanmeldung
Patentansprüche
abhängige ~ R 43 (3) (4)
als Teil einer ePa A 78 (1) c); R 57 c)
Änderung A 123 (1), A 138 (2); R 4 (6), R 58, R 68 (4), R 71 (1) (4) (5), R 79 (1) (3), R 80, R 81 (3), R 100 (1), R 137, R 138
Aufforderung zur Änderung der ~ während eines Einspruchsverfahrens R 81-82
Auslegung der ~ A 69; Protokoll über die Auslegung des A 69
Berichtigung R 139
Bestimmung des Schutzbereichs A 69 (1)
Deutlichkeit A 84
Form und Inhalt R 43, R 49, R 50 (1)
Frist für Einreichung der Übersetzung der ~ R 71 (3), R 82 (2), R 95 (3)
gebührenpflichtige ~ R 45, R 71 (6), R 162
Inhalt A 84; R 43, R 50 (1)
Kategorie R 43 (2)
mehr als zehn ~ R 45, R 71 (6), R 162
Übersetzung A 14 (6), A 67 (3), A 70 (3); R 71 (3), R 82 (2), R 95 (3)
unabhängige ~ R 43 (2)
unterschiedliche ~ für verschiedene Vertragsstaaten R 18 (2), R 78 (2), R 138
Veröffentlichung R 68 (1) (4)
s. Anmeldeunterlagen
Patentdokumentation ZentProt VI
Patentfähigkeit
mangelnde ~ A 97 (2), A 100 a), A 101 (2), A 138 (1) a)
patentfähige Erfindungen A 52
Patentierbarkeit A 52-57
Ausnahmen A 53; R 28
Einwendungen Dritter A 115; R 114
Patentinhaber
Eintragung in das europäische Patentregister R 143 (1) f)
gemeinsame ~ A 118; R 72
mangelnde Berechtigung A 99 (4); R 78
Mitteilung über Einspruch R 79 (1)
Tod des ~ oder fehlende Geschäftsfähigkeit R 142 (1) a) b), R 142 (2) (4)
Patentklassifikation s. Internationale Patentklassifikation

Patentschrift s. Europäische Patentschrift
Patentverletzer
Beitritt des vermeintlichen ~ A 105; R 89
Patentverletzung A 64 (3)
PCT
Vertrag über die Internationale Zusammenarbeit auf dem Gebiet des Patentwesens (PCT)
A 150-153; R 157-165
Personal s. Bedienstete
Pflanzen
Verfahren zur Züchtung von ~ A 53 b); R 26 (5)
Patentierbarkeit von ~ R 27
Pflanzensorten
Ausnahme von der Patentierbarkeit A 53 b)
Begriffsbestimmung R 26
Post s. Zustellung
Unterbrechung des Postdienstes R 134
Präsident des EPA A 11, A 12, A 49 (4), A 134 (7); VorImProt 13, VorImProt 16
Aufgaben/Befugnisse A 5 (3), A 10, A 11 (3), A 29 (2), A 33 (4), A 46 (1), A 48, A 49 (3), A 112 (1) b), A 119, A 134 (7), A 143 (2), A 145 (1); R 2, R 9, R 11, R 30, R 33 (6), R 53 (2), R 54, R 67 (1), R 68 (2), R 73, R 87, R 127, R 126 (1), R 129 (2), R 143 (2), R 144 d), R 145 (2), R 152 (1)(5); GebO 3 (1), GebO 4 (2), GebO 5 (2), GebO 9 (2), GebO 12
Immunitäten VorImProt 1 (2), VorImProt 13, VorImProt 19 (2)
Präsident des Verwaltungsrats A 27
Präsidium des Verwaltungsrats A 28
Präsidium der Beschwerdekammern R 12
Priorität A 87-89
mehrere Prioritäten A 88 (2) (3)
Prioritätsanspruch
Erlöschen A 90 (5)
Prioritätsbelege A 88 (1); R 53, R 54, R 163 (2)
Prioritätserklärung A 88 (1); R 41 (2) g), R 52, R 135 (2), R 139, R 143 (1) i)
Prioritätsfrist A 87 (1)
Wiedereinsetzung R 136 (1)
Prioritätsrecht A 87, A 88 (3) (4), A 89, A 90 (5)
Prioritätstag A 61 (2), A 76 (1), A 89
im europäischen Recherchenbericht R 61 (3)
Rechte mit gleichem Anmeldetag oder ~ A 139
Prioritätsunterlagen A 88 (1); R 53, R 54, R 163 (2)
Programme für Datenverarbeitungsanlagen
A 52 (2) c)
Protokolle A 164
Prüfung s. Internationale vorläufige Prüfung
Prüfung der ePa A 94
durch die Prüfungsabteilung R 71, R 72
Prüfungsabteilungen
als Organ im Verfahren A 15 c)
Beschwerden gegen Entscheidungen der ~ A 21 (1), A 21 (3), A 106 (1)
Entscheidungen A 97; R 159 (2); R 71, R 111, R 123 (4)

Geschäftsverteilung R 11 (1)
Zusammensetzung A 18 (2), A 33 (3)
Zuständigkeit A 18 (1), A 25; R 10, R 11 (2), R 159 (2
Prüfungsantrag A 94; R 70
Eintragungen in das europäische Patentregister
R 143 (1) m)
Fristen R 70 (1), R 142 (4), R 159 (1) f)
Zuständigkeit der Eingangsstelle und der Prüfungsabteilung R 10
Prüfungsgebühr A 94 (1); GebO 2.6,
Ermäßigung GebO 14 (2)
Rückerstattung GebO 11
Prüfungsverfahren A 94, A 97-98; R 14, R 71, R 142

R

Recherche A 92 (1); R 61-64, R 164
Recherchenabteilungen A 17
als Organ im Verfahren A 15 b)
Geschäftsverteilung R 11 (1)
Zuständigkeit A 17; R 11 (2)
Recherchenbehörde s. Internationale Recherchenbehörde
Recherchenbericht s. Europäischer Recherchenbericht
Recherchengebühr
europäische Recherche A 78 (2); R 17 (2), R 36 (3), R 64 (1) (2); GebO 2.2, GebO 9
ergänzende europäische Recherche A 153 (7); R 159 (1) e), R 160, R 164; GebO 2.2, GebO 9
internationale Recherche A 152; R 158; GebO 2.2
Recherchentätigkeit
Zusammenarbeit zwischen dem EPA und anderen Behörden ZentProt III
Rechnungsführer A 50 c)
Rechnungslegung A 50 a)
Rechnungsprüfer A 49 (1) (2) (4)
Rechnungsprüfung A 49, A 50 a)
Recht auf das europäische Patent A 60
Rechte
ältere ~ A 139 (1) (2)
Aufrechterhaltung wohlerworbener ~ bei Ausscheiden eines Vertragsstaats A 175
aus dem eP A 64
aus dem ePa nach Veröffentlichung A 67; R 33
Bestellung und Übertragung A 71, A 148 (2)
Eintragungen in das europäische Patentregister
R 143 (1) w)
mit gleichem Anmeldetag oder Prioritätstag A 139 (3)
Rechtliches Gehör A 113
Rechtsabteilung A 20; R 11 (2)
als Organ im Verfahren A 15 e)
Beschwerde gegen Entscheidungen der ~ A 106 (1), R 100 (3)

Entscheidungen der ~ A 20; R 111
Rechtshilfe A 131; R 117-118, R 148-150
Rechtshilfeersuchen A 131 (2); R 150
Rechtspflege
Zusammenarbeit zwischen EPO und anderen Behörden VorImProt 20
Rechtsstreit über Anspruch auf Erteilung
AnerkProt 1-11
Rechtsübergänge A 71, A 72, A 74, A 148 (2); R 22
auf mehrere Personen R 151 (2)
teilweiser Rechtsübergang R 18
während der Einspruchsfrist oder des Einspruchsverfahrens R 85
Rechtsverlust R 112
Rechtsvorschriften
staatliche ~ VorImProt 20
Renten
Besteuerung VorImProt 16 (2)
Reisekosten R 122 (2)
Rückzahlung R 37 (2), R 64 (2), R 103; GebO 9, GebO 10-12
der besonderen Finanzbeiträge A 40 (6) (7), A 176 (1)

S

Sachverständige
Aussagen und Erklärungen R 124 (2)
Beauftragung R 121
bei der Beweisaufnahme A 117; R 117-119, R 150 (5)
des Verwaltungsrats A 26 (2)
Gutachten R 121
Immunitäten A 8; VorImProt 12, VorImProt 15, VorImProt 17
Kostenerstattung R 122 (2) (3)
Vernehmung vor dem zuständigen nationalen Gericht R 120
Zugang zu biologischem Material R 32-33
Schlussbestimmungen A 164-178
Schreibfehler s. Fehler in Unterlagen
Schriftliches Verfahren R 3 (1)
Schriftstücke
Ausschluss von der Akteneinsicht R 144 d)
Bestätigung R 2
Einreichung von Unterlagen R 2
im Recherchenbericht genannte ~ R 61 (1)-(4)
Sprachen A 14 (1)-(4); R 3
Übermittlung VorImProt 10
Unterschrift, Name, Dienstsiegel R 113
Zustellung R 125
Schulden der EPO A 49 (1), A 49 (3)
Schutz
aus dem eP A 64 (2)
einstweiliger ~ A 67
gleichzeitiger ~ A 139 (3)

Schutzbereich A 69, A 70 (3) (4); Protokoll über die Auslegung des A 69
Erweiterung durch Änderungen A 123 (3), A 138 (1) d)
Sequenzprotokoll R 30
Sicherheit und Ordnung
Vorschriften zur ~ VorImProt 20, VorImProt 21
Sozialversicherung VorImProt 18
Spiele A 52 (2) c)
Sprache(n)
Amtsblatt des EPA A 14 (7) b)
Beweismittel R 3 (3), R 4 (6)
ePa A 14 (1) (2) (5)
EPA A 14; R 3-7
europäische Patentschriften A 14 (6)
europäische Teilanmeldung R 36 (2)
europäisches Patentblatt A 14 (7) a)
europäisches Patentregister A 14 (8)
EPÜ A 177
fristgebundene Schriftstücke A 14 (4); R 3 (1)
internationale Anmeldung A 153 (3) (4); R 157 (2)
mündliche Verfahren R 4
Recherchenbericht R 61 (5)
Rechtshilfeersuchen R (2)
Schriftstücke von Beteiligten R 3 (1)
Verwaltungsrat A 31
s. Verfahrenssprache
Sprachliche Fehler s. Fehler in Unterlagen
Störung des Dienstbetriebs R 134
Stand der Technik A 54, A 56, A 153 (5); R 165, R 42 (1) b)
Steuern
auf Gehälter und Renten VorImProt 16, VorImProt 17
Befreiung der EPO VorImProt 4
Stimmenwägung A 36; ZentProt VIII
Stoffe und Stoffgemische A 54 (4), A 54 (5)
Straßburger Abkommen über die Internationale Patentklassifikation R 8 (1)
Streik
bei der Post R 134
Störung des Dienstbetriebs R134
Streitigkeiten
über Immunitäten VorImProt 23, VorImProt 24
zwischen Vertragsstaaten über das EPÜ A 173
Streitsachen
zwischen der EPO und den Bediensteten des EPA A 13

T

Tatsachen und Beweismittel
zu spät vorgebrachte ~ A 114 (2); R 116
Technische Aufgabe
Beschreibung im Erteilungsantrag R 42 (1) c)

Technische Einrichtungen zur Nachrichtenübermittlung
zur Einreichung von Unterlagen R 2
für Zustellungen R 125 (2) b), R 127
Technische Gutachten A 25
Gebühr für ein ~ GebO 2.20
Rückerstattung der Gebühr GebO 10
Technische Merkmale der Erfindung R 43 (1), R 44 (1)
Teilanmeldung s. Europäische Teilanmeldung
Territoriale Wirkung des eP A 3
Therapeutische Behandlung
Verfahren zur ~ A 53 c)
Tierarten
Ausnahme von der Patentierbarkeit A 53 b)
Tiere
Ausnahme von der Patentierbarkeit R 27
Veränderung der genetischen Identität R 28
Verfahren zur Züchtung von ~ A 53 b); R 27 (5)
Tod oder fehlende Geschäftsfähigkeit R 84, R 142 (1), R 152 (9), R 154 (2) a)

U

Übereinkommen
über internationale Ausstellungen A 55 (1) b)
besondere ~ A 142-149
Wiener ~ über diplomatische Beziehungen VorlmProt 13 (1)
Übermittlungen A 77, A 135 (2) (3); R 33, R 37, R 134, R 155, R 157 (3)
Übermittlungsgebühr
für eine internationale Anmeldung R 157 (4); GebO 2.18
Überprüfung durch die Große Beschwerdekammer A 22, A 112a, R 143 (1) v); GebO 2.11a
Besetzung der Großen Beschwerdekammer A 22 (2); R 109
Entscheidung über ~ A 112a (5); R 108 (2) (3)
Gebühr R 6 (2) (3); GebO 2.11a, GebO 14
Inhalt des Antrags auf ~ R 107
Jahresgebühren R 51 (5)
Mängel des Antrags R 108 (2)
Prüfung des Antrags auf ~ R 108
Rückzahlung der Gebühr R 110
Rügepflicht R 106
schwerwiegender Verfahrensmangel A 112a (2); R 104
Straftat R 105
Übersetzung
als Teil der Anmeldeunterlagen R 49 (1)
Beglaubigung R 5
bei Umwandlung in ein nationales Patent A 137 (2) b)
berichtigte ~ A 70 (4) a)
Beweismittel R 3 (3)

Einreichung der ~ einer ePa A 14 (2), A 90 (3); R 6 (1), R 57 a)
europäische Patentschrift A 65, A 70 (4) a)
Frist für die Einreichung einer ~ A 65 (1)
Fristen R 6
fristgebundener Schriftstücke in die Verfahrenssprache A 14 (4); R 3 (1), R 6 (2)
Gebührenermäßigung R 6 (3); GebO 14 (1)
der internationalen Anmeldung A 153 (4); R 159 (1) a), R 160
Kosten für die Veröffentlichung einer ~ A 65 (2)
in mündlichen Verfahren R 4 (1) (3) (5)
der Patentansprüche A 14 (6), A 67 (3), A 70 (4) a); R 50 (1), R 71 (3)(7), R 82 (2); R 95 (3)
der prioritätsbegründenden früheren Anmeldung A 88 (1); R 53 (3), R 163 (2)
nicht rechtzeitig eingereicht A 14 (2)
rechtliche Bedeutung der ~ R 7
Rechtshilfeersuchen R 150 (2)
ursprüngliche ~ A 70 (4) b)
verbindliche Fassung der ePa oder des eP A 70
Verfahrenssprache A 14 (2) (3); R 3 (2)
Übertragung A 71; R 22
rechtsgeschäftliche ~ der ePa A 72; R 22
Umwandlung A 135, A 137; R 155-156
Umwandlungsantrag A 135; R 155
Eintragungen in das europäische Patentregister R 143 (1) v)
Umwandlungsgebühr A 135 (3); GebO 2.14
Unabhängige Patentansprüche s. Patentansprüche
Unrichtigkeiten s. Fehler in Unterlagen
Unschädliche Offenbarung s. Offenbarung der Erfindung
Unterbrechung des Verfahrens R 142, R 143 (1) t)
Unterrichtung s. Öffentlichkeit, s. Behörden A 127-132; R 143-147
Unterschrift R 113
Unzulässige Erweiterung A 123 (2)

V

Vereinbarungen des EPA/der EPO A 132 (2), A 152; VorlmProt 25
Verfahren
allgemeine Vorschriften A 113-126
als Gegenstand eines eP A 52 (2) c) (3), A 53 b), A 53 c), A 54 (4) (5)
Aussetzung R 14
Organe des EPA im ~ A 15
Unterbrechung und Wiederaufnahme R 142, R 143 (1) t)
s. Mündliches Verfahren
s. Schriftliches Verfahren
Verfahrensrecht A 125

589

Verfahrenssprache A 14 (3) (5) (6) (8), A 70 (1); R 3-4, R 61 (5)
Ausnahmen im mündlichen Verfahren R 4
Verhandlung s. Mündliche Verhandlung
Verkaufspreise
vom Präsidenten festgesetzte ~ GebO 3 (2), (3)
Verkehr
des EPA mit Behörden und Gerichten der Vertragsstaaten R 148
Verletzung des eP A 64 (3)
technisches Gutachten für ein nationales Gericht bei einer Verletzungsklage A 25
Vermögen
Besteuerung der EPO VorImProt 4 (1)
der EPO A 5 (2), A 49 (1) (3), VorImProt 3 (2) (3)
ePa und eP als Gegenstand des ~ A 71 ff., A 148; R 22 ff., R 85, R 142
Vernehmung
von Beteiligten A 117; R 117-119
Veröffentlichungen
Austausch von ~ A 132
regelmäßig erscheinende ~ A 129
Versand VorImProt 8
Verschiedene Anmelder s. Anmelder
Versorgungsordnung der EPO A 33 (2) c); VorImProt 23 (3)
Streitsachen über die ~ A 13
Vertrag
über die internationale Zusammenarbeit auf dem Gebiet des Patentwesens A 150-158
zwischen dem Internationalen Patentinstitut und der EPO ZentProt I (1) (a)
Vertragsstaaten
Akteneinsicht durch Gerichte und Behörden A 131; R 149
Amts- und Rechtshilfe A 131; R 117-119, R 148-150
Anerkennung von Entscheidungen AnerkProt 1 (2), AnerkProt 9, AnerkProt 10
Aufnahmebeitrag A 170
Ausscheiden eines ~ A 172 (4), A 175, A 176
s. Benennung von ~
besondere Finanzbeiträge A 37 c), A 40 (1) A 47 (4), A 50 b) d) e), A 146, A 176 (1)
Dienststellen des EPA in den ~ A 7
gemeinsames Recht der ~ für die Erteilung von Erfindungspatenten A 1
Gerichte A 9 (4), A 131; AnerkProt 7, AnerkProt 8
s. Immunitäten
Kündigung des EPÜ A 174
Rechtshilfeersuchen R 150
Streitigkeiten über Auslegung des EPÜ A 173
unterschiedliche Ansprüche, Beschreibungen oder Zeichnungen für verschiedene ~ R 138
Verhältnis untereinander AnerkProt 11
Verkehr der Behörden der ~ mit dem EPA R 148
Vertreter der ~ und Stellvertreter A 26 (1), A 27 (2)
Verzichte der ~ ZentProt I-IV

Vorschüsse A 41, A 50 b), A 146
Weiterleitung der ePa A 77, R 37
Weiterleitung der internationalen Anmeldung R 157 (3)
Wiedereinsetzung A 122 (6)
Wirkungen der ePa und des eP in jedem ~ A 2 (2), A 139 (1) (2)
Zahlungen von Jahresgebührenanteilen A 37 b), A 39, A 40 (1), A 47 (3), A 50 b) d), A 147, A 176 (2)
Zuständigkeiten der Gerichte A 9 (4) a); AnerkProt 1-8
Vertreter A 134
Änderung der Liste R 154
Bestellung eines ~ A 90 (3), A 133 (2); R 57 h), R 151
Disziplinargewalt A 134a (1) c); R 12 (6)
Eignungsprüfung A 134a (1) b)
Eintragung und Löschung im Europäischen Patentregister A 20 (1); R 143 (1) h)
gemeinsamer ~ R 41 (3), R 151
in einem Einspruchsverfahren R 84
Institut der zugelassenen ~ A 134a (1) a)
Liste der ~ A 20 (1), A 134 (1)-(3); R 154
Nennung im Erteilungsantrag R 41 (2) d)
Rechtsanwalt als ~ A 134 (8)
Vollmacht R 152
Voraussetzungen A 134
Zeugnisverweigerungsrecht A 134a (1) d); R 153
Zustellung R 130
Vertretung A 133-134; R 41 (3), R 130 (3), R 151-154
allgemeine Grundsätze A 133
~ vor besonderen Organen des EPA A 144
Verwaltungsgebühren R 22 (2), R 23 (1) (2), R 74, R 145 (2), R 146; GebO 3 (1) (3)
Verwaltungsmäßige Gliederung des Europäischen Patentamts R 9
Verwaltungsrat A 4 (2) b) (3)
Abstimmungen A 35, A 36; ZentProt VIII
Amtszeit A 27 (2)
Ausstattung A 32
Befugnisse A 10 (3), A 11, A 23 (1) (4), A 33, A 39 (3), A 40 (5), A 41 (2), A 44 (2), A 46 (2), A 47 (2), A 49 (1) (4), A 130 (3), A 134a, A 145 (1), A 146, A 152, A 153 (7), A 166 (1) b), A 172 (2), A 173 (1); R 12 (6);
VorImProt 16 (1), VorImProt 17, VorImProt 19 (2), VorImProt 24 (1) (2), VorImProt 25; ZentProt I-VIII
Berater A 26 (2)
Beschlüsse A 35
engerer Ausschuss A 145
Entscheidungen über Immunitäten VorImProt 17
Geschäftsordnung A 29 (4) (5), A 33 (2) e)
Immunität der Teilnehmer der Tagungen des ~ A 8; VorImProt 12
Mitglieder A 26 (2)
Personal A 32
Präsident A 27, A 28 (2)

Präsidium A 28
Räumlichkeiten A 32
Sachverständige A 26 (2)
Sprachen A 31
Stimmenwägung A 36; ZentProt VIII
Stimmrecht A 34
Tagesordnung A 29 (4), A 29 (5)
Tagungen A 29, A 30
Vizepräsident A 27, A 28 (2)
Vorsitz A 27
Zusammensetzung A 26
Verzeichnis der Hinterlegungsstellen und Sachverständigen R 33 (6)
Vizepräsident
des EPA A 10 (3), A 11 (2); R 9 (2)
des Verwaltungsrats A 27
Vollmacht A 133 (3); R 152
Vorbenutzung s. Offenkundige ~
Vorläufige Prüfung s. Internationale vorläufige Prüfung
Vorrang A 164; AnerkProt 11 (1); ZentProt VII
Vorrechte und Immunitäten s. Immunität
Vorschüsse
der Vertragstaaten A 41, A 50 b)

W

Waren- und Dienstleistungsverkehr VorImProt 7
Weiterbehandlung der ePa A 121; R 135
Weiterbehandlungsgebühr A 121 (2); GebO 2.12
Weltorganisation für geistiges Eigentum
Teilnahme als Beobachter auf den Tagungen des Verwaltungsrats A 30 (1)
Vereinbarungen mit der EPO A 152,
Widerruf des europäischen Patents A 101 (2) b), A 105a-105c; R 142 (3) a)
Eintragung in das europäische Patentregister R 143 (1) r)
Wirkung A 68
zentraler ~ durch EPA A 105a-105b; R 90-94, R 95 (1)
Widerrufsverfahren A 105a-105b; R 90-94, R 95 (1); GebO 2.10a
Widerspruch R 158 (3)
Widerspruchsgebühr R 158 (3); GebO 2.21
Wiedereinsetzung in den vorigen Stand A 122; R 136
Eintragungen in das europäische Patentregister R 143 (1) u)
Wiedereinsetzungsgebühr R 136 (1); GebO 2.13
Wiener Übereinkommen über diplomatische Beziehungen VorImProt 13 (1)
Wissenschaftliche Theorien A 52 (2) a)
Wohnsitz oder Sitz A 14 (4), A 133 (2) (3); R 41 (2) c), R 76 a), R 143 (1) f)

Z

Zahlungen
Angaben GebO 6
Arten der ~ GebO 5
unvollständige ~ GebO 8
Zahlungstag
maßgebender ~ GebO 7
Zeichnungen
als Teil einer ePa A 78 (1) d)
Änderung A 123 (1) (2), A 138 (2); R 3 (2), R 18 (2), R 56, R 57-58, R 71 (1), R 78, R 79 (1), R 80, R 81 (3), R 137, R 138
Aufforderung zur Änderung der ~ während eines Einspruchsverfahrens R 81
Berichtigung R 139
in der Beschreibung R 42 (1) e)
Form R 46, R 49, R 50 (1)
im Erteilungsantrag R 42 (1) d)
unterschiedliche ~ für verschiedene Vertragsstaaten R 138
unzulässige ~ R 48 (1) a) (2)
Veröffentlichung in der Zusammenfassung R 47 (4)
verspätet oder nicht eingereicht A 90 (3)-(5); R 56-58
zur Bestimmung des Schutzbereichs A 69 (1)
s. Anmeldeunterlagen
Zentralbehörden für den gewerblichen Rechtsschutz
Austausch von Veröffentlichungen mit dem EPA A 132
Bearbeitung von ePa ZentProt IV
Einreichung einer ePa A 75, A 77; R 35 (3); ZentProt II, ZentProt III
internationale vorläufige Prüfung in bestimmten Fällen ZentProt III
Rechts- und Amtshilfe A 131 (1); R 148, R 149 (1)
Übersetzungen A 65 (1), A 70 (4)
Umwandlung A 135, R 155 (2), R 156 (1)
Unterrichtung mit dem EPA A 130
s. Vertragsstaaten
Verzicht auf internationale vorläufige Prüfung ZentProt II
Zusammenarbeit mit dem EPA ZentProt III (2)
Zentralisierungsprotokoll A 164 (1)
Zeugen
Vernehmung vor dem EPA A 117 (1) d); R 4 (3)-(6), R 117-119, R 122 (2)-(4), R 124
Vernehmung vor Gerichten A 117 (3)-(6), A 131 (2); R 119, R 150
Vernehmung vor dem zuständigen nationalen Gericht eines Vertragsstaats R 120

Zeugnisverweigerungsrecht des Vertreters
A 134a (1) d); R 153
Zölle
für von der EPO ein- und ausgeführte Waren
VorImProt 4, VorImProt 5, VorImProt 6,
VorImProt 7
Zugelassene Vertreter s. Vertreter
Zurücknahme der ePa
- Beschränkung R 15
Zurückweisung
des Einspruchs A 101 (2); R 143 (1) r)
der ePa A 97 (2); R 143 (1) n)
Zusammenfassung A 78 (1) e), A 85, A 90 (3)
Einreichung A 90 (3); R 57 d)

endgültiger Inhalt R 66
Form und Inhalt R 47, R 49
Veröffentlichung R 68 (1)
Zuschlagsgebühr
für Jahresgebühren **R 51 (2)** GebO 2.5
zusätzliche Gebühr für vorläufige internationale Prüfung R 158 (2)
Zustellung A 119, A 120 a); R 125-130; VorIm-Prot 1 (3)
Zweigstelle in Den Haag A 6 (2); ZentProt I, Zent-Prot V (1) (2)
Zwischenstaatliche Organisationen A 7, A 30 (1) (2), A 130 (2) (3)

Abbreviations used:

EPC for "European Patent Convention",
EPO for "European Patent Office",
EPOrg for "European Patent Organisation",
EP for "European patent",
EP appl. for "European patent application",
PCT for "Patent Cooperation Treaty",
PCen for "Protocol on the Centralisation of the European Patent System and on its Introduction (Protocol on Centralisation) ",
PPI for "Protocol on Privileges and Immunities of the European Patent Organisation (Protocol on Privileges and Immunities) ",
PR for "Protocol on Jurisdiction and the Recognition of Decisions in respect of the Right to the Grant of a European Patent (Protocol on Recognition) ",
RFees for "Rules relating to Fees".

A

abstract A 78(1)(e), A 85, A 90(5)
definitive content R 66
filing R 57(d)
form and content R 47, R 49
publication R 68
accounting officer A 50(c)
accounting period of the EPOrg A 43, A 45
accounts
auditing of ~ A 49, A 50(a)
rendering of ~ A 50(a)
additional fee A 141; R 51
belated payment of a renewal fee A 141; R 51; RFees 2.5
additional fee for international search or international preliminary examination (PCT) R 158
administration of justice
co-operation between the EPOrg and other authorities PPI 20
administrative and legal co-operation A 131; R 117-119, R 148-150
Administrative Council A 4(2)(b),(3)
advisers A 26(2)
agenda A 29(4),(5)
Board A 28
chairman A 27, A 28(2)
chairmanship A 27
competence, see powers
composition A 26
decisions A 35
decisions on immunities PPI 17
deputy chairman A 27, A 28(2)
equipment A 32
experts A 26(2)

immunity of participants at meetings of the ~ A 8; PPI 12
languages A 31
meetings A 29, A 30
members A 26(2)
powers A 10(3), A 11, A 23(1),(4), A 33, A 39(3), A 40(5), A 41(2), A 44(2), A 46(2), A 47(2), A 49(1),(4), A 87(5), A 130(3), A 134a, A 145(1), A 146, A 149a, A 153(7), A 166(1)(b), A 172(2), A 173(1); R 12(6); PPI 16(1), PPI 17, PPI 19(2), PPI 24(1),(2), PPI 25, PCen I-VIII
premises A 32
Rules of Procedure A 29(4),(5), A 33(2)(e)
select committee A 145
staff A 32
terms of office A 27(2)
voting rights A 34
voting rules A 35, A 36; PCen VIII
weighting of votes A 36; PCen VIII
administrative fees R 22(2), R 23(2), R 74, R 145(2), R 146; RFees 3(1),(3)
administrative structure of the EPO R 9
advances
by the Contracting States A 41, A 50(b)
Agreement A 30(1),(2), A 33(4); R 8; PCen IV(1)(d),(2)(c)
~ between the International Patent Institute and the EPOrg PCen I(1)(a)
Hague ~ PCen I(1)(a)
agreements by EPO/EPOrg A 132(2), A 152 ; PPI 25
special ~ A 142-149a; PCen IV(1)(d),(2)(c)
agriculture
industrial application A 57
amending budget A 10(2)(d), A 36, A 42(1), A 46(2), A 48
amendments
EP and EP appl. A 123, A 138(2); R 3(2), R 4(6), R 18, R 58, R 70(2), R 71, R 78(2), R 79(1),(3), R 80, R 81, R 115(2), R 137, R 138, R 161
list of professional representatives R 154
amendments and corrections R 137-140
amino acid sequences
EP appl. relating to ~ R 30
animals
exceptions to patentability R 27
modifying the genetic identity of ~ R 28
processes for the production of ~ A 53(b); R 26(5)
animal varieties
excluded from patentability A 53(b)
appeal
by employees A 13(2)
content of the notice of ~ R 99
decision in respect of appeals A 111; R 102
decisions subject to ~ A 106; R 97, R 98
deficiencies R 101

examination A 110; R 100
interlocutory revision A 109
persons entitled to ~ A 107
rejection as inadmissible R 101
review by the Enlarged Board of Appeal
A 112a(1)
surrender or lapse of the patent R 98
time limit and form of appeal A 108
appeal fees R 6(3); RFees 2.11, RFees 13
reimbursement R 103
appeals procedure A 106-112a; R 97-103,
R 142(2)-(4)
persons entitled to appeal and to be parties to appeal proceedings A 107
applicant
~ is not entitled A 61; R 14-18, R 78
~ is not the inventor R 19(3)
claims against the ~ PR 1(1), PR 2
comments by the ~ during the examination procedure
R 70(2)
death or legal incapacity of the ~ R 142(1)(a),(b)
entries in the Register of European Patents
R 143(1)(f)
identity A 80; R 40(b)
information about the publication of the European search report R 69
information in the request for grant R 41(2)(c)
residence PR 3
re-establishment of rights A 122, R 136
right to an EP A 60(3)
applicants
different ~ A 118; R 72
joint ~ A 118
multiple ~ A 59, A 118; R 41(3), R 72
application
by persons not having the right to an EP A 61;
R 16
entitled persons A 58
- see European patent application
- see international application
- see national patent application
application documents
deficiencies R 57, R 58
filed subsequently R 50
for international (Euro-PCT) applications R 159(1)(b)
general provisions R 49
parts R 49
application fee see filing fee
national ~ on conversion A 137(2)(a)
assets of the EPOrg A 49(3)
assignment of EP appl. A 72; R 22
auditing of accounts A 49, A 50(a)
auditors A 49(1),(2),(4)
authorisations A 133(3); R 152
authorities
information to the public or official ~ A 127-132;
R 143-147

authorities of the Contracting States
- see central industrial property offices
awarding of costs see costs

B

basis of decisions A 113
Berlin
sub-office in ~ PCen I(3)(d)
biological material R 26, R 27, R 31-34
biotechnological inventions R 26-29
biological processes A 53(b)
Boards of Appeal
allocation of duties R 12(4)
appointment of chairmen A 11(3)
as departments charged with the procedure A 15(f)
binding effect of decisions of the Enlarged Board of Appeal A 112(3)
composition A 21
members A 11(3), A 23(1)-(4), A 24; R 12(4),
R 144(a)
presidium R 12
responsibilities A 21
Rules of Procedure A 23(4); R 12(3)
- see Enlarged Board of Appeal
branch at The Hague A 6(2); PCen I, PCen V(1),(2)
Budget and Finance Committee A 50(f)
budget of the EPOrg A 42, A 47, A 48, A 49(2)
amending or supplementary budget A 42(1), A 46(2),
A 48
amendment by the Administrative Council A 36(1)
authorisation for expenditure A 43
discharge in respect of the implementation of the ~
A 49(4)
implementation and amending A 10(2)(d), A 48,
A 50(a)
preparation and adoption of the ~ A 46
unforeseeable expenditure A 44

C

central industrial property offices
administrative and legal co-operation A 131(1);
R 148, R 149(1)
conversion A 135(2),(4); R 156
co-operation with the EPO PCen III(2)
exchange of information with the EPO A 130
exchange of publications with the EPO A 132
filing of an EP appl. A 75, A 77; R 35(3), R 37;
PCen II, PCen III
international preliminary examination in certain cases
PCen III

renunciation of activities as International Preliminary Examining Authority PCen II
translations A 65(1), A 70(4)
treatment of EP appl. PCen IV
- see Contracting States
certificate for an EP R 74, R 86
Chairman of the Administrative Council A 27
claims see application documents
amendments A 123(1), A 138(2); R 4(6), R 58, R 68(4), R 70(2), R 71, R 79(1),(3), R 80, R 81, R 100(1), R 137, R 138
as part of an EP appl. A 78(1)(c)
categories R 43(2)
clarity A 84
content A 84; R 43, R 50(1)
correction R 139
dependent ~ R 43(3),(4)
different ~ for different Contracting States R 78, R 18, R 138
extent of protection A 69; A 1, A 2 Protocol on the Interpretation of Article 69 EPC
for determining extent of protection A 69(1); A 1, A 2 Protocol on the Interpretation of Article 69 EPC
form and content R 43, R 49, R 50(1)
incurring fees R 45, R 71, R 162
independent ~ R 43(2)
invitation to file the ~ in amended form during opposition proceedings R 81, 82
more than ten ~ R 45, R 71
publication R 68
translation A 14(6), A 67(3), A 70(3), A 97(5); R 71, R 82
claims fee R 45, R 71; RFees 2.15
for international (Euro-PCT) applications R 162
classification see International Patent Classification
cloning human beings R 28
common provisions governing procedure A 113-125
common representatives see representatives
communication
filing/notification by technical means of ~ R 2, R 35(1), R 50, R 125
communications of the EPO R 111-113
between the EPO and the authorities and courts of the Contracting States R 148
official ~ PPI 10
compensation A 67(2); R 122(3),(4)
compositions A 53(c), A 54(4),(5)
computer print-out R 125
computer programs A 52(2)(c)
computers
production of documents by ~ R 113(2)
conference of ministers A 4a
conditions of employment A 13, A 33(2)(b); PPI 23(3)
conservation of evidence R 123; RFees 2.17

continuation of proceedings see proceedings
Contracting States
administrative and legal co-operation A 131(1); R 117-119, R 148, R 149
advances A 41, A 50(b), A 146
ceasing to be parties to the EPC A 172(4), A 175, A 176
common law for the grant of patents for invention A 1
communications between the authorities of the ~ and the EPO R 148
competence of the courts, see jurisdiction of the courts
courts A 9(4), A 131; PR 7, PR 8
denunciation of the EPC A 174
different claims, description and drawings for different States R 138
disputes concerning the interpretation of the EPC A 173
effects of the EP appl. and EP in each ~ A 2(2), A 139(1),(2)
forwarding of the EP A 77; R 37
initial contribution A 170
inspection of files by courts or official authorities A 131; R 149
jurisdiction of the courts A 9(4)(a); PR 1-8
payments in respect of renewal fees A 37(b), A 39, A 40(1), A 47(3), A 50(b),(d), A 147, A 176(2)
procedure for letters rogatory R 150
recognition of decisions PR 1(2), PR 9, PR 10
relations between ~ PR 11
renunciation by the ~ PCen I-IV
Representatives and alternate Representatives of the ~ A 26(1), A 27(2)
re-establishment of rights A 122; R 136
special financial contributions A 37(c), A 40, A 47(4), A 50(b),(d),(e), A 146, A 176(1)
sub-offices of the EPO in the ~ A 7
transmittal of the international application A 157(3)
- see designation of ~
- see immunities
Convention
on international exhibitions A 55(1)(b)
Vienna ~ on Diplomatic Relations PPI 13(1)
- see European Patent Convention
conversion A 135, A 137; R 155, R 156
filing of the request for ~ R 155
request for ~ into a national application A 135; R 143(1)(v), R 155
transmittal of the request for ~ R 155
conversion fee A 135(3); RFees 2.14
co-operation
between the EPO and other authorities in order to facilitate the proper administration of justice PPI 20
corrections R 137-140
costs R 150(7) RFees 1
awarding of ~ RFees 2.16

decisions fixing ~ which are subject to appeal R 97; RFees 13
fixing of costs A 104; R 88, R 97; RFees 2.16, RFees 13
laid down by the President of the Office RFees 3
courts of the Contracting States
file inspection A 131(1)
hearing by ~ R 120
jurisdiction A 9(4), A 131; PR 7, PR 8
courts of the Federal Republic of Germany
jurisdiction PR 6
creations A 52(2)(b)
currencies
currency exemptions for the EPOrg PPI 9

D

date of filing
accordance A 90(1),(2)
definition A 80; R 40
entry in the Register of European Patents R 143(1)(b)
EP appl. A 80; R 40
in the European search report R 61(3)
new EP appl. A 61
of a divisional application A 76(1)
re-dating R 56
rights of the same date A 139
date of priority A 61(2), A 76(1), A 89
in the European search report R 61(3)
rights of the same date A 139
date of receipt R 35(2),(4)
- see date of filing
death or legal incapacity R 84, R 142(1), R 152, R 154(2)(a)
decisions R 111
corrections of errors R 140
excluded from inspection R 144(b)
fixing the amount of costs A 104(3)
form R 111, R 113
given in Contracting States on the right to grant PR 9, PR 10
grounds or evidence A 113
notification A 119; R 111(1), R 126(1)
partial transfer of rights by virtue of final ~ R 18, R 78
subject to appeal A 106
under appeal R 100(1)
declaration of priority see priority
deficiencies see corrections and rectification
appeal R 101
disclosure of ~ by the Examining Division A 94(3); R 71
examination on filing as to formal requirements A 90; R 55-60
notice of opposition R 77(1),(2)
delivery of mail see notification

departments of the EPO see European Patent Office, special departments of the EPO
dependent claims see claims
deposit
Budapest Treaty on the International Recognition of the Deposit of Microorganisms R 34
depositary institution R 33
equivalence of European filing with national filing A 66
instruments of accession and ratification A 165(2), A 166(3), A 172(3)
microbiological material R 31-34
depositary institutions see deposit, list of depositary institutions
deputy chairman of the Administrative Council A 27
description A 78(1)(b)
amendment A 123(1),(2), A 138(2); R 3(2), R 4(6), R 58, R 70(2), R 71, R 79(1),(3), R 80, R 81, R 137
content R 42
correction R 139
different ~ for different Contracting States R 18, R 78, R 138
for determining the extent of protection A 69(1); A 1, A 2 Protocol on the Interpretation of Article 69 EPC
presentation R 49
sequence listings R 30
- see application documents
designated Office
EPO as ~ pursuant to the PCT A 149(2), A 153; R 159
designation
joint ~ A 149
of Contracting States A 61, A 76(2), A 79, A 80; R 16, R 17, R 40, R 41, R 68(3), R 71, R 73, R 82, R 87, R 155
designation fee A 79(2); R 39; RFees 2.3
RFees 2.3a
European divisional application A 76(3); R 36(3)(4)
new EP appl. R 17(2)
refund R 37(2), R 39(4)
diagnostic methods A 53(c), A 54(4),(5)
diagrams R 46(3)
different applicants see applicants
Directorates
grouping R 9
Directorates-General R 9
disciplinary authority
over other employees A 10(2)(h)
over professional representatives A 134a; R 153
over senior employees A 11(4)
disclosure
insufficient ~ A 100(b), A 138(1)(b)
non-prejudicial ~ A 55; R 25
of the invention A 83; R 31(1)
summary of the ~ R 47(2)

discoveries
excluded from patentability A 52(2)(a)
dislocation of proper functioning of the EPO
R 134(2)
disputes
between Contracting States concerning the EPC A 173
between the EPOrg and employees of the EPO A 13
concerning immunities PPI 23, PPI 24
concerning the right to grant PR 1-11
divisional application see European divisional application
documents
confirmation R 2
excluded from file inspection R 144(d)
filing of documents R 2
language A 14(1)-(5); R 3
mentioned in search report R 61(1)-(4), R 65
name, signature, seal R 2, R 113
notification R 125
number R 49(2), R 50, R 86, R 100(1), R 157(2)
requests for ~ R 83
subsequently filed R 2, R 50
transfer PPI 10
drawings
amendments A 123(1),(2), A 138(2); R 3(2), R 18, R 58, R 70(2), R 71, R 78, R 79, R 80, R 81, R 100(1), R 137, R 138
as part of an EP appl. A 78(1)(d)
correction R 139
different ~ for different Contracting States R 138
for determining extent of protection A 69(1), A 1, A 2 Protocol on the Interpretation of Article 69 EPC
form R 46, R 49, R 50
in the description R 42(1)(e)
in the request for grant R 41(2)(i)
invitation to file ~ in amended form during opposition proceedings R 81
late-filed or missing ~ A 90; R 56
prohibited matter R 48(1)(a),(2)
publication of ~ in the abstract R 47(4)
- see application documents
duties
on goods imported and exported by the EPOrg PPI 4, PPI 5, PPI 6, PPI 7
duties of office
of the employees of the EPO A 12

E

elected Office
EPO as an ~ pursuant to the PCT A 153(1); R 159
embryos R 28
emergency conditions A 63(2)(a)

employees of the EPO
appeals by ~ A 13(2)
appointment A 10(2)(g), A 11
appointment of senior ~ A 11
Berlin sub-office/branch at The Hague PCen I
conditions of employment A 33(2)(b)
disciplinary authority over senior ~ A 11(4)
disciplinary authority over the ~ A 10(2)(h)
disputes between the ~ and the employer concerning the right to the grant of a EP PR 5(2)
disputes between the EPOrg and the ~ A 13; PPI 23(3), PPI 24
duties and charges on personal goods PPI 6
duties of office A 12
entry, stay and departure PPI 11
immunities A 8; PPI 14, PPI 17
invention of ~ A 60(1); PR 4
liability A 9(3)
pension scheme A 33(2)(c)
pensions A 33(2); PPI 16(2)
professional secret A 12
promotion A 10(2)(g)
salaries PPI 16(1)
salary scales A 33(2)(b)
Service Regulations for permanent ~ A 33(2)(b)
social security PPI 18
tax on salaries and pensions PPI 16
employer
disputes between the ~ and the employee concerning the right to the grant of an EP PR 5(2)
Enlarged Board of Appeal
allocation of duties R 13
as a department charged with the procedure A 15(g)
composition A 22(2)
decision and opinion A 112; R 111
members A 11(1), A 23, A 24
responsibilities A 22(1)
Rules of Procedure A 23(4); R 13(2)
entitlement to the grant of an EP A 61; R 14, R 16, R 78, PR 1ff
procedure R 16
errors in documents R 139
European divisional application
designation of Contracting States A 76(2)
entries in the Register of European Patents R 143(1)(k)
fees R 6(1), R 36(3), R 51(3)
filing A 76; R 36(1)
inspection of files A 128(3)
language R 36(2)
time limit for identifying the inventor R 60(2)
European law for the grant of patents A 1
European patent
amendments A 101(3)(a), A 123
as an object of property A 71-74, A 148
certificate R 74, R 87
Contracting States A 3

conversion into a national patent A 135,
A 137; R 155, R 156
designation of Contracting States A 79, A 149
designation of the inventor R 20
effects A 2(2), A 63-70
entitlement to file an EP appl. A 58
examination of the opposition A 101
extent of protection A 69, A 70(3),(4);
A 1, A 2 Protocol on the Interpretation of
Article 69 EPC
for a group of Contracting States A 142
grant A 97; R 72
grant of ~ for one or more Contracting States A 3
grounds for opposition A 100
grounds for revocation A 138
infringement A 25, A 64(3)
inspection of files R 145, R 149
keeping of files R 147
lapse R 143(1)(p)
limitation A 105a-105c, A 138(2)
maintenance A 101
name A 2
opposition A 99; R 75, R 85
prior right A 139(1)
procedure up to grant A 90-98
publication A 14(7), A 98; R 73
rejection of the opposition A 101(2)
renewal fees A 37(b), A 39, A 141
request for grant R 41
revocation A 68, A 101; R 142
right to a ~ A 60
rights conferred by a ~ A 64
see claims
see priority
term A 63
text A 70, A 101, A 113(2); R 70(2), R 71
transfer during the opposition period or during opposition proceedings R 85
translation A 65, A 70(3)
unity A 118
European patent application
abstract A 78(1)(e), A 85
amino acid sequences R 30
application, see filing
application documents R 49
as an object of property A 71ff, A 148; R 22ff, R 85, R 142
assignment A 72
authentic text A 70
biological material R 31-34
by persons not having the right to an EP A 61; R 16
claims fees R 45
common representative R 41(3), R 151
contractual licensing A 73
conversion into a national patent application A 135-137

date of filing A 80; R 40
deficiencies A 90; R 55, R 60, R 71
designation of Contracting States A 79, A 149 see designation
designation of the inventor A 81; R 20
disclosure of the invention A 83
documents A 78(1); R 49(5)
documents filed subsequently R 50
drawings A 69(1), A 78(1)(d); A 1, A 2 Protocol on the Interpretation of
Article 69 EPC ; R 43(6),(7), R 56
effects A 66; R 155
entitlement to grant in respect of only part of the matter disclosed in the ~ R 18, R 78
equivalence A 66
examination A 94 ; R 70, R 71
examination as to formal requirements A 90; R 60
examination by a central industrial property office of the Contracting States PCen IV
examination on filing A 90
examination on filing and examination as to formal requirements A 90; R 55, R 57
extent of protection A 69, A 70(3),(4);
A 1, A 2 Protocol on the Interpretation of
Article 69 EPC
filing A 61, A 75, A 76; R 17, R 35, R 36
filing fee A 78(2); R 38
filing of the translation A 14(2), A 90(3); R 6(1), R 57(a)
formalities examination, see examination as to formal requirements
forwarding A 77; R 37
further processing A 121; R 135; RFees 2.12
inspection of files A 128; R 145, R 149
international application as ~ A 150, A 153(5); R 159, R 160
keeping of files R 147
languages A 14(1)-(6); R 3, R 36(2)
licences R 23, R 24
limitation of the option to withdraw the ~ R 15
mention of the inventor A 81; R 20
multiple or joint applicants A 59
nucleotide sequences R 30
persons entitled to file ~ A 58
physical requirements R 57
prior right A 139(1)
prohibited matter R 48
protection, see extent of protection
provisional protection A 67
provisions governing the application R 35-40
publication A 93, A 153(3),(4); R 48-50, R 68
restitutio in integrum, see re-establishment of rights
refusal A 61(1)(c), A 90(5), A 97(2)
Register of European Patents A 127
registration of a transfer R 22
registration of licences R 24
registration of licences and other rights R 22-24

renewal fees A 86
request A 78(1)(a)
request for examination A 94; R 70
requirements A 78; R 38
re-establishment of rights A 122; R 136
rights conferred by an EP appl. after publication A 67
search fee A 78(2); R 38
secrecy A 77(2); R 37
state of the art A 54; R 165
text A 113(2); R 71
transfer A 71, A 72; R 22
transfer and constitution of rights A 71; R 23
unity A 118
unity of invention A 82; R 44
- see amendments
- see description
- see patent claims
- see priority

European Patent Bulletin A 129(a)
correction/cancellation of the mention of the inventor R 21
languages A 14(7)
mention of the grant of an EP A 97(3); R 71
mention of the publication of the European search report R 69(1)

European Patent Convention
accession A 166
amendments A 10(2)(c)
certified true copies A 178(1)
denunciation A 174
disputes between Contracting States concerning application and interpretation A 173
duration A 171
entry into force A 169
initial contribution A 170
integral parts A 164(1)
interpretation A 173, A 177(2)
languages A 177
notifications A 178
provisions prevailing A 164(2)
ratification A 165
revision A 172
signature A 165
territorial field of application A 168
transmission A 178

European Patent Office A 10-25
administrative services R 9(2)
administrative structure R 9
as designated Office A 153(1); R 159
as elected Office A 153(1); R 159
as organ of the EPOrg A 4(2)(a)
as receiving Office A 151; R 157
branch A 6(2), A 10(2)(b)
communications R 111-113
communications with the authorities of the Contracting States R 148
decisions R 111-113

departments A 15
direction A 10(1), A 143(2)
exchanges of information between the EPO and the central industrial property offices A 130
instances R 11ff
internal administrative instructions A 10(2)(a)
international preliminary examination A 152; R 158
International Searching Authority A 152; R 158
languages A 14
organisation R 8ff
President A 5(2), A 10; PPI 13
publications A 129
seat A 6(2)
special departments A 143
sub-offices A 7; PCen I(1)(c), PCen I(3), PCen V(1),(2)
task A 4(3), A 143(1)
Vice-Presidents A 10(3), A 11(2); R 9(2)

European Patent Organisation A 4, A 5ff
agreement between the International Patent Institute and the ~ PCen I
archives PPI 2
balance sheet A 49(1),(3)
budget A 40(1), A 42, A 46, A 47, A 48
conference of ministers A 4a
disputes between the ~ and employees A 13
documents PPI 1, PPI 2
duties in respect of goods PPI 5, PPI 6
establishment A 4(1)
expenditure A 37, A 43, A 44
financial provisions A 37ff
immunities A 8; PPI
income A 42, A 49(1),(2)
legal status A 5
liability A 9
official activities PPI 3(4)
organs A 4(2)
own resources A 38
premises PPI 1
privileges A 8; PPI
procedural instruments PPI 1(3)
proper administration of justice PPI 20
property A 5(2); PPI 3(2),(3)
representation A 5(3)
revenue A 37(d), A 40(1), A 49(1),(2)
seat A 6(1)
social security scheme PPI 18
task A 4(3)
taxes PPI 4, PPI 16
transfer of goods and provision of services PPI 7

European patent specification
declaration of priority in the published ~ R 52(5)
languages A 14(7)
mention of the inventor R 20(1)
new A 101(3), A 103, A 105c; R 87, R 96
publication A 98, A 103, A 105c; R 73
translation A 65

European qualifying examination A 134(2)(c);
A 134a
European search report A 92, A 153(6)(7); R 61-66
comments by the applicant R 70
content R 61
drawing up of ~ A 17, A 92
extended ~ R 62
fees RFees 2.2; RFees 9
international search report takes the place of the ~
A 153(6)
language of the proceedings R 61(5)
mention of the publication of the ~ in the European
Patent Bulletin R 69(1)
observations by the applicant, see comments by the
applicant
publication A 16, A 93(2); R 68, R 69
supplementary ~ A 153(7)
transmittal R 65
where the invention lacks unity R 64, R 164
evidence R 115-124
conservation of ~ R 123
language R 3(3)
not submitted in due time A 114(2); R 116(1)
examination A 94; R 70
by the examining division R 10, R 70-72
- see international preliminary ~
examination as to formal requirements A 16, A 90;
R 10, R 11(3), R 56-60
examination by the EPO of its own motion A 114
examination fee A 94(1); R 70; RFees 2.6, RFees 11
reduction R 6(3); RFees 14
refund RFees 11
examination on filing A 16, A 90(1),(2); R 10,
R 55-60
examination procedure A 94ff; R 14, R 70, R 71,
R 78, R 142
examining divisions
allocation of duties R 10, R 11(1)
appeals lying from decisions of the ~ A 21(1),(3),
A 106(1)
as a department charged with the procedure A 15(c)
composition A 18(2), A 33(3)
decisions A 97; R 71, R 91, R 95, R 111, R 123(4),
R 159
organisation R 9(1)
responsibilities A 18(1), A 25; R 11(2), R 10,
R 159
exhibitions
certificate of ~ R 25, R 159(1)(h)
displaying inventions at ~ A 55(1)(b), A 55(2)
expenditure of the EPOrg
audit A 49(1),(2)
authorisation A 43
cover A 37
examination A 49(1)
provisional budget A 47

shown in the budget A 42
unforeseeable ~ A 44
experts
access to biological material R 32,
R 33
assisting the Administrative Council A 26(2)
commissioning R 121
immunities A 8; PPI 12, PPI 15, PPI 17
reimbursement of expenses R 122(2),(3)
report R 121, R 122
taking of evidence A 117; R 117-120, R 150
testimony and statements R 124
to give evidence R 117-120
extension A 76(1), A 100(c), A 123(2),(3),
A 138(1)(c),(d)
extracts see Register of European Patents

F

facts and evidence
not submitted in due time A 114(2); R 116
features of the invention R 43(1), R 44(1)
Federal Republic of Germany
application of the law of the ~ to the non-contractual
liability of the EPOrg A 9(2)
jurisdiction of the courts A 9(4); PR 6
fees
as provided for in the EPC RFees 1(a), RFees 2
as provided for in the Implementing Regulations
RFees 1(a), RFees 2
due date RFees 4
laid down by the President of the Office RFees 3
level of ~ A 40(1)
non-payment R 136, R 154(1), R 160, R 162(4)
payment of ~ RFees 5
pursuant to the PCT RFees 1(b)
reduction of ~ R 6(3), R 159(2); RFees 14
refund R 64(2), R 164; RFees 9-12
figures R 46(2)(f),(h)
files
communication of information contained in the ~
R 146
keeping of ~ R 147
filing
entitlement to file an EP appl. A 58
equivalence of European ~ with national ~ A 66
first ~ A 87(4),(5)
~ giving rise to a right of priority A 87
previous ~ R 52, R 53
~ of documents R 2
filing fee A 78(2); R 6(3); RFees 2.1, RFees 14
EP appl. R 38
European divisional application R 36(2)
new EP appl. R 16, R 17

refund R 37(2)
filing of the EP appl. A 75; R 35-36
documents filed subsequently R 50
general provisions R 35
means of communication R 2
new filing R 17
Final provisions A 164-178
financial contributions
special ~ of the Contracting States A 37(c), A 40,
A 47(4), A 50(b),(d),(e), A 146, A 176(1)
Financial provisions A 37-51
Financial Regulations A 33(2)(a), A 50
fixing of costs see costs
flow sheets R 46(3)
foreigner
aliens' registration formalities PPI 12(1)(e), PPI 14(d)
formalities examination see examination as to formal requirements
forwarding of EP appl. A 77; R 37 see transmittal
further processing of the EP appl. A 121; R 135; RFees 2.12

G

games A 52(2)(c)
general principles
of procedural law of the Contracting States A 125
General provisions
of the EPC A 1-4
germ line of human beings R 28
goods and services PPI 7
grant of a European patent A 97; R 72
decisions on the right to ~ PR 9, PR 10
entries in the Register of European Patents R 143(1)(o)
fee R 71; RFees 2.7
mentioned in the European Patent Bulletin A 97(4)-(6), A 129(a); R 71
request for the grant A 78(1)(a), A 79(1), A 90; R 19(1), R 41, R 49
text of the EP appl. forming the basis for grant R 71

H

Hague Agreement
International Patent Institute PCen I(1)(a)
health
public ~ PPI 20
hearing of parties A 117; R 117-119
human body R 29

I

immunities/privileges A 8; PPI 1-25
Implementing Regulations A 164
amendment by the Administrative Council A 33(1)(b)
inadmissible extension A 123(2)
income of the EPOrg A 37-42, A 49(1),(2), A 146
taxes PPI 4(1)
independent claims see claims
industrial application A 52(1), A 57, A 100(a), A 138(1)(a); R 42(1)(f)
information A 127-132; R 143-147
exchanges of ~ A 130
presentation of ~ A 52(2)(d)
- see public, official authorities
infringement
~ action A 25
of an EP A 64(3)
technical opinion for a national court trying an infringement action A 25
insignificant amounts
refund RFees 12
inspection of files A 128
by the Contracting States R 149
exclusion from ~ R 144
for courts and authorities of Contracting States A 131(1)
procedures for the ~ R 145
Institute of Professional Representatives A 134a
international application A 150ff
acts performed before the EPO R 159(1)
deemed withdrawn A 153; R 160
filing R 157
joint designation of a group of Contracting States A 149(2)
language A 153; R 157
publication A 153
supply A 153
translation A 153; R 159, R 160
transmittal R 157
transmittal fee RFees 2.18
treatment by central industrial property offices PCen III
intergovernmental organisations A 7, A 30(1),(2), A 130(2),(3)
international arbitration tribunal see tribunal
international co-operation
Patent Cooperation Treaty (PCT) A 150-153; R 157-165
International Court of Justice A 173(2); PPI 24(3)
international exhibitions see exhibitions
international filing see international application
International Labour Organisation
competence of the Administrative Tribunal of the ~ A 13

International Patent Classification R 8, R 11(1), R 61(6)
International Patent Institute PCen I(1)(a),(b)
international preliminary examination A 152; R 158, R 159; PCen III, PCen IV(1)(e); RFees 2.19
renunciation by the central industrial property offices in favour of the EPO PCen II
international search report A 153
International Searching Authority
EPO as ~ A 152; R 158; PCen III
renunciation of activities as ~ in favour of the EPO PCen I(2)
interruption in the delivery of mail R 134
interruption of proceedings R 142, R 143(1)(t)
invention
description A 78(1)(b); R 42
disclosure A 83; R 31-33
exceptions to patentability A 53
industrial application A 57
inventive step A 56
non-prejudicial disclosure A 55
novelty A 54
of an employee A 60(1); PR 4
patentable ~ A 52
technical features R 43(1), R 44(1)
title R 41(2)(b)
unity A 82, A 152; R 43(2), R 44, R 64, R 158, R 164
inventive step A 52(1), A 56
inventor
cancellation of the designation of the ~ R 21(2)
designation A 81, A 90; R 19, R 144(c)
entries in the Register of European Patents R 143(1)(g)
form R 19(1), R 41(2)(j)
~ is an employee A 60(1); PR 4
mention of the ~ A 58ff
multiple inventors A 60(2); R 19(1)
parts of the file not for inspection R 144
period A 90; R 60, R 163(1)
publication of the mention of the ~ R 20
rectification of the designation of the ~ R 21
renunciation of the title as ~ R 20(1)
right of the ~ to be mentioned A 62
right to an EP A 60(1)
time limit for the subsequent identification of the ~ R 60
inventor's certificate
priority A 87(1)
invitation
to the parties in appeal proceedings A 124; R 100(2), (3)
to the parties in grant proceedings A 94, A 124; R 56(1), R 58, R 70, R 71, R 116, R 152(2), R 158(3), R 163
to the parties in opposition proceedings A 101(1); R 77(2), R 79(1),(3), R 81, R 82, R 83

irregularities
notification R 125(4)

J

joint applicants see applicants
joint designation see designation
joint proprietors see proprietor of the patent

L

labour inspection PPI 20
language of proceedings A 14(3)-(7), A 70(1); R 3-4, R 36(2), R 61(5)
exceptions in oral proceedings R 4
language(s)
Administrative Council A 31
documents from parties R 3(1)
documents which have to be filed within a time limit A 14(4); R 3(1)
EPC A 177
EPO A 14; R 1-7
European divisional application R 36(2)
Eur. pat. appl. A 14(1),(2),(6)
European Patent Bulletin A 14(7)
European patent specification A 14(6)
evidence R 3(3), R 4(6)
international application A 153; R 157(1)
letters rogatory R 150(2)
Official Journal of the EPO A 14(7)
oral proceedings R 4
Register of European Patents A 14(8)
search report R 61(5)
lapse of the EP R 75, R 84(1), R 143(1)(p)
law and order see security
legal and administrative co-operation see administrative and legal co-operation
legal co-operation A 131; R 117-119, R 148-150
Legal Division A 20; R 11(2)
appeal lying from decisions of the ~ A 106; R 97, R 98
as a department charged with the procedure A 15(e)
decisions A 20; R 111
organisation R 9(2)
legislation
national ~ PPI 20
letters rogatory A 131(2); R 150
liability
~ of the EPOrg A 9(1),(2),(4)
personal ~ of employees A 9(3)
licence
exclusive ~ R 24(1)

registration R 22, R 23
sub-licence R 24(2)
licensing
contractual ~ A 73
limitation procedure A 105a-105c; R 90-96
linguistic errors see errors in documents
list of depositary institutions and experts R 33
list of professional representatives see representatives
loss of rights A 122; R 112, R 135, R 136, R 160

M

maintenance of the EP A 101
as amended A 101(3)(a); R 82
renewal fees A 141
mathematical methods A 52(2)(a)
means of communication
filing/notification by technical ~ R 2, R 125(2)(d)
mental acts
schemes, rules and methods for ~ A 52(2)(c)
microbiological material see deposit
microbiological processes A 53(b); R 26, R 27
micro-organisms see biological material
Budapest Treaty on the International Recognition of the Deposit of Microorganisms R 31, R 34
mistakes see errors in documents
morality A 53(a)
matter contrary to ~ in an EP appl. R 48(1)(a),(2)
multiple applicants see applicants
multiple inventors see inventor
multiple priorities see priority

N

national application fee A 137(2)(a)
national filing see filing, national patent application
national law
impact on ~ A 135-141
national patent
prior right A 139(2)
national patent application
conversion into a ~ A 135-137; R 103
information concerning ~ A 124, R 141
national patent offices of the Contracting States
adaptation to the EP system PCen IV
national utility certificate see utility certificate
national utility model see utility model
natural disaster
dislocation of the proper functioning of the EPO R 134(5)
Netherlands A 9(2),(4)(b)

new EP appl. A 61; R 6(1), R 17, R 60(2), R 143(1)(k)
non-prejudicial disclosure see disclosure
notice of appeal
content of the ~R 99
notification A 119, A 120(a); R 125-130; PPI 1(3)
novelty of an invention A 52(1), A 54, A 94(1), A 97(1), A 100(a), A 101(1),(2), A 138(1)(a); R 61(1)
nucleotide sequences
EP appl. concerning ~ R 30

O

oath R 119, R 120(2)
observations by third parties A 115; R 114
Official Journal of the EPO A 129(b)
languages A 14(7)
publication in the ~ A 97(3); R 33, R 152
official language
is not the language of the proceedings A 67(3)
of a Contracting State that is not an official language of the EPO PCen III
official languages
of the EPO A 14(1)
of the Contracting States A 14(4)
- see language of the proceedings, language(s), translation
opinion see technical opinion
opponent A 99(3); R 76(2)(a)
death or legal incapacity of an ~ R 84(2)
opposition A 99
deficiencies in the notice of ~ R 77(1),(2)
entries in the Register of European Patents R 143(1)(q),(r)
examination A 101; R 79-82
grounds for ~ A 100
lapse of the patent R 75
notice of ~ R 76
notice of intervention of the assumed infringer R 89
publication of the time limit for opposing the EP R 73
procedure where the proprietor of the patent is not entitled R 78
rejection A 101(2); R 143(1)(r)
rejection of the notice of ~ as inadmissible R 77
several oppositions R 79(2)
surrender of the patent R 75
time limit for filing notice of ~ A 99(1)
Opposition Divisions A 19, A 101
allocation of duties R 11(1)
appeal lying from decisions of the ~ A 21(4), A 106(1),(2)
as departments charged with the procedure A 15(d)
composition A 19(2)
decisions A 101, A 116(4); R 77(3), R 82(4)

603

organisation R 9(1)
responsibilities A 19(1), A 104(1); R 11
opposition fee A 99(1); R 6(3); RFees 2.10,
RFees 14
opposition procedure A 99-105; R 75-89
opposition proceedings
communications R 77(2),(3), R 79, R 81, R 82, R 113
continuation of the ~ by the EPO of its own motion
R 84
costs A 104; R 11, R 88, R 97
documents R 86
interruption R 142
intervention in ~ A 105(1); R 79(4), R 89
limitation proceedings A 105a(2)
new specification of the European patent R 87
oral proceedings A 116(1),(4)
parties A 99(3)
proceedings against the proprietor during ~ R 78
representatives in ~ R 84
requests for documents R 83
revocation proceedings A 105a(3)
oral proceedings A 116
costs A 104(1)
evidence R 115-124
language of proceedings R 4
minutes R 124
summons R 115
suspension R 78
oral proceedings and taking of evidence
R 115-124
ordre public
inventions contrary to ~ A 53(a)
matter contrary to ~ in an EP appl. R 48(1)(a)
Organisation see European Patent Organisation
organs of the EPOrg see European Patent
Organisation

P

Paris Convention A 87
patent applications see European patent application, international patent application, national patent application
patent claims see claims
patent classification see International Patent Classification
Patent Cooperation Treaty see PCT
patent documentation PCen VI
patent proprietor see proprietor of the patent
patent specification see European patent specification
patentability A 52-57
exceptions A 53; R 28
lack of ~ A 97(2), A 100(a), A 101, A 138(1)(a)
observations by third parties A 115; R 114

patentable inventions A 52
paying officer A 50(c)
payment
date to be considered as the date on which ~ is made
RFees 7
incomplete ~ RFees 8
payments
methods RFees 5
particulars concerning ~ RFees 6
PCT
Patent Cooperation Treaty (PCT) A 150-153;
R 157-165
Pension Scheme Regulations A 33(2)(c); PPI 23(3)
disputes about the ~ A 13
pensions
taxation PPI 16(2)
permanent employees see employees
Service Regulations for ~ A 33(2)(b)
person skilled in the art A 56, A 69, A 83, A 100(b),
A 138(1)(b); R 31
**petition for review by the Enlarged Board of
Appeal** A 22, A 112a; R 6, R 51(5)(a), R 104-110,
R 126(1), R 143(1)(y); RFees 2.11a, RFees 14
composition R 109
content of the ~ R 107
criminal acts R 105
examination R 108
fee R 110; RFees 14
fundamental procedural defects A 112a(2);
R 104
objection R 106
remedy of deficiencies R 108
plants
patentability R 27
processes for the production of ~ A 53(b); R 26
plant varieties
definition R 26
exceptions to patentability A 53(b)
police regulations see security
post see notification
precedence of provisions A 164; PR 11(1) PCen VII
preliminary examination see international preliminary examination
**preservation of acquired rights if a Contracting
State ceases to be party to the EPC** A 175
President of the EPOffice A 11, A 12, A 49(4),
A 134(5); PPI 13, PPI 16
functions/powers A 5(3), A 10, A 11(3), A 29(2),
A 33(4), A 46(1), A 48, A 49(3), A 112(1)(b), A 119,
A 134(6), A 143(2), A 145(1); R 2,
R 9(2), R 11, R 30, R 53, R 54, R 67(1), R 68(2),
R 73(2), R 87, R 125(2)(d), R 127, R 126(1), R 129(2),
R 134(1), R 143(2), R 144(d), R 145(2), R 152(1);
RFees 3(1)(2), RFees 4(2), RFees 5(2), RFees 9(2),
RFees 12
immunities PPI 1(2), PPI 13, PPI 19(2)
Presidium of the Boards of Appeal R 12

previous filing see filing
prices
~ laid down by the President RFees 3(2)
principles
generally recognised ~ of procedural law A 125
printing fee R 71(3), R 82(2); RFees 2.7, RFees 2.8
prior art see state of the art
prior right see rights
prior use
public ~ A 54(2); A 112a(6)
priority A 87-89
declaration of ~ A 88(1); R 41(2)(g), R 52, R 139, R 143(1)(i)
deficiencies in claiming ~ R 59
multiple priorities A 88(2),(3)
period of ~ A 87(1), A 122; R 136
priority date see date of priority
priority documents A 88(1); R 52, R 54, R 163(2)
priority right A 87, A 88(3),(4), A 89, A 90
privileges and immunities see immunities
procedural law A 125
procedure
common provisions A 113-125
departments of the EPO charged with the ~ A 15
procedure up to grant A 90-98; R 55-74, R 142
suspension of proceedings R 14, R 143(1)(s)
proceedings
between the employee and the employer PR 4, 5
interruption and continuation R 142, R 143(1)(t)
public ~ A 116(3),(4)
resumption R 142, R 143(1)(t)
suspension R 14
- see oral proceedings
- see written proceedings
process
as subject-matter of the EP A 64(2)
products A 53(b)(c), A 54(4),(5), A 64(2)
professional representatives see representatives
programs for computers A 52(2)(c)
property
EP appl. and EP as an object of property A 71ff, A 148; R 22 ff, R 85, R 142
taxes PPI 4(1)
property of the EPOrg A 5(2), A 49(1),(3); PPI 3(2),(3)
proprietor of the patent
death or legal incapacity R 142(1)(b),(c),(3)
entry in the Register of European Patents R 143(1)(f)
information about the opposition R 79(1)
joint proprietors A 118; R 72
~ is not entitled A 99(4); R 14, R 78
protection
extension of ~ A 69, A 123(3), A 138(1)(d)
extent of ~ A 69, A 70(3),(4); A 1, A 2 Protocol on the Interpretation of
Article 69 EPC
provisional ~ A 67

rights conferred by an EP A 64(2)
simultaneous ~ A 139(3)
protest R 158(3)
protest fee R 158(3); RFees 2.21
Protocols A 164
provisional protection A 67, A 153(2),(5)
provisions governing the application R 41-50
public
information to the ~ and official authorities A 127-132; R 143-147
information to the ~ in the event of conversion R 156
publication of guidance for the ~ A 10(2)(a)
public prior use see prior use
publications
exchange of ~ A 132
periodical ~ A 129
transmission PPI 8

R

receipts A 38, see income and revenue
receiving Office
EPO as a ~ within the meaning of the PCT R 157
Receiving Section
appeal lying from decisions of the ~ A 21(2), A 106(1), A 111(2)
as a department charged with the procedure A 15(a)
competence A 16; R 10, R 11(2)
examination as to formal requirements A 90; R 10, R 60
examination on filing A 90; R 55-60
organisation R 10(1)
recognition
of decisions given in the Contracting States PR 9-10
of judgments PR 9-11
rectification R 21 see corrections
re-establishment of rights A 122; R 136
entries in the Register of European Patents R 143(1)(u)
fee RFees 2.13
refund R 37, R 64(2), R 103; RFees 9-12
special financial contributions A 40(6),(7), A 176(1)
refusal
~ of an EP appl. A 97, A 111, A 121; R 71, R 135, R 143(1)(n), R 148(1)
Register of European Patents A 127; R 143
correction/cancellation of the mention of the inventor R 21(2)
entries A 20(1)
languages A 14(8)
rectification of the designation of an inventor R 21
registering licences and other rights R 23, R 24
registering transfers R 22(1), R 85
registered letter R 126

reimbursement for witnesses and experts
R 122(2),(3)
renewal fees A 86, A 141; RFees 2.4
due date R 51
EPO as designated or elected Office pursuant to the PCT R 159(1)(g)
non-payment A 122; R 136
payments by the Contracting States A 37(b), A 39, A 40(1), A 47(3), A 50(b),(d), A 147, A 176(2)
representation A 133-134a; R 41(3), R 130, R 151-154
general principles A 133
~ before special departments A 144
representatives A 134
amendment of the list of professional ~ R 154
appointment of ~ A 90(3), A 133; R 151
attorney evidentiary privilege R 153
authorisations R 152
common ~ R 41(3), R 151
conditions A 134
designation of the ~ in the request for grant R 41(2)(d)
disciplinary power A 134a
entries in the Register of European Patents A 20(1); R 143(1)(h)
European qualifying examination A 134, A 134a
Institute of Professional Representatives A 134a
legal practitioners as ~ A 134(7)
list of professional ~ A 20(1), A 134(1)-(3); R 154
notification to ~ R 130
opposition proceedings R 84
request see application documents
request for conversion A 135; R 155
entries in the Register of European Patents R 143(1)(v)
- see conversion
request for examination A 94; R 70
entry in the Register of European Patents R 143(1)(m)
responsibility of the Receiving Section and the Examining Division R 10
time limits R 70(1), 142(4), R 159(1)(f)
request for grant of an EP A 78(1)(a), A 79(1); R 19(1), R 41
examination as to formal requirements A 90; R 57-58
form R 49
request for limitation or revocation of an EP A 105a-c; R 90-96; RFees 2.10a
amended specification R 96
decision R 95
deficiencies in the request R 94
fee R 93; RFees 14
precedence of opposition proceedings R 93
responsibility for proceedings R 91
request R 2, R 41 ff, R 92
subject of proceedings R 90

residence
entry, stay and departure of the employees of the EPO PPI 11
residence or principal place of business A 14(4), A 133(2),(3); R 41(2)(c), R 76(2)(a), R 143(1)(f)
resources
own ~ of the EPOrg A 37(a), A 38, A 44
restitutio in integrum see re-establishment of rights
revenue of the EPO A 37(d), A 40(1), A 49(1),(2)
revocation of an EP A 101, A 101(2)(b), A 105a-105c; R 142(3)(a)
central ~ on request of patent proprietor A 105a, A 105b; R 90-94, R 95(1)
effect A 68
entries in the Register of European Patents R 143(1)(r)
grounds for ~ A 138
right of priority see priority right
right to an EP A 60
rights
conferred by an EP A 64
conferred by an EP appl. after publication A 67
entries in the Register of European Patents R 143(1)(w)
in rem R 23, R 143(1)(w)
loss of ~ A 122; R 112, R 136
of the same date A 139(3)
preservation of acquired ~ if a Contracting State ceases to be party to the EPC A 175
prior right A 139(1),(2)
~ of earlier date A 139(1),(2)
transfer and constitution A 71, A 148(2)
Rules relating to Fees A 71; RFees 1
adoption and amendment A 33(2)(d)
entry into force RFees 15
weighting of votes A 36

S

salaries and emoluments
taxation PPI 16(1)
salary scales
of the employees of the EPO A 33(2)(b)
scientific theories A 52(2)(a)
seal R 125(1)
search A 92; R 61-66, R 164
assigned to sub-offices PCen I(3)(a), PCen V, PCen VI
search activity
co-operation between the EPO and other authorities PCen III
Searching Authority see International Searching Authority
search divisions A 17
a location of duties R 11(1)

606

as a department charged with the procedure A 15(b)
organisation R 9(1)
responsibilities A 17; R 11
search fee
European search R 17(2), R 36(3), R 38, R 64; RFees 2.2, RFees 9
international search A 152; R 158(1); RFees 2.2
supplementary European search A 153(7); R 159(1)(e), R 160, R 164; RFees 2.2, RFees 9, RFees 14
search report see European search report
secret applications A 75(2), A 77; R 37
security
precautions and observance of police regulations PPI 20, PPI 21
sequence listing R 30
service see notification
signature R 2, R 113
simultaneous protection A 139(3)
skilled person see person skilled in the art
social security PPI 18
special agreements A 142-149a
special departments of the EPO A 143, A 144
direction A 143(2)
expenditure A 146
representation before ~ A 144
setting up of ~ A 143(2)
supervising A 145(1)
special financial contributions see financial contributions
special tasks
expenditure A 146
special technical features R 44(1)
specification of the European patent see European patent specification
state of the art A 54, A 56, A 153; R 42(1)(b), R 165
statements
disparaging ~ R 48(1)(b)
Strasbourg Agreement concerning the International Patent Classification R 8
strike
dislocation of the proper functioning R 134(2)
postal ~ R 134(2)
sub-offices of the EPO A 7; PCen I(3)(d), PCen V
substances and compositions A 53(c), A 54(4)
substantive patent law A 52-74
supplementary budget A 10(2)(d), A 36(1), A 42(1), A 46, A 48
surcharge RFees 7(3)(b)
printing fee R 82(3); RFees 2.9
surgery
methods for treatment by ~ A 53(c)
suspension of proceedings R 14, R 78, R 143(1)(s)
sworn statements
taking of evidence A 117(1)(g); R 119

T

taking of evidence A 117, A 131(2); R 117-124, R 150
costs A 104(1); R 122
taxes
exemption from ~ for the EPOrg PPI 4
income of the EPOrg PPI 4(1)
property of the EPOrg PPI 4(1)
salaries and pensions PPI 16, PPI 17
technical means of communication R 35(1), R 125(2)(d)
technical opinion A 25
fee for a ~ RFees 2.20, RFees 10
technical problem
specification of the ~ in the request for grant R 42(1)(c)
territorial effect of the EP A 3
text of the EP see European patent
text of the EP appl. see European patent application
The Hague see branch at The Hague
therapy
methods for treatment by ~ A 53(c)
third parties A 115; A 112a(6), A 122(5); R 114
time limits (general) A 120ff; R 131-136
amending of ~ A 33(1)(a)
calculation A 88(2); R 131
duration A 120(b); R 132
extension R 132, R 134
failure to reply within a time limit A 121, A 122; R 135, R 136
interruption R 142(4)
observation of time limit for payment RFees 7
suspension of proceedings R 14, R 78
transfer of rights A 71, A 72, A 74, A 148(2); R 22
during the opposition period or during opposition proceedings R 85
partial ~ R 18, R 78
to more than one person R 151(2)
translation
at the time of conversion into a national patent A 137
authentic text of EP appl. or EP A 70
certification R 5
corrected ~ A 70(4)(a)
costs of publication A 65(2)
filing of the ~ of an EP appl. A 14(2), A 90(3); R 6(1)
in language of proceedings of documents which have to be filed within a time limit A 14(4); R 3(1), R 6(2)
in oral proceedings R 4(1),(3),(5)
included in the application documents R 49(1)
language of proceedings A 14(2),(3); R 6(1)
legal authenticity R 7
letters rogatory R 150(2)
original ~ A 70(4)(b)
period for supplying the ~ A 65(1)

607

previous application giving rise to priority A 88(1); R 53(3)
reduction of fees R 6(3)
specification of European patent A 65, A 70(4)(a)
time limits R 6
~ of claims A 14(6), A 67(3), A 70(4)(a); R 50(1), R 71, R 82
~ of international application A 153(4); R 159(1)(a), R 160
transmittal A 77, A 135(2),(4), A 153; R 33(5), R 37, R 134(2), R 157(3), R 155
transmittal fee
for an international application R 157(4); RFees 2.18
travel expenses R 122(2),(4)
Treaty
international application pursuant to the Patent Cooperation Treaty (PCT) A 150-153; R 157-165
tribunal
international arbitration ~ PPI 23, PPI 24
typing mistakes see errors in documents

U

unitary patents
for a group of Contracting States A 142
unity of invention A 82; R 43(2), R 44, R 64, R 164
unity of the EP appl. or EP A 118
utility certificate
national ~ A 140
priority A 87

utility model
national ~ A 140
priority A 87

V

Vice-President of the EPO A 10(3), A 11(2); R 9(2)
Vienna Convention on Diplomatic Relations
PPI 13(1)

W

war A 63(2)(a)
weighting of votes A 36; PCen VIII
withdrawal
limitation of the option to withdraw the EP appl. R 14
witnesses
hearing before courts A 117, A 131(2); R 72(3), R 99, R 120
hearing before the EPO A 117(1)(d); R 4(3)-(6), R 117-119, R 122, R 124
World Intellectual Property Organization
agreements with the EPOrg A 150, A 152
attendance as observer at meetings of the Administrative Council A 30(1)
written proceedings R 1, R 3(1)

Abréviations utilisées :

BE : brevet européen
CBE : Convention sur le brevet européen
dem. BE : demande de brevet européen
OEB : Office européen des brevets
OrgEB : Organisation européenne des brevets
PCT : Traité de coopération en matière de brevets
PCen : Protocole sur la centralisation et l'introduction du système européen des brevets (Protocole sur la centralisation)
PPI : Protocole sur les privilèges et immunités de l'Organisation européenne des brevets (Protocole sur les privilèges et immunités)
PR : Protocole sur la compétence judiciaire et la reconnaissance de décisions portant sur le droit à l'obtention du brevet européen (Protocole sur la reconnaissance)
RRT : Règlement relatif aux taxes

A

abrégé A 78(1)e), A 85, A 90(5)
contenu définitif R 66
dépôt R 57d)
forme et contenu R 47, R 49
publication R 69
accord A 30(1)(2), A 33(4) ; R 8 ; PPI 25 ; PCen IV (1)(d) (2)(c)
conclu par l'OEB/OrgEB A 132(2), A 152 ; PPI 25
~ particulier A 142-149*bis*
Accord de La Haye
relatif à la création d'un Institut International des Brevets PCen I(1)(a)
acte de recours
contenu de l'~ R 99
actif
de l'OrgEB A 5(2), A 49(1), A 49(3), PPI 3(2),(3)
action en contrefaçon A 64(3)
requête du tribunal national A 25
actions opposant l'employeur et l'employé PR 4, 5
activité inventive A 52(1), A 56
activités intellectuelles
plans, principes et méthodes dans l'exercice d'~ exclus de la brevetabilité A 52(2)c)
administration
structure administrative de l'OEB R 9
administration chargée de la recherche internationale
l'OEB, ~ A 152 ; R 158 ; PCen III
renonciation au profit de l'OEB à toute activité en qualité d'~ PCen I (2)
administration de la justice
coopération entre l'OrgEB et d'autres autorités PPI 20
agences de l'OEB A 7 ; PCen I(3), PCen V

agents de l'OEB
barème des rémunérations A 33(2)b)
conditions de séjour des ~ PPI 11
département de La Haye/Berlin PCen I
devoirs de la fonction A 12
entrée, séjour et départ PPI 11
immunités A 8 ; PPI 14, PPI 17
impôts sur les traitements, salaires et pensions PPI 16
litiges entre l'Organisation et les ~ A 13 ; PPI 23(3), PPI 24
nomination A 10(2)g), A 11
pensions A 33(2) ; PPI 16(2)
pouvoir disciplinaire sur les ~ A 10(2)h), A 11(4)
prévoyance sociale PPI 18
promotion A 10(2)g)
recours A 13(2)
régime applicable A 33(2)b)
responsabilité A 9(3)
secret professionnel A 12
taxes sur les biens destinés aux besoins personnels PPI 6
traitements PPI 16(1)
agriculture
application industrielle A 57
animaux
exceptions à la brevetabilité R 27
modification de l'identité génétique R 28
procédés d'obtention d'~ A 53b) ; R 26(5)
application industrielle A 52(1), A 57, A 100a), A 138(1)a) ; R 42(1)f)
Arrangement
de Strasbourg concernant la classification internationale des brevets R 8
assistance judiciaire A 131 ; R 117-119, R 148-150
audition des parties A 117 ; R 117-119
autorités de dépôt R 33
autorités des Etats contractants cf. services centraux de la propriété industrielle
avances
~ des Etats contractants A 41, A 50b)
avis technique A 25
redevance pour la délivrance d'un ~ RRT 2(20)
remboursement de la redevance pour la délivrance d'un ~ RRT 10

B

Berlin
agence de ~ ; PCen I(3)(d), PCen I(4)
biens de l'OrgEB A 5(2)
impôts sur les ~ PPI 4(1)
bonne administration de la justice
coopération entre l'OrgEB et d'autres autorités PPI 20

609

bonnes moeurs A 53a)
éléments dans la dem. BE contraires aux ~ R 48(1)a) (2)
brevet européen
causes de nullité A 138
certificat R 74, R 87
~ comme objet de propriété A 71-74, A 148
conservation des dossiers R 147
contrefaçon A 25, A 64(3)
déchéance R 143(1)p)
délivrance A 97, R 72
dénomination A 2
désignation de l'inventeur R 20
désignation des Etats contractants A 79, A 149
droit au ~ A 60
droits antérieurs A 139(1)
droits conférés par le ~ A 64
durée A 63
effets A 2(2), A 63-70
étendue de la protection A 69, A 70(3)(4) ; Protocole interprétatif de l'article 69 CBE A 1, A 2
examen de l'opposition A 101
extinction R 75, R 84(1), R 143(1)p)
habilitation à déposer une dem. BE A 58
inspection publique du dossier R 145, R 149
limitation A 105bis-105ter A 138(2)
maintien A 101
maintien du ~ dans une forme modifiée A 101(3)a), R 82
modification A 123, A 101(3)a)
motifs d'opposition A 100
opposition A 99 ; R 75, R 85
portée territoriale A 3
pour un groupe d'Etats contractants A 142
cf. priorité
procédure jusqu'à la délivrance A 90-98
publication A 14(7), A 98 ; R 73
rejet de l'opposition A 101(2)
requête en délivrance R 41
cf. revendications
révocation A 101 ; R 142(3)a)
taxe annuelle A 37b), A 39, A 141
taxe de maintien en vigueur A 37b), A 39, A 141
texte A 70, A 113(2), A 101 ; R 70(2), R 71
traduction A 65, A 70(3)
transfert pendant le délai d'opposition ou pendant la procédure d'opposition R 85
transformation en brevet national A 135, A137 ; R 155, R 156
unicité A 118
brevet national
~ comme droit antérieur A 139(2)
brevet unitaire
pour un groupe d'Etats contractants A 142
brevetabilité A 52-57
absence de ~ A 97(2), A 100a), A 101, A 138(1)a)
exceptions A 53 ; R 28

inventions brevetables A 52
observations des tiers A 115, R 114
budget A 42, A 47, A 48, A 49(2)
adoption A 46
autorisations de dépenses A 43
décharge pour l'exécution du ~ A 49(4)
dépenses imprévisibles A 44
exécution et modification A 10(2)d), A 48, A 50a)
exercice budgétaire A 45
modification par le Conseil d'administration A 36(1)
préparation A 46
budget additionnel A 10(2)d), A 36(1), A 42(1), A 46, A 48
budget modificatif A 10(2)d), A 36, A 42(1), A 46(2), A 48
Bulletin européen des brevets A 129a)
langues A 14(7)
mention de la délivrance d'un BE A 97(3) ; R 71
mention de la publication du rapport de recherche européenne R 69(1)
rectification/annulation de la désignation de l'inventeur R 21
Bureau du Conseil d'administration A 28

C

caractéristiques techniques de l'invention R 43(1), R 44(1)
catastrophe naturelle
perturbation du fonctionnement normal de l'Office R 134(5)
certificat d'inventeur
priorité A 87
certificat d'utilité
priorité A 87(1)
~ national A 140
cession de la dem. BE A 72 ; R 22
chambres de recours
compétences A 21(1)
composition A 21(2)-(4)
en tant qu'instance chargée des procédures A 15f)
membres A 11(3), A 23(1)-(4), A 24 ; R 12(4), R 144a)
nomination des présidents A 11(3)
Praesidium R 12
règlements de procédure A 23(4) ; R 12(3)
répartition d'attributions R 12(4)
changes
dispenses en matière de réglementation des ~ pour l'OrgEB PPI 9
classification internationale des brevets R 8, R 11(1), R 61(6)
clonage des êtres humains R 28
codemandeurs cf. demandeur
conférence des ministres A 4bis

610

commissaires aux comptes A 49(1)(2)(4)
Commission du budget et des finances A 50f)
commissions rogatoires A 131(2) ; R 150
communication
moyens techniques de ~ pour le dépôt de documents/pour la signification R 2, R 35(1), R 50, R 125
communications R 111-113
~ entre l'OEB et les juridictions ou les autres administrations des Etats contractants R 148
officielles PPI 10
compositions
application industrielle A 53c), A 54(4)(5)
comptables A 50c)
comptes
reddition des ~ A 50a)
vérification des ~ A 49, A 50a)
~ courants RRT 5(2), RRT 7(2)
Conseil d'administration A 4(2)b)(3)
Bureau A 28
Comité restreint A 145
compétence A 10(3), A 11, A 23(1)(4), A 33, A 39(3), A 40(5), A 41(2), A 44(2), A 46(2), A 47(2), A 49(1)(4), A 87(5), A 130(3), A 134bis, A 145(1), A 146, A 149bis, A 153(7), A 166(1)b), A 172(2), A 173(1) ; R 12(6) ; PPI 16(1), PPI 17, PPI 19(2), PPI 24(1)(2), PPI 25 ; PCen I-VIII
composition A 26
conseillers A 26(2)
décisions A 35
décisions relatives aux immunités PPI 17
droit de vote A 34
durée du mandat A 27(2)
experts A 26(2)
immunité des participants lors des sessions A 8 ; PPI 12
langues A 31
locaux A 32
matériel A 32
membres A 26(2)
ordre du jour A 29(4)(5)
personnel A 32
pondération des voix A 36 ; PCen VIII
présidence A 27
Président A 27, A 28(2)
règlement intérieur A 29(4)(5), A 33(2)e)
requête en examen et délai A 95
sessions A 29, A 30
Vice-Président A 27, A 28(2)
votes A 35, A 36 ; PCen VIII
conservation de la preuve R 123
contrefaçon du brevet A 64(3)
avis technique donné à un tribunal national dans le cadre d'une action en ~ A 25
contrefacteur
intervention du ~ présumé A 105

contributions financières
~ exceptionnelles des Etats contractants A 37c), A 40, A 47(4), A 50b)d)e), A 146, A 176(1)
remboursement des ~ A 40(6)(7), A 176(1)
Convention
~ concernant les expositions internationales A 55(1)b)
~ de Paris A 87
~ de Vienne sur les relations diplomatiques PPI 13(1)
Convention sur le brevet européen
adhésion A 166
application A 173
champ d'application territorial A 168
copies certifiées conformes A 178(1)
cotisation initiale A 170
dénonciation A 174
différends entre Etats contractants sur l'application et l'interprétation de la ~ A 173
durée A 171
entrée en vigueur A 169
interprétation A 173, A 177(2)
langues A 177
modification A 10(2)c)
notifications A 178
primauté de la ~ A 164(2)
ratification A 165
révision A 172
signature A 165
transmissions A 178
coopération
administrative A 131 ; R 120, R 148-150
judiciaire A 131 ; R 120, R 148-150
coopération internationale
Traité de coopération en matière de brevets (PCT) A 150-153 ; R 157-165
copropriétaires cf. propriétaire du brevet, titulaire du brevet
corps humain R 29
corrections et modifications R 137-140
Cour internationale de Justice A 173(2) ; PPI 24(3)
créations
~ esthétiques exclues de la brevetabilité A 52(2)b)
crise A 63(2)a)

D

date de dépôt
attribution d'une ~ A 90(1)(2)
~ dans le rapport de recherche européenne R 61(3)
définition A 80 ; R 40
~ de la demande de brevet européen A 80
droits ayant pris naissance à la même ~ A 139
détermination de la ~ R 56
inscription au Registre européen des brevets R 143(1)b)

d'une demande divisionnaire A 76(1)
~ d'une nouvelle demande de brevet européen A 61(2)
date de priorité A 61(2), A 76(1), A 89
dans le rapport de recherche européenne R 61(3)
droits ayant pris naissance à la même date A 139
- cf. date de dépôt
décès
~ ou incapacité R 84, R 142(1), R 152, R 154(2)a)
décisions R 111
correction d'erreurs R 140
des Etats contractants concernant le droit à l'obtention du BE PR 9, PR 10
exclusion de l'inspection publique des dossiers R 144b)
~ faisant l'objet d'un recours R 100(1)
~ fixant le montant des frais A 104(3)
fondements A 113
forme R 111, R 113
notification A 119 ; R 111(1), R 126(1)
~ susceptibles de recours A 106
transfert partiel du droit au BE en vertu de ~ R 18, R 78
déclaration
~ dénigrante R 48(1)b)
~ de priorité A 88(1) ; R 41(2)g), R 52, R 139, R 143(1)i)
découvertes
~ exclues de la brevetabilité A 52(2)a)
délais (en général) A 120 ; R 131-136
calcul A 88(2) ; R 131
durée A 120b) ; R 132
modification de la durée des ~ A 33(1)a)
non-observation des ~ A 121, A 122 ; R 135, R 136
prorogation des ~ R 132, R 134
respect du délai de paiement RRT 7(3), RRT 8(1)
suspension de la procédure R 14 , R 78
délai d'opposition
publication du ~ dans le fascicule du brevet européen A 99(1) ; R 73
délai de priorité A 87(1), A 122(5)
délivrance d'un BE A 97 ; R 72
décisions sur le droit à la ~ PR 9, PR 10
inscription au Registre européen des brevets R 143(1)o)
mention au Bulletin européen des brevets A 97(4)-(6), A 129a) ; R 71
requête en ~ A 78(1)a), A 79(1), A 90 ; R 19(1), R 41, R 49
texte du BE qui a donné lieu à la ~ R 71
département de La Haye A 6(2) ; PCen I, PCen V (1)(2)
dépenses de l'OrgEB
autorisations A 43
budget A 42

budget provisoire A 47
couverture A 37
~ imprévisibles A 44
vérification A 49(1)(2)
dépôt
examen lors du ~ A 16, A 90(1)(2) ; R 10 , R 56-60
habilitation à déposer une dem. BE A 58
d'instruments d'adhésion/de ratification A 165(2), A 166(3), A 172(3)
de matière biologique R 31-34
premier ~ A 87(4), A 87(5)
dépôt antérieur A 88(1)
déclaration de priorité R 53
dépôt de la dem. BE A 75 ; R 35-36
dispositions générales R 35
documents produits ultérieurement R 50
nouvelle dem. BE R 17
~ par des moyens techniques de communication R 2
valeur de dépôt national du dépôt européen A 66
dépôt de documents
~ par des moyens techniques de communication R 2
dépôt de matière biologique R 31-34
dépôt national
valeur de ~ du dépôt européen A 66
désignation
~ conjointe A 149
~ des Etats contractants A 61, A 76(2), A 79, A 80 ; R 16, R 17, R 40, R 41, R 68(3), R 71, R 73, R 82, R 87, R 155
cf. inventeur
demande de brevet européen
abrégé A 78(1)e), A 85
~ antérieure A 87(4)
~ comme objet de propriété A 71s., A 148 ; R 22s., R 85, R 142
cession A 72
concernant de la matière biologique R 28,
concernant des séquences d'acides aminés R 31-34
concernant des séquences de nucléotides R 30
conditions auxquelles doit satisfaire la ~ A 16, A 78
conditions de forme R 57
conservation des dossiers R 147
date de dépôt A 80 ; R 40
demande internationale comme ~ A 150, A 153(5) ; R 159, R 160
dépôt A 61, A 75, A 76 ; R 17, R 35, R 36
- cf. description
désignation de l'inventeur A 81 ; R 20
désignation des Etats contractants A 79, A 149 cf. désignation
dessins A 69(1), A 78(1)d) ; A 1, A 2 Protocole interprétatif de l'Article 69 CBE ; R 43(6)(7), R 56
dispositions générales sur les pièces de la demande R 49
dispositions régissant les ~ R 35-40
documents A 78(1) ; R 49(5)
documents produits ultérieurement R 50

dont l'objet a été mis au secret A 77(4)
droits antérieurs A 139(1)
droit à l'obtention pour une partie seulement de l'objet de la demande R 18 , R 78
droits conférés par la dem. BE après sa publication A 67
éléments prohibés R 48
étendue de la protection A 69, A 70(3)(4)
effets A 66 ; R 155
~ comme état de la technique A 54 ; R 165
examen A 94 ; R 70, R71
examen lors du dépôt A 90 ; R 60
examen lors du dépôt et quant aux exigences de forme A 16
examen quant aux exigences de forme A 90 , R 60
exposé de l'invention A 83
inscription des licences et d'autres droits R 22-24
inscription des transferts R 22
inspection publique A 128 ; R 145, R 149
irrégularités A 90 ; R 55, R 60, R 71
langues A 14(1)-(6) ; R 3, R 36(2)
licences R 23, R 24
licences contractuelles A 73
limitation de la faculté de retrait R 15
mise au secret A 77(2) ; R 37
 - cf. modification
personnes habilitées à déposer une ~ A 58
pièces de la demande R 49
pluralité de demandeurs A 59
poursuite de la procédure A 122 ; R 136 ; RRT 2(13)
première ~ A 87(4), A 87(5)
~ présentée par des personnes non habilitées A 61
 - cf. priorité
production de la traduction A 14(2), A 90(3) ; R 6(1) , R 57a)
publication A 93, A 153(3)(4) ; R 48-50 , R 68
registre européen des brevets A 127
rejet A 61(1)c), A 90(5), A 97(2)
représentant commun R 41(3) , R 151
requête A 78(1)a)
requête en examen A 94 , R 70
restitutio in integrum A 122 , R 136
 - cf. revendications
surtaxe R 51(2)
taxes annuelles A 86
taxe de dépôt A 78(2) ; R 38
taxe de recherche A 78(2) ; R 38
taxes de revendication R 45
texte A 113(2) ; R 71
texte faisant foi A 70
traitement par un service central de la propriété industrielle dans les Etats contractants PCen IV
transfert et constitution de droits A 71 ; R 23
transformation en demande nationale A 135-137
transmission A 77
~ ultérieure A 87(4)
unicité A 118

unité d'invention A 82 ; R 44
valeur de dépôt national du dépôt européen A 66
demande internationale A 150s.
actes à effectuer auprès de l'OEB R 159(1)
communication A 153(3)
dépôt R 157
désignation conjointe d'un groupe d'Etats contractants A 149(2)
langue A 153 ; R 157
publication A 153
~ réputée retirée A 153 ; R 160
taxe de transmission RRT 2(18)
traduction A 153 ; R 159, R 160
traitement par les services centraux de la propriété industrielle PCen III
transmission R 157
demande de brevet national
indications relatives aux ~ A 124 , R 141
transformation en une ~ A 135-137 ; R 103
demande divisionnaire européenne
dépôt A 76 ; R 36(1)
désignation de l'inventeur R 60(2)
désignation des Etats contractants A 76(2)
inscription au Registre européen des brevets R 143(1)k)
inspection publique A 128(3)
langue R 36(2)
taxes R 6(1), R 36(3) , R 51(3)
demande de brevet cf. demande de brevet européen, demande internationale, demande de brevet national
demandeur
actions intentées contre le ~ PR 1(1), PR 2
codemandeurs A 118
décès ou incapacité du ~ R 142(1)a)b)
domicile PR 3
différents demandeurs A 118 ; R 72
identification A 80 ; R 40(b)
indications sur le ~ dans la requête en délivrance R 41(2)c)
inscription au Registre européen des brevets R 143(1)f)
pluralité A 59, A 118 ; R 41(3), R 72
position du ~ dans la procédure d'examen R 70(2)
renseignement pour le ~ sur la publication du rapport de recherche européenne R 69
restitutio in integrum A 122 ; R 136
~ n'est pas l'inventeur R 19(3)
~ n'est pas une personne habilitée A 61 ; R 14-18 , R 78
description A 78(1)b)
contenu R 42
correction R 139
forme R 49
listes de séquences R 30
modification A 123(1)(2), A 138(2) ; R 3(2), R 4(6), R 58, R 70(2), R 71, R 79(1)(3), R 80, R 81, R 137

613

pour déterminer l'étendue de la protection A 69(1) ;
A1 , A2 Protocole interprétatif de l'Article 69 CBE
~ différente pour des Etats différents R 18 , R 78,
R 138
- cf. pièces de la demande
dessins
correction R 139
~ dans la description R 42(1)e)
~ dans la requête en délivrance R 41(2)i)
détermination de l'étendue de la protection A 69(1),
A1 , A2 Protocole interprétatif de l'Article 69 CBE
~ en tant que partie d'une dem. BE A 78(1)d)
forme R 46, R 49, R 50
invitation au demandeur du brevet à présenter des ~
modifiés pendant la procédure d'opposition R 81
modifications A 123(1)(2), A 138(2) ; R 3(2), R 18,
R 58, R 70(2), R 71, R 78, R 79, R 80, R 81, R 100(1)
R 137, R 138
prohibés R 48(1)a)(2)
publication des ~ dans l'abrégé R 47(4)
~ différents pour des Etats différents R 138
~ omis ou déposés tardivement A 90 ; R 56
- cf. pièces de la demande
devoirs de la fonction
~ des agents de l'OEB A 12
diagrammes R 46(3)
différend
~ concernant les immunités PPI 23, PPI 24
~ entre Etats contractants sur la CBE A 173
~ relatif au droit à la délivrance d'un brevet PR 1-11
directions
générales R 9
groupement R 9
dispositions finales A 164-178
dispositions financières A 37-51
dispositions générales
~ de la CBE A 1-4
~ de procédure A 113-126
division juridique A 20 ; R 11(2)
décisions A 20 ; R 111
en tant qu'instance chargée des procédures A 15e)
organisation R 9(2)
recours contre des décisions de la ~ A 106 ; R 97,
R 98
division de la recherche A 17
compétences A 17 ; R 11
en tant qu'instance chargée des procédures A 15b)
organisation R 9(1)
répartition d'attributions R 11(1)
division d'examen
compétences A 18(1), A 25, A 11(2) ; R 10, R 159
composition A 18(2), A 33(3)
décisions A 97 ; R 71, R 91, R 95, R 111, R 123(4),
R 159
en tant qu'instance chargée des procédures A 15c)
organisation R 9(1)

recours contre des décisions des ~ A 21(1), A 21(3),
A 106(1)
répartition d'attributions R 10, R 11(1)
division d'opposition A 19, A 101
compétences A 19(1), A 104(1) ; R 11
composition A 19(2)
décisions A 101, A 116(4) ; R 77(3), R 82(4)
en tant qu'instance chargée des procédures A 15d)
organisation R 9(1)
recours contre des décisions des ~ A 21(4),
A 106(1)(2)
répartition d'attributions R 11(1)
divulgation
~ insuffisante comme motif d'opposition A 100b)
~ non opposable A 55 ; R 25
résumé R 47(2)
document
confirmation R 2
copies R 125(1)
~ de l'OrgEB PPI 2
demande de ~ pendant la procédure
dépôt des ~ R 2
d'opposition R 83
exclusion de l'inspection publique R 144d)
forme des ~ pour la signification R 125
langue A 14(1)-A 14(5) ; R 3
nom R 113
original R 125
de priorité A 88(1) ; R 53, R 54
règlement d'exécution s'appliquant aux ~ présentés
au cours de la procédure d'opposition R 86
~ produits ultérieurement R 2, R 50
signature, nom, sceau R 2, R 113
transfert PPI 10
documentation brevets PCen VI
domicile ou siège A 14(4), A 133(2)(3) ; R 41(2)c),
R 76(2)a), R 143(1)f)
dossiers
communication d'informations contenues dans les ~
R 146
conservation R 147
droit
perte A 122 ; R 112, R 136
droit au BE A 60
droit des brevets A 52-74
droit européen de délivrance de brevets A 1
droit national
incidences sur le ~ A 135-141
droit de priorité A 87, A 88(3)(4), A 89
droit réel R 23, R 143(1)w)
droits
~ antérieurs A 139(1)(2)
~ ayant pris naissance à la même date de dépôt ou
de priorité A 139(3)
~ conférés par le BE A 64
~ conférés par la dem. BE après sa publication A 67

inscription au Registre européen des brevets R 143(1)w)
sur les produits importés ou exportés par l'OrgEB PPI 4, PPI 5, PPI 6, PPI 7
réserve des ~ acquis au cas où un Etat contractant cesse d'être partie à la CBE A 175
transfert et constitution A 71, A 148(2)

E

éléments techniques particuliers R 44(1)
embryons R 28
employé
différend relatif à l'obtention du BE. entre l'~ et l'employeur PR 5(2)
inventeur est un ~ A 60(1) ; PR 4
employeur
différend relatif à l'obtention du BE. entre l'~ et l'employé PR 5(2)
erreurs dans des documents R 139
Etats contractants
agences de l'OEB dans les ~ A 7
avances A 41, A 50b), A 146
~ ayant cessé d'être partie à la CBE A 172(4), A 175, A 176
commissions rogatoires R 150
communication entre l'OEB et les autorités des ~ R 148
compétences des juridictions A 9(4)a) ; PR 1-8
contributions financières exceptionnelles A 37c), A 40, A 47(4), A 50b)d)e), A 146, A 176(1)
coopération administrative et judiciaire A 131 ; R 117-119, R 148, R 149
cotisation initiale A 170
dénonciation de la CBE A 174
- cf. désignation des ~
différends sur l'interprétation de la CBE A 173
droit commun en matière de délivrance de brevets d'invention A 1
effets de la dem. BE et du BE dans chacun des ~ A 2(2), A 139(1)(2)
inspection des dossiers par des tribunaux ou administrations des ~ A 131 ; R 149
juridictions A 9(4), A 131 ; PR 7, PR 8
rapports entre ~ PR 11
reconnaissance des décisions PR 1(2), PR 9, PR 10
renonciation des ~ PCen I-IV
représentants des ~ et suppléants A 26(1), A 27(2)
restitutio in integrum A 122 ; R 136
revendications, description et dessins différents pour des Etats différents R 138
transmission de la dem. BE A 77 , R 138

transmission de la demande internationale A 157(3)
versements de pourcentages des taxes de maintien en vigueur A 37b), A 39, A 40(1), A 47(3), A 50b)d), A 147, A 176(2)

état de guerre A 63(2)a)

état de la technique A 54, A 56, A 153 ; R 42(1)b) , R 165

étrangers
exemption des formalités d'enregistrement d'~ PPI 12(1)e), PPI 14d)

examen de la dem. BE A 94 ; R 70
~ par la division d'examen R 10, R 70-72
procédure d'~ A 94ff. ; R 14, R 70, R 71, R 78, R 142

examen européen de qualification A 134(2)c), A 134bis

examen d'office A 114
examen de l'opposition A 101 ; R 79-82

examen préliminaire international A 152 ; R 158, R 159 ; PCen III, PCen IV(1)e) ; RRT 2(19)
renonciation des services centraux de la propriété industrielle en faveur de l'OEB PCen II

examen quant aux exigences de forme A 16, A 90 ; R 10, R 11(3), R 56-60

exercice budgétaire de l'OrgEB A 43, A 45, A 161

experts
accessibilité de matière biologique R 32, R 33
commission R 121
~ du Conseil d'administration A 26(2)
dépositions et déclarations R 124
immunités A 8 ; PPI 12, PPI 15, PPI 17
instruction par l'OEB A 117 ; R 117-120, R 150
rapports R 121, R 122
remboursement des frais R 122(2)(3)

exposé de l'invention A 83 ; R 31(1)
~ incomplet A 100b), A 138(1)b)
~ non opposable A 55 ; R 25
résumé concis R 47(2)
expositions
attestation R 25, R 159(1)h)
exposé de l'invention dans des ~ A 55(1)b), A 55(2)
extension A 76(1), A 100c), A 123(2)(3), A 138(1)c)d)
extraits cf. Registre européen des brevets

F

faits et preuves
non présentés en temps utile A 114(2) ; R 116
fascicule du brevet européen
déclaration de priorité dans le ~ publié R 52(5)

langues A 14(7)
nouveau ~ A 101(3), A 103, A 105quater ; R 87, R 96
publication A 98, A 103, A 105quarter ; R 73
publication de la désignation de l'inventeur R 20(1)
traduction A 65
fautes d'expression cf. erreurs dans des documents
fautes de transcription cf. erreurs dans des documents
figures R 46(2)f)h)
fixation des frais A 104 ; R 88, R 97 ; RRT 2(16), RRT 13
fonctionnaires
statut des ~ A 33(2)b)
recours en vertu du statut des ~ A 13(2)
fondement des décisions A 113
frais de déplacement R 122(2)(4)

G

Grande Chambre de recours
compétences A 22(1)
composition A 22(2)
décision et avis A 112 ; R 111
~ en tant qu'instance chargée des procédures A 15g)
membres A 11(1), A 23, A 24
règlement de procédure A 23(4) ; R 13(2)
répartition d'attributions R 13

grève
perturbation du fonctionnement normal de l'OEB R 134(2)
~ de la poste R 134(2)

guerre A 63(2)a)

H

homme du métier A 56, A 69, A 83, A 100b), A 138(1)b) ; R 28(1)

I

identité génétique germinale de l'être humain R 28
immunités et privilèges A 8 ; PPI 1-25
impôts
~ sur les biens de l'OrgEB PPI 4(1)
exonération de l'OEB PPI 4
traitements, salaires et pensions PPI 16, PPI 17
indemnité A 67(2) ; R 122(3)(4)

information cf. public, cf. instances officielles A 127-132 ; R 143-147
informations
échange d'~ A 130
présentations d'~ A 52(2)d)
inspection des dossiers A 128
modalités R 145
par les Etats contractants R 149
par des juridictions ou autres autorités compétentes des Etats contractants A 131(1)
~ publique A 128
inspection du travail PPI 20
instances du premier degré
répartition d'attributions entre les ~ R 11
instances officielles
assistance judiciaire et administrative A 131(1) ; R 117, R 118
information du public et des ~ A 127-132 ; R 143-147
instances spéciales de l'OEB A 143, A 144
contrôle A 145(1)
couverture des dépenses A 146
création A 143(2)
direction A 143(2)
représentation devant les ~ A 144
Institut des mandataires agréés A 134bis
Institut International des Brevets PCen I(1)a)b)
instruction A 117, A 131(2) ; R 117-124 R 150
frais A 104(1) ; R 122
interruption de la distribution du courrier R 134
interruption de la procédure R 142, R 143(1)t)
inventeur
annulation R 21(2)
désignation A 58s., A 81, A 90 ; R 19, R 144c)
désignation ultérieure R 60, R 163(1)
droit au BE A 60(1)
droit de l'~ à être désigné A 62
exclusion de l'inspection publique de la désignation de l'~ R 144
forme R 19(1), R 41(2)i)
inscription au Registre européen des brevets R 143(1)g)
pluralité A 60(2) ; R 19(1)
publication de la désignation de l'~ R 21
renonciation à la désignation en tant qu'~ R 20(1)
rectification de la désignation de l'~ R 21
~ est un employé A 60(1) PR 4
invention
activité inventive A 56
application industrielle A 57
~ brevetable A 52
caractéristiques techniques R 13(1), R 44(1)
description A 78(1)b) ; R 42
divulgation non opposable A 55

616

exceptions à la brevetabilité A 53
exposé de l'~ A 83 ; R 31-33
nouveauté A 54
titre R 41(2)b)
unité A 82, A 152 ; R 43(2), R 44, R 64, R 158, R 164
invention d'un employé A 60(1) ; PR 4
inventions biotechnologiques R 26-29
invitations
~ dans le cadre de la procédure de délivrance A 94, A 124 ; R 56(1), R 58, R 70, R 71, R 116, R 152(2), R 158(3), R 163
~ dans le cadre de la procédure d'opposition A 101(1) ; R 77(2), R 79(1)(3), R 81, R 82, R 83
~ dans le cadre de la procédure de recours A 124 ; R 100(2)(3)
irrégularités
constatation par la division d'examen A 94 ; R 71
examen lors du dépôt/examen quant à certaines ~ A 90 ; R 55, R 56-60
opposition R 77(1), R 77(2)
recours R 101

J

jeux A 52(2)c)
Journal officiel de l'OEB A 129b)
langues A 14(7)
publications au ~ A 97(3) ; R 33, R 152
jugement
opposition A 99(4)
transfert partiel du droit au BE. en vertu d'un ~ R 18
juridictions de la République fédérale d'Allemagne
compétences PR 6

juridictions des Etats contractants
compétences A 9(4) ; PR 7, PR 8
inspection des dossiers A 131(1)

L

La Haye cf. département

langue de la procédure A 14(3)-(7), A 70(1) ; R 3-4, R 36(2), R 61(5)
dérogations au cours de la procédure orale R 4
langue
Bulletin européen des brevets A 14(8)
CBE A 177
commissions rogatoires R 150(2)
Conseil d'administration A 31
dem. BE A 14(1)(2)(6)
demande internationale A 153 ; R 157(1)
demande divisionnaire européenne R 36(2)

fascicule de brevet européen A 14(6)
Journal officiel de l'OEB A 14(7)
moyens de preuve R 3(3), R 4(6)
OEB A 14 ; R 1-7
pièces devant être produites dans un délai déterminé A 14(4) ; R 3(1)
pièces déposées par les parties R 3(1)
procédure orale R 4
rapport de recherche R 61(5)
Registre européen des brevets A 14(8)
- cf. langue de la procédure
langue(s) officielle(s)
~ d'un Etat contractant qui n'est pas l'une des langues officielles de l'OEB PCen III
~ ne correspondant pas à la langue de la procédure A 67(3)
de l'OEB A 14(1)
utilisation des ~ des Etats contractants A 14(4)
- cf. langue(s), langue de la procédure, traduction
lettre recommandée R 126
licences
inscription R 22, R 23
sous-licence R 24(2)
~ contractuelles A 73
~ exclusives R 24(1)
liste des autorités de dépôt et des experts R 33
liste des mandataires agréés cf. mandataires
liste de séquences R 30
litiges
entre l'OrgEB et les agents de l'OEB A 13
lois nationales PPI 20

M

maintien du BE A 101
dans une forme modifiée A 101(3)a) ; R 82
taxes A 141
mandataires A 134
avocat en qualité de ~ A 134(8)
conditions A 134
désignation d'un ~ A 90(3), A 133(2) ; R 57h)
examen de qualification A 134bis(1)b),
indication dans la requête en délivrance R 41(2)d)
inscription au et radiation du Registre européen des brevets A 20(1) ; R 143(1)h)
Institut des ~ agréés A 134bis(1)a)
liste des ~ agréés A 20(1), A134(1)-(3) ; R 154
modification de la liste des ~ R 154
pouvoir R 152
pouvoir disciplinaire A 134bis(1)c) ; R 12(6)
dans le cadre d'une procédure d'opposition R 84
représentant commun R 41(3), R 151
signification R 130
mandataires agréés cf. mandataires, cf. représentants, cf. représentation

617

matière biologique R 26, R 27, R 31-34

méthodes
~ de traitement chirurgical ou thérapeutique du corps humain ou animal A 53c

méthodes de diagnostic A 53c), A 54(4)(5)

méthodes mathématiques A 52(2)a

micro-organismes cf. matière biologique
Traité de Budapest sur la reconnaissance internationale du dépôt des ~ R 31, R 34

mise au secret A 75(2), A 77 ; R 37

modalités d'application A 10(2)c) ; PCen IV(1)d)

modèle d'utilité
priorité A 87
~ national A 140

modification
BE et dem. BE A 123, A 138(2) ; R 3(2), R 4(6), R 18, R 58, R 70(2), R 71, R 78(2), R 79(1)(3), R 80, R 81, R 115(2), R137, R138, R 161
liste des mandataires agréés R 154

modifications et corrections R 137-140

montants insignifiants
remboursement RRT 12

motifs d'opposition A 100

moyens techniques de communication
pour le dépôt R 2
pour la signification R 125(2)d)

N

notifications A 168, A 174, A 178
~ de l'OEB R 111-113

nouveauté d'une invention A 52(1), A 54, A 94(1), A 97(1), A 100a), A 101(1)(2), A 138(1)a) ; R 61(1)

nouvelle dem. BE A 61 ; R 6(1), R 17, R 60(2), R 143(1)k) ; RRT 9

nullité
causes A 138

O

objet de propriété
dem. BE comme ~ A 71s., A 148 ; R 22s., R 85, R 142

observations des tiers A 115 ; R 114

office désigné
l'OEB comme ~ en vertu du PCT A 149(2), A 153 ; R 159

office élu
OEB comme ~ en vertu du PCT A 153(1) ; R 159

Office européen des brevets A 10-25
agences A 7 ; PCen I(1)(c), PCen I(3), PCen V (1)(2)
comme Office désigné A 153(1) ; R 159
comme Office élu A 153(1) ; R 159
comme Office récepteur A 151 ; R 157
comme organe de l'OEB A 4(2)a)
communication avec les autorités des Etats contractants R 148
décisions R 111-113
département A 6(2), A 10(2)b)
direction A 10(1), A 143(2)
échange d'informations entre l' ~ et les services centraux de la propriété industrielle A 130
en tant qu'administration chargée de la recherche internationale A 152 ; R 158
examen préliminaire international A 152 ; R 158
instances R 11s.
instances spéciales A 143
instructions administratives internes A 10(2)a)
langues A 14
notifications R 111-113
organes A 15
organisation R 8s.
Président A 5(2), A 10 ; PPI 13
publications A 129
siège A 6(2)
structure administrative R 9
tâche A 4(3), A 143(1)
Vice-Président A 10(3), A 11(2) ; R 9(2)

offices nationaux des brevets des Etats contractants
adaptation des ~ au système du brevet européen PCen IV

office récepteur
OEB comme ~ en vertu du PCT A 151 ; R 157

opposant A 99(3) ; R 76(2)a)
décès ou incapacité de l'~ R 84(2)

opposition A 99
acte d'~ R 76
délai A 99(1)
examen de l'~ A 101 ; R 79-82
extinction du brevet R 75
inscription au Registre européen des brevets R 143(1)q), r)
intervention du contrefacteur présumé R 89
irrégularités R 77(1),(2)
motifs A 100
observations du titulaire du brevet R 79
plusieurs oppositions R 79(2)
publication du délai pendant lequel le BE délivré peut faire l'objet d'une ~ R 73
procédure lorsque le titulaire du brevet n'est pas une personne habilitée R 78

rejet A 101(2)
rejet de l'~ pour irrecevabilité R 77
renonciation au brevet R 75
ordinateur
exclusion de la brevetabilité A 52(2)c)
imprimé établi par ~ R 125
production de documents par ~ R 113(2)
ordinateurs et comptables A 50c)
ordre public
éléments dans la dem. BE contraires à l'~ R 48(1)a)
inventions contraires à l'~ A 53a)
organes de l'OEB cf. Office européen des brevets
organes de l'OrgEB cf. Organisation européenne des brevets
Organisation européenne des brevets A 4, A 5s.
accord entre l'Institut International des Brevets et l'~ PCen I
actif A 5(2), A 49(1)
activités officielles PPI 3(4)
administration de la justice dans le cadre d'une coopération entre l'~ et d'autres autorités PPI 20
archives PPI 2
biens A 5(2)
budget A 40(1), A 42, A 46, A 47, A 48
conférence des ministres A 4bis
dépenses A 37, A 43, A 44
dispositions financières A 37s.
documents PPI 1, PPI 2
immunité A 8 ; PPI
immunité de la propriété PPI 3(2)(3)
impôts PPI 4, PPI 16
institution A 4(1)
litiges entre l'~ et les agents A 13
locaux PPI 1
obligations financières A 126
organes A 4(2)
passif A 49(1)
privilèges A 8 ; PPI
recettes A 37d), A 40(1), A 49(1), A 49(2)
représentation A 5(3)
responsabilité A 9
ressources propres A 38
siège A 6(1)
statut juridique A 5
système de prévoyance sociale PPI 18
tâche A 4(3)
taxes sur des produits importés ou exportés par l'~ PPI 5, PPI 6
transfert de biens et prestations de service PPI 7
Organisation internationale du travail
compétences du Tribunal administratif de l'~ A 13
Organisation Mondiale de la Propriété Intellectuelle
accord avec l'OrgEB A 150, A 152
participation aux sessions du Conseil d'administration A 30(1)

organisations intergouvernementales A 7, A 30(1)(2), A 130(2)(3)

P

paiement
date à laquelle le ~ est réputé effectué RRT 7
données concernant le ~ RRT 6
~ insuffisant RRT 8
modes de ~ RRT 5
passif de l'OrgEB A 49(1)(3)
Pays-Bas A 9(2)(4)b)
PCT
Traité de coopération en matière de brevets (PCT) A 150-158 ; R 157-165
pensions
imposition PPI 16(2)
personnel cf. agents
perte d'un droit A 122 ; R 112, R 135, R 136, R 160
perturbation du fonctionnement normal de l'Office R 134
pièces
documents cités dans le rapport de recherche R 61(19-(4), R 65
~ exclues de l'inspection publique R 144d)
langue A 14(1)-(5) ; R 1
nombre R 49(2), R 50, R 86, R 66(1), R 100(1), R 157(2)
signature, nom, sceau R 2, R 113
signification R 125
transfert PPI 10
pièces de la demande R 35(5)
dispositions générales relatives à la présentation des ~ R 49
documents produits ultérieurement R 50
irrégularités R 57-58
pour une demande internationale (demande euro-PCT) R 159(1)b)
plusieurs demandeurs cf. demandeur
plusieurs inventeurs cf. inventeur
plusieurs oppositions cf. opposition
plusieurs priorités cf. priorité
pondération des voix A 36 ; PCen VIII
portée territoriale du BE A 3
poste cf. signification
poursuite de la procédure de la dem. BE A 121
pouvoir A 133(3) ; R 152
pouvoir disciplinaire
agents de l'OEB A 10(2)h)
mandataires agréés A 134a) ; R 153
personnel supérieur A 11(4)
Praesidium des chambres de recours R 12
Président du Conseil d'administration A 28(2)

619

Président de l'OEB A 11, A 12, A 49(4), A 134(5) ; PPI 13, PPI 16
compétences A 5(3), A 10, A 11(3), A 29(2), A 33(4), A 46(1), A 48, A 49(3), A 112(1)b), A 119, A 134(6), A 143(2), A 145(1) ; R 2, R 9(2), R 11, R 30, R 53, R 54, R 67(1), R 68(2), R 73(2), R 87, R 125(2)d), R 126(1), R 127, R 129(2), R 134(1), R 143(2), R 144d), R 145(2), R 152(1) ; RRT 3(1)(2), RRT 4(2), RRT 5(2), RRT 9(2), RRT 12quater, RRT 13
immunités PPI 1(2), PPI 13, PPI 19(2)
prestations de service de l'OrgEB PPI 7
preuve
conservation de la ~ R 123(3) ; RRT 2.17
langue R 3(3)
~ non présentée en temps utile A 114(2) ; R 116(1)
prévoyance sociale PPI 18
primauté A 164 ; PR 11(1), PCen VII
principes
~ généralement admis en matière de procédure A 125
priorité A 87-89
déclaration de ~ A 88(1) ; R 41(2)g), R 52, R 139, R 143(1)i)
délai de ~ A 87(1), A 122(5) ; R 136
dépôt donnant naissance au droit de ~ A 87(2)
documents de ~ A 88(1) ; R 52, R 54, R 163(2)
~ multiples A 88(2)(3)
droit de ~ A 87, A 88(3)(4), A 89, A 90
privilèges et immunités cf. immunités
problème technique
désignation du ~ dans la requête en délivrance R 42(1)c)
procédé
en tant qu'objet d'un BE A 52(2)c) (3), A 53b), A 53c), A 54(4)(5)
procédés biologiques A 53b)
procédés microbiologiques A 53b) ; R 26, R 27
procédure
dispositions générales A 113-125.
instances de l'OEB chargées des ~ A 15
interruption et reprise R 142, R 143(1)t)
suspension R 14
procédure jusqu'à la délivrance A 90-98 ; R 55-74, R 142
suspension R 14, R 143(1)s)
procédure d'examen A 94s. ; R 14, R 70, R 71, R 78, R 142
procédure de limitation A 105bis-105ter ; R 90-96
procédure écrite R 1(1), R 3(1)
procédures légales A 125
procédure d'opposition A 99-105 ; R 75-89
demande de documents R 83
dispositions relatives aux documents R 86
frais A 104 ; R 11, R 88, R 97
interruption R 142
intervention dans la ~ A 105(1) ; R 79(4), R 89
notification R 77(2)(3), R 79, R 81, R 82, R 113

nouveau fascicule du brevet européen R 87
parties A 99(3)
poursuite d'office de la ~ R 84
procédure contre le titulaire du brevet R 78
procédure de limitation A 105bis(2)
procédure de révocation A 105bis(3)
procédure orale A 116(1)(4)
représentant dans une ~ R 84
suspension R 78
procédure orale A 116
citation R 115
frais A 104(1)
instruction R 115-124
langue de la procédure R 4
procès-verbal R 124
~ et instruction R 115-124
procédure de recours A 106-112bis ; R 97-103, R 142(2)-(4)
personnes admises à former le recours et à être parties à la ~ A 107
produits A 53b)c), A 54(4)(5), A 64(2)
programmes d'ordinateurs A 52(2)c)
propriétaire du brevet
copropriétaires A 118 ; R 72
- cf. titulaire du brevet
propriété
dem. BE ou BE comme objet de ~ A 71s., A 148 ; R 22s., R 85, R 142
impôts directs PPI 4(1)
propriété de l'OrgEB A 5(2), A 49(1)(3) ; PPI 3(2)(3)
protection
comme droit conféré par le BE A 64(2)
étendue de la ~ A 69, A 70(3)(4) ; A 1-A 2 Protocole interprétatif de l'article 69 CBE
extension de l'étendue de la ~ par des modifications A 69, A 123(3), A 138(1)d)
protection cumulée A 139(3)
protection provisoire A 67
protocoles A 164
public
information du ~ en cas de transformation R 156
information du ~ et des instances officielles A 127-132. ; R 143-147
publication d'indications pour le ~ A 10(2)a)
publication du fascicule du BE A 98, A 103 ; R 53
publications
échange de ~ A 132
~ périodiques A 129
transmission PPI 8
publicité
de la procédure A 116(3)(4)

R

races animales
exclusion de la brevetabilité A 53b)
rapport
des experts R 121-122
- cf. avis technique
rapport de recherche européenne A 92, A 153(6)(7) ; R 61-66
absence d'unité d'invention R 64, R 164
contenu R 61
déclaration du demandeur R 70
~ élargie R 62
établissement A 17, A 92
langue de la procédure R 61(5)
mention de la publication du ~ au Bulletin européen des brevets R 69(1)
position du demandeur au sujet du ~ R 70
publication A 16, A 93(2) ; R 68, R 69
rapport complémentaire de recherche européenne A 153(7)
remplacement du ~ par le rapport de recherche internationale A 153(6)
taxes RRT 2.2, RRT 9
rapport de recherche internationale A 153
recettes de l'OrgEB A 37a), A 38, A 44
recherche A 92(1) ; R 61-64, R 164
coopération entre l'OEB et d'autres autorités PCen III
répartition entre des agences PCen I(3)(a), PCen V, PCen VI
recherche internationale
OEB agissant en qualité d'administration chargée de la ~ R 158
OEB chargée de la ~ A 152 ; R 158 ; PCen III
renonciation aux activités de ~ en faveur de l'OrgEB PCen I(2)
reconnaissance
des décisions des Etats contractants PR 9-11
recours
décision sur le ~ A 111, R 102
décisions susceptibles de ~ A 106 ; R 97, R 98 ; RRT 13
délai et forme A 108
examen A 110 ; R 100
irrégularités R 101
personnel A 13(2)
personnes admises à former le ~ A 107
présentation des observations des parties R 100(2)(3)
révision préjudicielle A 109
rejet du ~ pour irrecevabilité R 65
requête en révision par la Grande chambre de recours A 112bis
récusation
~ de membres de chambres de recours A 24 ; R 144

reddition des comptes A 50a)
redevances
délivrance d'un avis technique RRT 2(20), RRT 10
~ pour un avis technique A 25
règlement de procédure des instances du deuxième degré R 13
règlement de pensions
de l'OrgEB A 33(2)c)
litiges concernant le ~ A 13
règlement d'exécution A 164
modification par le Conseil d'administration A 33(1)b)
règlement financier A 33(2)a), A 50
règlement relatif aux taxes A 51 ; RRT 1
arrêt et modification A 33(2)d)
entrée en vigueur RRT 15
pondération des voix A 36
règlement de police PPI 20, PPI 21
réglementation A 10(2)c)
régime applicable aux agents A 13, A 33(2)b) ; PPI 23(3)
Registre européen des brevets A 127, A 129a) ; R 143
extraits R 143
inscription de licences et d'autres droits R 23, R 24
inscription des transferts R 22(1), R 85
langues A 14(8)
mentions à porter A 20(1)
rectification/annulation de la désignation de l'inventeur R 21(2)(3)
rejet
~ de la dem. BE A 97, A 111(1), A 121 ; R 71, R 135, R 143(1)n), R 148(1)
~ de l'opposition A 101(2)
remboursement R 37(2), R 64(2) R 103, R 122(2)(3) ; RRT 9, RRT 10-12
~ des contributions financières exceptionnelles A 40(6)(7), A 176(1)
rémunération
des agents de l'OEB A 33(2)b)
représentant commun R 41(3), R 151
désignation d'un ~ R 151
représentant ou mandataire
signification au ~ R 130
représentants
procédure d'opposition R 84
- cf. mandataires
représentation A 133-134bis ; R 41(3), R 130, R 151-154
principes généraux A 133
devant les instances spéciales de l'OEB A 144
République fédérale d'Allemagne
juridictions compétentes A 9(4) ; PR 6
application de la loi de la ~ concernant la responsabilité non contractuelle de l'OrgEB A 9(2)

requête cf. pièces de la demande

621

requête en délivrance d'un BE A 78(1)a), A 79(1) ;
R 18(1), R 41
examen quant à certaines irrégularités A 90, R 57,
R 58
forme R 49
requête en examen A 94
compétence de la section de dépôt et de la division
d'examen R 10
inscription au Registre européen des brevets
R 143(1)m)
délais R 14(4), R 70(1), R 142(4), R 159(1)f)
requête en limitation ou révocation du BE
A 105bis-quater ; R 90-96 , RTT 2.10bis
compétence pour la procédure R 91
décision R 95
fascicule modifié R 96
irrégularités dans la requête R 94
objet de la procédure R 90
primauté de la procédure d'opposition R 93
requête R 2, R 41s, R 92
taxe R 93 ; RTT 14

**requête en révision par la Grande Chambre de
recours** A 22, A 112bis ; R 6, R 51(5)a), R 104-110,
R 126(1), R 143(1)v), RRT 2.11bis, RTT 14
composition R 109
contenu de la ~ R 107
examen R 108
infractions pénales R 105
irrégularités corrigées R 108
objections R 106
taxe R 110 ; RTT 2.11bis, RTT 14
vices fondamentaux de procédure A 112bis(2) ; R 104
requête en transformation A 135, A 136, A 155
inscription au Registre européen des brevets
R 143(1)v)
réserve R 158(3)
**réserve des droits acquis au cas où un Etat cesse
d'être partie à la CBE** A 175
responsabilité
~ personnelle des agents A 9(3)
~ de l'OrgEB A 9(1)(2)(4)
ressources
~ propres de l'OrgEB A 37a), A 38, A 44
restitutio in integrum A 122
rétablissement dans un droit
inscription au Registre européen des brevets
R 143(1)u), taxe RTT 2.13
retrait d'une dem. BE
limitation de la faculté de ~ R 14
revendications
catégories R 43(2)
clarté A 84
~ comme partie d'une dem. BE A 78(1)c) ; R 57c)
 contenu A 84 ; R 43, R 50(1)
correction R 139

délai pour la production d'une traduction des ~
R 71(3), R 82(2), R 95(3)
~ dépendantes R 43(3)(4)
détermination de l'étendue de la protection A 69 ;
Protocole interprétatif de l'Article 69 CBE
~ donnant lieu au paiement de taxes R 45, R 71(6),
R 162
forme et contenu A 84 ; R 43, R 50(1)
~ indépendantes R 43(2)
invitation au titulaire du brevet à déposer des ~ modifiées pendant la procédure d'opposition R 81-82
modification A 123(1), A 138(2) ; R 4(6), R 58,
R 68(4), R 71(1)(4)(5), R 79(1)(3), R 80, R 81(3),
R 100(1), R 137, R 138
plus de dix ~ R 45, R 71(6), R 162
publication R 68(1)(4)
~ différentes pour des Etats différents R 18(2),
R 78(2), R 138
traduction A 14(6), A 67(3), A 70(3) ; R 71(3),
R 82(2), R 95(3)
 - cf. pièces de la demande
revenus de l'OrgEB A 37-A 42, A 49(1), A 146
révocation du brevet européen A 101(2)b), A 105bis-
A 105ter ; R 142(3)a)
~ centralisée à la demande du titulaire du brevet
A 105bis, A 105ter ; R 90-94, R 95(1)
effets A 68
inscription au Registre européen des brevets
R 143(1)r)

S

santé publique PPI 20
sceau R 125(1)
schémas d'étapes de processus R 46(3)
sécurité
mesures nécessaires dans l'intérêt de la ~ PPI 20,
PPI 21
séjour
entrée, séjour et départ des employés PPI 11
section de dépôt
compétence A 16 ; R 10
~ en tant qu'instance chargée des procédures A 15a)
examen lors du dépôt A 90 ; R 55-60
examen quant à certaines irrégularités A 90 ; R 57
organisation R 10)
recours contre des décisions de la ~ A 21(2),
A 106(1), A 111(2)
séquences de nucléotides
dem. BE concernant des ~ R 30
séquences d'acides aminés
dem. BE concernant des ~ R 30
serment
 - comme mesure d'instruction A 117(1)g) ; R 119,
R 120

service
prestations de ~ par l'OrgEB PPI 7
services centraux de la propriété industrielle
coopération judiciaire et administrative A 131(1) ;
R 148, R 149(1)
coopération avec l'OEB PCen III(2)
dépôt d'une dem. BE A 75, A 77 ; R 35(3),
R 37 ; PCen II, PCen III
échange d'informations avec l'OEB A 130
échange de publications avec l'OEB A 132
examen préliminaire international dans certains cas
PCen III
renonciation à l'examen préliminaire international
PCen II
traductions A 65(1), A 70(4)
traitement des dem. BE PCen IV
transformation A 136(2) ; R 103
- cf. Etats contractants
signature R 2, R 113
signification A 119, A 120a) ; R 125-130 ; PPI 1(3)
sous-licence R 24(2)
substances et compositions A 53c), A 54(4)
surtaxe R 51(2) ; RRT 7(3)(b),(4)
~ à la taxe d'impression R 82(3) ; RRT 2(9)
~ de recherche internationale et d'examen préliminaire international (PCT) R 158
~ pour retard de paiement d'une taxe annuelle R 51 ;
RRT 2(5)
suspension de la procédure devant l'OEB R 14,
R 143(1)s

T

tâches spéciales
- dépenses A 146
tarifs de vente
~ fixés par le Président de l'Office RRT 3(2)(3)
taxe
détermination du montant des ~ A 40(1)
~à payer en vertu de la CBE RRT 1a), RRT 2
~à payer en vertu du PCT RRT 1b)
~à payer en vertu du règlement d'exécution RRT 1a),
RRT 2
exigibilité des ~ RRT 4
~fixées par le Président de l'Office RRT 3
non-paiement R 136, R 154, R 160, R 162
paiement RRT 5
réduction du montant des ~ R 6(3), R 159(2) ;
RRT 12
remboursement R 64(2) ; RRT 9-12
taxe d'administration R 22(2), R 23(1)(2), R 74,
R 145(2), R 146 ; RRT 3(1)(3)
taxe annuelle A 86, A 141 ; RRT 2(4)
date de l'échéance R 51
non-paiement A 122 ; R 135(2)

OEB agissant en qualité d'Office désigné ou d'Office
élu R 159(1)g)
paiement des ~ R 51, R 71(9)
versement des Etats contractants A 37b), A 39,
A 40(1), A 47(3), A 50b)d), A 147, A 176(2)
taxe de conservation de la preuve R 123(3) ;
RRT 2(17)
taxe de délivrance R 71(3)(7) ; RRT 2(8)
taxe de dépôt R 6(3) RRT 2(1), RRT 14
dem. BE A 78(2)
demande divisionnaire européenne R 36(2)
~ nationale en cas de transformation A 137(2)a)
nouvelle dem. BE R 17(2)
OEB agissant en qualité d'Office désigné ou d'Office
élu R 153 ; R 1
paiement R 57e)
restitution R 37(2)
taxe de désignation A 79(2) ; RRT 2(3),
RRT 2(3bis)
demande divisionnaire européenne A 76(3) ;
R 36(3)(4)
nouvelle dem. BE. R 17(2)
OEB agissant en qualité d'Office désigné ou d'Office
élu R 159(1)d)
paiement R 39
restitution R 39(4)
taxe d'examen A 94(1) ; RRT 2(6)
réduction RRT 14(2)
remboursement RRT 11

taxe d'impression RRT 2(7)(8)
paiement R 71, R 82(2), R 95(3)

taxe de maintien en vigueur
- cf. Taxe annuelle

taxe nationale de dépôt A 137(2)a)
taxe d'opposition A 99(1) ; R 6(3) ; RRT 2(10),
RRT 14
taxe de poursuite de la procédure A 121 ; R 135 ;
RRT 2(12)
taxe de recherche
recherche européenne A 78(2) ; R 17(2), R 36(3),
R 64(1)(2) ; RRT 2(2), RRT 9
recherche européenne complémentaire A 153(7) ;
R 159(1)e), R 160, R 164 ; RRT 2(2), RRT 9
recherche internationale A 152 ; R 158 ; RRT 2(2)
taxe de recours R 6(3) ; RRT 2(11), RRT 14
remboursement de la ~ R 103
taxe de réserve R 158(3) ; RRT 2(21)
taxe de restitutio in integrum R 136
taxe de revendication R 45, R 71(6)(7) ; RRT 2(15)
pour une demande internationale (demande euro-PCT) R 162
taxe de transformation A 135(3) ; RRT 2(14)
taxe de transmission
pour une demande internationale A 157(4) ;
RRT 2(18)

témoins
audition devant l'OEB A 117(1)d) ; R 4(3)-(6),
R 117-119, R 122(2)(4), R 124
audition devant les tribunaux A 117(3)-(6), A 131(2) ;
R 119, R 150
texte de la dem. BE cf. demande de brevet européen
texte du BE cf. brevet européen
théories scientifiques A 52(2)a)
tiers A 95(2), A 115
titulaire du brevet
copropriétaires A 118 ; R 72
décès ou incapacité du ~ R 142(1)b)c),
information sur l'opposition R 79(1)
inscription au Registre européen des brevets
R 143(1)f)
n'est pas une personne habilitée A 99(4) ; R 14, R 78
traduction
certification R 5
~ comme pièce de la demande R 49(1)
commissions rogatoires R 150(2)
~ dans la langue de la procédure des pièces devant
être produites dans un délai déterminé A 14(4) ;
R 3(1), R 6(2)
délai pour la production d'une ~ A 65(1)
délais R 6
demande antérieure établissant une priorité A 88(1) ;
R 53(3), R 163(2)
~ de la demande internationale A 153(4) ; R 159(1)a),
R 160
fascicule du brevet européen A 65, A 70(4)a)
frais de publication de la ~ A 65(2)
~ initiale A 70(4)b)
langue de la procédure A 14(2)(3) ; R 3(2)
moyens de preuve R 1(3)
non produite dans les délais A 14(2)
au cours de la procédure orale R 4(1)(3)(5)
production de la ~ d'une dem. BE A 14(2), A 90(3) ;
R 6(1), R 57a)
réduction des taxes R 6(3) ; RRT 14(1)
des revendications A 14(6), A 67(3), A 70(4)a) ;
R 50(1), R 71(3)(7), R 82(2), R 95(3)
révisée A 70(4)a)
texte de la dem BE ou du BE faisant foi A 70

transformation en brevet national A 137(2)b)
valeur juridique R 7
traitement chirurgical
méthodes de ~ A 53c)
traitement thérapeutique
méthodes de ~ A 53c)
traitements et salaires
impôts sur les ~ PPI 16(1)
transfert(s) A 71, A 72, A 74, A 148(2) ; R 22
~ au profit de plusieurs personnes R 151(2)
~ partiel R 18 ; R 78
pendant le délai d'opposition/la procédure d'opposition R 85
transformation A 135-137 ; R 155-156
transmission A 77, A 135(2)(3) ; R 33, R 37, R 134,
R 155, R 157 (3)
travail
inspection du ~ PPI 20
Tribunal d'arbitrage international PPI 23, PPI 24

U

unicité de la dem. BE ou du BE A 118
unité de l'invention cf. Invention
utilisation antérieure publique A 54(2)

V

variétés végétales
définitions R 26
exceptions à la brevetabilité A 53b)
végétaux
brevetabilité R 27
procédés d'obtention de ~ A 53b) ; R 6(5)
vérification des comptes A 49, A 50a)
Vice-Président
~ du Conseil d'administration A 27
~ de l'OEB A 10(3), A 11(2) ; R 9(2)
vice
de la signification R 125(4)

Europäisches Patentamt
European Patent Office
Office européen des brevets

Munich
Headquarters
Erhardtstr. 27
80469 Munich
Germany
Tel   +49 (0)89 2399-0
Fax +49 (0)89 2399-4560

Postal address
80298 Munich
Germany

The Hague
Patentlaan 2
2288 EE Rijswijk
The Netherlands
Tel   +31 (0)70 340-2040
Fax +31 (0)70 340-3016

Postal address
Postbus 5818
2280 HV Rijswijk
The Netherlands

Berlin
Gitschiner Str. 103
10969 Berlin
Germany
Tel   +49 (0)30 25901-0
Fax +49 (0)30 25901-840

Postal address
10958 Berlin
Germany

Vienna
Rennweg 12
1030 Vienna
Austria
Tel   +43 (0)1 52126-0
Fax +43 (0)1 52126-3591

Postal address
Postfach 90
1031 Vienna
Austria

Brussels Bureau
Avenue de Cortenbergh, 60
1000 Brussels
Belgium
Tel.: +32 (0)2 27415-90
Fax: +32 (0)2 20159-28

Druck:
Kastner AG – Das Medienhaus
Schloßhof 2-6
85283 Wolnzach

Printed in Germany

© 2007 EPA/EPO/OEB